D1662513

Pfister, Zimmermann, Kuenzle, Zürcher
Philosophie

Jonas Pfister, Peter Zimmermann, Dominique Kuenzle, Tobias Zürcher

Philosophie

Eine Einführung fürs Gymnasium

 hep

Jonas Pfister, Peter Zimmermann,
Dominique Kuenzle, Tobias Zürcher

Philosophie
Eine Einführung fürs Gymnasium
ISBN Print inkl. eLehrmittel: 978-3-0355-1617-3
ISBN eLehrmittel: 978-3-0355-1618-0

Herausgegeben von Jonas Pfister und Peter Zimmermann

Bibliografische Information der Deutschen Nationalbibliothek:
Die Deutsche Nationalbibliothek verzeichnet diese Publikation
in der Deutschen Nationalbibliografie; detaillierte bibliografische
Daten sind im Internet über http://dnb.dnb.de abrufbar.

1. Auflage 2021
Alle Rechte vorbehalten
© 2021 hep Verlag AG, Bern

hep-verlag.ch

Vorwort

In Ihren Händen halten Sie ein neues Philosophielehrmittel – das erste, das für den Unterricht an Schweizer Gymnasien konzipiert wurde. Sie finden darin:

- Einführungen in zentrale Themengebiete der Philosophie, eingeteilt in fünf Kapitel
- Lehrtexte
- Originaltexte
- Aufgaben zur selbstständigen Erarbeitung der Inhalte und zum selbstständigen Philosophieren
- Boxen mit Anleitungen zu Logik und Methoden. Einen Überblick über alle Boxen finden Sie nach dem Inhaltsverzeichnis.
- Biografische Informationen zu klassischen und zeitgenössischen Philosophinnen und Philosophen aus unterschiedlichen Kulturkreisen
- Vertiefungsangebote für eine noch intensivere Auseinandersetzung mit einer bestimmten Thematik. Die entsprechenden Seiten sind farblich unterlegt, die Inhalte meist etwas anspruchsvoller.
- Repetitionsfragen, Fragen zum Weiterdenken und weiterführende Literatur jeweils am Ende der Kapitel

Jede Aufgabe ist einem von fünf Kompetenzbereichen zugeordnet. Diese Kompetenzbereiche beschreiben die Tätigkeiten, die eine Philosophin beziehungsweise ein Philosoph ausübt. Die fünf Kompetenzbereiche sind:

BEWUSSTWERDEN UND WELTWISSEN EINBEZIEHEN

Eine Philosophin beschreibt die Welt, in der sie lebt, differenziert und ohne Vorurteile. Sie kann daraus philosophische Fragestellungen entwickeln. Sie macht sich bewusst, was sie zum jetzigen Zeitpunkt über diese Fragen denkt. Sie beschafft sich Informationen, die zur Klärung der Frage beitragen.

LESEN UND INTERPRETIEREN

Ein Philosoph hört gut zu und liest Texte genau. Er kann ein gegebenes philosophisches Problem darstellen. Er ist in der Lage, zu erklären, was andere denken und mit welchen Argumenten sie zu diesen Auffassungen gelangt sind. Er kann Wesentliches herausarbeiten und auf den Punkt bringen.

ANWENDEN UND VERANSCHAULICHEN

Eine Philosophin kann philosophische Einsichten anwenden und auf andere Fälle übertragen. Sie veranschaulicht allgemeine Aussagen anhand eigener Beispiele.

FRAGEN UND PRÜFEN

Ein Philosoph stellt kritische Fragen. Er ist in der Lage, philosophische Positionen auf ihre Tragfähigkeit und Argumente auf ihre Stichhaltigkeit zu prüfen und sich ein Urteil darüber zu bilden.

PROBLEME LÖSEN

Eine Philosophin entwickelt mögliche Lösungen zu einem philosophischen Problem. Sie kann ihre Position klar formulieren, mit nachvollziehbaren Argumenten stützen und sie gegen Einwände verteidigen.

Inhaltsverzeichnis

Logik-und-Methoden-Boxen

1 Was ist Philosophie?

«Es gibt keine gefährlichen Gedanken. Das Denken selbst ist gefährlich.»

(Hannah Arendt)

1.1   Vom Mythos zum Logos

Menschen geraten immer wieder in Situationen, in denen sie sich philosophische Fragen stellen. Sie staunen über die Welt. Sie zweifeln, ob das, was sie glauben, auch wirklich wahr ist. Sie fragen nach dem Sinn ihres Daseins. Philosophinnen und Philosophen versuchen, den Menschen und die Welt, in der er lebt, zu verstehen. Was aber ist Philosophie genau? Worin unterscheidet sie sich von anderen Wissenschaften? Was ist besonders an der Tätigkeit des Philosophierens? Diese Fragen sollen im ersten Kapitel geklärt werden.

Aufgabe 1.1

 Notieren Sie fünf Fragen, von denen Sie denken, dass es sich dabei um typische philosophische Fragen handelt. Tauschen Sie sich danach aus und halten Sie schriftlich fest, was diese Fragen gemeinsam haben. Bewahren Sie Ihre Antworten für später auf.

Schon bevor die Philosophie als Wissenschaft entstand, gab es Versuche, die Entstehung der Welt und ihre Beschaffenheit zu begreifen, und zwar in Form von Erzählungen und Geschichten. Solche mythischen Erklärungen gelten aber nicht als philosophisch. Ein Blick auf zwei Schöpfungsmythen soll helfen, den Unterschied zwischen Mythos und Philosophie zu verdeutlichen. Der erste Schöpfungsmythos stammt aus Japan, der zweite aus Griechenland.

1   Zu Beginn von Himmel und Erde entstanden im Gefilde des hohen Himmels drei Gottheiten, die sich in Unsichtbarkeit verbargen: Ame-no-mina-ka-nushi-no-Kami, «Herr der hehren Mitte des Himmels», Taka-mi-mu-subi-no-Kami, «Hoher, hehrer Erzeuger», und Kami-musubi-no-Kami,

5   «Göttlicher Erzeuger». Das Land war noch jung und trieb wie schwimmendes Öl umher, als aus einem aufsprießenden Schilfschössling zwei weitere Gottheiten entstanden, die sich ebenfalls verbargen. [...] Nach ihnen entstanden weitere Götter. [...] Diese Gottheiten bezeichnet man zusammen als die sieben Generationen des Götterzeitalters.

10   Hierauf befahlen die Himmelsgötter den beiden Gottheiten Izanagi-no-Kami und Izanami-no-Kami: «Schaffet, befestiget und vollendet dieses umhertreibende Land!» Sie gaben ihnen einen himmlischen Juwelenspeer. Die beiden Gottheiten standen nun auf der schwebenden Brücke des Himmels, stießen den Juwelenspeer nach unten und rührten damit herum. Und

15   als sie die salzige Flut gerührt hatten, bis sie sich zäh verdickte, und den Speer dann heraufzogen, häufte sich die von der Speerspitze herabträufelnde Salzflut an und wurde eine Insel. So entstand die Insel Onogoro.

Monika und Udo Tworuschka: *Als die Welt entstand. Schöpfungsmythen der Völker und Kulturen in Wort und Bild.* Freiburg im Breisgau: Herder 2005, S. 79.

1 Zuerst nun war das Chaos (*gähnende Leere* des Raumes), danach die breit-
brüstige Gaia, niemals schwankender Sitz aller Unsterblichen, die den
Gipfel des beschneiten Olymps und den finsteren Tartaros bewohnen in
der Tiefe der breitstraßigen Erde; weiter entstand Eros *(Liebesbegehren)*,
5 der schönste der unsterblichen Götter, der gliederlösende, der allen Göttern und Menschen den Sinn in der Brust überwältigt und ihr besonnenes
Denken.
Aus dem Chaos gingen Erebos *(finsterer Grund)* und die dunkle Nacht hervor, und der Nacht wieder entstammten Aither *(Himmelshelle)* und Hemere
10 *(Tag)*, die sie gebar, befruchtet von Erebos' Liebe.
Gaia brachte zuerst, ihr gleich, den sternreichen Uranos hervor, damit er
sie ganz bedecke und den seligen Göttern ein niemals wankender Sitz sei.
Weiter gebar sie hohe Berge, liebliche Göttersitze für Nymphen, die zer-
klüftete Höhen bewohnen. Auch das unwirtliche Meer, das anschwillt und
15 stürmt, erzeugte sie, doch ohne verlangende Liebe.

Hesiod: *Theogonie.* Übersetzt und herausgegeben von Otto Schönenberger. Stuttgart: Reclam
1999, S. 13.

Aufgaben 1.2

 Vergleichen Sie die beiden Schöpfungsmythen. Wo sehen Sie Gemeinsamkeiten, wo Unterschiede?

 Informieren Sie sich im Internet über weitere mythische Erzählungen.

 Finden Sie auch hier Gemeinsamkeiten?

Der Altertumsforscher Wilhelm Nestle (1865–1959) hat wesentliche Eigenschaften mythischer Welterklärungen herausgearbeitet. Ihm zufolge führt der Mythos
Vorgänge der Natur stets auf übernatürliche Kräfte zurück. Diese Kräfte werden
personifiziert, das heisst als handelnde Wesen gedacht. Mythische Weltdeutun-
gen besitzen eine erzählende Struktur und verwenden bildhafte Beschreibungen. Das mythische Denken verzichtet zudem darauf, seine Welterklärungen an
der Wirklichkeit zu prüfen, und beruht auf dem Glauben an magische Wirkungen.
Mythen unterscheiden sich von Märchen, Sagen und Legenden durch ihre sinn-
stiftende Funktion. Sie sollen Orientierung bieten und Antworten auf existenzielle Fragen der Menschen geben. So sind wiederkehrende Abläufe in der Natur
ebenso Thema von Mythen wie Phänomene, die den Menschen bedrohen, zum
Beispiel Naturkatastrophen.

Aufgaben 1.3

 Im alten Ägypten trat der Nil in periodischen Abständen über seine Ufer.
Überlegen Sie sich, welche Bedeutung diese Tatsache für die Menschen
hatte, die dort lebten.

 Wie könnte eine mythische Erklärung der Nilschwemme aussehen? Erfinden Sie einen entsprechenden Mythos.

Thales von Milet, der etwa 620 v. Chr. geboren wurde, gilt als einer der ersten
Philosophen. Über seine Person weiss man wenig. Er soll viel gereist sein und

585 v. Chr. eine Sonnenfinsternis vorhergesagt haben. Von ihm ist eine Erklärung der Nilschwemme überliefert, die sich von mythischen Erklärungsversuchen klar unterscheidet:

1 Thales meint, daß die [im Sommer aus nordöstlicher Richtung wehenden]
2 etesischen Winde, die direkt nach Ägypten hineinblasen, die Masse des
3 Nilwassers erhöhen; dessen Abfluss werde nämlich durch das Anschwellen
4 des ihm entgegenkommenden Meeres gehemmt.

Aetius: *Über die Sätze der Naturlehre.* Zitiert nach: G. S. Kirk, J. E. Raven und M. Schofield (Hrsg.): *Die vorsokratischen Philosophen.* Stuttgart: J. B. Metzler 1994, S. 88.

Aufgabe 1.4

 Vergleichen Sie Ihre mythische Erklärung mit derjenigen von Thales. Wo sehen Sie Unterschiede?

Die Erklärung, die Thales vorlegt, ist gemäss Nestle dem Logos (*logos,* gr. für Vernunft, Rede) zuzuordnen. Obwohl sie falsch ist – die Nilschwemme wird in Wahrheit durch Niederschläge im äthiopischen Hochland verursacht –, zeichnet sie sich dadurch aus, dass sie auf Personifikationen verzichtet und nicht auf übernatürliche Kräfte zurückgreift. Erklärungen des Logos weisen keine erzählende Struktur auf und sind überprüfbar.

Abbildung 1.1: Luftaufnahme des Nildeltas

1 Was ist Philosophie?

Die Geburt der Philosophie kann als Übergang vom Mythos zum Logos verstanden werden. Dieser Übergang hin zu rationalen, sich auf die Vernunft stützenden Welterklärungen hat sich allerdings nicht von einem Tag auf den anderen vollzogen. In vielen Aussagen der ersten Philosophen finden sich weiterhin mythische Elemente.

Aufgaben 1.5

 Welche Konsequenzen für den Alltag hat es, wenn eine mythische Weltdeutung durch eine rationale Welterklärung ersetzt wird? Diskutieren Sie die Frage anhand des Beispiels zur Nilschwemme.

 Haben mythische Erklärungsversuche in der heutigen Zeit noch eine Berechtigung? Finden Sie Gründe dafür und dagegen.

Thales gehört zu den vorsokratischen Philosophen. Die Vorsokratiker beschäftigten sich unter anderem mit der Frage nach dem Ursprung aller Dinge. Woraus besteht die Welt? Wie ist sie entstanden? Auch Thales hat versucht, darauf eine Antwort zu geben.

Abbildung 1.2: Thales

Genaues Lesen   Logik und Methoden 1

Lesen wir im Alltag Texte, zum Beispiel die Nachricht von einer Freundin, müssen wir uns meistens nicht gross anstrengen, um sie zu verstehen. Wir erkennen sofort, was gemeint ist. Denn wenn wir im Alltag Texte schreiben, ist unsere Absicht vielfach die des einfachen Informationsaustauschs. Wir wollen mitteilen, was geschehen ist oder wie wir uns fühlen, oder die andere Person danach fragen.

In der Wissenschaft und somit auch in der Philosophie sind die Texte in der Regel anspruchsvoller. Die Beschreibungen, Erklärungen und Begründungen beinhalten vielfach abstrakte Begriffe und setzen zum Teil theoretisches Wissen voraus. Lesen wir einen solchen Text, so verstehen wir ihn unter Umständen nicht auf Anhieb, sondern müssen innehalten und einen Satz, Abschnitt oder ganzen Text noch einmal oder gar mehrmals lesen. Wir müssen also unter Umständen sehr genau lesen.

Das genaue Lesen ist eine Technik, die sich lernen lässt und in der man sich durch Üben verbessern kann. Die folgenden Schritte können dabei helfen, einen anspruchsvollen Text besser zu verstehen.

1. Vor dem Lesen: Informationen über den Text einholen
- Zu welcher Textgattung gehört er? (In diesem Buch werden Sie hauptsächlich zwei Gattungen vorfinden: Lehrbuchtexte der Autoren dieses Buches und philosophische Originaltexte von Philosophinnen und Philosophen. Diese kann man wiederum unterteilen in Abhandlung, Brief, Dialog und weitere.)

→ **Logik und Methoden 20**

→ **Logik und Methoden 30**

→ **Logik und Methoden 39**

– Wer hat den Text geschrieben? (Wie heisst die Autorin oder der Autor? Allenfalls: Welchen Hintergrund hat er oder sie, zum Beispiel religiös, politisch usw.?)
– Wann wurde der Text geschrieben? (Allenfalls: In welchem historischen und philosophiehistorischen Kontext steht er?)

2. Erstes Lesen: Schnelles Lesen des gesamten Texts (kursorisches Lesen)
Lesen Sie den Text einmal in schnellem Tempo. Lassen Sie sich bei diesem ersten Lesen nicht davon abhalten, dass Sie einiges nicht verstehen. Das heisst: Sie müssen dieses Nicht-Verstehen zumindest für eine gewisse Zeit aushalten. Streichen Sie bei dieser ersten Lektüre noch nichts an! Denn wie wichtig etwas für eine bestimmte Frage ist, entspricht nicht immer dem, was einem als Erstes auffällt, und kann man oftmals erst dann beurteilen, wenn man den Text einmal ganz gelesen hat.

3. Zweites Lesen: Genaues Lesen des gesamten Texts
Lesen Sie den ganzen Text noch einmal genau. Jetzt können Sie beginnen, wichtige Stellen im Text zu markieren. Es gibt verschiedene Arten, dies zu tun, zum Beispiel Anstreichungen mit Leuchtstift (in verschiedenen Farben) oder Unterstreichungen und Umrandungen.

4. Drittes Lesen: Intensives Lesen einzelner Abschnitte und Sätze (selektives Lesen)
Unter Umständen müssen Sie einzelne Abschnitte und Sätze mehrmals lesen, um sie zu verstehen und die Textstruktur zu erfassen. Dazu gibt es methodische Hilfsmittel, von denen einige in weiteren Logik-und-Methoden-Boxen vorgestellt werden.

VOR-SOKRATIKER

Zu den vorsokratischen Philosophen zählt man die Philosophinnen und Philosophen, die vor Sokrates (469–399 v. Chr.) gewirkt haben. Sie sind in ihren philosophischen Ansichten zum Teil sehr verschieden. Zu ihnen gehören Thales von Milet, von dem angeblich der Weisheitsspruch «Erkenne dich selbst» stammt, sein Schüler Anaximander, der auch als Mathematiker bekannte Pythagoras und seine Frau Theano, deren Existenz allerdings zweifelhaft ist. Ebenfalls zu den Vorsokratikern zählen Heraklit, der die Veränderung als Grundprinzip der Welt ansah («Alles fliesst»), Parmenides, der sagte, alles sei eines und unveränderlich, sowie Demokrit, der ein atomistisches Weltbild vertrat, das heisst, der Auffassung war, dass alles aus kleinsten Teilchen besteht, sogenannten Atomen.

Von den Schriften der Vorsokratiker ist keine einzige erhalten geblieben. Alles, was wir über das vorsokratische Denken wissen, stammt aus einzelnen Fragmenten und den Überlieferungen späterer Autoren wie Aristoteles (384–322 v. Chr.) oder Simplikios (ca. 490–560 n. Chr). Das bedeutet, dass die vorsokratischen Theorien nur unvollständig rekonstruiert und auch verschieden interpretiert werden können, weil der jeweilige Kontext oftmals fehlt. Zudem gilt es zu bedenken, dass die späteren Philosophen eigene Absichten verfolgten, wenn sie ihre Vorgänger zitierten. Verfälschungen und Verzerrungen sind daher nicht auszuschliessen.

1 Von den ersten Philosophen waren die meisten der Meinung, die Prinzipien stofflicher Art seien die einzigen Prinzipien aller Dinge; denn dasjenige, woraus jedwedes Seiende ur-
5 sprünglich besteht, das, woraus es als erstem entsteht und worein es als letztem untergeht, wobei das Wesen fortbesteht und nur seine Eigenschaften wechselt, das – so sagen sie – ist ein Element und das ist ein Prinzip des Seien-
10 den [...]
Es muss nämlich eine natürliche Substanz [d. h. etwas für sich Seiendes] geben, entweder eine oder mehr als eine, woraus die anderen Dinge werden und zum Sein kommen, wäh-
15 rend sie selbst erhalten bleibt. Über die Menge und die Art des so beschaffenen Prinzips sagen freilich nicht alle dasselbe. Vielmehr erklärt Thales, der Urheber dieser Philosophie, es sei das Wasser [...] und kommt zu dieser Ver-
20 mutung vielleicht, weil er sah, daß die Nahrung aller Dinge feucht ist und daß das Warme selbst aus dem Feuchten entsteht und durch es lebt.

Aristoteles: *Metaphysik.* Zitiert nach: G. S. Kirk, J. E. Raven und M. Schofield (Hrsg.): *Die vorsokratischen Philosophen.* Stuttgart: J. B. Metzler 1994, S. 98.

Abbildung 1.3: Karte des antiken Griechenland und seinen Kolonien

Aufgaben 1.6

  Sammeln Sie weitere Argumente, die für die These sprechen, dass alles, was existiert, aus Wasser besteht. Versuchen Sie danach, mögliche Gegenargumente zu finden. Was käme sonst noch als Grundsubstanz infrage und aus welchen Gründen?

  Inwiefern ist die Theorie des Thales dem Logos zuzuordnen? Begründen Sie!

Anaximander (ca. 610–547 v. Chr.), wahrscheinlich ein Schüler des Thales, vertritt die These, dass der Ursprung der Dinge nicht in einem bestimmten Stoff zu suchen ist. Er geht davon aus, dass es einen Urstoff «Apeiron» gibt, aus dem alles entsteht und besteht. Dieser Begriff kann sowohl bedeuten, dass der Urstoff bezüglich seiner Eigenschaften unbestimmt ist, als auch auf die Grenzenlosigkeit, Unendlichkeit des Grundstoffs hinweisen.

Von Anaximander stammt der erste Satz der westlichen Philosophie, der wörtlich überliefert wurde.

1   Von denen, die sagen, es [*sc.* das Element] sei eines, in Bewegung und unbegrenzt, erklärte Anaximander [...], daß das Prinzip und das Element der seienden Dinge das Unbegrenzte [Unbestimmte *oder* Unendliche] sei, wobei er als erster diese Bezeichnung des (stofflichen) Prinzips einführte.

5   Er sagt, dass es weder Wasser noch sonst eins der sogenannten Elemente sei, sondern eine bestimmte andere, unbegrenzte Natur, aus der alle Himmel und Welten in ihnen hervorgehen.

Und was den seienden Dingen die Quelle des Entstehens ist, dahin erfolgt
auch ihr Vergehen «gemäß der Notwendigkeit; denn sie strafen und vergel-
10 ten sich gegenseitig ihr Unrecht nach der Ordnung der Zeit», wie er es mit
diesen eher poetischen Worten zum Ausdruck bringt.

Simplikios: *Physik*. Zitiert nach: G. S. Kirk, J. E. Raven und M. Schofield (Hrsg.): *Die vorsokratischen Philosophen*. Stuttgart: J. B. Metzler 1994, S. 117 f.

Aufgaben 1.7

 Macht es sich Anaximander zu einfach, wenn er den Urstoff aller Dinge als das Unbestimmte bezeichnet? Wenden Sie das Prinzip der wohlwollenden Interpretation an und versuchen Sie zu rekonstruieren, was sich Anaximander dabei überlegt haben könnte.

→ **Logik und Methoden 2**

 Entwickeln Sie eine stimmige Interpretation des wörtlich überlieferten Satzes des Anaximander.

Prinzip der wohlwollenden Interpretation
Logik und Methoden 2

Angenommen, ein Freund würde sagen: «Kleopatra ist gross.» Wir würden uns vermutlich fragen, von wem er spricht. Wenn wir den Freund fragen können, was er meint, so ist dies sicher die beste Möglichkeit, es herauszufinden. Wenn wir ihn aber nicht fragen können – und in Bezug auf Autorinnen und Autoren philosophischer Texte, die zum Teil vor Jahrhunderten gestorben sind, befinden wir uns genau in dieser Situation –, müssen wir uns überlegen, welche möglichen Interpretationen es gibt. Bezogen auf das Beispiel, könnten wir zu folgenden Hypothesen gelangen: Der Freund meint a) seine Mutter, b) seine Katze, oder c) die berühmte antike Herrscherin. Wenn wir bestimmen wollen, welche von diesen Hypothesen die richtige ist, sollten wir uns überlegen, in welchem Kontext die Aussage steht und was unser Freund sonst noch alles glaubt, und aufgrund dessen diejenige Interpretation wählen, die mit den meisten unserer Annahmen vereinbar ist. Wenn wir wissen, dass er eine Katze hat, die sehr klein ist, kann er mit «Kleopatra» nicht sie gemeint haben. Wir sollten also nicht vorschnell eine Interpretation wählen, die dem Freund eine falsche Überzeugung zuschreibt. Und so ist es auch in der Philosophie. Wenn Sie einen Satz unverständlich oder unstimmig finden, schliessen Sie nicht vorschnell darauf, dass der Autor sich nichts überlegt oder einen groben Fehler gemacht hat, sondern überlegen Sie sich, was er gemeint haben könnte. Den Arbeitsgrundsatz, dass man zunächst davon ausgeht, dass das, was jemand sagt oder schreibt, wahr und vernünftig ist, nennt man das Prinzip der wohlwollenden Interpretation.

Vertiefung

Die Unterscheidung zwischen Mythos und Logos lässt sich gut anhand eines weiteren vorsokratischen Fragments darstellen. Die Textstelle stammt von Pythagoras (geboren um 570 v. Chr.), der – wie Thales – als Mathematiker berühmt geworden ist. Pythagoras liefert in diesem Fragment Erklärungen für drei verschiedene Naturphänomene.

1   Und das Erdbeben, sagte er [*sc.* Pythagoras], erkläre sich dadurch, daß es
2   nichts anderes als eine Zusammenkunft der Toten sei; und vom Regenbo-
3   gen behauptete er, daß er ein Lichtglanz der Sonne ist, und von dem Echo,
4   das häufig auf unsere Ohren trifft, daß es die Stimmen der Wesen ist, die
5   mächtiger sind.

Aristoteles: *Fragmente.* Zitiert nach: G. S. Kirk, J. E. Raven und M. Schofield (Hrsg.): Die vorsokratischen Philosophen. Stuttgart: J. B. Metzler 1994, S. 260.

Aufgaben 1.8

 Sind die Erklärungen des Pythagoras dem Mythos oder dem Logos zuzuordnen? Begründen Sie Ihre Antwort mit Verweis auf die typischen Eigenschaften von Mythos und Logos.

 Auch heute noch ist die Wissenschaft auf der Suche nach den Grundprinzipien der Welt. Informieren Sie sich darüber, zu welchen Ergebnissen die moderne Physik gelangt ist. Gibt es gemäss diesen Erkenntnissen einen Grundstoff, aus dem alles besteht?

1.2 Philosophie und Wissenschaft

Wie wir gesehen haben, unterscheidet sich die Philosophie in ihrer Herangehensweise vom Mythos. Aber dieser Unterschied gilt auch für andere Wissenschaften, wie zum Beispiel die Physik, die ebenfalls versucht, die Welt rational zu erklären. Was unterscheidet die Philosophie also von den anderen Wissenschaften?

Tatsächlich wurden in der Entstehungsphase der Philosophie philosophische Fragen nicht getrennt von Fragen anderer Wissenschaften behandelt. Als Philosophie verstanden die Griechen auch Theorien, die wir heute zur Physik, zur Biologie oder Psychologie zählen würden. Erst später kristallisierte sich ein wesentlicher Unterschied zwischen der Philosophie und den sogenannten empirischen Wissenschaften heraus. Während sich nämlich die empirischen Wissenschaften auf Beobachtungen und Experimente stützen, um ihre Fragen zu beantworten, handelt es sich bei der Philosophie um den Versuch, Antworten nur mithilfe des Denkens zu finden.

Das bedeutet aber nicht, dass Philosophinnen und Philosophen Erkenntnisse der empirischen Wissenschaften einfach ignorieren. Im Gegenteil: Oftmals bieten empirische Erkenntnisse gerade der Philosophie Anlass, um weiterzudenken, Fragen zu stellen, die nicht mehr mithilfe von Beobachtung und Experiment beantwortet werden können.

Manchmal ist es nicht ganz eindeutig, ob eine Frage eher philosophisch oder empirisch beantwortbar ist, so zum Beispiel bei der Frage nach der Entstehung des Universums. Auf der einen Seite fällt diese Frage in den Bereich der Astronomie beziehungsweise Kosmologie, die dazu auch experimentelle Forschung betreibt, wie zum Beispiel die Messung der kurz nach dem Urknall entstandenen kosmischen Hintergrundstrahlung. Auf der anderen Seite kann geltend gemacht werden, dass bei dieser Thematik der Bereich des Empirischen notwendigerweise verlassen wird. Was ist unter dem «Nichts» zu verstehen, aus dem das Universum entstanden sein soll? Eine solche Frage ist begrifflicher Art und kann nicht empirisch beantwortet werden.

→ **Logik und Methoden 3**

—
HYPATIA
—

Hypatia war Philosophin, Astronomin und die erste Mathematikerin, über deren Leben einiges bekannt ist. Sie lebte im 4. Jahrhundert in Alexandrien, also zu einer Zeit, als diese ägyptische Stadt Teil des Römischen Reichs war. Sie galt als eine hervorragende Lehrerin und hat mathematische Kommentare verfasst, von denen jedoch keiner erhalten geblieben ist. Vermutlich hat sie einen Teil von Ptolemäus' astronomischer Schrift *Almagest* überarbeitet. Bekannt ist sie vor allem für ihren spektakulären Tod. Sie gehörte zu einer nichtchristlichen Minderheit in einer überwiegend christlichen Stadt. Unter dem Einfluss des lokalen Herrschers wurde Hypatia von einer aufgestachelten Menge in eine Kirche geschleppt und dort ermordet. Ihr Schicksal gilt damit als Beispiel für die Grausamkeit der christlichen Heidenverfolgung und die Gewalt von Männern an Frauen.

In der Philosophie untersuchen wir Begriffe. Doch was ist überhaupt ein Begriff? Im Alltag meinen wir damit meistens einfach ein Wort. In der Philosophie gehen wir differenzierter vor. Zunächst können wir feststellen, dass wir zweierlei Dinge tun, wenn wir Sprache verwenden: Wir beziehen uns auf Dinge, und wir schreiben diesen Dingen Eigenschaften zu. Dient ein Wort dazu, genau ein Ding zu bezeichnen, so ist es ein Eigenname. Zum Beispiel ist «Hypatia» ein Eigenname für die antike Philosophin, «Aarau» ein Eigenname für die Stadt Aarau. Im Unterschied dazu dienen andere Wörter dazu, etwas über die Dinge auszusagen. Nur diese nennt man in der Philosophie «Begriffe». Zum Beispiel können wir mit «Philosophin» sagen, dass Hypatia eine Philosophin ist. In der Philosophie sind also nicht alle Wörter Begriffe.

Es gibt noch eine weitere Unterscheidung, die wir berücksichtigen müssen. Mit «Begriff» haben wir bis jetzt ein Wort oder allgemein ein sprachliches Zeichen gemeint. Aber in der Philosophie interessieren wir uns vor allem für noch etwas Abstrakteres, nämlich für das, wofür der Begriff steht. Und auch dies nennt man einen «Begriff». Dass ein Unterschied besteht, können wir an folgendem Beispiel veranschaulichen: Das deutsche Wort «Philosoph» steht für denselben Begriff wie das italienische Wort «filosofo». Wenn wir uns in der Philosophie überlegen, was ein Philosoph oder eine Philosophin ist, so interessiert uns in der Regel nicht der sprachliche Ausdruck, sondern eben das, wofür er steht, der Begriff. Man kann diese Unterscheidung anzeigen, indem man den Begriff im zweiten Sinn mit Kapitälchen darstellt, also so: BEGRIFF. In diesem Buch verzichten wir darauf und gehen davon aus, dass im Kontext jeweils klar ist, ob das eine, das andere oder beides gemeint ist.

Es ist wichtig, zwischen den Dingen (in der Welt) und den sprachlichen Zeichen zu unterscheiden, damit es in unserer Rede nicht zu Widersprüchen kommt. Wenn wir über die Zeichen selbst sprechen, so verwenden wir dafür in der Philosophie üblicherweise Anführungszeichen. Wie wichtig Anführungszeichen sein können, wird an folgendem Beispiel ersichtlich:

«Bern» hat vier Buchstaben, während Bern gar keine Buchstaben hat. Dafür hat Bern etwa 140 000 Einwohner und Einwohnerinnen, während «Bern» gar keine Einwohner und Einwohnerinnen hat.

Verwenden wir ein Wort, um damit über die Dinge zu sprechen, so ist es genau das: eine Verwendung des Wortes. Wenn man über das Wort spricht, so kann man sagen, dass man das Wort «nennt». Man nennt diese Unterscheidung die «Verwendung-Nennung-Unterscheidung».

Es gibt verschiedene Arten von Sätzen. Betrachten wir einige Beispiele:
(1) Komm her!
(2) Wie spät ist es?
(3) Es ist schon spät.
(4) Alle anderen sind auch noch draussen.
(5) Morgen ist auch noch ein Tag.

Man kann Sätze in unterschiedliche Gruppen einteilen. Für die Logik ist der Bezug zur Wahrheit entscheidend, denn die Logik beschäftigt sich mit der Frage, wie Aussagen aus anderen Aussagen gefolgert werden können. Einige der Beispielsätze können gar nicht wahr oder falsch sein. Der Satz (1) kann nicht wahr oder falsch ein, denn es wird damit nicht etwas ausgesagt, sondern ein Befehl ausgedrückt. Auch Satz (2) kann nicht wahr oder falsch sein, denn es handelt sich dabei um eine Frage. Es wäre seltsam, wenn jemand sagen würde: «Diese Frage ist falsch.» Allenfalls könnte man sagen, eine Frage sei «falsch gestellt» oder «unangemessen». Anders ist es bei den Beispielsätzen (3), (4) und (5). In diesen Fällen wird jeweils etwas ausgesagt. Man spricht deshalb von Aussagesätzen oder oft auch nur von Aussagen. Ein Aussagesatz kann wahr oder falsch sein. Damit ein Satz ein Aussagesatz ist, müssen wir nicht wissen, ob er wahr ist oder nicht, es kann sogar sein, dass kein einziger Mensch weiss, ob ein bestimmter Satz wahr ist oder nicht. Die Aussage kann sich auf einen konkreten Sachverhalt wie in (3), auf etwas Allgemeines wie in (4) oder auf etwas Zukünftiges wie in (5) beziehen.

Übrigens: Wenn wir von einem Satz sagen, dass er falsch ist, so kann man dies auch damit ausdrücken, dass man den Satz negiert. Zum Beispiel: «Der Satz ‹Es gibt eine grösste ganze Zahl›» ist falsch», kann mit dem Satz ausgedrückt werden: «Es ist nicht der Fall, dass es eine grösste ganze Zahl gibt.»

Deskriptiv und normativ — Logik und Methoden 5

Betrachten wir die folgenden beiden Sätze:
(1) Die Frau überquert die Strasse bei Rot.
(2) Die Frau darf die Strasse nicht bei Rot überqueren.

Was fällt bei diesen zwei Sätzen auf? In beiden Fällen geht es um dieselbe Art von Handlung, nämlich das Überqueren der Strasse bei Rot. In Satz (1) wird ein Sachverhalt beschrieben. Es ist ein Aussagesatz. In Satz (2) ist dies nicht so klar. Es wird gesagt, dass die Frau etwas nicht tun *darf*. Damit wird die Handlung nicht nur beschrieben, sondern sie wird auch *bewertet*. Man unterscheidet entsprechend zwischen beschreibenden, sogenannt «deskriptiven» Sätzen und bewertenden, sogenannt «normativen» Sätzen.

Obwohl normative Sätze einen Sachverhalt nicht beschreiben, sondern bewerten, kann man sie als Aussagesätze verstehen, nämlich im folgenden Sinn: Es wird damit ausgesagt, dass eine bestimmte Norm besteht. In unserem Beispiel:
(2a) Es besteht die (gesetzliche) Norm, dass man die Strasse nicht bei Rot überqueren darf.

Damit wird behauptet, dass eine Norm besteht, und der Satz ist wahr, wenn die Norm besteht, und falsch, wenn sie nicht besteht.

Der US-amerikanische Philosoph Thomas Nagel (geb. 1937) erläutert im folgenden Textausschnitt Unterschiede zwischen der Philosophie und den empirischen Wissenschaften.

1 Die Philosophie unterscheidet sich einerseits von den Naturwissenschaften und andererseits von der Mathematik. Im Unterschied zu den Naturwissenschaften stützt sie sich nicht auf Experimente und Beobachtungen, sondern allein auf das Denken. Im Unterschied zur Mathematik kennt sie
5 keine formalen Beweisverfahren. Man philosophiert einzig, indem man fragt, argumentiert, bestimmte Gedanken ausprobiert und mögliche Argumente gegen sie erwägt, und darüber nachdenkt, wie unsere Begriffe wirklich beschaffen sind.

Das Hauptanliegen der Philosophie besteht darin, sehr allgemeine Vor-
10 stellungen in Frage zu stellen und zu verstehen, die sich ein jeder von uns tagtäglich macht, ohne über sie nachzudenken. Ein Historiker mag fragen, was in einem bestimmten Zeitraum der Vergangenheit geschah, doch ein Philosoph wird fragen: «Was ist die Zeit?» Ein Mathematiker wird das Verhältnis der Zahlen untereinander erforschen, doch ein Philosoph fragt:
15 «Was ist eine Zahl?» Ein Physiker wird fragen, woraus die Atome bestehen und was für die Schwerkraft verantwortlich ist, doch ein Philosoph wird fragen, woher wir wissen können, dass es ausserhalb unseres Bewusstseins etwas gibt. Ein Psychologe mag untersuchen, wie ein Kind eine Sprache erlernt, doch ein Philosoph fragt eher: «Was ist dafür verantwortlich, dass ein

20 Wort eine Bedeutung hat?» Jeder kann sich fragen, ob es unrecht ist, sich
ohne eine Eintrittskarte ins Kino zu schleichen, doch ein Philosoph wird
fragen: «Was macht etwas zu einer rechten oder unrechten Handlung?»
Wir könnten unser Leben nicht führen, würden wir unsere Vorstellungen
von der Zeit, den Zahlen, von Wissen, Sprache, Recht und Unrecht nicht die
25 meiste Zeit unhinterfragt voraussetzen; in der Philosophie jedoch machen
wir diese Dinge zum Gegenstand der Untersuchung. Wir sind bemüht,
unser Verständnis der Welt und unserer selbst ein Stück weit zu vertiefen.
Dies ist offensichtlich nicht leicht. Je grundlegender die Ideen sind, die wir
zu erforschen versuchen, umso weniger Werkzeug haben wir hierfür zur
30 Verfügung. Nur weniges darf angenommen oder vorausgesetzt werden. Die
Philosophie ist daher eine etwas schwindelerregende Tätigkeit, und nur
wenige ihrer Ergebnisse bleiben langfristig unangefochten.

Thomas Nagel: *Was bedeutet das alles?* Stuttgart: Reclam 1990, S. 6f.

Aufgaben 1.9

 Informieren Sie sich über die Grundgesetze der Newton'schen Physik.

- -

 Überlegen Sie sich, welche Fragen eine Wissenschaftlerin und welche Fragen ein Philosoph dazu stellen würden.

Ausgehend von den bisherigen Überlegungen, können wir eine mögliche Definition von Philosophie festhalten: Philosophie ist der Versuch, für uns Menschen wichtige Fragen mithilfe des kritischen Denkens zu beantworten. Häufig müssen dafür zunächst die verwendeten Begriffe geklärt werden, um präzise arbeiten zu können. Obwohl Philosophinnen und Philosophen nach Wahrheit streben (die wörtliche Bedeutung von «Philosophie» lautet: «Liebe zur Weisheit»), gehen sie nicht davon aus, dass ihre Erkenntnisse unwiderlegbar sind und für alle Zeiten feststehen. Vielmehr bedeutet kritisches Denken unter anderem, einmal gewonnene Einsichten immer wieder zu hinterfragen. → **Logik und Methoden 14**

Die Philosophie beschäftigt sich mit fundamentalen Fragen, das heisst mit Fragen, die für uns Menschen von grosser Bedeutung sind oder sein können.

Wie die empirischen Wissenschaften setzt auch die Philosophie auf Vernunft und kritisches Denken, um nachvollziehbare Antworten auf ihre Fragen zu finden. Im Unterschied zu den empirischen Wissenschaften stützt sie sich dabei aber nicht auf Beobachtung und Experiment, sondern allein auf das Denken. → **Logik und Methoden 6**

Aufgabe 1.10

 Vergleichen Sie die Fragen, die Sie beim Lösen von Aufgabe 1.1 gesammelt haben, mit der hier präsentierten Definition von Philosophie. Bei welchen Ihrer Fragen handelt es sich gemäss dieser Definition um philosophische Fragen, bei welchen nicht? Wie begründen Sie Ihre Einschätzung?

Innerhalb der Philosophie kann man verschiedene Teilgebiete unterscheiden. Bereits die ersten Philosophen in der Antike suchten nach Grundprinzipien – und oft auch nach den Ursachen aller Dinge. Diese Fragen zählt man zur Metaphysik. Dann gibt es die Frage, was wir wissen können. Die Untersuchung dieser Frage nennt man Erkenntnistheorie. Entfernt man sich in der Erkenntnistheorie vom Individuum und untersucht wissenschaftliche Theorien, betreibt man

Wissenschaftstheorie. Eine weitere zentrale Teildisziplin der Philosophie ist die Ethik. Sie befasst sich mit der Frage, wie wir leben sollen. Weitet man diese Frage auf eine ganze Gesellschaft aus, das heisst auf die Frage, wann eine Gesellschaft gerecht ist, so stösst man in das Gebiet der politischen Philosophie vor. Die Sprachphilosophie beschäftigt sich mit der menschlichen Sprache und fragt unter anderem danach, was unter der Bedeutung von Wörtern zu verstehen ist. Die Frage, wie Körper und Geist zusammenhängen, zählt man zur Philosophie des Geistes. In der Ästhetik und Kunstphilosophie untersucht man, wann etwas als schön oder als Kunstwerk gilt. Die philosophische Anthropologie beschäftigt sich mit der Frage, was der Mensch ist. Es gibt noch viele weitere Gebiete der Philosophie, die hier nicht alle genannt werden können.

Philosophische Grundfragen	Zugehörige Teildisziplinen der Philosophie
Wie ist die Welt beschaffen?	Metaphysik
Was können wir wissen?	Erkenntnistheorie
Was kennzeichnet wissenschaftliche Theorien?	Wissenschaftstheorie
Wie sollen wir leben?	Ethik
Was ist eine gerechte Gesellschaft?	Politische Philosophie
Was macht die Bedeutung sprachlicher Zeichen aus?	Sprachphilosophie
Wie hängen Körper und Geist zusammen?	Philosophie des Geistes
Was ist Schönheit?	Ästhetik
Was ist der Mensch?	Philosophische Anthropologie

Tabelle 1.1: Die verschiedenen Grundfragen und Teilgebiete der Philosophie

Traditionell wird auch die Logik zur Philosophie gezählt. Speziell an der Logik ist, dass sie zugleich ein wichtiges Hilfsmittel für die Philosophie ist.

Aufgaben 1.11

→ **Logik und Methoden 5**

 Welche der Grundfragen verlangen nach einer deskriptiven Antwort, welche nach einer normativen?

 Versuchen Sie, Ihre Beispielfragen aus Aufgabe 1.1 einer der Teildisziplinen zuzuordnen. Manchmal wird eine Frage von mehreren Teildisziplinen bearbeitet.

1.3 Philosophie und die Suche nach Wahrheit

Philosophinnen und Philosophen beginnen ihre Arbeit oftmals damit, vermeintliche Gewissheiten infrage zu stellen. Im Alltag gehen wir zum Beispiel davon aus, dass wir die Welt so erkennen, wie sie ist. In seinem einführenden Buch *Probleme der Philosophie* lädt uns der Philosoph Bertrand Russell (1872-1970) dazu ein, genauer darüber nachzudenken, und wirft damit eine der grundlegenden philosophischen Fragen auf: Was können wir wissen?

1 Gibt es auf dieser Welt eine Erkenntnis, die so unumstößlich gewiß ist, daß kein vernünftiger Mensch daran zweifeln kann? – Auf den ersten Blick scheint das vielleicht keine schwierige Frage zu sein, aber in Wirklichkeit handelt es sich um eine der schwierigsten, die es gibt. Wenn uns
5 klar geworden ist, welche Hindernisse einer direkten und zuversichtlichen Antwort im Wege stehen, haben wir es in der Philosophie schon ein Stück weit gebracht. Die Philosophie ist nämlich nichts anderes als der Versuch, solche fundamentalen Fragen zu beantworten, und zwar nicht gedankenlos und dogmatisch zu beantworten, wie wir das im Alltag und selbst in
10 der Wissenschaft oft tun, sondern kritisch, nachdem wir untersucht haben, was solche Fragen rätselhaft macht, und nachdem wir die ganze Verworrenheit und Verschwommenheit unserer normalen Vorstellungen erkannt haben.
15 Für gewöhnlich halten wir viele Dinge für sicher und gewiß, an denen bei näherem Zusehen so viele Widersprüche sichtbar werden, daß wir lange nachdenken müssen, bevor wir wissen, was wir glauben dürfen. Es ist nur na-
20 türlich, wenn wir auf unserer Suche nach Gewißheit bei den Erlebnissen anfangen, die wir jetzt, in diesem Augenblick haben, und ohne Zweifel lassen sie uns in irgendeinem Sinne etwas erkennen. Aber jede Aussage darüber,
25 was es ist, das uns unsere gegenwärtigen Erlebnisse zu wissen geben, hat gute Chancen, falsch zu sein.
Es scheint mir, dass ich jetzt auf einem Stuhl sitze, an einem Tisch von bestimmter Gestalt,
30 auf dem ich beschriebene oder bedruckte Papiere sehe. Wenn ich meinen Kopf drehe, sehe ich vor dem Fenster Gebäude, Wolken und die Sonne. Ich glaube, daß die Sonne etwa 150

—
BERTRAND RUSSELL
—

Bertrand Russell (1872–1970) war ein britischer Philosoph und Mathematiker. In seinem Hauptwerk *Principia Mathematica* untersuchte er zusammen mit Alfred North Whitehead (1861–1947) die Grundlagen der Mathematik. Daneben verfasste er zahlreiche Beiträge zur Logik und Sprachphilosophie sowie Jahrzehnte später eine berühmte Geschichte der Philosophie des Abendlandes. Russell war auch politisch aktiv. Er engagierte sich für das Frauenwahlrecht und nach Beginn des Ersten Weltkriegs gegen den Krieg. Für seine Aktivitäten musste er kurzzeitig ins Gefängnis, und es wurde ihm seine Professur an der Universität Cambridge entzogen. Nach ausgedehnten Reisen in Asien lehrte Russell in den USA. 1944 kehrte er nach England zurück, 1950 erhielt er den Nobelpreis für Literatur.

Millionen Kilometer von der Erde entfernt ist, daß sie eine heiße Kugel
und sehr viel grösser als die Erde ist, daß sie dank der Erdumdrehung jeden Morgen aufgeht und noch bis in die ferne Zukunft aufgehen wird. Ich
glaube, daß, wenn irgendein anderer normaler Mensch in mein Zimmer
kommt, er dieselben Stühle, Tische, Bücher und Papiere sehen wird, die
ich auch sehe, und daß der Tisch, den ich sehe, derselbe ist wie der Tisch,
dessen Druck gegen meinen aufgestützten Arm ich spüre.

Es lohnt sich kaum, dies alles ausdrücklich zu sagen, außer wenn ich es
mit jemandem zu tun habe, der zweifelt, ob ich überhaupt etwas weiß. Und
doch kann man es vernünftigerweise bezweifeln, und wir werden lange
und gründlich überlegen müssen, bevor wir sicher sein können, daß wir
unsere Aussagen in eine einwandfreie Form gebracht haben.

Um uns die auftauchenden Schwierigkeiten deutlich zu machen, wollen
wir unsere Aufmerksamkeit auf den Tisch richten. Dem Auge erscheint er
viereckig, braun und glänzend, dem Tastsinn glatt und kühl und hart; wenn
ich auf ihn klopfe, klingt es nach Holz. Jedermann, der den Tisch sieht, be-
fühlt und beklopft, wird meiner Beschreibung zustimmen, so daß es auf
den ersten Blick aussieht, als ob es gar keine Schwierigkeiten gäbe. Sie fan-
gen erst an, wenn wir genauer zu sein versuchen: Obwohl ich glaube, dass
der Tisch «in Wirklichkeit» überall die gleiche Farbe hat, sehen die Stellen,
die das Licht reflektieren, viel heller aus als die übrigen, einige Stellen erscheinen infolge des reflektierten Lichts sogar weiß. Ich weiß, dass andere
Stellen das Licht reflektieren werden, wenn ich mich bewege; die scheinbare Verteilung der Farben auf dem Tisch wird sich bei jeder Bewegung, die
ich mache, verändern. Es folgt, daß, wenn mehrere Leute den Tisch gleichzeitig betrachten, keine zwei genau dieselbe Farbverteilung sehen werden,
weil ihn keine zwei von genau demselben Punkt aus betrachten können,
und weil jede Veränderung des Blickpunkts auch eine Verschiebung der re-
flektierenden Stellen mit sich bringt. Für praktische Zwecke sind diese Unterschiede meist uninteressant, aber für den Maler zum Beispiel bedeuten
sie alles: Der Maler muss sich abgewöhnen zu denken, daß an den Dingen
die Farben sichtbar sind, die sie nach unserem Hausverstand «wirklich»
haben, und er muss sich angewöhnen, sie so zu sehen, wie sie erscheinen.
Hier kommen wir auf einen Unterschied, der in der Philosophie eine große
Rolle spielt – den Unterschied zwischen «Erscheinung» und «Wirklichkeit»,
zwischen dem, was die Dinge zu sein scheinen, und dem, was sie sind. Der
Maler will wissen, wie die Dinge erscheinen; der Praktiker und der Philosoph wollen wissen, was sie sind.

Bertrand Russell: *Probleme der Philosophie.* Frankfurt am Main: Suhrkamp 1967, S. 9–11.

Aufgaben 1.12

→ **Logik und Methoden 1**

 Weshalb handelt es sich bei der Frage, ob es etwas gibt, das wir sicher
wissen können, um eine philosophische Frage?

 Worin besteht die Schwierigkeit, zu bestimmen, welche Farbe ein Gegenstand besitzt? Rekonstruieren Sie die Überlegungen von Russell.

 Informieren Sie sich darüber, wie der Begriff der Farbe definiert wird. Versuchen Sie, mithilfe dieser Definition eine Antwort auf Russells Problem
zu finden.

Widerspruch und Konsistenz Logik und Methoden 6

Angenommen, jemand würde behaupten: «Anton ist heute den ganzen Tag in Zürich, aber am Nachmittag ist er in Bern.» Das wäre seltsam, nicht? Denn der ganze Tag umfasst ja auch den Nachmittag. Wenn die Person meint, was sie sagt, dann sagt sie etwas Widersprüchliches, denn es ist nicht möglich, dass Anton zugleich in Zürich und in Bern ist. Ein Widerspruch besteht, wenn man sagt, dass etwas der Fall ist, und zugleich, dass es nicht der Fall ist. Ein Widerspruch kann nicht wahr sein, ist also immer falsch. Da wir normalerweise nicht etwas Falsches behaupten und glauben wollen, sondern etwas Wahres, müssen wir versuchen, Widersprüche in unseren Aussagen und Überzeugungen zu vermeiden. Stellt jemand fest, dass ein Widerspruch besteht, müssen wir uns überlegen, wie wir den Widerspruch auflösen können. Widerspruchsfreiheit, auch Konsistenz genannt, ist deshalb ein erstrebenswertes Ziel. Aber Widerspruchsfreiheit bedeutet nicht unbedingt Wahrheit. Dass Barbara heute in Basel und Claus in St. Gallen weilt, ist kein Widerspruch, aber es könnte beides falsch sein. Wenn offensichtlich wahr erscheinende Aussagen zu einem Widerspruch führen, nennt man das ein Paradox.

→ Logik und Methoden 17

Philosophinnen und Philosophen legen grossen Wert auf die Unterscheidung zwischen Erscheinung und Wirklichkeit, sagt Russell. Sie wollen wissen, wie die Dinge wirklich sind, und nicht, wie sie erscheinen. Sie streben nach Wahrheit. Dies soll anhand einer der berühmtesten Textstellen der Philosophiegeschichte vertieft werden, des Höhlengleichnisses von Platon. In diesem Dialog unterhält sich Sokrates mit Glaukon, dem älteren Bruder von Platon.

—
**SOKRATES
UND
PLATON**
—

1 «Und nun», fuhr ich fort, «mache dir den Unterschied zwischen Bildung und Unbildung in unserer Natur an dem folgenden Erleben gleichnishaft klar. Stelle dir die Menschen
5 vor in einem unterirdischen, höhlenartigen Raum, der gegen das Licht zu einen weiten Ausgang hat über die ganze Höhlenbreite; in dieser Höhle leben sie von Kindheit, gefesselt an Schenkeln und Nacken, so daß sie dort bleiben
10 ben müssen und nur gegen vorwärts schauen, den Kopf aber wegen der Fesseln nicht herumdrehen können; aus weiter Ferne leuchtet von oben her hinter ihrem Rücken das Licht eines Feuers, zwischen diesem Licht und den Gefesselten
15 selten führt ein Weg in der Höhe; ihm entlang stelle dir eine niedrige Wand vor, ähnlich wie bei den Gauklern ein Verschlag vor den Zuschauern errichtet ist, über dem sie ihre Künste zeigen.»
20 «Ich kann mir das vorstellen», sagte Glaukon. «An dieser Wand, so stell dir noch vor, tragen Menschen mannigfaltige Geräte vorbei, die über die Mauer hinausragen, dazu auch Statuen aus Holz und Stein von Menschen und

Sokrates (469–399 v. Chr.) ist berühmt für seine Bescheidenheit – von sich selbst behauptete er, nichts zu wissen. Mit gezielten Fragen forderte Sokrates die Menschen auf dem Marktplatz in Athen heraus, ihre Wissensansprüche zu rechtfertigen, und konnte damit nicht selten ein scheinbares Wissen als Nichtwissen entlarven. 399 v. Chr. wurde er vom athenischen Staat wegen Gotteslästerung und Verführung der Jugend angeklagt und zum Tode verurteilt. Dieses tragische Ereignis veränderte das Leben seines Schülers Platon (428/427–348/347 v. Chr.): Er entschied sich, das Denken von Sokrates, der selbst nichts schriftlich festgehalten hatte, aufzuschreiben. Er verfasste eine Reihe von Dialogen, in denen Sokrates zumeist die Hauptrolle spielt. Mit zunehmendem Alter entwickelte Platon eigene Positionen, die er aber nach wie vor Sokrates in den Mund legte. Es ist deshalb nicht immer leicht zu sagen, was dem historischen Sokrates und was Platon zuzuschreiben ist. So ist auch der Sokrates, der im Höhlengleichnis spricht, eine literarisch gestaltete Figur und kann nicht mit dem historischen Sokrates gleichgesetzt werden. Platon gilt zusammen mit seinem Schüler Aristoteles (384–322 v. Chr.) als einflussreichster Philosoph überhaupt.

25 anderen Lebewesen, kurz, alles mögliche, alles künstlich hergestellt, wobei die Vorbeitragenden teils sprechen, teils schweigen.»

«Merkwürdig sind Gleichnis und Gefesselte, von denen du sprichst.»

«Sie gleichen uns! Denn sie sehen zunächst von sich und den anderen nichts außer den Schatten, die vom Feuer auf die gegenüberliegende Mauer
30 geworfen werden, verstehst du?»

«Natürlich, wenn sie gezwungen sind, ihre Köpfe unbeweglich zu halten ihr Leben lang.»

«Dasselbe gilt auch von den vorübergetragenen Geräten, nicht?»

«Gewiß!»

35 «Wenn sie sich untereinander unterhalten könnten, da würden sie wohl glauben, die wahren Dinge zu benennen, wenn sie von den Schatten sprechen, die sie sehen.»

«Notwendigerweise!»

Platon: *Der Staat.* Übersetzt und herausgegeben von Karl Vretska. Stuttgart: Reclam 1982, S. 327 f.
[514a-515b].

Aufgabe 1.13

 Zeichnen Sie die Höhle mit allen Elementen, die erwähnt werden.

«Überlege nun Lösung und Heilung aus Ketten und Unverstand, wie im-
40 mer das vor sich gehen mag – ob da wohl folgendes eintritt. Wenn etwa einer gelöst und gezwungen würde, sofort aufzustehen und den Kopf um-zuwenden, auszuschreiten und zum Licht zu blicken, wenn er bei alledem Schmerz empfände und wegen des Strahlenfunkelns jene Gegenstände nicht anschauen könnte, deren Schatten er vorher gesehen – was, glaubst
45 du, würde er da wohl antworten, wenn man ihm sagte, er habe vorher nur eitlen Tand gesehen, jetzt aber sehe er schon richtiger, da er näher dem Seienden sei und sich zu wirklichen Dingen hingewendet habe; wenn man ihn auf jeden der Vorbeigehenden hinwiese und zur Antwort auf die Frage zwänge, was das denn sei? Würde er da nicht in Verlegenheit sein und glau-
50 ben, was er vorher erblickt, sei wirklicher als das, was man ihm jetzt zeige?»

«Gewiß!

«Und wenn man ihn zwänge, ins Licht selbst zu blicken, dann würden ihn seine Augen schmerzen, und fluchtartig würde er sich dem zuwenden, was er anzublicken vermag; dies würde er dann für klarer halten als das zuletzt
55 Gezeigte, nicht?»

«So ist es!»

«Wenn man ihn», fragte ich weiter, «von dort wegzöge, mit Gewalt, den schwierigen und steilen Anstieg hinan und nicht früher losließe, bis man ihn ans Licht der Sonne gebracht hätte, würde er da nicht voll Schmerz
60 und Unwillen sein über die Verschleppung? Und wenn er ans Sonnenlicht käme, da könnte er wohl – die Augen voll des Glanzes – nicht ein einziges der Dinge erkennen, die man ihm nunmehr als wahr hinstellte.»

«Nicht sofort wenigstens!»

«Er brauchte Gewöhnung, denke ich, wenn er die Oberwelt betrachten soll-
65 te; zuerst würde er am leichtesten die Schatten erkennen, dann die Spiegel-bilder der Menschen und der anderen Dinge im Wasser, später sie selbst [...]. Zuletzt aber könnte er die Sonne, nicht ihr Abbild im Wasser oder auf

einem fremden Körper, sondern sie selbst für sich an ihrem Platz anblicken und ihr Wesen erkennen.»

70 «Notwendigerweise!»

«Und dann würde er durch Schlußfolgerung erkennen, daß sie es ist, die die Jahreszeiten und Jahre schafft und alles in der sichtbaren Welt verwaltet und irgendwie Urheberin ist an allem, was sie gesehen haben.»

«Klar, so weit würde er allmählich kommen!»

75 «Nun weiter! Wenn man ihn dann an seine erste Wohnung, an sein damaliges Wissen und die Mitgefangenen dort erinnerte, würde er sich dann nicht glücklich preisen wegen seines Ortswechsels und die anderen bedauern?»

«Gar sehr!»

«Wenn sie damals Ehrenstellen und Preise untereinander ausgesetzt ha-
80 ben und Auszeichnungen für den Menschen, der die vorbeiziehenden Gegenstände am schärfsten erkannt und sich am besten gemerkt hat, welche vorher und welche nachher und welche zugleich vorbeizogen, und daher am besten auf das Kommende schließen könne, wird da nun dieser Mann besondere Sehnsucht nach ihnen haben und jene beneiden, die bei ihnen
85 in Ehre und Macht sind? […]»

«Lieber wird er alles über sich ergehen lassen, als dort zu leben.»

«Und dann überlege noch dies: Wenn ein solcher wieder hinabstiege und sich auf seinen Sitz setzte, hätte er da nicht die Augen voll Dunkelheit, da er soeben aus der Sonne gekommen ist?»

90 «Und wie!»

«Und wenn er dort wieder im Unterscheiden der Schatten mit jenen immer Gefesselten wetteifern müsste, zur Zeit, da seine Augen noch geblendet sind und sich noch nicht umgestellt haben – und diese Zeit der Gewöhnung wird nicht kurz sein! –, würde er da nicht ausgelacht werden und bespöttelt,
95 er sei von seinem Aufstieg mit verdorbenen Augen zurückgekehrt; daher sei es nicht wert, den Aufstieg auch nur zu versuchen. Und wenn er sie dann lösen und hinaufführen wollte, würden sie ihn töten, wenn sie ihn in die Hände bekommen und töten könnten!»

«Sicherlich!»

100 Platon: *Der Staat*. Übersetzt und herausgegeben von Karl Vretska. Stuttgart: Reclam 1982, S. 328 –330 [515c-517a].

Abbildung 1.4: Papyrus mit Fragment aus Platons «Staat»

In einer Zusammenfassung stellt man die zentralen Aussagen und Thesen und die wesentlichen Argumente eines Texts in knapper und übersichtlicher Form dar. Eine Zusammenfassung sollte für Leserinnen und Leser auch dann verständlich sein, wenn sie den zusammengefassten Text nicht kennen. Man muss deshalb darauf achten, dass man nicht etwas voraussetzt, was nur wissen kann, wer den Text kennt. Auch kann man in einer Zusammenfassung nicht auf den Text oder einzelne Abschnitte verweisen.

Es gibt zwei Formen der Zusammenfassung: die direkte Form, bei der man nur den Text zusammenfasst, ohne die Autorin zu nennen, und die indirekte Form, bei der man den Autor nennt. In der direkten Form beginnt man gleich mit dem Inhalt des Texts. Zum Beispiel: «In einer Höhle ...» In der indirekten Form beginnt man in der Regel mit der Autorin. Zum Beispiel: «Platon schreibt, dass in einer Höhle ...» Die direkte Form ist in der Regel einfacher, die indirekte Form erlaubt es, zusätzliche Informationen einfliessen zu lassen, zum Beispiel darüber, was die Autorin im Text tut: eine These begründen, ein Beispiel geben, etwas einwenden, untersuchen, die Frage stellen und so weiter.

Eine Zusammenfassung wird in der Regel im Präsens geschrieben.

→ Logik und Methoden 24

Aufgaben 1.14

 Fassen Sie das Höhlengleichnis zusammen. Achten Sie darauf, dass Sie nur zusammenfassen und noch keine Interpretation oder Bewertung abgeben.

→ Logik und Methoden 7

→ Logik und Methoden 2

 Was will Platon mit dem Höhlengleichnis sagen? Entwickeln Sie eine stimmige Interpretation.

 Welche Gründe könnte es dafür geben, wieder hinab in die Höhle zu steigen? Was bedeutet dies für die Tätigkeit des Philosophierens?

 Wie würden Sie reagieren, wenn jemand zu Ihnen käme und behauptete, er/sie habe Erkenntnis erlangt, während Sie bloss in einer Welt der Erscheinungen leben würden?

Antike Philosophinnen und Philosophen strebten nicht nur danach, die Wahrheit zu erkennen, sondern sie untersuchten auch, welche Konsequenzen das Erkennen der Wahrheit hat und wie man das Leben am besten führt. Auch in anderen Kulturen gingen Denkerinnen und Denker diesen Fragen nach, so zum Beispiel der chinesische Philosoph Konfuzius (551–479 v. Chr.).

KONFUZIUS

1 (1) Ein Edler, der beim Essen nicht nach Sättigung fragt, beim Wohnen nicht nach Bequemlichkeit fragt, eifrig im Tun und vorsichtig im Reden, sich denen, die Grundsätze haben,
5 naht, um sich zu bessern: der kann ein das Lernen Liebender genannt werden. (Buch I, 14)
(2) Dsï Gung fragte nach dem (Wesen des) Edlen: Der Meister sprach: «Erst handeln und dann mit seinen Worten sich danach richten.»
10 (Buch II, 13)
(3) Der Meister sprach: «Ein Gebildeter, der es liebt, (zu Hause) zu bleiben, ist nicht wert, für einen Gebildeten zu gelten.» (Buch XIV, 3)
(4) Dsï Gung fragte und sprach: «Gibt es ein
15 Wort, nach dem man das ganze Leben hindurch handeln kann?» Der Meister sprach: «Die Nächstenliebe. Was du selbst nicht wünschest, tu nicht an andern.» (Buch XV, 23)

Kong Fuzi («Lehrmeister Kong»), den man in Europa seit dem 17. Jahrhundert unter dem latinisierten Namen Konfuzius kennt, prägt mit seinen Gedanken die Kultur in China und anderen asiatischen Ländern bis heute. Zentral in seinem Denken ist die Idee, dass man nur durch persönliche Integrität, Menschenliebe und gegenseitigen Respekt gesellschaftliche Harmonie herstellen und beibehalten kann. Seine Lehre wird als Konfuzianismus bezeichnet und gehört neben dem Buddhismus und dem Daoismus (siehe Abschnitt 4.2) zu den sogenannten «Drei Lehren». Konfuzius wurde 551 v. Chr. im Staat Lu geboren und starb 479 v. Chr., er lebte also etwas früher als Sokrates. Wie von Sokrates sind auch von Konfuzius selbst keine Schriften überliefert. Seine Gedanken kommen besonders in den «Gesprächen» (Lúnyǔ) zum Ausdruck, die von seinen Schülern aufgeschrieben wurden.

Konfuzius: Lun-yü. Gespräche. Übersetzt und herausgegeben von Richard Wilhelm. München: C. H. Beck / dtv, 2005 S. 11, 17, 128 und 150.

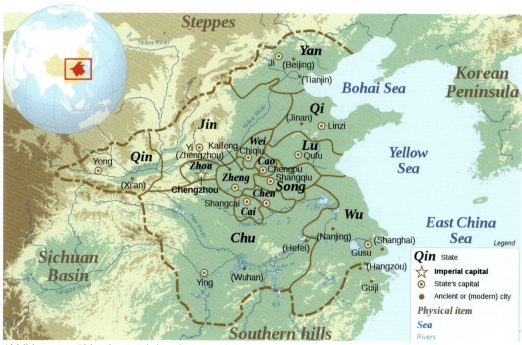

Abbildung 1.5: China im 6. Jahrhundert vor Christus

→ **Logik und Methoden 2**

Aufgaben 1.15

 Zu (1): Welche Auffassung von Philosophie lässt sich aus dem ersten Zitat ableiten?

- -

 Zu (2): Finden Sie Beispiele, in denen es sinnvoller ist, zuerst zu handeln, bevor man, wie Konfuzius sagt, «mit seinen Worten sich danach richtet».

- -

 Zu (3): Was meint Konfuzius mit «(zu Hause) zu bleiben»? Wohl nicht das Haus im wörtlichen Sinn, was also dann?

- -

 Zu (4): Finden Sie Beispiele von Handlungen, die Sie sich selbst nicht wünschen und die Sie deshalb anderen auch nicht antun sollten.

- -

 Gibt es nicht auch Beispiele von Handlungen, die Sie sich selbst nicht wünschen, andere sich aber wünschen? Versuchen Sie, eine bessere Formulierung für das Prinzip der Nächstenliebe zu finden.

Die Britin Helen Beebee (geb. 1968) ist eine zeitgenössische Philosophin im Bereich der Metaphysik. Sie hat wichtige Beiträge zur Frage geliefert, wie das Verhältnis von Ursache und Wirkung zu verstehen ist, und untersucht, ob es einen freien Willen gibt. Ferner beschäftigt sie sich mit der Frage, weshalb es nach wie vor so wenige Frauen in der Philosophie gibt.

—
HELEN BEEBEE
—

Die Philosophie strebt gemäss Platon nach Wahrheit. Nun stellen wir aber fest, dass es in Bezug auf zentrale Fragen der Philosophie keine allgemein anerkannten Antworten gibt, obwohl sich Menschen seit Jahrtausenden damit befassen. Bedeutet dies, dass wir das Ziel der Wahrheit aufgeben müssen? Oder gar, dass die Philosophie nichts bringt? Helen Beebee (geb. 1968), eine Philosophin der Gegenwart, hat darauf eine Antwort.

Beebee schlägt vor, dass wir uns ein Ziel setzen, das wir prinzipiell erreichen können. Zur genaueren Bestimmung dieses Ziels greift sie auf die Idee des Gleichgewichts von Meinungen zurück: Meinungen sind im Gleichgewicht, wenn sie miteinander vereinbar sind. Beebee schlägt vor, dass unser Ziel somit sein sollte, dass wir ein Gleichgewicht von Meinun-

→ **Logik und Methoden 27**

gen finden, die der philosophischen Prüfung standhalten. Unüberwindbare Verschiedenheiten in Meinungen, die vertretbar sind, führen demnach zu unterschiedlichen Gleichgewichten. Ein solches Gleichgewicht zu finden, bleibt ein aussergewöhnlich anspruchsvolles Vorhaben, das die Kapazitäten eines einzelnen Menschen übertrifft, schreibt Beebee.

Aufgabe 1.16

 Geben Sie Beispiele für Meinungen, die man endgültig widerlegen kann, und für Meinungen, die man nicht endgültig widerlegen kann.

- -

 Angenommen, jemand vertrete die Meinung, dass Mörder mit dem Tod bestraft werden müssten. Wie könnte diese Meinung mit anderen Meinungen in ein Gleichgewicht gebracht werden? Durch welche Überlegungen könnte dieses Gleichgewicht in Schieflage geraten?

Russell und Platon sagen, dass Philosophinnen und Philosophen wissen wollen, wie die Welt wirklich ist. Ludwig Wittgenstein (1889–1951) hat hingegen eine andere Auffassung von Philosophie. Für ihn ist die Hauptaufgabe der Philosophie, Gedanken zu klären. Gedanken sind immer sprachlich formuliert. Darum fordert Wittgenstein, dass Philosophinnen und Philosophen einen genauen Blick auf die Sprache werfen müssen.

LUDWIG WITTGENSTEIN

1   4.112
Der Zweck der Philosophie ist die logische Klärung der Gedanken.
Die Philosophie ist keine Lehre, sondern eine
5   Tätigkeit. Ein philosophisches Werk besteht wesentlich aus Erläuterungen.
Das Resultat der Philosophie sind nicht «philosophische Sätze», sondern das Klarwerden von Sätzen.
10   Die Philosophie soll die Gedanken, die sonst, gleichsam, trübe und verschwommen sind, klar machen und scharf abgrenzen.

Ludwig Wittgenstein: *Tractatus Logico-Philosophicus.* Frankfurt am Main: Suhrkamp 1964, Satz 4.112.

Ludwig Wittgenstein (1889–1951) war ein einflussreicher österreichischer Philosoph. Sein erstes Hauptwerk ist die *Logisch-philosophische Abhandlung*, die heute unter dem Titel *Tractatus Logico-Philosophicus* bekannt ist. Im *Tractatus* verfolgt Wittgenstein das Ziel, die Grenze des Denkens auszuloten. Er erläutert dafür das Verhältnis von Sprache und Realität und fragt sich, was Philosophie und was Wissenschaft ist. Auffällig ist die spezielle Form: Der *Tractatus* besteht aus sieben nummerierten Hauptsätzen, denen weitere Sätze durch ein kompliziertes Nummerierungssystem zugeordnet sind. Dieses System soll gemäss Wittgenstein das logische Gewicht der Sätze verdeutlichen und ist im Detail schwer zu durchschauen. Wittgensteins zweites Hauptwerk sind die posthum veröffentlichten *Philosophischen Untersuchungen.* Darin knüpft er an seine früheren Gedanken an, ändert sie aber in entscheidender Hinsicht. Während Wittgenstein im *Tractatus* die sprachphilosophische These vertritt, dass Sätze die Wirklichkeit abbilden, kritisiert und verwirft er diese Position in den *Philosophischen Untersuchungen.*

Aufgabe 1.17

Erläutern Sie anhand der Aussage «Das Universum ist unendlich» den Unterschied zwischen dem Versuch, Wahrheit zu erlangen, und dem Versuch, Gedanken zu klären.

Was Philosophinnen und Philosophen tun, mag von aussen betrachtet manchmal unverständlich erscheinen. Ludwig Wittgenstein hat dies einmal so auf den Punkt gebracht:

1   Ich sitze mit einem Philosophen im Garten; er sagt zu wiederholten Malen
2   «Ich weiß, daß das ein Baum ist», wobei er auf einen Baum in der Nähe
3   zeigt. Ein Dritter kommt daher und hört das, und ich sage ihm: «Dieser
4   Mensch ist nicht verrückt: Wir philosophieren nur.»

Ludwig Wittgenstein: *Über Gewissheit.* Frankfurt am Main: Suhrkamp 1970, § 467.

Aufgabe 1.18

Beschreiben Sie eine mögliche Gesprächssituation, in die sich der Gesprächsfetzen der beiden Philosophen im Garten einbetten lässt.

1.4 Vernunft und Argument

Da die Philosophie ohne Beobachtung und Erfahrung auszukommen versucht, stellt sich die Frage, wie sie zu Antworten auf ihre Fragen gelangen kann. Platon und viele andere betonen die Rolle der Vernunft. Vernünftiges, kritisches und selbstbestimmtes Nachdenken gilt als wichtigstes Mittel auf dem Weg zur Wahrheit. In Platons Höhlengleichnis wird derjenige, der an die Oberfläche dringt, von seinen Fesseln befreit und gezwungen, aufzustehen und «zum Licht zu blicken». Im Gegensatz dazu betont Immanuel Kant (1724–1804) im folgenden Textausschnitt die Eigenverantwortung jedes Menschen, sich als denkendes Wesen zu betätigen. Kant spricht hier zwar allgemein von «Aufklärung», doch die Textpassage kann auch als Hinweis verstanden werden, was es bedeutet, eine philosophische Haltung einzunehmen.

1 Aufklärung ist der Ausgang des Menschen aus seiner selbst verschuldeten Unmündigkeit. Unmündigkeit ist das Unvermögen, sich seines Verstandes ohne Leitung eines anderen zu bedienen. Selbstverschuldet ist diese Unmündigkeit, wenn die Ursache derselben nicht am Mangel des Verstandes,
5 sondern der Entschließung und des Mutes liegt, sich seiner ohne Leitung eines anderen zu bedienen. *sapere aude!* Habe Mut dich deines eigenen Verstandes zu bedienen! Ist also der Wahlspruch der Aufklärung.

Faulheit und Feigheit sind die Ursachen, warum ein so großer Teil der Menschen, nach-
10 dem sie die Natur längst von fremder Leitung frei gesprochen [...], dennoch gerne zeitlebens unmündig bleiben; und warum es Anderen so leicht wird, sich zu deren Vormündern aufzuwerfen. Es ist so bequem, unmündig zu sein.
15 Habe ich ein Buch, das für mich Verstand hat, einen Seelsorger, der für mich Gewissen hat, einen Arzt, der für mich die Diät beurteilt, usw.: so brauche ich mich ja nicht selbst zu bemühen. Ich habe nicht nötig zu denken, wenn ich nur
20 bezahlen kann; andere werden das verdrießliche Geschäft schon für mich übernehmen. Dass der bei weitem größte Teil der Menschen (darunter das ganze schöne Geschlecht) den Schritt zur Mündigkeit, außer dem dass er be-
25 schwerlich ist, auch für sehr gefährlich halte: dafür sorgen schon jene Vormünder, die die Oberaufsicht über sie gütigst auf sich genommen haben. Nachdem sie ihr Hausvieh zuerst

— IMMANUEL KANT —

Immanuel Kant (1724–1804) lebte zur Zeit der europäischen Aufklärung im preussischen Königsberg, dem heutigen Kaliningrad. Sein Werk *Kritik der reinen Vernunft* gilt als eines der wichtigsten, aber auch schwierigsten der modernen Philosophie. Kant versuchte darin, die Grenzen des Wissens sowie die Grenzen der Vernunft zu bestimmen. Wichtige Beiträge lieferte er auch in der Ethik und in der Ästhetik. Kant ist zudem dafür bekannt, dass er in seiner Schrift *Zum ewigen Frieden* die Möglichkeit eines dauerhaften Friedens zwischen Staaten zu begründen versuchte.

30 dumm gemacht haben und sorgfältig verhüteten, dass diese ruhigen Geschöpfe ja keinen Schritt außer dem Gängelwagen, darin sie sie einsperrten, wagen durften, so zeigen sie ihnen nachher die Gefahr, die ihnen droht, wenn sie es versuchen allein zu gehen. Nun ist diese Gefahr zwar eben so groß nicht, denn sie würden durch einigemal Fallen wohl endlich
35 gehen lernen; allein ein Beispiel von der Art macht doch schüchtern und schreckt gemeiniglich von allen ferneren Versuchen ab.

Immanuel Kant: Beantwortung der Frage: Was ist Aufklärung? Akademieausgabe, Bd. 8, S. 35–36. [Schreibweise modernisiert].

Aufgaben 1.19

 Kant schreibt, «das ganze schöne Geschlecht», das heisst *alle* Frauen würden den Schritt zur Mündigkeit für sehr gefährlich halten. Informieren Sie sich über die Rolle der Frauen in der Geschichte der Philosophie und versuchen Sie eine Erklärung für Kants Aussage zu finden.

 Finden Sie Beispiele für Vorurteile, die Menschen gegenüber anderen Menschen haben können. Formulieren Sie diese als strikte allgemeine Aussagen, das heisst als Aussagen der Form «Alle … sind …».

 Eine strikte allgemeine Aussage kann mit einem einzigen Gegenbeispiel widerlegt werden. Denken Sie selbst und widerlegen Sie die Vorurteile.

Mary Wollstonecraft (1759–1797) war eine frühe Kämpferin für Frauenrechte. Sie argumentierte dafür, dass Frauen ebenso das Recht auf Bildung haben wie Männer.

1 Um die Tyrannei des Mannes zu rechtfertigen und zu entschuldigen, sind viele geistreiche Argumente vorgebracht worden, die beweisen sollen, dass die beiden Geschlechter beim Er-
5 werb der Tugend einen ganz anderen Charakter anstreben sollten, oder, um es deutlicher zu sagen, den Frauen wird nicht zugestanden, genügend Geisteskraft zu besitzen, um wahre Tugend erlangen zu können. Doch man sollte
10 meinen, dass es nur einen von der Vorsehung bestimmten Weg gibt, der die Menschheit entweder zur Tugend oder zum Glück führt, wenn man ihnen schon Seelen zugesteht.

Mary Wollstonecraft: *A Vindication of the Rights of Woman*. London: J. Johnson, S. 39. Online unter: https://en.wikisource. org/wiki/A_Vindication_of_the_Rights_of_Woman [abgerufen am 16. Februar 2021, Übersetzung JP]

MARY WOLLSTONE-CRAFT

Mary Wollstonecraft (1759–1797), Mutter der Schriftstellerin Mary Shelley, war eine Philosophin und Frauenrechtlerin zur Zeit der Aufklärung. In Ihrem wichtigsten Buch, *A Vindication of the Rights of Woman*, argumentiert sie dafür, dass Frauen und Männer die gleichen Rechte haben sollen, insbesondere das Recht auf Bildung. Wollstonecraft gilt deshalb als eine Vorreiterin der Frauenrechtsbewegung.

→ **Logik und Methoden 7**

 Fassen Sie den Gedanken von Wollstonecraft in modernen Worten zusammen.

 Wie erklären Sie es sich, dass es nach wie vor wenige Frauen gibt, die als Professorinnen an der Universität in Philosophie forschen und unterrichten?

Philosophinnen und Philosophen bedienen sich der Vernunft. Was aber bedeutet das? Wie trägt die Vernunft zu neuen Erkenntnissen bei? Das wichtigste Instrument von Philosophinnen und Philosophen ist das Argument. Es dient unter anderem dazu, eine Erkenntnis zu gewinnen, eine Aussage zu rechtfertigen und anderen Menschen aufzuzeigen, dass es gute Gründe gibt, diese Aussage für wahr zu halten.

Mit Argumenten versuchen wir manchmal, andere Menschen von unserer Position zu überzeugen. Das gelingt dann am besten, wenn wir von Sätzen ausgehen, von denen wir glauben, dass sie unser Gegenüber ebenfalls für wahr hält. Gehen wir davon aus, wir wollten jemanden davon überzeugen, dass er mehr Früchte essen solle, dann beginnen wir zum Beispiel mit der Aussage: «Findest du nicht auch, dass es gut ist, wenn man gesund ist und keine Krankheiten hat?» Wir können damit rechnen, dass uns unser Gesprächspartner hier zustimmt. Damit haben wir einen Ausgangspunkt, um mit weiteren Aussagen – «Vitamine halten uns gesund» und «Früchte enthalten viele Vitamine» – für unsere Schlussfolgerung «Es ist gut, Früchte zu essen» zu argumentieren. Wenn Sie eine These, das heisst eine Aussage, von der Sie überzeugt sind, verteidigen wollen, dann

→ **Logik und Methoden 8**

müssen Sie also Prämissen finden, die Ihre These untermauern. Prämissen sind Aussagen, die eine andere Aussage in einem Argument stützen.

—
ARISTOTELES
—

—
GOTTLOB FREGE
—

Platons Schüler Aristoteles (384–322 v. Chr.) ist der Begründer der Syllogistik und damit der ersten formalen Logik. Ein Syllogismus ist ein Argument, das aus zwei Prämissen (Obersatz und Untersatz) und einer Konklusion besteht, wobei die beiden Prämissen Begriffe auf verschiedene Weise verbinden, zum Beispiel so: Alle Menschen sind Säugetiere. Alle Säugetiere sind Lebewesen. Also sind alle Menschen Lebewesen. Aristoteles' Logik war über zwei Jahrtausende hinweg gebräuchlich. Seine Lehre der Physik war bis weit über das Mittelalter hinaus einflussreich und wurde erst im 18. Jahrhundert endgültig ersetzt. Im Mittelalter galt er unter muslimischen und christlichen Gelehrten als die Referenz schlechthin und wurde von Thomas von Aquin schlicht als «Der Philosoph» bezeichnet. Seine Schriften zur Ethik sind Bezugspunkt für viele zeitgenössische ethische Theorien wie diejenigen von Philippa Foot und Martha Nussbaum.

Der deutsche Philosoph Gottlob Frege (1848–1925) revolutionierte mit seinem Buch *Begriffsschrift* die Logik, die über zweitausend Jahre lang durch die aristotelische Syllogistik geprägt gewesen war. Während die Syllogistik lediglich eine Sammlung gültiger Argumente liefern kann (z. B. aus «Alle A sind B» und «Einige B sind C» folgt «Einige A sind C»), gelang es Frege, mithilfe weniger formaler Zeichen wie des Existenzquantors («Es gibt ein x, sodass ...») und des Allquantors («Für alle x gilt ...») die Gültigkeit einer viel grösseren Anzahl von Argumenten zu beweisen. Er beeinflusste damit unter anderem Bertrand Russell, Ludwig Wittgenstein sowie seinen Studenten Rudolf Carnap. Er gilt damit als Wegbereiter der sogenannten analytischen Philosophie, das heisst der Auffassung, dass sich philosophische Probleme über eine logische Analyse der Sprache bearbeiten lassen.

Wenn wir etwas behaupten, dann müssen wir dies unter Umständen auch begründen können. Etwas zu begründen, bedeutet, ein Argument dafür aufzustellen. Was ist ein Argument?

Prämisse und Konklusion

Ein Argument setzt sich aus mehreren Aussagen zusammen. Eine Aussage allein kann nie ein Argument sein. Ein Argument besteht aus einer, zwei oder mehreren Prämissen und einer Konklusion (Schlusssatz). Die Prämissen begründen die Konklusion. Zum Beispiel: «Man darf keine Menschen töten, und ein Embryo ist auch ein Mensch, also darf man keinen Embryo töten.» In der Standardform der Argumentation werden die Prämissen nummeriert, und der Übergang zur Konklusion wird mit einem horizontalen Strich oder einem Wort wie «also» dargestellt. Zum Beispiel so:

→ Logik und Methoden 4

Prämisse 1:   Man darf keine Menschen töten.
Prämisse 2:   Ein Embryo ist ein Mensch.

Konklusion: Man darf keine Embryonen töten.

Das Argument könnte mit einem weiteren ergänzt werden:
Prämisse 3:   Man darf keine Embryonen töten. (= Konklusion des ersten Arguments)
Prämisse 4:   In einer Abtreibung wird ein Embryo getötet.
Also:
Konklusion: Man darf nicht abtreiben.

Diese Ergänzung durch ein zweites Argument zeigt, dass die Konklusion eines ersten Arguments als Prämisse eines zweiten Arguments dienen kann.

Ein Argument besteht somit aus drei Teilen: einer oder mehreren Prämissen, einer Konklusion und dem Übergang von Prämissen zur Konklusion. Entsprechend kann man drei Fragen stellen: Sind die Prämissen wahr? Ist die Konklusion wahr? Ist der Übergang gut?

Deduktiv und nichtdeduktiv

Manchmal wollen wir mit einem Argument lediglich einen guten Grund für eine Aussage anführen. Wir meinen damit nicht, dass die Aussage wahr sein muss. Zum Beispiel wenn wir sagen: «Der Himmel ist klar, also wird es morgen wieder schönes Wetter sein.» Natürlich könnte es sein, dass das Wetter morgen nicht schön ist, obwohl der Himmel heute klar ist. Wenn man nicht den Anspruch hat, dass die Konklusion aufgrund der Prämissen wahr sein muss, wenn man also nur einen guten Grund für eine Aussage liefern will, dann nennt man das Argument nichtdeduktiv.

In anderen Fällen wollen wir sagen können: Wenn wir dieses hier annehmen, dann muss zwingend auch jenes wahr sein. Zum Beispiel bei der Suche nach dem Täter: Der Mord fand in der Küche statt, Caecilia war nicht in der Küche zur Zeit des Mordes, also ist Caecilia nicht die Täterin. Wenn die Prämissen in diesem Argument wahr sind, dann ist es auch die Konklusion. Ein solches Argument nennt man deduktiv.

Logische Fehler

Die Logik beschäftigt sich unter anderem mit der Frage, ob aus den Prämissen – angenommen, diese sind wahr – die Konklusion zwingend folgt. Ist dies nicht der Fall, glaubt man aber dennoch, dass die Konklusion zwingend folgt, spricht man von einem logischen Fehler oder von einem Fehlschluss. Betrachten wir folgendes Beispiel:
Prämisse 1:   Wenn es regnet, dann wird die Strasse nass.
Prämisse 2:   Es hat nicht geregnet.
Also:
Konklusion: Die Strasse ist nicht nass.
Dieses Argument ist nicht gültig, weil die Strasse auch nass sein könnte, obwohl es nicht geregnet hat. Wenn jemand glaubt, die Konklusion folge zwingend, so begeht er damit einen Fehlschluss.

Gültigkeit

Gültige Argumente enthalten keine logischen Fehler, das heisst, dass die Konklusion zwingend wahr ist, wenn die Prämissen wahr sind. Allerdings müssen in einem gültigen Argument die Prämissen nicht tatsächlich wahr sein. Logische Gültigkeit meint lediglich: Wenn die Prämissen wahr sind, dann ist es auch die Konklusion. Zum Beispiel ist das folgende Argument gültig:

Prämisse 1:   Wenn es regnet, dann findet das Spiel nicht statt.
Prämisse 2:   Es regnet heute.

Konklusion: Also findet das Spiel heute nicht statt.

Die Gültigkeit ist eine Eigenschaft des Übergangs, nicht der Prämissen. Ein Argument, das falsche Prämissen enthält, kann gültig sein. In unserem Beispiel bleibt das Argument gültig, auch wenn es heute nicht regnet, also die zweite Prämisse falsch ist.

Man kann die Aussagen mit Buchstaben abkürzen. Dann erhalten wir folgende Struktur:

Prämisse 1:   Wenn p, dann q.
Prämisse 2:   p.

Konklusion: Also q.
Was auch immer wir für p und q einsetzen: q ist wahr, wenn die Prämissen wahr sind.

Stichhaltigkeit
Ist ein Argument zwar gültig, enthält aber falsche Prämissen, so hilft uns das wenig, um zu einer wahren Konklusion zu gelangen. So ist das Argument im folgenden Beispiel zwar gültig, die erste Prämisse jedoch falsch.
Prämisse 1: Alle Katzen sind Reptilien.
Prämisse 2: Löwen sind Katzen.
Also:
Konklusion: Löwen sind Reptilien.
Wir wollen daher, dass ein Argument gültig ist und dass die Prämissen wahr sind. Ist ein Argument gültig und sind alle Prämissen wahr, so nennt man das Argument stichhaltig.
Auch nichtdeduktive Argumente können gut sein. Wenn die Prämissen einen guten Grund für die Konklusion liefern und die Prämissen wahr sind, dann ist es ein stichhaltiges nichtdeduktives Argument.

Aufgaben 1.21

→ **Logik und Methoden 8**

 Finden Sie Argumente, in denen Folgendes gilt:
a) Das Argument ist gültig, die Prämissen und die Konklusion sind wahr.
b) Das Argument ist gültig, mindestens eine der Prämissen ist falsch.
c) Das Argument ist ungültig, die Prämissen und die Konklusion sind wahr.
d) Das Argument ist gültig, die Prämissen sind falsch, die Konklusion ist wahr.

 Welche der folgenden Aussagen sind wahr?
a) Wenn ein Argument ungültig ist, dann sind die Prämissen falsch.
b) Wenn ein Argument stichhaltig ist, dann ist das Argument gültig.
c) Wenn ein Argument gültig ist, dann ist es stichhaltig.
d) Ein Argument, das ungültig ist, kann eine wahre Konklusion haben.

Argumente rekonstruieren Logik und Methoden 9

Häufig ist ein Argument nur als Skizze vorhanden, unvollständig oder gar nur angedeutet. In diesen Fällen muss man, wenn man sich näher damit auseinandersetzen will, das Argument erst rekonstruieren. Die Rekonstruktion eines Arguments besteht darin, dass man das Argument in seine Standardform bringt und so vervollständigt, dass es alle nötigen Prämissen enthält. Eine Argumentrekonstruktion ist somit auch eine Interpretationsarbeit. Dabei sollte man dem Prinzip der wohlwollenden Interpretation folgen, das heisst, ein möglichst gutes (gültiges, stichhaltiges) Argument erstellen.

→ **Logik und Methoden 2**

Wie geht man vor, wenn man ein Argument rekonstruieren möchte? Am besten beginnt man mit der Konklusion. Wofür möchte die Autorin argumentieren? Man schreibt die Konklusion als vollständigen, möglichst klaren Satz auf. Dann überlegt man sich, was die Prämissen sind. Worauf stützt sich die Autorin in ihrem Argument? Man schreibt die Prämissen ebenfalls als ganze, möglichst klare Sätze auf. Hat man eine erste Rekonstruktion erstellt, prüft man, ob alle genannten Prämissen tatsächlich notwendig sind und ob welche fehlen. Allenfalls muss man das Argument verbessern und danach wieder prüfen. Diese Schritte wiederholt man so lange, bis man zu einem befriedigenden Resultat gelangt ist.

Argumente zu rekonstruieren, kann manchmal ganz leicht sein, manchmal ist es eine Herausforderung, an der auch Profis lange arbeiten müssen.

Aufgaben 1.22

 Unterstreichen Sie in den folgenden Argumenten die Prämissen und die Konklusion in unterschiedlicher Farbe.

→ **Logik und Methoden 8**

a) Philosophieren ist sinnlos, denn man lernt nichts dabei.
b) Wenn man etwas dabei lernen würde, dann wäre es nicht sinnlos, aber da man dabei nichts lernt, ist es sinnlos.
c) Es stimmt nicht, dass man beim Philosophieren nichts lernt, denn man lernt zumindest, wie man richtig argumentiert.
d) Man lernt in der Philosophie nicht nur, wie man argumentiert, sondern auch, welche möglichen Antworten es auf eine Frage gibt, und auch das ist Lernen, also ist Philosophie nicht sinnlos.

 Rekonstruieren Sie die Argumente.

→ **Logik und Methoden 9**

Wir betrachten im Folgenden einige Texte, in denen kurze Argumente vorkommen, um daran das Rekonstruieren von Argumenten zu üben. Die ersten zwei Texte stammen aus einem Dialog von Platon, dem *Kriton*. Der Hintergrund der Geschichte ist der Folgende: Sokrates wurde von der Stadt Athen wegen Verführung der Jugend und Gotteslästerung zum Tode verurteilt und sitzt im Gefängnis. Sein reicher Freund Kriton hat seine Flucht vorbereitet. Soll Sokrates dieses Angebot annehmen und fliehen? Im ersten Textauszug erfährt man Kritons Antwort dazu, im zweiten die von Sokrates.

1 Kriton: [...] Doch, du unbegreiflicher Sokrates, folge doch jetzt noch meinem Rat und lass dich retten. Denn wenn du stirbst, so ist das für mich nicht ein einfaches Unglück. Erstens verliere ich an dir einen Freund, wie ich nie mehr einen finden werde; außerdem aber wird mancher, der uns
5 beide nicht kennt, der Meinung sein, ich hätte mich nicht um deine Rettung [g]ekümmert, obschon sie in meiner Hand gelegen wäre, wenn ich nur den nötigen Geldaufwand nicht gescheut hätte. Gibt es aber einen schimpflicheren Ruf als den, dass man sein Geld höher schätze als seine Freunde? Denn die Leute werden nicht glauben, du hättest selber nicht von hier weg-
10 gehen wollen, trotz unserer Bemühungen.

Platon: *Kriton*. Übersetzt und herausgegeben von Olof Gigon. Zürich: Artemis 1974, S. 251 [44b–c].

Aufgabe 1.23

 Rekonstruieren Sie das Argument.

→ **Logik und Methoden 9**

Sokrates: So überlege es dir auf folgende Weise. Stelle dir vor, wir wären eben im Begriffe, von hier wegzulaufen, oder wie man dies nennen soll, und da kämen uns die Gesetze und das Gemeinwesen des Staates entgegen, träten auf uns zu und fragten: «Sage mir, Sokrates, was hast du im Sinn zu tun? Hat dein Vorhaben noch ein anderes Ziel, oder willst du damit, so viel in deiner Macht liegt, uns Gesetze und auch den Staat verderben? Oder hältst du es etwa für möglich, dass der Staat noch weiterbestehen und dem Umsturz entgehen kann, in dem gefällte Urteile keine Kraft mehr besitzen, sondern von Privatleuten einfach ungültig gemacht und umgestoßen werden?»

Platon: *Kriton*. Übersetzt und herausgegeben von Olof Gigon. Zürich: Artemis 1974, S. 261 [50a–b].

Aufgaben 1.24

→ **Logik und Methoden 9**

  Rekonstruieren Sie das Argument.

  Was halten Sie von diesen Argumenten? Diskutieren Sie.

Der vorsokratische Philosoph Parmenides (ca. 515 – ca. 455 v. Chr.) stellte fest, es könne nicht sein, dass «aus Nichtseiendem irgendetwas anderes als eben Nichtseiendes hervorgehe». Später wurde dafür die lateinische Formel geschaffen: *Ex nihilo nihil fit* («aus nichts entsteht nichts»). Man kann die Idee auch so → **Logik und Methoden 10** formulieren: Jedes Ding hat eine Ursache. Wenn aber gilt, dass jedes Ding eine Ursache hat, dann gäbe es keinen Anfang, denn auch dieses «erste Ding» müsste wiederum eine Ursache haben und so weiter. Kann das aber sein? Bereits in der Antike hat unter anderem Platon dafür argumentiert, dass es einen ersten Beweger geben müsse, der selbst unbewegt sei. Später wurde diese Idee übernommen, und die erste Ursache wurde mit Gott identifiziert. Damit wurde also die Existenz Gottes bewiesen. Ein solcher Gottesbeweis, der sich auf die allgemeine Ordnung der Dinge bezieht, bezeichnet man seit Kant als kosmologischen Gottesbeweis. Eine Version davon stammt von einem der bedeutendsten Philosophen des Mittelalters, Thomas von Aquin (1225-1274).

—
THOMAS VON AQUIN
—

Thomas von Aquin, geboren 1225 im italienischen Aquino, war einer der einflussreichsten Philosophen überhaupt. Sein Einfluss begründet sich vor allem damit, dass er die Philosophie von Aristoteles mit der Lehre der christlichen Kirche zu vereinen suchte. In der katholischen Kirche gilt er als einer der wichtigsten Kirchenlehrer und wurde bereits im 14. Jahrhundert heiliggesprochen.

[Dieser] Weg ist aus dem Begriff der bewirkenden Ursache genommen. (a) Wir finden nämlich, daß in den sinnlich wahrnehmbaren Dingen hier eine Ordnung der wirkenden Ursachen besteht. Es findet sich jedoch nicht, und ist auch nicht möglich, daß etwas Wirkursache seiner selbst sei, da es so früher wäre als es selbst, was unmöglich ist. (b) Es ist aber nicht möglich, dass die Wirkursachen ins Unendliche gehen, weil bei allen geordneten Wirkursachen insgesamt das Erste Ursache des Mittleren, und das Mittlere Ursache des Letzten ist [...]. Ist aber die Ursache entfernt worden, dann wird auch die Wirkung entfernt. Wenn es also kein Erstes in den Wirkursachen gibt, wird es kein Letztes und auch kein Mittleres geben. Wenn aber die Wirk-

ursachen ins Unendliche gehen, wird es keine erste Wirkursache geben,
und so wird es weder eine letzte Wirkung, noch mittlere Wirkursachen geben: was offenbar falsch ist. (c) Also ist es notwendig, eine erste Wirkursache anzunehmen. Diese nennen alle Gott.

20

Thomas von Aquin: *Die Gottesbeweise.* 3. Auflage. Übersetzt und herausgegeben von Horst Seidl.
Hamburg: Felix Meiner 1996, S. 55.

Aufgabe 1.25

 Rekonstruieren Sie das Argument von Thomas von Aquin.

→ **Logik und Methoden 9**

Infiniter Regress   Logik und Methoden 10

Ein infiniter Regress ist der endlose Rückgang in einer unendlichen Reihe. Ein solcher Rückgang kann harmlos sein, zum Beispiel in der Reihe der natürlichen Zahlen:
Zu jeder natürlichen Zahl gibt es eine nächste natürliche Zahl. Ein infiniter Regress
kann aber auch fatal sein. Wenn man zum Beispiel sagt, dass eine willentliche Handlung stets durch einen Willensakt hervorgerufen wird, dann führt das zu Problemen.
Denn dann müsste auch der Willensakt selbst durch einen Willensakt hervorgerufen
worden sein und so unendlich weiter. Das würde bedeuten, dass einer willentlichen
Handlung unendlich viele Handlungen vorausgehen, was aber nicht möglich ist.

Avicenna hat einen komplexen Gottesbeweis vorgelegt, den «Beweis des Wahr-
haftigen», der die Möglichkeit nicht ausschliesst, dass die Kette der Ursachen
und Wirkungen in der Welt unendlich ist. Sein Argument lautet wie folgt: Man
kann zwischen kontingenten und notwendigen Dingen unterscheiden. Ein kon-
tingentes Ding ist eines, das einer äusseren Ursache
bedarf, um zu existieren. Ein notwendiges Ding ist
eines, das keiner äusseren Ursache bedarf, um zu
existieren; es existiert aufgrund von dem, was es ist,
seines Wesens. Angenommen, alle Dinge wären kontingent, dann würde dies zu einer unendlichen Kette
von Ursachen und Wirkungen führen. Aber auch die
ganze Menge dieser Dinge, das heisst, alle Dinge,
die jemals existiert haben, jetzt existieren oder einmal existieren werden, müsste dann von einem anderen Ding verursacht worden sein. Dieses Ding
kann nicht kontingent sein, sonst wäre es bereits Teil
dieser Menge. Also muss es notwendig sein. Folglich
existiert ein notwendiges Ding. Avicenna argumentiert weiter dafür, dass dieses notwendig existierende Ding die Eigenschaften hat, die Gott hat, unter
anderem, dass es nur eines ist und allgütig ist.
Ein weiterer Gottesbeweis von Thomas von Aquin
ist der sogenannte teleologische Gottesbeweis, der
ebenfalls auf Ideen aus der Antike zurückgeht.

—
AVICENNA
—

Avicenna (persisch: *Ibn Sina*), geboren um ca. 980 in
Buchara (im heutigen Usbekistan) und gestorben 1037
in Hamadan (im heutigen Iran), war ein persischer Universalgelehrter. Er betätigte sich unter anderem als Arzt,
Naturwissenschaftler, Philosoph, Dichter und Mathematiker. Zu seiner Zeit war der arabische Kulturraum Europa in wissenschaftlicher Hinsicht um vieles voraus, auch
weil die vollständigen Schriften von Aristoteles auf Ara-
bisch vorlagen. Diese wurden erst mit der Rückerobe-
rung Spaniens durch die Christen ins Lateinische und
Spanische übersetzt.

₁ [Dieser] Weg wird von der zweckvollen Leitung der Dinge genommen. (a) Wir sehen nämlich, dass einige Dinge, die des Denkens entbehren, nämlich die natürlichen Körperdinge, wegen eines Zieles (Zweckes) tätig sind: was daraus deutlich wird, dass sie immer oder meistens auf dieselbe Weise

₅ tätig sind, um das zu erreichen, was jeweils das Beste ist. Daraus ist offenbar, dass sie nicht aus Zufall, sondern aus zweckvoller Absicht zu ihrem Ziel gelangen. (b) Diejenigen Dinge aber, die kein Denken haben, streben nicht zu ihrem Ziel, außer weil sie geleitet sind von einem Denkenden und vernünftig Erkennenden, wie der Pfeil vom Bogenschützen geleitet wird.

₁₀ (c) Also gibt es etwas vernünftig Erkennendes, von dem alle Naturdinge auf ein Ziel hin geordnet werden. Und dies nennen wir Gott.

Thomas von Aquin: *Die Gottesbeweise.* 3. Auflage. Übersetzt und herausgegeben von Horst Seidl. Hamburg: Felix Meiner 1996, S. 59.

Aufgaben 1.26

→ **Logik und Methoden 9**

 Rekonstruieren Sie den Gottesbeweis mit nummerierten Prämissen und Konklusion.

- -

 Setzen Sie sich kritisch mit den Gottesbeweisen von Thomas von Aquin und Avicenna auseinander. Prüfen Sie dabei die beiden Möglichkeiten, ein Argument zu hinterfragen: Folgt die Konklusion jeweils zwingend aus den Prämissen? Lassen sich Prämissen angreifen?

→ **Logik und Methoden 11**

- -

→ **Logik und Methoden 8**

 Gibt es nichtdeduktive Argumente, welche die Existenz Gottes wahrscheinlicher machen als seine Nicht-Existenz? Wie gut sind diese Argumente?

- -

 Ergibt es Ihrer Meinung nach überhaupt Sinn, die Existenz Gottes mithilfe von Argumenten beweisen zu wollen? Begründen Sie Ihre Einschätzung.

Argumente prüfen — Logik und Methoden 11

Wenn wir ein Argument vor uns haben, wollen wir in der Regel auch wissen, ob es ein gutes Argument ist. Das heisst: Wir müssen das Argument prüfen. Dazu stellen wir zuerst die Frage: Ist das Argument gültig? Wenn es gültig ist, so stellen wir die weitere Frage: Sind die Prämissen wahr, das heisst, ist das Argument stichhaltig? Wenn es nicht gültig ist, so stellen wir die Frage: Ist es ein nichtdeduktiv starkes Argument? Wenn ja, stellen wir die weitere Frage: Sind die Prämissen wahr, das heisst, ist das Argument nichtdeduktiv stichhaltig? Die Antworten auf diese Fragen, insbesondere dann, wenn Sie zu dem Urteil gelangen, dass das Argument nicht gut ist, müssen selbst wieder gut begründet werden. Wir müssen also zum Beispiel begründen, weshalb eine bestimmte Prämisse nicht wahr ist.

Nun kann es sein, dass ein Argument stichhaltig ist, es aber dennoch kein gutes Argument ist, weil es das Diskussionsziel verfehlt. Wer zum Beispiel in einer Diskussion über die Frage, ob der Schwangerschaftsabbruch ab der 12. Woche erlaubt sein soll (Fristenregelung), ein Argument dafür aufstellt, dass Kinder ab Geburt ein Recht auf Leben haben, verfehlt das Diskussionsziel. Die Kritik lautet in dem Fall, dass das Argument die Frage nicht beantwortet.

Manchmal kann die Kritik auch lauten, dass eine Prämisse des Arguments nicht gut begründet ist, dass also die Person, die das Argument aufstellt, nicht einfach von der Wahrheit der Prämisse ausgehen kann. Zum Beispiel könnte jemand in einem Argument sich auf die Aussage stützen, dass Gott existiert, und auch wenn man keinen guten Grund kennt, der gegen diese Aussage spricht, kann man doch kritisieren, dass man die Existenz Gottes nicht einfach so voraussetzen kann, sondern erst dafür argumentieren muss.

Eine weitere Methode der Philosophie ist das Analysieren von Begriffen. Was ist Wissen? Was ist Freiheit? Was ist Gerechtigkeit? Um Fragen wie diese zu beantworten, muss man sich zuerst überlegen, ob die Begriffe eindeutig sind oder ob es vielleicht gar verschiedene Arten von Wissen oder von Freiheit gibt, die man am besten separat untersucht.

→ Logik und Methoden 14

Abbildung 1.6: *Der Schlaf der Vernunft gebiert Ungeheuer* (um 1797–1799) von Francisco de Goya

1.5 Philosophie als radikales Hinterfragen

Bertrand Russell nennt die Philosophie undogmatisch. Unter einem Dogma versteht man eine Aussage, die nicht hinterfragt werden darf. Solche Aussagen gibt es in der Philosophie nicht – mit Ausnahme der elementaren Gesetze des logischen Denkens. Jede Überzeugung kann Gegenstand philosophischen Nachdenkens werden.

Die folgenden Texte sollen das verdeutlichen. Sie beschäftigen sich mit moralischen, das heisst normativen Fragen. Während Gary Francione (geb. 1954) in seinem Text den Fleischkonsum kritisiert, hinterfragt die US-amerikanische Philosophin Seana Shiffrin (geb. 1969) die Auffassung, dass es gut ist, Kinder in die Welt zu setzen.

1 Die meisten von uns sind der Ansicht, dass es moralisch falsch ist, nichtmenschlichen Tieren «unnötiges» Leid zuzufügen, und dass wir dazu verpflichtet sind, sie «human» zu behandeln. Diese Position ist völlig unumstritten. So gibt es Gesetze – sie sind bereits im 19. Jahrhundert in
5 Großbritannien entstanden und inzwischen weit verbreitet –, die angeblich all jene bestrafen, welche Tiere nicht «human» behandeln und ihnen «unnötig» oder «ungerechtfertigt» Leid zufügen. Kurzum, es sieht so aus, als hätten wir [eine] Moraltheorie über die zentrale Stellung der Empfindungsfähigkeit akzeptiert und in unser Gesetz implementiert. Genau das
10 ist aber das Problem.

Wer nämlich die Bestimmungen des Tierschutzes genauer studiert, wird auf Ungereimtheiten stoßen. Falls ein Verbot unnötigen und ungerechtfertigten Tierleids überhaupt Sinn ergeben soll, muss es ausschließen, dass wir nichtmenschlichen Tieren einzig zum Vergnügen, Zeitvertreib oder
15 aus Bequemlichkeit Leid zufügen dürfen. Die überwiegende Mehrheit des Tierleids lässt sich aber *nur* mit Vergnügen, Zeitvertreib oder Bequemlichkeit rechtfertigen und kann beim besten Willen nicht als «notwendig» bezeichnet werden.

Beispielsweise ist es nicht notwendig, Tiere oder tierliche Produkte zu es-
20 sen. [...] Der beste Grund, den wir dafür haben, ist der schiere Genuss von Fleisch und anderen tierlichen Produkten. Auch ist es gewiss nicht notwendig, dass wir Tiere zu unserer Unterhaltung oder zum Zwecke der Hobbyjagd ausbeuten. Bloß in einem Bereich lässt sich plausibel für die Notwendigkeit der Tiernutzung argumentieren. Er betrifft Tierversuche, die dazu
25 dienen sollen, Medikamente gegen gravierende menschliche Krankheiten zu entwickeln. Obschon es auch hier fragwürdig ist zu behaupten, der Gebrauch nichtmenschlicher Tiere sei notwendig, handelt es sich doch um die einzige Form von Tiernutzung, die nicht schlechterdings als Leidverursachung und Tötung aus nichtigen Gründen abgetan werden kann.

₃₀ Kurz und gut, wenn es um Tiere geht, so kranken wir an einer Art «morali-scher Schizophrenie». Auf der einen Seite behaupten wir, dass wir Tierleid ernst nehmen und unnötiges Leid als moralisch falsch betrachten. Auf der anderen Seite lassen sich die allermeisten Formen der Tiernutzung – sowie das damit verbundene Leid – in keinem schlüssigen Sinne als «notwendig»
₃₅ bezeichnen. Viele von uns, die mit Tieren zusammenleben, betrachten sie als Familienmitglieder. Und doch drehen wir uns um und stecken unsere Gabel in Tiere, die sich nicht nennenswert von jenen unterscheiden, die wir lieben.

Gary L. Francione: Empfindungsfähigkeit, ernst genommen. Aus dem Englischen von Klaus Petrus. In: Friederike Schmitz (Hrsg.): *Tierethik. Grundlagentexte.* Berlin: Suhrkamp 2014, S. 158 f.

Einen Kommentar schreiben Logik und Methoden 12

Philosophinnen und Philosophen lesen nicht nur viel, sie schreiben auch. Sie schreiben zum Beispiel einen Aufsatz, in dem sie eine bestimmte These begründen. Oder sie schreiben einen Kommentar zu etwas, was eine andere Person gesagt oder geschrieben hat. In einem philosophischen Kommentar nimmt man kritisch Stellung zu einer These, einer Position oder einem Argument. Der Kommentar besteht aus zwei Teilen: einer Darstellung und einer Stellungnahme. Sie gehen am besten wie folgt vor: Zuerst stellen Sie möglichst genau und korrekt dar, was Sie genau kommentieren möchten. Darauf folgt eine Stellungnahme. Diese kann entweder eine Kritik sein, das heisst, Sie weisen auf Stärken und Schwächen der Position hin, oder sie kann konstruktiv sein, das heisst, Sie zeigen auf eine Schwäche und heben diese sogleich auf, indem Sie erläutern, wie sich das Argument verbessern lässt.

Adressieren Sie Ihren Kommentar nicht an die Autorin oder den Autor der Position, sondern schreiben Sie für eine interessierte Öffentlichkeit. Sie können sich auch Ihre Mitschüler und Mitschülerinnen als Zielpublikum vorstellen.

Als Leitideen für den Umgang mit intellektuellen Gegnern hat der Mathematiker Anatol Rapoport (1911–2007) vier Regeln aufgestellt, die man auch für das Schreiben eines philosophischen Kommentars verwenden kann: 1. Geben Sie die Position Ihres Gegners möglichst klar und fair wieder. 2. Nennen Sie die Punkte, denen Sie zustimmen. 3. Erwähnen Sie, was Sie von Ihrem Gegner gelernt haben. 4. Erst jetzt beginnen Sie mit Ihrer Kritik oder Widerlegung (vgl. Daniel Dennett: Intuition Pumps and Other Tools for Thinking. London: Allen Lane 2013, S. 33–34).

Sie können in einem Kommentar auch Kritik vortragen, der Sie nicht zustimmen, die aber jemand vorbringen könnte. Danach können Sie diese zurückweisen, womit Sie die Position stärken. Zudem zeigen Sie damit, dass Sie sich eingehend mit dem Thema beschäftigt haben.

Aufgaben 1.27

 Fassen Sie die Argumentation von Francione in ihren wesentlichen Punkten zusammen.

→ Logik und Methoden 7

 In welchen Punkten würden Sie Francione recht geben? Welche Einwände haben Sie?

→ Logik und Methoden 11

 Schreiben Sie einen Kommentar zum Textausschnitt von Francione.

→ Logik und Methoden 12

1 Ich gehe davon aus, dass es sowohl widerspruchsfrei als auch wahr ist, dass die Existenz einer Person zu verursachen der daraus resultierenden Person Nutzen und Schaden bringen kann. Darüber hinaus gehe ich davon aus, dass in der überwiegenden Mehrheit der Fälle die Verursachung der Existenz einer Person tatsächlich einen Gesamtnutzen für die entstehende Person darstellt. Dennoch, auch wenn die Erzeuger ihrer Nachkommenschaft nützen, indem sie sie schaffen, drücken sie ihnen auch eine erhebliche Belastung auf. Durch ihre Existenz als Person sind Kinder gezwungen, moralische Autorität zu übernehmen, sich verschiedenen anspruchsvollen und manchmal schmerzlichen moralischen Fragen zu stellen und anspruchsvolle moralische Pflichten zu erfüllen. Sie müssen die ziemlich beträchtliche Menge an Schmerzen, Leiden, Schwierigkeiten, erheblichen Enttäuschungen, Ängsten und erheblichen Verlusten ertragen, die im typischen Leben auftreten. Sie müssen der Furcht und dem Schaden des Todes ins Auge sehen und diese erleiden. Schließlich müssen sie die Folgen auferlegter Risiken tragen, dass ihr Leben auf vielfältige Weise furchtbar schiefgehen kann.

All diese Belastungen werden ohne die Zustimmung des zukünftigen Kindes auferlegt. Dies, so scheint es, steht in Spannung zu dem grundlegenden liberalen, antipaternalistischen Prinzip, das es verbietet, einer Person ohne ihre Zustimmung erhebliche Lasten und Risiken aufzuerlegen.

Seana Shiffrin: Wrongful Life, Procreative Responsibility, and the Significance of Harm. In: *Legal Theory* 5 (2) 1999, S. 117–148, hier S. 137 [Übersetzung JP].

Aufgaben 1.28

→ **Logik und Methoden 9**

 Rekonstruieren Sie das Argument von Shiffrin.

→ **Logik und Methoden 12**

 Zu einer entscheidungsfähigen Person wird man erst im Laufe des Lebens. Als Eizelle oder Fötus ist man noch nicht entscheidungsfähig und kann somit noch gar keine Zustimmung geben. Also müsste man eigentlich sagen, dass Kinder ihre Zustimmung nicht geben *würden,* selbst wenn sie die Wahl hätten. Welche Probleme ergeben sich aus diesem Satz?

 Shiffrins Argumentation könnte von (werdenden) Eltern als verletzend empfunden werden. Hätte Shiffrin darauf Rücksicht nehmen sollen? Darf Ihrer Meinung nach wirklich alles hinterfragt werden?

1.6 Wozu philosophieren?

Was ist der Wert der Philosophie? Warum ist es überhaupt wichtig und sinnvoll, zu philosophieren? Bertrand Russell sieht das Ziel der Philosophie in der Unterscheidung von Erscheinung und Wirklichkeit. Der Wert der Philosophie ist seiner Meinung nach aber unabhängig davon, ob dieses Ziel erreicht werden kann.

1   Der Wert der Philosophie darf nicht von irgendeinem festumrissenen Wissensstand abhängen, den man durch Studium erwerben könnte.
Der Wert der Philosophie besteht im Gegenteil gerade wesentlich in der Ungewißheit, die sie mit sich bringt. Wer niemals eine philosophische An-
5   wandlung gehabt hat, der geht durchs Leben und ist wie in ein Gefängnis eingeschlossen: von den Vorurteilen des gesunden Menschenverstands, von den habituellen Meinungen seines Zeitalters oder seiner Nation und von den Ansichten, die ohne die Mitarbeit oder die Zustimmung der überlegenen Vernunft in ihm gewachsen sind. So ein Mensch neigt dazu, die
10   Welt bestimmt, endlich, selbstverständlich zu finden; die vertrauten Gegenstände stellen keine Fragen, und die ihm unvertrauten Möglichkeiten weist er verachtungsvoll von der Hand. Sobald wir aber anfangen zu philosophieren [...], führen selbst die alltäglichsten Dinge zu Fragen, die man nur sehr unvollständig beantworten kann. Die Philosophie kann uns zwar
15   nicht mit Sicherheit sagen, wie die richtigen Antworten auf die gestellten Fragen heißen, aber sie kann uns viele Möglichkeiten zu bedenken geben, die unser Blickfeld erweitern und uns von der Tyrannei des Gewohnten befreien. Sie vermindert unsere Gewißheiten darüber, was die Dinge sind, aber sie vermehrt unser Wissen darüber, was die Dinge sein könnten. Sie
20   schlägt die etwas arrogante Gewißheit jener nieder, die sich niemals im Bereich des befreienden Zweifels aufgehalten haben, und sie hält unsere Fähigkeit zu erstaunen wach, indem sie uns vertraute Dinge von uns nicht vertrauten Seiten zeigt.

Bertrand Russell: *Probleme der Philosophie.* Aus dem Englischen und mit einem Nachwort versehen von Eberhard Bubser. Frankfurt am Main: Suhrkamp 1967, S. 138.

Aufgaben 1.29

 Nennen Sie einige Ihrer Meinung nach unlösbare Fragen.

- -

 Ergibt es aus Ihrer Sicht Sinn, sich dennoch mit diesen Fragen zu beschäftigen?

Bereits in der Antike wurde die Auffassung vertreten, dass der Wert der Philosophie unter anderem darin liege, zu einem glücklichen Leben zu führen. So schreibt der griechische Philosoph Epikur (341–270 v. Chr.):

1   Weder soll, wer noch ein Jüngling ist, zögern zu philosophieren, noch soll, wer schon Greis geworden ist, ermatten im Philosophieren. Denn weder ist jemand zu unerwachsen noch bereits entwachsen im Blick auf das, was in der Seele gesunden läßt. Wer aber sagt, zum Philosophieren sei noch nicht
5   das rechte Alter, oder, vorübergegangen sei das rechte Alter, ist dem ähnlich, der sagt, für das Glück sei das rechte Alter noch nicht da oder nicht mehr da.

Epikur: Brief an Menoikeus. In: ders. *Briefe, Sprüche, Werkfragmente*. Übersetzt und herausgegeben von Hans-Wolfgang Krautz. Stuttgart: Reclam 1980, S. 41.

Aufgabe 1.30

 Wie liesse sich begründen, dass das Philosophieren mit dem Glück verknüpft ist? Sind Menschen, die nicht philosophieren, unglücklich? Diskutieren Sie!

Repetitionsfragen

1. Was unterscheidet einen Logos von einem Mythos? Veranschaulichen Sie die Antworten an Beispielen.
2. Was unterscheidet die Philosophie von einer empirischen Wissenschaft?
3. Was will Platon mit dem Höhlengleichnis zeigen?
4. Welche Methoden werden in der Philosophie unter anderem verwendet? Erläutern Sie diese an Beispielen.
5. Worin besteht der Wert der Philosophie?

Zum Weiterdenken

1. Können wir wissen, ob es Gott gibt? Weshalb?
2. Können wir wissen, dass es uns gibt? Weshalb?
3. Können wir wissen, welche Handlung richtig ist? Weshalb?
4. Wie kann man das Verhältnis von Philosophie und den Naturwissenschaften beschreiben?
5. Haben Philosophinnen und Philosophen eine gesellschaftliche Verpflichtung? Weshalb?

Weiterführende Literatur

Gerhard Ernst: *Denken wie ein Philosoph. Eine Anleitung in sieben Tagen.* München: Pantheon 2012.

Stephen Law: *Philosophie. Kompakt&Visuell.* München: Dorling Kindersley 2017.

Thomas Nagel: *Was bedeutet das alles? Eine ganz kurze Einführung in die Philosophie.* Stuttgart: Reclam 2012.

David Papineau (Hrsg.): *Philosophie. Eine illustrierte Reise durch das Denken.* Darmstadt: Primus 2011.

Jonas Pfister: *Philosophie. Ein Lehrbuch.* Stuttgart: Reclam 2011.

Jonas Pfister: *Werkzeuge des Philosophierens.* Stuttgart: Reclam 2013.

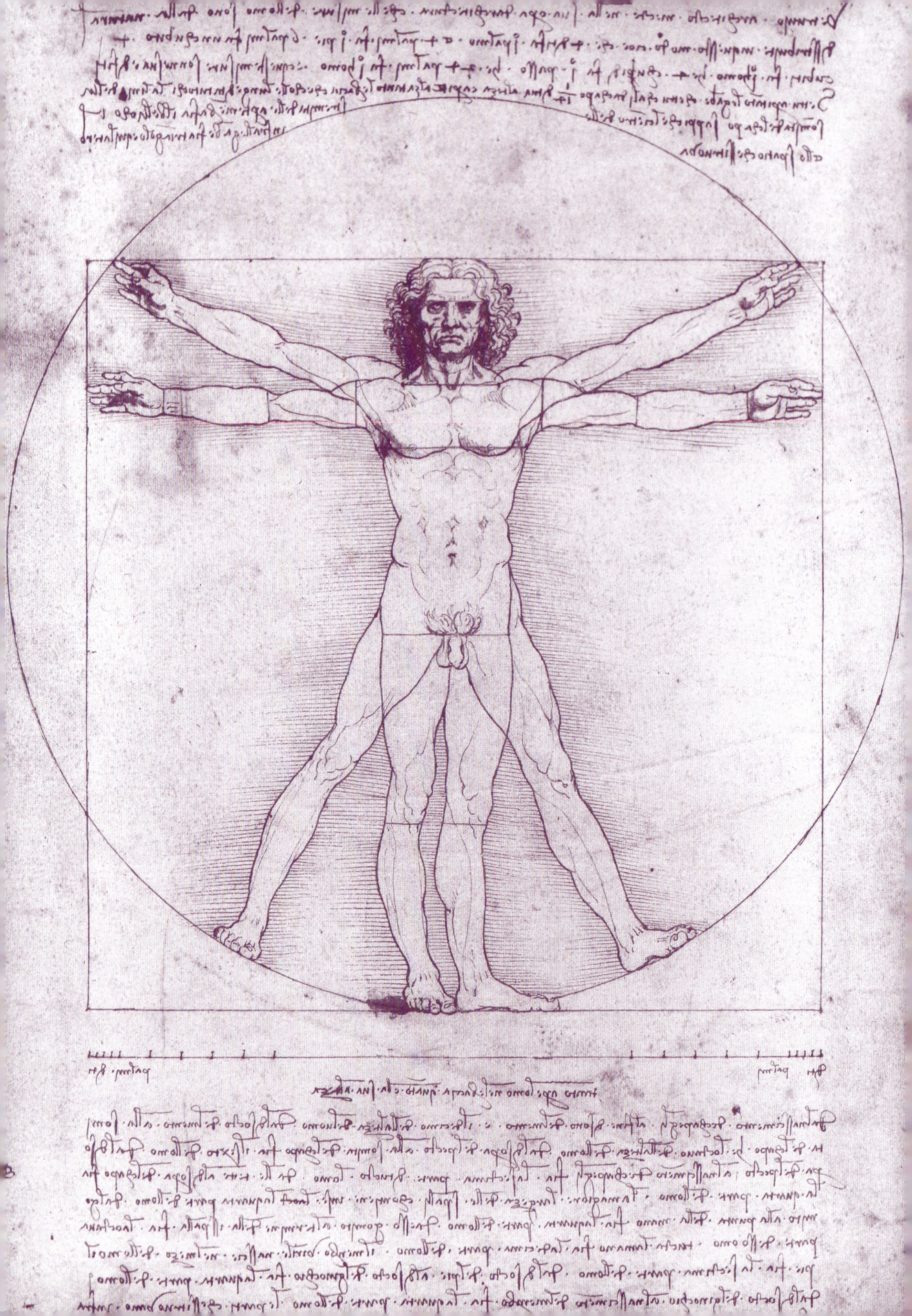

2 Philosophische Anthropologie

«Viel Gewaltiges lebt, doch gewaltiger nichts als der Mensch.»

(Sophokles)

2.1 Was ist der Mensch?

Die Grundfrage der philosophischen Anthropologie lautet: «Was ist der Mensch?» Das ist eine bemerkenswerte Frage, weil der Mensch dabei eine doppelte Rolle spielt. Er ist einerseits der Gegenstand der Frage, andererseits auch dasjenige Wesen, das die Frage stellt. In methodischer Hinsicht ist damit verbunden, dass die Frage sowohl aus der Aussenperspektive als auch aus der Innenperspektive beantwortet werden kann, während sich zum Beispiel die Frage «Was ist eine Ameise?» nur aus der Aussenperspektive beantworten lässt. Bemerkenswert ist die Frage auch, weil nach dem Menschen insgesamt gefragt wird, nicht etwa nach diesem oder jenem Menschen oder nach dieser oder jener besonderen Eigenschaft des Menschen. Die Kombination von Innen- und Aussenperspektive sowie der ganzheitliche Ansatz unterscheidet die philosophische Anthropologie von den Humanwissenschaften wie der Psychologie, der Soziologie oder der Humanbiologie.

Die Frage «Was ist der Mensch» kann so verstanden werden, dass es darum geht, den Begriff des Menschen zu definieren, das heisst, die notwendigen und hinreichenden Bedingungen zu nennen, die ein Wesen erfüllen muss, um ein Mensch zu sein. Kurz: Was bedarf es, um ein Mensch zu sein?

→ Logik und Methoden 13

Sie kann aber auch so verstanden werden, dass es dabei darum geht, was es ausmacht, ein Mensch zu sein. Hierbei wird der Fokus nicht auf die Frage gelegt, ob andere Wesen bestimmte menschliche Eigenschaften ebenfalls besitzen, sondern darauf, was es bedeutet, diese Eigenschaften zu haben. Kurz: Was bedeutet es, Mensch zu sein?

Bedingungen, notwendige und hinreichende
Logik und Methoden 13

Beziehungen zwischen Begriffen beziehungsweise zwischen Aussagen können vielfach als notwendige oder hinreichende Bedingungen beschrieben werden. Eine Bedingung ist notwendig für eine Aussage, wenn sie erfüllt sein muss, damit die Aussage wahr ist. Zum Beispiel: Ein Säugetier zu sein, ist eine notwendige Bedingung dafür, dass etwas ein Hund ist. Eine Bedingung ist hinreichend für eine Aussage, wenn nur diese und keine weitere Bedingung erfüllt sein muss, damit die Aussage wahr ist. Zum Beispiel: Es ist eine hinreichende Bedingung dafür, dass etwas ein Säugetier ist, wenn es ein Hund ist. Solche begrifflichen Beziehungen können meistens gut mithilfe von Mengendiagrammen dargestellt werden. Ist ein Menge A vollständig in einer anderen Menge B enthalten, so kann man Folgendes sagen: Dass etwas in A ist, ist hinreichend dafür, dass es in B ist. Und dass etwas in B ist, ist notwendig dafür, dass es in A ist.

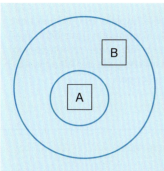

Bedingungen können notwendig und nicht hinreichend oder hinreichend und nicht notwendig sein, wie die Beispiele oben zeigen. Sie können aber auch notwendig und hinreichend sein. Zum Beispiel ist die Tatsache, dass ein Tier seinen Nachwuchs säugt, sowohl notwendig als auch hinreichend dafür, ein Säugetier zu sein. Ferner kann eine Bedingung weder notwendig noch hinreichend sein. Zum Beispiel ist die Tatsache, vier Beine zu haben, weder notwendig noch hinreichend dafür, ein Säugetier zu sein.

Auch in Beziehungen von Ursache und Wirkung kann man von Bedingungen reden. Zum Beispiel ist Sauerstoff notwendig dafür, dass ein Feuer entsteht. Und wenn es irgendwo ein Feuer gibt, dann müssen zuvor Bedingungen geherrscht haben, die hinreichend dafür waren.

Begriffsanalyse — Logik und Methoden 14

In der Philosophie analysieren wir Begriffe, die wichtig für unser Verständnis der Welt und von uns selbst sind. Zu dieser Analyse gehört erstens, dass wir zwischen verschiedenen Begriffen unterscheiden – zum Beispiel kann «Liebe» für elterliche Liebe, erotische Liebe oder Nächstenliebe stehen. Dies sind drei verschiedene Begriffe, und es macht unter Umständen einen grossen Unterschied, ob man vom einen oder vom anderen spricht.

Zur Begriffsanalyse gehört zweitens, dass wir versuchen, komplexe Begriffe in einfachere Begriffe zu zerlegen. Zum Beispiel können wir den Begriff «lügen» in die einfacheren Begriffe «behaupten» und «täuschen» zerlegen. Wir gehen in einer Analyse am besten so vor, dass wir einige Bedingungen für die korrekte Anwendung des Begriffs formulieren und dann prüfen, ob diese Bedingungen notwendig und hinreichend sind. Sind die Bedingungen nicht notwendig, dann sagt man, die Analyse sei zu eng. Zum Beispiel ist die Analyse des Begriffs «Lüge» als eine Behauptung, die falsch ist, sowohl zu eng als auch zu weit. Sie ist zu eng, weil es Lügen gibt, die zufälligerweise wahr sind. Sie ist zu weit, weil nicht jede falsche Behauptung eine Lüge ist. Im Idealfall ist die Analyse weder zu eng noch zu weit, das heisst, sie gibt genau die notwendigen und hinreichenden Bedingungen an und ist somit eine vollständige Definition.

→ Logik und Methoden 3

→ Logik und Methoden 13

→ Logik und Methoden 15

Definition — Logik & Methoden 15

Die Definition ist die Angabe der Bedeutung eines Wortes. In der Definition geben wir nach klassischer Auffassung in der einfachsten Form Bedingungen an, die einzeln notwendig und zusammen hinreichend sind. Dies wird mit der Formulierung «genau dann, wenn» ausgedrückt. Zum Beispiel: Etwas ist ein Haushund genau dann, wenn es ein Hund ist (d.h. zur Art Hunde gehört, lat. *canidae*) und wenn es überwiegend von Menschen gehalten wird. Die Standardform, in der die Bedingungen mit «und» verbunden sind, lautet:

x ist ein F genau dann, wenn (1) x G ist und (2) x H ist.

Es können auch mehr als nur zwei Bedingungen sein. Die Bedingungen sind einzeln notwendig und zusammen hinreichend.

Was wir in Wörterbüchern lesen, ist vielfach lediglich die Angabe von einigen notwendigen oder hinreichenden Bedingungen, nicht selten verbunden mit dem Verweis auf eine besonders hervorstechende Eigenschaft, die eine Identifizierung erleichtert. Zudem ist es wichtig zu beachten, dass für viele Begriffe der Alltagssprache keine vollständigen Definitionen angegeben werden können.

Aufgaben 2.1

 Informieren Sie sich über das Humangenomprojekt.

 Was würden Sie einem Humanbiologen antworten, der behauptet, das Wesen des Menschen sei bereits erfasst, da das menschliche Genom vollständig entschlüsselt sei?

 Ausserirdische nehmen Kontakt mit Ihnen auf und fragen, was Menschen sind. Wie würden Sie antworten? Erstellen Sie eine Liste von Eigenschaften.

→ **Logik und Methoden 13**
→ **Logik und Methoden 14**
→ **Logik und Methoden 15**

 Welche dieser Eigenschaften würden sie als notwendig bezeichnen, wenn es darum geht, den Begriff des Menschen zu definieren? Versuchen Sie, eine entsprechende Definition zu formulieren. Tauschen Sie sich danach untereinander aus. Kann Sie eine der Definition überzeugen? Weshalb (nicht)?

In der philosophischen Tradition finden sich viele Ansätze, die eine bestimmte Eigenschaft des Menschen als zentral herausheben: Der Mensch gilt etwa als das denkende, das sprechende, das freie, das fühlende, das werkzeuggebrauchende, das arbeitende oder als das soziale und politische Lebewesen. Im Folgenden werden vier dieser Ansätze kurz vorgestellt. Die jeweiligen Schlüsselbegriffe lauten: Rationalität, Sprache, Freiheit und Arbeit.

Der Mensch ist ein *denkendes* Wesen. Seit der Antike wird Rationalität als besondere Eigenschaft des Menschen hervorgehoben. Was genau ist unter diesem Begriff zu verstehen? Der US-amerikanische Philosoph Donald Davidson (1917–2003) gibt darauf eine Antwort. Entscheidend ist nach ihm, dass wir über sogenannte propositionale Einstellungen verfügen. Eine Proposition ist ein Sachverhalt, das heisst etwas, das man mit einem Dass-Satz beschreiben kann. Eine propositionale Einstellung ist entsprechend eine Einstellung, die sich auf einen Sachverhalt bezieht.

1   Weder ein Säugling, der eine Woche alt ist, noch eine Schnecke sind rationale Lebewesen. Wenn der Säugling lange genug weiterlebt, wird er wahrscheinlich rational werden, während dies für die Schnecke nicht gilt. [...] Der Unterschied [zwischen einer Schnecke oder einem einwöchigen Säug-

5   ling auf der einen und einer erwachsenen Person auf der anderen Seite] besteht darin, propositionale Einstellungen wie Überzeugungen, Wünsche, Absichten oder Scham zu haben. [...] Einige Lebewesen denken und überlegen. Sie erwägen, testen, verwerfen und akzeptieren Hypothesen. Sie handeln aus Gründen, manchmal nach-

10   dem sie nachgedacht, sich die Folgen vorgestellt und Wahrscheinlichkeiten abgewogen haben. Sie verfügen über Wünsche, Hoffnungen, Hass, oft aus guten Gründen. Auch begehen sie Fehler in ihren Berechnungen,

handeln gegen besseres Wissen oder akzeptieren Grundsätze auf der Basis
von unangemessener Evidenz. Alle diese Leistungen, Aktivitäten, Hand-
15 lungen oder Irrtümer zeigen, dass diese Lebewesen rationale Lebewesen
sind, denn ein rationales Lebewesen zu sein, besteht darin, propositionale
Einstellungen zu haben, egal, wie konfus, widersprüchlich, absurd, ungerechtfertigt oder abwegig diese Einstellungen sein mögen.

Donald Davidson: Rational Animals. In: *Dialectica* 36 (4) 1982 [Übersetzung PZ].

Aufgaben 2.2

 Sind gemäss dieser Bestimmung des Begriffs auch nichtmenschliche Tiere
wie Hunde oder Schimpansen rationale Lebewesen?

 Sind Sie mit Davidson einverstanden? Ist propositionale Einstellungen haben eine hinreichende Bedingung für Rationalität? Diskutieren Sie!

→ **Logik und Methoden 13**

Der Mensch ist nicht nur ein denkendes, sondern auch ein *sprechendes* Wesen.
Damit ist zunächst gemeint, dass wir Zeichen verwenden, um Gegenstände zu
bezeichnen und Sachverhalte in der Welt zu beschreiben und mithilfe dieser
Zeichen Informationen austauschen. Gemäss dem 1931 geborenen kanadischen
Philosophen Charles Taylor greift aber eine solche Bestimmung der Sprache zu
kurz. Mit Blick auf das Sprechen stellt Taylor die Frage, was es für uns bedeutet,
sprechende Wesen zu sein, und was wir durch Sprache zustande bringen.

1   Der erste Aspekt, den ich erwähnen möchte, ist der folgende: In der Sprache formulieren wir etwas. Durch Sprache können wir explizit bewusst
machen, was wir zuvor nur implizit empfinden. Dadurch, dass wir einen
Sachverhalt formulieren, machen wir ihn vollständiger und klarer be-
5   wusst. [...] Solange ich noch nicht weiß, wie ich beschreiben soll, wie ich
mich fühle oder wie etwas aussieht usw., so lange fehlen den betreffenden
Gegenständen klare Konturen. Ich weiß nicht wirklich, worauf ich mich
richten soll, wenn ich mich auf sie richten will. Wenn ich eine adäquate
Formulierung für das finde, was ich über diese Gegenstände sagen will,
10 dann rückt sie das in den Brennpunkt. Eine Beschreibung zu finden, heißt
in diesem Falle, ein Wesensmerkmal der betreffenden Sache zu erkennen
und dadurch ihre Konturen zu erfassen, eine angemessene Vorstellung von
ihr zu erlangen. [...]
Zweitens dient die Sprache dazu, eine Angelegenheit zwischen Gesprächs-
15 partnern öffentlich darzulegen. Man könnte sagen, dass die Sprache es uns
ermöglicht, Dinge an die Öffentlichkeit zu bringen. Dass etwas in den, wie
ich es nennen möchte, öffentlichen Raum tritt, bedeutet, dass es nicht länger nur meine oder nur deine Angelegenheit ist oder die eines jeden Einzelnen von uns, sondern sie ist nun unsere, das heißt, unsere gemeinsame
20 Angelegenheit. [...]
Sprache dient uns somit zur Artikulation und zur Begründung eines öffentlichen Raums. Drittens jedoch liefert sie zugleich das Medium, durch
das einige unserer wichtigsten Anliegen, die den Menschen charakterisie-
renden Anliegen, uns überhaupt erreichen können. [...] Ich denke [...] an
25 bestimmte Anliegen, die nicht als Anliegen eines nichtsprachlichen Tiers
vorstellbar sind. Nehmen wir das bekannte Beispiel des Gegensatzes zwi-

schen Wut und Empörung. Wut können wir (manchen) Tieren zuschreiben, zumindest in gewissem Sinne. Empörung können wir ihnen jedoch nicht zuschreiben – zumindest, wenn wir unser anthropomorphes Entgegen-
30 kommen in Bezug auf unsere Schoßtiere beiseitelassen.
Der Unterschied ist der, dass wir Empörung nur einem Wesen zuschreiben können, das einen Gedanken hat wie: diese Person hat ein Unrecht begangen. [...]
Um [...] für diese Art von Bedeutsamkeit offen zu sein, um beispielsweise
35 wahrzunehmen, dass manche Handlungen einen besonderen Status besitzen, weil sie einem Maßstab entsprechen, müssen wir über Sprache verfügen.

Charles Taylor: Bedeutungstheorien. In: *Negative Freiheit? Zur Kritik des neuzeitlichen Individualismus.* Aus dem Englischen von Hermann Kocyba. Frankfurt am Main: Suhrkamp 1992, S. 64–72.

Aufgabe 2.3

 Verfassen Sie einen Text, in dem Sie darlegen, weshalb es wichtig ist, zu lesen, zu sprechen und zu schreiben. Nehmen Sie dabei Bezug auf die drei von Taylor genannten Aspekte und gehen Sie auch darauf ein, was lesen, sprechen, schreiben für Sie persönlich bedeutet.

Der Mensch kann nicht nur denken und sprechen, sondern auch *frei entscheiden*. Diese Eigenschaft ist für die Schweizer Philosophin Jeanne Hersch (1910–2000) zentral.

—
JEANNE HERSCH
—

Die Schweizer Philosophin Jeanne Hersch, geboren 1910 in Genf, gestorben 2000 ebenda, Tochter polnisch-jüdischer Immigranten, hat sich zeitlebens mit anthropologischen Fragen beschäftigt. Der zentrale Begriff in ihrem Denken ist derjenige der Freiheit. 1968 publizierte sie im Auftrag der UNESCO das in mehrere Sprachen übersetzte Buch *Le droit d'être un homme* (*Das Recht ein Mensch zu sein. Leseproben aus aller Welt zum Thema Freiheit und Menschenrechte*).

1 Gibt es diesen inneren Unterschied zwischen dem Menschen und allen andern lebendigen Geschöpfen, die unter dem Gesetz des Stärkeren leben? Dadurch, dass der Mensch diesem
5 Gesetz nicht ganz unterworfen ist – ich bin sehr sorgfältig: nicht ganz unterworfen –, dadurch, dass er wählt, dadurch, dass er sich vorstellt, dadurch, dass er sich entscheidet, stellt er auf dieser runden Erde etwas dar, dass es
10 ausser ihm wahrscheinlich nicht gibt. Wahrscheinlich ist das auch der Grund, weshalb wir uns so seltsame Dinge vorstellen wie die Freiheit. Wir haben die Freiheit zu entscheiden. Wir sind frei zu entscheiden. Ich bin der
15 Meinung, dass jeder von uns Grund genug hat, sehr, sehr dankbar zu sein dafür, dass er in diesem Sinn ein Mensch ist, mit den Möglichkeiten, die es sonst im Lebendigen nicht gibt: die Verantwortung für das, was man tut, das
20 Auf-sich-Nehmen, das Werten, der Entschluss, die Entscheidung.
Ich kann Ihnen gar nicht sagen, wie dankbar ich dafür bin, dass ich ein Mensch bin. Eine Kuh, die ich auf einer grünen Wiese stehen sehe, sieht so viel glücklicher aus als alle Philosophen, die ich kenne. Viel glücklicher, und doch
25 denke ich: Wie schön, dass ich nicht dieses Tier bin, sondern ein Mensch.

Jeanne Hersch: Rauschgift als Verneinung des eigenen Menschseins. In: Monika Weber und Annemarie Pieper (Hrsg.): *Erlebte Zeit.* Zürich: Verlag NZZ 2010, S. 102. © The Estate of Jeanne Hersch, mit freundlicher Genehmigung der Liepman AG, Zürich.

2 Philosophische Anthropologie

Welche Lebewesen können Ihrer Ansicht nach frei entscheiden, welche nicht?

 Was fehlt der Kuh, um frei zu entscheiden?

 Erläutern Sie den Zusammenhang zwischen Entscheidungsfähigkeit und Freiheit, den Hersch hier anspricht.

Hersch ist weiter der Auffassung, dass der Mensch zur Entfaltung seiner Freiheit nicht durch den Staat in seinem Denken eingeschränkt werden darf. Sie sieht die Rechtfertigung der Demokratie darin, dass sie dem Menschen diese Freiheit gewährt.

> 1 [Die Demokratie] bemüht sich vielmehr, für jedes menschliche Wesen *einen Leerraum* zu wahren, der ihm erlaubt, zu denken, zu glauben, zu hoffen und zu handeln, wie es ihm sein inneres Gewissen eingibt. Es ist dann jedes Bürgers *Pflicht*, in seiner Zeit, in seiner Welt, in seiner konkreten ge-
> 5 schichtlichen Situation als verantwortliches wirksames «Ich» gegenwärtig zu sein. Keine Lehre, keine Regeln können diesen «*acte de présence*», dieses «Hier-bin-ich», ersetzen, das allein fähig ist, die durch die Demokratie geschützte Leere mit menschlicher Substanz *zu füllen*. Erst durch ihre Berufung zu diesem verantwortlichen «acte de présence», der schliesslich in
> 10 jedem Bürger seine tätige Freiheit ist, haben die Menschen Rechte.

Jeanne Hersch: Das Gemeinwesen, das sich seinen Bürgern nicht aufdrängt. In: Monika Weber und Annemarie Pieper (Hrsg.): *Erlebte Zeit*. Zürich: Verlag NZZ 2010, S. 126–127.

Aufgaben 2.5

 Worin besteht laut Hersch die Funktion der Demokratie?

→ Logik und Methoden 2

 Weshalb ist die «geschützte Leere», wie Hersch es nennt, für den Menschen so wichtig?

Der Mensch ist ein arbeitendes Wesen. Um sein Überleben zu garantieren, ist er darauf angewiesen, die Natur zu bearbeiten. Nach Karl Marx (siehe auch Abschnitt 5.5) hat die Arbeit für den Menschen aber weit mehr Bedeutung als die blosse Existenzsicherung.

KARL MARX

Karl Marx (1818–1883) gilt mit Friedrich Engels (1820–1895), mit dem zusammen er viele seiner Schriften verfasste, als Vordenker des Kommunismus. Bereits früher gab es entsprechende Ansätze, aber Marx und Engels waren die Ersten, die die Kritik am Kapitalismus und die Notwendigkeit einer proletarischen Revolution auf eine wissenschaftliche Basis stellten. Marx und Engels schrieben zu einer Zeit, als sich die industrielle Revolution auf einem Höhepunkt befand und deren Konsequenzen (wachsender Reichtum des Bürgertums auf der einen, Verelendung der Lohnabhängigen und Kinderarbeit auf der anderen Seite) deutlich zum Ausdruck kamen.

1 Das praktische Erzeugen einer *gegenständlichen* Welt, die *Bearbeitung* der unorganischen Natur ist die Bewahrung des Menschen als eines bewußten Gattungswesens, d. h. eines
5 Wesens, das sich zu der Gattung als seinem eignen Wesen oder zu sich als Gattungswesen verhält. Zwar produziert auch das Tier. Es baut sich ein Nest, Wohnungen, wie die Biene, Biber, Ameise etc. Allein es produziert nur, was
10 es unmittelbar für sich oder sein Junges bedarf; es produziert einseitig, während der Mensch universell produziert; es produziert nur unter der Herrschaft des unmittelbaren physischen Bedürfnisses, während der Mensch selbst frei
15 vom physischen Bedürfnis produziert und erst wahrhaft produziert in der Freiheit von demselben; es produziert nur sich selbst, während der Mensch die ganze Natur reproduziert; sein Produkt gehört unmittelbar zu seinem physi-
20 schen Leib, während der Mensch frei seinem Produkt gegenübertritt. Das Tier formiert nur nach dem Maß und dem Bedürfnis der Spezies, der es angehört, während der Mensch nach dem Maß jeder Spezies zu produzieren weiß und überall das inhärente Maß dem Gegenstand anzulegen
25 weiß; der Mensch formiert daher auch nach den Gesetzen der Schönheit. Eben in der Bearbeitung der gegenständlichen Welt bewährt sich der Mensch daher erst wirklich als ein *Gattungswesen*. Diese Produktion ist sein werktätiges Gattungsleben. Durch sie erscheint die Natur als sein Werk und seine Wirklichkeit. Der Gegenstand der Arbeit ist daher die *Vergegenständlichung des Gattungslebens des Menschen*: indem er sich nicht
30 nur im Bewußtsein intellektuell, sondern werktätig, wirklich verdoppelt und sich selbst daher in einer von ihm geschaffenen Welt anschaut.

Karl Marx: Ökonomisch-philosophische Manuskripte von 1844. In: *MEW*, Ergänzungsband, 1. Teil. Berlin: Dietz 1968, S. 516–518. Online unter: https://www.marxists.org/deutsch/archiv/marx-engels/1844/oek-phil/1-4_frem.htm [abgerufen am 16. Februar 2021].

Aufgaben 2.6

→ **Logik und Methoden 2**

 Erläutern Sie anhand eines geeigneten Beispiels die These, dass sich der Mensch durch Arbeit «verdopple» und sich in einer von ihm geschaffenen Welt selbst anschaue.

- -

 Marx wird verschiedentlich vorgeworfen, eine verkürzte Auffassung von Arbeit zu besitzen. Nennen Sie Tätigkeiten/Arbeiten, die nicht zu den Ausführungen von Marx passen. Wodurch könnte sich die Verengung des Arbeitsbegriffs bei Marx erklären lassen? Entwerfen Sie mögliche Hypothesen.

- -

 Wir entwickeln uns zu einer Freizeitgesellschaft, so eine bekannte These der Soziologie. Besitzt Arbeit für uns heute noch den Stellenwert, den Marx ihr zugemessen hat? Diskutieren Sie.

2 Philosophische Anthropologie

Wer über den Menschen nachdenkt, stellt sich nicht nur die Frage nach dessen wesentlichen Eigenschaften, sondern auch diejenige nach der Stellung des Menschen im Kosmos. In welchem Verhältnis steht der Mensch zu anderen Lebewesen? Welche Rolle spielt seine Existenz im Hinblick auf das ganze Universum? Eine höchst einflussreiche religiöse Antwort auf diese Fragen findet sich im Alten Testament (*Genesis*, 1 und 2).

1,26 Und Gott sprach: Lasst uns Menschen machen als unser Bild, uns ähnlich. Und sie sollen herrschen über die Fische des Meers und über die Vögel des Himmels, über das Vieh und über die ganze Erde und über alle Kriechtiere, die sich auf der Erde regen.

1,27 Und Gott schuf den Menschen als sein Bild, als Bild Gottes schuf er ihn; als Mann und Frau schuf er sie.

1,28 Und Gott segnete sie, und Gott sprach zu ihnen: Seid fruchtbar und mehrt euch und füllt die Erde und macht sie untertan, und herrscht über die Fische des Meers und über die Vögel des Himmels und über alle Tiere, die sich auf der Erde regen.

1,29 Und Gott sprach: Seht, ich gebe euch alles Kraut auf der ganzen Erde, das Samen trägt, und alle Bäume, an denen samentragende Früchte sind. Das wird eure Nahrung sein.
[...]

2,4 Zur Zeit, als der HERR, Gott, Erde und Himmel machte

2,5 und es noch kein Gesträuch des Feldes gab auf der Erde und noch kein Feldkraut wuchs, weil der HERR, Gott, noch nicht hatte regnen lassen auf die Erde und noch kein Mensch da war, um den Erdboden zu bebauen,

2,6 als noch ein Wasserschwall hervorbrach aus der Erde und den ganzen Erdboden tränkte, –

2,7 da bildete der HERR, Gott, den Menschen aus Staub vom Erdboden und blies Lebensatem in seine Nase. So wurde der Mensch ein lebendiges Wesen.

2,8 Dann pflanzte der HERR, Gott, einen Garten in Eden im Osten, und dort hinein setzte er den Menschen, den er gebildet hatte.
[...]

2,18 Und der HERR, Gott, sprach: Es ist nicht gut, dass der Mensch allein ist. Ich will ihm eine Hilfe machen, ihm gemäss.

2,19 Da bildete der HERR, Gott, aus dem Erdboden alle Tiere des Feldes und alle Vögel des Himmels und brachte sie zum Menschen, um zu sehen, wie er sie nennen würde, und ganz wie der Mensch als lebendiges Wesen sie nennen würde, so sollten sie heissen.

2,20 Und der Mensch gab allem Vieh und den Vögeln des Himmels und allen Tieren des Feldes Namen. Für den Menschen aber fand er keine Hilfe, die ihm gemäss war.

2,21 Da liess der HERR, Gott, einen Tiefschlaf auf den Menschen fallen, und dieser schlief ein. Und er nahm eine von seinen Rippen heraus und schloss die Stelle mit Fleisch.

2,22 Und der HERR, Gott, machte aus der Rippe, die er vom Menschen genommen hatte, eine Frau und führte sie dem Menschen zu.

2,23 Da sprach der Mensch: Diese endlich ist Gebein von meinem Gebein und Fleisch von meinem Fleisch. Diese soll Frau heissen, denn vom Mann ist sie genommen.

Zürcher Bibel. Zürich: Theologischer Verlag 2007.

Arbeiten Sie die wesentlichen Aussagen zur Stellung des Menschen heraus, die in den zitierten Bibelstellen genannt werden. Halten Sie das Verhältnis zwischen Gott, Mensch und nichtmenschlichen Lebewesen in einer Grafik fest.

 Welche Konsequenzen ergeben sich aus diesem Verhältnis, und wie beurteilen Sie diese Konsequenzen?

 Im Text werden zwei verschiedene Schöpfungsgeschichten des Menschen erzählt. Können beide wahr sein? Was bedeuten die beiden Mythen (siehe Abschnitt 1.1) für das Verhältnis von Mann und Frau?

Auch Giovanni Pico della Mirandola (1463–1494), einer der bekanntesten Philosophen des Renaissance-Humanismus, betont die besondere Stellung des Menschen im Kosmos. Er denkt dabei zwar in den Kategorien des christlichen Glaubens, verschiebt aber den Akzent, wenn es darum geht, die Besonderheit des Menschen genauer zu bestimmen.

1 Schließlich glaubte ich erkannt zu haben, warum der Mensch das glücklichste und demgemäß das Lebewesen ist, das jegliche Bewunderung verdient, und worin schließlich jene Stellung besteht, die er in der Ordnung des Universums erhalten hat, um die ihn nicht allein die Tiere, sondern
5 auch die Gestirne und auch die überweltlichen Geister beneiden. [...]
Schon hatte der höchste Vater und Schöpfergott dieses Haus der Welt, das wir hier sehen, den hocherhabenen Tempel seiner Göttlichkeit nach den Gesetzen geheimer Weisheit kunstvoll errichtet. [...] Doch als das Werk vollendet war, da wünschte sein Erbauer, es sollte jemanden geben, der
10 imstande wäre, die Einrichtung des großen Werkes zu beurteilen, seine Schönheit zu lieben, seine Größe zu bewundern. Deswegen dachte er, als alles schon vollendet war, [...] zuletzt daran, den Menschen zu erschaffen. Doch gab es unter den Urbildern keines, wonach er den neuen Sprössling hätte formen können, auch fand sich in den Schatzkammern nichts, das er
15 dem neuen Sohn als Erbgut hätte schenken können, und nirgends auf der Welt gab es noch einen Platz, auf dem dieser Betrachter des Universums sitzen konnte. Schon voll besetzt war alles an die obersten, die mittleren und untersten Rangordnungen verteilt. [...]
So traf der beste Bildner schließlich die Entscheidung, dass der, dem gar
20 nichts Eigenes gegeben werden konnte, zugleich an allem Anteil habe, was jedem Geschöpf nur für sich selbst zuteil geworden war. Also nahm er den Menschen hin als Schöpfung eines Gebildes ohne besondere Eigenart, stellte ihn in den Mittelpunkt der Welt und redete ihn so an: «Keinen bestimmten Platz habe ich dir zugewiesen, auch keine bestimmte äußere
25 Erscheinung und auch nicht irgendeine besondere Gabe habe ich dir verliehen, Adam, damit du den Platz, das Aussehen und alle die Gaben, die du dir selber wünschst, nach deinem eigenen Willen und Entschluss erhalten und besitzen kannst. Die fest umrissene Natur der übrigen Geschöpfe entfaltet sich nur innerhalb der von mir vorgeschriebenen Gesetze. Du wirst
30 von allen Einschränkungen frei nach deinem eigenen freien Willen, dem ich dich überlassen habe, dir selbst deine Natur bestimmen.»

Pico della Mirandola: Über die Würde des Menschen. *Lateinisch/Deutsch. Übersetzt und herausgegeben von Gerd von der Gönna.* Stuttgart: Reclam 2009, S. 5–9.

2 Philosophische Anthropologie

Informieren Sie sich über den Renaissance-Humanismus, insbesondere über dessen Aussagen zu Sprache und Bildung des Menschen.

 Inwiefern passt die These, dass der Mensch sich seine Natur nach eigenem freien Willen bestimmt, zu den Grundannahmen des Renaissance-Humanismus?

 Arbeiten Sie Gemeinsamkeiten und Unterschiede zwischen dem alttestamentarischen Menschenbild und der Auffassung Pico della Mirandolas heraus.

Auf der Basis naturwissenschaftlicher Erkenntnisse ist die besondere Stellung des Menschen immer wieder infrage gestellt worden. Angesichts der Grösse und Dauer des Weltalls scheint der Mensch ein Staubkorn im Universum zu sein, aus biologischer Perspektive ist er nur ein Säugetier unter vielen, und er besitzt die gleichen Vorfahren wie der Affe. Die Naturwissenschaften haben dem Menschen also zunehmend seine Besonderheit genommen. Der Begründer der Psychoanalyse, Sigmund Freud (1856–1939), spricht in diesem Zusammenhang gar von Kränkungen, die der Mensch aufgrund der naturwissenschaftlichen Forschung erfahren hat.

1 Nach dieser Einleitung möchte ich ausführen, dass der allgemeine Narzißmus, die Eigenliebe der Menschheit, bis jetzt drei schwere Kränkungen vonseiten der wissenschaftlichen Forschung erfahren hat.
a) Der Mensch glaubte zuerst in den Anfängen seiner Forschung, daß sich
5 sein Wohnsitz, die Erde, ruhend im Mittelpunkt des Weltalls befinde, während Sonne, Mond und Planeten sich in kreisförmigen Bahnen um die Erde bewegen. [...] Die zentrale Stellung der Erde war ihm [...] eine Gewähr für ihre herrschende Rolle im Weltall und schien in guter Übereinstimmung mit seiner Neigung, sich als den Herrn dieser Welt zu fühlen.
10 Die Zerstörung dieser narzißtischen Illusion knüpft sich für uns an den Namen und das Werk des Nik. [Nikolaus] Kopernikus im sechzehnten Jahrhundert. [...]
b) Der Mensch warf sich im Laufe seiner Kulturentwicklung zum Herren über seine tierischen Mitgeschöpfe auf. Aber mit dieser Vorherrschaft nicht
15 zufrieden, begann er eine Kluft zwischen ihrem und seinem Wesen zu legen. Er sprach ihnen die Vernunft ab und legte sich eine unsterbliche Seele bei, berief sich auf eine hohe göttliche Abkunft, die das Band der Gemeinschaft mit der Tierwelt zu zerreißen gestattete. [...]
Wir wissen es alle, dass die Forschung Ch. [Charles] Darwins, seiner Mit-
20 arbeiter und Vorgänger, vor wenig mehr als einem halben Jahrhundert dieser Überhebung des Menschen ein Ende bereitet hat. Der Mensch ist nichts anderes und nichts besseres als die Tiere, er ist selbst aus der Tierreihe hervorgegangen, einigen Arten näher, anderen ferner verwandt. [...] Dies ist aber die zweite, die *biologische* Kränkung des menschlichen Narzißmus.
25 *c)* Am empfindlichsten trifft wohl die dritte Kränkung, die psychologischer Natur ist.
Der Mensch, ob auch draußen erniedrigt, fühlt sich souverän in seiner eigenen Seele. Irgendwo im Kern seines Ichs hat er sich ein Aufsichtsorgan

geschaffen, welches seine eigenen Regungen und Handlungen überwacht,
30 ob sie mit seinen Anforderungen zusammenstimmen. [...] Es ist für die
Funktion erforderlich, daß die oberste Instanz von allem Kenntnis erhalte,
was sich vorbereitet, und daß ihr Wille überallhin dringen könne, um seinen Einfluss zu üben. Aber das Ich fühlt sich sicher sowohl der Vollständigkeit und Verlässlichkeit der Nachrichten als auch der Wegsamkeit für seine
35 Befehle. [...]

Aber die beiden Aufklärungen, daß das Triebleben der Sexualität in uns
nicht voll zu bändigen ist, und daß die seelischen Vorgänge an sich unbewusst sind und nur durch eine unvollständige und unzuverlässige Wahrnehmung dem Ich zugänglich und ihm unterworfen werden, kommen der
40 Behauptung gleich, daß *das Ich nicht Herr sei in seinem eigenen Haus.* Sie
stellen miteinander die dritte Kränkung der Eigenliebe dar, die ich die
psychologische nennen möchte. Kein Wunder daher, dass das Ich der Psychoanalyse nicht seine Gunst zuwendet und ihr hartnäckig den Glauben
verweigert.

Sigmund Freud: Eine Schwierigkeit der Psychoanalyse. In: Imago. *Zeitschrift für Anwendung der
Psychoanalyse auf die Geisteswissenschaften V* 1917, S. 1–7. Online unter: https://www.gutenberg.
org/files/29097/29097-h/29097-h.htm [abgerufen am 16. Februar 2021].

Aufgaben 2.9

 Informieren Sie sich über die Grundannahmen der Freud'schen Psychoanalyse. Formulieren Sie anschliessend in eigenen Worten, welche Annahmen der Psychoanalyse eine kränkende Wirkung für den Menschen
entfalten können.

→ **Logik und Methoden 12**

 Sind Sie mit der These Freuds einverstanden, dass die dritte Kränkung
die empfindlichste ist? Wie würden Sie die Kränkungen der Stärke nach
ordnen?

 Wie sollen wir Ihrer Meinung nach mit den drei Kränkungen umgehen?
Welche Konsequenzen sollten wir in Bezug auf unser Selbstbild und auf
unseren Umgang mit anderen Menschen und mit der Natur ziehen? Entwerfen Sie entsprechende Vorschläge.

2.2 Natur versus Kultur, Gut versus Böse

Eng verwandt mit unserem anthropologischen Interesse an einer Definition des Menschen ist das Bedürfnis nach einer Konzeption der «Natur» des Menschen. Wir fragen uns, ob es moralisch vertretbar ist, Fleisch zu essen, und irgendjemand wird uns mitteilen, dass das «in der Natur des Menschen» liege. Wir motivieren Menschen zu individuellen Klimaschutzmassnahmen, aber eine Freundin weist uns darauf hin, dass das aussichtslos sei, weil der Mensch «von Natur aus egoistisch» sei. Und wenn wir die Elternzeit einem Mutterschaftsurlaub vorziehen, weil das ein Schritt in Richtung Gleichberechtigung bedeutet, wird uns bestimmt jemand die beliebte «Steinzeit ... Männer ... Jagen!»-Vorlesung halten.

Bei all diesen Beispielen wird «Natur» als Gegenbegriff zu «Kultur» verstanden. Den Aussagen liegt ein Modell zugrunde, das besagt, dass viele Aspekte unseres heutigen Lebens – eben die «kulturellen» – veränderbar sind. Der Mensch hat sich auf der Erde und in der Gesellschaft eingerichtet und dabei eine Menge Entscheidungen getroffen. Diese können als gut oder schlecht bewertet und potenziell rückgängig gemacht werden: Wir *müssen* uns nicht marktwirtschaftlich organisieren und in einer direkten Demokratie leben, sind aber wohl als Schweizerinnen und Schweizer über weite Strecken ganz zufrieden mit dieser Entscheidung. Wir *müssen* nicht Hunde als Freunde und Kälber als Nahrung behandeln, aber grosse Teile der Gesellschaft sind es kulturell bedingt so gewohnt.

Andere Aspekte aber – die «natürlichen» – sind nicht auf diese Weise veränderbar. Sie gehören, ähnlich wie die Gesetze der Physik, zu den Rahmenbedingungen unseres Lebens: Veränderungen mögen zwar in einigen Fällen möglich sein, aber sie sind «gegen die Natur» und damit oft unverhältnismässig aufwendig, unvernünftig, nicht nachhaltig oder gar sinnlos. Wir können kein Gras verdauen, selbst wenn es oft nützlich wäre, und Männer können keine Babys stillen. Aspekte, die wir in diesem Sinn als «natürlich» betrachten, sind typischerweise Produkte natürlicher Selektion und damit erbliche, genetisch codierte Merkmale. Wenn dieses Modell stimmt, dann bietet es Potenzial für gute und schlechte Argumente in Bezug auf die Frage, welche unserer individuellen und gesellschaftlichen Entscheidungen sinnvoll, rational oder sogar moralisch richtig sind.

Aufgaben 2.10

 Aufgelistet sind vier Argumente, die unterschiedliche Schlussfolgerungen aus «natürlichen» oder vermeintlich «natürlichen» menschlichen Eigenschaften ableiten. Beurteilen Sie diese Argumente kritisch und entscheiden Sie, ob Sie sie zurückweisen, akzeptieren oder allenfalls umformuliert und/oder mit eingeschränktem Gültigkeitsanspruch akzeptieren würden.

→ **Logik und Methoden 8**

→ **Logik und Methoden 11**

    a. «Es ist moralisch richtig, Kuhmilch zu konsumieren, weil es natürlich ist.»

    b. «Es ist unmöglich, ein glückliches polyamores, also nichtmonogames Liebesleben zu führen, weil das unnatürlich ist.»

c.	«Es ist aussichtslos, gegen den Egoismus der Menschen anzugehen, weil dieser natürlich ist.»

d.	«Es ist irrational, gegen Genderrollen zu kämpfen, weil diese natürlich sind.»

→ **Logik und Methoden 5**
→ **Logik und Methoden 16**

 Informieren Sie sich mithilfe der Logikboxen 5 «Deskriptiv und normativ», und 16 «Sein-Sollen-Fehlschluss», über die wichtigsten Merkmale des Fehlschlusses und überlegen Sie, welche dieser Argumente einen Fehlschluss beinhalten und welche nicht.

 Stellen Sie sich vor, Sie wären eine Propagandaexpertin der unten erfundenen Gesellschaften. Argumentieren Sie jeweils dafür, dass relevante Anliegen Ihrer Organisation auf natürlichen Aspekten des Menschseins gründen.

a.	Mutterliebemotivierte Liga gegen Kinderkrippen (MMLK)

b.	Hardcorelibertäre Umverteilungsbekämpfer (HLUB)

c.	Waffenlobby-finanzierte Pazifismus-Hasser (WFPH)

Sein-Sollen-Fehlschluss　　　Logik und Methoden 16

Es ist nicht möglich, aus deskriptiven (beschreibenden) Prämissen eine normative (wertende) Schlussfolgerung herzuleiten. Um eine normative Aussage zu begründen, muss stets auf mindestens eine normative Prämisse zurückgegriffen werden. Liegen ausschliesslich deskriptive Prämissen vor und wird dennoch eine normative Konklusion gezogen, dann handelt es sich um einen Sein-Sollen-Fehlschluss. Zum Beispiel: «Menschen dürfen Fleisch essen, denn das menschliche Gebiss ist das eines Allesfressers.»

Von der biologischen Tatsache, dass unser Gebiss in der Lage ist, Fleisch zu verarbeiten, lässt sich keine normative Konklusion herleiten. Tatsachen begründen keine Werte. Erst wenn die Argumentation um eine normative Prämisse ergänzt wird, handelt es sich um eine logisch gültige Argumentation:

Prämisse 1: Das menschliche Gebiss ist das eines Allesfressers.

Prämisse 2: Menschen dürfen alles tun, wozu sie ihre biologische Ausstattung befähigt.

Konklusion: Menschen dürfen Fleisch essen.

Sein-Sollen-Fehlschlüsse können somit «repariert» werden, indem man die fehlenden normativen Prämissen ergänzt. In manchen Fällen erweisen sich dabei aber gerade diese Prämissen als inhaltlich problematisch, so auch im obigen Beispiel. Die vollständige Argumentation ist zwar logisch gültig, aber insgesamt kaum stichhaltig, weil die normative Prämisse inhaltlich nicht überzeugen kann.

Achtung: Aussagen, die im Indikativ formuliert sind und oberflächlich wie deskriptive Aussagen aussehen, können implizit normativ sein. Zum Beispiel: «Früchte essen ist gesund.» Damit sagt man nicht nur, dass das Essen von Früchten zum Funktionieren des Körpers beiträgt, sondern implizit auch, dass es gut ist, Früchte zu essen. Ein anderes Beispiel: «Penthesilea ist tapfer.» Damit beschreibt man nicht nur, wie Penthesilea ist, sondern man bewertet es zugleich als positiv. Ausdrücke wie tapfer, feige, klug, grausam und so weiter, die zugleich beschreibend und wertend sind, bezeichnet man in der Philosophie als «dichte Begriffe» (engl. *thick concepts*).

Aussagen wie «x ist natürlich» sind nicht nur mehrdeutig («natürlich» kann sehr vieles bedeuten), sondern werden von vielen Leuten gerne eingesetzt, um sich selbst und andere von der Unveränderlichkeit genau jener Sachverhalte zu überzeugen, die ihnen in den Kram passen. Dennoch kann die Natur-Kultur-Unterscheidung in gewissen Fällen durchaus berechtigt sein.

Zum Beispiel wenn es um die Frage geht, inwiefern der Mensch durch Erziehung, Bildung, gesellschaftliche Einflüsse, Gesetze und so weiter in seinem Verhalten beeinflusst wird und unter welchen Umständen eine Einflussnahme nur schwer oder gar nicht möglich ist. Es ist zwar gewiss nicht akzeptabel, einer Gruppe von Menschen gewisse Aspekte von Bildung zu verweigern, indem man sich auf biologische Faktoren beruft, aber andererseits tun wir zweifellos gut daran, keine finanziellen Mittel in teure Programme zu investieren, die Menschen beibringen wollen, zu fliegen, indem sie mit ihren Armen fuchteln. Solche Argumente funktionieren aber nur, wenn die Natur/Kultur-Unterscheidung deutlich ist und wenn wir uns auf Belege einigen können, die dafür oder dagegen sprechen würden, dass Menschen ein Merkmal «von Natur aus haben».

Aufgabe 2.11

 Vervollständigen Sie die folgende Tabelle, indem Sie sich überlegen, ob und inwiefern die jeweiligen Daten dafür oder dagegen sprechen, dass der Mensch «von Natur aus» ein Merkmal X hat oder eine Verhaltensweise X zeigt.

	Beispiele	Beurteilung
Menschen in **Extremsituationen** (Krisen usw.) zeigen X	Wenn ein Schiff sinkt, ist sich jeder selbst der Nächste und kämpft rücksichtslos um einen Platz im Rettungsboot.	Es ist nicht klar, ob das stimmt («Frauen und Kinder zuerst!»). Es ist nicht klar, weshalb das Verhalten in Extremsituationen einen Beleg für genetisch codierte Eigenschaften darstellen soll.
Babys oder kleine **Kinder** zeigen X		
Nah verwandte **nichtmenschliche Tiere** zeigen X		
Unsere menschlichen **Vorfahren** zeigten X		

Insbesondere für unser politisches Zusammenleben ist es interessant zu wissen, welche Merkmale der Mensch möglicherweise von Natur aus hat. Wir sind uns so gewohnt, den Staat als Autorität zu akzeptieren, dass wir oft gar nicht hinterfragen, ob diese Art von Autorität eigentlich zulässig ist. Warum, so fragen etwa Anarchistinnen und Anarchisten, soll der Staat dieses Recht haben? Warum traut man uns nicht zu, ohne solche Autorität frei und auf Augenhöhe miteinander friedlich zusammenzuleben? Die wohl meistgenannte Antwort auf diese Frage lautet: Dazu sind wir nicht fähig, weil wir «von Natur aus» egoistisch, gierig und wettbewerbsorientiert sind. Unsere Natur wird also genau so geschildert, wie sie sein muss, damit ein Staat und eine freie Marktwirtschaft als optimale Organisationsformen erscheinen.

THOMAS HOBBES

Thomas Hobbes (1588–1679) lebte zu einer Zeit, als in vielen Teilen Europas Krieg herrschte, unter anderem in Hobbes' Heimat England, von wo er 1640 nach Frankreich fliehen musste, weil er sich für die Rechte des Königs und gegen das Parlament ausgesprochen hatte. 1651 kehrte er nach England zurück. In seinen Werken vertritt Hobbes die Idee einer mechanistischen Erklärung aller Tatsachen im Bereich der Physik, aber auch in den Gebieten der Anthropologie und der politischen Philosophie. Die mechanistische Position besagt, dass nur Materie existiert und alle Vorgänge unter Rückgriff auf Naturgesetze erklärt werden können. Diese Auffassung trug Hobbes mehrfach den zur damaligen Zeit gefährlichen Vorwurf des Atheismus ein.

1 Die Natur hat die Menschen hinsichtlich ihrer körperlichen und geistigen Fähigkeiten so gleich geschaffen, dass trotz der Tatsache, dass bisweilen der eine einen offensichtlich
5 stärkeren Körper oder gewandteren Geist als der andere besitzt, der Unterschied zwischen den Menschen alles in allem doch nicht so beträchtlich ist, als dass der eine auf Grund dessen einen Vorteil beanspruchen könnte, den
10 ein anderer nicht ebenso gut für sich verlangen dürfte. Denn was die Körperstärke betrifft, so ist der Schwächste stark genug, den Stärksten zu töten – entweder durch Hinterlist oder durch ein Bündnis mit anderen, die sich in derselben
15 Gefahr wie er selbst befinden. [...]
Aus dieser Gleichheit der Fähigkeiten entsteht eine Gleichheit der Hoffnung, unsere Absichten erreichen zu können. Und wenn daher zwei Menschen nach demselben Gegenstand
20 streben, den sie jedoch nicht zusammen genießen können, so werden sie Feinde und sind in Verfolgung ihrer Absicht [...] bestrebt, sich gegenseitig zu vernichten oder zu unterwerfen. [...]
Und wegen dieses gegenseitigen Misstrauens gibt es für niemand einen anderen Weg, sich selbst zu sichern, der so vernünftig wäre wie Vorbeugung,
25 das heißt, mit Gewalt oder List nach Kräften jedermann zu unterwerfen, und zwar so lange, bis er keine andere Macht mehr sieht, die groß genug wäre, ihn zu gefährden. Und dies ist nicht mehr, als seine Selbsterhaltung erfordert und ist allgemein erlaubt. [...]
Ferner empfinden die Menschen am Zusammenleben kein Vergnügen, son-
30 dern im Gegenteil großen Verdruss, wenn es keine Macht gibt, die dazu in der Lage ist, sie alle einzuschüchtern. Denn jedermann sieht darauf, dass ihn sein Nebenmann ebenso schätzt, wie er sich selbst einschätzt, und auf alle Zeichen von Verachtung oder Unterschätzung hin ist er von Natur aus bestrebt, soweit er es sich getraut [...], seinen Verächtern durch Schädigung und den
35 anderen Menschen durch das Exempel größere Wertschätzung abzunötigen. So liegen also in der menschlichen Natur drei hauptsächliche Konfliktursachen: Erstens Konkurrenz, zweitens Misstrauen, drittens Ruhmsucht.
Die erste führt zu Übergriffen der Menschen des Gewinnes, die zweite der Sicherheit und die dritte des Ansehens wegen. Die ersten wenden Gewalt
40 an, um sich zum Herrn über andere Männer und Frauen, Kinder und Vieh zu machen, die zweiten, um dies zu verteidigen und die dritten wegen Kleinigkeiten wie ein Wort, ein Lächeln, eine Meinungsverschiedenheit oder jedes andere Zeichen von Geringschätzung, das entweder direkt gegen sie selbst gerichtet ist oder in einem Tadel ihrer Verwandtschaft, ihrer Freun-
45 de, ihres Volks, ihres Berufs oder ihres Namens besteht.
Daraus ergibt sich klar, dass die Menschen während der Zeit, in der sie ohne eine allgemeine, sie alle im Zaum haltende Macht leben, sich in einem Zustand befinden, der Krieg genannt wird, und zwar in einem Krieg eines jeden gegen jeden.

50 Thomas Hobbes: *Leviathan*. Herausgegeben von Iring Fetscher, übersetzt von Walter Euchner. Frankfurt am Main: Suhrkamp 1984, S. 94–96.

Hobbes kommt zu der Konklusion, der menschliche Naturzustand sei ein Kriegszustand. Rekonstruieren Sie Hobbes' Argument.

→ **Logik und Methoden 9**

 Rekonstruieren Sie zusätzlich Hobbes' Argument mit der Konklusion, dass es für Menschen im Naturzustand sogar *vernünftig* und deswegen auch *erlaubt* ist, andere «kriegerisch» anzugreifen.

 Wenden Sie das in Abschnitt 2.2 bereits Erarbeitete in Bezug auf die Natur-Kultur-Unterscheidung an, um Hobbes' These kritisch zu diskutieren, der Naturzustand sei ein Kriegszustand.

Wie wir in Abschnitt 5.1 genauer sehen werden, benützt Hobbes seine Darstellung des Naturzustands, um staatliche Autorität zu rechtfertigen: Weil wir unfähig seien, ohne Autorität friedlich zusammenzuleben, hätten wir Menschen eine Art impliziten Vertrag miteinander geschlossen, und uns alle freiwillig und aus Vernunftgründen dem Souverän unterstellt. Das blieb nicht lange unangefochten. Vor allem der Genfer Jean-Jacques Rousseau (1712–1778) wurde nicht müde, diesem Menschenbild ein positiveres entgegenzusetzen.

1 [Hobbes hätte] sagen müssen, dass der Naturzustand, insofern er derjenige Zustand ist, in dem die Sorge um unsere Erhaltung am wenigsten die anderer beeinträchtigt, folg-
5 lich dem Frieden am zuträglichsten und dem Menschengeschlecht am angemessensten ist. Er aber sagt genau das Gegenteil, weil er in die Sorge des wilden Menschen um seine Erhaltung unpassenderweise das Bedürfnis hinein-
10 gelegt hat, eine Menge von Leidenschaften zu befriedigen, die das Werk der Gesellschaft sind und die die Gesetze nötig gemacht haben. [...] Es gibt überdies noch ein anderes Prinzip, das Hobbes nicht bemerkt hat [...]. Ich spreche vom
15 Mitleid, einer Anlage, die so schwachen und so vielen Übeln unterworfenen Wesen, wie wir es sind, angemessen ist: eine um so allgemeinere und dem Menschen um so nützlichere Tugend, als sie bei ihm jedem Gebrauch der Reflexion vo-
20 rangeht, und eine so natürliche, dass sogar die Tiere mitunter deutliche Zeichen davon geben. Ohne von der Zärtlichkeit der Mütter für ihre Jungen und von den Gefahren zu reden, denen sie trotzen, um jene davor zu beschützen, be-
25 obachtet man doch alle Tage den Widerwillen der Pferde, mit den Füßen auf einen lebenden Körper zu treten. Ein Tier geht nicht ohne Unruhe an einem toten Tier seiner Art vorbei.

JEAN-JACQUES ROUSSEAU

Jean-Jacques Rousseau, geboren 1712 in Genf – zu einer Zeit, da die Stadt eine unabhängige Republik war – trug massgeblich zur Verbreitung der Aufklärung in Europa und zur Entwicklung moderner Gedanken in der politischen Philosophie und in der Pädagogik bei. Zu seinen Hauptwerken zählen die *Abhandlung über den Ursprung und die Grundlagen der Ungleichheit unter den Menschen* (1755), *Der Gesellschaftsvertrag* (1762) und *Émile oder über die Erziehung* (1762). Aufgrund der darin vorgetragenen Kritik aller Religionen, auch des Christentums, wurde das Buch *Émile* in Paris und Genf verboten, und Genf sprach einen Haftbefehl gegen den Autor aus. Rousseau floh und fand Asyl in der preussischen Enklave Neuenburg. Von 1762–1765 lebte er in Môtiers und danach einige Monate auf der Petersinsel im Bielersee – seiner Auskunft nach die glücklichsten Monate seines Lebens. Danach reiste er zu David Hume nach England und schrieb weitere Texte wie den autobiografischen Text *Confessions* (Bekenntnisse). 1778 starb er in der Nähe von Paris.

Jean-Jacques Rousseau: *Abhandlung über den Ursprung und die Grundlagen der Ungleichheit unter den Menschen.* Übersetzt und herausgegeben von Philipp Rippel. Stuttgart: Reclam 1998, S. 60–61.

Formulieren Sie den Fehler, den Rousseau bei Hobbes feststellt, mithilfe der Begriffe «Natur» (bzw. «natürlich») und «Kultur» und illustrieren Sie diese Kritik anhand eines Beispiels, das möglichst eindeutig «kultureller» Art ist und, wie Rousseau schreibt, Gesetze nötig macht.

 Identifizieren und notieren Sie die von Rousseau angedeuteten Argumente und Belege für die These, dass «Mitleid» ein natürliches Merkmal des Menschen sei.

 Hobbes' und Rousseaus Menschenbilder wurden oft vereinfacht und auf die Schlagwörter «böse Monster» versus «gute Engel» reduziert. Inwiefern halten Sie eine solche Diskussion um den «Naturzustand» und/oder die «Natur des Menschen» für politisch relevant? Inwiefern, wenn überhaupt, hängt die Rechtfertigung unseres politischen Zusammenlebens vom «Naturzustand» und der «Natur des Menschen» ab?

Da die Bedeutungen der Wörter «gut» und «böse» ausserhalb von Märchen, Kinofilmen und Videogames unklar sind, können wir sie getrost durch weniger aufgeladene Begriffe ersetzen. In vielen Kontexten, darunter den relevanten politischen, interessiert uns letztlich einfach, ob Menschen ohne staatliche Zwänge nett und kooperativ genug wären – ob ihr Verhalten im Naturzustand, wie Rousseau das formuliert, «dem Frieden zuträglich wäre».

Die Gegenbegriffe «egoistisch» und «altruistisch» spielen heute eine zentrale Rolle bei der Beantwortung der Frage nach einer solchen «natürlichen» Kooperationsbereitschaft.

Aufgaben 2.14

→ **Logik und Methoden 15**

 Greifen Sie auf die Logik-und-Methoden-Box «Definition» zurück, um den Begriff des «Egoismus» zu definieren. Überlegen Sie sich zuerst, welche Wortform des Begriffs am besten definiert werden kann: «Egoismus», «egoistisch» oder «Egoistin» beziehungsweise «Egoist»?

→ **Logik und Methoden 17**

 Greifen Sie auf die Logik-und-Methoden-Box «Konträr und kontradiktorisch» zurück, um zu entscheiden, ob «egoistisch» und «altruistisch», angewandt auf Handlungen, konträre oder kontradiktorische Gegenbegriffe sind. Begründen Sie Ihre Antwort.

 «Obwohl es bei manchen Handlungen so scheint, als wären sie selbstlos und würden anderen Menschen zuliebe getan, sind wir letztlich, wenn wir genau hinschauen, alle Egoistinnen und Egoisten und handeln nur im Eigeninteresse. Manchmal ist der Egoismus besser versteckt, manchmal schlechter – aber er ist immer da.» Verfassen Sie einen philosophischen

→ **Logik und Methoden 42**

Essay, in dem Sie diese These klären und kritisch diskutieren!

Manchmal sagen wir, etwas sei das Gegenteil von etwas anderem. Damit meinen wir vielfach lediglich, dass es einen Unterschied in irgendeinem relevanten Sinn gibt. In der Logik unterscheiden wir zwei verschiedene Arten von Beziehungen. Wenn von zwei Aussagen die eine sagt, dass etwas der Fall ist, und die andere, dass dies gerade nicht der Fall ist, nennt man dies einen Widerspruch oder eine Kontradiktion. In dem Fall muss die eine Aussage falsch sein, wenn die andere wahr ist, und umgekehrt. Die Aussage «Handlung x ist verboten» steht in einem kontradiktorischen Verhältnis zur Aussage «Handlung x ist erlaubt». Wenn zwei Aussagen nicht beide gleichzeitig wahr sein können, es aber möglich ist, dass beide gleichzeitig falsch sind, dann nennt man die Aussagen konträr. Zum Beispiel stehen die Aussagen «Handlung x ist verboten» und «Handlung x ist geboten» in einem konträren Verhältnis, denn sie können nicht beide gleichzeitig wahr sein, aber sie können beide falsch sein (wenn die Handlung erlaubt, aber nicht geboten ist).

→ Logik und Methoden 6

Der Gegensatz zwischen «egoistischem» und «altruistischem» Handeln ist einerseits weniger mythisch aufgeladen als der zwischen Gut und Böse, andererseits bietet er die Möglichkeit, zwei Arten von «natürlicher», also aus natürlicher Selektion hervorgehender Kooperation zu untersuchen:

a. **Biologischer und psychologischer Altruismus:** Lebewesen verhalten sich genau dann biologisch altruistisch, wenn sie die Zahl ihrer Nachkommen reduzieren und sich die Zahl der Nachkommen von Artgenossen dadurch erhöht. Bei kognitiv weit entwickelten Lebewesen wie dem Menschen kann dieser biologische Altruismus die Form von psychologischem Altruismus annehmen: Wir berücksichtigen in unserem Handeln die Wünsche oder Interessen anderer Lebewesen, ohne dabei an uns selbst zu denken.

b. **Rationaler Egoismus:** Menschen müssen nicht altruistisch sein, um kooperativ zu handeln – sie können auch aus bewusstem oder unbewusstem egoistischem Kalkül kooperativ handeln. Es lohnt sich oft für einen selbst, andern zu helfen, ganz im Sinne von: «eine Hand wäscht die andere».

Aufgaben 2.15

 Recherchieren Sie zwei bis drei konkrete Beispiele von biologischem Altruismus im Tierreich.

- -

 Recherchieren Sie die drei gängigen evolutionsbiologischen Erklärungsansätze von biologischem Altruismus: (a) Verwandtenselektion (engl. *kin selection*), (b) reziproker Altruismus und (c) Gruppenselektion.

Der Niederländer Frans de Waal (geb. 1948), einer der berühmtesten Verhaltensforscher, hat unter anderem experimentell untersucht, ob Tiere (insb. Menschenaffen) fair und/oder psychologisch altruistisch handeln können und welche Folgerungen man aus solchen Experimenten für den Menschen ziehen kann.

1   Warum fallen Annahmen über die Biologie immer so negativ aus? In den Sozialwissenschaften wird die menschliche Natur durch das alte, von Hobbes verwendete Plautus-Zitat *Homo homini lupus* («Der Mensch ist des Menschen Wolf») charakterisiert, eine fragwürdige Aussage über unsere
5   eigene Art, die sich auf falschen Annahmen über eine andere Art stützt. [...] In den Rechts-, Wirtschafts- und Politikwissenschaften fehlt es den Be-

teilten einfach an den Werkzeugen, um unsere Gesellschaft auch nur an-
nähernd objektiv zu betrachten. Womit sollen sie sie vergleichen? Nur selten,
wenn überhaupt, ziehen sie den enormen Wissensbestand zu Rate, der in der
10 Anthropologie, Psychologie, Biologie oder Neurowissenschaft zusammen-
getragen wurde. Die kurze Antwort, die sich aus diesen Wissenschaften ableiten lässt, lautet: Wir sind Gruppentiere – sehr kooperativ, gegen Ungerechtigkeit empfindlich, manchmal kriegerisch, doch überwiegend friedliebend.
Eine Gesellschaft, die diese Neigungen ignoriert, kann nicht ideal sein. Ge-
15 wiss, wir sind auch anreizgesteuerte Tiere – fokussiert auf Status, Territorium
und Nahrungssicherung –, weshalb auch keine Gesellschaft, die diese Ten-
denzen außer Acht lässt, ideal sein kann. Unsere Art hat beides, eine soziale
und eine selbstsüchtige Seite. Doch da letztere, zumindest im Westen, meist
im Vordergrund steht, möchte ich mich auf erstere konzentrieren: die Rolle
20 der Empathie und der sozialen Verbundenheit.
Es gibt faszinierende neue Forschungsergebnisse über den Ursprung von
Altruismus und Fairness bei uns und anderen Tieren. Erhalten beispielsweise zwei Affen ganz unterschiedliche Belohnungen für die gleiche Aufgabe, verweigert der zu kurz Gekommene einfach die weitere Mitwirkung.
25 Auch Menschen lehnen den Lohn ab, wenn sie die Verteilung für ungerecht
halten. Da eigentlich jeder Lohn besser ist als gar keiner, folgt daraus, dass
Affen und Menschen sich nicht in jedem Fall an das Profitprinzip halten.
Durch den Protest gegen Ungerechtigkeit bekräftigt ihr Verhalten sowohl
die Behauptung, dass Anreize eine Rolle spielen, wie auch, dass es eine
30 natürliche Abneigung gegen Ungerechtigkeit gibt. [...]
Glauben Sie daher niemandem, der Ihnen einreden will, da in der Natur
das Prinzip des Überlebenskampfes herrsche, müssten auch wir danach leben. Viele Tiere überleben nicht, indem sie sich gegenseitig beseitigen oder
alles für sich behalten, sondern indem sie kooperieren und teilen. Das gilt
35 in besonderem Maße für Rudeljäger wie Wölfe und Schwertwale, aber auch
für unsere nächsten Verwandten, die Primaten. Bei einer Untersuchung
im Tai-Nationalpark der Elfenbeinküste zeigte sich, dass Schimpansen für
Gruppenmitglieder sorgten, die von Leoparden verwundet worden waren.
Sie leckten den Opfern das Blut ab, säuberten sie sorgsam von Schmutz und
40 verjagten Fliegen, die sich den Wunden näherten. Außerdem schützten sie
verletzte Gefährten und verlangsamten ihnen zuliebe auf Wanderungen
das Tempo. All das ist sehr sinnvoll, bedenkt man, dass Schimpansen aus
gutem Grund in Gruppen leben, so wie auch Wölfe und Menschen Grund
haben, in Gruppen zu leben. Wenn der Mensch des Menschen Wolf ist,
45 dann in jeder, nicht nur negativer Hinsicht. Wir wären nicht dort, wo wir
heute sind, wenn unsere Vorfahren weniger gesellig gewesen wären.
Wir brauchen eine Generalüberholung unserer Annahmen über die menschliche Natur. Zu viele Wirtschaftswissenschaftler und Politiker machen sich
ihr Bild von der menschlichen Gesellschaft nach dem ewigen Kampf, der ih-
50 rer Meinung nach in der Natur tobt, jedoch in Wahrheit reine Projektion ist.
Wie Zauberkünstler werfen sie ihre ideologischen Vorurteile zunächst in den
Hut der Natur und ziehen sie anschließend an den Ohren wieder heraus, um
zu zeigen, wie sehr die Natur mit ihnen übereinstimmt. Auf diesen Trick sind
wir schon viel zu lange hereingefallen. Natürlich gehört auch der Wettbewerb
55 in dieses Bild, doch Menschen können nicht vom Wettbewerb allein leben.

Frans de Waal: *Das Prinzip Empathie. Was wir von der Natur für eine bessere Gesellschaft lernen können.* Übersetzt von Hainer Kober. München: Hanser 2011, S. 15–18.

2 Philosophische Anthropologie

De Waal unterscheidet bei uns und anderen Tieren zwischen zwei Kategorien von Motivation: (a) sozial und (b) selbstsüchtig. Sammeln Sie alle Charakterisierungen, die er in diesem Textausschnitt den beiden Kategorien zuordnet.

 Überlegen Sie sich, wie eine ideale Gesellschaft aussehen könnte, die auf (a) rein soziale, (b) rein «selbstsüchtige» und (c) sowohl soziale als auch selbstsüchtige Tiere wie uns selbst zugeschnitten wäre.

 Im dritten Absatz des obigen Textausschnitts spielt de Waal auf wichtige Ergebnisse des sogenannten «Ultimatumspiels» an. Recherchieren Sie das Ultimatumspiel und die wichtigsten Interpretationen seiner Ergebnisse!

 Sie haben sich im Kontext der Meinungsverschiedenheit zwischen Hobbes und Rousseau schon gefragt, inwiefern die Rechtfertigung unseres politischen Zusammenlebens von der «Natur des Menschen» abhängt. Nun haben wir unsere Auffassung über die «Natur des Menschen» auf der Grundlage von Einsichten der Evolutionsbiologie sowie Verhaltenstheorie, präzisiert. Können wir auf dieser Basis entscheiden, ob es staatliche Autorität braucht, damit Menschen (genügend) kooperieren? Warum (nicht)? Wenn ja: in welchem Ausmass?

2.3 Der Sinn des Lebens, Existenzialismus

Wer schon einmal sehr verzweifelt war und schwere Krankheiten oder Todesfälle in seiner nächsten Umgebung erleben musste, hat sich vielleicht gefragt, was es überhaupt bedeutet, ein menschliches Leben zu führen und wie wir mit der Tatsache umgehen sollen, dass wir alle irgendwann sterben werden.

Aufgaben 2.17

 Manchmal mag uns eine schlechte Note in eine Krise stürzen; und im schlimmsten Fall wird aus einer solchen Krise vielleicht sogar eine *existenzielle* Krise. Recherchieren Sie online, was allgemein unter dem Begriff «existenzielle Krise» verstanden wird, und überlegen Sie, welche Ereignisse im Leben eines Menschen zu solchen existenziellen Krisen führen können.

 (a) Überlegen Sie sich drei plausible Antworten auf die Frage nach dem «Sinn des Lebens». (b) Schlagen Sie die unten aufgeführten Begriffe nach, die Ihnen unbekannt sind. Ordnen Sie dann Ihre Antworten den passenden Kategorien zu.

→ Logik und Methoden 18

1. Nihilismus
   «Nihilismus» = _
2. Transzendente Quellen von Sinn
   «transzendent» = _
3. Immanente Quellen von Sinn
   «immanent» = _
4. Ablehnung/Zurückweisung der Frage

Begriffe in Texten klären — Logik und Methoden 18

Wenn Sie einen Begriff in einem Text nicht verstehen oder vermuten, dass der Begriff nicht auf die übliche Weise gebraucht wird, sollten Sie eine Begriffsklärung durchführen. Schlagen Sie den Begriff in einem Wörterbuch oder einem Philosophielexikon nach. Achten Sie darauf, ob der Begriff im Text ausdrücklich, das heisst mit einer Erläuterung eingeführt wird. Finden Sie heraus, ob der Begriff in einer bestimmten philosophischen Tradition gebräuchlich ist, und überprüfen Sie, ob er im vorliegenden Text entsprechend verwendet wird. Bieten sich verschiedene Interpretationen des Begriffs an, dann wählen Sie diejenige, bei der gemäss dem Prinzip der wohlwollenden Interpretation die überzeugendste Position resultiert.

→ Logik und Methoden 2

Eine mögliche philosophische Reaktion auf die Frage nach dem Sinn des Lebens ist ihre Ablehnung oder Zurückweisung. Manche Fragen sind nicht gut gestellt oder gar «vergiftet». Nicht gut gestellt wäre etwa die Frage, wie die Zahl 55 rieche; man spricht in diesem Zusammenhang auch von einem Kategorienfehler. «Vergiftet» wäre die Frage: «Hast du damit aufgehört, im Supermarkt Steaks zu

→ Logik und Methoden 19

klauen?» Diese Frage verlangt grammatisch nach einem «Ja» oder «Nein», aber mit beiden Antworten wird zugegeben, dass die gefragte Person zumindest in der Vergangenheit Steaks geklaut hat.

Die Frage nach dem «Sinn von x» ist vor allem dann unbestritten sinnvoll, wenn x offensichtlich einen Zweck hat. Tadellos gestellte Fragen sind zum Beispiel: «Was ist der Sinn eines Korkenziehers?» oder «Was ist der Sinn von Hausaufgaben?». Bei solchen Fragen, die sich auf Dinge oder Praktiken beziehen, die wir Menschen geschaffen haben (sogenannte «Artefakte»), ist vorausgesetzt, dass der Existenzgrund mit dem Zweck identisch ist. Auf natürliche Arten (z. B. Tulpen, Gürteltiere und Homo sapiens) trifft dies jedoch nicht zu.

Ist die Frage nach dem Sinn des Lebens somit sinnlos? Nicht unbedingt. Der existenzialistische Philosoph Jean-Paul Sartre (1905–1980) kritisiert in einigen berühmten Vorträgen und Texten die These, dass die Frage nach dem Sinn des Lebens nur dann sinnvoll gestellt werden kann, wenn unser Existenzgrund ein Ziel oder Zweck ist.

Kategorienfehler Logik und Methoden 19

Ein Kategorienfehler begeht, wer einem Ding eine Eigenschaft zuschreibt, die ein Ding dieser Art aus logischen Gründen gar nicht haben kann. Zum Beispiel wenn man sagt: «Bern ist süss-sauer». Bern ist eine Stadt; eine Stadt kann man nicht essen; dass etwas «süss-sauer» ist, kann man aber nur von etwas sagen, das einen Geschmack haben kann. Ein weiteres, berühmtes Beispiel stammt vom US-amerikanischen Linguisten Noam Chomsky (geb. 1928): «Farblose grüne Ideen schlafen wütend». Der Satz ist grammatikalisch korrekt, aber er enthält mehrere Kategorienfehler und ist somit Unsinn.

Texte bearbeiten Logik und Methoden 20

Um einen Text zu verstehen, reicht es bei komplexen Texten vielfach nicht aus, sie genau zu lesen, sondern man muss die Texte intensiv bearbeiten. Das beste Hilfsmittel dazu sind Markierungen. Wichtige Textstellen kann man mit Leuchtstift anstreichen, unterstreichen oder umranden. Wenn die Struktur genau herausgearbeitet werden soll, sind weitere Markierungen nützlich, etwa:

→ Logik und Methoden 1

Bsp.	Beispiel
T	These
HT	Hauptthese
A	Argument
E	Einwand
!	wichtig
?	unklar
->	nachschlagen

Es gibt nicht die eine richtige Art der Markierung. Finden Sie heraus, welche Form für Sie am besten passt!

In philosophischen Begriffen gesprochen, hat jeder Gegenstand ein Wesen und eine Existenz. Ein Wesen, das heißt eine konstante Gesamtheit von Eigenschaften; eine Existenz, das heißt eine gewisse effektive Anwesenheit in der Welt. Viele glauben, erst komme das Wesen und dann die Existenz:

5 dass zum Beispiel Erbsen entsprechend der Idee von Erbsen wüchsen und rund würden und dass Gurken deshalb Gurken seien, weil sie am Wesen der Gurke teilhaben.

Diese Idee entspringt dem religiösen Denken: Wer ein Haus bauen will, muss ja tatsächlich genau wissen, welchen Gegenstand er schaffen will:

10 das Wesen geht hier also der Existenz voraus; und für alle, die glauben, dass Gott die Menschen schuf, muss er es entsprechend der Idee getan haben, die er von ihnen hatte. Aber selbst jene, die nicht glauben, haben diese traditionelle Auffassung behalten, dass ein Gegenstand immer nur in Übereinstimmung mit seinem Wesen existiere, und das ganze 18. Jahrhun-

15 dert hat gedacht, dass es ein allen Menschen gemeinsames Wesen gäbe, das man *Menschennatur* nannte. Der Existentialismus dagegen hält daran fest, dass beim Menschen – und nur beim Menschen – die Existenz dem Wesen vorausgeht.

Das bedeutet ganz einfach, dass der Mensch zunächst *ist* und erst danach

20 dies oder das ist. Mit einem Wort, der Mensch muss sich sein eigenes Wesen schaffen; indem er sich in die Welt wirft, in ihr leidet, in ihr kämpft, defi-niert er sich allmählich; und die Definition bleibt immer offen; man kann nicht sagen, was ein bestimmter Mensch ist, bevor er nicht gestorben ist, oder was die Menschheit ist, bevor sie nicht verschwunden ist. [...]

25 In Wirklichkeit kann der Mensch nur handeln; seine Gedanken sind Ent-würfe und Verpflichtungen, seine Gefühle Unternehmungen; er ist nichts anderes als sein Leben, und sein Leben ist die Einheit seiner Verhaltens-weisen.

Aber die Angst, wird man sagen. Nun, dieses etwas feierliche Wort bezieht

30 sich auf eine ganz einfache und alltägliche Realität. Wenn der Mensch *nicht ist,* sondern *sich schafft,* und wenn er, indem er sich schafft, die Ver-antwortlichkeit für die ganze Gattung Mensch übernimmt, wenn es weder einen Wert noch eine Moral gibt, die a priori gegeben sind, sondern wenn wir in jedem Fall allein entscheiden müssen, ohne Stütze, ohne Führung

35 und dennoch *für alle,* wie sollten wir da nicht Angst haben, wenn wir han-deln müssen? Bei jeder unserer Taten geht es um den Sinn der Welt und den Platz des Menschen im Universum; selbst wenn wir es nicht wollen, schaffen wir durch jede unserer Taten eine allgemeine Werteskala, und angesichts einer so umfassenden Verantwortlichkeit sollten wir nicht von

40 Furcht ergriffen sein?

Jean-Paul Sartre: Zum Existentialismus – Eine Klarstellung. In: ders. *Der Existentialismus ist ein Humanismus und andere philosophische Essays 1943–1948*. Reinbek bei Hamburg: Rowohlt 2000, S. 115–117.

Vervollständigen Sie die folgende Analogie, wie sie «dem religiösen Denken entspringt», auf der Grundlage der ersten beiden Absätze von Sartres Text:

→ **Logik und Methoden 21**

	«Wesen»	
	Bauplan	Gebäude
	Idee einer Erbse	
Gott		Jean-Paul Sartre (konkreter Mensch)

 Was Sartre hier formuliert, wird oft mit dem vielleicht treffendsten Slogan des gesamten Existenzialismus auf den Punkt gebracht: «Existenz kommt vor Essenz». Überlegen Sie sich auf der Grundlage von Sartres Text, was damit gemeint sein könnte – insbesondere, indem Sie sich mit Bezug auf die obige Tabelle überlegen, ob dieses «vor» (nur) zeitlich gemeint ist oder nicht.

→ **Logik und Methoden 20**

 Erläutern Sie den Zusammenhang von Wesen und Existenz anhand (a) einer Erbse, (b) eines Gebäudes und (c) eines Menschen mithilfe der Frage, ob diese Existenz einen Sinn hat.

 Ist es plausibel, dass Sartre schreibt, die Existenz komme «nur beim Menschen» vor der Essenz? Warum gerade beim Menschen und nicht bei anderen Tieren?

Analogie Logik und Methoden 21

Eine Analogie besteht dann, wenn zwei Dinge in gewisser Hinsicht gleich sind, auch wenn sie unterschiedliche Merkmale haben. Auf eine Analogie stützt man sich in einem Analogieschluss, der wie folgt funktioniert: Zwei Dinge A und B sind in gewisser Hinsicht gleich, also in dieser Hinsicht analog. Wenn A nun eine Eigenschaft F hat, muss auch B diese Eigenschaft F haben. Ein Beispiel dafür ist der Gottesbeweis von William Paley (1743–1805): Uhren und Lebewesen sind in der Hinsicht analog, dass sie sehr komplex sind. Uhren wurden von einem intelligenten Wesen geschaffen, dem Uhrmacher. Also muss es auch ein intelligentes Wesen geben, das die Lebewesen geschaffen hat. In einem Analogieschluss folgt die Konklusion nicht logisch aus den Prämissen. Wie gut das Argument ist, hängt davon ab, wie stark die Analogie ist. Man könnte sagen, dass eine Analogie stark ist, wenn die verglichenen Dinge in relevanter Hinsicht ähnlich sind, und schwach, wenn sie in relevanter Hinsicht unähnlich sind.

→ **Logik und Methoden 8**

Jean-Paul Sartre gilt neben Simone de Beauvoir (1908–1986) und Albert Camus (1913–1960) als Hauptfigur der philosophischen Denkrichtung und Tradition des Existenzialismus. Wenn wir heute über den Existenzialismus sprechen, denken viele an das Paris der 1940er und 1950er Jahre, wo sich eine Gruppe von charismatischen Philosophinnen und Philosophen am Ufer der Seine traf, um über Tod und Verzweiflung zu reden, während sie Aprikosencocktails tranken und filterlose Zigaretten rauchten.

Der Existenzialismus als philosophische Tradition hat in der Folge eine gewaltige Anziehungskraft entwickelt, nicht zuletzt im Rahmen der US-amerikanisch geprägten Populärkultur. Plötzlich trugen rebellische Jugendliche Bücher von Existenzialisten herum und signalisierten Abwehr gegen ihr traditionell und religiös geprägtes Umfeld, indem sie sich fragten, ob «Gott tot» sei (Nietzsche), ob wir orientierungslos in eine Welt geworfen seien (Heidegger), erdrückt von der Verantwortung der Welt und den andern gegenüber (Sartre). Dieses Bündel von Gedanken kann mit folgenden sechs existenzialistischen Grundannahmen erfasst werden:

1. Existenz: Beschäftigung mit der individuellen, konkreten, menschlichen Existenz.
2. Sinn: Das menschliche Leben hat keinen extern vorgegebenen Sinn, sondern ...
3. Freiheit: ... der Mensch ist radikal frei. Nichts ist vorgegeben, nichts ist vorgeschrieben.
4. Verantwortung: Aufgrund dieser Freiheit ist er verantwortlich für alles, was er tut.
5. Angst: Diese Verantwortung weckt eine tiefe, «existenzielle» Angst.
6. Authentizität: Starke existenzielle und/oder gesellschaftliche Kräfte drängen den Menschen zu «unechten» Lebensformen: Konformität, (Spiess-)Bürgerlichkeit. Der Kampf um Echtheit (Authentizität) ist hart, aber möglich.

Aufgaben 2.19

 Warum wird der Existenzialismus manchmal als eine atheistische Position verstanden? Suchen Sie plausible Antworten auf der Grundlage von Sartres Textausschnitt und den sechs Grundannahmen.

 Eines der berühmtesten Zitate von Jean-Paul Sartre lautet: «Der Mensch ist dazu verurteilt, frei zu sein.» Erläutern Sie dieses Zitat auf der Grundlage der sechs Grundannahmen.

 Neigen Sie aufgrund der bisherigen Ausführungen dazu, sich selbst als Existenzialistin oder Existenzialisten zu sehen? Warum (nicht)?

Nachdem Simone de Beauvoir über viele Jahre gemeinsam mit ihrem Partner Jean-Paul Sartre die Kernideen des Existenzialismus entwickelt hatte, prägte sie seit Mitte des 20. Jahrhunderts den philosophischen Feminismus, indem sie die Einsicht, dass wir keine «transzendent» vorgegebene «Essenz» haben, auf unsere Geschlechtsidentität anwendete: Wenn uns keine «Essenz» definiert, so argumentiert Beauvoir in ihrem Klassiker *Das andere Geschlecht (Le Deuxième Sexe)* von 1949, dann kann uns folglich auch unser biologisches Geschlecht nicht definieren: «Man kommt nicht als Frau zur Welt, man wird es» (Beauvoir 1949/2000, S. 334). Heute unterscheidet man in diesem Zusammenhang zwischen biologischem Geschlecht (engl. *sex*) und sozialem Geschlecht (engl. *gender*).

Erläutern Sie anhand zweier Beispiele, was der zuvor zitierte Satz von Beauvoir bedeuten kann.

 Überlegen Sie sich, ob und warum das «Frau-Werden», das Beauvoir als sozialen Prozess darstellt, mit sexistischer Ungerechtigkeit zusammenhängt und wer dafür verantwortlich ist: Frauen? Männer? Alle? Niemand?

1 Jeder Mythos impliziert ein Subjekt, das seine Hoffnungen und Ängste auf einen transzendenten Himmel hin projiziert. Da die Frauen sich nicht als Subjekt setzen, haben sie keinen männlichen Mythos geschaffen, in dem sich ihre Entwürfe spiegeln. Sie haben keine Religion und keine Dichtung,
5 die ihnen selbst gehört: sogar, wenn sie träumen, tun sie es auf dem Weg über die Träume der Männer. Die Götter, die sie anbeten, sind von den Männern erfunden. Diese haben sich zu ihrer Selbstverherrlichung die großen Männergestalten ausgedacht: Herkules, Prometheus, Parzival: im Schicksal dieser Helden spielt die Frau nur eine Nebenrolle. [...]
10 [Die Frau] wird ausschließlich in ihrer Beziehung zum Mann definiert. Die Asymmetrie der Kategorien männlich und weiblich tritt in der Einseitigkeit der sexuellen Mythen zutage. Man sagt im Französischen manchmal einfach *le sexe*, um die Frau zu bezeichnen; sie ist das Fleischliche, seine Wonnen und seine Gefahren. Die Wahrheit,
15 dass für die Frau der Mann sexuell und körperlich anziehend ist, wurde nie verkündet, weil es niemanden gab, sie zu verkünden. Die Vorstellung von der Welt ist, wie die Welt selbst, das Produkt der Männer: sie beschreiben sie
20 von ihrem Standpunkt aus, den sie mit dem der absoluten Wahrheit gleichsetzen. [...]
Der Vorteil, den der Mann besitzt und der für ihn von Kindheit an spürbar ist, besteht darin, dass seine Berufung als Mensch keinen Wider-
25 spruch zu seiner Bestimmung als Mann darstellt. Durch die Gleichsetzung von Phallus und Transzendenz ergibt es sich, dass seine sozialen oder geistigen Erfolge ihm ein männliches Prestige verleihen. Er ist nicht gespalten.
30 Von der Frau dagegen wird verlangt, dass sie sich, um ihre Weiblichkeit zu erfüllen, zum Objekt und zur Beute macht, das heißt, auf ihre Ansprüche als souveränes Subjekt verzichtet. Eben dieser Konflikt charakterisiert in beson-
35 derer Weise die Situation der befreiten Frau. Sie lehnt es ab, sich auf ihre weibliche Rolle zu beschränken, weil sie sich nicht verstümmeln will. Würde sie aber auf ihr Geschlecht verzichten, wäre dies ebenfalls eine Verstümmelung.
40 Der Mann ist ein geschlechtlicher Mensch. Die Frau kann nur dann ein vollständiges Individuum und dem Mann ebenbürtig sein, wenn

SIMONE DE BEAUVOIR

Die französische Philosophin und Literatin Simone de Beauvoir (1908–1986) gilt als eine der wichtigsten Feministinnen des 20. Jahrhunderts. Der Feminismus ist der Auffassung, dass Frauen aufgrund ihres Geschlechts benachteiligt wurden und immer noch werden, dass diese Benachteiligung ungerecht ist und überwunden werden muss. Zugleich ist der Feminismus eine soziale Bewegung, die die vollkommene Gleichberechtigung von Mann und Frau anstrebt. Man unterscheidet in der Geschichte des Feminismus verschiedene Wellen. In der ersten Welle im 19. und zu Beginn des 20. Jahrhunderts ging der Kampf vor allem darum, dass die Frauen dieselben Rechte erhielten, insbesondere das Stimm- und Wahlrecht. In der zweiten Welle ab den 1960er Jahren ging (und geht) es um eine weitreichendere soziale Gleichberechtigung von Mann und Frau. Für diese zweite Welle lieferte Simone de Beauvoir zentrale theoretische Bezugspunkte. Auch privat stellte sie für viele ein Vorbild dar: Sie führte mit Jean-Paul Sartre eine lebenslange Liebesbeziehung, ohne ihn je zu heiraten.

auch sie ein geschlechtlicher Mensch ist. Auf ihre Weiblichkeit verzichten hieße, auf einen Teil ihrer Menschlichkeit verzichten.

Simone de Beauvoir: *Das andere Geschlecht: Sitte und Sexus der Frau*. Übersetzt von Uli Aumüller und Grete Osterwald. Reinbeck bei Hamburg: Rowohlt 2000, S. 194 und 844.

Aufgaben 2.21

 Beauvoir charakterisiert ihre eigene existenzialistische Auffassung oft mithilfe einer «Ambiguität», einer «Mehrdeutigkeit»: Einerseits sind wir radikal freie Subjekte, andererseits sind wir unsere Körper, die verletzlich, sterblich und dem Blick anderer Menschen ausgesetzt sind. Erklären Sie mithilfe dieser existenziellen Ambiguität und des Textauszugs, warum das Verhältnis zwischen den Geschlechtern «asymmetrisch» ist.

 Überlegen Sie sich, ob und inwiefern die Ausführungen zum männlich geprägten Mythos, die Beauvoir im ersten Absatz macht, auf unsere heutige Kultur anwendbar sind. Denken Sie dabei an Spielfilme, Fernsehserien, Musikvideos, Videogames und so weiter. Ist die Idee noch aktuell, dass Frauen nicht nur im Mythos, sondern auch in der heutigen Kultur der Männer aufwachsen und leben? Überprüfen Sie allenfalls Daten wie zum Beispiel Sprechzeiten von männlichen und weiblichen Rollen in Hollywood-Filmen der letzten fünfzig Jahre oder recherchieren Sie den nicht ganz ernst gemeinten «Bechdel-Test» von 1985.

 Erläutern Sie möglichst plausibel, warum sich die Frau aufgrund ihrer sozialen Geschlechterrolle in einer widersprüchlichen, nicht individuell aufzulösenden Situation befindet, wie Beauvoir im dritten Absatz skizziert.

 Denken Sie, dass Beauvoirs Einschätzung auch heute noch stimmt: Sind die sozialen Geschlechterrollen auf eine Weise angelegt, die es Frauen schwer macht, gleichzeitig Frau und freies «Subjekt» zu sein?

Vertiefung

Die in Abschnitt 2.1 diskutierte Frage, was der Mensch ist, kann man auch über die Frage angehen, wer in der Gesellschaft bestimmt, was als Mensch gilt. Untersucht man diese Frage, stellt man fest, dass es Menschen gibt, die einerseits nicht mitgedacht werden und andererseits vom Diskurs ausgeschlossen sind. Die US-amerikanische Philosophin Judith Butler sieht in Antigone aus der Tragödie von Sophokles (497/496–406/405 v. Chr.) eine vom Diskurs ausgeschlossene Person.

1 Denken wir an Antigone. Wie wir wissen, hat sie ihren Bruder trotz Kreons Verbot begraben, und als sie aufgefordert wird, dies zu leugnen, begibt sie sich in eine sehr interessante und
5 besondere Lage. Da sie keine Staatsbürgerin ist, ist es ihr nicht erlaubt, zu sprechen; es ist ihr verboten zu sprechen, und doch ist sie durch das souveräne Gesetz gezwungen zu sprechen. Und doch, wenn sie sich zu Wort
10 meldet, verstößt sie gegen dieses Gesetz, und ihre Rede geht über das Gesetz hinaus, das die akzeptable Rede regelt. Inwieweit kann Antigone also für uns die Position der sprechenden Person darstellen, die außerhalb des akzep-
15 tierten Diskurses steht, die dennoch manchmal intelligent, manchmal kritisch innerhalb und gegen diesen Diskurs spricht? [...] Menschlichkeit scheint eine Art definierendes ontologisches Attribut zu sein, wer ich bin, oder
20 wer wir sind, das zu uns als Personen gehört, und in diesem Sinne hält es das Menschliche innerhalb des humanistischen Rahmens. Was aber, wenn unsere Ontologie anders gedacht werden muss? Wenn Menschen tatsächlich einen Zustand der Prekarität
25 teilen, nicht nur untereinander, sondern auch mit Tieren und mit der Umwelt, dann macht dieses konstitutive Merkmal dessen, wer wir «sind», den eigentlichen Dünkel des Anthropozentrismus zunichte. In diesem Sinne möchte ich «prekäres Leben» als einen nicht anthropozentrischen Rahmen vorschlagen, um zu überlegen, was das Leben wertvoll macht.
30 [...] In dem Bemühen, die Menschenrechte im Menschenbild zu verankern, versäumen wir es zu fragen, was der Mensch «ist», sodass er bestimmte Arten von Schutz und Ansprüchen erfordert. Das «Menschliche» ist nicht

JUDITH BUTLER

Die US-amerikanische Philosophin Judith Butler, geboren 1956, hat mit ihren Arbeiten zur feministischen Theorie Aufsehen erregt und weit über die Philosophie hinaus weltweit Bekanntheit erlangt. In ihrem Werk *Gender Trouble: Feminism and the Subversion of Identity* (1990, auf Deutsch: *Das Unbehagen der Geschlechter*) untersucht sie die Probleme, die sich aus Geschlechterzuschreibungen ergeben. Sie vertritt die Auffassung, dass auch das biologische Geschlecht sozial konstruiert ist, und dass die Kategorien «männlich» und «weiblich» dazu dienen, Macht auszuüben, insbesondere um andere Geschlechter zu diskriminieren. Butler gilt damit als die Begründerin der sogenannten Queer-Theorie.

so sehr die Voraussetzung für einen solchen Diskurs, sondern ein ständig umstrittener und neu artikulierter Begriff. Infolgedessen findet man poli-

35 tische Organisationen, die die Grenzen des Menschenbegriffs sofort aufdecken und seine Neuformulierung fordern: die Menschenrechte der Frauen, die Menschenrechte von Schwulen und Lesben oder die Menschenrechte der Körperbehinderten oder der Sans-Papiers. Solche Bevölkerungsgruppen befinden sich nicht nur außerhalb eines bestimmten Begriffs des

40 «Menschlichen» und fordern dessen Einbeziehung, sondern sie etablieren auch dieses prekäre «Draußen» als den Ort, von dem aus bestimmte Arten von Ansprüchen geltend gemacht werden können und sollten. Wenn es eine Sprache gibt, in der der Anspruch erhoben wird, und wenn er vor jemandem erhoben wird, dann begründet dies einen sozialen Bereich, der

45 über die Idee des Sozialen hinausgeht, die von einem historisch kontingenten Begriff der Menschenrechte vorausgesetzt wird. Antigone, noch einmal, gewiss.

Pierpaolo Antonello und Roberto Farneti: Antigone's Claim: A Conversation With Judith Butler. In: *Theory & Event* 12 (1) 2009. Online unter: https://www.researchgate.net/publication/250965192_ Antigone's_Claim_A_Conversation_With_Judith_Butler [abgerufen am 10. Oktober 2020, Übersetzung JP].

Aufgabe 2.22

 Mittlerweile sind Frauen und Homosexuelle im westeuropäischen Denken in den allgemeinen Diskurs aufgenommen worden. Aber nicht immer werden ihre Anliegen gehört. Können Sie Beispiele dafür geben? Wie steht es um die Wahrnehmung von Menschen mit Körperbehinderungen? Wie sieht es mit Flüchtlingen und Sans-Papiers aus?

Wir finden eine erste Form des von Sartre und Beauvoir aufgegriffenen Gedankens, dass der Mensch nicht einfach ein vorgegebenes Wesen, eine Essenz habe, bereits im 17. Jahrhundert beim französischen Mathematiker, Naturwissenschaftler und Philosophen Blaise Pascal (1623–1662). Pascal widerspricht der ursprünglich griechischen, dann auch christlichen Idee, der Mensch sei wesentlich eine unsterbliche Seele, die für eine bestimmte Zeit in einem sterblichen Körper eingesperrt sei, von dem sie sich mit dem Tod befreie, um mit der reinen, ewigen, rationalen Wahrheit zu verschmelzen (Platon) beziehungsweise zu Gott zu finden (Christentum).

1   Der Mensch weiß nicht, auf welche Stufe er sich stellen soll. Offenbar ist er verirrt und fühlt in sich Überreste eines glücklichen Zustandes, von dem er herabgefallen ist und den er nicht wiedererlangen kann. Unruhig und erfolglos sucht er ihn überall, in undurchdringlicher Finsternis.

5   Aus dieser Quelle entspringen die Kämpfe der Philosophen, von denen die einen es sich zur Aufgabe gemacht haben, den Menschen zu erhöhen, indem sie seine Größe hervorheben, die andern ihn zu erniedrigen, indem sie sein Elend darstellen. Das Sonderbarste dabei ist, dass jede Partei sich der Gründe der anderen bedient, um ihre Meinung zu begründen. Denn

10   das Elend des Menschen beweist sich aus seiner Größe, und seine Größe beweist sich aus seinem Elend. [...]
Welche Chimäre ist denn der Mensch! Welche sonderbare Erscheinung, welches Chaos, welcher Gegenstand des Widerspruchs! Richter über alle Dinge, schwacher Wurm von Erde, im Besitz des Wahren, voll von Unge-

15   wissheit, Preis und Auswurf des Universums! Wenn er sich rühmt, erniedrige ich ihn, wenn er sich erniedrigt, rühme ich ihn und widerspreche ihm immer, bis er begreife, dass er ein unbegreifliches Monstrum ist.

Blaise Pascal: *Pensées.* Übersetzt von Ewald Wasmuth. Stuttgart: Reclam 1956, S. 89–93 [leicht modifiziert DK].

Aufgaben 2.23

 Überlegen Sie sich anhand eines konkreten Beispiels, was es heissen könnte, den Menschen zu «erhöhen» oder zu «erniedrigen», wie Pascal schreibt. Diskutieren Sie dann anhand dieses und gegebenenfalls weiterer Beispiele Pascals Feststellung, dass «das Elend des Menschen sich aus seiner Größe und seine Größe aus seinem Elend» beweise.

 Die «Chimäre» ist ursprünglich ein Mischwesen aus der griechischen Mythologie, das aus Ziege, Löwe und Schlange besteht; später wurde der Begriff ganz allgemein für mythische Mischwesen verwendet. Versuchen Sie (a) aus christlicher («herabgefallen vom glücklichen Zustand») und (b) aus nichtreligiöser Perspektive nachzuvollziehen, warum der Mensch als ein «Mischwesen» gesehen werden kann.

Fast zweihundert Jahre nach Pascal lebte in der dänischen Hauptstadt Kopenhagen ein Philosoph, der heute als der Gründer des Existenzialismus gilt: Søren Kierkegaard (1813–1855). Kierkegaard teilte Pascals Einschätzung, dass der Mensch grundsätzlich widersprüchlich sei, und entwickelte diese Diagnose weiter. In einer Textstelle, die dermassen schwer verständlich und kompliziert geschrieben ist, dass es ein Riesenspass ist, sie zu entziffern (es aber auch schon

Interpreten gab, die der Meinung waren, Kierkegaard meine das alles nicht ernst und wolle seine Leserinnen und Leser bloss veräppeln), schreibt er von unseren vergeblichen Versuchen, uns selbst zu definieren, indem wir uns für eine der beiden Seiten des Widerspruchs entscheiden.

SØREN
KIERKEGAARD
—

Søren Kierkegaard wurde 1813 in Kopenhagen geboren. 1837 lernte er die damals vierzehnjährige Regine Olsen kennen. Die beiden verliebten sich ineinander und verlobten sich ein paar Jahre später. Kurz danach versank Kierkegaard in Zweifel darüber, ob er sie glücklich machen könne, und schickte ihr den Verlobungsring zurück. Nach dieser gescheiterten Liebesbeziehung führte er nie wieder eine. Sein Leben lang war Kierkegaard ein Mensch, der mit sich selbst rang. Im Alter von 42 Jahren starb er an einem Schlaganfall. Kierkegaards Einfluss auf die Philosophie entfaltete sich erst richtig, nachdem sein Werk Anfang des 20. Jahrhunderts allmählich ins Deutsche übersetzt wurde.

1 Der Mensch ist Geist. Aber was ist Geist? Geist ist das Selbst. Aber was ist das Selbst? Das Selbst ist ein Verhältnis, das sich zu sich selbst verhält, oder ist das am Verhältnis, dass
5 das Verhältnis sich zu sich selbst verhält; das Selbst ist nicht das Verhältnis, sondern, dass das Verhältnis sich zu sich selbst verhält. Der Mensch ist eine Synthese von Unendlichkeit und Endlichkeit, von Zeitlichem und Ewigem,
10 von Freiheit und Notwendigkeit, kurz eine Synthese. Eine Synthese ist ein Verhältnis zwischen zweien. So betrachtet ist der Mensch noch kein Selbst.
Im Verhältnis zwischen Zweien ist das Verhältnis das Dritte als negative Einheit, und
15 die Zwei verhalten sich zum Verhältnis und im Verhältnis zum Verhältnis; dergestalt ist unter der Bestimmung Seele das Verhältnis zwischen Seele und Leib ein Verhältnis. Verhält sich dagegen das Verhältnis zu sich selbst,
20 so ist dieses Verhältnis das positive Dritte, und dies ist das Selbst.

Sören Kierkegaard: Die Krankheit zum Tode. In: ders. *Die Krankheit zum Tode, Furcht und Zittern, Die Wiederholung, Der Begriff der Angst.* Herausgegeben von Hermann Diem, übersetzt von Günther Jungbluth. München: dtv 2005, S. 31–32.

Aufgaben 2.24

 Lesen Sie den Textausschnitt mindestens zwei- oder dreimal durch. Überlegen Sie sich dann, warum die «Synthesen» zwischen den drei widersprüchlichen Begriffspaaren nicht der oben erwähnten Auffassung entsprechen, der Mensch sei wesentlich («essentiell») eine Seele, die mit einem nicht-wesentlichen Körper kombiniert sei.

- -

 Zeichnen Sie ein Schema zu den drei jeweils widersprüchlichen Begriffspaaren, und versuchen Sie zu verdeutlichen, warum diese Synthesen «noch kein Selbst» sind. Zeichnen Sie auf Ihrem Schema ein, was noch dazukommen muss, damit wir von einem «Selbst», einem «Geist» sprechen können.

In vielen seiner Werke zeigt Kierkegaard, wie «verzweifelt» wir sind und bleiben, wenn wir uns so zu uns selbst verhalten, dass wir einen der oben genannten Aspekte absolut setzen. Laut Kierkegaard handelt es sich dabei um eine Flucht in eine Lebensform, die zutiefst verzweifelt bleibt – obwohl das den meisten Menschen gar nie bewusst wird: Konformisten finden gut und wichtig, was man gut und wichtig findet, sie definieren sich über die Erwartungen anderer. Spiessbürgerinnen gehen darin auf, sich zu sorgen und vorzusorgen; Phantasten leben in einer Welt, in der immer alles theoretisch möglich ist, in der sie aber nie etwas tatsächlich anpacken. Weil wir widersprüchliche Wesen sind, so Kierkegaard, entkommen wir unserer Verzweiflung nie, solange wir uns nur auf uns selbst beziehen. Wir müssen also etwas mit Wert und Bedeutung versehen, das ausserhalb unseres Selbst liegt. Nur so können wir unserer Verzweiflung entgehen und dem Leben einen Sinn geben: indem wir uns leidenschaftlich und bedingungslos einer Person oder einer Sache hingeben.

1   Ich will deshalb die Bewegungen in einem bestimmten Fall beschreiben, der ihr Verhältnis zur Wirklichkeit beleuchten kann; denn darum dreht sich alles. Ein Jüngling verliebt sich in eine Prinzessin, und seines ganzen Lebens Inhalt liegt in dieser Liebe, und doch ist das Verhältnis so beschaf-
5   fen, dass es sich unmöglich realisieren lässt, sich unmöglich aus der Idealität in die Realität umsetzen lässt. (Es folgt aus sich selbst, dass jegliches andere Interesse, worin ein Individuum die ganze Realität der Wirklichkeit für sich konzentriert hat, wenn es sich als nicht realisierbar erweist, die Bewegung der Resignation veranlassen kann. [...])
10   Die Knechte des Elends, die Frösche im Sumpf des Lebens schreien natürlich: eine solche Liebe sei Torheit, und die reiche Bauerswitwe sei eine genau so gute und solide Partie. Lasst sie ungestört im Sumpf quaken. So handelt der Ritter der unendlichen Resignation nicht, er gibt die Liebe nicht auf, nicht für aller Welt Herrlichkeit. Er ist kein Geck. Er vergewissert sich
15   erst, dass sie für ihn wirklich der Inhalt des Lebens ist, und seine Seele ist zu gesund und zu stolz, um das geringste an einen Rausch zu verschwenden. Er ist nicht feig, er ist nicht bange davor, sie sich in sein Geheimstes einschleichen zu lassen, in seine entlegensten Gedanken, sie sich in unzähligen Verschlingungen um jedes Ligament in seinem Bewusstsein winden
20   den zu lassen – wird die Liebe unglücklich, dann wird er sich nie von ihr losreißen können. Er empfindet eine selige Wollust dabei, die Liebe jeden Nerv durchschauern zu lassen, und dennoch ist seine Seele weihevoll wie die desjenigen, der den Giftbecher geleert hat und fühlt, wie der Saft jeden einzelnen Blutstropfen durchtränkt – denn dieser Augenblick ist Leben
25   und Tod.
Wenn er dann so die ganze Liebe in sich eingesaugt hat und sich in sie vertieft hat, dann fehlt es ihm nicht an Mut, alles zu versuchen und zu wagen. Er überblickt die Verhältnisse des Lebens, er ruft die schnellen Gedanken zusammen, die wie an den Schlag gewöhnte Tauben jedem seiner Winke
30   gehorchen, er schwingt den Stab darüber, und sie stürzen sich in alle Richtungen. Aber wenn sie nun zurückkehren, alle als Trauerboten, und ihm erklären, es sei eine Unmöglichkeit, so wird er still, er entlässt sie, er ist allein, und dann macht er die Bewegung.
Falls, was ich hier sage, eine Bedeutung haben soll, dann gilt es, dass die
35   Bewegung normal geschieht. (Dazu gehört Leidenschaft. Jede Bewegung der Unendlichkeit geschieht durch Leidenschaft, und keine Reflexion kann eine Bewegung zustande bringen. [...]) Dann wird erstens der Ritter die Kraft haben, den ganzen Lebensinhalt und die Bedeutung der Wirklichkeit in einen einzigen Wunsch zu konzentrieren. Fehlt es einem Menschen an
40   dieser Konzentration, dieser Geschlossenheit, ist seine Seele von Anfang an in Vielfalt zersplittert, dann kommt er niemals dazu, die Bewegung zu machen; er wird im Leben klug wie die Geldleute handeln, die ihr Kapital

in allerlei verschiedenen Papieren anlegen, um am einen zu gewinnen, was
am anderen verloren geht – kurz, dann ist er nicht Ritter. Sodann wird der
45 Ritter die Kraft haben, das ganze Resultat der Gedankenoperation in einem
Bewusstseinsakt zu konzentrieren. Fehlt es ihm an dieser Geschlossenheit,
ist seine Seele von Anfang an in Vielfalt zersplittert, dann wird er niemals
Zeit finden, die Bewegung zu machen; er wird fortwährend im Leben Ge-
schäfte betreiben, niemals in die Ewigkeit eingehen; denn selbst in dem
50 Augenblick, wo er am nächsten daran ist, wird er plötzlich entdecken, dass
er etwas vergessen hat, weswegen er zurück muss. Im nächsten Augenblick, mag er denken, ist es möglich, und das ist auch ganz wahr; aber bei
solchen Betrachtungen kommt man nie dazu, die Bewegung zu machen,
sondern mit ihrer Hilfe sinkt man tiefer und tiefer in den Schlamm hinab.

Søren Kierkegaard: Furcht und Zittern. In: ders. *Die Krankheit zum Tode, Furcht und Zittern, Die Wiederholung, Der Begriff der Angst.* Herausgegeben von Hermann Diem, übersetzt von Günther Jungbluth. München: dtv 2005, S. 219–222.

Aufgaben 2.25

 Wer sind die «Frösche im Sumpf des Lebens»? Inwiefern haben sie recht, wenn sie sagen, eine solche Liebe sei eine Torheit – und inwiefern nicht?

- -

 Versuchen Sie, metaphernfrei zu schildern, was es bedeutet, wenn die «schnellen Gedanken», die in alle Richtungen gestürzt sind, «als Trauerboten» zurückkehren.

- -

 Kierkegaard schreibt, dass die bedingungslose leidenschaftliche Hingabe, die er hier anhand der Liebe eines Jünglings zu einer Prinzessin darstellt, nicht nur als «romantische» Liebe möglich ist. Notieren Sie sich zwei bis drei weitere Beispiele solch bedingungsloser Hingabe, und überlegen Sie anhand dieser Beispiele, was es bedeutet, ein «Ritter» in Kierkegaards Sinn zu werden.

- -

 Der 2017 verstorbene US-Philosoph Hubert Dreyfus charakterisiert in seinen berühmten Existenzialismus-Vorlesungen an der Universität Berkeley die «bedingungslose leidenschaftliche Hingabe» (BLH), die er *unconditional commitment* nennt, wie folgt:

1. Die BLH erschafft ihr Objekt, das erst durch die BLH «geliebt» wird (es gibt also kein objektiv liebenswertes Objekt).
2. Die BLH schafft neue Strukturen von Bedeutung und Sinn, in der bedeutende, «sinnvolle» Handlungen vorgenommen werden können.
3. Die BLH definiert, wer das Individuum ist, sie konstituiert das Selbst und sein Leben (Zukunft und Vergangenheit).
4. Die BLH kann nicht intellektuell verstanden werden, das heisst, sie kann nicht in Begriffe gefasst werden.
5. Die BLH macht das Akzidentelle (das Zufällige) notwendig.
6. Ewigkeit wird in der Zeit erfahren (nicht ausserhalb der Zeit).
7. Die BLH ist riskant, da sie sich notwendigerweise auf ein Objekt bezieht, das endlich und in der Zeit situiert ist (also keine transzendente Sinnquelle wie Gott).

Versuchen Sie, sich diese sieben Eigenschaften verständlich zu machen, indem Sie sie (a) auf Kierkegaards Beispiel des Jünglings und der Prinzessin und (b) auf Ihre eigenen Beispiele anwenden.

2.4 Geburt, Tod, Seele

Geburt und Tod sind Grenzen des menschlichen Lebens. Mit der Geburt beginnt das Leben eines Menschen auf Erden, und mit dem Tod endet es. Nun kann man sich die Frage stellen: Was kommt nach dem Tod? Oder auch die Frage: Was war vor der Geburt? Zur letztgenannten Frage wissen wir die Antwort zumindest so weit: Nach der Befruchtung der Eizelle entwickelt sich im Mutterleib ein Embryo, der zu einem Fötus wird, bevor er zur Welt kommt.

Aufgabe 2.26

 Überlegen Sie sich mögliche Antworten auf die Fragen, a) was kommt nach dem Tod und b) was war vor der Geburt.

Einige Menschen sagen, es gebe ein Leben nach dem Tod. Das scheint auf den ersten Blick widersprüchlich, denn der Tod scheint ja gerade das Leben auszuschliessen und umgekehrt. Wer diese These vertritt, meint damit jedoch, dass nur der Körper sterbe, etwas Immaterielles jedoch ewig weiterexistiere und somit unsterblich sei. Dieses Immaterielle wird meistens als «Seele» bezeichnet. Wenn es Seelen gibt, so stellt sich die Frage, wann und wie sie entstehen. Und wenn die Seele unsterblich ist, gab es sie dann bereits, bevor es uns als körperliche Wesen gab? In einigen Kulturen und Religionen besteht die Auffassung, dass es eine Wiedergeburt (Reinkarnation) der Seelen gebe. Wenn ein beseeltes Lebewesen stirbt, kommt seine Seele früher oder später in einem anderen Körper wieder zur Welt.

Aufgaben 2.27

 Informieren Sie sich darüber, wie unterschiedliche Kulturen und Religionen sich das Leben nach dem Tod vorstellen.

- -

 Was halten Sie von diesen Vorstellungen? Was spricht dafür, was dagegen? Berücksichtigen Sie bei Ihrer Argumentation die Unterscheidung von Mythos und Logos (siehe Abschnitt 1.1).

Die schweizerisch-amerikanische Psychiaterin Elisabeth Kübler-Ross (1926–2004) beschäftigte sich jahrzehntelang mit der Frage, was nach dem Tod ist. Sie versuchte, die Frage wissenschaftlich zu beantworten, indem sie mit Sterbenden über ihre Nahtoderfahrungen sprach.

1   Auf der ganzen Welt haben wir zwanzigtausend Fälle von Menschen studiert, die man klinisch bereits für tot erklärt hatte und die dann wieder
zum Leben zurückgerufen wurden. Einige wachten ganz natürlich wieder
auf, andere erst durch Wiederbelebungsmaßnahmen.

5   Ich möchte Ihnen nun ganz summarisch erläutern, was jeder Mensch im
Moment des Todes erleben wird. Und dieses Erlebnis ist allgemein, also
unabhängig davon, ob Sie ein Ureinwohner Australiens, ein Hindu, ein
Moslem, ein Christ oder ein Ungläubiger sind; es ist ebenso unabhängig
von Ihrem Alter oder von Ihrem ökonomischen Status. Denn es handelt

10 sich hier um ein ganz menschliches Geschehen, wie ja auch der normale
Geburtsvorgang ein allgemein menschliches Geschehen ist.
Das Sterbeerlebnis ist fast identisch mit der Geburt. Es ist eine Geburt in
eine andere Existenz, die ganz, ganz einfach bewiesen werden kann. Zweitausend Jahre lang hatte man Sie ersucht, an die jenseitigen Dinge zu «glau-

15 ben». Für mich ist es nicht mehr eine Sache des Glaubens, sondern eine
Sache des Wissens. Und ich sage Ihnen gern, wie man zu diesem Wissen
gelangt, vorausgesetzt, Sie wollen wissen. Wenn Sie es nicht wissen wollen,
spielt es ebenfalls absolut keine Rolle. Wenn Sie mal gestorben sind, wissen
Sie es ja sowieso. Und ich sitze dann dort und freue mich speziell über all

20 jene, die jetzt sagen: «Ja, die arme Frau Dr. Ross!»
Im Moment des Todes gibt es drei Stufen. Wenn Sie die Sprache akzeptieren, die ich für ganz kleine sterbende Kinder gebrauche und wie ich sie beispielsweise auch im «Dougy-Brief» anwende, so spreche ich davon, dass der
körperliche Tod des Menschen mit dem Geschehen identisch ist, wie wir es

25 bei dem Heraustreten des Schmetterlings aus dem Kokon sehen können.
Der Kokon samt seiner Larve ist der vorübergehende menschliche Körper.
Dieser ist aber nicht identisch mit Ihnen, er ist nur ein vorübergehendes
Haus, wenn Sie sich das so vorstellen können. Sterben ist nur ein Umziehen
in ein schöneres Haus, wenn ich das symbolisch so sagen darf.

30 Sobald der Kokon, sei es durch Selbstmord, Mord, Herzschlag oder durch
eine chronische Krankheit, also ganz egal wie, irreparabel beschädigt ist,
wird er den Schmetterling, also Ihre Seele, freigeben. Auf dieser zweiten
Stufe, nachdem – symbolisch gesprochen – Ihr Schmetterling den irdischen
Körper verlassen hat, werden Sie wichtige Dinge erleben, die Sie einfach

35 wissen müssen, damit Sie überhaupt nie mehr Angst vor dem Tod haben.
Auf der zweiten Stufe werden Sie von psychischer Energie, auf der ersten
Stufe hingegen von körperlicher Energie versorgt. Auf dieser ersten Stufe benötigen Sie noch ein funktionierendes Hirn, also ein Wachbewusstsein, um mit den Mitmenschen kommunizieren zu können. Sobald jedoch

40 dieses Hirn oder dieser Kokon zu sehr beschädigt ist, haben Sie natürlich
kein Wachbewusstsein mehr. In dem Moment, in dem Ihnen dieses fehlt,
in dem also der Kokon derart geschädigt ist, dass weder Atmung festgestellt
noch Puls oder Hirnwellen gemessen werden können, befindet sich eben
der Schmetterling schon außerhalb seines Kokons, was nicht heißen muss,

45 dass Sie schon tot sind, sondern das heißt, dass der Kokon nicht mehr funktioniert. Mit dem Verlassen des Kokons gelangen Sie auf die zweite Stufe,
die von der psychischen Energie getragen wird.
[...]
Sobald Sie ein freier Schmetterling sind, das heißt, sobald Ihre Seele aus

50 dem Körper ausgetreten ist, werden Sie zuallererst merken, dass Sie alles
wahrnehmen, was an dem Ort Ihres Todes, im Krankenzimmer, an der Un-

fallstelle oder dort, wo Sie eben diesen Körper verlassen haben, passiert. [...] Und Sie werden nachher ganz klar sagen können, dass man zum Beispiel mit drei Schneidbrennern den Körper aus einem Autowrack befreite. Es gab sogar Leute, die uns das Kennzeichen jenes Wagens genannt haben,

55 der sie angefahren hatte, dann aber einfach weitergefahren war. Wissenschaftlich kann man eben nicht erklären, dass jemand, der keine Hirnwellen mehr hat, noch das Autonummernschild lesen kann. Von uns Wissenschaftlern wird Demut verlangt. Wir müssen demütig akzeptieren, dass es viele Millionen Dinge gibt, die wir noch nicht verstehen können. Das heißt

60 aber nicht, dass diese Dinge, nur weil wir sie nicht verstehen, etwa nicht existieren und keine Realitäten sein dürfen.

[...]

Mit der Betrachtung Ihres eigenen Erdenlebens befinden Sie sich nun auf der dritten Stufe. Auf dieser Stufe verfügen Sie nicht mehr über jenes Be-

65 wusstsein der ersten Stufe oder über jenes Wahrnehmungsvermögen der zweiten Stufe. Aber Sie sind jetzt im Besitz des Wissens. Sie wissen aufs Genaueste jeden Gedanken, den Sie irgendwann in Ihrem Leben gedacht haben, Sie wissen um jede Tat und um jedes Wort, das Sie je gesprochen haben. Aber dieses Sicherinnern ist nur ein ganz kleiner Teil Ihres Gesamt-

70 wissens. Denn Sie wissen in diesem Moment, in dem Sie Ihr ganzes Leben nochmals anschauen, über alle Konsequenzen Bescheid, die sich aus jedem Ihrer Gedanken, jedem Ihrer Worte und jeder Ihrer Taten ergeben haben.

Elisabeth Kübler-Ross: *Über den Tod und das Leben danach.* Übersetzt von Tom Hockemeyer. Güllesheim: Silberschnur 2012, S. 12–14, 15–16, 25–26.

Aufgaben 2.28

 Was geschieht laut Kübler-Ross nach dem Tod?

 Kübler-Ross behauptet im Text, dass man wissenschaftlich nicht erklären könne, wie ein Mensch ohne aktives Gehirn ein Nummernschild lesen könne, wir aber dennoch davon ausgehen müssten, dass dem so sei. Liefert Kübler-Ross ein Argument dafür? Sie bezeichnet sich selbst als Wissenschaftlerin. Würden Sie sagen, dass sie wissenschaftlich vorgeht? Weshalb (nicht)?

 Man kann die These vertreten, dass man nicht wissen kann, was nach dem Tod ist. Eine Begründung dafür lautet, dass noch nie jemand davon berichtet habe, der tatsächlich tot war. Was halten Sie von dieser Begründung?

→ **Logik und Methoden 11**

 Im Text spricht Kübler-Ross von der Angst vor dem Tod. Weshalb haben Menschen Angst vor dem Tod?

Es ist nicht leicht, sich vorzustellen, dass man einmal nicht mehr existiert, dass wir einmal gar nichts mehr wahrnehmen, und alle unsere Erinnerungen einmal nicht mehr sein werden. Hier bietet sich die Unterscheidung von Innen- und Aussenperspektive an (siehe Abschnitt 2.1). Aus der Innenperspektive können wir uns nicht vorstellen, dass es uns einmal nicht mehr gibt, aber wenn wir eine Aussenperspektive einnehmen, können wir es. Nehmen wir einmal an, dass wir nach dem Tod nicht mehr sind, und lassen die Vorstellung einer unsterblichen Seele beiseite. Müssen wir dann Angst vor dem Tod haben? Der antike Philosoph Epikur meint, dass es keinen guten Grund dafür gibt.

1 Gewöhne dich ferner daran zu glauben, der Tod sei nichts, was uns betrifft. Denn alles Gute und Schlimme ist nur in der Empfindung gegeben; der Tod aber ist die Vernichtung der Empfindung. Daher macht die richtige Erkenntnis – der Tod sei nichts, was uns betrifft – die Sterblichkeit
5 des Lebens erst genußfähig, weil sie nicht eine unendliche Zeit hinzufügt, sondern die Sehnsucht nach der Unsterblichkeit von uns nimmt. Denn es gibt nichts Schreckliches im Leben für den, der im vollen Sinne erfaßt hat, daß nichts Schreckliches im Nicht-Leben liegt. Darum schwätzt der, der sagt, er fürchte den Tod nicht, weil er ihn bedrücken wird, wenn er
10 da ist, sondern weil er ihn jetzt bedrückt, wenn er noch aussteht. Denn was uns, wenn es da ist, nicht bedrängt, kann uns, wenn es erwartet wird, nur sinnlos bedrücken. Das Schauererregendste aller Übel, der Tod, betrifft uns überhaupt nicht; wenn «wir» sind, ist der Tod nicht da; wenn der Tod da ist, sind «wir» nicht. Er betrifft also weder die Lebenden noch die
15 Gestorbenen, da er ja für die einen nicht da ist, die andern aber nicht mehr für ihn da sind. Doch die Masse flieht bisweilen den Tod als das größte aller Übel, bisweilen [ersehnt sie] ihn als Erholung von allen [Übeln] im Leben. [Der Weise indes weist weder das Leben zurück], noch fürchtet er das Nicht-Leben; denn weder ist ihm das Leben zuwider, noch vermutet er, das
20 Nicht-Leben sei ein Übel. Wie er als Speise nicht in jedem Fall die größere, sondern die am meisten lustspendende vorzieht, so schöpft er auch nicht eine möglichst lange, sondern eine möglichst lustspendende Zeit aus. Wer nun mahnt, der Jüngling solle vollendet leben, der Greis vollendet scheiden, der ist naiv, nicht nur wegen der Annehmlichkeit des Lebens, sondern
25 auch, weil das Einüben des vollkommenen Lebens und des vollkommenen Sterbens ein und dasselbe ist. Noch weit minderwertiger ist der, der sagt, es sei gut, nicht geboren zu sein, «einmal geboren, dann schleunigst des Hades Tor zu durchmessen». Denn wenn er darauf vertraut und es deshalb behauptet: warum scheidet er dann nicht aus dem Leben? Das steht ihm ja
30 frei, wenn es doch von ihm unumstößlich geplant war. Wenn er aber bloß spottet, so ist er ein Schwätzer unter jenen, die dies nicht zugeben.

Epikur: Brief an Menoikeus. In: ders. *Briefe, Sprüche, Werkfragmente*. Übersetzt und herausgegeben von Hans-Wolfgang Krautz. Stuttgart: Reclam 1980, S. 43–45.

Aufgaben 2.29

→ **Logik und Methoden 9**

 Rekonstruieren Sie das Argument von Epikur in Standardform mit nummerierten Prämissen und Konklusion.

→ **Logik und Methoden 11**

 Ist das Argument stichhaltig? Gibt es Einwände gegen das Argument?

→ **Logik und Methoden 12**

 Thomas Nagel wendet ein, dass der Tod sehr wohl ein Übel sei, denn der Tod raube uns etwas Wertvolles. Ist dies ein guter Einwand gegen Epikurs Argument? Diskutieren Sie.

 Lässt sich sinnvoll sagen: Es ist schlimm, dass jemand nicht geboren wurde? Lässt sich sinnvoll sagen: Ich bin froh, dass ich geboren wurde?

2 Philosophische Anthropologie

Der Mensch hat die Möglichkeit, sein eigenes Leben zu beenden. Man nennt diese Tat umgangssprachlich «Selbstmord». Mit dieser Bezeichnung geht jedoch bereits eine moralische Bewertung einher – die Tat wird als «Mord» und damit als verwerflich bezeichnet. Deshalb sollte man besser auf diese Bezeichnung verzichten und stattdessen das Wort «Suizid» verwenden. Es stellt sich die Frage: Darf ein Mensch Suizid begehen? Mit dieser Frage haben sich bereits antike Philosophen beschäftigt, so auch der römische Philosoph Seneca (ca. 1–65 n. Chr.), der Erzieher und Berater des späteren Kaisers Nero. Kaiser Nero beschuldigte Seneca der Verschwörung und drängte ihn zum Suizid. Seneca beging die Tat angeblich auf gelassene, stoische Weise, getreu dem, was er in seinen Schriften vertreten hatte.

Abbildung 2.1: *El suicidio de Séneca,* Historiengemälde aus dem Jahr 1871 von Manuel Domínguez Sánchez, heute im Museo del Prado

1   Du wirst auch Philosophen finden, die erklären, man dürfe gegen das eigene Leben keine Gewalt anwenden, und es für einen Frevel halten, zum Selbstmörder zu werden. Man müsse das Ende erwarten, das die Natur beschlossen habe.

5   Wer das sagt, begreift nicht, daß er den Weg in die Freiheit versperrt. Nichts hat das ewige Naturgesetz besser eingerichtet, als daß es uns nur einen Zugang zum Leben gab, Ausgänge aber viele.
Soll ich grausame Qualen entweder durch eine Krankheit oder einen Menschen abwarten, wenn ich doch mitten zwischen den Foltergeräten ent-

10   weichen und, was im Weg steht, beiseite stoßen kann? Dies ist der einzige Grund dafür, weswegen wir uns über das Leben nicht beklagen können: Niemanden hält es auf. Gut bestellt ist es ums Menschenschicksal, weil niemand elend ist, außer durch eigene Schuld. Gefällt's Dir? Lebe! Gefällt's Dir nicht mehr? Es steht Dir frei, dahin zurückzukehren, von wo Du kamst.

Seneca: *Briefe an Lucilius,* Band 1. Übersetzt von Gerhard Fink. Düsseldorf: Artemis & Winkler 2007, S. 409 (70. Brief, 14–16).

Seneca spricht vom «Weg in die Freiheit». Was ist hier mit «Freiheit» gemeint? Berücksichtigen Sie dabei die Unterscheidung in «Freiheit von» (z.B. «frei von Schmerzen sein») und «Freiheit zu» (z.B. «frei sein, Fussball zu spielen»). Wie beurteilen Sie vor diesem Hintergrund Senecas Aussage?

 Seneca nennt im Text Gründe dafür, Suizid zu begehen. Sind dies gute Gründe? Stellen Sie sich Menschen verschiedenen Alters und in verschiedenen Situationen vor, die Ihnen die Gründe vortragen. Wann sind sie überzeugend, wann nicht? Welche Bedingungen müssen erfüllt sein, damit die Gründe rational sein können?

Menschen haben immer wieder den Wunsch geäussert, unsterblich in dem Sinne zu sein, dass sie ein ewiges Leben auf Erden führen können. In literarischen Werken ist dieser Wunsch ein wiederkehrendes Motiv. In der Komödie *Die Sache Makropulos* von Karel Čapek kann Elina Makropulos dank einem lebenserhaltenden Elixir ewig weiterleben. Im Alter von 342 Jahren entschliesst sie sich aber freiwillig, das Elixir nicht mehr zu trinken, weil ihr das Leben langweilig geworden ist. Mit diesem Beispiel stützt der britische Philosoph Bernard Williams (1929–2003) seine These, dass ein ewiges Leben von uns als sinnlos empfunden würde. Nur ein Leben mit unerfüllten Wünschen könne sinnvoll sein, so Williams.

 Können Sie Makropulos' Entscheidung nachvollziehen, oder würden Sie ewig weiterleben wollen? Weshalb (nicht)?

 Gegen das Argument von Williams könnte man einwenden, dass es Wünsche gibt, die immer wieder erfüllt werden müssen, zum Beispiel der Wunsch nach Nahrung, und dass es Wünsche gibt, die auch in einem ewigen Leben nicht erfüllt werden könnten, zum Beispiel der Wunsch, alle Bücher gelesen zu haben, wenn jeden Tag ein neues Buch erscheint. Sind Sie mit dem Einwand einverstanden?

 Stellen wir uns vor, dass es einmal möglich sein wird, die Inhalte des eigenen Geistes (alle bisherigen Erfahrungen, Gefühle und Gedanken) auf ein externes Medium zu übertragen und dort zu speichern. Man nennt diesen Prozess *mind uploading* oder *whole brain emulation*. Wenn es diese Möglichkeit gäbe, würden Sie es tun? Warum (nicht)?

 Nehmen Sie Stellung zu dem folgenden Zitat von Ludwig Wittgenstein aus dem *Tractatus Logico-Philosophicus*:

1 6.4311
Der Tod ist kein Ereignis des Lebens. Den Tod erlebt man nicht.
Wenn man unter Ewigkeit nicht unendliche Zeitdauer, sondern Unzeitlichkeit versteht, dann lebt der ewig, der in der Gegenwart lebt.
5 Unser Leben ist ebenso endlos, wie unser Gesichtsfeld grenzenlos ist.

Der Beginn des menschlichen Lebens auf der Welt ist die Geburt. Können wir, ausgehend davon, etwas darüber sagen, was wesentlich zu einem menschlichen

Leben gehört? In ihrem Buch *Vita activa* (1967) greift Hannah Arendt (1906–1975) dafür auf die traditionelle Unterscheidung zwischen zwei genuin menschlichen Lebensweisen zurück: Da ist einerseits die betrachtende oder auch theoretische Lebensweise, die von Aristoteles als höchste Lebensform angesehen wurde und auf Lateinisch *vita contemplativa* genannt wird, und andererseits die tätige Lebensweise, auf Lateinisch *vita activa*. Arendt konzentriert sich in ihrem Buch auf die tätige Lebensweise. Sie unterscheidet drei Arten des Tätigseins: die «Arbeit», das heisst die Tätigkeit, die zur Erhaltung des eigenen Lebens und der Gattung notwendig ist, das «Herstellen», das heisst die Tätigkeit, die zu einem Produkt führt, und das «Handeln», das auch das Sprechen umfasst, das heisst die Tätigkeit, die zwischen Menschen stattfindet und die zu zwischenmenschlichen Beziehungen führt. Wer arbeitet, wer, wie Arendt sagt, ein *animal laborans* ist, der ist noch nicht ganz Mensch, und auch wer herstellt, wer, wie Arendt sagt, ein *homo faber* ist, der ist auch noch nicht ganz Mensch. Erst der handelnde Mensch ist ganz Mensch. Umgekehrt kann ein Mensch auch Mensch sein, ohne selbst zu arbeiten oder etwas herzustellen. Durch das Handeln unterscheiden wir uns nicht nur als Gattung, sondern auch als Individuum von anderen.

1 Sprechend und handelnd schalten wir uns in
   die Welt der Menschen ein, die existierte, bevor wir in sie geboren wurden, und diese Ein-
   schaltung ist wie eine zweite Geburt, in der wir
5 die nackte Tatsache des Geborenseins bestätigen, gleichsam die Verantwortung dafür auf
   uns nehmen. [...] Weil jeder Mensch aufgrund
   des Geborenseins ein *initium*, ein Anfang und
   Neuankömmling in der Welt ist, können Men-
10 schen Initiative ergreifen, Anfänger werden
   und Neues in Bewegung setzen.

Hannah Arendt: *Vita activa oder Vom tätigen Leben*. München: Piper 1967, S. 215.

Aufgaben 2.32

 Zeigen Sie an Beispielen auf, wie ein Mensch einen «neuen Anfang machen» kann, und versuchen Sie die These zu stützen, dass jeder Mensch dazu fähig ist.

 Was ist nach Ihrer Ansicht der Zusammenhang zwischen der Fähigkeit, einen Anfang zu machen, und der Tatsache, dass jeder von uns ein Individuum ist?

HANNAH ARENDT

Die deutsch-amerikanische Philosophin Hannah Arendt, geboren 1906 bei Hannover in eine jüdische Familie, gestorben 1975 in New York, gilt als eine der wichtigsten politischen Philosophinnen des 20. Jahrhunderts. Sie studierte bei Martin Heidegger und Karl Jaspers, zwei einflussreichen deutschen Philosophen, bevor die Judenverfolgung durch die Nationalsozialisten sie 1933 dazu veranlasste, aus Deutschland zu emigrieren. Arendt lebte erst acht Jahre in Paris und emigrierte dann in die USA. 1937 wurde sie in Nazideutschland ausgebürgert und war bis zu ihrer Einbürgerung durch die USA 1951 staatenlos. Ihre beiden wichtigsten Werke sind *Elemente und Ursprünge totaler Herrschaft*, eine strukturelle Untersuchung der totalitären Regime in Deutschland und in der Sowjetunion, und *Vita activa*, eine Untersuchung der Grundbedingungen des aktiven menschlichen Lebens.

2.5 Freier Wille

Will ich diesen Text weiterlesen, oder will ich aufstehen und gehen? Nun, das ist meine Entscheidung, mag ich denken. Wir erleben uns in vielem, was wir tun, als frei. Es liegt an uns, was wir tun wollen – so denken wir –, und möglicherweise sind wir sogar die einzigen Wesen im Universum mit dieser Fähigkeit. Doch, stimmt es auch? Ist unser Wille tatsächlich frei, oder täuschen wir uns?

Aufgabe 2.33

 Überlegen Sie: Bin ich frei, ...
a) die linke Hand zu heben?
b) jetzt hier zu sein, wo ich bin?
c) in der Wahl meines Mittagessens?
d) mich für einen Beruf zu entscheiden, den ich will?
e) zu wählen, mit wem ich befreundet bin?
f) ein Versprechen zu halten?
g) der Mensch zu sein, der ich bin?
h) ein- und auszuatmen, wann ich will?
i) den nächsten Abschnitt dieses Buches zu lesen?

In allen soeben genannten Fällen sind besondere Umstände denkbar, die verhindern, dass wir tun können, was wir wollen. Ich kann mein bevorzugtes Mittagessen nur dann essen, wenn es auch erhältlich ist. Ich kann nur dann mit jemandem befreundet sein, wenn diese Person auch mit mir befreundet sein will. Handlungsfreiheit bedeutet, dass wir tun können, was wir tun wollen. Wenn wir maximal handlungsfrei wären, so wären wir allmächtig – das sind wir offensichtlich nicht. Handlungsfreiheit ist uns aber in vielen Fällen sehr wichtig: Wir wollen unsere Meinung äussern, in die Ferien fahren und vieles mehr. Wir wenden viel Zeit und Mühe darauf, unsere Handlungsfreiheit zu vergrössern, wo sie uns wichtig ist: So lernen wir vielleicht, die Schuhe zu schnüren, besser zu singen oder Menschen von unserer Meinung zu überzeugen. Es ist uns aber auch bewusst, dass wir enorm vieles nicht tun können, wie etwa ohne Hilfsmittel zu fliegen oder zu Proxima Centauri zu reisen. Handlungsfreiheit ist abhängig von unseren Eigenschaften und Fähigkeiten, von den Naturgesetzen und Umständen in der Welt; sie ist für uns niemals vollkommen.

Wenngleich wir nicht alle möglichen Handlungen ausführen können, können wir doch zumindest alle Handlungen *wollen*, die logisch möglich sind. So begrenzt unsere Handlungsfreiheit auch ist, ist also wenigstens unser Wille frei? Bevor wir uns mit den wichtigsten Argumenten und Positionen auseinandersetzen, müssen wir uns fragen, was auf dem Spiel steht. Welche Bedeutung hat die Freiheit des Willens für uns? Inwiefern ist Willensfreiheit wichtig, und was wäre, wenn wir zur Überzeugung gelangten, dass es sie nicht gäbe?

Willensfreiheit ist erstens von Bedeutung dafür, wie wir uns als Menschen sehen: Wir sind jene Wesen, die frei sind und uns dadurch von den meisten oder womöglich von allen anderen Wesen im Universum unterscheiden. Wir sind keine Dominosteine, keine Zahnräder in einem Getriebe, keine Computerprogramme. Zweitens ist Willensfreiheit wichtig für das, was wir tun: Für freie Entscheidungen und die daraus resultierenden Handlungen übernehmen wir Verantwortung. Diese Taten «gehören zu uns», wir schreiben sie uns zu. Dasselbe tun wir mit Blick auf die Handlungen anderer: Willensfreie Personen sind für ihre Taten verantwortlich, manchmal loben oder tadeln wir sie dafür. Willensfreiheit scheint also eine notwendige Bedingung für moralische Verantwortung zu sein. Diese Annahme liegt auch den meisten Strafrechtsordnungen zugrunde. Das oberste Bundesgericht der Vereinigten Staaten hat in einem grundlegenden Urteil entschieden:

1 Die Vorstellung, dass das Verhalten einer Person schlicht das Ergebnis von extrinsischen Kräften und Umständen ist, über die sie keine Kontrolle hat, ist ein inakzeptabler Widerspruch zum Konzept des freien Willens, das die conditio sine qua non [notwendige Bedingung] unseres Strafrechtssystems
5 ist.

Supreme Court of the United States: *Bethea v. United States*, 365 A.2d 64, 83 n.39 (D.C. 1976) [Übersetzung TZ].

Obwohl im Strafgesetzbuch der Schweiz das Wort «Willensfreiheit» überhaupt nicht und in Urteilen des Bundesgerichts nur sehr selten vorkommt, ist Willensfreiheit auch in der schweizerischen Rechtsordnung Voraussetzung dafür, einer Person ihre Handlungen zuschreiben zu können. Dies zeigt sich etwa in Art. 140 Abs. 1 der Strafprozessordnung:

1 Verbotene Beweiserhebungsmethoden:
Zwangsmittel, Gewaltanwendung, Drohungen, Versprechungen, Täuschungen und Mittel, welche die Denkfähigkeit oder die Willensfreiheit einer Person beeinträchtigen können, sind bei der Beweiserhebung unter-
5 sagt.

Strafprozessordnung (StPO) vom 5. Oktober 2007. Online unter: https://www.admin.ch/opc/de/classified-compilation/20052319/index.html [abgerufen am 1. Februar 2020].

Aufgaben 2.34

 Welche Gründe könnte es haben, dass im Strafgesetzbuch der Schweiz nicht von Willensfreiheit die Rede ist? Wie beurteilen Sie diese Gründe?

 Willensfreiheit scheint nicht nur mit (moralischer) Verantwortung verbunden zu sein. Diskutieren Sie, was das Fehlen von Willensfreiheit für folgende Fälle bedeuten würde:
a) Lob für besondere Leistungen, Komplimente und Auszeichnungen
b) Freude an eigener Leistung, Stolz
c) Gefühle von Scham und Schuld
d) Pflichten gegenüber anderen, Verantwortung für andere
e) romantische Liebe und Freundschaften
f) Sinn des Lebens
g) religiöse Überzeugungen
h) weitere Lebensbereiche, die durch Fehlen von Willensfreiheit «bedroht» würden

Welche Gründe gäbe es dafür, dass es keine Willensfreiheit gäbe? Nicht wenige Menschen sind davon überzeugt, dass zumindest Teile unseres Lebens durch ein Schicksal bestimmt sind. «Es musste so kommen!» oder «Es ist meine Bestimmung, dass ich jetzt da bin» sind Sätze, mit denen diese Überzeugung ausgedrückt wird. Schicksalhaftes Denken (oder Fatalismus von lat. *fatum:* Schicksal) beruht auf der Idee, dass bestimmte, zumeist wichtige Dinge unausweichlich geschehen, und zwar grundsätzlich unabhängig davon, was wir dafür oder dagegen tun. Eine berühmte Schicksalsgeschichte ist *König Ödipus* von Sophokles: Sophokles erzählt von einer ungeheuerlichen Prophezeiung: Das Orakel von Delphi sagt König Laios von Theben voraus, dass er, sollte er einen Sohn haben, von diesem getötet und der Sohn seine Frau heiraten würde. Tatsächlich bringt Laios' Frau Iokaste einen Sohn zu Welt, den sie Ödipus nennen. Um zu verhindern, dass die Prophezeiung eintrifft, geben die Eltern ihren Sohn kurz nach der Geburt weg. Als Ödipus in seiner Jugend selbst von der Prophezeiung erfährt, will auch er um jeden Preis deren Erfüllung verhindern und bricht in die Ferne auf. Auf dieser Reise gerät er in einen Streit mit dem Fahrer eines Wagens, den er daraufhin tötet. Dieser Fahrer ist sein leiblicher Vater Laios. Später besiegt er die Sphinx, die Theben (seine ursprüngliche Heimatstadt) bedrohte, und erhält dafür die Königin Iokaste, seine leibliche Mutter, zur Frau. Die Prophezeiung ist damit erfüllt.

Aufgaben 2.35

 Suchen Sie weitere Beispiele für Schicksal: aus Filmen und Literatur, aus alltäglichen Erzählungen und aus Ihren eigenen Überzeugungen.

- -

 Wie erklären Sie es sich (sozial-)psychologisch, dass das Schicksalsdenken für viele Menschen eine solche Anziehungskraft hat?

Unbesehen von Verbreitung und Attraktivität des Schicksalsdenkens, ist die Idee eines Schicksals insbesondere folgenden Einwänden ausgesetzt:

1) Schicksal setzt eine planende Urheberschaft (z. B. Gott) voraus, deren Existenz erst einmal bewiesen werden muss. Diese Beweise sind sehr umstritten (siehe Abschnitt 1.4).
2) Selbst wenn die Existenz Gottes (bzw. einer ähnlichen Macht) bewiesen wäre, müsste zusätzlich bewiesen werden, dass Gott tatsächlich schicksalshaft interveniert.
3) Schicksalsdenken scheint auf verdächtige Art und Weise «massgeschneidert» zu sein: Gerade mir widerfährt etwas Besonderes zu meinem wichtigen Lebensereignis. Wäre es auch Schicksal, dass ich gestern Spaghetti statt Pommes gegessen habe?
4) Die oft mit Schicksalsdenken verbundene Behauptung «alles hat seinen Sinn» kann, mit Blick auf das Geschehen in der Welt, geradezu grotesk unmoralisch werden: Hat auch das Sterben von Millionen von Kindern an Hunger einen Sinn?

Aufgabe 2.36

 Debattieren Sie: Ist der Glaube an Schicksal vernünftig?

Schicksal meint absichtliche, planvolle Vorbestimmung. Vorbestimmung setzt aber nicht notwendig einen absichtsvollen Urheber oder Plan voraus. Wir können Vorbestimmung allgemeiner als notwendigen Zusammenhang von zeitlich unterschiedlichen Ereignissen verstehen. Wir nennen ein Ereignis determiniert, wenn es unter der Voraussetzung bestimmter Vorbedingungen und Naturgesetze notwendig geschehen muss. Wenn Determinismus ausnahmslos gilt, dann geschieht alles, was geschieht, notwendig. Determinismus erfordert:

a) zu jedem Zeitpunkt einen genau definierten Zustand (oder eine genau definierte Beschreibung) der Welt;

b) Naturgesetze, die überall und jederzeit gelten;

c) dass a) und b) zusammen logisch jeden künftigen Zustand der Welt ergeben.

In einer deterministischen Welt ist ein «Laplace'scher Dämon» möglich – benannt nach dem Schöpfer des Gedankenexperiments, Pierre-Simon Laplace. Der Laplace'sche Dämon wird wie folgt definiert:

→ Logik und Methoden 23

1   Eine Intelligenz, die zu einem gegebenen Zeitpunkt alle Kräfte der Natur sowie den Zustand aller Objekte kennt und die zudem mächtig genug wäre, diese Daten zu analysieren, würde in der gleichen Formel die Bewegungen der grössten Himmelskörper und die des leichtesten Atoms erfassen.

5   Nichts wäre für sie ungewiss, Zukunft und Vergangenheit lägen klar vor ihren Augen.

Pierre-Simon Laplace: *Essai philosophique sur les probabilités.* Cambridge: Cambridge University Press 2009, S. 4 [Übersetzung TZ].

Aufgaben 2.37

 Ist ein Laplace'scher Dämon möglich? Gilt Determinismus durchgängig oder nie oder nur in bestimmten Bereichen?

 Wodurch könnte unser Willen determiniert sein – unsere Gene, die Erziehung, unser Gehirn, eigene Erfahrungen oder Gedanken?

 Könnten wir empirisch herausfinden, ob der Determinismus wahr ist, und falls ja, wie?

Wenn der Determinismus durchgängig wahr ist, dann gibt es keine Willensfreiheit. Dies ist die Auffassung der sogenannten Inkompatibilisten in der Willensfreiheitsdebatte (sie halten Willensfreiheit und Determinismus nicht für miteinander vereinbar oder «kompatibel»). Nach dieser Auffassung ist Willensfreiheit davon abhängig, ob ein Laplace'scher Dämon möglich ist oder nicht. Könnte dieser Dämon wirklich wissen, was ich in einer Sekunde, morgen oder kurz vor meinem Tod denke und will? Der amerikanische Philosoph Peter van Inwagen (geb. 1942) hat folgendes Argument für den Inkompatibilismus formuliert:

1   Wenn der Determinismus wahr ist, dann sind unsere Handlungen die Konsequenzen der Naturgesetze und von Ereignissen in (weiter) Vergangenheit. Aber es liegt nicht an uns *[not up to us]*, was geschehen ist, bevor wir geboren wurden, und ebenso liegt es nicht an uns, wie die Naturgesetze

5　sind. Daraus folgt: Die Konsequenzen dieser Dinge (inklusive unserer gegenwärtigen Handlungen) liegen nicht an uns.

Peter van Inwagen: *An Essay on Free Will.* Oxford: Clarendon Press 1983, S. 16 [Übersetzung TZ].

Aufgaben 2.38

→ **Logik und Methoden 9**

 Rekonstruieren Sie van Inwagens Argument.

→ **Logik und Methoden 11**

 Prüfen Sie die Stichhaltigkeit des Arguments.

Fjodor Dostojewski (1821–1881), ein Schriftsteller, der in seinem Werk häufig psychologische und philosophische Themen bearbeitet hat, lässt in seinen *Aufzeichnungen aus dem Kellerloch* den Protagonisten über die Folgen der Wahrheit des Determinismus nachdenken:

1　Ich übe mich im Denken, folglich zieht bei mir jeder primäre Grund einen anderen nach sich, der noch primärer ist, und so geht es weiter ins Endlose. Darin besteht das Wesen jeglichen Bewußtseins und Denkens. Somit sind wir schon wieder bei den Naturgesetzen. [...] Auch die Bosheit unterliegt

5　bei mir infolge dieser verwünschten Gesetze des Bewußtseins einer chemischen Zersetzung. Bei näherem Betrachten verflüchtigt sich das Objekt, die Gründe verdunsten, ein Schuldiger ist nicht aufzutreiben, die Beleidigung bleibt nicht Beleidigung, sondern wird Fatum, eine Art Zahnschmerz, an dem keiner schuld ist [...]. Noch mehr: dann, werden Sie sagen, wird

10　die Wissenschaft selbst dem Menschen beibringen [...], daß er in Wirklichkeit weder Wille noch Laune besitzt, ja nie besessen hat, und daß er selbst nichts anderes ist als eine Art Klaviertaste oder Drehorgelstift; und darüber hinaus ist die Welt von Naturgesetzen bestimmt; so daß alles, was er auch tun mag, durchaus nicht nach seinem Wunsch und Willen, sondern ganz

15　von alleine, nach Naturgesetzen abläuft. Folglich braucht man nur diese Naturgesetze zu entdecken, und der Mensch wird sogleich für seine Handlungen nicht mehr verantwortlich sein und ein ungemein bekömmliches Leben beginnen.

Fjodor Dostojewskij: *Aufzeichnungen aus dem Kellerloch.* Übersetzung von Swetlana Geier. Frankfurt am Main: Fischer 2008, S. 22–23, 29.

Aufgaben 2.39

 Vergleichen Sie die Überlegungen in Dostojewskis Text mit dem Argument von Peter van Inwagen. Welche Gemeinsamkeiten und Unterschiede finden Sie?

→ **Logik und Methoden 12**

 Schreiben Sie eine Erwiderung gegen Dostojewskis Protagonisten. Falls Sie seine Meinung teilen, kritisieren Sie die am schwächsten begründeten Aussagen.

Im Argument für den Inkompatibilismus, wie wir es bei van Inwagen gesehen haben, soll die Unvereinbarkeit von Determinismus und Willensfreiheit begründet werden. Es wird allerdings nicht behauptet, dass Determiniertheit tatsächlich

besteht. In diesem Punkt sind sich auch die Inkompatibilisten nicht einig. Einige von ihnen glauben, dass die Welt durchgängig determiniert ist und Willensfreiheit dadurch unmöglich ist, andere sind der Auffassung, dass zumindest einige Ereignisse, darunter menschliche Willensakte, nicht determiniert (indeterminiert) und daher frei sind.

Wie können wir entscheiden, ob der Determinismus wahr und ob insbesondere unser Wille determiniert ist? Der Neurologe Benjamin Libet (1916–2007) hat zu dieser Frage 1979 ein berühmtes, bemerkenswert einfaches Experiment durchgeführt. Die Teilnehmenden wurden angewiesen, einen Knopf auf einer Tastatur zu drücken. Anschliessend sollten sie angeben, wann sie sich ihrer Entscheidung, den Finger zu bewegen, bewusst geworden waren. Libet konnte mittels Elektroenzephalografie zeigen, dass etwa 350 Millisekunden bevor die Person ihren Willen, die Taste zu drücken, bewusst erlebte, die Hirnströme stark zugenommen hatten. Diese Hirnaktivität, die Libet als «Bereitschaftspotenzial» *(readyness potential)* bezeichnete, trat also unabhängig von unserer Kontrolle auf und wurde von Libet als Ursache des Willens verstanden. In den vergangenen Jahrzehnten sind viele ähnliche und teilweise methodisch verbesserte Experimente durchgeführt worden. Sie zeigen ebenfalls, dass schon vor dem bewussten Erleben des Willens Hirnaktivität messbar ist.

Aufgaben 2.40

 Beweist das Libet-Experiment (oder die Hirnforschung im Allgemeinen), dass unser Wille nur ein «Nebenprodukt» des Gehirns ist und Willensfreiheit eine blosse Illusion?

 Angenommen, der Wille ist indeterminiert: Würde Willensfreiheit dadurch möglich, wie das die optimistischen Inkompatibilisten glauben? Könnte ein indeterminierter freier Wille von einem zufälligen und der Person fremden Willen unterschieden werden?

Vertiefung

Die Frage nach dem Determinismus ist für die Willensfreiheitsdebatte grundlegend. Nach der Definition des Determinismus ergibt sich ein künftiger Zustand der Welt notwendig aus einem bestimmten Zustand der Welt, zusammen mit den Naturgesetzen. Dabei stellt sich die Frage, ob die Naturgesetze tatsächlich (derart) deterministisch sind. Was kann uns die Physik dazu sagen, die sich mit den fundamentalen Gesetzen des Universums auseinandersetzt?

Eine ziemlich populäre Antwort darauf geht ungefähr so: Die Quantenphysik kann beweisen, dass alles unsicher ist. Die kleinsten Dinge (auf subatomarer Ebene) verhalten sich nicht wie Billardkugeln, sondern folgen anderen Regeln. Diese Regeln sind probabilistisch. Die Quantenphysik beweist, dass wir manche Dinge niemals sicher voraussagen können, und ist deshalb indeterministisch. Diese Aussage wird oft mit dem Hinweis auf spektakuläre Experimente oder Gedankenexperimente begründet, die das seltsame, höchst kontraintuitive Verhalten der «kleinsten Dinge» beschreiben. Das vielleicht berühmteste Beispiel ist «Schrödingers Katze», benannt nach dem Physiker Erwin Schrödinger (1887–1961).

→ **Logik und Methoden 23**

Aufgabe 2.41

 Informieren Sie sich über Schrödingers Gedankenexperiment.

«Die Katze ist zugleich lebendig und tot», «Licht ist ein Teilchen und auch eine Welle» ... derartige Aussagen lassen vernünftige Menschen verzweifeln und die Quantenphysik als vollkommen unverständliche, beinahe mystische Geheimlehre erscheinen. Doch dieser Eindruck ist falsch, denn die Quantenphysik ist nichts anderes als die theoretisch und experimentell am besten begründete moderne Physik. Tatsächlich unterscheidet sich diese moderne Physik entscheidend von der «klassischen» Physik des ausgehenden 19. Jahrhunderts. Die klassische Physik hat im Wesentlichen zwei Bestandteile: Erstens wird davon ausgegangen, dass das Universum aus Teilchen (Atomen) besteht, die in Bewegung sind. Die Bewegungsveränderungen können mit den Newton'schen Gesetzen berechnet werden. Das Atommodell des Physikers Ernest Rutherford (1871–1937) zeigt das Atom mit Atomkern und Elektronen, die wie Planeten auf Bahnen um den Atomkern kreisen. Obwohl das Atommodell später modifiziert wurde – nicht das Atom ist das kleinste Teilchen, da es aus einem oder mehreren Neutronen und Protonen besteht, die wiederum aus Quarks und Gluonen aufgebaut sind –, wird mit dem Atommodell in vielen Schulbüchern die fundamentale Realität aller Dinge dargestellt. Zweitens gehören zum «Inventar» der klassischen Physik neben den Teilchen die Kraftfelder (insbesondere das Gravitationsfeld und das elektromagnetische Feld). Aus diesen zwei Bestandteilen der klassischen Physik lässt sich die physikalische Realität wie folgt beschreiben: Bestimme für alle Teilchen den Ort und die Geschwindigkeit und entwickle eine systematische Beschreibung mit den Regeln der Newton'schen Physik.

Das Modell der klassischen Physik ist falsch, wie seit Beginn des letzten Jahrhunderts in vielen experimentellen Beobachtungen und Berechnungen gezeigt werden konnte – darunter diese: Elektronen, die sich auf einer nichtgeraden Bahn mit konstanter Geschwindigkeit bewegen, emittieren Licht. Würde das Rutherford-Atommodell stimmen, so müsste das Elektron ständig Energie (in Form von Licht) verlieren, sich dann dem Atomkern annähern und schliesslich gegen diesen prallen. Alles, was aus Atomen aufgebaut ist – so auch wir Menschen –, müsste daher leuchten und sehr rasch zerfallen. Dies geschieht offensichtlich nicht, das klassische Modell ist deshalb falsch.

Die Quantenphysik hat die Vorstellung von Teilchen und Geschwindigkeiten im klassischen Modell zunehmend ersetzt. Mit der «quantenmechanischen Wellenfunktion» kann berechnet werden, mit welcher Wahrscheinlichkeit ein Teilchen an einem bestimmten Ort gemessen werden kann. An die Stelle des Rutherford-Modells ist somit eine «probabilistische Wolke» getreten.

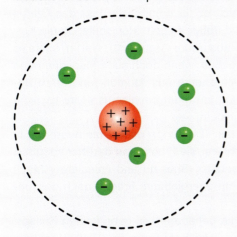

Abbildung 2.2: Rutherford-Atommodell

Vor der Messung ist das Teilchen in einer sogenannten Superposition: Die Wellenfunktion drückt eine Überlagerung von mehreren Zuständen aus, in denen das Teilchen an einem bestimmten Ort lokalisiert ist, und gibt die Wahrscheinlichkeit an, mit der das Teilchen an diesem Ort gemessen werden kann. Im Falle von Schrödingers Katze bedeutet die Superposition eine Überlagerung der beiden Zustände «lebendig» und «tot».

Das neue quantenphysikalische «Rezept» zur Beschreibung der physikalischen Welt lautet nun: Bestimme für ein System eine Wellenfunktion. Berechne anschliessend mit der Schrödinger-Gleichung die Veränderung der Wellenfunktion über die Zeit. Das Rezept funktioniert, es ist ungemein erfolgreich und dient unzähligen technischen Anwendungen, wie zum Beispiel der Herstellung von Computerchips, der Telekommunikation und dem Betrieb von GPS und Internet. Doch was sagt es darüber aus, wie die Welt ist? Dies ist alles andere als klar. Es gibt verschiedene Theorien dazu, einige sind deterministisch, einige indeterministisch, und einige sagen überhaupt nichts aus zum Determinismusproblem. Wir skizzieren hier die beiden wichtigsten:

1. Die Kopenhagener Deutung ist eine Theorie, die davon ausgeht, dass ein quantenphysikalischer Zustand (eine Superposition) zum Zeitpunkt einer

Messung «kollabiert». Für Schrödingers Katze bedeutet dies: Genau dann, wenn die Box geöffnet wird, um zu prüfen, ob die Katze lebt oder tot ist, wird der Zustand der Katze definitiv fixiert (sie lebt, oder sie ist tot, nicht beides). Die Kopenhagener Deutung ist jedoch umstritten. Die Streitfrage lautet: Findet der Kollaps der Wellenfunktion zum Zeitpunkt der Messung in Wirklichkeit statt («ontologische» Deutung), oder sollten wir den Kollaps nur «epistemisch» deuten, das heisst derart, dass wir dadurch nützliche Messergebnisse erhalten, jedoch über die Realität nichts Sicheres aussagen?

Die eine Gruppe von Physikern (Niels Bohr, Werner Heisenberg u. a.) plädierte für eine ontologische Deutung: Demnach gelten die Gesetze der Quantenphysik für die Welt der kleinsten Dinge, die Gesetze der klassischen Physik jedoch für die Makrowelt (mit Menschen, Katzen, Labors usw.) und die Messung würde den Zustand in der Quantenwelt gleichsam in die Welt der klassischen Physik transportieren.

Andere Physiker hielten dies für absurd, so zum Beispiel Albert Einstein oder Erwin Schrödinger. Die Ironie von Schrödingers Katze ist, dass Schrödinger mit diesem Gedankenexperiment gerade die absurde Folge der ontologischen Deutung aufzeigen wollte. Er hielt es für unmöglich, dass das Öffnen der Kiste (und Beobachten der Katze) darüber entscheiden sollte, ob die Katze lebte oder nicht (es war also ein Ad-absurdum-Argument). Warum sollte es zwei Welten mit je eigenen Gesetzen geben, wenn doch auch Menschen und Messgeräte aller Art genauso wie alles andere aus Atomen (und ihren Bestandteilen) zusammengesetzt sind? Echten Indeterminismus sollte es nicht geben; «Gott würfelt nicht», meinte Einstein.

Der Streit über die richtige Deutung der «Deutung» dauert bis heute an. In der zweiten Hälfte des 20. Jahrhunderts war die Frustration darüber so gross, dass sich folgende Forderung durchsetzte: «Shut up and calculate!» Mach Berechnungen und verlier keine Zeit mit unergiebigen Fragen nach der fundamentalen Realität.

2. Interpretationen der Quantenphysik, die behaupten, es gebe keinen Kollaps, wenden konsequent die quantenphysikalischen Formeln (Wellenfunktion, Schrödinger-Gleichung usw.) auf das gesamte Universum an. Nichts, keine Beobachtung oder dergleichen, kann je diese Gleichungen stören, da diese eine vollständige Beschreibung der physikalischen Wirklichkeit darstellen. In diesem Fall ist die Quantentheorie eine deterministische Theorie.

Eine solche Theorie ist beispielsweise die Viele-Welten-Interpretation *(many-worlds interpretation)* der Quantentheorie, die der Amerikaner Hugh Everett (1930–1982) entwickelt hat. Die Grundidee lautet: Alles ist und bleibt quantisiert, und zwar unabhängig von der Grösse. Anstatt dass die Wellenfunktion kollabiert (und eine definitive Lösung hat, die das System fixiert), verzweigt die Wellenfunktion alles (inklusive den Beobachter) in verschiedene «Welten». Das bedeutet konkret: Seit Sie begonnen haben, diesen Text zu lesen, hat es Abermillionen solcher Verzweigungen gegeben, die notwendig (nicht zufällig) entstanden sind und alle eine Version von Ihnen enthalten.

So abstrus die Viele-Welten-Interpretation auch klingen mag, sie hat in der theoretischen Physik in den letzten Jahren zunehmend Anhängerinnen und Anhänger gewonnen.

Was können wir aus all dem schliessen? Vermutlich dies: Wir wissen schlicht nicht, ob der Determinismus wahr oder falsch ist, die Frage ist bis heute nicht entschieden. Denn es ist umstritten, ob wir die Quantentheorie epistemisch oder

→ **Logik und Methoden 41**

ontologisch deuten sollten. Falls wir sie epistemisch deuten, dann ist es keine Theorie, die überhaupt die Determinismus-Frage entscheiden könnte. Weiter ist unklar, was die richtige ontologische Deutung der Quantentheorie ist. Hier gibt es sowohl indeterministische als auch deterministische Theorien (wie etwa die Viele-Welten-Interpretation).

Aufgaben 2.42

 Was würde der Indeterminismus (zumindest) auf Quantenebene für Willensfreiheit bedeuten?

 Was würde aus der Existenz von vielen Welten im Sinn der Viele-Welten-Interpretation folgen? Welche Folgen hätte dies für Willensfreiheit?

Abbildung 2.3: Schrödingers Katze

Wir haben bisher die Möglichkeit ausser Acht gelassen, dass zwischen Determinismus und Willensfreiheit gar kein Widerspruch besteht. Diese Auffassung vertreten die Kompatibilisten.

	Es gibt keine Willensfreiheit	Willensfreiheit ist möglich
Determinismus ist wahr.	Pessimistischer Inkompatibilismus (harter Determinismus)	Kompatibilismus
Determinismus ist (mindestens manchmal) falsch, Indeterminismus ist (mindestens manchmal) wahr.	Impossibilismus	Optimistischer Inkompatibilismus (Libertarianismus)

Tabelle 2.1: Kombinationen von Determinismus und Willensfreiheit

Diese Idee erscheint vielen auf den ersten Blick wenig intuitiv, ja gar absurd. Warum sollte es möglich sein, dass Ereignisse einschliesslich unseres Wollens notwendig (determiniert) und dennoch frei geschehen? Philosophinnen und Philosophen haben seit der Antike dafür argumentiert, dass dies möglich sei, und einige meinen sogar, die kompatibilistisch verstandene Willensfreiheit sei die einzig vernünftig denkbare. Zu ihnen gehört auch der Schweizer Philosoph und Schriftsteller Peter Bieri (geb. 1944; Pseudonym Pascal Mercier):

1   Es gehört zu unserem Selbstverständnis, dass wir uns in unserem Tun und
     Wollen als frei erfahren. Wir erleben uns als Urheber unseres Handelns. [...]
     Wir betrachten uns als Wesen, die kraft dieser Freiheit für ihr Tun verant-
     wortlich sind. Es müsste uns verstören, wenn sich herausstellte, dass diese
5   Freiheitserfahrung nichts weiter ist als eine hartnäckige Illusion.
     Nun scheint es manchen heute so, als zeigte die Hirnforschung genau das.
     Sie lehrt uns, dass es für alles Wollen und Tun neuronale Vorbedingungen
     gibt. Fänden nicht an bestimmten Stellen im Gehirn bestimmte Aktivitäts-
     muster statt, so vermöchten wir nichts zu wollen und zu tun. Und es scheint
10   auch so, als ließen solche Entdeckungen nur den einen Schluss zu: dass
     unser Wollen und Tun keineswegs aus Freiheit geschieht, sondern als Folge
     eines neurobiologischen Uhrwerks, das unbeeinflussbar hinter unserem
     Rücken tickt. Gewiss, wir fühlen uns frei. Doch das Gefühl trügt: Wir sind
     es nicht.
15   In Wirklichkeit folgt aus der Hirnforschung nichts dergleichen. Was wie
     eine beinharte empirische Widerlegung der Willensfreiheit daherkommt,
     ist ein Stück abenteuerliche Metaphysik. Wie lässt sich diese freche Be-
     hauptung rechtfertigen?
     Betrachten wir ein Gemälde. Wir können es als einen physikalischen Ge-
20   genstand beschreiben. Wir können aber auch vom dargestellten Thema
     sprechen. Oder es geht uns um Schönheit und Ausdruckskraft. Oder um
     den Handelswert. Derselbe Gegenstand wird aus unterschiedlichen Per-
     spektiven beschrieben. Alles, was wir sagen, ist im gleichen Sinne wahr.
     Es ist wahr, dass das Bild 30 Kilogramm wiegt und in Öl gemalt ist – und
25   es ist wahr, dass es das Abendmahl darstellt, ein verkitschtes Machwerk
     ist und einen zu hohen Preis erzielt hat. Keine der Beschreibungen ist nä-

her an der Wirklichkeit [...] als die anderen. Wir haben unterschiedliche Systeme der Beschreibung für unterschiedliche Zwecke entwickelt. Keines ist einem anderen ohne Rücksicht auf den Zweck, also absolut, überlegen.

30 Man darf verschiedene Perspektiven nicht vermischen.

Denken wir uns jemanden, der ein Bild zerlegte, um herauszufinden, was es darstellt: Wir würden ihn für verrückt halten – verrückt im Sinne eines Kategorienfehlers. Es geht nie gut, wenn wir Fragen, die sich auf der einen Beschreibungsebene stellen, auf einer anderen zu beantworten suchen. [...]

35 Wie beim Gemälde, so auch beim Menschen. Es gibt eine physiologische Geschichte über den Menschen, zu der auch die Geschichte über das neurobiologische Geschehen gehört. Daneben gibt es eine psychologische Geschichte, in der er als eine Person beschrieben wird. Aus dieser Perspektive wird ihm vieles zugeschrieben, das in der ersten Geschichte nicht Thema

40 sein kann, weil diese Geschichte dafür gar nicht die begrifflichen Mittel hat: Wille, Überlegungen, Entscheidungen. Nehmen wir an, jemand zerlegte einen Menschen (natürlich nur im Tomografen), um herauszufinden, was er will, überlegt und entscheidet. Wäre er nicht auch verrückt – im selben Sinne wie beim Gemälde?

45 Was bedeutet das für die Freiheit? Wir gebrauchen die Wörter «frei» und «Freiheit» leicht und locker und vergessen dabei häufig, dass sie einen Begriff bezeichnen, der, wie jeder Begriff, zu einer bestimmten Perspektive der Betrachtung gehört und nur dort einen Sinn ergibt. Zu welcher Perspektive? Zu derjenigen, aus der heraus wir uns als Personen sehen. Nur

50 handelnde Wesen mit einem geistigen Profil sind mögliche Kandidaten für Freiheit und Unfreiheit. Man sucht in der materiellen Zusammensetzung eines Gemäldes vergebens nach Darstellung oder Schönheit, und im selben Sinne sucht man in der neurobiologischen Mechanik des Gehirns vergebens nach Freiheit oder Unfreiheit. Es gibt dort weder Freiheit noch

55 Unfreiheit. Das Gehirn ist der falsche logische Ort für diese Idee.

Man kann weder das Sujet noch die ästhetischen Qualitäten eines Gemäldes verändern, ohne seine materielle Beschaffenheit zu verändern. Die thematischen und ästhetischen Eigenschaften sind von den materiellen abhängig. Übertragen auf den Fall von Wille und Gehirn heißt das: Das

60 psychologische Profil einer Person kann sich nur dann verändern, wenn sich ihr neurobiologisches Profil verändert – wenngleich die neurobiologischen und psychologischen Geschichten ihrer jeweils eigenen Logik folgen. Das ist keine neue Entdeckung, sondern ein Gemeinplatz. [...] Neurobiologische Entdeckungen können Willensfreiheit nicht als Illusion entlarven.

65 Wenn sie etwas entlarven, dann nur metaphysische Missverständnisse von Freiheit. Und um sie zu entlarven, brauchen wir die Neurobiologie eigentlich gar nicht. Klares Denken genügt.

Peter Bieri: Unser Wille ist frei. Ein Essay. In: *Der Spiegel* 2/2005, S. 124 f.

Aufgaben 2.43

 Wählen Sie ein berühmtes Kunstwerk (Vorschläge: *Guernica* von Pablo Picasso, *Fountain* von Marcel Duchamp, *Seascapes* von Hiroshi Sugimoto). Tragen Sie in einer Tabelle Eigenschaften des Kunstwerks ein, die sich aus den von Bieri beschriebenen Perspektiven angeben lassen.

Abbildung 2.4: *Guernica* (1937) von Pablo Picasso

→ **Logik und Methoden 19**

→ **Logik und Methoden 9**

→ **Logik und Methoden 21**

 Bieri unterstellt den Kritikern des Kompatibilismus einen «Kategorienfehler». Worin besteht dieser? Stimmen Sie Bieri zu?

 Rekonstruieren Sie Bieris Überlegung als Analogie-Argument. Prüfen Sie anschliessend die Stichhaltigkeit.

Die Kritik am Inkompatibilismus, wie sie im Text von Bieri ausgeführt wird, lässt die Frage offen, wann genau wir einem kompatibilistischen Verständnis zufolge willensfrei sind. Eine sehr einflussreiche kompatibilistische Begründung von Willensfreiheit bietet der US-amerikanische Philosoph Harry Frankfurt (geb. 1929):

—
HARRY FRANKFURT
—

Der US-amerikanische Philosoph Harry Frankfurt, geboren 1929, lieferte einschlägige Beiträge zur Frage der Willensfreiheit und moralischen Verantwortung, in denen er für die Vereinbarkeit von Willensfreiheit und Determinismus argumentierte. Ein zentraler Bestandteil von Argumenten gegen eine solche Vereinbarkeit ist das Prinzip alternativer Möglichkeiten: Der Wille kann nur dann frei sein, wenn man unter genau denselben Umständen auch hätte anders handeln können, als man es tatsächlich getan hat. Frankfurt versucht jedoch mit Beispielen zu zeigen, dass wir auch dann moralisch verantwortlich sind, wenn uns keine alternativen Handlungsoptionen offenstehen. Solche Beispiele sind mittlerweile als «Frankfurt-Style-Fälle» bekannt. Zuletzt hat Frankfurt sich zur Frage der Ungleichheit in der politischen Philosophie geäussert (siehe Abschnitt 5.5).

1 Wenn wir genau das tun, was wir tun wollen, handeln wir frei. Eine freie Handlung ist eine Handlung, die eine Person ausführt, weil sie sie ausführen will. Frei zu handeln heißt, die-
5 se harmonische Übereinstimmung zwischen dem, was man tut, und dem, was man will, aufrechtzuerhalten.

Ebenso stimmt der Wunsch, der das Handeln einer Person motiviert, manchmal genau mit
10 dem Wunsch überein, von dem sie motiviert werden will. Zum Beispiel möchte eine Person vielleicht aus einem Gefühl menschlicher Wärme und Großzügigkeit heraus agieren, und ihr Handeln *ist* tatsächlich warm und großzügig.
15 Es gibt hier eine klare Parallele zwischen einer freien Handlung und einem freien Willen. Genauso wie unser Handeln frei ist, wenn wir so handeln, wie wir handeln wollen, ist unser Wille frei, wenn das, was wir wollen, mit dem
20 übereinstimmt, was wir wollen wollen – das heißt, wenn der Wille, der hinter dem steht, was wir tun, auch genau der Wille ist, durch den wir zum Handeln bewegt werden wollen.

Der Wille einer Person ist nach dieser Auffassung frei, wenn in ihr eine
25 gewisse Einheit des Willens existiert, wenn der Wunsch, der ihr Handeln lenkt, ihrem Wunsch zweiter Ordnung entspricht, von einem bestimmten Wunsch gelenkt zu werden. [...]

Nehmen wir [...] an, daß wir tun, was wir tun wollen, daß ein Wunsch erster
Ordnung, der unser Handeln motiviert, genau der Wunsch ist, von dem
30 wir motiviert werden wollen, und daß dieses Motiv mit keinem Wunsch
höherer Ordnung konfligiert. Stellen wir uns mit anderen Worten vor, daß
wir völlig hinter dem stehen, was wir tun und wollen. In einem solchen
Fall werden wir in keiner Weise missachtet, besiegt oder genötigt. Weder
unsere Wünsche noch das von ihnen motivierte Verhalten werden uns
35 ohne unsere Zustimmung oder gegen unseren Willen aufgezwungen. Wir
handeln genau so, wie wir es wollen, und unsere Motive sind genau die,
die wir haben wollen. In diesem Fall sind wir meines Erachtens im Besitz
aller Freiheit, auf die ein endliches Wesen vernünftigerweise hoffen kann.
Ich glaube sogar, daß wir nicht in der Lage sind, uns mehr Freiheit vorzu-
40 stellen, als wir in diesem Moment genießen würden.
Ich möchte festhalten, daß es hierfür keine Rolle spielt, ob unsere Handlungen, unsere Wünsche oder unsere Entscheidungen kausal determiniert
sind. Die unter intelligenten Menschen weitverbreitete Überzeugung, daß
es einen radikalen Widerspruch zwischen freiem Willen und Determinis-
45 mus gibt, ist dieser Auffassung zufolge eine falsche Fährte. Die Möglichkeit,
daß alles notwendig durch vorhergegangene Ursachen determiniert wird,
stellt keine Gefährdung unserer Freiheit dar; statt dessen bedroht sie unsere Macht. Da wir von kausalen Kräften beherrscht werden, sind wir nicht
allmächtig. Das hat aber keinen Einfluss darauf, ob wir frei sein können.

Harry Frankfurt: *Sich selbst ernst nehmen.* Aus dem Amerikanischen von Eva Engels. Frankfurt am
Main: Suhrkamp 2016, S. 29–31.

Aufgaben 2.44

Entwerfen Sie mithilfe von Frankfurts Theorie möglichst einfache Beispiele für: a) Handlungsfreiheit ohne Willensfreiheit; b) Handlungsfreiheit und
Willensfreiheit; c) Willensfreiheit ohne Handlungsfreiheit.

- -

Spielt der Inhalt eines Wunsches nach Frankfurt eine Rolle für das (Nicht-)
Bestehen von Willensfreiheit? Prüfen Sie an den folgenden beiden Beispielen: a) Roger Federer will Tennis spielen. b) Walter wird 1923 in Deutschland geboren. Seine Eltern, Lehrer und Lehrerinnen sowie Freunde werden
im Laufe der Dreissigerjahre überzeugte Anhänger der Nationalsozialisti-
schen Deutschen Arbeiterpartei (NSDAP). Im Zweiten Weltkrieg schliesst
sich Walter der Waffen-SS an und wirkt bei Kriegsverbrechen mit.
Formulieren Sie nun erzählerisch eigene Beispiele und prüfen Sie auch
diese.

- -

Ein Angeklagter verteidigt sich vor Gericht mit dem Argument: «Ich habe
getan, was mir vorgeworfen wird. Jedoch: Der Determinismus ist wahr,
ich konnte nicht anders handeln und darf daher nicht bestraft werden.»
Schreiben Sie eine Antwort der Richterin, die eine Vertreterin des Kompatibilismus ist.

Vertiefung

Manchmal kommt es vor, dass zwei Personen nicht einer Meinung sind und im Laufe des Gesprächs bemerken, dass sie in Wahrheit von verschiedenen Dingen gesprochen haben. Das liegt oft daran, dass sie ein oder mehrere gleiche Wörter verwendet haben, mit diesen Wörtern aber nicht dieselben Gedanken ausdrücken wollten. Eine solche Auseinandersetzung nennt man einen «verbalen Disput». Auch der umgekehrte Fall ist möglich: Zwei Personen verwenden

→ **Logik und Methoden 3**

unterschiedliche Termini, meinen aber damit dasselbe. Anders gesagt: Sie reden vom selben Begriff, tun dies aber mit anderen Worten. Manchmal klären sich solche Missverständnisse nach wenigen Sätzen. Die Meinungsverschiedenheit war also nur vordergründig eine; tatsächlich aber stimmen die Personen überein, und eine inhaltliche Differenz wurde nur durch den unterschiedlichen Sprachgebrauch vermutet. Wir nennen eine solche Auseinandersetzung einen «bloss verbalen Disput».

In philosophischen Diskussionen kann es vorkommen, dass verbale Dispute länger unentdeckt bleiben und in der Formulierung von zwei Theorien münden, die sich scheinbar gegenüberstehen, aber eigentlich das Gleiche meinen.

Wie könnte man entdecken, ob es sich bei einer Meinungsverschiedenheit um einen bloss verbalen Disput handelt? Dazu hat David Chalmers (geb. 1966) ein Testverfahren vorgeschlagen, das er «Methode der Eliminierung» *(method of elimination)* genannt hat:

1   Als «Methode der Eliminierung» bezeichnet man eine alternative Heuristik, mit der verbale Auseinandersetzungen erkannt und gelöst werden können. Hier besteht der Kerngedanke darin, dass man die Verwendung des Schlüsselbegriffs eliminiert und versucht, festzustellen, ob ein subs-
5   tanzieller Disput übrig bleibt.
    Um diese Methode auf einen Disput über einen Satz S anzuwenden, der in Bezug auf den Terminus T potenziell verbal ist, geht man wie folgt vor. Erstens streicht man die Verwendung des Terminus T. Zweitens: Man versucht, einen Satz S' in dem neu eingeschränkten Wortschatz zu finden, so-
10 dass die Parteien nonverbal über S' uneins sind und dass die Uneinigkeit über S' Teil der Auseinandersetzung über S ist. Drittens: Wenn es einen solchen S' gibt, ist die Auseinandersetzung über S nicht gänzlich verbal, oder zumindest gibt es eine materielle Auseinandersetzung in der Nähe des Themas. Wenn es keinen solchen S' gibt, dann ist die Auseinanderset-
15 zung um S vollständig verbal (ausser in dem besonderen Fall der Erschöpfung des Wortschatzes, [...]).

David Chalmers: Verbal Disputes. In: *Philosophical Review* 120 (4) 2011, S. 526 f. [Übersetzung TZ].

2   Philosophische Anthropologie

Konstruieren Sie anhand selbst gewählter Termini einen verbalen Disput. Beispiel: Wählen Sie «Liebe» und finden Sie zwei verschiedene Ideen, die mit demselben Wort bezeichnet werden.

 Erstellen Sie eine Liste: Was ist den optimistischen Inkompatibilisten wichtig, wenn sie für oder gegen Willensfreiheit argumentieren? Welches Verständnis von Freiheit zeigt sich in den jeweiligen Argumenten? Machen Sie dasselbe für den Kompatibilismus.

 Wenden Sie die Methode der Eliminierung auf den Terminus «Willensfreiheit» an. Wichtige Begriffe in den neuen Sätzen (S') könnten sein: Determinismus, Zwang, Verantwortung, Lob, Strafe und so weiter. Führen Sie mit diesen Begriffen eine Debatte zwischen Inkompatibilisten und Kompatibilisten.

 Reflektieren Sie das Ergebnis der vorherigen Aufgaben: Handelt es sich Ihrer Meinung nach um einen bloss verbalen Disput? Falls ja, welche neuen Termini schlagen Sie vor, um das Missverständnis auch sprachlich deutlich zu machen? Falls nein, welche materiellen Meinungsverschiedenheiten zeigen sich?

 Schreiben Sie einen philosophischen Essay zur Frage «Gibt es Willensfreiheit?».

→ **Logik und Methoden 42**

2.6 Freundschaft, Liebe, Sexualität

Wir leben in Beziehungen zu anderen Menschen. Wir haben Verwandte, Bekannte, Freundinnen und Freunde und je nachdem auch Liebhaber und Geliebte. Wir könnten sagen, dass sich in diesen Beziehungen verschiedene Arten von Liebe zeigen: In der Beziehung von Eltern zu ihren Kindern die Elternliebe, in der Beziehung zwischen Freunden die Freundschaft, in der Beziehung zwischen Liebenden die erotische Liebe, in der Beziehung gegenüber dem Nächsten, der uns begegnet, die Nächstenliebe, und schliesslich in der Beziehung zu Gott die Liebe zu Gott. Diese Beziehung ist insofern speziell, als Gott kein Lebewesen ist. Auch zu Tieren, die keine Menschen sind, zum Beispiel zu Haustieren, können wir eine Beziehung haben.

Aufgaben 2.46

 Überlegen Sie, was Beziehungen zwischen Menschen speziell macht im Vergleich zu Beziehungen zwischen Menschen und nichtmenschlichen Tieren.

→ **Logik und Methoden 13**

 Überlegen Sie, welche Merkmale für eine Freundschaft wesentlich sind und sie von anderen Arten der Beziehung unterscheidet.

Aristoteles war einer der Ersten, der sich systematisch mit dem Thema Freundschaft auseinandergesetzt hat. Er unterschied zwischen drei Arten von Freundschaften, um zu erläutern, welches die vollkommene Freundschaft ist.

1   Denn bei jeder Art [der Freundschaft] gibt es eine Erwiderung der Liebe, die nicht verborgen bleibt, und die Liebenden wünschen einander Gutes in Hinblick auf den Grund, aus dem sie lieben.
     Diejenigen nun, die einander aufgrund des Nützlichen lieben, lieben ein-
5   ander nicht als solche, sondern aufgrund eines Guts, das sie voneinander bekommen. Dasselbe gilt für diejenigen, die wegen der Lust *(hedone)* lieben: Die Menschen lieben die Umgänglichen nicht, weil diese bestimmte Qualitäten haben, sondern weil sie ihnen angenehm sind. Diejenigen, deren Liebe im Nutzen gründet, lieben also den anderen wegen des für sie
10   selbst Guten, und diejenigen, bei denen sie in der Lust gründet, wegen des für sie selbst Angenehmen; sie lieben ihn nicht, insofern er diese Person ist, sondern insofern er nützlich oder angenehm ist. Solche Freundschaften sind also akzidentiell [d.h. zufällig, nicht wesentlich]. Denn hier wird der Geliebte nicht geliebt, insofern er ist, was er ist, sondern insofern er ein Gut
15   bzw. Lust verschafft. Solche Freundschaften werden daher leicht aufgelöst,

wenn die Menschen nicht die gleichen bleiben. Denn wenn sie nicht mehr angenehm oder nützlich sind, hören die anderen auf, sie zu lieben.

Das Nützliche ist aber nicht von Dauer, sondern es ist bald dies, bald jenes nützlich. Wenn also der Grund verloren geht, aus dem man befreundet war,
20 dann löst sich auch die Freundschaft auf, da sie nur auf diesen bezogen war. Am meisten scheint diese Art der Freundschaft zwischen alten Menschen vorzukommen (denn Menschen dieser Altersstufe suchen nicht das Angenehme, sondern das Nützliche), bei Menschen auf dem Höhepunkt des Lebens und jungen Menschen [nur] zwischen denen, die das Förder-
25 liche suchen. [...] Dagegen beruht, so nimmt man an, die Freundschaft der jungen Menschen auf der Lust. Denn diese leben affektgeleitet und suchen insbesondere das für sie Angenehme und das unmittelbar Vorhandene. [...] Die vollkommene Freundschaft aber ist die Freundschaft zwischen Menschen, die gut und gleich an Tugend sind. Denn diese wünschen in glei-
30 cher Weise Gutes füreinander, insofern sie gut sind, und sie sind als solche gut. Diejenigen aber, die den Freunden um dieser selbst willen Gutes wünschen, sind am meisten Freunde. Sie verhalten sich so aufgrund ihrer Beschaffenheit und nicht zufällig. Folglich bleibt die Freundschaft dieser Menschen bestehen, solange sie gut sind; die Gutheit ist aber etwas Be-
35 ständiges. Und jeder von beiden ist gut überhaupt und gut für den Freund. Denn die Guten sind sowohl gut überhaupt als auch nützlich füreinander und ebenso auch angenehm.

Doch sind solche Freundschaften selten, denn es gibt wenige Menschen von dieser Art. Ferner bedarf es dafür zusätzlich der Zeit und der Vertraut-
40 heit.

Aristoteles: *Nikomachische Ethik.* Übersetzt und herausgegeben von Ursula Wolf. Reinbek bei Hamburg: Rowohlt 2006 S. 255–257 [1156a–b].

Aufgaben 2.47

 Was meint Aristoteles mit «Menschen, die gut und gleich an Tugend sind»?

 Welche Tugenden braucht es für eine vollkommene Freundschaft?

 Finden Sie Beispiele für Freundschaften aus der Literatur, Filmen oder Ihrem eigenen persönlichen Umfeld. Welcher der drei Arten würden Sie sie zuordnen?

 Weshalb ist laut Aristoteles die vollkommene Freundschaft eine zwischen Menschen, die gut sind?

 Aristoteles schreibt auch: «Die Freundschaft liegt aber, so scheint es, mehr im Lieben als im Geliebtwerden.» Erläutern Sie die Aussage im Kontext der übrigen Aussagen von Aristoteles.

Der römische Philosoph und Politiker Marcus Tullius Cicero (106–43 v. Chr.) beschäftigt sich mit dem Thema «Freundschaft» in dem Werk *Laelius über die Freundschaft*. Cicero lässt darin in einem Gespräch verschiedene berühmte Männer seiner Zeit zu Wort kommen.

1 Dies ist aber meine erste Einsicht, dass Freundschaft nur zwischen Gut-
gesinnten bestehen kann. Ich meine das allerdings nicht im strengsten
Sinn, wie die Leute das tun, die solche Fragen recht scharfsinnig erörtern,
vielleicht ganz richtig, aber doch zu wenig auf den allgemeinen Nutzen
5 bezogen. Sie sagen, es könne keiner ein guter Mensch sein, wenn er nicht
gleichzeitig ein Weiser ist. Das mag so sein, aber sie verstehen Weisheit als
etwas, das bisher kein Sterblicher erreicht hat. Wir müssen uns jedoch an
das halten, was auf der Erfahrung des täglichen Lebens beruht – nicht an
das, was man sich so zusammenfabuliert oder wünscht. Niemals werde ich
10 behaupten, Gaius Fabricius, Manius Curius oder Tiberius Coruncanius,
Männer, die unsere Vorfahren als Weise bezeichnet haben, seien nach der
Regel dieser Philosophen weise gewesen. Darum mögen sie ihren Begriff
von Weisheit für sich behalten, nebelhaft und missverständlich, wie er ist,
sie sollen aber zugeben, dass die Genannten rechtschaffene Männer ge-
15 wesen sind. Doch nicht einmal das werden sie tun; sie werden sagen, diese
Auszeichnung käme nur dem Weisen zu.
Wir wollen also sozusagen unseren gesunden Menschenverstand walten
lassen. Menschen, die sich so verhalten, so leben, dass ihre Treue und Lau-
terkeit, ihr Rechtsgefühl und ihre edle Gesinnung erprobt sind, bei denen
20 sich keine Begehrlichkeit, keine ungezügelten Leidenschaften und keine Skrupellosigkeit findet und die ihre Charakterfestigkeit unter Beweis
stellen, wie es bei denen der Fall war, die ich eben genannt habe – diese
Männer müssen auch, so glauben wir, die Guten genannt werden. Dafür
galten sie ja auch, weil sie, soweit Menschen das vermögen, der Natur als
25 der besten Führerin zu einem rechtschaffenen Leben folgten. Das glaube
ich nämlich klar zu erkennen: Wir sind so geschaffen, dass zwischen uns
allen eine Art von Gemeinschaft besteht, die umso inniger ist, je näher uns
einer steht. Daher gelten uns Mitbürger mehr als Auswärtige, Verwandte
mehr als Fremde. Denn zwischen Verwandten hat schon die Natur von sich
30 aus ein freundschaftliches Verhältnis geschaffen, das allerdings in seiner
Stabilität weniger weit geht. Denn darin übertrifft die Freundschaft das
verwandtschaftliche Verhältnis: Bei der Verwandtschaft kann die gegenseitige Zuneigung fehlen, bei der Freundschaft aber nicht. Fehlt nämlich
die Zuneigung, gibt es auch keine Freundschaft mehr, eine Verwandtschaft
35 bleibt jedoch bestehen.

Marcus Tullius Cicero: Laelius über die Freundschaft. In: ders. *Gespräche über Freundschaft, Alter und die Freiheit der Seele*. Übersetzt und herausgegeben von Marion Giebel. Stuttgart: Reclam 2009, S. 18–19.

Aufgaben 2.48

 Finden Sie im Text Beispiele für Charaktereigenschaften, die laut Cicero wichtig sind für die Freundschaft.

 Was übernimmt Cicero von Aristoteles? Wo grenzt er sich von ihm ab? Erläutern Sie.

→ **Logik und Methoden 9**

 Cicero behauptet, dass uns Mitbürger mehr als Auswärtige und Verwandte mehr als Fremde bedeuten würden. Wie begründet er dies?

→ **Logik und Methoden 11**

 Ist dies eine gute Begründung? Diskutieren Sie.

Cicero hat sich auch mit der Frage beschäftigt, wie man seine Freunde auswählen soll.

1 Scipio also klagte öfters darüber, die Menschen verhielten sich in allen
   möglichen anderen Dingen gewissenhafter: Wie viele Ziegen und Schafe
   einer hat, das weiß jeder genau, wie viele Freunde aber, das kann er nicht
   sagen. Bei der Anschaffung der genannten Tiere treffen sie genaue Vorsor-
5 ge; um die rechte Auswahl ihrer Freunde aber kümmern sie sich wenig,
   und sie haben sozusagen keine Unterscheidungsmerkmale, nach denen
   sie beurteilen könnten, wer zur Freundschaft geeignet sei. Es müssen also
   [Personen] ausgewählt werden, von festem, unerschütterlichem und zu-
   verlässigem Charakter; an dieser Sorte Menschen aber herrscht großer
10 Mangel. Auch ist es sicher schwierig, ohne vorherige Erprobung ein Urteil
   abzugeben, dieses kann aber erst im Lauf der Freundschaft erfolgen. So
   geht die Freundschaft der Beurteilung voraus und schließt die Möglichkeit
   einer vorherigen Erprobung aus.
   Es ist also klug, den Drang freundschaftlicher Zuneigung erst einmal zu-
15 rückzuhalten, wie man die Pferde vor einem Wagen zurückhält, um von
   der Freundschaft wie von einem Gespann erst nach vorheriger Erprobung
   Gebrauch zu machen, nämlich wenn wir den Charakter der Freunde eini-
   germaßen auf die Probe gestellt haben. Manche kann man oft schon bei
   einer kleinen Geldsumme in ihrer Leichtfertigkeit durchschauen, andere
20 wieder, die sich von einer kleinen Summe nicht beeinflussen ließen, lernt
   man bei einer großen kennen.

Marcus Tullius Cicero: Laelius über die Freundschaft. In: ders. *Gespräche über Freundschaft, Alter und die Freiheit der Seele*. Übersetzt und herausgegeben von Marion Giebel. Stuttgart: Reclam 2009, S. 40–41.

Aufgaben 2.49

 Welchen Ratschlag gibt Cicero zur Erprobung der Freundschaft?

 Sind Sie mit Cicero einverstanden? Diskutieren Sie.

Der französische Philosoph Michel de Montaigne (1533–1592) hat in seinen *Essais* sein Wissen über die Ansichten zahlreicher Philosophen, die er gelesen hatte, mit zum Teil sehr persönlichen Erlebnissen verbunden. So auch in seinem Essay über die Freundschaft, den er im Andenken an seinen Freund Étienne de La Boétie schrieb. Dieser war bereits im frühen Alter von dreiundreissig Jahren gestorben.

1 Es hat Völker gegeben, bei denen die Kinder nach allgemeinem Brauch ihre
   Väter, und solche wiederum, wo die Väter ihre Kinder töteten – in beiden
   Fällen, weil man damit verhindern wollte, daß man sich eines Tages been-
   ge: Von Natur aus steigert der Wegfall des einen ja das Wohlergehen des an-
5 deren. Und auch Philosophen hat es gegeben, die das natürliche Band zwischen Vätern und Kindern verächtlich fanden, zum Beispiel Aristippos: Als
   man ihn vorwurfsvoll an die Liebe erinnerte, die er doch seinen Kindern
   schulde, weil sie aus ihm hervorgegangen seien, spuckte er auf den Boden
   und sagte, auch dieser Auswurf gehe aus ihm hervor, und wir erzeugten

10 ja sogar Läuse und Würmer. Und jener, den Plutarch bewegen wollte, sich mit seinem Bruder auszusöhnen, erwiderte: «Soll er mir wichtiger sein als andere, nur weil wir aus demselben Loch gekrochen sind?»

In Wahrheit aber ist *Bruder* ein schöner Name, voller Innigkeit, und deshalb gründeten wir, er [d. i. Étienne de La Boétie] und ich, unseren Bund darauf.

15 Zwischen leiblichen Brüdern führen sowohl Gemeinschaft wie Trennung der Güter und die Tatsache, daß der Reichtum des einen die Armut des anderen bedeutet, zu einer erheblichen Schwächung und Lockerung ihrer geschwisterlichen Bande. Da sie auf dem gleichen Weg und mit gleicher Geschwindigkeit voran- und emporkommen müssen, ist es unausbleiblich,

20 daß sie hierbei oft aneinandergeraten und einander umrennen. [...]

Die Liebe zu Frauen kann man, obwohl sie ebenfalls unserer eigenen Wahl entspringt, genauso wenig mit wahrer Freundschaft vergleichen noch überhaupt dieser Rangstufe zuordnen. Ihr Feuer [...] ist zwar heftiger, beißender und verzehrender, aber es flackert nur flüchtig auf, in ständigem Wechsel

25 hin und her wabernd: eine Fieberhitze, die bald steigt, bald fällt und bloß einen Zipfel von uns ergreift. Bei der Freundschaft hingegen umfasst uns eine alles durchdringende, dabei gleichmäßige und wohlige Wärme, beständig und mild, ganz Innigkeit und stiller Glanz; nichts Beißendes ist in ihr, nichts, das uns verzehrte.

30 Mehr noch: Allein nach ebendem, was uns flieht, packt uns in der geschlechtlichen Liebe ein irrsinniges Verlangen. [...]

Hinzu kommt, daß in Wahrheit das geistige Vermögen der Frauen gewöhnlich den Anforderungen des engen Gedankenaustauschs und Umgangs nicht gewachsen ist, aus denen der heilige Bund der Freundschaft

35 hervorgeht; auch scheint ihre Seele nicht stark genug, den Druck eines so fest geknüpften und dauerhaften Bandes zu ertragen.

Freilich, wenn es anders wäre und man mit den Frauen eine derart freie, freiwillige und vertrauensinnige Beziehung aufbauen könnte, daß darin nicht nur Geist und Seele ihren vollen Genuss fänden, sondern auch die

40 Körper an der Vereinigung teilnähmen und folglich der ganze Mensch sich hingäbe, dann würde das gewiß noch eine umfassendere und erfülltere Freundschaft sein.

Michel de Montaigne: *Essais.* Übersetzt von Hans Stilett. Frankfurt am Main: Eichborn 1998, S. 99–100.

Aufgaben 2.50

 Wie beschreibt Montaigne die Geschwisterbeziehung im Unterschied zur Freundschaft?

 Wie beschreibt Montaigne die erotische Liebe (die «Liebe zu Frauen») im Unterschied zur Freundschaft?

 Weshalb können laut Montaigne Frauen keine vollkommenen Freundschaften eingehen?

 Was halten Sie Montaigne entgegen?

Aristoteles, Cicero und Montaigne haben in gewisser Weise idealistische Vorstellungen von der Freundschaft. Sie zeigen ein Ideal auf, das man anstreben

2 Philosophische Anthropologie

soll, und gehen dabei davon aus, dass wir erkennen können, wer wir sind und was wir wollen, und ebenso erkennen können, was andere sind und was sie wollen. Aber nicht alles ist so sicher, wie es scheint. Friedrich Nietzsche war jemand, der die als Gewissheiten angesehenen Annahmen der traditionellen Philosophie radikal infrage stellte, so auch die Gewissheiten in Bezug auf die Freundschaft.

1 *Von den Freunden.* — Überlege nur mit dir selber einmal, wie verschieden die Empfindungen, wie geteilt die Meinungen selbst unter den nächsten Bekannten sind; wie selbst gleiche Meinungen in den Köpfen deiner Freunde eine ganz andere Stellung oder Stärke haben, als in deinem; wie hun-
5 dertfältig der Anlass kommt zum Missverstehen, zum feindseligen Auseinanderfliehen. Nach alledem wirst du dir sagen: wie unsicher ist der Boden, auf dem alle unsere Bündnisse und Freundschaften ruhen, wie nahe sind kalte Regengüsse oder böse Wetter, wie vereinsamt ist jeder Mensch! Sieht Einer dies ein und noch dazu, dass alle Meinungen und deren Art und Stär-
10 ke bei seinen Mitmenschen ebenso notwendig und unverantwortlich sind wie ihre Handlungen, gewinnt er das Auge für diese innere Notwendigkeit der Meinungen aus der unlösbaren Verflechtung von Charakter, Beschäftigung, Talent, Umgebung, — so wird er vielleicht die Bitterkeit und Schärfe jener Empfindung los, mit der jener Weise rief: «Freunde, es gibt
15 keine Freunde!» Er wird sich vielmehr eingestehen: ja es gibt Freunde, aber der Irrtum, die Täuschung über dich führte sie dir zu; und Schweigen müssen sie gelernt haben, um dir Freund zu bleiben; denn fast immer beruhen solche menschliche Beziehungen darauf, dass irgend ein paar Dinge nie gesagt werden, ja dass an sie nie gerührt wird; kommen diese Steinchen
20 aber in's Rollen, so folgt die Freundschaft hinterdrein und zerbricht. Gibt es Menschen, welche nicht tötlich zu verletzen sind, wenn sie erführen, was ihre vertrautesten Freunde im Grunde von ihnen wissen? — Indem wir uns selbst erkennen und unser Wesen selber als eine wandelnde Sphäre der Meinun-
25 gen und Stimmungen ansehen und somit ein Wenig geringschätzen lernen, bringen wir uns wieder in's Gleichgewicht mit den Übrigen. Es ist wahr, wir haben gute Gründe, jeden unserer
30 Bekannten, und seien es die größten, gering zu achten; aber eben so gute, diese Empfindung gegen uns selber zu kehren. — Und so wollen wir es mit einander aushalten, da wir es ja mit uns aushalten; und vielleicht kommt jedem
35 auch einmal die freudigere Stunde, wo er sagt:
«Freunde, es gibt keine Freunde!» so rief der sterbende Weise;
«Feinde, es gibt keinen Feind!» — ruf' ich, der lebende Tor.

Friedrich Nietzsche: *Menschliches, Allzumenschliches. Ein Buch für freie Geister*. Chemnitz: E. Schmeltzner 1878, S. 376. Online unter: http://www.zeno.org/Philosophie/M/Nietzsche,+Friedrich/Menschliches,+Allzumenschliches?hl=nietzsche+menschliches+allzumenschliches [abgerufen am 14. Oktober 2020].

FRIEDRICH NIETZSCHE

Der deutsche Philosoph Friedrich Nietzsche (1844–1900) wurde bereits mit 24 Jahren zum Professor für klassische Philologie an die Universität Basel berufen. Schon nach zehn Jahren musste er die Stelle aus gesundheitlichen Gründen aufgeben, lebte von 1881 bis 1888 in einem Haus in Sils Maria im Engadin, in dem sich heute ein Museum befindet, und starb in geistiger Umnachtung. Ein zentrales Motiv in seinen Schriften ist die Kritik an der klassischen Metaphysik (die Ideen von Gott, einer unsterblichen Seele usw.) und an der christlichen Morallehre. Nietzsche stellte den Wert von Wahrheit überhaupt infrage.

Worin unterscheidet sich die Charakterisierung der Freundschaft durch Nietzsche von denjenigen von Aristoteles, Cicero und Montaigne?

 Interpretieren Sie den letzten Satz des Nietzsche-Texts.

Die erotische Liebe wird, wie im Text von Montaigne, von der Freundschaft und anderen Arten der Liebe unterschieden. Sie zeichnet sich zu Beginn durch ein starkes Begehren nach Zusammensein und Vereinigung mit der geliebten Person aus. Es handelt sich dabei um das Verliebtsein – die intensivste Phase der erotischen Liebe. Was die erotische Liebe genau ist und wie man sie erklären kann, beschäftigt die Menschen seit der Antike. Platon verfasste dazu einen berühmten Mythos.

1 Zuerst aber müßt ihr die menschliche Natur und ihre Schicksale kennenlernen; denn unsere Natur war ehemals nicht so wie jetzt, sondern ganz anders. Am Anfang gab es dreierlei Geschlechter von Menschen, nicht nur zwei wie heute, ein männliches und ein weibliches, sondern dazu noch ein

5 drittes, das gemeinsam zu diesen beiden gehörte; sein Name ist noch geblieben, während es selbst verschwunden ist. Das androgyne war dieses eine [...]. Ferner war damals die Gestalt eines Menschen völlig gleichmäßig; rundherum gingen Rücken und Seiten im Kreise. Vier Hände hatte er und ebenso viele Beine wie Hände, und auf einem runden Hals zwei Gesichter,

10 beide völlig gleich, und über diesen beiden Gesichtern, die einander abgewandt waren, nur einen Schädel, ferner vier Ohren und doppelte Schamteile und alles übrige so, wie man sich das dementsprechend vorstellen kann. [...] Sie zeigten also gewaltige Kraft und Stärke und hatten verwegene Gedanken, nahmen sie es doch sogar mit den Göttern auf. [...] Zeus und die

15 anderen Götter berieten nun, was man gegen sie unternehmen sollte, und sie wussten keinen Rat; denn sie konnten sie doch nicht einfach umbringen und ihr Geschlecht wie die Giganten mit Blitzen vernichten (damit wären ja auch die Ehrungen und Opfer der Menschen zunichte gemacht worden), noch konnte man sie weiter so freveln lassen. Endlich kam Zeus doch auf

20 einen Gedanken und rief: «Ich glaube, ich habe jetzt ein Mittel, wie es weiterhin Menschen geben kann und sie doch mit ihrer Zügellosigkeit aufhören müssen, weil sie dazu zu schwach geworden sind. Denn jetzt», sagte er, «will ich einen jeden in zwei Hälften schneiden. So werden sie schwächer sein und gleichzeitig nützlicher für uns, weil sie dann zahlreicher sind.

25 Und sie werden aufrecht auf zwei Beinen gehen». [...] Nachdem nun also seine Gestalt in zwei Stücke geschnitten war, sehnte sich ein jeder nach seiner Hälfte und kam mit ihr zusammen. Und sie umarmten einander und umschlangen sich vor Begierde, wieder zusammenzuwachsen; und sie erlagen dem Hunger und der allgemeinen Untätigkeit,

30 weil der eine nichts ohne den anderen tun wollte. [...] Aber Zeus bekam Mitleid mit ihnen und gab ein anderes Mittel: er setzte ihre Geschlechtsteile nach vorn. Bis dahin trugen sie sie nämlich hinten und zeugten und gebaren nicht ineinander, sondern in die Erde wie die Zikaden. Er versetzte sie nun also an ihre vordere Seite und bewirkte dadurch, dass die Zeugung in

35 ihrem Inneren stattfand, durch das Männliche im Weiblichen, deshalb, damit sie in der Umarmung, wenn ein Mann einem Weibe begegnet, zeugen

sollten und damit gleichzeitig die Gattung hervorgebracht werde, und falls
ein Mann einem Manne begegnete, doch wenigstens Sättigung am Zusammensein entstehe und sie dann wieder aufhören und sich ihrer Arbeit zu-
40 wenden und sich um ihr sonstiges Leben kümmern. Es ist nun also seit so
langer Zeit die Liebe zueinander den Menschen eingepflanzt; sie führt die
ursprüngliche Natur wieder zusammen und versucht, aus zweien eins zu
machen und die menschliche Natur zu heilen.

Jeder von uns ist also Bruchstück eines Menschen, da wir zerschnitten sind
45 wie die Flundern, aus einem zwei; es sucht denn auch ein jeder immerfort
sein anderes Stück.

Platon: *Symposion. Griechisch-Deutsch.* Übersetzt von Rudolf Rufener. Düsseldorf/Zürich: Artemis
& Winkler 2002, S. 55–61 [189c–193e].

Aufgaben 2.52

 In welchen Filmen und Geschichten finden Sie Platons Beschreibung der
erotischen Liebe als der Suche der einen nach der anderen Hälfte wieder?

 Ist Ihrer Ansicht nach Platons Auffassung zutreffend? Weshalb (nicht)?

 Der schweizerisch-britische Schriftsteller Alain de Botton, geboren 1969
in Zürich, schreibt in seinem Roman *Der Lauf der Liebe* (Fischer, 2016,
S. 17): «Dem Anfang wird unverhältnismäßig viel Aufmerksamkeit geschenkt, weil man ihn nicht für eine Episode unter vielen hält; für den
Romantiker ist darin in konzentrierter Form alles enthalten, was die Liebe insgesamt ausmacht. Daher gibt es für den Erzähler bei so vielen Lie-
besgeschichten, nachdem das Paar eine Reihe anfänglicher Hindernisse
überwunden hat, nichts weiter zu tun, als es in eine nebulöse glückliche
Zukunft zu entlassen – oder es zu vernichten. Was wir Liebe nennen, ist
normalerweise nur der Anfang der Liebe.» Erläutern Sie, welche Gegen-
position zu Platon Alain de Botton damit entwickelt.

 Entwerfen Sie einen eigenen Mythos, der die Existenz der erotischen Liebe
erklärt.

 Ist es durch unsere Gene, Sozialisierung, Persönlichkeit usw. determiniert,
wen wir lieben, oder ist es eine Sache der Entscheidung?

 Wir lieben andere für das, was sie sind. Muss es also einen Grund für unsere Liebe geben? Oder lieben wir, wie man sagt, «blind»?

In welchem Verhältnis steht die Liebe zur Sexualität? Zunächst ist zu bemerken,
dass die Sexualität in vielen Gesellschaften ein Tabu ist: Es bestehen allgemein
akzeptierte Regeln, welche sexuellen Aktivitäten angemessen sind, ohne dass
darüber öffentlich gesprochen wird. Untersucht man verschiedene Kulturen, so
stellt man fest, dass sie sich hinsichtlich der moralischen Bewertung von Sexualität zum Teil stark unterscheiden. Im antiken Griechenland beispielsweise war
Homosexualität zwischen Männern gesellschaftlich akzeptiert – solange der Jüngere noch keinen Bartwuchs hatte –, während sie von der katholischen Kirche
noch heute allgemein verurteilt wird. In christlich geprägten Ländern ist die Poly-
gamie, das heisst die Ehe mit mehreren Menschen, gesetzlich verboten, während

sie in einigen islamischen Ländern erlaubt ist. Vielfach bestehen auch grosse Unterschiede darin, welches Verhalten von einem Mann oder von einer Frau gesellschaftlich akzeptiert oder erwartet wird.

Solche gesellschaftlich tradierte Annahmen müssen unter Umständen hinterfragt werden, vor allem dann, wenn sie Grundlage für Diskriminierungen sind. Es stellen sich Fragen wie die folgenden: Gibt es «gesunde» Sexualität und sexuelle «Perversionen»? Gibt es sexuelle Handlungen, die gut sind, und solche, die schlecht sind? Ist es zum Beispiel moralisch verwerflich, sexuelle Dienste gegen Bezahlung anzubieten, das heisst, sich zu prostituieren, oder für solche Dienste zu bezahlen? Ist jede sexuelle Handlung, die einvernehmlich, das heisst auf der Grundlage gegenseitiger Zustimmung vollzogen wird, erlaubt? Welche Rolle spielen die Sexualität und die sexuelle Orientierung für die Identitätsbildung?

→ **Logik und Methoden 14**

Es stellt sich auch die begriffliche Frage, was genau eine sexuelle Handlung ist. Ist es dafür hinreichend, dass man ein sexuelles Begehren empfindet, zum Ausdruck bringt oder in einem anderen auslöst, oder bedarf es eines eindeutigen Bezugs zu Sexualorganen? Solche Fragen sind insbesondere dann wichtig, wenn es darum geht, im Strafgesetz festzulegen, was als sexuelle Belästigung, was als sexuelle Nötigung und was als Vergewaltigung gilt.

In der Philosophie war die Einstellung zur Sexualität über Jahrhunderte hinweg mehrheitlich negativ, wenn sie überhaupt zum Thema gemacht wurde. Platon verachtete sie, hielt sie für eines Philosophen nicht würdig. In seinem Dialog *Symposion (Das Gastmahl)* lässt er die weise Diotima, Priesterin aus Mantineia, erläutern, was die erotische Liebe ist.

1 «Die nun vom leiblichen Zeugungsdrang erfüllt sind», fuhr [Diotima] fort, «wenden sich mehr den Weibern zu, und hierauf richtet sich ihr Liebestrieb, dass sie, indem sie Kinder zeugen, nach ihrer Meinung für sich selbst Unsterblichkeit und Gedächtnis und Seligkeit für alle kommende Zeit er-

5 werben. Die aber in der Seele zeugungsbereit sind – es gibt nämlich solche», sagte sie, «die mehr noch in den Seelen als in den Leibern zeugen wollen, nämlich das, was der Seele zu zeugen und zu gebären gemäß ist. Was aber ist ihr gemäß? Einsicht und die übrige Tüchtigkeit. Zu deren Erzeugern zählen doch auch die Dichter alle und von den Handwerkern alle

10 die, welche man als Erfinder bezeichnet. [...] In diese erotische Mysterien kannst vielleicht auch du, Sokrates, eingeführt werden. Die letzten Weihen aber und die höchste Schau, auf die auch das hinausgeht, wenn einer den richtigen Pfad beschreitet – da weiß ich nicht, ob du dazu fähig bist. Ich will sie nun aber vortragen», sagte sie, «und es an gutem Willen nicht fehlen

15 lassen. Und du versuche zu folgen, wenn du dazu imstande bist. Wer den richtigen Weg in der Sache geht», begann sie, «muss in seiner Jugend damit anfangen, dass er den schönen Leibern nachgeht und, wenn sein Führer ihn richtig leitet, zuerst einen Leib lieben und dort schöne Reden erzeugen. Dann aber soll er gewahr werden, dass die Schönheit an irgendeinem

20 einzelnen Leibe mit der an jedem anderen verschwistert ist, und dass es höchste Einsichtslosigkeit wäre [...], die Schönheit an allen Leibern nicht für eine und dieselbe zu halten. Wer das aber eingesehen hat, muss zum Liebhaber aller schönen Leiber werden, in dieser heftigen Liebe zu jenem einen aber nachlassen, sie gering schätzen und für unwichtig ansehen.

25 Dann aber wird er die Schönheit in den Seelen für köstlicher halten als die im Leibe, so dass es ihm genügt, wenn einer an seiner Seele wohlgeartet ist, mag er auch nur einen geringen Reiz haben; ihn wird er lieben und Sorge zu

ihm tragen und solche Reden zeugen und suchen, wie sie junge Leute besser machen können. Jetzt aber wird er gezwungen, auf das Schöne in den
30 Einrichtungen und Gesetzen zu schauen und dabei innezuwerden, dass alles in sich verwandt ist, damit er dann das Schöne im Bereich des Leibes für etwas Geringes hält.»

Platon: *Symposion. Griechisch-Deutsch.* Übersetzt von Rudolf Rufener. Düsseldorf/Zürich: Artemis & Winkler 2002, S. 111, 113–114 [208e–209a, 209e–210e].

Aufgaben 2.53

 Welche Analogie macht Platon zwischen der Zeugung von Kindern und der Zeugung im Geistigen? → **Logik und Methoden 21**

 Überzeugt Sie diese Analogie? Weshalb (nicht)?

 Fassen Sie den stufenartigen Aufstieg zusammen, den Platon beschreibt. → **Logik und Methoden 7**

 Sind Sie mit Platon einverstanden? Weshalb (nicht)?

Platons negative Einstellung gegenüber der menschlichen Sexualität beeinflusste das christliche Denken massgeblich. Ausgehend von Platons Stufenmodell, argumentiert der Kirchenlehrer Augustinus (siehe Abschnitt 4.3, Autorenbox: Augustinus) dafür, dass die höchste Form der Liebe diejenige zu Gott sei. Er warnt vor den Gefahren der sexuellen Begierden, die den Verstand ablenken und verunsichern würden, und beschreibt die seelische Zerrissenheit zwischen dem fleischlichen Willen *(voluntas carnialis)* und einem geistigen Willen *(voluntas spiritualis)*. Einen analogen Gegensatz sieht er auch zwischen Frau und Mann.

1 Und wie in seiner Seele etwas ist, das durch Urteil und Überlegung herrscht, ein anderes, das sich unterwirft, um zu gehorchen, so sehen wir auch in der sinnlichen Welt das Weib dem Manne unterworfen, das zwar geistlich dieselbe Beschaffenheit der vernünftigen Erkenntnis besäße, aber durch
5 das leibliche Geschlecht dem männlichen Geschlechte in derselben Weise unterworfen sein sollte, wie der Trieb zum Handeln sich unterwirft, um von der Vernunft des Geistes die Erkenntnis des richtigen Handelns zu empfangen.

Augustinus: *Bekenntnisse.* Buch XIII, 32. Kapitel. Übersetzung von Otto F. Lachmann. Leipzig: Reclam 1888, S. 380.

Eine ganz andere Beschreibung der männlichen und weiblichen Sexualität liefert die Benediktinerin und Universalgelehrte Hildegard von Bingen (1098–1179). In der katholischen Kirche wird sie als Heilige verehrt.

1 Um ein Beispiel aufzuführen: Es ist so, wie wenn ein Schiff von mächtigen Wogen, aufgepeitscht durch heftigen Wind und stürzende Flut, bedroht wird, dass es sich nicht halten und nicht mehr bestehen kann. Genauso schwierig wird es für die Natur des Mannes sein, sich im Sturm der Leiden-
5 schaft zu halten und zu beruhigen. Bei einem Wellenspiel jedoch, das sich

auf mäßigere Winde hin erhebt, und in einem Winde, der mit geringerer Wucht weht, kann ein Schiff, oft freilich nur mühsam, gleichwohl gehalten werden. So nämlich ist die Natur der Frau in ihrer Leidenschaft, die leichter gebändigt werden kann als die Naturkraft der männlichen Geschlechts-

10 lust.

Hildegard von Bingen: *Heilkunde. Das Buch von dem Grund und Wesen und der Heilung von Krankheiten.* Übersetzt von Heinrich Schipperges. Salzburg: Otto Müller 1981, S. 137.

Aufgaben 2.54

 Kontrastieren Sie die Aussagen von Augustinus und Hildegard von Bingen. Welche entsprechen Ihrer Ansicht nach eher der Realität? Weshalb?

 Erachten Sie die Gegenüberstellung von körperlichem Begehren und geistiger Vernunft als sinnvoll? Wie könnte man die psychischen Zustände anders beschreiben?

—
ELIZABETH ANSCOMBE
—

Gertrude Elizabeth Margaret Anscombe, üblicherweise G.E.M. oder Elizabeth Anscombe genannt, war eine einflussreiche britische Philosophin des 20. Jahrhunderts. Sie war Schülerin von Ludwig Wittgenstein und gab nach seinem Tod viele seiner Bücher heraus. Einschlägige Beiträge lieferte sie zur Handlungstheorie und zur Ethik, aber auch zur Metaphysik, insbesondere zum Begriff der Verursachung. Anscombe war eine Persönlichkeit, die sich nicht scheute, ihre Meinung auch dann öffentlich kundzutun, wenn sie kontrovers war. Sie positionierte sich ebenso dezidiert gegen die Verleihung einer Ehrendoktorenwürde an den US-amerikanischen Präsidenten Harry Truman, den sie aufgrund seines Entscheids, Atombomben auf Hiroshima und Nagasaki zu werfen, als Massenmörder betrachtete, als auch gegen empfängnisverhütende Mittel. Mit vierzehn Jahren war sie zum katholischen Glauben konvertiert und blieb zeitlebens eine gläubige Katholikin. Mit ihrem Mann Peter Geach, der ebenfalls Philosoph und konvertierter Katholik war, hatte sie sieben Kinder.

Die katholische Kirche vertritt seit den Kirchenlehrern Augustinus (354–430) und Thomas von Aquin eine klare Auffassung bezüglich der menschlichen Sexualität, die noch im 20. Jahrhundert immer wieder durch verschiedene Päpste bestätigt wurde: «Natürlich» und «moralisch erlaubt» sind sexuelle Handlungen nur dann, wenn sie innerhalb der Ehe stattfinden und wenn sie nicht absichtlich die Fortpflanzung behindern. Als «unnatürlich» und «moralisch verboten» gelten demnach unter anderem die Masturbation, Homosexualität und die Verwendung von Verhütungsmitteln. Die britische Philosophin Elizabeth Anscombe (1919–2001) verteidigt diese Auffassung. Sie argumentiert in ihrem Aufsatz «Empfängnisverhütung und Keuschheit» (1972) wie folgt: Zwischen empfängnisverhütendem Geschlechtsverkehr und dem Zunutzemachen unfruchtbarer Zeiten zur Vermeidung einer Empfängnis gibt es einen wesentlichen Unterschied. Dieser Unterschied besteht darin, dass der empfängnisverhütende Geschlechtsverkehr *absichtlich* vollzogen wird, das heisst, dass man die Absicht hat, einen unfruchtbaren Akt zu vollziehen, während der Geschlechtsverkehr zu unfruchtbaren Zeiten nur *mit* der Absicht vollzogen wird, dass keine Empfängnis darauf folge. Somit ist der Geschlechtsverkehr zu unfruchtbaren Zeiten ein gewöhnlicher Akt der Ehe, aber der empfängnisverhütende Verkehr ist ein absichtlicher Akt der Verhinderung der Fortpflanzung und ist somit verwerflich.

Versuchen Sie, die Unterscheidung von Anscombe auf das folgende Beispiel anzuwenden:

(a) Ich ernähre mich abwechslungsreich, damit ich von allen Vitaminen genug habe.

(b) Ich ernähre mich von Fertiggerichten und nehme ab und zu eine Vitamintablette, damit ich von allen Vitaminen genug habe.

 Die Philosophen Bernard Williams und Michael Tanner (geb. 1935) haben in ihrem Kommentar zu Anscombes Text wie folgt argumentiert: Man kann, wie Anscombe in ihren Arbeiten erläutert hat, dieselbe Handlung auf mehrere Arten beschreiben. Das Paar, das Verhütungsmittel verwendet, tut dies in der Absicht, dass keine Empfängnis daraus resultiert, und auch das Paar, das zu unfruchtbaren Zeiten Geschlechtsverkehr hat, tut dies mit dieser Absicht. Somit besteht kein Unterschied in dieser Hinsicht. Es mag andere Unterschiede geben, etwa der, dass die Verwendung der Verhütungsmittel einen Eingriff in den Lauf der Dinge darstellt, der so im zweiten Fall nicht vorkommt, aber Anscombe zeigt nicht auf, weshalb dieser Unterschied wesentlich für die Art der Handlung sein soll. – Wenden Sie die Kritik von Williams und Tanner auf das oben genannte Beispiele zur Ernährung an, indem Sie die Sätze so umformulieren, dass klar wird, dass es dieselbe Art von Handlung ist, zum Beispiel, indem Sie eine «indem»-Konstruktion verwenden.

 Anscombe behauptet, dass sich die Verwendung von Verhütungsmitteln mit dem Fall der Fälschung eines Vertrags vergleichen lasse: Wenn ich den Vertrag unterschreibe, um damit Menschen in Not zu helfen, so bleibt die Fälschung der Unterschrift verwerflich, auch wenn die weitere Absicht eine gute ist. Ebenso ist Verhütung verwerflich, auch wenn es gut ist, wenn das entsprechende Paar zu diesem Zeitpunkt keine Kinder bekommt. Überzeugt Sie dieser Vergleich zwischen der Fälschung einer Unterschrift und der Verwendung von Verhütungsmitteln? Begründen Sie Ihre Antwort.

Die Frage, ob der Geschlechtsverkehr an sich eines Menschen würdig ist, beschäftigte auch Philosophen, die nicht eine bestimmte Religion verteidigten. Immanuel Kant sah darin ein ernsthaftes Problem der Verdinglichung und dadurch Erniedrigung des Menschen. Der Geschlechtsgebrauch ist nach ihm nur aufgrund des Vertrags der Ehe erlaubt.

1 Man sagt: der Mensch liebt die Person, sofern er die Neigung zu ihr hat. Wenn wir diese Liebe als Menschenliebe betrachten, wenn er die Person aus wahrer Menschenliebe liebt, so muss ihm kein Unterschied in Ansehung des Menschen sein. Diese Person mag alt oder jung sein, so kann

5 er sie aus wahrer Menschenliebe lieben. Allein, wenn er sie bloß aus Geschlechtsneigung liebt, so kann dies keine Liebe sein, sondern Appetit. Die Liebe als Menschenliebe ist die Liebe des Wohlwollens, Gewogenheit, Beförderung des Glücks und Freude über das Glück anderer. Allein nun ist offenbar dass Menschen, die bloß Geschlechtsneigung haben, aus keiner

10 der vorherigen Absicht der wahren Menschenliebe die Person lieben, sie sind gar nicht auf ihr Glück bedacht, sondern bringen sie sogar, um nur ihre Neigung und Appetit zu stillen oder zu befriedigen, in ihr größtes Unglück. Wenn sie sie aus Geschlechtsneigung lieben, so machen sie die Person zum Objekt ihres Appetits; sobald sie nur die Person haben und ihr Appetit ge-

15 stillt ist, so werfen sie dieselbe weg, ebenso wie man eine Zitrone wegwirft, wenn man den Saft aus ihr gezogen hat. Die Geschlechterneigung kann

zwar mit der Menschenliebe verbunden werden, und dann führt sie auch die Absicht der Menschenliebe mit sich, allein wenn sie allein und an sich genommen wird, so ist es nichts mehr als Appetit. Es liegt doch in dieser Neigung auf solche Art eine Erniedrigung des Menschen. Denn sobald er

20 ein Objekt des Appetits des anderen ist, so fallen alle Triebfedern der sittlichen Verhältnisse weg, weil er als ein Gegenstand des Appetits des anderen eine Sache ist, wodurch der Appetit des anderen gestillt wird und die von jedem anderen als solche Sache kann gebraucht werden.

Immanuel Kant: *Eine Vorlesung über Ethik.* Herausgegeben von Gerd Gerhardt. Frankfurt am Main: Fischer 1991, S. 176–177.

Aufgaben 2.56

 Erläutern Sie, weshalb der Geschlechtsverkehr laut Kant problematisch ist.

- -

→ **Logik und Methoden 14**   Der zentrale Begriff in Kants Text ist derjenige, dass man den anderen zum «Objekt» macht, ihn «verdinglicht». Versuchen Sie, zwei Begriffe von Verdinglichung zu entwickeln: einen so, dass es moralisch unproblematisch ist, wenn man in diesem Sinn jemanden verdinglicht, und einen so, dass es moralisch verwerflich ist, wenn man in diesem Sinn jemanden verdinglicht.

2 Philosophische Anthropologie

Repetitionsfragen

1. Welches sind einige der Merkmale, die aus einer traditionellen Sichtweise den Menschen zu einem Menschen machen?
2. Wie lauten die zentralen Thesen des Existenzialismus und des Feminismus?
3. Welche Bedeutung haben die Geburt und der Tod für unser Leben als Mensch?
4. Warum bedeutet die Wahrheit des Determinismus nicht notwendigerweise, dass es keine Willensfreiheit gibt?
5. Welche philosophischen Fragen stellen sich in Zusammenhang mit der menschlichen Sexualität?

Zum Weiterdenken

1. Der Philosoph Arthur Schopenhauer (1788–1860) schreibt: «Als die entschiedene, stärkste Bejahung des Lebens bestätigt sich der Geschlechtstrieb auch dadurch, dass er dem natürlichen Menschen, wie dem Thier, der letzte Zweck, das höchste Ziel seines Lebens ist. Selbsterhaltung ist sein erstes Streben, und sobald er für diese gesorgt hat, strebt er nur nach Fortpflanzung des Geschlechts: mehr kann er als bloß natürliches Wesen nicht anstreben» (*Die Welt als Wille und Vorstellung*, Viertes Buch, S. 68). Sind Sie mit Schopenhauer einverstanden? Begründen Sie Ihre Antwort.
2. Ergeben sich aus der Liebe zu einem Menschen moralische Verpflichtungen ihm gegenüber? Oder wäre es gar denkbar, dass aus der Liebe – als einer Form von bedingungsloser Festlegung – Handlungen hervorgehen könnten, die gegen die Regeln der Ethik verstossen dürften?
3. Würde durch die fehlende Willensfreiheit alles menschliche Streben inklusive des Philosophierens entwertet?
4. In der COVID-19-Pandemie 2020/21 versuchten die meisten Nationalstaaten auf eigene Faust vorzugehen und in erster Linie für die eigenen Bürgerinnen und Bürger zu sorgen. Wie beurteilen Sie die Möglichkeiten globaler Solidarität zwischen Menschen? Welche Rolle spielt dabei das angenommene Menschenbild?
5. Solllte sich Ihrer Ansicht nach der Staat nach der «Natur» des Menschen richten, oder ist der Mensch erst das, was er durch die Gesellschaft wird? Begründen Sie Ihre Antwort.

Weiterführende Literatur

Chimamanda Ngozi Adichie: *Mehr Feminismus! Ein Manifest und vier Stories.* Frankfurt am Main: Fischer 2016.

Sarah Bakewell: *Das Café der Existenzialisten: Freiheit, Sein und Aprikosencocktails.* München: C. H. Beck 2016.

Simone de Beauvoir: *Soll man de Sade verbrennen? Drei Essays zur Moral des Existentialismus.* 6. Auflage. Reinbeck bei Hamburg: Rowohlt 2007.

Christoph Fehige, Georg Meggle und Ulla Wessels (Hrsg.): *Der Sinn des Lebens.* München: dtv 2004.

Geert Keil: *Willensfreiheit.* Berlin: de Gruyter 2017.

Christian Thies: *Einführung in die philosophische Anthropologie.* Darmstadt: Wissenschaftliche Buchgesellschaft 2013.

3 Ethik

«Das Besondere an uns ist die Empathie, die uns in die Lage versetzt, zu erfassen, dass andere Geschöpfe in genau jener Art und Weise wichtig für sich selbst sind, wie wir wichtig für uns sind.»

(Christine Korsgaard)

3.1   Das gute Leben

Die meisten Menschen stellen sich von Zeit zu Zeit die Frage: Was ist mir im Leben wichtig? Wir stellen die Frage, weil wir noch nicht wissen, was uns wichtig ist, oder weil uns das, was wir bisher für wichtig hielten, plötzlich nicht mehr wichtig erscheint.

Aufgabe 3.1

 Jede und jeder in der Klasse nimmt ein Blatt und vervollständigt den Satz «Ich gehe in die Schule, um …». Dabei wird der zweite Teil des Satzes auf eine neue Zeile geschrieben. Nun knickt man den Satzanfang um und reicht das Blatt weiter. Der oder die Nächste verwendet den Schluss des Satzes als Anfang; wenn beispielsweise steht: «Ich gehe in die Schule, um zu lernen», dann schreibt man: «Ich lerne, um zu …», und vervollständigt den Satz wieder entsprechend. Dann knickt er oder sie den ersten Teil wieder um und reicht den Zettel weiter. So geht es fünf bis sechs Runden. Lesen Sie die Ergebnisse anschliessend vor. Was fällt auf?

Wir verfolgen viele verschiedene Ziele im Leben, und manche dieser Ziele sind eher Mittel zum Zweck, um ein anderes Ziel zu erreichen. Gibt es auch Ziele, die wir um ihrer selbst willen wählen? Gibt es ein oberstes Ziel? Mit diesen Fragen beschäftigte sich Aristoteles. Er behauptete, das oberste Ziel sei für alle die *eudaimonia*. Dieser griechische Begriff steht übersetzt für «gutes Leben», «Glück» oder «Glückseligkeit».

1   Da sich die Ziele als viele erweisen, wir von diesen aber einige um anderer Dinge willen wählen (wie Reichtum, Flöten und allgemein die Werkzeuge), sind offensichtlich nicht alle Ziele abschließende Ziele *(teleios)*. Es ist aber klar, dass das beste Gut abschließenden Charakter hat. [...]

5   Als derartiges Ziel gilt aber insbesondere das Glück *(eudaimonia)*; dieses nämlich wählen wir immer um seiner selbst willen und niemals um anderer Dinge willen, während wir Ehre, Lust, Vernunft und jede Tugend [d. h. positive Charaktereigenschaft] zwar um ihrer selbst willen wählen (denn selbst wenn sich nichts aus ihnen ergeben würde, würden wir doch jedes

10   von ihnen wählen), aber auch dem Glück zuliebe, weil wir annehmen, dass wir durch sie glücklich sein werden. Das Glück dagegen wählt niemand diesen anderen Zielen zuliebe oder überhaupt um anderer Dinge willen. Dasselbe Ergebnis scheint auch aus dem Kriterium der Autarkie (Selbstgenügsamkeit, *autarkeia*) zu folgen; denn das abschließende Gut gilt als

15   autark. [...]
Das Autarke bestimmen wir als dasjenige, was auch dann, wenn man nur es allein besitzen würde, das Leben wählenswert macht und ihm nichts fehlen lässt. Für so beschaffen halten wir aber das Glück. Wir halten es außerdem für das wählenswerteste unter allen Dingen, wobei es nicht als

20   ein Gut unter anderen Gütern gezählt wird – zählt man es so mit, würde es

offensichtlich wählenswerter, wenn man auch nur das kleinste Gut hinzuaddiert, da das Hinzugefügte ein Plus an Gütern ergibt und jeweils das größere Gut wählenswert ist.

Das Glück erweist sich also als etwas, das abschließend und autark ist; es
25 ist das Ziel all dessen, was wir tun.

Aristoteles: *Nikomachische Ethik.* Übersetzt und herausgegeben von Ursula Wolf. Reinbek bei Hamburg: Rowohlt 2006, S. 54–55 [1097a–b].

Aufgaben 3.2

 Aristoteles unterscheidet zwischen Dingen, die wir wählen, um damit etwas anderes zu erreichen, und Dingen, die wir um ihrer selbst willen tun. Veranschaulichen Sie die Unterscheidung an Beispielen.

 Aristoteles nennt als Dinge, die wir um ihrer selbst willen wählen, unter anderem die Ehre, die Lust und die Vernunft. Überlegen Sie sich für jedes der drei Ziele, welcher Beruf in der heutigen Zeit geeignet wäre, um dieses Ziel zu erreichen.

 Unter den Dingen, die wir um ihrer selbst willen wählen, hebt Aristoteles das Glück speziell hervor. Wodurch zeichnet es sich aus?

 Wie könnte man das Verhältnis von Glück zu Ehre, Lust und Vernunft beschreiben?

Die Lust ist für uns Menschen ein attraktives Ziel, weil wir eine natürliche Neigung dazu haben. Doch ist es auch das, was das Glück, das heisst ein gutes Leben ausmacht? Laut dem antiken Philosophen Aristipp (ca. 435–355 v. Chr.), Zeitgenosse von Sokrates, ist es das. Aristipp sagte, dass wir Menschen letztlich nur eines anstreben: ein lustvolles Leben. Das Glück ist demnach die Lust. Aus dem griechischen Wort für Lust *(hedone)* leitet sich der noch heute gebräuchliche Begriff *Hedonismus* ab, als dessen Begründer Aristipp gilt.

Die meisten antiken Philosophen hielten nicht viel davon. Platon argumentierte, dass ein Leben, das nur auf Lust ausgerichtet ist, dem einer Auster gleiche und somit dem Menschen nicht angemessen sei *(Philebus*, 21a). Aristoteles argumentierte auf ähnliche Weise, indem er sagte, dass auch ein Sklave nach Lust streben könne, das Leben eines Sklaven aber für einen freien Menschen nicht angemessen sei (*Nikomachische Ethik*, Buch X).

Platon und Aristoteles haben damit die naive These des Hedonismus erfolgreich zurückgewiesen. Sie haben es sich aber auch ein wenig leicht gemacht. Denn der Begriff des Hedonismus lässt sich durchaus auch erweitern und präzisieren. Genau dies versuchte Epikur (341–271/270 v. Chr.). Nicht die sinnliche und kurzfristige Lust ist laut ihm das Glück, sondern die Seelenruhe. Im folgenden Textausschnitt aus dem *Brief an Menoikeus* erläutert Epikur seine Thesen.

EPIKUR

Epikur, geboren 341 v. Chr. auf der Insel Samos, gestorben 271 oder 270 v. Chr. in Athen, gilt als einer der wichtigsten Philosophen des Hellenismus, das heisst der Zeit zwischen dem Tod von Alexander dem Grossen und dem Ende des Ptolemäerreichs in Ägypten. Epikur gründete in Athen eine der einflussreichsten Schulen seiner Zeit, und zwar in einem Garten. Hier traf er sich mit seinen Schülern und Schülerinnen – entgegen der damaligen Sitte liess er auch Frauen zum Gespräch zu. Epikur und die nach ihm benannten Epikureer vertraten einen differenzierten Hedonismus.

1 Wir müssen ferner berücksichtigen, dass die Begierden zum einen anlagebedingt, zum anderen ziellos sind. Und zwar sind von den anlagebedingten die einen notwendig, die anderen nur anlagebedingt; von den
notwendigen wiederum sind die einen zum Glück notwendig, die andern
5 zur Störungsfreiheit des Körpers, die dritten zum bloßen Leben. Denn eine
unbeirrte Beobachtung dieser Zusammenhänge weiß ein jedes Wählen
und Meiden zurückzuführen auf die Gesundheit des Körpers und die Unerschütterlichkeit der Seele: denn dies ist das Ziel des glückseligen Lebens.
Um dessentwillen tun wir ja alles, damit wir weder Schmerz noch Unruhe
10 empfinden. Sooft dies einmal an uns geschieht, legt sich der ganze Sturm
der Seele, weil das Lebewesen nicht imstande ist, weiterzugehen wie auf
der Suche nach etwas, das ihm mangelt, und etwas anderes zu erstreben,
wodurch sich das Wohlbefinden der Seele und des Körpers erfüllen würde.
Denn nur dann haben wir ein Bedürfnis nach Lust, wenn wir deswegen,
15 weil uns die Lust fehlt, Schmerz empfinden; wenn wir aber keinen Schmerz
empfinden, bedürfen wir auch der Lust nicht mehr.
Gerade deshalb ist die Lust, wie wir sagen, Ursprung und Ziel des glückseligen Lebens. Denn sie haben wir als erstes und angeborenes Gut erkannt,
und von ihr aus beginnen wir mit jedem Wählen und Meiden, und auf sie
20 gehen wir zurück, indem wir wie mit einem Richtscheit mit der Empfindung ein jedes Gut beurteilen.
[...] Wenn wir also sagen, die Lust sei das Ziel, meinen wir damit nicht die
Lüste der Hemmungslosen und jene, die im Genuss bestehen, wie einige,
die dies nicht kennen und nicht eingestehen oder böswillig auffassen, an
25 nehmen, sondern: weder Schmerz im Körper noch Erschütterung in der
Seele zu empfinden. Denn nicht Trinkgelage und Umzüge, auch nicht das
Genießen von Knaben und Frauen, von Fischen und allem übrigen, was
eine aufwendige Tafel bietet, erzeugen das lustvolle Leben, sondern ein
nüchterner Verstand, der die Gründe für jedes Wählen und Meiden auf
30 spürt und die bloßen Vermutungen vertreibt, von denen aus die Erschütterung auf die Seelen übergreift.

Epikur: Brief an Menoikeus. In: ders. *Briefe, Sprüche, Werkfragmente*. Übersetzt und herausgegeben von Hans-Wolfgang Krautz. Stuttgart: Reclam 1980, S. 45–49 [127–132].

Aufgaben 3.3

→ Logik und Methoden 22

 Erstellen Sie eine Strukturskizze für den Text von Epikur.

 Versuchen Sie, für jede der Kategorien Beispiele zu finden.

→ Logik und Methoden 16

 Epikur argumentiert dafür, dass die Lust unser oberstes Ziel sei, indem er
darauf hinweist, dass jede unserer Entscheidungen darauf zurückzuführen
sei. Begeht Epikur hier einen Sein-Sollen-Fehlschluss?

 Erläutern Sie, wie Epikur die ursprünglichen Einwände von Platon und
Aristoteles gegen den Hedonismus umgeht.

 Ist Epikurs Position Ihrer Ansicht nach vertretbar, oder gibt es grundlegende Einwände?

Um anspruchsvolle Texte besser zu verstehen, empfiehlt sich das Erstellen einer Strukturskizze. Dabei markieren Sie zunächst die wichtigsten Begriffe und Aussagen eines Texts. In einem zweiten Schritt ordnen Sie die Begriffe und Aussagen. Vielleicht gibt es einen Überbegriff oder eine Aussage, die im Zentrum des Texts steht. Solche Begriffe und Aussagen bilden den Ausgangspunkt der Strukturskizze. Danach ordnen Sie die anderen Begriffe und Aussagen in einer stimmigen Weise und verbinden sie mit Linien. Beschriften Sie die Linien mit Verben, die den logischen Zusammenhang zwischen den Begriffen und Aussagen ausdrücken (z.B. «widerspricht», «folgt aus», «beinhaltet»).

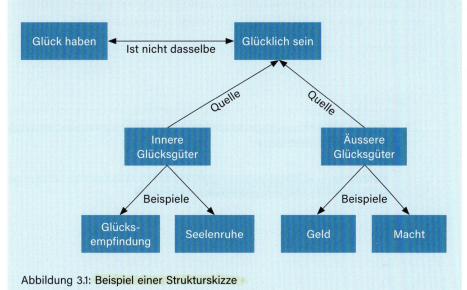

Abbildung 3.1: **Beispiel einer Strukturskizze**

Der US-amerikanische Philosoph Robert Nozick (1938–2002) hat ein Gedankenexperiment entwickelt, das zeigen soll, dass (lustvolle) Erlebnisse allein nicht hinreichend sind für ein gutes Leben, dass also die Thesen des Hedonismus nicht stimmen können. Das Gedankenexperiment ist unter dem Namen «Erlebnismaschine» (engl. *experience machine*) bekannt.

→ Logik und Methoden 23

1   Schwierige Fragen gibt es auch im Zusammenhang damit, ob irgend etwas anderes von Bedeutung ist als die Erlebnisse der Menschen «von innen». Man stelle sich eine Erlebnismaschine vor, die einem jedes gewünschte Erlebnis vermittelt. Super-Neuropsychologen können das Gehirn so
5   reizen, dass man glaubt und das Gefühl hat, man schriebe einen großen Roman, schlösse eine Freundschaft oder läse ein interessantes Buch. Dabei schwimmt man die ganze Zeit in einem Becken und hat Elektroden ans Gehirn angeschlossen. Sollte man sich lebenslang an diese Maschine anschließen lassen, so dass alle künftigen Erlebnisse im Voraus festgelegt
10   sind? Wenn man sich Sorgen macht, es könnten einem wünschenswerte Erlebnisse entgehen, so können wir annehmen, dass das Leben vieler anderer von Firmen gründlich durchforscht worden ist. Man kann aus ihrem riesigen Katalog [...] solcher Erlebnisse auswählen und die eigenen Erlebnisse etwa für die nächsten zwei Jahre festlegen. Danach kommt man zehn
15   Minuten oder Stunden aus dem Becken heraus und kann sich seine Erlebnisse für die nächsten zwei Jahre aussuchen. Während man im Becken

schwimmt, weiß man natürlich nichts davon; man glaubt, alles, was man erlebt, geschähe wirklich. Auch andere können sich anschließen lassen und sich die gewünschten Erlebnisse verschaffen; es braucht also niemand un-

20 angeschlossen zu bleiben, um für andere da zu sein. (Wir vernachlässigen Probleme wie dies, wer die Maschine bedient, wenn jeder angeschlossen ist.) Würdest du dich anschließen lassen? *Was könnte denn für uns von Bedeutung sein außer dem, wie unser Leben von innen erlebt wird?* Man sollte sich auch nicht durch die paar unangenehmen Augenblicke zwischen der

25 Entscheidung und dem Anschluss abschrecken lassen. Was sind die paar Augenblicke im Vergleich zu einem ganzen glücklichen Leben (falls man das wählt), und warum sollte man denn überhaupt ein ungutes Gefühl haben, wenn man wirklich die beste Entscheidung getroffen hat?

Robert Nozick: *Anarchie, Staat, Utopia.* Übersetzt von Hermann Vetter. München: Olzog 2011, S. 74–75.

Aufgaben 3.4

 Würden Sie sich an die Erlebnismaschine anschliessen lassen? Weshalb (nicht)? Diskutieren Sie!

 Falls Sie sich nicht anschliessen lassen wollen: Was folgt daraus für die Antwort auf die Frage, was im Leben wichtig ist?

 Ist damit der Hedonismus widerlegt? Begründen Sie Ihre Antwort.

Gedankenexperimente Logik und Methoden 23

Gedankenexperimente sind philosophische Hilfsmittel, um Thesen zu begründen oder plausibel zu machen. Dabei wird von einem ausgedachten Szenario ausgegangen, das es in Wirklichkeit nicht gibt, das aber zumindest logisch denkbar ist. Danach wird überprüft, welche Folgen sich aus diesem Szenario ergeben. Mit einem Gedankenexperiment wird oft eine These begründet. Ähnlich wie in empirischen Experimenten, die zum Beispiel in Labors durchgeführt werden, geht es auch in Gedankenexperimenten darum, bestimmte Phänomene genau in den Blick zu nehmen und von anderen zu isolieren, die das Experiment stören könnten. Aus diesem Grund sind die Szenen oder Geschichten in Gedankenexperimenten idealerweise auf das Wesentliche reduziert und manchmal zugespitzt. Gedankenexperimente werden in vielen Bereichen der Philosophie eingesetzt. Ein berühmtes Gedankenexperiment in der Ethik ist das Trolley-Problem von Philippa Foot (siehe Abschnitt 3.3), ein berühmtes Gedankenexperiment in der Erkenntnistheorie ist das Betrügergott-Szenario von René Descartes (siehe Abschnitt 4.2).

Wenn das oberste Ziel Glück ist, wie Aristoteles sagt, dieses aber nicht durch die Lust erreicht wird, wodurch dann? Aristoteles behauptet, dass das Glück des Menschen in der Ausübung seiner spezifischen Funktion (griech. *ergon*) liegt. In seinem berühmten Ergon-Argument begründet Aristoteles, worin diese spezifische Funktion des Menschen besteht.

Doch zu sagen, dass das beste Gut im Glück besteht, ist wohl offensichtlich ein Gemeinplatz, und man wünscht sich, noch genauer erläutert zu haben, was es ist.

Nun wird das vielleicht geschehen können, wenn man die Funktion *(ergon)* des Menschen erfasst. (a) Wie man nämlich annimmt, dass für den Flötenspieler, den Bildhauer und jeden Fachmann in einem Herstellungswissen, allgemein für jeden, der eine bestimmte Funktion und Tätigkeit *(praxis)* hat, «gut» *(agathos)* und «auf gute Weise» *(eu)* in der Funktion liegt, so sollte man annehmen, dass das wohl auch für den Menschen zutrifft, wenn er wirklich eine bestimmte Funktion hat.

(b) Sollten also wirklich der Schreiner und der Schuster bestimmte Funktionen und Tätigkeiten haben, der Mensch hingegen keine, sondern von Natur aus ohne Funktion sein? Oder kann man, ebenso wie offensichtlich das Auge, die Hand, der Fuß, allgemein jeder Körperteil eine bestimmte Funktion besitzt, so auch für den Menschen eine bestimmte Funktion neben all diesen Funktionen ansetzen?

(c) Welche nun könnte das sein? Das Leben scheint der Mensch mit den Pflanzen gemeinsam zu haben, gesucht ist aber die ihm eigentümliche *(idios)* Funktion. Das [vegetative] Leben der Ernährung und des Wachstums ist ebenso auszusondern. Als Nächstes käme wohl das Leben der Wahrnehmung, doch auch dieses teilt der Mensch offenkundig mit dem Pferd, dem Rind und überhaupt mit jedem Tier. Übrig bleibt also ein tätiges Leben desjenigen Bestandteils in der menschlichen Seele *(psyche)*, der Vernunft *(logos)* besitzt; von diesem hat ein Teil Vernunft in der Weise, dass er der Vernunft gehorcht, der andere so, dass er sie hat und denkt. Da aber auch von diesem letzteren Teil in zwei Bedeutungen gesprochen wird, müssen wir sagen, dass er im Sinn der Betätigung *(energeia)* zu verstehen ist, da er so im eigentlicheren Sinn bezeichnet werden dürfte.

Wenn nun die Funktion des Menschen eine Tätigkeit *(energeia)* der Seele entsprechend der Vernunft *(kata logon)* oder wenigstens nicht ohne Vernunft ist und wenn wir sagen, dass die Funktion eines So-und-So und die eines guten *(spoudaios)* So-und-so zur selben Art gehören, zum Beispiel die eines Kitharaspielers und die eines guten Kitharaspielers, und so überhaupt in allen Fällen, wobei das Herausragen im Sinn der Gutheit *(arete)* zur Funktion hinzugefügt wird (denn die Funktion eines Kitharaspielers ist, die Kithara zu spielen, und die Funktion des guten Kitharaspielers, das auf gute Weise *(eu)* zu tun) – wenn das der Fall ist, wenn wir aber als die Funktion des Menschen eine bestimmte Lebensweise annehmen, und zwar eine Tätigkeit der Seele oder der Vernunft entsprechende Handlungen, als die Funktion des guten Menschen aber, diese Handlungen auf gute und angemessene *(kalos)* Weise zu tun, und wenn jede Handlung gut verrichtet ist, wenn sie im Sinn der eigentümlichen Tugend verrichtet ist – wenn es sich so verhält: dann erweist sich das Gut für den Menschen *(to anthropinon agathon)* als Tätigkeit *(energeia)* der Seele im Sinn der Gutheit *(kat' areten)*, und wenn es mehrere Arten der Gutheit gibt, im Sinn derjenigen, welche die beste und am meisten ein abschließendes Ziel *(teleios)* ist.

Hinzufügen müssen wir: «in einem ganzen Leben». Denn eine Schwalbe macht noch keinen Frühling, auch nicht ein Tag. So macht auch ein Tag oder eine kurze Zeit keinen selig *(makarios)* und glücklich *(eudaimon)*.

Aristoteles: *Nikomachische Ethik.* Übersetzt und herausgegeben von Ursula Wolf. Reinbek bei Hamburg: Rowohlt 2006, S. 55–57 [1097b–1098a].

→ **Logik und Methoden 24**

 Geben Sie das Argument von Aristoteles in eigenen Worten wieder. Verwenden Sie dabei Verben um die verschiedenen Sprechakte zu differenzieren.

→ **Logik und Methoden 9**

 Rekonstruieren Sie das Argument mit nummerierten Prämissen und Konklusion. Achtung: Die Aussagen müssen nun ohne Bezugnahme auf Aristoteles und Sprechakte formuliert werden.

→ **Logik und Methoden 11**

 Hat Aristoteles recht, wenn er behauptet, dass es eine «eigentümliche menschliche Tätigkeit» gibt? Und falls ja: Bestimmt er sie richtig?

→ **Logik und Methoden 21**

 Am Ende des Textausschnitts macht Aristoteles eine Analogie zu einer Schwalbe im Frühling. Was will er damit zeigen?

Sprechakte bestimmen   Logik und Methoden 24

Etwas zu sagen (oder zu schreiben), kann als eine Form des Handelns verstanden werden. Man spricht in diesem Zusammenhang von Sprechakten. Philosophische Texte lassen sich unter anderem analysieren, indem man darauf achtet, welche Sprechakte vollzogen werden. Dadurch lässt sich besser verstehen, in welchem argumentativen Zusammenhang das Gesagte steht.

So wird zum Beispiel in einem Abschnitt eine Behauptung aufgestellt *(behauptet)*, im nächsten Abschnitt wird diese Behauptung *begründet* und danach an einem Beispiel *veranschaulicht*. Die kursiv gesetzten Wörter sind performative Verben (engl. *to perform*: vollziehen). Ein performatives Verb kann dazu dienen, genau den Sprechakt zu vollziehen, den es beschreibt. Typische performative Verben sind: behaupten, feststellen, erläutern, veranschaulichen, begründen, belegen, bezweifeln, erwidern, kritisieren, widerlegen. Halten Sie nach solchen performativen Verben Ausschau, wenn Sie einen Text lesen. Versuchen Sie, Sprechakte mithilfe solcher Verben zu bestimmen. Der Gebrauch passender performativer Verben macht Zusammenfassungen von Texten übersichtlicher, wie sich durch folgende Gegenüberstellung zeigen lässt:

«Epikur *sagt*, die Lust sei Anfang und Ende des seligen Lebens. Er *sagt*, dass alle Lebewesen von Geburt an daran Gefallen finden. Später *schreibt* er, dass wir nicht immer die Lust wählen, sondern manchmal den Schmerz vorziehen, wenn dies längerfristig zu grösserer Lust führt.»

«Epikur *behauptet*, die Lust sei Anfang und Ende des seligen Lebens. Er *begründet* dies dadurch, dass alle Lebewesen von Geburt an daran Gefallen finden. Später *präzisiert* er die These, indem er *geltend macht*, dass wir nicht immer die Lust wählen, sondern manchmal den Schmerz vorziehen, wenn dies längerfristig zu grösserer Lust führt.»

Viele Philosophinnen und Philosophen teilen Aristoteles' Auffassung, dass zu einem guten Leben gewisse positive Charaktereigenschaften gehören. Man nennt solch positive Charaktereigenschaften auch Tugenden. Seit Platon gelten die folgenden vier Tugenden als zentral, als sogenannte Kardinaltugenden: Gerechtigkeit, Weisheit, Besonnenheit und Tapferkeit. Im Christentum wurden die drei folgenden Tugenden hinzugefügt: Glaube, Hoffnung und Liebe, wobei die Liebe die grösste Tugend sei. Der Gegenbegriff zur Tugend ist das Laster, das heisst eine negative Charaktereigenschaft. Einige Tugenden bilden, wie Aristoteles schreibt, die goldene Mitte zwischen zwei Lastern. Zum Beispiel ist die Grosszügigkeit die goldene Mitte zwischen Geiz und Verschwendung.

Einige bekannte Laster sind: Gleichgültigkeit, Hochmut/falscher Stolz, Habgier/Geiz, Zorn, Völlerei, Neid, Faulheit, Trägheit, Feigheit, Verzweiflung, Egoismus, Selbstmitleid, Hinterlist, Gefühlskälte. Erläutern Sie die einzelnen Laster und finden Sie wenn möglich für jedes eine entsprechende Tugend.

 Überlegen Sie, welche der Tugenden als goldene Mitte zwischen zwei Lastern angesehen werden können und welche nicht.

 Eine Konsequenz der nicht nur von Aristoteles, sondern von vielen anderen antiken Philosophen geteilten Auffassung, dass nur ein tugendhaftes Leben ein glückliches Leben sein kann, ist, dass ein Mensch, der diese Eigenschaften nicht hat, kein gutes Leben führen kann. Sind Ihrer Ansicht nach alle Tugenden aus der Liste notwendig für ein gutes Leben? Prüfen Sie, welche davon zu einem guten Leben gehören und welche allenfalls nicht. Kann man eine Tugend auch mehr oder weniger haben? Gibt es für einige der Tugenden ein Mindestmass, das für ein gutes Leben nötig ist? Diskutieren Sie.

Einige antike Philosophinnen und Philosophen waren der Ansicht, dass die Tugend das höchste Gut sei. Dies war die Position der Stoa, einer einflussreichen hellenistischen Schule. Einer der zentralen Gedanken der Stoiker war, dass der Kosmos vom Logos bestimmt sei und die Menschen sich darin einfügen müssten. Begründet wurde die Stoa von Zenon von Kition (333/332–262/261 v. Chr.) im 4. Jahrhundert vor Christus. Ein berühmter später Vertreter ist der römische Kaiser Mark Aurel (121–180), lateinisch Marcus Aurelius. Im folgenden Text, den *Selbstbetrachtungen,* wendet er sich tagebuchartig an sich selbst und erteilt Ratschläge für ein gutes Leben.

1 Denke zu jeder Tageszeit daran, in deinen Handlungen einen festen Charakter zu zeigen, wie er einem Römer und einem Mann geziemt, einen ungekünstelten, sich nie verleugnenden Ernst, ein Herz voller Freiheits- und Gerechtigkeitsliebe. Verscheuche jeden anderen Gedanken, und das wirst
5 du können, wenn du jede deiner Handlungen als die letzte deines Lebens betrachtest, frei von Überstürzung, ohne irgendeine Leidenschaft, die der Vernunft ihre Herrschaft entzieht, ohne Heuchelei, ohne Eigenliebe und mit Ergebung in den Willen des Schicksals. Du siehst, wie wenig zu beobachten ist, um ein friedliches, von den Göttern beglücktes Leben zu führen.
10 Die Befolgung dieser Lehre ist ja alles, was die Götter von uns verlangen.
[...]
Lass die Einbildung schwinden, und es schwindet die Klage, dass man dir Böses getan. Mit der Unterdrückung der Klage: «Man hat mir Böses getan» ist das Böse selbst unterdrückt. [...]
15 Die Außendinge selbst berühren die Seele auf keinerlei Weise. Sie haben keinen Zugang zu ihr und können die Seele weder umstimmen noch irgendwie bewegen. Sie erteilt sich vielmehr selber allein Stimmung und Bewegung, und nach Maßgabe der Urteile, die sie über ihre eigene Würde fällt, schätzt sie auch die äußeren Gegenstände höher oder niedriger. [...]
20 Die vernunftlosen Tiere und überhaupt alle Sinnenwesen, die keine Vernunft haben, behandle als vernünftiger Mensch hochherzig und edel, die Menschen aber, weil sie Vernunft haben behandle mit geselliger Liebe; bei allem

aber rufe die Götter an. Übrigens kümmere dich nicht darum, wie lange du noch dies tun wirst: denn selbst drei solcher Stunden sind hinreichend. [...]

25 Füge dich in die Umstände, in die du durch dein Los versetzt bist, und den Menschen, mit denen das Schicksal dich zusammengeführt hat, erweise Liebe, aber aufrichtig. [...]

Es ist ein Vorzug des Menschen, auch diejenigen zu lieben, die ihn beleidigen. Dahin gelangt man, wenn man bedenkt, dass die Menschen mit uns

30 *eines* Geschlechtes sind, dass sie aus Unwissenheit und gegen ihren Willen fehlen, dass ihr beide nach kurzer Zeit tot sein werdet, und vor allem, dass dein Widersacher dich nicht beschädigt hat. Denn er hat die in dir herrschende Vernunft doch nicht anders gemacht, als sie zuvor war. [...]

Ziehe dich in dich selbst zurück. Die in uns herrschende Vernunft ist ja von

35 der Natur, dass sie im Rechttun Heiterkeit und Selbstzufriedenheit findet. [...]

Arbeite an deinem Innern. Da ist die Quelle des Guten, eine unversiegbare Quelle, wenn du nur immer nachgräbst. [...]

Das ist ein echtes Zeichen sittlicher Vollkommenheit, wenn man jeden Tag, als wäre er der letzte, hinbringt, fern von Aufwallung, Erschlaffung und

40 Verstellung. [...]

Oft tut auch *der* Unrecht, der nichts tut; wer das Unrecht nicht verbietet, wenn er kann, befiehlt es. [...]

Hast du dir einmal die Prädikate: gut, bescheiden, wahrhaftig, verständig, gleichmütig, hochherzig erworben, so habe acht, dass du nie die entgegen-

45 gesetzten Bezeichnungen verdienst, und solltest du diese Namen je verlieren, so eigne sie dir ungesäumt wieder an. Bedenke aber, dass das Wort «klug» bedeutet, alles sorgfältig und genau zu prüfen, «gleichmütig»: willig das anzunehmen, was dir von der Allnatur zugeteilt wird; «edelmütig» bedeutet die Erhebung deines denkenden Teiles über jede leise oder unsanfte

50 Erregung des Fleisches, sowie über den nichtigen Ruhm, den Tod und alles andere der Art. Wenn du dich nun im Besitz jener Ehrennamen behauptest, ohne jedoch danach zu verlangen, dass andere dich nach ihnen benennen, so wirst du ein ganz anderer Mensch werden und ein ganz anderes Leben beginnen. Denn immer noch so zu bleiben, wie du bisher gewesen

55 bist, und in einem solchen Leben dich herumzerren und verunglimpfen zu lassen, wäre die Art eines Menschen, der ganz stumpfsinnig am Leben hinge, gleich jenen halbzerfleischten Tierkämpfern, die, mit Wunden und Eiter bedeckt, dennoch für den morgenden Tag aufgehoben zu werden flehen, obgleich sie doch denselben Nägeln und Bissen in gleichem Zustand

60 vorgeworfen werden müssen. Arbeite dich also in den Kreis jener wenigen Namen ein, und wenn du dich in ihrem Besitze behaupten kannst, so bleibe hier, als wärest du gleichsam auf die Inseln der Seligen versetzt. Merkst du aber, dass du aus ihrem Besitze fällst und nicht obsiegst, so ziehe dich mit Mut in irgendeinen Winkel zurück, wo du dich behaupten kannst, oder

65 scheide lieber ganz aus diesem Leben, ohne zu zürnen, vielmehr mit geradem, freiem und gelassenem Sinne, nachdem du das eine in diesem Leben bewerkstelligt hast, so aus ihm zu gehen. [...]

Der gebildete und bescheidene Mensch sagt zu der alles spendenden und wieder nehmenden Natur: Gib, was du willst, und nimm, was du willst; doch sagt

70 er dies nicht mit trotzigem Sinne, sondern mit Gehorsam und Wohlwollen.

Mark Aurel: *Selbstbetrachtungen.* Übersetzt von Albert Wittstock. Wiesbaden: VMA 1979, S. 17, 36, 59, 72, 76, 88, 90, 97, 100, 123, 139 f., 143.

Welche Tugenden und welche Laster erwähnt Mark Aurel? Unterstreichen Sie sie mit je einer anderen Farbe. Welche Ratschläge gibt er?

 Wählen Sie einige der Ratschläge und wenden Sie sie auf Situationen an, die Sie selbst erlebt haben. Was hätte es bedeutet, den Ratschlag in dieser Situation zu befolgen?

 Stimmen Sie Mark Aurel zu? Finden Sie Einwände gegen bestimmte Ratschläge oder Gründe, eine vorgeschlagene Tugend abzulehnen?

Die Gedanken antiker Philosophinnen und Philosophen über die Tugend, insbesondere die von Aristoteles, hatten einen grossen Einfluss auf die Philosophie des 20. Jahrhunderts und führten zur Entwicklung der Tugendethik. Was damit gemeint ist, wird im weiteren Kapitel erläutert.

Abbildung 3.2: Mark Aurel auf dem Ross. Beachten Sie, wie er zugleich als Feldherr (mit dem dafür typischen Handzeichen) und als Philosoph (mit dem überlegenden Gesichtsausdruck) dargestellt ist.

3.2 Wer bestimmt, was richtig ist?

Die philosophische Disziplin, die sich mit der Frage beschäftigt, was ein gutes Leben auszeichnet, ist die *Ethik* (von griech. *ethos* für Gewohnheit, Sitte). Während meine persönliche Antwort auf die Frage, was ein gutes Leben ist, in gewissem Sinn nur mich selbst betrifft, schliesst die Ethik auch die Frage mit ein, was wir tun sollen und tun dürfen, wenn andere von unserer Handlung betroffen sind. Jeder und jede von uns hat eine mehr oder weniger bewusste Antwort darauf, ebenso ganze Gesellschaften. Die bestehenden Antworten können wir als «Moral» bezeichnen. Die Ethik, auch «Moralphilosophie» genannt, ist die philosophische Disziplin, die die Moral untersucht, das heisst Aussagen klärt, nach allgemeinen Prinzipien sucht und Begründungen prüft. Im Unterschied zu den Sozialwissenschaften, die eine bestehende Moral lediglich beschreiben, geht es in der Ethik um den normativen Anspruch der Moral.

Manchmal wird das, was hier «Moral» genannt wird, auch als «Ethik» bezeichnet. Das ist nicht weiter problematisch, solange man sich im Klaren darüber ist, was gemeint ist. Das eine ist die bestehende Moral, das andere die Philosophie davon.

Wir alle haben also eine Auffassung davon, was moralisch richtig ist, und was nicht, auch wenn uns das gar nicht immer bewusst ist. Doch wer bestimmt eigentlich, was richtig und was falsch ist?

Kinder halten das für richtig, was ihre Eltern oder andere Autoritätspersonen für richtig halten. Zum Beispiel weiss ein Kind, dass es einem anderen Kind das Spielzeug nicht wegnehmen darf, weil ihm seine Eltern gesagt haben, dass man dies nicht tun dürfe. Tut es das Kind dennoch, droht ihm eine Strafe. Das Kind verzichtet deshalb darauf, ein ihm attraktiv erscheinendes Spielzeug einem anderen Kind wegzunehmen, weil es die Strafe nicht erleiden will. Das Kind glaubt also, dass die Eltern bestimmen, was richtig ist.

Mit zunehmendem Alter kann man über immer mehr Handlungen selbst entscheiden, und der Einfluss der Eltern nimmt ab. Ältere Kinder und Jugendliche erkennen, dass ihre Eltern sie für vieles nicht mehr bestrafen können, weil diese davon gar nichts mitbekommen. Dennoch beginnen die meisten Kinder und Jugendlichen auch dann nicht einfach zu stehlen, und zwar deshalb nicht, weil sie die von den Eltern gegebenen Regeln internalisiert, das heisst, zu ihren eigenen gemacht haben. Zugleich ist es so, dass die Eltern den Jugendlichen vieles gar nicht mehr vorschreiben können, weil es nun in deren Entscheidungsbereich fällt, zum Beispiel mit wem sie ihre Zeit verbringen. Es ist nicht Sache der Eltern zu bestimmen, wer ihre Freundinnen und Freunde sind.

Wenn die Eltern nicht mehr bestimmen, was richtig ist, wer tut es dann? Eine Antwort auf diese Frage lautet, dass es ein höheres Wesen gibt, das bestimmt, was richtig ist. Die Annahme ist, dass Gott uns sagt, was wir nicht dürfen und was wir tun sollen. Wenn wir es nicht tun, müssen wir auf Erden oder im Jenseits mit einer Strafe Gottes rechnen. Die Strafe kann auch darin bestehen, dass wir ein Leben lang ein schlechtes Gewissen haben. Das dadurch hervorgerufene Leid kann grösser sein als das physische Leid einer körperlichen Strafe.

Man könnte einwenden, dass es Menschen gibt, die kein schlechtes Gewissen haben. Sie stehlen, sie betrügen, sie wenden List und Gewalt an, um zu ihren Zielen zu gelangen, und sie haben nicht im Geringsten das Gefühl, dass sie irgendetwas Falsches tun. Hier muss man zwei Fälle unterscheiden. Erstens kann es sein, dass sich die Person nicht um die Interessen anderer kümmert und bewusst einzig und allein die eigenen Interessen verfolgt. Es kann zweitens auch sein, dass der Person die Fähigkeit der Empathie fehlt, das heisst, dass es ihr nicht möglich ist zu erkennen, was andere empfinden. Dass es solche Menschen gibt, ist jedoch zunächst eine psychologische Beobachtung und kein Einwand gegen die These, dass Gott bestimmt, was richtig ist.

Diese These liefert Antworten auf gleich drei Fragen. Wie ist es möglich, dass es absolute Werte und Prinzipien gibt? Weil es Gott gibt. Was sind die moralischen Werte und Prinzipien? Die von Gott festgelegten Werte und Prinzipien; sie lassen sich in den heiligen Schriften nachlesen. Weshalb sollen wir diese Werte anstreben und diesen Pflichten folgen? Weil wir sonst von Gott für unser Fehlverhalten bestraft werden. Unsere Motivation ist also die Furcht vor Strafe. Es kann aber auch noch andere Motivationsgründe geben: Die Überzeugung, dass Gott ein vollkommenes Wesen ist, bedeutet, dass Gott auch moralisch und ästhetisch perfekt ist. Es erscheint uns daher als vernünftig, unsere moralischen Urteile an diesem vollkommenen Wesen zu orientieren. Oder: Wir folgen Gottes Bestimmungen, weil wir dem Erschaffer der Welt dankbar sind. Oder: Wir betrachten Gott als unseren Freund. Aufgrund der engen Beziehung machen wir die Wünsche dieses allmächtigen Freundes zu unseren eigenen.

Aufgaben 3.8

 Was halten Sie von der These, dass Gott bestimmt, was richtig ist? Welche Vorzüge und welche Nachteile hat sie?

 Gegen die These wird eingewendet, dass sie erstens die Existenz Gottes voraussetze und dass somit jemand, der nicht glaubt, dass es Gott gibt, die Theorie nicht akzeptieren könne. Der zweite Einwand lautet: Selbst wenn es Gott gibt, können wir nicht erkennen, was sein Wille ist. Die heiligen Schriften wurden von Menschen geschrieben, die behaupten, sie hätten den Inhalt von Gott erhalten; aber das ist ebenso zweifelhaft wie die Existenz Gottes. Erachten Sie diese Einwände für stichhaltig, oder können Sie die These verteidigen?

Selbst wenn wir annehmen, dass Gott existiert, ist unklar, ob er wirklich moralisch gut ist. Diese Frage führt zum sogenannten Problem des Bösen, auch Theodizee-Problem genannt. Eine berühmte Formulierung dieses seit der griechischen Antike bekannten Problems stammt vom römischen Schriftsteller berberischer Herkunft Lactantius (ca. 240–ca. 320):

1   Gott will entweder die Übel aufheben und kann nicht; oder Gott kann und will nicht; oder Gott will nicht und kann nicht; oder Gott will und kann. Wenn Gott will und nicht kann, so ist er ohnmächtig; und das widerstreitet dem Begriffe Gottes. Wenn Gott kann und nicht will, so ist er missgüns-
5   tig, und das ist gleichfalls mit Gott unvereinbar. Wenn Gott nicht will und nicht kann, so ist er missgünstig und ohnmächtig zugleich, und darum

auch nicht Gott. Wenn Gott will und kann, was sich allein für die Gottheit geziemt, woher sind dann die Übel, und warum nimmt er sie nicht hinweg?

Lactantius: Vom Zorn Gottes. in: *Des Lucius Caelius Firmianus Lactantius Schriften*. Übersetzt von Alois Hartl. München: Kosel 1919, S. 102.

Aufgaben 3.9

→ **Logik und Methoden 9**

 Formulieren Sie, ausgehend von diesem Text, ein Argument mit der Konklusion: Gott ist entweder nicht allmächtig oder nicht allgütig.

→ **Logik und Methoden 11**

 Diskutieren Sie die Stichhaltigkeit des Arguments.

Im Alten Testament wird erzählt, wie Gott Abraham auffordert, seinen eigenen Sohn zu opfern:

1 Nach diesen Begebenheiten stellte Gott Abraham auf die Probe. Er sprach zu ihm: Abraham! Er sprach: Hier bin ich. Und er sprach: Nimm deinen Sohn, deinen Einzigen, den du lieb hast, Isaak, und geh in das Land Morija und bring ihn dort als Brandopfer dar auf einem der Berge, den ich dir
5 nennen werde.

Zürcher Bibel. Zürich: Theologischer Verlag Zürich 2007, Genesis, Kapitel 22, Vers 1–2.

Die Geschichte wurde in der jüdischen und christlichen Tradition heftig diskutiert. Das darin formulierte Problem lässt sich aber unabhängig von einer bestimmten Religion verallgemeinern.

Aufgabe 3.10

 Wie würden Sie reagieren, wenn eine Stimme, die sich als Gott ausgibt, Sie zu etwas Vergleichbarem auffordern würde?

Immanuel Kant hat zu dieser Frage geschrieben:

1 Abraham hätte auf diese vermeinte göttliche Stimme antworten müssen: «Dass ich meinen guten Sohn nicht töten solle, ist ganz gewiss; dass aber du, der du mir erscheinst, Gott sei, davon bin ich nicht gewiss und kann es auch nicht werden», wenn sie [die Stimme] auch vom (sichtbaren) Himmel
5 herabschallte.

Immanuel Kant: *Der Streit der Fakultäten*. Akademieausgabe, Bd. 7. Oldenburg: de Gruyter 1972, S. 63.

Aufgaben 3.11

 Geben Sie eine mögliche Begründung dafür, warum Abraham sich nicht gewiss sein kann, dass die Stimme, die er hört, die Stimme Gottes ist.

 Diskutieren Sie Ihre Begründungen.

 Überlegen Sie sich eine mögliche Begründung, warum Abraham sich gewiss sein kann, dass er seinen eigenen Sohn nicht opfern darf.

 Diskutieren Sie Ihre Begründungen.

Abbildung 3.3: *Die Opferung Isaaks* von Rembrandt, 1636

Obwohl es gewichtige Einwände gegen die These gibt, dass Gott bestimmt, was moralisch richtig ist, würde sie (sofern sie stimmt) zwei grundlegende Fragen der Moral beantworten: erstens, ob es das moralisch Richtige tatsächlich gibt, und zweitens, warum wir uns danach richten sollen.

Nun gibt es jedoch ein grundlegendes Problem für die These, dass Gott bestimmt, was moralisch richtig ist. Dieses Problem ist als «Euthyphron-Dilemma» bekannt, benannt nach einem Dialog von Platon, in dem es erstmals formuliert wurde. Darin geht es um die Frage, was das Fromme, das heisst, was das moralisch Gute ist. Im Text ist, entsprechend dem Polytheismus der Griechen in der Antike, nicht von einem, sondern von mehreren Göttern die Rede, aber dies ist für das Problem nicht relevant.

Sokrates. Erwäge nämlich folgendes: Wird das Fromme, weil es fromm ist, von den Göttern geliebt, oder ist es fromm, weil es von ihnen geliebt wird?

Euthyphron. Ich weiß nicht, was du meinst, Sokrates.

Sokrates. So will ich denn versuchen, es genauer darzulegen. Wir sprechen doch von etwas, das getragen wird, und von etwas, das trägt, von etwas, das geführt wird, und von etwas, das führt, von etwas, das gesehen wird, und etwas, das sieht, und du lernst doch verstehen, dass bei allen derartigen Dingen das eine vom anderen verschieden und in welcher Hinsicht es verschieden ist?

Euthyphron. Ich wenigstens glaube es zu verstehen.

Sokrates. Gibt es nun nicht einerseits etwas, das geliebt wird, und zum anderen, von diesem unterschieden, das, was liebt?

Euthyphron. Wie sollte es nicht?

Sokrates. Sage mir also, ob das Getragene, eben weil es getragen wird, etwas Getragenes ist, oder aus einem anderen Grunde.

Euthyphron. Aus gar keinem anderen Grunde, sondern ebendeswegen.

Sokrates. Und das Geführte also, weil es geführt wird, und das Gesehene, weil es gesehen wird?

Euthyphron. Allerdings.

Sokrates. Nicht also deshalb, weil es ein Gesehenes ist, wird es gesehen, sondern im Gegenteil, deshalb ist es ein Gesehenes, weil es gesehen wird; und nicht deshalb wird es geführt, weil es ein Geführtes ist, sondern es ist deshalb ein Geführtes, weil es geführt wird; auch nicht, weil es ein Getragenes ist, wird es getragen, sondern es ist ein Getragenes, weil es getragen wird. Ist damit nun klar, Euthyphron, was ich sagen will? Ich will aber dieses sagen: Wenn etwas wird oder etwas leidet, so wird es nicht, weil es ein Werdendes ist, sondern weil es wird, ist es ein Werdendes; und es leidet nicht, weil es ein Leidendes ist, sondern, weil es leidet, ist es ein Leidendes; oder lässt du das nicht gelten?

Euthyphron. Doch.

Sokrates. Und ist nicht auch das Geliebte etwas, mit dem etwas geschieht, oder etwas, das etwas von etwas anderem erleidet?

Euthyphron. Doch, gewiss.

Sokrates. Auch dieses also verhält sich so wie alles Vorige; nicht also, weil es etwas Geliebtes ist, wird es geliebt, von denen es geliebt wird, sondern es ist etwas Geliebtes, weil es geliebt wird?

Euthyphron. Notwendigerweise.

Sokrates. Was also sagen wir nun über das Fromme, Euthyphron? Nicht wahr, es wird doch nach deiner Behauptung von Göttern ausnahmslos geliebt?

Euthyphron. Gewiss.

Sokrates. Etwa deshalb, weil es fromm ist, oder aus einem anderen Grunde?

Euthyphron. Nein, sondern ebendeswegen.

Sokrates. Weil es also fromm ist, wird es geliebt, nicht aber ist es deswegen fromm, weil es geliebt wird.

Euthyphron. Es scheint so.

Sokrates. Deswegen also, weil es von Göttern geliebt wird, ist es etwas, das geliebt wird, und den Göttern Liebes.

Euthyphron. Wie sollte es nicht so sein?

Sokrates. Nicht also ist das Gottgeliebte das Fromme, Euthyphron, und auch nicht das Fromme das Gottgeliebte, wie du sagst, sondern verschieden ist dieses von jenem.

Euthyphron. Wieso denn, Sokrates?

55 *Sokrates.* Weil wir übereingekommen sind, dass einerseits das Fromme deshalb geliebt wird, weil es fromm ist, und es andererseits nicht fromm ist, weil es geliebt wird; nicht wahr?

Euthyphron. Allerdings.

Sokrates. Dass aber das Gottgeliebte, weil es von Göttern geliebt wird, eben
60 durch dieses Geliebtwerden gottgeliebt ist, nicht aber deshalb geliebt wird, weil es gottgeliebt ist.

Euthyphron. Damit hast du recht.

Sokrates. Wenn aber, lieber Euthyphron, das Gottgeliebte und das Fromme dasselbe wären, so würde, wenn das Fromme wegen des Frommseins
65 geliebt würde, auch das den Göttern Liebe wegen des Gottgeliebtseins geliebt; und wenn andererseits das Gottgeliebte wegen des von den Göttern Geliebtwerdens gottgeliebt wäre, so wäre auch das Fromme fromm, weil es geliebt wird. Jetzt aber siehst du, dass sich beide Dinge gegensätzlich verhalten, als ob sie gänzlich verschieden voneinander wären. Denn das eine
70 ist, weil es geliebt wird, liebenswert, das andere wird ebendeshalb geliebt, weil es liebenswert ist.

Platon: *Euthyphron. Griechisch / Deutsch.* Übersetzt und herausgegeben von Otto Leggewie. Stuttgart: Reclam 1986, S. 31–35 (10A–11B).

Aufgaben 3.12

 Die Frage ist: Was ist das moralisch Gute? Wenn man versucht, diese Frage mit einem Verweis auf Gott zu beantworten, ergibt sich ein Problem. Erklären Sie, worin dieses Problem besteht.

- -

 Rekonstruieren Sie das Argument als disjunktiven Syllogismus. Wie lautet die Konklusion?

→ **Logik und Methoden 25**
→ **Logik und Methoden 26**

Verknüpfung von Aussagen   Logik und Methoden 25

Wenn man in der Logik die allgemeine Form eines Arguments betrachtet, werden Sätze durch Variablen ersetzt, meistens beginnend mit den Kleinbuchstaben p, q, r und so weiter. Damit wird deutlich, dass die Frage, ob ein Argument gültig ist, unabhängig vom konkreten Inhalt der Prämissen beantwortet werden kann.

Argumente beinhalten häufig verknüpfte Aussagen. So werden bei der Aussage: «Wenn es regnet, wird die Strasse nass» die beiden Aussagen «Es regnet» und «Die Strasse wird nass» miteinander verknüpft. Die häufigsten Verknüpfungen sind folgende:

UND: «Alice füttert den Hund UND Alice füttert die Katze.» Ein Satz der Form «p UND q» ist nur dann wahr, wenn beide Teilsätze wahr sind.

ODER: «Alice füttert den Hund ODER Alice füttert die Katze.» Ein Satz der Form «p ODER q» ist genau dann wahr, wenn mindestens einer der beiden Teilsätze wahr ist. (Das heisst: Es können auch beide Teilsätze wahr sein. Dies ist zu unterscheiden von der Verknüpfung, bei der nur genau einer der Teilsätze wahr ist, also entweder der eine oder der andere.)

WENN – DANN: «WENN Alice die Katze füttert, DANN wird der Hund eifersüchtig.» Ein Satz der Form: «WENN p, DANN q» ist nur dann falsch, wenn der erste Teilsatz wahr ist, der zweite Teilsatz aber falsch. (Dies entspricht nicht genau der Bedeutung der Redewendung in der Alltagssprache. In der Logik wird aber mit dieser Definition gearbeitet.)

NICHT: «Es ist NICHT der Fall, dass Alice den Hund füttert.» Das NICHT ist eine Sonderform, insofern es nicht zwei verschiedene Sätze verknüpft, sondern einen gegebenen Satz verneint. Die Verneinung eines Satzes p ist genau dann wahr, wenn p falsch ist.

Mithilfe der logischen Figur des disjunktiven Syllogismus, auch *Modus tollendo ponens* genannt, wird ein bestimmter Satz hergeleitet, indem alle möglichen Alternativen ausgeschlossen werden. Der disjunktive Syllogismus besitzt die allgemeine Form:

p ODER q

NICHT p

q

Aus den Aussagen: «David isst eine Frucht ODER ein Gebäck zum Dessert» und: «David isst kein Gebäck zum Dessert» folgt logisch zwingend, dass David zum Nachtisch eine Frucht isst.

Der disjunktive Syllogismus lässt sich beliebig erweitern:

p ODER q ODER r ODER s

NICHT p

NICHT q

NICHT r

s

Die These, dass Gott bestimmt, was gut ist, steht somit vor mehreren fundamentalen Schwierigkeiten. Aber wenn wir die These aufgeben, verlieren wir dann nicht die Basis unserer Moral? Der russische Schriftsteller Fjodor Dostojewski sagte sinngemäss: Wenn Gott nicht existierte, wäre alles erlaubt.

Aufgaben 3.13

 Erläutern Sie, was Dostojewski damit meint.

 Sind Sie einverstanden damit, dass dieser Zusammenhang besteht? Diskutieren Sie mit anderen darüber.

Aus Dostojewskis These könnte man den Nachsatz herauslösen und behaupten:

(These 1) Es ist alles erlaubt.

Diese These wird von kaum jemandem vertreten, denn das würde bedeuten, dass man keine einzige Handlung moralisch verurteilen könnte. Nicht einmal die schlimmsten Dinge, die wir uns vorstellen können.

Davon ist eine zweite These zu unterscheiden:

(These 2) Es gibt keine Werte, die unabhängig von den Wesen existieren, die diese Werte haben und für wertvoll halten.

These 2 scheint plausibel zu sein. Der französische Philosoph Jean-Paul Sartre (siehe Abschnitt 2.3) formuliert sie so: «Wenn wiederum Gott nicht existiert, so finden wir uns keinen Werten, keinen Geboten gegenüber, die unser Betragen rechtfertigen. So haben wir weder hinter uns noch vor uns, im Lichtreich der Werte, Rechtfertigungen oder Entschuldigungen.» Sartre meint weiter, dass jeder Mensch für alles verantwortlich ist, was er tut. Niemand kann sich verstecken; es gibt keine Ausreden. Wer behauptet, er sei nicht verantwortlich, obwohl er genau weiss, dass er es ist, der ist in einem grundlegenden Sinn unaufrichtig (frz. *de mauvaise foi*).

Die Thesen 1 und 2 sind von einer weiteren These zu unterscheiden:

(These 3) Werte sind in dem Sinne relativ zu einer Gesellschaft, dass es je nach Gesellschaft unterschiedliche Werte geben kann.

These 3 scheint wahr zu sein. In einigen Kulturen wird es akzeptiert, dass Männer und Frauen nicht die gleichen Rechte haben, in anderen wird es nicht akzeptiert. Auch zwischen einzelnen Menschen derselben Kultur kann es zu Unterschieden in den Wertvorstellungen kommen. Zum Beispiel halten in der Schweiz einige das Essen von Tieren für moralisch unproblematisch, andere erachten es als ein moralisches Vergehen.

Aufgaben 3.14

Informieren Sie sich über moralische Urteile in zwei verschiedenen Kulturen. Welche Unterschiede stellen Sie fest? Welche Gemeinsamkeiten?

Betrachten Sie die Unterschiede, die Sie gefunden haben: Prüfen Sie, ob diese Unterschiede vielleicht doch auf einen gemeinsamen Wert zurückgeführt werden können oder ob die Urteile sich fundamental entgegenstehen.

Aus These 3 beziehungsweise daraus, dass es Unterschiede zwischen den Menschen hinsichtlich ihrer moralischen Urteile gibt, folgt nicht, dass diese alle gleichermassen wahr oder gerechtfertigt sind. Alle Menschen haben zwar das Recht auf eine eigene Meinung und somit auch auf ein eigenes moralisches Urteil, doch das heisst nicht, dass dieses Urteil auch gerechtfertigt ist. Betrachten wir ein Beispiel ausserhalb der Ethik. Ich kann glauben, dass sich die Sonne um die Erde dreht. Aber dieses Urteil ist nicht gerechtfertigt, denn aufgrund von astronomischen Beobachtungen wissen wir, dass es gerade umgekehrt ist. Dieses Beispiel zeigt, dass man durchaus unterschiedlicher Meinung sein kann und es dennoch nicht so ist, dass alle Urteile gleichermassen gerechtfertigt sind.

Darauf könnte man erwidern, dass es sich bei dem Beispiel mit der Erde und der Sonne um einen Fall einfacher Beobachtung handelt, das heisst, dass es nur eine Wahrheit gibt, während Urteile in der Ethik von den Bewertungen durch Menschen abhängen. Das ist plausibel (siehe These 2). Und es kann sogar sein, dass es verschiedene, einander ausschliessende Werte gibt, die gleichermassen gerechtfertigt sind, dass also ein Pluralismus von Werten besteht. Es kann aber auch sein, dass gewisse Werte nicht gerechtfertigt sind.

Nehmen wir also an, dass moralische Urteile unterschiedlich gut begründet sein können. In diesem Fall müssen wir uns überlegen, welche von zwei konkurrierenden Meinungen besser begründet ist. Sind wir anderer Meinung als eine andere Person, sollten wir uns für ihre Ansichten interessieren, uns nach ihren Gründen erkundigen, diese Gründe gemeinsam prüfen und je nachdem unsere eigenen Auffassungen anpassen. Wir können uns ebenso wenig darauf verlassen, dass unsere Meinung unantastbar ist, wie wir nicht die Meinung des anderen ohne jegliche kritische Prüfung ablehnen können. Vielmehr müssen wir offen sein, eine Meinung, sei es die unsrige oder die eines anderen, zu begründen und die Begründung zu prüfen. Tun wir dies, so gelangen wir nach und nach zu einem System von Werten, das sich rechtfertigen lässt.

Die Frage, wer bestimmt, was richtig ist, könnte man auch so beantworten: Ich. Ich bestimme, was richtig ist. Kann ich das? Stellen Sie sich folgende Situation vor: Sie finden einen Ring und stellen fest, dass dieser über magische Kräfte verfügt. Wenn Sie sich den Ring an den Finger stecken und ihn nach innen drehen, werden Sie unsichtbar, und wenn sie ihn nach aussen drehen, werden Sie wieder sichtbar. Was würden Sie tun, wenn Sie einen solchen Ring fänden?

Die Sage erzählt, dass Gyges, ein armer Hirte, der einen solchen Ring fand, die Königin verführte und mithilfe des Rings den König tötete und danach den Thron bestieg (vgl. Platon, *Politeia*, 359a-360d, der dies als Gedankenexperiment verwendet). Es scheint, als würden Menschen, wenn sie nicht dafür belangt werden können, Dinge tun, die sie sonst nicht tun würden, insbesondere solche, die den moralischen Werten widersprechen.

Aufgabe 3.15

 Überlegen oder recherchieren Sie die Ursprungsgeschichten von zwei bis drei Superheldinnen und -helden, die wie Gyges dank ihren Superkräften unbestraft Schurkisches tun könnten, es aber als Heldinnen und Helden nicht tun.

Selbst wenn wir annehmen, dass es ein gerechtfertigtes System von Werten gibt, stellt sich immer noch die Frage, warum wir uns danach richten sollen. Wir könnten sagen, dass wir zwar anerkennen, einige Handlungen seien richtig und andere falsch, doch wir würden uns dafür schlicht nicht interessieren. Diese These könnte mit folgender Analogie gestützt werden: Es gibt viele Wissenschaften, die unzählige gerechtfertigte Aussagen hervorbringen (beispielsweise die Astronomie), und dennoch kann es sein, dass ich mich dafür nicht interessiere und mich auch nicht interessieren muss. Deshalb muss mich auch die Ethik nicht interessieren, nur weil sie gerechtfertigte Aussagen hervorbringt.

Die Frage nach der Motivation stellt sich also zunächst unabhängig vom Inhalt bestimmter moralischer Forderungen. Wir könnten auch behaupten, dass uns nur bestimmte moralische Forderungen motivieren (und viele andere nicht). Eine solche «Auswahl» ist die, dass wir einzig das tun sollen, was gut ist für uns selbst. Dies ist die Position des moralischen Egoismus. Demnach sollen wir nur unser eigenes Wohl berücksichtigen und unsere eigenen Interessen verfolgen. Der moralische Egoismus kann entweder damit begründet werden, dass nur diese Forderung uns wirklich zum Handeln motivieren kann, oder damit, dass es überhaupt die einzige moralische Forderung ist, die es gibt (oder beides zusammen).

Die Position des moralischen Egoismus stellt die Geltung jeder (nichtegoistischen) Moral radikal infrage. Wenn wir ein verbindliches System von Werten verteidigen wollen, müssen wir diesen Einwand deshalb sehr ernst nehmen und zu widerlegen versuchen.

Aufgaben 3.16

 Warum sollen Sie moralisch sein? Überlegen Sie sich, welche Gründe dafür und welche dagegen sprechen.

 Platon lässt Thrasymachos in der *Politeia* (338c) die folgende These vertreten: Gerecht ist, was dem Stärkeren nützt. Was halten Sie von dieser These? Wie liesse sich Thrasymachos davon überzeugen, dass er falsch liegt?

 Prüfen Sie die Regel des moralischen Egoismus: «Alle sind dazu verpflichtet, stets nur das eigene Wohl/die eigenen Interessen zu verfolgen.»

Thomas Nagel diskutiert die Herausforderung des moralischen Egoismus:

Als Grundlage der Ethik kommt nichts anderes in Frage als ein direktes Interesse an anderen. Doch die Ethik soll für jedermann gültig sein; und können wir davon ausgehen, dass jeder ein solches Interesse an anderen hat? Offensichtlich nicht: denn einige Menschen sind sehr egoistisch, und selbst jene, die nicht egoistisch sind, kümmern sich oft nur um die Leute, die sie kennen, und nicht um jedermann. Wo finden wir also einen Grund dafür, dass keiner einem anderen Menschen Schaden zufügen soll, auch dem nicht, den er nicht kennt?

Nun, es gibt *ein* allgemeines Argument dagegen, anderen Schaden zuzufügen, das jedem zugänglich ist, der Deutsch (oder eine andere Sprache) versteht, und das zu zeigen scheint, dass er auch dann einen *Grund* hat, auf andere Rücksicht zu nehmen, wenn seine egoistischen *Motive* so stark sind, dass er auch weiterhin mit anderen schlecht umgehen wird. Sie haben es sicherlich schon einmal gehört. Es lautet ungefähr folgendermaßen: «Würde es dir gefallen, wenn ein anderer dir das antun würde?»

Es ist nicht leicht zu erklären, wie dieses Argument funktionieren soll. Angenommen, Sie sind dabei, jemandes Regenschirm mitzunehmen, während Sie bei einem Gewitter ein Restaurant verlassen, und ein Augenzeuge sagt: «Würde es Ihnen Spaß machen, wenn Ihnen jemand das antun würde?» Warum sollten Sie aufgrund dieser Äußerung zögern oder sich schuldig fühlen?

Die direkte Antwort auf diese Frage soll natürlich lauten: «Es würde mir überhaupt nicht gefallen!» Doch wie geht es weiter? Angenommen, Sie sagten: «Es würde mir nicht gefallen, wenn mir jemand das antun würde. Doch glücklicherweise tut es mir *niemand* an. Ich tue es jemand anderem an, und das stört mich nicht im Geringsten!»

Diese Antwort geht am Ziel der Frage vorbei. Wenn man Sie fragt, wie es Ihnen gefallen würde, wenn ein anderer Ihnen das antäte, so will man, dass Sie über die Gefühle nachdenken, die *Sie* hätten, wenn jemand Ihren Schirm stehlen würde. Diese Gefühle beinhalten mehr als ein bloßes «nicht gern haben» wie Sie es etwa «nicht gern» hätten, sich an der Zehe zu stoßen. Würde jemand Ihren Schirm stehlen, so würden Sie *etwas gegen* diese Tat *haben*. Und zwar würden Sie etwas gegen den Dieb haben, nicht bloß gegen den Verlust des Schirms. Sie würden denken: «Wo steckt der Kerl, der mir den Regenschirm geklaut hat, den ich mir mit meinem sauer verdienten Geld gekauft habe und den ich in weiser Voraussicht mitnahm, nachdem ich den Wetterbericht gehört hatte? Warum hat er nicht seinen eigenen Schirm mitgebracht?», und so weiter.

Wenn ein rücksichtsloses Verhalten anderer unsere eigenen Interessen bedroht, so fällt es den meisten von uns nicht schwer zuzugeben, dass man sich rücksichtsvoller verhalten sollte. Wenn man Sie schädigt, so haben Sie sicherlich das Gefühl, die anderen sollten doch besser aufpassen: Sie denken nicht, dass man sich um Sie nicht zu kümmern braucht, und dass es keinen Grund gibt, Sie nicht zu schädigen. Dieses Gefühl will das Argument mit der Frage «Würde es dir gefallen, wenn ...» hervorrufen.

Denn wenn Sie zugeben, dass Sie *etwas dagegen hätten,* wenn ein anderer Ihnen das antäte, was Sie ihm gerade antun, so geben Sie zu, dass er einen *Grund* hätte, es Ihnen nicht anzutun. Und wenn Sie dies zugeben, so müssen Sie sich die Frage vorlegen, worin dieser Grund besteht. Er kann nicht

50 einfach darin bestehen, dass ausgerechnet *Sie* es sind, der geschädigt wird. Der andere hat keinen speziellen Grund, ausgerechnet *Ihren* Schirm nicht zu stehlen, im Unterschied zu den Regenschirmen der anderen Leute. An Ihnen ist nichts Besonderes dran. Wie auch immer der Grund lauten mag, es muss ein Grund sein, der auch dagegen spricht, jedem anderen auf diese

55 Weise Schaden zuzufügen. Und es muss ein Grund sein, den auch jeder andere in dieser Situation dagegen haben würde, Ihnen oder einem anderen auf diese Weise Schaden zuzufügen.

Wenn es sich jedoch um einen Grund gegen eine solche Tat handelt, den *jeder* haben würde, dann handelt es sich auch um einen Grund, den *Sie* da-

60 gegen haben, einen anderen auf diese Weise zu schädigen. Also ist es ein Grund, auch jetzt nicht den Regenschirm des anderen zu stehlen.

Es ist einfach eine Frage schlichter Konsequenz und Folgerichtigkeit. Wenn Sie zugeben, dass ein anderer einen Grund hätte, *Sie* in einer ähnlichen Situation nicht zu schädigen, und wenn Sie zugeben, dass dieser Grund

65 ein sehr allgemeiner wäre und nicht allein Sie oder ihn beträfe, so müssen Sie konsequenterweise zugeben, dass es auch für Sie in der gegenwärtigen Situation denselben Grund gibt, die Handlung zu unterlassen. Sie sollten den Schirm nicht stehlen, und Sie sollten sich schuldig fühlen, falls Sie es doch tun.

70 Diesem Argument könnte man entkommen wollen, indem man auf die Frage: «Würde es dir gefallen, wenn ein anderer dir das antun würde?», sagte: «Ich hätte überhaupt nichts dagegen. Es würde mir zwar keinen *Spaß* machen, wenn mir jemand bei einem Gewitter meinen Regenschirm stiehlt, doch ich würde nicht glauben, dass es einen Grund für ihn gibt,

75 meine Gefühle in seine Überlegungen einzubeziehen.» Doch wie viele Menschen könnten aufrichtig eine solche Antwort geben? Ich denke, die meisten Menschen würden, wenn sie nicht verrückt sind, der Meinung sein, dass ihre eigenen Interessen und Nachteile nicht nur für sie selbst von Bedeutung sind, sondern auch *anderen* einen Grund geben, sie ernst

80 zu nehmen. Wir denken alle, dass es nicht nur *für uns* schlecht ist, wenn wir leiden, sondern sozusagen «*schlechthin schlecht*».

Thomas Nagel: *Was bedeutet das alles? Eine ganz kurze Einführung in die Philosophie*. Stuttgart: Reclam 1990, S. 54–57.

Aufgaben 3.17

Wer egoistisch handelt und dabei andere schädigt, kann manchmal gleichwohl darauf vertrauen, keine negativen Konsequenzen für sich zu erfahren. Welchen Grund gibt es für diese Menschen, Nagel zufolge, trotzdem moralisch zu handeln?

Ist Nagels Argument überzeugend? Schreiben (oder führen) Sie einen Dialog zwischen Nagel und einem moralischen Egoisten oder einer moralischen Egoistin.

Im Roman *Verbrechen und Strafe* erzählt der russische Schriftsteller Fjodor Dostojewski, wie Raskolnikow, ein mittelloser Student, eine alte, einsame Frau ermordet, für diese Tat verurteilt wird und wie er fortan mit seiner Schuld weiterlebt. Ausgehend von dieser Geschichte hat Peter Bieri einen Dialog zwischen Raskolnikow und dem Richter verfasst. Darin argumentiert Raskolnikow, dass es nicht gerechtfertigt sei, ihn für den Mord verantwortlich zu machen, da ein moralischer Vorwurf überhaupt nie gerechtfertigt sei. Aus diesem Grund dürfe er auch nicht für schuldig befunden und bestraft werden.

1 RICHTER: [...] Wenn einer durch sein Denken, Wollen und Tun den moralischen Standpunkt mißachtet, erleben wir ihn als jemanden, der unsere gesamte äußere und innere Ordnung angreift, die wir uns in unserer Eigenschaft als Personen geschaffen haben. Das ist der radikalste Angriff, den

5 wir kennen, und er bewirkt in uns einen tiefen Aufruhr und eine erbitterte Feindschaft. Moralische Großzügigkeit kommt uns dann nicht nur *unmöglich* vor, sondern *absurd*. Der moralische Grandseigneur nämlich, der auch das schlimmste Verbrechen noch entschuldigt – er müsste uns als jemand erscheinen, dem es letztlich mit dem moralischen Standpunkt nicht wirk-

10 lich *ernst* ist, denn dieser Standpunkt *verlangt*, um seine Substanz behalten zu können, die Feindschaft seinen Feinden gegenüber. Wir würden den Standpunkt *verraten*, wenn wir seine Feinde nicht ächteten.
RASKOLNIKOV: Meine Frage aber lautet: Ist diese Einstellung *fair*?

Aufgabe 3.18

 Wie würden Sie als Richter oder Richterin auf diese Frage antworten?

1 Der Richter stutzt. Es kommt ihm vor, als sei mit dieser Frage etwas nicht in Ordnung. Kann man eine Kategorie, die ihren Gehalt dem moralischen Standpunkt verdankt, auf diesen Standpunkt selbst anwenden? Nach einer Weile entschließt er sich zu dieser Antwort:

5 RICHTER: Ich sehe nicht, wie man die Einstellung *unfair* nennen könnte, wenn es einfach zu ihrer inneren Logik gehört, dass sie Verstöße – wie bedingt sie auch immer sein mögen – ahndet. Und auch *fair* würde ich sie nicht nennen, denn es gibt keinen weiteren moralischen Maßstab für den Maßstab. Wollte man hier trotzdem von Fairness sprechen, so ist das ein-

10 zige, was man sagen könnte, dieses: Es gehört zur *Natur* des moralischen Standpunkts, fair zu sein, wobei seine Fairness einfach darin besteht, dass seine Verfechter *konsequent* sind. Im Grunde aber kann ich Ihre Frage nur so beantworten: Ich *bekräftige* den moralischen Standpunkt, so wie *jeder*, der ihm ernsthaft verpflichtet ist, ihn gegenüber seinen Feinden bekräfti-

15 gen wird.

Peter Bieri: *Das Handwerk der Freiheit. Über die Entdeckung des eigenen Willens*. Frankfurt am Main: Fischer 2003, S. 357 f., mit freundlicher Genehmigung des Carl Hanser Verlags München.

Aufgaben 3.19

 Der Richter scheint mit seiner Antwort anzudeuten, dass wir uns dem moralischen Standpunkt nicht entziehen können. Erklären Sie, was er Ihrer Meinung nach damit meint.

- -

 Führen Sie folgendes Gedankenexperiment durch: Wie wäre Ihr Leben konkret (für einen Tag, eine Woche ... ein ganzes Leben), wenn Sie sich dem moralischen Standpunkt konsequent entziehen würden? Welche Schlussfolgerungen ziehen Sie daraus für die Bedeutung der Moral?

→ **Logik und Methoden 23**

Der moralische Egoismus betont die Gründe, die ein individueller Mensch hat, sich für oder gegen ein System von moralischen Regeln zu entscheiden. Doch vielleicht sind unsere moralischen Überzeugungen und Verhaltensweisen weniger von uns als Individuen abhängig als von unserer menschlichen Natur. Vielleicht suchen wir die Gründe für oder gegen die Moral sowie die Erklärungen für unser Verhalten schlicht am falschen Ort, wenn wir dafür die Gründe *eines* Menschen prüfen. Als Beleg dafür könnte man anführen, dass die bisherigen Versuche, mit Argumenten die richtige (allgemein überzeugende) Moraltheorie zu finden, nicht besonders erfolgreich gewesen sind. Die Vertreterinnen und Vertreter der Soziobiologie schlagen deshalb vor, unser moralisches Denken und Verhalten naturwissenschaftlich (statt begrifflich-argumentativ) zu untersuchen. Dafür steht der Satz des US-amerikanischen Biologen Edward O. Wilson (geb. 1929), der als der Erfinder der Soziobiologie gilt: «Es ist an der Zeit, dass die Ethik vorübergehend aus den Händen der Philosophen genommen und biologisiert wird» (Edward O. Wilson: Sociobiology. A New Synthesis, 1975, S. 562, Übersetzung TZ).

Die Grundthese der Soziobiologie lautet: Die Biologie, insbesondere die Evolutionstheorie, ist geeignet, das Wesen des Menschen zu erklären. Aus dieser These folgt weiter: Menschen sind, wie alle anderen Lebewesen, «evolviert», das heisst unter der Wirkung der Evolution entstanden. Die Evolutionstheorie ist eine der wichtigsten und am besten begründeten Theorien in den Naturwissenschaften. Sie besagt, dass sich die vererbbaren Eigenschaften von biologischen Wesen über die Generationen verändern. Die Gene verändern sich insbesondere aufgrund von Mutationen und Rekombinationen. Die natürliche Selektion und die Gendrift, das heisst eine zufällige Veränderung im Genpool einer Population, wirken auf diese Veränderungen und führen dazu, dass Wesen mit bestimmten Merkmalen häufiger vorkommen als andere. Die Soziobiologie geht davon aus, dass nicht nur Eigenschaften wie etwa die Augenfarben der Menschen oder das Verdauungssystem, sondern auch Eigenschaften, die für die Moral relevant sind, unter Evolutionsbedingungen entstanden sind. Dazu gehören zum Beispiel die moralische Urteilsfähigkeit, moralische Gefühle, unsere Ansprechbarkeit (Motivation) für moralische Gründe oder bestimmte moralische Überzeugungen. Die Annahme lautet: Alles moralische Verhalten des Menschen ist ein Produkt der Evolution, das sich aus bestimmten Gründen im Gegensatz zu anderen möglichen Entwicklungen bewährt hat. Die menschliche Moral ist demzufolge überindividuell und hätte sich unter anderen Umständen auch ganz anders entwickeln können.

Aufgaben 3.20

 «Testen» Sie die evolutionsbiologische Erklärung von Moral: Wählen Sie moralische Gefühle (wie z. B. Einfühlungsvermögen) oder moralische Regeln (wie z. B. das Verbot zu lügen oder zu töten) und überlegen Sie, ob und welche evolutionären Vorteile diese haben könnten.

 Finden Sie auch Beispiele von Gefühlen und Regeln, die keinen evolutionären Vorteil haben und für Sie dennoch moralischen Wert besitzen?

 Gehen Sie davon aus, dass es für alle moralischen Gefühle und Regeln eine gute evolutionsbiologische Erklärung gäbe: Welche Bedeutung hätte dies für die Moral – wird sie dadurch gestärkt, geschwächt, oder ist es irrelevant?

Bei der Beurteilung der soziobiologischen These ist es wichtig, zwei Perspektiven zu unterscheiden. Einerseits können wir fragen, wie sich die moralischen Gefühle und Regeln im Laufe der Menschheitsgeschichte entwickelt haben und welche Funktion sie heute beispielsweise für das Zusammenleben einer Gruppe von Menschen erfüllen. Um diese Fragen zu beantworten, müssen wir die Mechanismen dieser Entwicklungen beschreiben. Andererseits können wir danach fragen, ob unsere moralischen Gefühle und Regeln gut und richtig sind. Aus dieser Perspektive bewerten und prüfen wir, wie etwas sein soll. Man könnte nun gegen die Soziobiologie einwenden, dass sie die zweite Perspektive unzulässigerweise auf die erste reduziert. In diesem Fall handelte es sich um einen Sein-Sollen-Fehlschluss.

→ **Logik und Methoden 16**

Aufgabe 3.21

Identifizieren Sie in den folgenden Argumenten die Aussagen, die a) eindeutig deskriptiv, b) eindeutig normativ oder c) deskriptiv und normativ sind. Diskutieren Sie, ob in den Argumenten ein Sein-Sollen-Fehlschluss vorliegt.

→ **Logik und Methoden 5**
→ **Logik und Methoden 16**

a) Friedliches Zusammenleben ist gut, weil es die Menschen glücklich macht.

b) Einfühlungsvermögen ist etwas Gutes, weil es den Zusammenhalt in einer Gruppe fördert.

c) Unser Nachdenken ist eine Funktion des Gehirns und daher evolutionär geprägt. Das gilt deshalb auch für das Argumentieren und die Philosophie insgesamt. Die Argumente, die uns in der Ethik überzeugen, sind daher nur scheinbar rational; in Wahrheit setzen sich auf lange Frist jene Argumente durch, die zu evolutionären Vorteilen führen.

Bezüge zu naturwissenschaftlichen Erkenntnissen sind in der Ethik anfällig für den Sein-Sollen-Fehlschluss. Dennoch sind diese Erkenntnisse wesentlich, um zu entscheiden, was Menschen glücklich macht, zu welchen Entscheidungen wir in schwierigen Situationen neigen, welche Überlegungsfehler uns oft unterlaufen und so weiter. Was könnte es also bedeuten, einen differenzierten Blick «in die Natur» zu werfen, ohne die Ethik auf die Naturwissenschaft zu reduzieren?

Aufgaben 3.22

Prüfen Sie anhand des Textes von Frans de Waal (siehe Abschnitt 2.2): Welche deskriptiven und welche normativen Aussagen macht der Autor? Wie beurteilen Sie die normativen Aussagen? Begeht de Waal dabei einen Sein-Sollen-Fehlschluss oder nicht?

→ **Logik und Methoden 16**

Überlegen Sie, welche Bedeutung die Biologie für die Moral hat.

3.3 Vierzig Fälle

Moralische Fragen stellen sich nicht im Abstrakten, sondern ganz konkret in Entscheidungssituationen. Moralische Fragen können lauten: Was soll ich tun? Was darf ich tun? Was darf ich keinesfalls tun? Was ist das kleinere Übel? Wenn wir in der Philosophie diese Fragen auf eine allgemeine Weise beantworten möchten, tun wir gut daran, von konkreten Fällen auszugehen. Erstens, weil wir uns so bewusst werden, welche moralischen Werte wir haben. Zum Beispiel können wir erkennen, wie wichtig uns Ehrlichkeit oder gegenseitige Unterstützung in schwierigen Situationen sind. Zweitens können wir, ausgehend von unseren moralischen Urteilen, in konkreten Fällen allgemeine moralische Prinzipien entwickeln. Zum Beispiel könnten wir, ausgehend von dem Wert der Wahrheit, das Prinzip formulieren, dass man immer die Wahrheit sagen soll. Drittens können konkrete Fälle auch dazu dienen, allgemeine moralische Prinzipien zu prüfen, indem wir uns überlegen, ob unser Urteil in der einen spezifischen Situation unserem Prinzip entspricht. Unsere Urteile müssen konsistent sein. Das heisst: Wenn wir in einer Situation zum Urteil gelangen, dass eine bestimmte Handlung moralisch richtig ist, so müssen wir in einer vergleichbaren Situation zu demselben Urteil gelangen. Dies nennt man das Verallgemeinerungsprinzip. Zum Beispiel: Wenn es moralisch richtig ist, das Versprechen zu halten, das man seiner Schwester gegeben hat, dann ist es auch moralisch richtig, das Versprechen zu halten, das man seinem Bruder gegeben hat (das Geschlecht ist moralisch irrelevant). Wer dieses Prinzip nicht befolgt, vertritt inkonsistente Aussagen, denn dieselbe Handlung wird einmal als moralisch richtig und einmal als moralisch nicht richtig beurteilt. Das Ziel, von konkreten Fällen auszugehen, ist es, ein Überlegungsgleichgewicht herzustellen.

→ Logik und Methoden 6

→ Logik und Methoden 27

Überlegungsgleichgewicht   Logik und Methoden 27

Wir stellen hin und wieder fest, dass unsere Urteile über bestimmte konkrete Fälle nicht mit unseren Prinzipien übereinstimmen, die für diese Fälle gelten. Zum Beispiel könnte es sein, dass wir glauben, dass wir in dieser einen konkreten Situation lügen dürfen, und zugleich überzeugt sind, dass man grundsätzlich nicht lügen darf. Was können wir da tun? Die Methode des Überlegungsgleichgewichts besteht darin, dass wir so lange entweder an unseren Einzelurteilen oder an unseren Prinzipien Änderungen vornehmen, bis beide konsistent sind, sie also ein Gleichgewicht bilden. In dem genannten Beispiel könnte man entweder zugeben, dass man im konkreten Fall falsch lag – es war auch da falsch, zu lügen –, oder auf der Ebene der Prinzipien Bedingungen einführen, unter denen es erlaubt ist, zu lügen. Zum Überlegungsgleichgewicht gehört auch, dass die Prinzipien durch eine Theorie begründet und mit unserem sonstigen Alltagsverständnis vereinbar sind.

Im Folgenden werden vierzig konkrete Fälle beschrieben. Es ist eine Sammlung von Fällen, aus der man auswählen kann, um an einzelnen Fällen sich seiner moralischen Urteile bewusst zu werden, um ausgehend davon eine ethische Theorie zu entwickeln oder um ein ethisches Prinzip zu prüfen. In den Aufgaben 3.23 finden Sie Ideen, wie und mit welchen Methoden Sie die Fälle bearbeiten können.

→ Logik und Methoden 23

Die Fälle sind mehr oder weniger konstruiert. Einige davon werden Ihnen aus Ihrem Alltag vielleicht bekannt vorkommen, andere werden Sie höchst unwahrscheinlich finden. Das spricht aber nicht gegen die Fälle, solange sie logisch möglich sind. Es handelt sich dabei vielfach um Gedankenexperimente. Hier spielt die genaue Beschreibung der Situation eine wichtige Rolle – je nach Beschreibung kann das Urteil anders ausfallen.

In einigen Fällen erscheinen alle möglichen Handlungsoptionen als schlecht. Dann muss man sich überlegen, was das kleinere Übel ist. Wenn es genau zwei Handlungsoptionen gibt und beide gleichermassen schlecht sind, spricht man von einem Dilemma. Handelt es sich dabei um Handlungsoptionen, die in moralischer Hinsicht gleichermassen schlecht sind, spricht man von einem moralischen Dilemma. Man kann in einer solchen Situation nur Schlechtes tun. Noch dramatischer ist es, wenn ich nur zwei Optionen habe und für jede der Optionen eine strikte moralische Pflicht existiert; denn dann werde ich in jedem Fall eine moralische Pflicht verletzen. Zum Beispiel wenn ich den Personen A und B versprochen habe, ihnen zu helfen, diese nun beide gleichzeitig Hilfe benötigen und ich nur der einen Person helfen kann. Nun könnte man allerdings einwenden, dass nicht beide Personen die Hilfe gleichermassen benötigen: Wir entscheiden uns für das kleinere Übel. Man kann dann sagen, dass es kein Dilemma mehr ist, weil eine der Optionen weniger schlecht ist als die andere. Oder es könnte noch weitere Handlungsoptionen geben, zum Beispiel, dass ich zuerst der einen und dann der anderen Person helfe. Auch dann besteht kein Dilemma. Ob es echte moralische Dilemmata tatsächlich gibt, ist umstritten.

Aufgaben 3.23

 Lesen Sie einen Fall und überlegen Sie, wie Sie die Frage beantworten würden. Begründen Sie Ihre Antwort. Beachten Sie dabei die genaue Beschreibung der Situation. Fehlen Ihnen Informationen, so gehen Sie entweder davon aus, dass diese Informationen tatsächlich unbekannt sind, oder aber Sie führen eine Unterscheidung in zwei Fälle ein und überlegen sich für jeden davon, was sie auf die Frage antworten würden.

 Erstellen Sie zu einem der Fälle 9, 10, 11, 12, 13, 15, 16, 20, 26, 31, 32, 33 oder 36 eine Pro- und Contra-Liste.

→ Logik und Methoden 28

 Führen Sie auf Grundlage der Pro- und Contra-Liste eine Debatte in Vierergruppen (mit jeweils zwei Pro- und zwei Contra-Stimmen). Allenfalls können Sie sich dabei auch an den Regeln von «Jugend debattiert» orientieren. Informationen dazu finden Sie im Internet.

 Erstellen Sie auf Grundlage der Pro- und Contra-Liste eine Debattenkarte.

→ Logik und Methoden 29

 Versuchen Sie, auf Grundlage Ihrer Antwort zu den Fällen 1 bis 8 und 22 bis 24 ein allgemeines Handlungsprinzip zu formulieren. Ein solches Prinzip könnte zum Beispiel mit der Formulierung beginnen «Handle so, dass …» oder «Jeder soll …». Wenden Sie das Prinzip auf neue Fälle an – auf Fälle

→ **Logik und Methoden 27**

aus der Liste oder auf eigene. Muss und kann man das Prinzip noch allgemeiner fassen? Liefert es die richtige Antwort, das heisst, entspricht diese Ihrem Urteil? Wenn nicht, müssen Sie das Prinzip umformulieren oder Ihre konkreten Urteile anpassen.

 In der Philosophie wird versucht, eine ethische Theorie aufzustellen, das heisst, eine Verbindung von Prinzipien zu schaffen, mit denen man möglichst viele moralische Fragen beantworten kann. Eine solche Theorie muss erstens konsistent sein, das heisst, sie darf keinen Widerspruch enthalten. Zweitens sollte sie möglichst viele Fälle beantworten können. Je mehr Fälle sie beantworten kann, desto grösser ist ihre Erklärungskraft. Eine solche Theorie sollte drittens möglichst wenige Annahmen machen. Das bedeutet, dass man von zwei Theorien, die weitgehend gleich sind, diejenige wählt, die weniger Annahmen macht. Nun ist Ihre Aufgabe, eine ethische Theorie zu formulieren. Beachten Sie dabei also, dass Ihre Theorie a) konsistent ist, b) möglichst viele Fälle beantworten kann und c) möglichst wenige Annahmen macht. Verzweifeln Sie nicht, wenn Sie auf Schwierigkeiten stossen. Halten Sie Ihre Ansätze fest. Später werden Sie diese mit bekannten Vorschlägen vergleichen können.

Pro- und Contra-Liste Logik und Methoden 28

Für gewisse Thesen gibt es Gründe dafür und Gründe dagegen. Dies gilt insbesondere in Zusammenhang mit Entscheidungsfragen, zum Beispiel wenn man sich entscheiden muss, was man am nächsten Wochenende tut – ob man sich mit Freunden trifft, den Eltern im Haushalt hilft oder Hausaufgaben macht. Die Gründe können auch moralischer Art sein, zum Beispiel in dem Fall, dass man einer alten Frau in Not nur helfen kann, indem man ein Versprechen bricht, das man der eigenen Schwester gegeben hat. Besonders komplex können Entscheidungsfragen sein, die eine ganze Gesellschaft betreffen, zum Beispiel die Frage, ob man ein Atomkraftwerk bauen soll. Zur Klärung der eigenen Position, aber auch zur Vorbereitung einer Debatte, kann es hilfreich sein, eine Liste mit Gründen dafür und dagegen aufzustellen. Da es jeweils für viele Gründe auch gleich Einwände gibt, lohnt es sich, die Tabelle so zu gestalten, dass man eine Spalte für genau solche Einwände vorsieht. Die Tabelle ist nützlich, um möglichst viele relevante Aspekte des Themas zu erfassen. Die Liste allein kann jedoch keine Entscheidung der These herbeiführen. Man muss aufpassen, die Menge der Gründe für eine Position nicht mit deren Rechtfertigung zu verwechseln, weil in einer Tabelle die Gründe bloss aufgelistet, aber nicht gewichtet werden. Es ist zum Beispiel möglich, dass ein sehr guter Grund auf der einen Seite alle schwächeren Gründe auf der anderen Seite aufwiegt. Will man Gründe zueinander in Beziehung setzen (als Einwände oder Erwiderungen) oder die unter Umständen komplexe Struktur eines Arguments verdeutlichen, so eignen sich dafür Debattenkarten.

→ **Logik und Methoden 29**

Debattenkarte Logik und Methoden 29

Die Visualisierung von Beziehungen zwischen verschiedenen Debattenbeiträgen kann man als Debattenkarte bezeichnen. Man schreibt die Beiträge in Kästchen und verbindet diese mit Pfeilen. Dabei ist erstens wichtig, dass man die Beiträge nicht als Stichworte, sondern als ganze Sätze formuliert, denn nur dann kann man beurteilen, ob sie wahr oder falsch sind oder ob zwei Beiträge dasselbe sagen. Zweitens ist es wichtig, die Pfeile zu beschriften, zum Beispiel mit «begründet», «kritisiert», «widerlegt» und «relativiert», denn nur so wird klar, was die Pfeile bedeuten. Im Unterschied zur Pro-Contra-Liste können nun Einwände zu einem Grund und Erwiderungen auf die Einwände dargestellt werden. So entsteht ein mehr oder weniger komplexes Netz von Zusammenhängen zwischen den Beiträgen. Dank einer solchen Visualisierung kann man sich einen Überblick über den Stand der Debatte verschaffen (vgl. Gregor Betz: Logik und Argumentationstheorie. In: Jonas Pfister & Peter Zimmermann (Hg.): Neues Handbuch des Philosophieunterrichts. Bern: Haupt 2016, S. 169–199).

3 Ethik

Fall 1: Gefundenes Geld

Stellen Sie sich vor, Sie würden beobachten, wie einer offensichtlich wohlhabenden Person eine Hunderternote aus der Hosentasche fällt. Sie könnten das Geld aufheben, und weder die Person noch sonst jemand würde erfahren, dass Sie das Geld für sich behalten haben. Würden Sie das tun? Oder würden Sie das Geld aufheben und zurückgeben? Oder würden Sie so tun, als hätten Sie nichts gesehen, und das Geld liegen lassen?

Variation: Der Verkäufer an der Kasse im Supermarkt gibt Ihnen fälschlicherweise 20 Franken zu viel Rückgeld. Behalten Sie das Geld für sich? Oder weisen Sie den Verkäufer darauf hin und geben das Geld zurück?

Fall 2: Selbstbezogenheit

Konrad lebt ohne Familie und ohne Freundschaften zurückgezogen in seinem Haus. Er hat eine gute Ausbildung genossen, übt nun jedoch keinen Beruf aus, sondern lebt von einer Erbschaft. Seine Tage verbringt er mit Lesen, Spazieren und dem Abzeichnen von Pflanzen, worin er nach jahrelanger Übung ein Meister geworden ist. Trifft er andere Menschen, so ist er freundlich, doch am liebsten bleibt er allein.

Führt Konrad ein gutes Leben? Beurteilen Sie seine Lebensführung als moralisch gut, schlecht oder neutral? Besteht zwischen der ersten und der zweiten Frage ein Zusammenhang?

Fall 3: Gestohlene Uhr

In Ihrer Klasse wurde einem Mitschüler die Uhr gestohlen. Nun fragt die Lehrerin die Klasse, wer die Uhr gestohlen habe. Niemand antwortet. Sie wissen, wer es war. Sollen Sie es sagen?

Variation 1: Der Täter ist ein Junge, der gefühlt doppelt so stark ist wie Sie und der Sie nicht leiden kann. Sie müssen damit rechnen, dass Sie von ihm nach der Schule verprügelt werden.

Variation 2: Die Täterin ist ein Mädchen, das Anführerin der Clique ist, der Sie angehören. Sie müssen damit rechnen, dass Sie aus dieser Clique ausgeschlossen werden.

Variation 3: Der Täter ist ein Freund von Ihnen. Zudem haben seine Eltern keine Arbeit. Er hat nicht genug Geld, um die Uhr zu kaufen, wünscht sie sich aber seit Langem.

Fall 4: Liebesaffäre

Sie sind in einer langjährigen, glücklichen Beziehung. Nun hatten Sie eine kurze Liebesaffäre. Sie wollen Ihre glückliche Beziehung nicht in Gefahr bringen und erzählen deshalb Ihrem Partner nichts davon. Ist dieses Verhalten moralisch vertretbar?

Variation: Ihr Partner fragt Sie, ob Sie mit der betreffenden Person eine Liebesaffäre gehabt hätten. Sie verneinen explizit, dass es eine solche Affäre gegeben habe. Ist dieses Verhalten moralisch vertretbar?

Fall 5: Das unförmige Baby

Ihre beste Freundin ist Mutter geworden. Voller Stolz zeigt sie Ihnen das neugeborene Kind und meint: «Findest du auch, dass es das schönste Baby ist, das du je gesehen hast?» Sie schauen das Kind an und denken für sich, dass es überhaupt nicht hübsch sei, sondern eher unförmig. Sie geben vor, die Frage überhört zu haben, doch Ihre Freundin hakt nach und will eine Antwort. Was sollen Sie sagen?

Fall 6: Mörder vor der Tür

Ein Mörder verfolgt Ihren Freund, und diesem gelingt es, sich in Ihrem Haus zu verstecken. Nun fragt der Mörder Sie, ob Ihr Freund im Haus sei. Dürfen Sie in einem solchen Fall lügen?

Fall 7: Feind in Not

Ein Mörder verfolgt einen Menschen, den Sie nicht leiden können, und diesem gelingt es, sich in Ihrem Haus zu verstecken. Nun fragt der Mörder Sie, ob Ihr Bekannter im Haus sei. Sollen Sie in diesem Fall lügen, um diesen Menschen zu retten?

Fall 8: Versprechen auf einer einsamen Insel

Stellen Sie sich vor, Sie versprechen einem Mann, der auf einer einsamen Insel im Sterben liegt, dass Sie sein Vermögen nach seinem Tod dem Tennisclub seines Heimatdorfs in der Schweiz übergeben werden. Als es so weit ist, stellen Sie fest, dass ein Spital dringend ein neues medizinisches Gerät benötigt, mit dem es Leben retten kann, aber das Geld dafür nicht hat. Sie wissen, dass niemand es je erfahren wird, wenn Sie Ihr Versprechen brechen. Wäre es dann moralisch richtig, das Geld dem Spital zu geben?

Vgl. J.J.C. Smart: An outline of a system of utilitarian ethics. In: J.J.C Smart und Bernard Williams: *Utilitarianism: For and Against.* Cambridge: Cambridge University Press 1973, S. 62.

Fall 9: Grosse Literatur (in Anlehnung an Franz Kafka und Max Brod)

Sie haben einen Freund, der ein weltberühmter Schriftsteller ist. Auf dem Sterbebett bittet er Sie, nach seinem Tod alle noch unveröffentlichten Schriften – darunter drei vielversprechende Romane – zu verbrennen. Sie geben ihm dieses Versprechen. Der Freund stirbt. Sie lesen die unveröffentlichten Schriften und sehen sofort, dass es grosse Literatur ist. Was sollen Sie tun?

Fall 10: Nixdrin

1   Jürg Kesselring, der Neurologe der Valenser Klinik, hat erleben müssen, was passiert, wenn ein Placebo [ein «Heilmittel», das keinen spezifischen Wirkstoff enthält, wie z.B. eine Tablette aus Zucker] auffliegt. «Vor Jahren hatte ich eine Gymnasiastin mit starken Rückenschmerzen als Patientin»,
5   erzählt er. «Sie ging nicht mehr zur Schule deswegen, kein Arzt hatte ihr helfen können.» Kesselring entschied sich, es mit einem Placebo zu versuchen, das er sinnigerweise Nixdrin forte nannte. «Es hat Wunder gewirkt, sie war schmerzfrei, konnte wieder zur Schule. Ich habe noch Briefe von ihr, wunderbare Meitlischrift, *Mein lieber Herr Professor!,* auf rosa Papier
10   geschrieben.» Doch die Mutter wollte auf Teufel komm raus erfahren, was das für ein Mittel war, und liess nicht locker, bis sie es in der Apotheke erfuhr. «Die Schmerzen der Tochter waren sofort wieder da», sagt Kesselring, «und die Mutter griff mich in der Zeitung an, ich sei ein Betrüger.»

Das Magazin 2004/13, S. 32.

Hat Kesselring mit der Verschreibung von Nixdrin moralisch korrekt gehandelt?

Fall 11: Jagd

Darf man ein Tier (Reh, Hirsch, Fuchs …) allein aus der Freude an der Jagd töten?

Fall 12: Tiere als Nahrungsmittel

Darf man Fleisch (vom Rind, Schwein, Huhn ...) essen?

Fall 13: Tierversuche

Darf man Tiere (z.B. Mäuse und Ratten) für Tierversuche zur Erforschung
a) menschlicher Krankheiten und b) zum Entwickeln und Testen von Kosmetika
verwenden und die Tiere dabei verletzen oder töten?

Fall 14: Alien-Invasion

Angenommen, ein Raumschiff mit hyperintelligenten Aliens würde auf der Erde
landen und mit uns Menschen das tun, was wir mit nichtmenschlichen Tieren
tun (siehe die Fälle 11, 12 und 13). Wäre das moralisch gerechtfertigt?

Fall 15: Zwergenwerfen

Beim «Zwergenwerfen» packt ein kräftiger Mensch einen Kleinwüchsigen und
schleudert ihn auf eine Matte. In Frankreich wurde das Zwergenwerfen als men-
schenunwürdig verboten. Gegen das Verbot hat ein kleinwüchsiger Mensch geklagt, da dies seine Selbstbestimmung und somit seine Menschenwürde verletzen würde. Die Klage wurde abgewiesen. Zu Recht?

Fall 16: Prostitution

Darf aus moralischer Sicht ein Mensch sich prostituieren, das heisst sexuelle
Handlungen gegen Bezahlung anbieten? Darf aus moralischer Sicht ein Mensch
solche Handlungen kaufen?

Fall 17: Ertrinkendes Kind 1

Stellen Sie sich vor, Sie kommen an einem Teich vorbei, in dem gerade ein Kind
am Ertrinken ist. Der Teich ist nicht tief, und Sie
könnten es leicht retten, ohne Ihr eigenes Leben in
Gefahr zu bringen. Sie müssten dafür lediglich Ihre
teuren Markenschuhe opfern. Würden Sie in der Situation das Kind retten? Haben Sie eine moralische
Pflicht dazu?

Nun überlegen Sie sich, in welcher Beziehung wir
Menschen aus den reichen Industrienationen zu den
Kindern stehen, die in den ärmsten Ländern dieser
Welt verhungern. Wir könnten durch eine Geldspen-
de in der Höhe des Preises unserer Markenschu-
he das Leben eines verhungernden Kindes retten.
Wenn wir im ersten Fall das Kind retten, dann sollten
wir auch im zweiten Fall ein Kind retten. Oder nicht?

Vgl. Peter Singer: Famine, Affluence, and Morality. In: *Philosophy and
Public Affairs* 1 (3), 1972, S. 229–243.

**PETER
SINGER**

Peter Singer (geb. 1946 in Australien) ist gegenwärtig
einer der berühmtesten und einflussreichsten Philosophen weltweit. Er ist mit seinem Buch *Animal Liberation*
(1975) einer der Begründer moderner Tierethik, und mit
seinem Buch *Practical Ethics* (1979, dt. *Praktische Ethik*)
hat er einen Klassiker geschrieben, der auf verständliche Weise und zugleich dezidiert Position beziehend in
viele Bereichsethiken wie die Tierethik, die Medizinethik
und die Umweltethik einführt. Für seine liberale Position
im Rahmen der Abtreibungsdebatte und insbesondere
für seine Befürwortung der Tötung schwerstbehinderter
Säuglinge wird er immer wieder persönlich angegriffen,
mehrere Veranstaltungen mit ihm in Deutschland wurden gestört oder verhindert. Singer ist überzeugter Utilitarist (siehe Abschnitt 3.4).

Fall 18: Ertrinkendes Kind 2

Stellen Sie sich die gleiche Situation vor wie in Fall
17, mit dem Unterschied, dass Sie nicht sicher sind,
ob Sie das Kind im Teich noch retten können. Sie
schätzen, dass Sie es mit einer Chance von fünfzig
Prozent retten können. Sind Sie dazu verpflichtet?

Vergleichen Sie die Situation nun mit der folgenden: Sie spenden für eine Hilfsorganisation, die medizinische Nothilfe für die ärmsten Menschen leistet. Sie wissen, dass Spendengelder manchmal nicht bei den Bedürftigen ankommen, sondern durch Korruption verloren gehen. Sie schätzen die Chance, dass Ihre Spende wirklich helfen wird, auf fünzig Prozent. Sind Sie verpflichtet, zu spenden?

Fall 19: Ertrinkendes Kind 3

Stellen Sie sich wiederum die gleiche Situation vor wie in Fall 17 mit dem Unterschied, dass ausser Ihnen viele andere Menschen ebenfalls Hilfe leisten könnten. Ausserdem nehmen wir an, Sie haben bereits gestern ein ertrinkendes Kind gerettet. Sind Sie heute wieder dazu verpflichtet?

Fall 20: Schwangerschaftsabbruch

Ist es moralisch erlaubt, eine Schwangerschaft abzubrechen, das heisst, einen Fötus abzutreiben?

Fall 21: Der berühmte Geiger

Stellen Sie sich vor, Sie wachen eines Tages auf und befinden sich in einem Spital, ohne dass Sie sich erinnern können, wie Sie da hingelangt sind. Sie sind mit mehreren Schläuchen an den bewusstlosen Mann auf dem Bett neben Ihnen angeschlossen. Die Ärzte erklären Ihnen, dass der Mann ein sehr berühmter Geiger sei, der an einer speziellen Krankheit leide und nur überleben werde, wenn er für neun Monate an den Blutkreislauf eines Menschen angeschlossen bleibe, der über genau Ihre sehr seltene Blutgruppe verfüge. Nun müssen Sie also entweder neun Monate an den Geiger angeschlossen bleiben, oder der Geiger stirbt. Es wäre vielleicht lobenswert von Ihnen, an den Geiger angeschlossen zu bleiben, aber Sie sind dazu moralisch nicht verpflichtet. Die Situation ist mit der einer ungewollten Schwangerschaft vergleichbar: Die ungewollt schwangere Frau ist nicht verpflichtet, den Fötus auszutragen, selbst wenn man dem Fötus (wie dem Geiger) ein Recht auf Leben zuspricht. Stimmen Sie zu?

Vgl. Judith Jarvis Thomson: A Defense of Abortion. In: *Philosophy and Public Affairs* 1 (1), 1971, S. 47–66.

PHILIPPA FOOT

Philippa Foot (1920–2010) war eine britische Philosophin, die sowohl in Oxford als auch viele Jahre in den USA lehrte. Sie ist eine Begründerin der modernen Tugendethik (siehe Abschnitt 3.4). Foot wandte sich gegen die These, die Einsicht, dass eine Handlung moralisch geboten ist, ergebe eine hinreichende Motivation für die Handlung. Berühmt ist sie vor allem für das von ihr entwickelte Trolley-Problem. Sie hat damit die traditionelle Unterscheidung von Tun und Unterlassen infrage gestellt.

Fall 22: Das Trolley-Problem

Eine Strassenbahn (engl. *trolley*) ist ausser Kontrolle geraten und droht, fünf Personen zu überrollen. Durch Umstellen einer Weiche kann die Strassenbahn auf ein anderes Gleis umgeleitet werden. Unglücklicherweise befindet sich dort eine weitere Person. Sie sind die einzige Person, die bei der Weiche steht und diese umstellen kann. Würden Sie sie umstellen? Darf eine Person getötet werden, um das Leben von fünf Personen zu retten?

Vgl. Philippa Foot: The Problem of Abortion and the Doctrine of the Double Effect In: dies. *Virtues and Vices*. Oxford: Basil Blackwell 1978.

Fall 23: Ein zweites Trolley-Problem («Dicker Mann»)

Stellen Sie sich dieselbe Situation vor wie in Fall 22, aber nun gibt es keine Weiche. Stattdessen könnten Sie einen unbeteiligten dicken Mann von einer Brücke stossen, sodass dieser vor die Strassenbahn fallen und sie zum Stehen bringen würde. Dürfen Sie den dicken Mann töten, um dadurch das Leben von fünf Personen zu retten?

Vgl. Judith Jarvis Thomson: Killing, Letting Die, and the Trolley Problem. In: *The Monist* 59, 1976, S. 204–217.

Fall 24: Ein drittes Trolley-Problem («Schleife»)

Stellen Sie sich dieselbe Situation vor wie in Fall 22, ausser dass das Nebengleis, auf dem der eine Mensch ist, eine Schleife fährt, sodass die Strassenbahn auf die fünf Menschen zufahren und diese töten würde, wenn sie nicht durch die Person auf dem Nebengleis aufgehalten würde. Das heisst: In dem Fall ist das Töten des einen Menschen *ein Mittel* zur Rettung der fünf Menschen. Sie müssten ihn absichtlich töten, um die fünf Menschen zu retten. Darf (soll) man die Weiche umstellen?

Vgl. Judith Jarvis Thomson: The Trolley Problem. In: *Yale Law Journal* 94 (6), 1985, S. 1395–1415.

Fall 22: Das Trolley-Problem
Foot, 1967

Fall 23: «Dicker Mann»
Thomson, 1976

Fall 24: «Schleife»
Thomson, 1985

Abbildung 3.4: Varianten des Trolley-Problems

Fall 25: Medizinische Hilfe

Eine schwerverletzte Person liegt im Krankenhaus. Nun kommen fünf weitere verletzte Personen hinzu. Behandelt man die fünf Personen, so stirbt die eine Person. Behandelt man die eine Person, so sterben die fünf anderen Personen. Was soll man tun?

Fall 26: Organtransplantation

Eine Transplantationschirurgin hat fünf Patienten, die jeweils ein anderes Organ benötigen. Jeder von ihnen wird ohne dieses Organ sterben. Leider gibt es keine Organe, um eine dieser fünf Transplantationen durchzuführen. Nun kommt ein gesunder junger Tourist zu einer Routineuntersuchung. Im Laufe der Untersuchung stellt die Ärztin fest, dass seine Organe mit allen fünf ihrer sterbenden Patienten verträglich sind. Nehmen wir weiter an, dass, wenn der junge Mann verschwinden würde, niemand die Ärztin verdächtigen würde. Darf die Ärztin diesen Touristen töten, um damit den fünf Sterbenden seine gesunden Organe zur Verfügung zu stellen und ihr Leben zu retten?

Vgl. Judith Jarvis Thomson: The Trolley Problem. In: *Yale Law Journal* 94 (6), 1985, S. 1395–1415.

Fall 27: Embryonen (nach Julian Savulescu, geb. 1963)

John und Betty können keine Kinder kriegen. Sie nehmen nun künstliche Befruchtung (In-vitro-Fertilisation) in Anspruch und produzieren auf diesem Weg einen Embryo. Schliesslich entscheiden sich die beiden dennoch dagegen, ein Kind zu haben, und der Embryo wird infolgedessen zerstört. Edwina und Sam sind ebenfalls unfruchtbar, und auch ihnen wird künstliche Befruchtung angeboten. Von Edwina wird eine Eizelle und von Sam ein Spermium extrahiert, doch als die Ärztinnen das Spermium in die Eizelle injizieren wollen, entscheiden sich die beiden gegen ein Kind. Eizelle und Spermium werden zerstört. Wie beurteilen Sie das Zerstören des Embryos beziehungsweise von Eizelle und Spermium in diesen Fällen?

Fall 28: Ein Kind zeugen

Stellen Sie sich vor, Sie sind dreissig Jahre alt, gesund, verdienen gut und möchten mit Ihrem Partner oder Ihrer Partnerin ein Kind. Nehmen Sie an, Ihr Kinderwunsch ist realistisch. Ist die Entscheidung für oder gegen ein Kind auch eine moralische Frage, oder hat sie mit Moral nichts zu tun?

—

BARBARA BLEISCH

—

Die Schweizer Philosophin Barbara Bleisch, geboren 1973 in Basel, argumentiert in ihrem Buch *Warum wir unseren Eltern nichts schulden* (2018) dafür, dass Kinder ihren Eltern zu nichts verpflichtet sind, allein aufgrund des Umstands, dass diese ihre Eltern sind. Pflichten zwischen Eltern und Kindern ergeben sich vielmehr aus der aktuellen Beziehung und nicht aus dem Umstand, dass Eltern ihren Kindern zum Beispiel das Leben geschenkt haben. Aus diesem Grund lässt sich über familiäre Pflichten auch wenig Allgemeines sagen.

Fall 29: Elternpflichten

Stellen Sie sich vor, Sie sind achtzig Jahre alt, reich, und haben mit Ihrem einzigen Kind seit Jahren keinen Kontakt mehr. Sind Sie moralisch verpflichtet, Ihrem Kind Geld zu hinterlassen, oder ist es moralisch erlaubt, das Geld vorher für eigene Interessen auszugeben, an einen Freund zu verschenken oder einer Hilfsorganisation zu spenden?

Fall 30: Kinderpflichten

Stellen Sie sich vor, Sie sind dreissig Jahre alt und haben kaum Kontakt mehr zu Ihren Eltern. Diese würden sich wünschen, dass Sie öfter zu Besuch kämen. Sind Sie moralisch dazu verpflichtet?

Fall 31: Der harmlose Verbrecher

Sie haben als Richterin einen besonderen Kriminalfall zu beurteilen: Ein Mordfall, der sich vor fünfzig Jahren ereignet hat, konnte zufällig aufgeklärt werden. Sie haben keine Zweifel, dass der Mann, der nun vor Gericht steht, der Täter ist. Allerdings ist er mittlerweile achtzig Jahre alt. In den letzten Jahrzehnten hat er ein ruhiges Leben geführt und nie mehr ein Verbrechen begangen. Jetzt verbringt er seine Tage mit seiner Familie und liest den Enkelkindern geduldig Bücher vor. Ist es richtig, dem Täter unter diesen Umständen die übliche Strafe für Mord zu geben?

Fall 32: Der Sündenbock

In einer Stadt geschahen in den letzten Monaten viele Raubüberfälle. Sie leiten die polizeilichen Ermittlungen und sind ratlos. In der Bevölkerung macht sich zunehmend Angst breit; Menschen trauen sich am Abend kaum mehr auf die Strasse und verdächtigen alle Fremden. Zur gleichen Zeit ist ein Mann in Untersuchungshaft, den Sie als Gelegenheitsverbrecher längst kennen. Sie wissen, dass er für die Raubüberfälle nicht verantwortlich ist; Sie wissen aber auch, dass Sie die Lage so darstellen könnten, dass dieser Mann für die Raubüberfälle gerichtlich verurteilt würde. Ein solches Urteil würde die Bevölkerung beruhigen. Was tun Sie?

Fall 33: Das künstliche Gehirn

Das Forscherteam des «BlueBrainProject», des grössten Programms zur Erforschung des Gehirns in Europa, arbeitet daran, ein menschliches Gehirn vollständig funktional auf einem Computer nachzubauen. Damit sollen unter anderem Gehirnerkrankungen wie Demenz erforscht werden, um eine wirksame Therapie zu entwickeln. Ist es moralisch gerechtfertigt, ein künstliches Gehirn zum Zweck dieser Forschung in den Zustand der Demenz zu versetzen?

Fall 34: Die brennende Klinik für künstliche Befruchtung (nach Julian Savulescu)

In einer auf künstliche Befruchtung spezialisierten Klinik ist ein Brand ausgebrochen. Sie sind Feuerwehrfrau und können noch genau einmal ins Gebäude hineingehen, bevor es einstürzt. Sie müssen sich entscheiden, ob sie entweder eine Kiste mit Petrischalen heraustragen, in denen sich Hunderte befruchtete Eizellen befinden, oder ob sie den letzten im Gebäude verbliebenen (bewusstlosen) Menschen retten. Wie entscheiden Sie sich?

Vgl. Julian Savulescu: Abortion, Embryo Destruction and the Future of Value Argument Article. In: *Journal of Medical Ethics* 2002, S. 133–135.

Fall 35: Die nicht perfekte Rettung

Sie sind ein mittelmässiger Schwimmer. Auf einem Spaziergang entdecken Sie, dass eine Person in einem Fluss mit starker Strömung zu ertrinken droht. Sie springen hinein und retten die Person mit letzter Kraft. Weil Sie ungeübt sind, sind Ihre Griffe unsanft, und Sie fügen der geretteten Person deshalb ungewollt leichte Verletzungen zu. War es moralisch gut, dass Sie in den Fluss gesprungen sind? Nun ist es aber so: Neben Ihnen stand ein wesentlich besserer Schwimmer, als Sie es sind. Sie wussten das, sprangen aber dennoch zuerst in den Fluss. Verändert dies die moralische Bewertung der Handlung oder nicht?

Fall 36: Artenvielfalt

Der chinesische Flussdelfin ist vermutlich eine ausgestorbene Tierart, denn seit vielen Jahren wurde kein Tier mehr gesichtet. Nehmen Sie an, dass es mit einem finanziellen Aufwand von fünfzig Millionen Franken möglich gewesen wäre, eine kleine Population (z.B. in einem eigens dafür gebauten Aquarium) am Leben zu erhalten. Mit demselben Geld hätte auch viel Gutes für wesentlich mehr Tiere von nicht bedrohten Arten getan werden können. Wie hätten Sie sich entschieden?

Fall 37: Mäzenatentum

Mäzene sind reiche Personen, die einer öffentlichen, oftmals kulturellen Einrichtung grosse Summen schenken. Ein Mäzen ist auch der US-amerikanische Geschäftsmann David Geffen, der 2015 einem Konzerthaus in New York City hundert Millionen Dollar geschenkt hat. Daraufhin wurde das Konzerthaus in «David Geffen Hall» umbenannt. Wir beurteilen Sie, was David Geffen getan hat? Ist dies moralisch gut, neutral oder sogar schlecht?

Fall 38: Gauguin-Problem

Paul Gauguin, ein französischer Kunstmaler des 19. Jahrhunderts, verliess seine Frau und Kinder, die ohne ihn ihren Lebensunterhalt kaum bestreiten konnten, um in Tahiti seiner Leidenschaft zu folgen, der Malerei. In Tahiti malte Gauguin Bilder, die später als grossartige Meisterwerke in die Kunstgeschichte eingingen. Rechtfertigt dieser Erfolg das Verhalten Gaugins gegenüber seiner Familie? Einmal angenommen, er hätte keinen Erfolg gehabt, würden wir sein Verhalten vermutlich von vornherein stärker kritisieren. Wie kommt es, dass wir Gauguins Verhalten je nachdem, ob er Erfolg hatte oder nicht, anders beurteilen, obwohl er zum Zeitpunkt der Entscheidung nicht wusste, ob er Erfolg haben würde, und es in gewissem Sinne ein Zufall war?

Vgl. Bernard Williams: Moral Luck. In: ders. *Moral Luck*. Cambridge: Cambridge University Press 1981, S. 20–39.

Fall 39: Das Abstimmungsparadox

Die meisten von uns denken, es sei gut oder gar geboten, sich in einer Demokratie an Wahlen und Abstimmungen zu beteiligen. Tatsache ist aber: Noch nie in der Geschichte der Demokratie wurde eine Wahl oder eine Abstimmungsvorlage in einem Land mit nur einer einzelnen Stimme Unterschied entschieden. Falls Sie also schon einmal gewählt oder abgestimmt haben, so hat Ihre Stimme das Resultat deshalb nicht entschieden. Mit sehr grosser Wahrscheinlichkeit wird Ihre Stimme überhaupt nie das Resultat entscheiden. Ist es deshalb wirklich gut oder sogar geboten, zu wählen und abzustimmen?

Fall 40: Klimawandel

Damit die schlimmsten Folgen des Klimawandels abgewendet werden können, müssen die CO_2-Emissionen massiv reduziert werden. Der Umfang der Emissionen, den Sie im Laufe Ihres Lebens verursachen, ist jedoch im Vergleich zu den Gesamtemissionen verschwindend klein. Weder haben Ihre Emissionen das Klimaproblem geschaffen, noch könnten Sie allein mit radikalem Verzicht auf klimaschädliches Verhalten) das Klimaproblem lösen (siehe Abschnitt 5.6). Wenn Ihre Handlungen also praktisch keinen Unterschied machen, sind Sie dann aufgrund des Klimawandels überhaupt zu einem bestimmten Verhalten verpflichtet?

3.4 Folgenethik, Pflichtethik, Tugendethik

In der philosophischen Diskussion werden hauptsächlich Varianten der folgenden drei ethischen Theorien vertreten: Folgenethik (konsequentialistische Ethik), Pflichtethik (deontologische Ethik) und Tugendethik. Die wichtigsten Grundsätze der jeweiligen Theorie werden hier in vereinfachter Form dargestellt.

Folgenethik (konsequentialistische Ethik)

- Für die moralische Beurteilung einer Handlung zählt nicht die Handlung selbst, sondern es zählen einzig die Folgen der Handlung.
- Man soll diejenige Handlung ausführen, die zu insgesamt guten Folgen führt, und wenn es mehrere Optionen gibt, diejenige, die zu den besten Folgen führt.
- Gut sind die Folgen einer Handlung dann, wenn sie zu Glück, Freude, Lust und Nutzen führen. Schlecht sind sie dann, wenn sie zu Unglück, Leid und Schaden führen.
- Man soll niemandem unnötig Schaden zufügen.
- Es gibt keine moralischen Rechte, wie zum Beispiel das Recht auf Leben. Aber es kann moralisch richtig sein, Handlungsregeln in einer Gesellschaft einzuführen, die beispielsweise dem Schutz gewisser Interessen dienen, wenn dies zu einem grösseren Nutzen insgesamt führt.
- Die Unterscheidung in aktive Handlung und Unterlassung spielt keine Rolle, da nur die Folgen einer Handlung zählen.

Pflichtethik (deontologische Ethik)

- Für die moralische Beurteilung einer Handlung zählen nicht die Folgen der Handlung, sondern es zählt die Handlung selbst.
- Man soll diejenige Handlung ausführen, die der Pflicht entspricht.
- Als freie Menschen geben wir uns unsere Pflichten gemäss der Vernunft selbst.
- Einige der Pflichten ergeben sich aus den moralischen Rechten, die Menschen und allenfalls andere Lebewesen haben. Man soll die Rechte anderer nicht verletzen. Das bedeutet, andere zu respektieren. Zu den zentralen moralischen Rechten gehören das Recht auf Leben, das Recht auf Selbstbestimmung, das Recht auf körperliche Unversehrtheit und das Recht auf freie Meinungsäusserung.
- In einer bestimmten Situation können mehrere Pflichten verschiedene Handlungen von uns erfordern, die wir nicht zugleich ausführen können. In einem solchen Fall ist diejenige Pflicht zu befolgen, die in der Situation das grösste Gewicht hat.

- Die Unterscheidung in aktive Handlung und Unterlassung kann eine Rolle spielen, wenn mit der Unterlassung nicht beabsichtigt wird, eine bestimmte Folge herbeizuführen.
- Die Unterscheidung in beabsichtigte Wirkung und in Kauf genommenen Nebeneffekt kann eine Rolle spielen, wenn der Nebeneffekt nicht zur Handlung gehört.

Tugendethik

- Es gibt keine Prinzipien, die für jede Situation ausnahmslos gelten. Die richtige Entscheidung hängt immer von der konkreten Situation ab.
- Für die moralische Beurteilung einer Handlung zählt die charakterliche Einstellung des Handelnden.
- Positive charakterliche Einstellungen nennt man Tugenden. Negative charakterliche Einstellungen nennt man Laster.
- Man soll diejenige Handlung ausführen, die einer tugendhaften Person gemäss ist.
- Man soll sich im Leben darum bemühen, eine tugendhafte Person zu werden.
- Zu den Tugenden zählen Gerechtigkeit, Weisheit, Besonnenheit, Mässigkeit, Tapferkeit, Grosszügigkeit und viele weitere.

Aufgaben 3.24

 Welche der Werte und Prinzipien erscheinen Ihnen auf den ersten Blick plausibel? Welche sind Ihnen besonders wichtig?

 Nehmen Sie die Ansätze zu einer ethischen Theorie hervor, die Sie in Abschnitt 3.3 entwickelt haben. Können Sie diese einer der drei Haupttheorien zuordnen?

 Gibt es Aussagen, die Anlass dazu geben, dass Sie Ihre Theorie revidieren? Führen Sie die nötigen Revisionen durch. Dies können Streichungen, Ergänzungen und Präzisierungen sein.

 Setzen Sie sich mit zwei bis drei anderen zusammen, vorzugsweise solchen, die eine andere ethische Theorie als Sie vertreten, und stellen Sie sich gegenseitig Ihre Theorien vor. Kommentieren Sie Ihre Theorien gegenseitig: Was finden Sie an den Theorien der anderen gut? Wo sehen Sie Verbesserungsmöglichkeiten? Wo sind Sie nicht einverstanden? Weshalb? Sie müssen Ihre Meinungsverschiedenheiten nicht restlos ausräumen. Manchmal kann man sich darauf einigen, sich uneinig zu sein.

 Versuchen Sie, auf Grundlage der Kommentare, die Sie von den anderen erhalten haben, Ihre Theorie zu revidieren, das heisst, die nötigen Streichungen, Ergänzungen und Präzisierungen vorzunehmen.

→ **Logik und Methoden 12**

 Tauschen Sie die Formulierung Ihrer Theorie mit jemandem aus. Formulieren Sie einen schriftlichen Kommentar zu dieser Theorie.

3.5 Zur Differenzierung der Positionen

Im Folgenden finden Sie eine Sammlung von klassischen Originaltexten, in denen die Folgenethik, die Pflichtethik und die Tugendethik erläutert und begründet werden. In den Vertiefungen finden Sie Texte, in denen die genannten Positionen präzisiert, erweitert oder kritisiert werden.

Aufgabe 3.25

 Sie haben bereits grundlegende Methoden zur Textbearbeitung kennengelernt. Wenn Sie einen mehrseitigen Text vor sich haben, kann es hilfreich sein, diesen zu gliedern. In der folgenden Textarbeit geht es auch darum, die Fähigkeit zum eigenständigen Lesen zu erweitern. Wählen Sie einen Text aus. Lesen Sie diesen nach den Stufen von Rosenberg. Bearbeiten Sie zunächst die ersten beiden Stufen. Gehen Sie dann zur dritten Stufe. Wenn Sie erkennen, auf welche Werke sich die Autorin oder der Autor bezieht, untersuchen Sie, wie gut sie oder er diese darstellt und mit welcher Absicht sie oder er allenfalls davon abweicht. Überprüfen Sie danach die Thesen und Argumente des Texts. Formulieren Sie Ihre Überlegungen anschliessend in einem Kommentar. Die Stufen 5 und 6 sind in den meisten Fällen ziemlich anspruchsvoll. Es wird daran ersichtlich, in welche Richtung professionelle Philosophinnen und Philosophen Ihre Arbeit weiterführen.

→ **Logik und Methoden 1**

→ **Logik und Methoden 18**
→ **Logik und Methoden 39**
→ **Logik und Methoden 30**

→ **Logik und Methoden 12**

Sechs Stufen des Lesens   Logik und Methoden 30

Der US-amerikanische Philosoph Jay F. Rosenberg (1942–2008) schlägt sechs Möglichkeiten vor, wie man einen philosophischen Text lesen kann. Dementsprechend lassen sich sechs Stufen des Lesens unterscheiden:
1. Thesen: Welche Thesen vertritt der Autor?
2. Argumente: Mit welchen Argumenten begründet die Autorin ihre Thesen?
3. Dialektischer Zusammenhang: In welchem externen Diskussionszusammenhang stehen diese Thesen und Argumente? Von welchen bestehenden Fragen und Antworten geht der Autor aus? Wie formuliert er die Fragen neu? Welche neuen Fragen formuliert er?
4. Beurteilung: Sind die Thesen wahr oder zumindest plausibel? Sind die Argumente gut?
5. Entscheidung: Wie ist die von der Autorin vorgeschlagene Lösung eines Problems im Diskussionszusammenhang zu beurteilen?
6. Kreative Entwicklung: Wie kann man das Problem zu seinem eigenen machen und eine Lösung formulieren, die über das Bestehende hinausgeht?

Vgl. Jay Rosenberg: *Philosophieren: Ein Handbuch für Anfänger.* Frankfurt am Main: Klostermann 1986, S. 154–159; Jonas Pfister: *Werkzeuge des Philosophierens.* Stuttgart: Reclam 2013, S. 154–159; Georg Brun und Gertrude Hirsch Hadorn: *Textanalyse in den Wissenschaften.* Zürich: vdf 2009 (UTB), S. 24.

Folgenethik (konsequentialistische Ethik)

Die Folgenethik wurde in der Form des Utilitarismus von Jeremy Bentham und John Stuart Mill entwickelt. Im 20. Jahrhundert wurden zahlreiche Präzisierungen ebenso wie zahlreiche Einwände dazu formuliert.

1   Die Natur hat die Menschheit unter die Herrschaft zweier souveräner Gebieter – *Leid* und *Freude* – gestellt. Es ist an ihnen allein aufzuzeigen, was wir tun sollen, wie auch zu bestimmen, was wir tun werden. Sowohl der Maßstab für Richtig und Falsch als auch die Kette der Ursachen und Wirkungen sind

5   an ihrem Thron festgemacht. Sie beherrschen uns in allem, was wir tun, was wir sagen, was wir denken: jegliche Anstrengung, die wir auf uns nehmen können, um unser Joch von uns zu schütteln, wird lediglich dazu dienen, es zu beweisen und zu bestätigen. Jemand mag zwar mit Worten vorgeben, ihre Herrschaft zu leugnen, aber in Wirklichkeit wird er ihnen ständig unterwor-

10   fen bleiben. *Das Prinzip der Nützlichkeit* erkennt dieses Joch an und übernimmt es für die Grundlegung jenes Systems, dessen Ziel es ist, das Gebäude der Glückseligkeit durch Vernunft und Recht zu errichten. Systeme, die es in Frage zu stellen versuchen, geben sich mit Lauten anstatt mit Sinn, mit einer Laune anstatt mit der Vernunft, mit Dunkelheit anstatt mit Licht ab.

15   Doch genug des bildlichen und pathetischen Sprechens: Durch solche Mittel kann die Wissenschaft der Moral nicht verbessert werden

Das Prinzip der Nützlichkeit ist die Grundlage des vorliegenden Werkes; es wird daher zweckmäßig sein, mit einer ausdrücklichen und bestimmten Erklärung dessen zu beginnen, was mit ihm gemeint ist. Unter dem Prinzip

20   der Nützlichkeit ist jenes Prinzip zu verstehen, das schlechthin jede Handlung in dem Maß billigt oder missbilligt, wie ihr die Tendenz innezuwohnen scheint, das Glück der Gruppe, deren Interesse in Frage steht, zu vermehren oder zu vermindern, oder – das gleiche mit anderen Worten gesagt – dieses Glück zu befördern oder zu verhindern. Ich sagte: schlechthin jede

25   Handlung, also nicht nur jede Handlung einer Privatperson, sondern auch jede Maßnahme der Regierung.

Unter Nützlichkeit ist jene Eigenschaft an einem Objekt zu verstehen, durch die es dazu neigt, Gewinn, Vorteil, Freude, Gutes oder Glück hervorzubringen (dies alles läuft im vorliegenden Fall auf das gleiche hinaus) oder (was

30   ebenfalls auf das gleiche hinausläuft) die Gruppe, deren Interesse erwogen wird, vor Unheil, Leid, Bösem oder Unglück zu bewahren; sofern es sich bei dieser Gruppe um die Gemeinschaft im allgemeinen handelt, geht es um das Glück der Gemeinschaft; sofern es sich um ein bestimmtes Individuum handelt, geht es um das Glück des Individuums.

35   «Das Interesse der Gemeinschaft» ist einer der allgemeinsten Ausdrücke, die in den Redeweisen der Moral vorkommen können; kein Wunder, dass sein Sinn oft verloren geht. Wenn er einen Sinn hat, dann diesen: Die Gemeinschaft ist ein fiktiver *Körper*, der sich aus Einzelpersonen zusammensetzt, von denen man annimmt, dass sie sozusagen seine *Glieder* bilden.

40   Was also ist das Interesse der Gemeinschaft? – Die Summe der Interessen der verschiedenen Glieder, aus denen sie sich zusammensetzt.

Jeremy Bentham: Eine Einführung in die Prinzipien der Moral und der Gesetzgebung. Übersetzt von Annemarie Pieper. In: Otfried Höffe (Hrsg.): *Einführung in die utilitaristische Ethik.* Tübingen: Francke 2008, S. 55–57.

JOHN STUART MILL UND HARRIET TAYLOR MILL

—

Der Brite John Stuart Mill (1806–1873) war einer der einflussreichsten Vertreter des Utilitarismus und des politischen Liberalismus im 19. Jahrhundert. In seinem Werk Über die *Freiheit* erläutert Mill sein berühmtes Schadensprinzip: Die Freiheit eines Bürgers darf nur dann eingeschränkt werden, wenn es der Prävention von Schaden an anderen dient. An dem Werk hatte seine Frau Harriet Taylor Mill (1807–1858) einen massgeblichen Anteil. Beide setzten sich mit zahlreichen Publikationen für die Gleichberechtigung von Mann und Frau ein.

1 Die Auffassung, für die die Nützlichkeit oder das Prinzip des größten Glücks die Grundlage der Moral ist, besagt, daß Handlungen insoweit und in dem Maße moralisch richtig sind,

5 als sie die Tendenz haben, Glück zu befördern, und insoweit moralisch falsch, als sie die Tendenz haben, das Gegenteil von Glück zu bewirken. Unter «Glück» [happiness] ist dabei Lust [pleasure] und das Freisein von Unlust [pain],

10 unter «Unglück» [unhappiness] Unlust und das Fehlen von Lust verstanden. [...] Die Menschen haben höhere Fähigkeiten als bloß tierische Gelüste und vermögen, sobald sie sich dieser einmal bewußt geworden sind,

15 nur darin ihr Glück zu sehen, worin deren Betätigung eingeschlossen ist. [...] Die Anerkennung der Tatsache, daß einige *Arten* der Freude wünschenswerter und wertvoller sind als andere, ist mit dem Nützlichkeitsprinzip durch-

20 aus vereinbar. Es wäre unsinnig anzunehmen, dass der Wert einer Freude ausschließlich von der Quantität abhängen sollte, wo doch in der Wertbestimmung aller anderen Dinge neben der Quantität auch die Qualität Berücksichti-

25 gung findet.

Fragt man mich nun, was ich meine, wenn ich von der unterschiedlichen Qualität von Freuden spreche, und was eine Freude – bloß als Freude, unabhängig von ihrem größeren Betrag – wertvoller als eine andere macht, so gibt es nur

30 eine mögliche Antwort: Von zwei Freuden ist diejenige wünschenswerter, die von allen oder nahezu allen, die beide erfahren haben – ungeachtet des Gefühls, eine von beiden aus moralischen Gründen vorziehen zu müssen –, entschieden bevorzugt wird. Wird die eine von zwei Freuden von denen, die beide kennen und beurteilen können, so weit über die andere gestellt,

35 daß sie sie auch dann noch vorziehen, wenn sie wissen, daß sie größere Unzufriedenheit verursacht, und sie gegen noch so viele andere Freuden, die sie erfahren könnten, nicht eintauschen möchten, sind wir berechtigt, jener Freude eine höhere Qualität zuzuschreiben, die die Quantität so weit übertrifft, daß diese im Vergleich nur gering ins Gewicht fällt.

40 Es ist nun aber eine unbestreitbare Tatsache, daß diejenigen, die mit beiden gleichermaßen bekannt und für beide gleichermaßen empfänglich sind, der Lebensweise entschieden den Vorzug geben, an der auch ihre höheren Fähigkeiten beteiligt sind. Nur wenige Menschen würden darein einwilligen, sich in eines der niederen Tiere verwandeln zu lassen, wenn

45 man ihnen verspräche, daß sie die Befriedigungen des Tiers im vollen Umfang auskosten dürften. Kein intelligenter Mensch möchte ein Narr, kein gebildeter Mensch ein Dummkopf, keiner, der feinfühlig und gewissenhaft ist, selbstsüchtig und niederträchtig sein – auch wenn sie überzeugt wären, daß der Narr, der Dummkopf oder der Schurke mit seinem Schicksal

50 zufriedener ist als sie mit dem ihren. Das, was sie vor ihm voraushaben, würden sie auch für die vollständigste Erfüllung all der Wünsche nicht auf-

geben, die sie mit ihm gemeinsam haben. [...] Ein höher begabtes Wesen verlangt mehr zu seinem Glück, ist wohl auch größeren Leidens fähig und ihm sicherlich in höherem Maße ausgesetzt als ein niedrigeres Wesen; aber

55 trotz dieser Gefährdungen wird es niemals in jene Daseinsweise absinken wollen, die es als niedriger empfindet. [...] Wer meint, daß diese Bevorzugung des Höheren ein Opfer an Glück bedeutet – daß das höhere Wesen unter den gleichen Umständen nicht glücklicher sein könne als das niedrigere –, vermengt die zwei durchaus verschiedenen Begriffe des Glücks

60 [happiness] und der Zufriedenheit [content]. Es ist unbestreitbar, daß ein Wesen mit geringerer Fähigkeit zum Genuß die besten Aussichten hat, voll zufrieden gestellt zu werden; während ein Wesen von höheren Fähigkeiten stets das Gefühl haben wird, daß alles Glück, das es von der Welt, so wie sie beschaffen ist, erwarten kann, unvollkommen ist. Aber solange diese

65 Unvollkommenheiten überhaupt erträglich sind, kann es lernen, mit ihnen zu leben, statt die anderen zu beneiden, denen diese Unvollkommenheiten nur deshalb nicht bewußt sind, weil sie sich von den Vollkommenheiten keine Vorstellung machen können, mit denen diese verglichen werden. Es ist besser, ein unzufriedener Mensch zu sein als ein zufriedenes Schwein;

70 besser ein unzufriedener Sokrates als ein zufriedener Narr. Und wenn der Narr oder das Schwein anderer Ansicht sind, dann deshalb, weil sie nur die eine Seite der Angelegenheit kennen. Die andere Partei hingegen kennt beide Seiten.

John Stuart Mill: *Der Utilitarismus.* Übersetzt von Dieter Birnbacher. Stuttgart: Reclam 1985, S. 13, 14–18.

Vertiefung

Der US-amerikanische Philosoph Mark Timmons (geb. 1951) formuliert das oberste Prinzip des klassischen Utilitarismus:

1 Eine Handlung [...] ist genau dann richtig, wenn sie mindestens ein so ho-
2 hes Gesamtgleichgewicht von Lust und Schmerz bewirken würde wie jede
3 andere alternative Handlung.

Mark Timmons: *Moral Theory. An Introduction.* New York/Oxford: Rowman & Littlefield 2001, S. 107 [Übersetzung TZ].

Der englische Philosoph Henry Sidgwick (1838–1900), einer der berühmtesten Vertreter des Utilitarismus, schreibt:

1 Das Wohl eines jeden Einzelnen ist aus der Sicht des Universums (wenn
2 ich so sagen darf) nicht wichtiger als das eines anderen; es sei denn, es gibt
3 besondere Gründe zu glauben, dass in dem einen Fall wahrscheinlicher ist,
4 dass mehr Gutes verwirklicht werden kann als in dem anderen.

Henry Sidgwick: *The Methods of Ethics.* London: Palgrave Macmillan 1962, S. 382 [Übersetzung TZ].

Der österreichische Philosoph Karl Popper (1902–1994) (siehe Abschnitt 4.4, Autorenbox: Karl Popper) formuliert die Grundidee des negativen Utilitarismus:

1   Ich glaube, dass vom ethischen Standpunkt aus betrachtet keine Symme-
    trie zwischen Freuden und Leiden oder zwischen Lust und Schmerz be-
    steht. Sowohl das Prinzip, das die Utilitarier verwenden, als auch Kants
    Prinzip «fördere das Glück der anderen ...» scheint mir – zumindest in die-
5   sen Formulierungen –, was diesen Punkt betrifft, grundfalsch zu sein [...].
    Meiner Ansicht nach [...] enthält das menschliche Leiden einen direkten
    moralischen Appell, nämlich den Appell zu helfen, während keine ähnli-
    che Notwendigkeit besteht, das Glück oder die Freuden eines Menschen zu
    vermehren, dem es ohnehin gut geht. (Eine weitere Kritik der utilitaristi-
10 schen Formel «Schaffe größtmögliche Glückseligkeit» geht davon aus, dass
    die Formel im Prinzip eine Art von kontinuierlicher Glückseligkeitsskala
    annimmt, die es uns gestattet, den Schmerz als negative Glückseligkeit
    aufzufassen, die durch positive Glückseligkeit aufgewogen werden kann.
    Vom moralischen Standpunkt aus betrachtet, lässt sich aber Schmerz nicht
15 durch Freude aufwiegen, insbesondere nicht der Schmerz des einen Men-
    schen durch die Freude eines anderen. Statt der größten Glückseligkeit für
    die größte Zahl sollte man – etwas bescheidener – das kleinste Maß an ver-
    meidbarem Leid für alle fordern; und man sollte weiterhin verlangen, dass

unvermeidbares Leid – wie Hunger in Zeiten eines unvermeidlichen Man-
20 gels an Nahrungsmitteln – möglichst gleichmäßig verteilt werde.)

Karl Popper: *Die offene Gesellschaft und ihre Feinde. Band I: Der Zauber Platons.* Tübingen: Mohr
Siebeck 2008, S. 391–392 (Anm. 2 zu Kap. 9).

Der in Oxford lehrende australische Philosoph Toby Ord (geb. 1979) stellt Varianten des negativen Utilitarismus dar (von denen er persönlich keine vertritt):

1 Arten des negativen Utilitarismus [NU]
Bevor ich meine Einwände gegen den NU darlege, muss ich zwischen mehreren verschieden strengen Formulierungen des NU unterscheiden, da sie jeweils einige exklusive, aber auch einige gemeinsame Probleme haben.
5 Ich nehme an, dass alle Formen von NU eine Form des Konsequentialismus (d. h. dass die richtige Handlung diejenige ist, die zum besten Ergebnis führt) mit einer Axiologie (d. h. einer Definition, welche Ergebnisse besser sind als die anderen) verbinden. Ich ordne die Arten von NU danach, wie viel Gewicht ihre Axiologie dem Leiden über das Glück beimisst.
10 *Absoluter NU*
Nur das Leiden zählt.
Lexikalischer NU
Leid und Glück zählen beide, aber kein Glück (egal, wie gross) kann irgendein Leid (egal, wie klein) aufwiegen.
15 *Lexikalischer Schwellen-NU*
Leid und Glück zählen beide, aber es gibt ein gewisses Mass an Leid, das kein Mass an Glück aufwiegen kann.
Schwacher NU
Leiden und Glück zählen beide, aber Leiden zählt mehr. Es gibt einen
20 Wechselkurs zwischen Leiden und Glück oder vielleicht eine nichtlineare Funktion, die zeigt, wie viel Glück erforderlich wäre, um ein bestimmtes Maß an Leiden aufwiegen zu können.
Die oben genannten sind alle Arten von echtem NU. Einige Menschen mit negativ-utilitaristischen Intuitionen unterstützen jedoch keine von ihnen.
25 Sie stimmen stattdessen darin überein, dass es eine theoretische Symmetrie zwischen Leiden und Glück gibt, und unterstützen daher die Theorie des klassischen Utilitarismus. In einer Vielzahl von praktischen Fällen stimmen sie jedoch mit den negativen Utilitaristen in der moralischen Ausrichtung auf das Leiden überein. Ich werde zwei Formen davon skizzieren:
30 *Starker praktisch-negativer Utilitarismus*
Klassischer Utilitarismus mit der empirischen Überzeugung, dass Leiden das Glück in allen oder den meisten Menschenleben überwiegt.
Schwacher praktisch-negativer Utilitarismus
Klassischer Utilitarismus mit der empirischen Überzeugung, dass es in
35 vielen gewöhnlichen Fällen effektiver ist, sich auf die Linderung von Leiden zu konzentrieren als auf die Förderung von Glück.

Toby Ord: *Why I'm Not a Negative Utilitarian.* Manuskript frei zugänglich unter: http://www.amirrorclear.net/academic/ideas/negative-utilitarianism/ [abgerufen am 1. Oktober 2020, Übersetzung TZ].

Der schottische Philosoph William David Ross (1877–1971) kritisiert in seinem Hauptwerk *The Right and The Good* (1930) unter anderem den Utilitarismus:

166

3 Ethik

1　Tatsächlich scheint die Theorie des «idealen Utilitarismus», wenn ich in
dieser Kürze auf die Theorie von Professor [George Edward] Moore verweisen darf, unsere Beziehungen zu unseren Mitmenschen übermässig zu
vereinfachen. Darin heisst es, dass die einzige moralisch bedeutsame Be-
5　ziehung, in der meine Nachbarn zu mir stehen, darin besteht, durch mein
Handeln mögliche Nutzniesser zu sein. Sie stehen tatsächlich in dieser Beziehung zu mir, und diese Beziehung ist moralisch bedeutsam. Aber sie
können auch in der Beziehung von dem, dem versprochen wurde, zu dem,
der versprochen hat, von Gläubiger zu Schuldner, von Frau zu Mann, von
10　Kind zu Eltern, von Freund zu Freund, von Landsmann zu Landsmann und
dergleichen zu mir stehen; und jede dieser Beziehungen ist die Grundlage einer *Prima-facie*-Pflicht, die mir nach den Umständen des Falles mehr
oder weniger obliegt.
[...]
15　Der wesentliche Mangel der «idealen utilitaristischen» Theorie besteht
darin, dass sie den sehr persönlichen Charakter der Pflicht ignoriert oder
zumindest nicht vollständig berücksichtigt. Wenn die einzige Pflicht darin
besteht, das Maximum an Gutem hervorzubringen, sollte die Frage, wer
das Gute haben soll – ob ich selbst oder mein Wohltäter oder eine Person,
20　der ich das Versprechen gegeben habe, ihm dieses Gute zu geben, oder ein
einfacher Mitmensch, zu dem ich in keiner besonderen Beziehung stehe –,
keinen Unterschied machen, ob ich die Pflicht habe, dieses Gute zu produzieren. Aber wir sind uns alle tatsächlich sicher, dass es einen grossen
Unterschied macht.

William David Ross: *The Right and The Good.* Oxford: Oxford University Press 2002, S. 19 und 22
[Übersetzung JP].

Bernard Williams kritisiert die Annahme des Utilitarismus, Glück sei das oberste
und einzige Ziel moralischen Handelns. Im nächsten Text wirft Williams seinen
Gegnern vor, eine «zirkuläre» Strategie zu verfolgen. Damit ist gemeint, dass sie
das, was sie beweisen wollen, bereits voraussetzen. Dies ist ein Argumentations-
fehler.

→ **Logik und Methoden 31**

1　Sieht man von allem übrigen ab, ist eine unlösbare Hauptschwierigkeit offensichtlich die,
dass die Menschen zum Inhalt eines glücklichen Lebens Dinge zählen, die ihrem Wesen
5　nach radikal andere Werte involvieren, z.B.
persönliche Integrität, Spontaneität, Freiheit,
Liebe, künstlerische Selbstentfaltung – alles
Dinge, die nicht nur nicht den Forderungen
genügen, die das utilitaristische Glück nach
10　Punkt drei [moralische Fragen sind durch die
Berechnung ihrer empirischen Konsequenzen entscheidbar] und vier [die Ziele und Ansprüche aller Personen können (im Prinzip)
in Glückseinheiten gegeneinander verrechnet
15　werden] erfüllen muss, sondern bei denen es
sogar (wenigstens manchmal) zu Widersprüchen führt, wenn man auf diese Weise über sie
zu denken versucht.

BERNARD WILLIAMS

Der Brite Bernard Williams (1929–2003) war einer der
bedeutendsten Philosophen des 20. Jahrhunderts. Er
ist bekannt als Kritiker ethischer Theorien. Gegen den
Utilitarismus wendet er insbesondere ein, dass er unangemessen reduktionistisch sei und grundsätzliche
Werte wie Integrität und Authentizität aus dem Blick
verliere. Williams hat zudem den Begriff der «moralischen Glücksfälle» (engl. *moral luck*) geprägt. Damit ist
gemeint, dass wir in gewissen Fällen einen Handelnden
moralisch unterschiedlich beurteilen aufgrund von Faktoren, die nicht in seiner Macht liegen.

Wir begegnen hier der ersten ganz allgemeinen Schwierigkeit, die für den
20 Utilitarismus charakteristisch ist. Das «Glück» muss gewisse Bedingungen
erfüllen, wenn der Utilitarismus nicht einfach witzlos werden soll; und die
Bedingung, dass es sich beim Glück um ein unbestreitbares Ziel menschlichen Strebens handeln muss, gerät in Konflikt mit den übrigen Bedingungen, die erfüllt sein müssen, wenn das Glück die Funktion erfüllen soll,
25 die es im Utilitarismus hat. Utilitaristen neigen angesichts dieser Schwierigkeit dazu, Werte, die in den für sie problematischen Auffassungen von
Glück eine Rolle spielen, als irrational oder als gleichsam fossile Überreste
aus vergangenen Epochen zu disqualifizieren. Solche Argumentationen
können durchaus einige interessante Gesichtspunkte zutage fördern, aber
30 ihre Strategie ist schamlos zirkulär: die utilitaristische Rationalität wird
zum Prüfstein des wahren Glücks gemacht, um die Arten von Glück aus
dem Weg zu räumen, die dem Utilitarismus widersprechen. Das einzige
theoretische Rüstzeug, das man dem entgegenzusetzen braucht, ist die
Entschlossenheit, sich nicht einschüchtern zu lassen.

Bernard Williams: *Der Begriff der Moral. Eine Einführung in die Ethik.* Reclam: Stuttgart 1986, S. 99.

Zirkuläres Argument Logik und Methoden 31

Bei einem zirkulären Argument oder Zirkelschluss ist die Konklusion bereits in den
Prämissen enthalten. Zum Beispiel:

Prämisse 1: Was in der Bibel steht, ist wahr
Prämisse 2: In der Bibel steht, dass die Bibel das Wort Gottes ist
Prämisse 3: Das Wort Gottes ist wahr.

Konklusion: Was in der Bibel steht, ist wahr.

Die Konklusion ist bereits in der ersten Prämisse formuliert. Ein solcher Schluss ist
zwar logisch gültig, und kann auch stichhaltig sein, dennoch würden wir nicht sagen, dass es ein gutes Argument ist, denn um die Wahrheit der ersten Prämisse festzustellen, muss man bereits zuvor von der Wahrheit der Konklusion ausgehen. Die
Argumentation dreht sich im Kreis.

Manchmal ist die Konklusion in den Prämissen nur implizit enthalten, wie im folgenden Beispiel:

Prämisse 1: Der menschliche Geist lässt sich prinzipiell nicht nachbauen.
Prämisse 2: Was sich prinzipiell nicht nachbauen lässt, ist immateriell.

Konklusion: Der menschliche Geist ist immateriell.

Die erste Prämisse erscheint nur unter der Annahme plausibel, dass die Konklusion wahr ist. Würde man nachfragen, weshalb sich der menschliche Geist prinzipiell
nicht nachbauen lässt, müsste die Antwort lauten: Weil er immateriell ist. Das aber
ist die Konklusion. Wiederum dreht sich die Argumentation im Kreis.

Der Utilitarismus wird auch vom US-amerikanischen Philosophen Tom Regan
(1938–2017) kritisiert, der vor allem für seine Arbeiten zu Tierrechten bekannt ist.
Regan argumentiert dafür, dass jedes Individuum an sich einen Wert hat. Er ist
der Auffassung, dass der Utilitarismus genau das nicht mitdenkt.

1   Die große Anziehungskraft des Utilitarismus liegt in seinem kompromiss-
losen *Egalitarismus:* Das Interesse eines jeden zählt, und zwar genauso viel
wie das eines jeden anderen. [...]

Die Gleichheit, die wir beim Utilitarismus finden, ist jedoch nicht die, die ein Fürsprecher der Tier- oder Menschenrechte im Sinn haben sollte. Der Utilitarismus bietet keinen Raum für die gleichen Rechte unterschiedlicher Individuen, weil er den Gedanken ihrer inhärenten Gleichwertigkeit nicht zulässt. Was für den Utilitaristen Wert hat, ist die Befriedigung der Interessen eines Individuums, nicht das Individuum, um dessen Interessen es sich handelt.

Ein Universum, in dem wir unsere Bedürfnisse nach Wasser, Essen und Wärme stillen können, ist – unter sonst gleichen Randbedingungen – besser als ein Universum, wo unsere Bedürfnisse frustriert werden. Und dasselbe gilt für ein Tier mit ähnlichen Bedürfnissen. Aber weder Sie noch das Tier haben irgendeinen Wert an sich. Nur Ihren Gefühlen kommt ein solcher Wert zu.

Eine Analogie mag hier helfen, den philosophischen Punkt klarer zu machen: In einer Tasse können sich verschiedene Flüssigkeiten befinden, manchmal süße Flüssigkeiten, manchmal bittere, manchmal eine Mischung aus beidem. Was von Wert ist, sind die Flüssigkeiten: Die süßen sind die besseren, die bitteren die schlechteren. Die Tasse, der Behälter, hat keinen Wert. Was Wert hat, ist das, was hineinfließt, nicht worin es fließt. Für den Utilitaristen sind wir, Sie und ich, wie die Tasse. Als Individuen besitzen wir keinen Wert und insofern auch keinen gleichen Wert. Was Wert hat, ist das, was in uns hineinfließt, dem wir als Behälter dienen. Unsere Gefühle der Befriedigung besitzen einen positiven Wert, unsere Gefühle der Frustration einen negativen. [...]

Dass der Utilitarismus eine aggregative Theorie ist, die die Momente der Befriedigung oder Frustration von verschiedenen Individuen zusammenzählt, das ist der zentrale Einwand gegen diese Theorie. Meine Tante Bea ist alt, träge, eine verschrobene, mürrische Person, aber nicht physisch krank. Sie zieht es vor weiterzuleben. Sie ist außerdem ziemlich reich, und ich könnte ein Vermögen machen, wenn ich an ihr Geld käme – Geld, das sie mir sowieso vermachen wird, das sie mir aber jetzt noch nicht geben will. Um eine hohe Besteuerung zu vermeiden, plane ich, eine ansehnliche Summe einem örtlichen Kinderkrankenhaus zu spenden. Viele, viele Kinder werden von meiner Großzügigkeit profitieren, und dies wird ihren Eltern, Verwandten und Freunden sehr viel Freude bereiten. Wenn ich das Geld nicht recht bald bekomme, werden all diese Vorhaben zunichte gemacht. Die einmalige Gelegenheit, mit dem Geld einen richtigen Volltreffer zu landen, würde verpasst. Warum dann nicht meine Tante Bea umbringen? Oh, natürlich *könnte* ich dabei erwischt werden. Aber ich bin nicht auf den Kopf gefallen und kann außerdem auf die Kooperation ihres Arztes zählen (er hat ein Auge auf dieselbe Kapitalanlage geworfen, und zufällig weiß ich eine ganze Menge über seine dunkle Vergangenheit). Die Tat kann vollbracht werden ..., wenn man es nur professionell genug anstellt. Die Chance, geschnappt zu werden, ist *sehr* gering. Und was mein schuldbeladenes Gewissen anbetrifft – immerhin bin ich ein findiger Kerl, und es wird mich mehr als trösten, wenn ich – während ich am Strand von Acapulco liege – an die Freude und die Gesundheit denke, die ich so vielen anderen beschert habe.

Stellen Sie sich vor, Tante Bea wäre wirklich ermordet worden und die ganze Geschichte hätte sich so abgespielt, wie ich sie erzählt habe. Hätte ich etwas Falsches getan? Etwas Unmoralisches? Man sollte denken, dass ja. Aber nicht dem Utilitarismus zufolge.

Tom Regan: Wie man Rechte für Tiere begründet. In: Angelika Krebs (Hrsg.): *Naturethik. Grundtexte der gegenwärtigen tier- und ökoethischen Diskussion.* Frankfurt am Main: Suhrkamp 1997, S. 38–40.

Bernard Williams formuliert in einem Buch *Utilitarianism. For and against* (1973), das er gemeinsam mit dem Utilitaristen J. J. C. Smart (1920–2012) veröffentlicht hat, ein berühmtes Gedankenexperiment, mit dem er wiederum den Utilitarismus kritisiert.

1 Jim befindet sich auf dem Marktplatz einer südamerikanischen Kleinstadt. Dort stehen zwanzig Indianer an einer Wand. Einige sind verängstigt, einige keck. Vor ihnen stehen mehrere bewaffnete Männer in Uniform. Ein dicker Mann in einem durch und durch verschwitzten Khakihemd stellt sich

5 als der Hauptmann vom Dienst heraus. Nachdem er Jim eine ganze Zeit lang befragt hat, wobei sich herausstellt, dass Jim zufällig hierher gelangte, während er auf einer botanischen Expedition war, erklärt er ihm, dass die Indianer eine zufällig zusammengesetzte Gruppe von Einwohnern seien, die wegen ihrer Proteste gegen die Regierung jetzt getötet werden sollen,

10 um andere mögliche Protestierer an die Vorteile des Nichtprotestierens zu erinnern. Wie auch immer, da Jim ein angesehener Besucher aus einem fremden Land ist, freut sich der Hauptmann, ihm das Privileg eines Gastes zu gewähren, selber einen von den Indianern zu töten. Falls Jim einwilligt, werden die restlichen Indianer aufgrund der besonderen Umstände laufen

15 gelassen. Falls sich Jim natürlich weigert, liegen keine besonderen Umstände vor, und Pedro wird dann das tun, was er vorhatte, als Jim ankam, und sie alle töten. Jim, der sich voller Verzweiflung an Schuljungenlektüre erinnert, überlegt sich, ob er, falls er sich ein Gewehr schnappen könnte, den Hauptmann, Pedro und die anderen Soldaten in Schach halten könnte;

20 aber es ist aus den Umständen heraus ganz klar, dass nichts dergleichen klappen würde: jeder derartige Versuch würde bedeuten, dass alle Indianer getötet würden und er selbst auch noch. Die Männer an der Wand und die übrigen Dorfbewohner verstehen die Lage und bitten ihn offensichtlich, einzuwilligen. Was soll(te) er tun? [...]

25 Mir scheint, dass der Utilitarismus angesichts dieser beiden Zwangslagen folgende Antworten gäbe: [...] im zweiten Fall sollte Jim einen Indianer töten. Wenn die Situationen genau so sind wie beschrieben und wenn es keine weiteren besonderen Faktoren gibt, dann gibt der Utilitarismus diese Antworten nicht nur, sondern er würde sie nach meiner Ansicht auch als

30 die *offensichtlich* richtigen Antworten betrachten. Aber viele von uns würden sich sicher fragen, [...] ob im Fall 2 das die offensichtlich richtige Antwort wäre, selbst wenn man zu der Ansicht gelangt wäre, dass es vielleicht die Antwort ist. Aber es geht nicht bloß darum, ob die Antworten richtig oder offensichtlich sind. Es fragt sich eher, welche Art von Überlegungen

35 in eine Beantwortung hineinspielen. Es ist ein Merkmal des Utilitarismus, dass er eine bestimmte Art von Überlegung ausschließt, die nach der Ansicht einiger dafür wichtig ist, was sie über solche Fälle denken: die Überlegung nämlich, dass – um es zunächst sehr einfach zu sagen – jeder von uns besonders dafür verantwortlich ist, was *er* tut, und nicht so sehr dafür,

40 was andere tun. Diese Überlegung hängt sehr eng mit dem Wert der Integrität zusammen. Es wird oft vermutet, dass der Utilitarismus zumindest in seiner direkten Form die Integrität als einen Wert mehr oder weniger unverständlich macht.

Bernard Williams: *Kritik des Utilitarismus*. Frankfurt am Main: Klostermann 1979, S. 61–63.

Man könnte gegen den Utilitarismus den Einwand erheben, er verlange zu viel von uns. Er scheint zu fordern, dass wir unsere persönlichen Interessen in den Hintergrund stellen, damit sich der Zustand der Welt verbessert. Diese Überlegung folgt daraus, dass der Utilitarismus nicht zwischen Handlungen unterscheidet, die unserer moralischen Pflicht entsprechen, und solchen, die darüber hinausgehen. Darauf weist der britische Philosoph James O. Urmson (1915–2012) hin.

1   Wir nennen eine Person eine Heilige oder eine Handlung heilig und verwenden das Wort «heilig» in einem rein moralischen Sinn ohne religiöse Implikationen. Auch nennen wir eine Person manchmal eine Heldin oder eine Handlung heroisch. Es ist zu offensichtlich, um einer Begründung zu
5   bedürfen, dass die Wörter «heilig» und «Held» zumindest normalerweise so verwendet werden, dass sie positiv bewertet werden; es wäre unmöglich zu behaupten, dass diese Bewertung immer moralisch ist, denn manchmal nennen wir eine Person eindeutig eine Heilige, wenn wir sie religiös und nicht moralisch bewerten, und können eine Person die Heldin eines Spiels
10   oder eines athletischen Wettbewerbs nennen, in dem keine moralischen Qualitäten gezeigt wurden, aber ich nehme an, dass kein formales Argument notwendig ist, um zu zeigen, dass wir zumindest manchmal beide Wörter für die moralische Bewertung verwenden. [...]
Ich behaupte also, dass wir eine Person auch dann als eine Heilige [in einer
15   spezifischen Bedeutung] bezeichnen können, wenn sie Handlungen vornimmt, die weit über die Grenzen ihrer Pflicht hinausgehen, sei es durch Kontrolle gegensätzlicher Neigungen und Interessen oder ohne Anstrengung; parallel dazu können wir eine Person als eine Heldin bezeichnen [in einer spezifischen Bedeutung], wenn sie Handlungen vornimmt, die weit
20   über die Grenzen ihrer Pflicht hinausgehen, sei es durch Kontrolle der natürlichen Angst oder ohne Anstrengung.
Solche Handlungen sind heilig oder heroisch [in den spezifischen Bedeutungen]. Hier haben wir, so scheint mir, den Helden oder Heiligen, die Heldentat oder heilige Tat, par excellence; bis jetzt haben wir nur kleinere Hei-
25   lige und Helden in Betracht gezogen. Wir haben uns mit der heldenhaften Handlung des Arztes beschäftigt, der seine Pflicht tut, indem er sich an seine Patienten in einer von der Pest heimgesuchten Stadt hält; wir müssen nun den Fall des Arztes betrachten, der sich in keiner Weise in einer anderen Situation befindet als unzählige andere Ärzte in anderen Orten
30   und sich freiwillig den erschöpften medizinischen Kräften in dieser Stadt anschließt. Früher haben wir den Soldaten in Betracht gezogen, der heldenhaft seine Pflicht angesichts solcher Gefahren tut, die die meisten dazu bringen würden, sich zu drücken – die Art von Mann, dem in der britischen Armee zu Recht die Verdienstmedaille verliehen wird; wir müssen nun den
35   Fall des Soldaten in Betracht ziehen, der mehr tut, als seine Vorgesetzten jemals von ihm verlangen würden – die Art von Mann, dem, oft posthum, das Victoria-Kreuz verliehen wird. Ebenso müssen wir uns von der heiligen Selbstdisziplin innerhalb der Pflicht hin zu dem hingebungsvollen, selbstlosen Leben im Dienste anderer wenden, das von der Mehrheit der auf-
40   rechten, freundlichen und ehrlichen Menschen nicht einmal in Betracht gezogen wird, geschweige denn, dass es von ihnen erwartet würde. [...]
Es wäre absurd, anzunehmen, dass Moralphilosophen bisher die Existenz von Heiligen und Helden nicht erkannt und sie in ihren Werken nicht ein-

mal erwähnt hätten. Aber es scheint, dass diese Tatsachen in ihren allgemeinen, systematischen Darstellungen der Moral vernachlässigt wurden.
Es ist in der Tat leicht zu erkennen, dass es in einigen der bekanntesten
Theorien keinen Platz für solche Tatsachen gibt. Wenn für Moore und für
die meisten Utilitaristen jede Handlung eine Verpflichtung ist, die unter
den gegebenen Umständen das größtmögliche Gut bringt, dann wird für
sie die heroischste Selbstaufopferung oder heilige Selbstvergessenheit eine
Pflicht auf derselben Ebene wie diejenige, die Wahrheit zu sagen und Versprechen zu halten.

J. O. Urmson: Saints and Heroes. In: A. I. Melden (Hrsg.): *Essays in Moral Philosophy*. Seattle: University of Washington Press 1958, S. 198–216, hier S. 199, 201–202 und 206 [Übersetzung JP].

Urmson argumentiert im zweiten Teil seines Aufsatzes dafür, dass der Utilitarismus diejenige moralische Theorie sei, die am besten damit umgehe, dass es Heilige und Heldinnen und Helden gebe.

Wir können daher die Imperative der Pflicht als Verbot des Verhaltens betrachten, das nicht toleriert werden kann, wenn Menschen in der Gesellschaft zusammenleben sollen und ein Minimum an Zusammenarbeit zum
gleichen Zweck fordern; deshalb müssen wir die Einhaltung der Vorschrif-
ten als obligatorisch und deren Nichteinhaltung als öffentlich kritisierbar
betrachten. Wir brauchen nicht mit Bentham zu fragen, ob ein Reißnagel so
gut ist wie Poesie, nicht mit Mill, ob es besser ist, ein unzufriedener Sokrates oder ein zufriedener Narr zu sein, noch mit Moore, ob eine schöne Welt,
in der es niemanden gibt, der sie sehen kann einen inneren Wert haben
würde, was in der Gesellschaft tolerierbar ist und was nicht, hängt nicht
von solchen schönen Unterscheidungen ab. Utilitaristen haben, wenn sie
versuchen, die wichtigsten Regeln der Pflicht im Sinne eines *summum bo-
num* zu rechtfertigen, sicherlich viele verschiedene Arten von utilitaristischen Rechtfertigungen hervorgebracht, die von der Vermeidung des Un-
erträglichen bis zur Erfüllung des letzten Details eines sehr verfeinerten
Ideals reichen.
Daher möchte ich vorschlagen, dass der Utilitarismus die Fakten am besten berücksichtigen kann, auf die ich aufmerksam gemacht habe; aber ich
habe keine bestimmte Ansicht über das höchste Gut oder die Bedeutung
des Vergnügens unterstützen wollen. Mit Utilitarismus meine ich nur eine
Theorie, wonach die moralische Rechtfertigung von Handlungen in Begriffen von Folgen formuliert sein muss. Wir können uns damit begnügen
zu sagen, dass es bei der Pflicht vor allem darum geht, nicht tolerierbare
Ergebnisse zu vermeiden, während andere Formen des moralischen Verhaltens positivere Ziele haben.

J. O. Urmson: Saints and Heroes. In: A. I. Melden (Hrsg.): *Essays in Moral Philosophy*. Seattle: University of Washington Press 1958, S. 198–216, hier 214–215 [Übersetzung JP].

In der philosophischen Diskussion wird vielfach angenommen, dass es erstre-
benswert sei, so viel moralisch Gutes wie möglich herbeizuführen. Die US-amerikanische Philosophin Susan Wolf (geb. 1952) argumentiert dafür, dass diese
These falsch sei und dem gesunden Menschenverstand widerspreche.

1 Ich weiß nicht, ob es irgendwelche moralischen Heiligen gibt. Aber wenn doch, dann bin ich froh, dass weder ich noch die, die mir am Herzen liegen, zu ihnen gehören. Mit morali
5 schem Heiligem meine ich eine Person, deren jede Handlung so moralisch gut wie möglich ist, das heißt, eine Person, die so moralisch wertvoll wie möglich ist. Obwohl ich gleich die Vielfalt der Arten von Personen anerkennen
10 werde, von denen man annehmen könnte, dass sie dieser Beschreibung entsprechen, scheint es mir, dass keiner dieser Typen als eindeutig überzeugendes persönliches Ideal dient. Mit anderen Worten, ich glaube, dass moralische
15 Vollkommenheit im Sinne von moralischer Heiligkeit kein Modell des persönlichen Wohlbefindens darstellt, nach dem zu streben es für

SUSAN WOLF

Susan Wolf, geboren 1952, ist eine zeitgenössische Philosophin im Bereich der Handlungstheorie und Ethik. In der Debatte zum freien Willen (siehe Abschnitt 2.5) argumentiert sie dafür, dass der Determinismus mit moralischer Verantwortung vereinbar sei, wenn man davon ausgehe, dass Letztere in der Fähigkeit bestehe, das Richtige oder Falsche zu tun.

einen Menschen besonders rational oder gut oder wünschenswert wäre. Außerhalb des Kontexts der moralischen Diskussion wird dies für viele ein
20 naheliegender Punkt sein. Aber in diesem Kontext wird der Punkt, wenn er gewährt wird, mit etwas Unbehagen gewährt werden. Denn in diesem Kontext wird allgemein davon ausgegangen, dass man so moralisch gut wie möglich sein sollte und dass die Grenzen des Einflusses der Moral auf uns durch Merkmale der menschlichen Natur gesetzt sind, auf die wir nicht
25 stolz sein sollten. Wenn, wie ich glaube, die Ideale, die sich aus gesundem Menschenverstand und philosophisch populären Moraltheorien ableiten lassen, diese Annahmen nicht unterstützen, dann muss sich etwas ändern. Entweder müssen wir unsere moralischen Theorien so ändern, dass sie akzeptablere Ideale hervorbringen, oder wir müssen, wofür ich argumen
30 tieren möchte, unsere Vorstellung davon ändern, was involviert ist in der Bejahung einer moralischen Theorie.

[...]

Ein moralischer Heiliger kann mehr oder weniger heiter, mehr oder weniger geschwätzig, mehr oder weniger athletisch als ein anderer sein. Aber
35 vor allem muss ein moralischer Heiliger jene Eigenschaften haben und pflegen, die es ihm ermöglichen, andere so gerecht und freundlich wie möglich zu behandeln. Er wird die üblichen moralischen Tugenden in einem Maße haben, das nicht Standard ist. Er wird geduldig, rücksichtsvoll, ausgeglichen, gastfreundlich, wohltätig in Gedanken und Tat sein. Er wird
40 sehr zögerlich sein, negative Urteile über andere Menschen zu fällen. Er wird darauf achten, einige Menschen nicht gegenüber anderen zu bevorzugen, auf der Grundlage von Eigenschaften, die sie nicht vermeiden konnten, aber haben. Vielleicht reicht das, was ich bereits gesagt habe, aus, um einige Leute dazu zu bringen, die Abwesenheit von moralischen Heiligen
45 in ihrem Leben als Segen zu betrachten. Denn es kommt in der Auflistung der Tugenden, die ein moralischer Heiliger wahrscheinlich haben wird, ein Punkt, an dem man sich natürlich zu fragen beginnt, ob der moralische Heilige nicht doch zu gut ist – wenn nicht zu gut für sein eigenes Wohl, dann zumindest zu gut für sein eigenes Wohlbefinden. Denn die morali
50 schen Tugenden, die hypothetisch alle im gleichen Individuum vorhanden sind, sind in höchstem Maße geeignet, die nichtmoralischen Tugenden

sowie viele der Interessen und persönlichen Eigenschaften zu verdrängen, von denen wir allgemein glauben, dass sie zu einem gesunden, abgerundeten und reich entwickelten Charakter beitragen. Mit anderen Worten, wenn der moralische Heilige seine ganze Zeit der Ernährung der Hungrigen oder der Heilung der Kranken oder der Geldsammlung für Oxfam widmet, dann liest er notwendigerweise weder viktorianische Romane, noch spielt er Oboe, noch verbessert er seine Rückhand. Obwohl keines der Interessen und keine der Geschmäcker in der Kategorie, die diese letztgenannten Aktivitäten enthält, als notwendiges Element in einem gut gelebten Leben angesehen werden kann, wird ein Leben, in dem keiner dieser möglichen Aspekte des Charakters entwickelt wird, als ein seltsam karges Leben erscheinen.

Susan Wolf: Moral Saints. In: *The Journal of Philosophy* 79 (8) 1982, S. 419–443 [Übersetzung JP].

Pflichtethik (deontologische Ethik)

Die Pflichtethik hat ihre Wurzeln in Religionen wie dem Christentum, Judentum oder Islam. In der Philosophie gilt Immanuel Kant als der wichtigste Vertreter der deontologischen Ethik. Er ist auch für die Weiterentwicklungen der deontologischen Ethik im 20. Jahrhundert, die zum Teil von Kants Auffassungen abweichen, der wichtigste Bezugspunkt.

1   Nun ist die erste Frage: ob der Mensch in Fällen, wo er einer Beantwortung mit Ja oder Nein nicht ausweichen kann, die Befugnis (das Recht) habe unwahrhaft zu sein. Die zweite Frage ist: ob er nicht gar verbunden sei in einer gewissen Aussage, wozu ihn ein ungerechter Zwang nötigt, unwahrhaft zu
5   sein, um eine ihn bedrohende Missetat an sich oder einem Anderen zu verhüten.

Wahrhaftigkeit in Aussagen, die man nicht umgehen kann, ist formale Pflicht des Menschen gegen Jeden, es mag ihm oder einem Andern daraus auch noch so großer Nachteil erwachsen; und ob ich zwar dem, welcher mich ungerechterweise zur Aussage nötigt, nicht Unrecht tue, wenn ich sie
10 verfälsche, so tue ich doch durch eine solche Verfälschung, die darum auch Lüge genannt werden kann, im wesentlichsten Stücke der Pflicht überhaupt Unrecht: d. i. ich mache, so viel an mir ist, dass Aussagen überhaupt keinen Glauben finden, mithin auch alle Rechte, die auf Verträgen gegründet werden, wegfallen und ihre Kraft einbüßen; welches ein Unrecht ist,
15 das der Menschheit überhaupt zugefügt wird.

Die Lüge also, bloß als vorsätzlich unwahre Declaration (Aussage) gegen einen andern Menschen definiert, bedarf nicht des Zusatzes, dass sie einem Anderen schaden müsse; wie die Juristen es zu ihrer Definition verlangen. Denn sie schadet jederzeit einem Anderen, wenn gleich nicht einem
20 andern Menschen, doch der Menschheit überhaupt, indem sie die Rechtsquelle unbrauchbar macht.

Diese gutmütige Lüge kann aber auch durch einen Zufall strafbar werden nach bürgerlichen Gesetzen; was aber bloß durch den Zufall der Straffälligkeit entgeht, kann auch nach äußeren Gesetzen als Unrecht abgeurteilt
25 werden. Hast du nämlich einen eben jetzt mit Mordsucht Umgehenden durch eine Lüge an der Tat verhindert, so bist du für alle Folgen, die daraus entspringen möchten, auf rechtliche Art verantwortlich. Bist du aber strenge bei der Wahrheit geblieben, so kann dir die öffentliche Gerechtig-
30 keit nichts anhaben; die unvorhergesehene Folge mag sein, welche sie wolle. Es ist doch möglich, dass, nachdem du dem Mörder auf die Frage, ob der von ihm Angefeindete zu Hause sei, ehrlicherweise mit Ja geantwortet hast, dieser doch unbemerkt ausgegangen ist und so dem Mörder nicht in den Wurf gekommen, die Tat also nicht geschehen wäre; hast du aber gelogen
35 und gesagt, er sei nicht zu Hause, und er ist auch wirklich (obzwar dir unbewusst) ausgegangen, wo denn der Mörder ihm im Weggehen begegnete und seine Tat an ihm verübte: so kannst du mit Recht als Urheber des Todes desselben angeklagt werden. Denn hättest du die Wahrheit, so gut du sie wusstest, gesagt: so wäre vielleicht der Mörder über dem Nachsuchen
40 seines Feindes im Hause von herbeigelaufenen Nachbarn ergriffen und die Tat verhindert worden. Wer also lügt, so gutmütig er dabei auch gesinnt sein mag, muss die Folgen davon, selbst vor dem bürgerlichen Gerichtshofe, verantworten und dafür büßen, so unvorhergesehen sie auch immer sein mögen: weil Wahrhaftigkeit eine Pflicht ist, die als die Basis aller auf

45 Vertrag zu gründenden Pflichten angesehen werden muss, deren Gesetz, wenn man ihr auch nur die geringste Ausnahme einräumt, schwankend und unnütz gemacht wird.

Es ist also ein heiliges, unbedingt gebietendes, durch keine Convenienzen (Umstände) einzuschränkendes Vernunftgebot: in allen Erklärungen

50 wahrhaft (ehrlich) zu sein.

Immanuel Kant: *Über ein vermeintliches Recht, aus Menschenliebe zu lügen.* Akademieausgabe, Bd. 8. Oldenburg: de Gruyter 1969, S. 427.

1 Es ist überall nichts in der Welt, ja überhaupt auch außer derselben zu denken möglich, was ohne Einschränkung für gut könnte gehalten werden, als allein ein guter Wille. Verstand, Witz, Urtheilskraft und wie die Talente des Geistes sonst heißen mögen, oder Muth, Entschlossenheit, Beharrlichkeit

5 im Vorsatze als Eigenschaften des Temperaments sind ohne Zweifel in mancher Absicht gut und wünschenswerth; aber sie können auch äußerst böse und schädlich werden, wenn der Wille, der von diesen Naturgaben Gebrauch machen soll und dessen eigenthümliche Beschaffenheit darum Charakter heißt, nicht gut ist. [...]

10 Der gute Wille ist nicht durch das, was er bewirkt oder ausrichtet, nicht durch seine Tauglichkeit zur Erreichung irgend eines vorgesetzten Zweckes, sondern allein durch das Wollen, d. i. an sich, gut und, für sich selbst betrachtet, ohne Vergleich weit höher zu schätzen als alles, was durch ihn zu Gunsten irgend einer Neigung, ja wenn man will, der Summe aller Nei-

15 gungen nur immer zu Stande gebracht werden könnte. Wenn gleich durch eine besondere Ungunst des Schicksals, oder durch kärgliche Ausstattung einer stiefmütterlichen Natur es diesem Willen gänzlich an Vermögen fehlte, seine Absicht durchzusetzen; wenn bei seiner größten Bestrebung dennoch nichts von ihm ausgerichtet würde, und nur der gute Wille (freilich

20 nicht etwa als ein bloßer Wunsch, sondern als die Aufbietung aller Mittel, so weit sie in unserer Gewalt sind) übrig bliebe: so würde er wie ein Juwel doch für sich selbst glänzen, als etwas, das seinen vollen Werth in sich selbst hat. [...]

Ich übergehe hier alle Handlungen, die schon als pflichtwidrig erkannt

25 werden, ob sie gleich in dieser oder jener Absicht nützlich sein mögen; denn bei denen ist gar nicht einmal die Frage, ob sie aus Pflicht geschehen sein mögen, da sie dieser sogar widerstreiten. Ich setze auch die Handlungen bei Seite, die wirklich pflichtmäßig sind, zu denen aber Menschen unmittelbar keine Neigung haben, sie aber dennoch ausüben, weil sie durch

30 eine andere Neigung dazu getrieben werden. Denn da lässt sich leicht unterscheiden, ob die pflichtmäßige Handlung aus Pflicht oder aus selbstsüchtiger Absicht geschehen sei. Weit schwerer ist dieser Unterschied zu bemerken, wo die Handlung pflichtmäßig ist und das Subject noch überdem unmittelbare Neigung zu ihr hat. Z.B. es ist allerdings pflichtmäßig,

35 dass der Krämer seinen unerfahrnen Käufer nicht übertheure, und, wo viel Verkehr ist, thut dieses auch der kluge Kaufmann nicht, sondern hält einen festgesetzten allgemeinen Preis für jedermann, so dass ein Kind eben so gut bei ihm kauft, als jeder andere. Man wird also ehrlich bedient; allein das ist lange nicht genug, um deswegen zu glauben, der Kaufmann habe

40 aus Pflicht und Grundsätzen der Ehrlichkeit so verfahren; sein Vortheil erforderte es; dass er aber überdem noch eine unmittelbare Neigung zu den

Käufern haben sollte, um gleichsam aus Liebe keinem vor dem andern im Preise den Vorzug zu geben, lässt sich hier nicht annehmen. Also war die Handlung weder aus Pflicht, noch aus unmittelbarer Neigung, sondern bloß in eigennütziger Absicht geschehen.

Dagegen sein Leben zu erhalten, ist Pflicht, und überdem hat jedermann dazu noch eine unmittelbare Neigung. Aber um deswillen hat die oft ängstliche Sorgfalt, die der größte Theil der Menschen dafür trägt, doch keinen innern Werth und die Maxime derselben keinen moralischen Gehalt. Sie bewahren ihr Leben zwar pflichtmäßig aber nicht aus Pflicht. Dagegen wenn Widerwärtigkeiten und hoffnungsloser Gram den Geschmack am Leben gänzlich weggenommen haben; wenn der Unglückliche, stark an Seele, über sein Schicksal mehr entrüstet als kleinmüthig oder niedergeschlagen, den Tod wünscht und sein Leben doch erhält, ohne es zu lieben, nicht aus Neigung oder Furcht, sondern aus Pflicht: alsdann hat seine Maxime einen moralischen Gehalt.

Wohlthätig sein, wo man kann, ist Pflicht, und überdem giebt es manche so theilnehmend gestimmte Seelen, dass sie auch ohne einen andern Bewegungsgrund der Eitelkeit oder des Eigennutzes ein inneres Vergnügen daran finden, Freude um sich zu verbreiten, und die sich an der Zufriedenheit anderer, so fern sie ihr Werk ist, ergötzen können. Aber ich behaupte, dass in solchem Falle dergleichen Handlung, so pflichtmäßig, so liebenswürdig sie auch ist, dennoch keinen wahren sittlichen Werth habe, sondern mit andern Neigungen zu gleichen Paaren gehe, z. E. der Neigung nach Ehre, die, wenn sie glücklicherweise auf das trifft, was in der That gemeinnützig und pflichtmäßig, mithin ehrenwerth ist, Lob und Aufmunterung, aber nicht Hochschätzung verdient; denn der Maxime fehlt der sittliche Gehalt, nämlich solche Handlungen nicht aus Neigung, sondern aus Pflicht zu thun. [...]

Alle Imperativen nun gebieten entweder hypothetisch, oder kategorisch. Jene stellen die praktische Nothwendigkeit einer möglichen Handlung als Mittel zu etwas anderem, was man will (oder doch möglich ist, dass man es wolle), zu gelangen vor. Der kategorische Imperativ würde der sein, welcher eine Handlung als für sich selbst, ohne Beziehung auf einen andern Zweck, als objectiv-nothwendig vorstellte. [...]

Wenn ich mir einen hypothetischen Imperativ überhaupt denke, so weiß ich nicht zum voraus, was er enthalten werde: bis mir die Bedingung gegeben ist. Denke ich mir aber einen kategorischen Imperativ, so weiß ich sofort, was er enthalte. Denn da der Imperativ außer dem Gesetze nur die Nothwendigkeit der Maxime enthält, diesem Gesetze gemäß zu sein, das Gesetz aber keine Bedingung enthält, auf die es eingeschränkt war, so bleibt nichts als die Allgemeinheit eines Gesetzes überhaupt übrig, welchem die Maxime der Handlung gemäß sein soll, und welche Gemäßheit allein der Imperativ eigentlich als nothwendig vorstellt.

Der kategorische Imperativ ist also nur ein einziger und zwar dieser: handle nur nach derjenigen Maxime, durch die du zugleich wollen kannst, dass sie ein allgemeines Gesetz werde.

Wenn nun aus diesem einigen Imperativ alle Imperativen der Pflicht als aus ihrem Princip abgeleitet werden können, so werden wir, ob wir es gleich unausgemacht lassen, ob nicht überhaupt das, was man Pflicht nennt, ein leerer Begriff sei, doch wenigstens anzeigen können, was wir dadurch denken und was dieser Begriff sagen wolle.

Weil die Allgemeinheit des Gesetzes, wornach Wirkungen geschehen, das-jenige ausmacht, was eigentlich Natur im allgemeinsten Verstande (der Form nach), d.i. das Dasein der Dinge, heißt, so fern es nach allgemeinen Gesetzen bestimmt ist, so könnte der allgemeine Imperativ der Pflicht auch so lauten: handle so, als ob die Maxime deiner Handlung durch deinen Willen zum allgemeinen Naturgesetze werden sollte.

Nun wollen wir einige Pflichten herzählen nach der gewöhnlichen Einthei-lung derselben in Pflichten gegen uns selbst und gegen andere Menschen, in vollkommene und unvollkommene Pflichten.

1) Einer, der durch eine Reihe von Übeln, die bis zur Hoffnungslosigkeit angewachsen ist, einen Überdruss am Leben empfindet, ist noch so weit im Besitze seiner Vernunft, dass er sich selbst fragen kann, ob es auch nicht etwa der Pflicht gegen sich selbst zuwider sei, sich das Leben zu nehmen. Nun versucht er: ob die Maxime seiner Handlung wohl ein allgemeines Naturgesetz werden könne. Seine Maxime aber ist: ich mache es mir aus Selbstliebe zum Princip, wenn das Leben bei seiner längern Frist mehr Übel droht, als es Annehmlichkeit verspricht, es mir abzukürzen. Es frägt sich nur noch, ob dieses Princip der Selbstliebe ein allgemeines Naturge-setz werden könne. Da sieht man aber bald, dass eine Natur, deren Gesetz es wäre, durch dieselbe Empfindung, deren Bestimmung es ist, zur Beför-derung des Lebens anzutreiben, das Leben selbst zu zerstören, ihr selbst widersprechen und also nicht als Natur bestehen würde, mithin jene Maxi-me unmöglich als allgemeines Naturgesetz stattfinden könne und folglich dem obersten Princip aller Pflicht gänzlich widerstreite.

2) Ein anderer sieht sich durch Noth gedrungen, Geld zu borgen. Er weiß wohl, dass er nicht wird bezahlen können, sieht aber auch, dass ihm nichts geliehen werden wird, wenn er nicht festiglich verspricht, es zu einer be-stimmten Zeit zu bezahlen. Er hat Lust, ein solches Versprechen zu thun; noch aber hat er so viel Gewissen, sich zu fragen: ist es nicht unerlaubt und pflichtwidrig, sich auf solche Art aus Noth zu helfen? Gesetzt, er beschlösse es doch, so würde seine Maxime der Handlung so lauten: wenn ich mich in Geldnoth zu sein glaube, so will ich Geld borgen und versprechen es zu bezahlen, ob ich gleich weiß, es werde niemals geschehen. Nun ist dieses Princip der Selbstliebe oder der eigenen Zuträglichkeit mit meinem ganzen künftigen Wohlbefinden vielleicht wohl zu vereinigen, allein jetzt ist die Frage: ob es recht sei. Ich verwandle also die Zumuthung der Selbstliebe in ein allgemeines Gesetz und richte die Frage so ein: wie es dann stehen würde, wenn meine Maxime ein allgemeines Gesetz würde. Da sehe ich nun sogleich, dass sie niemals als allgemeines Naturgesetz gelten und mit sich selbst zusammenstimmen könne, sondern sich nothwendig wider-sprechen müsse. Denn die Allgemeinheit eines Gesetzes, dass jeder, nach-dem er in Noth zu sein glaubt, versprechen könne, was ihm einfällt, mit dem Vorsatz, es nicht zu halten, würde das Versprechen und den Zweck, den man damit haben mag, selbst unmöglich machen, indem niemand glauben würde, dass ihm was versprochen sei, sondern über alle solche Äußerung als eitles Vorgeben lachen würde.

3) Ein dritter findet in sich ein Talent, welches vermittelst einiger Cultur ihn zu einem in allerlei Absicht brauchbaren Menschen machen könnte. Er sieht sich aber in bequemen Umständen und zieht vor, lieber dem Ver-gnügen nachzuhängen, als sich mit Erweiterung und Verbesserung seiner glücklichen Naturanlagen zu bemühen. Noch frägt er aber: ob außer der

Übereinstimmung, die seine Maxime der Verwahrlosung seiner Naturga-

145 ben mit seinem Hange zur Ergötzlichkeit an sich hat, sie auch mit dem, was
man Pflicht nennt, übereinstimme. Da sieht er nun, dass zwar eine Natur
nach einem solchen allgemeinen Gesetze immer noch bestehen könne, obgleich der Mensch (so wie die Südsee-Einwohner) sein Talent rosten ließe
und sein Leben bloß auf Müßiggang, Ergötzlichkeit, Fortpflanzung, mit

150 einem Wort auf Genuss zu verwenden bedacht wäre; allein er kann unmöglich wollen, dass dieses ein allgemeines Naturgesetz werde, oder als
ein solches in uns durch Naturinstinct gelegt sei. Denn als ein vernünftiges
Wesen will er nothwendig, dass alle Vermögen in ihm entwickelt werden,
weil sie ihm doch zu allerlei möglichen Absichten dienlich und gegeben

155 sind.

4) Noch denkt ein vierter, dem es wohl geht, indessen er sieht, dass andere
mit großen Mühseligkeiten zu kämpfen haben (denen er auch wohl helfen
könnte): was gehts mich an? mag doch ein jeder so glücklich sein, als es der
Himmel will, oder er sich selbst machen kann, ich werde ihm nichts entzie-

160 hen, ja nicht einmal beneiden; nur zu seinem Wohlbefinden oder seinem
Beistande in der Noth habe ich nicht Lust etwas beizutragen! Nun könnte allerdings, wenn eine solche Denkungsart ein allgemeines Naturgesetz
würde, das menschliche Geschlecht gar wohl bestehen ohne Zweifel noch
besser, als wenn jedermann von Theilnehmung und Wohlwollen schwatzt,

165 auch sich beeifert, gelegentlich dergleichen auszuüben, dagegen aber auch,
wo er nur kann, betrügt, das Recht der Menschen verkauft, oder ihm sonst
Abbruch thut. Aber obgleich es möglich ist, dass nach jener Maxime ein allgemeines Naturgesetz wohl bestehen könnte: so ist es doch unmöglich, zu
wollen, dass ein solches Princip als Naturgesetz allenthalben gelte. Denn

170 ein Wille, der dieses beschlösse, würde sich selbst widerstreiten, indem der
Fälle sich doch manche eräugnen können, wo er anderer Liebe und Theilnehmung bedarf, und wo er durch ein solches aus seinem eigenen Willen
entsprungenes Naturgesetz sich selbst alle Hoffnung des Beistandes, den er
sich wünscht, rauben würde.

Immanuel Kant: *Grundlegung zur Metaphysik der Sitten.* Akademieausgabe, Bd. 4. Oldenburg:
de Gruyter 1963, S. 393, 394, 397–398, 414 und S. 420–423.

Vertiefung

Ein möglicher Einwand gegen die deontologische Ethik lautet wie folgt: Wenn es eine absolute Pflicht ist, niemanden zu töten, dann dürften wir auch in Notwehr keine Person töten, die uns angreift, und auch keinen Tyrannen, der ein unermesslich grosses Leid für Millionen von Menschen verursacht. Die Gegenargumentation greift vielfach auf das sogenannte Prinzip der Doppelwirkung zurück. Dieses wurde von Thomas von Aquin bereits im Mittelalter in die Diskussion eingeführt, und zwar im Zusammenhang mit der Frage, ob es erlaubt sei, einen Menschen in Notwehr zu töten. Thomas von Aquin diskutiert den Fall eines Einbrechers.

1 Es steht nichts im Wege, dass ein und dieselbe Handlung zwei Wirkungen hat, von denen nur die eine beabsichtigt ist, während die andere außerhalb der [eigentlichen] Absicht liegt. Die sittlichen Handlungen aber empfangen ihre Eigenart von dem, was beabsichtigt ist, nicht aber von dem, was außer-
5 halb der Absicht liegt, da es zufällig ist. So kann auch aus der Handlung dessen, der sich selbst verteidigt, eine doppelte Wirkung folgen: die eine ist die Rettung des eigenen Lebens; die andere ist die Tötung des Angreifers. Eine solche Handlung hat auf Grund der Absicht, die auf die Rettung des eigenen Lebens geht, nichts Unerlaubtes; denn das ist jedem Wesen natur-
10 haft, dass es sich, soweit es nur irgend kann, im Sein erhält.

Thomas von Aquin: Summa theologica 2–2, q. 64 a.7. In: Albertus-Magnus-Akademie Walberberg (Hrsg.): *Die deutsche Thomas-Ausgabe. Vollständige, ungekürzte deutsch-lateinische Ausgabe der Summa theologica, Bd. 18.* Heidelberg: Kerle und Pustet 1953, S. 172–176.

Eine moderne Formulierung des Prinzips der Doppelwirkung liefert Mark Timmons.

1 Manche Handlungen haben zwei (oder mehr) Wirkungen, eine gute und eine schlechte, die beide vorhergesehen werden – daher eine «Doppelwirkung». Das Prinzip der Doppelwirkung legt Bedingungen fest, unter denen es moralisch zulässig ist, solche Handlungen durchzuführen.
5 Wann immer eine Handlung mindestens eine gute und eine schlechte oder böse Wirkung hervorrufen würde, ist es erlaubt, die Handlung auszuführen, dann und nur dann, wenn alle der folgenden Bedingungen erfüllt sind:
1. Die fragliche Handlung darf, abgesehen von ihren Wirkungen, nicht falsch sein.
10 2. Die schlechte Wirkung darf nicht vom Handelnden beabsichtigt sein. Es gibt zwei grundsätzliche Möglichkeiten, wie eine Wirkung beabsichtigt sein könnte:
a. Jede Wirkung, die ein gewählter Zweck der Handlung ist, ist beabsichtigt.

15   b. Jede Wirkung, die ein Mittel zur Herbeiführung eines beabsichtigten Zwecks ist, ist ebenfalls beabsichtigt.

    3. Die schlechte Wirkung darf «in keinem Missverhältnis» zu der guten Wirkung stehen. Was als angemessenes oder unangemessenes Verhältnis zählt, kann nicht genau spezifiziert werden, und es wäre sicherlich

20   unvereinbar mit der These der Inkommensurabilität, anzunehmen, dass es möglich ist, den Grad der Güte und der Schlechtheit von Wirkungen nach einer gemeinsamen Messskala zu messen. Mangelnde Verhältnismäßigkeit bedeutet jedoch nicht, dass gute und schlechte Wirkungen nicht in der von dieser Anforderung vorausgesetzten Weise

25   verglichen und beurteilt werden können.

Mark Timmons: *Moral Theory. An Introduction.* New York/Oxford: Rowman & Littlefield 2001, S. 78 f. [Übersetzung TZ].

William David Ross hat nicht nur den Utilitarismus kritisiert, sondern auch die deontologische Ethik, und zwar für ihre Auffassung, dass moralische Pflichten ausnahmslos gelten. Ross schreibt, es sei offensichtlich, dass wir berechtigt seien, ein Versprechen zu brechen, wenn wir dadurch einen schwerwiegenden Unfall verhindern könnten. Seine eigene Variante einer deontologischen Theorie sieht vor, dass wir eine Reihe von Pflichten haben und diese in der jeweiligen Situation gewichten müssen, um zu der richtigen Entscheidung zu gelangen. Ross nennt diese *Prima-facie*-Pflichten, doch präziser ist es, vom «moralischen Grund» zu sprechen, der einer Handlung zugrunde liegt. Wir können Gründe haben, dieses zu tun, und zugleich Gründe, jenes zu tun, und um zu wissen, was wir tun sollen, müssen wir diese Gründe gegeneinander abwägen.

1   Es gibt nichts Beliebiges an diesen *Prima-facie*-Pflichten. Jede ruht auf einem bestimmten Umstand, der nicht ernsthaft als ohne moralische Bedeutung angesehen werden kann. Ohne Anspruch auf Vollständigkeit oder Endgültigkeit schlage ich die folgende Aufteilung von *Prima-facie*-Pflich-

5   ten vor.

(1) Einige Pflichten beruhen auf früheren eigenen Handlungen. Diese Pflichten scheinen zwei Arten zu umfassen, (a) diejenigen Pflichten, die auf einem Versprechen beruhen oder auf dem, was man als implizites Versprechen bezeichnen könnte, wie z. B. die implizite Verpflichtung, keine

10   Lügen zu erzählen, die in dem Akt des Gesprächs (jedenfalls von zivilisierten Menschen) impliziert zu sein scheinen, oder das Schreiben von Büchern, die vorgeben, Geschichte und keine Fiktion zu sein. Diese können als die Pflichten der Treue bezeichnet werden. (b) Diejenigen, die auf einer früheren unrechtmäßigen Handlung beruhen. Diese können als Repara-

15   turpflichten bezeichnet werden.

(2) Einige ruhen auf früheren Handlungen anderer Menschen, d. h. Dienstleistungen, die sie für mich erbracht haben. Diese können grob als die Pflicht der Dankbarkeit bezeichnet werden.

(3) Einige beruhen auf der Tatsache oder Möglichkeit einer Verteilung von

20   Vergnügen oder Glück (oder der Mittel dazu), die nicht dem Verdienst der betreffenden Personen entspricht; in solchen Fällen entsteht die Verpflichtung, eine solche Verteilung zu stören oder zu verhindern. Das sind die Pflichten der Gerechtigkeit.

(4) Einige ruhen auf der bloßen Tatsache, dass es andere Wesen in der Welt gibt, deren Zustand wir in Bezug auf Tugend, Intelligenz oder Vergnügen
25 verbessern können. Das sind die Pflichten der Wohltätigkeit.

(5) Einige beruhen auf der Tatsache, dass wir unseren eigenen Zustand in Bezug auf Tugend oder Intelligenz verbessern können. Das sind die Aufgaben der Selbstvervollkommnung.

(6) Meiner Meinung nach sollten wir von (4) die Pflichten unterscheiden,
30 die unter dem Titel «keine Verletzung anderer» zusammengefasst werden können. Zweifellos bedeutet andere zu verletzen im Übrigen, ihnen nichts Gutes zu tun; aber es scheint mir klar zu sein, dass die Nicht-Bösartigkeit als eine Pflicht verstanden wird, die sich von der der Wohltätigkeit unterscheidet, und als eine Pflicht mit einem strengeren Charakter.

David Ross: *The Right and The Good.* Oxford: Oxford University Press 2002, S. 20–21 [Übersetzung JP].

Christine Korsgaard (geb. 1952) liefert in dem folgenden Textausschnitt eine Interpretation von Kants Verbot zu lügen.

1 Stellen Sie sich vor, jemand kommt zu Ihnen nach Hause und gibt vor, eine Art Umfrage zu machen. In Wahrheit ist diese Person ein Philanthrop, der sein Geld an Menschen geben will, die bestimmte Kriterien erfüllen, und das ist seine Art, geeignete Empfänger*innen für seine Wohltätigkeit zu
5 finden. Zufälligerweise durchschauen Sie die wahren Absichten. Durch Lügen könnten Sie etwas Geld bekommen, obwohl Sie seine Kriterien in Wirklichkeit nicht erfüllen. Das Argument, das ich aus der [universal law] Formel über das Lügen des Mörders abgeleitet habe, gilt hier. Die Universalisierung der Lüge gegenüber dem Philanthropen wird ihre Wirksamkeit
10 nicht zerstören. Selbst wenn es ein universelles Gesetz ist, dass jeder unter diesen Umständen lügt, denkt der Philanthrop, dass Sie nicht wissen, dass diese Umstände nun gegeben sind. Meiner Meinung nach ist es in diesem Fall zulässig zu lügen. Der Philanthrop, wie der Mörder, hat sich durch seine eigene Täuschung in eine moralisch ungeschützte Position gebracht.
15 [...] Es gibt zwei Gründe, den Mörder an der Tür anzulügen. Erstens haben wir die Pflicht zur gegenseitigen Hilfe. Dies ist eine unvollkommene Tugendpflicht, denn das [moralische] Gesetz sagt nicht genau, was oder wie viel wir in dieser Hinsicht tun müssen. Diese Pflicht gibt uns einen Grund zu lügen. Ob es
20 die Lüge zur Pflicht macht, hängt davon ab, wie man die Pflicht zur gegenseitigen Hilfe versteht, wie man die «Reichweite» der unvollkommenen Pflichten versteht. Es kann sein, dass in einer so dringenden Situation die Lüge
25 unerlässlich ist. Beachten Sie, dass, wenn die Lüge unzulässig wäre, diese Pflicht keine Kraft hätte. Unvollkommene Pflichten sind immer zweitrangig gegenüber perfekten Pflichten. Aber wenn die Lüge zulässig ist, wird diese
30 Pflicht einen Grund geben, ob zwingend oder nicht, zu lügen. Der zweite Grund hat mit Selbstachtung zu tun. Der Mörder will Sie zu einem Werkzeug des Bösen machen; er be-

—
CHRISTINE KORSGAARD
—

Die US-amerikanische Philosophin Christine Korsgaard (geb. 1952) ist berühmt für die von ihr entwickelte Variante der kantischen Ethik. Demnach sind ethische Wahrheiten letztlich von uns Menschen geschaffen. Ihre Annahmen lauten: Jeder Mensch entwickelt Wertvorstellungen, und diese sind die Grundlage für die Bildung eines Selbstkonzepts. Wir wollen moralisch handeln, weil die moralisch richtigen Handlungen unseren Werten entsprechen. Würden wir nicht moralisch handeln, würden wir gegen unsere eigene Überzeugung handeln.

trachtet Ihre Integrität als nützlich für die Vorhersehbarkeit des Gesche-
hens. Er versucht, Sie und Ihren guten Willen als Mittel zu einem bösen
Zweck zu benutzen. Sie schulden es der Menschheit in Ihrer eigenen Person, dass Ihre Ehrlichkeit nicht als Ressource für das Böse benutzt wird.
Ich denke, das wäre eine vollkommene Tugendpflicht; Kant sagt das nicht
richtig, aber in seiner Diskussion über die Knechtschaft (deren Vermeidung
eine vollkommene Tugendpflicht ist) sagt er: «lasst eure Rechte nicht unge-
ahndet von Anderen mit Füßen treten» (MMV, 436). Beide Gründe ergeben
sich aus den Tugendpflichten. Eine Person mit einem guten Charakter wird
lügen. Nicht zu erwähnen, dass es moralisch schlecht ist. Aber es gibt keine
Rechtspflicht, zu lügen. Wenn wir nicht lügen, können wir nicht bestraft
oder, sagen wir, für Beihilfe zum Mord verantwortlich gemacht werden.
Kant würde darauf bestehen, dass, selbst wenn gelogen werden sollte, dies
nicht bedeutet, dass die pingelig ehrliche Person, die nicht lügt, irgendwie
in den Mord verwickelt ist. Es ist der Mörder, nicht die ehrliche Person, der
dieses Verbrechen begeht. [...]
Die Menschheitszweckformel [Zweck-an-sich-Formel] und ihre Konsequenz, die Vision eines Königreichs der Zwecke, bieten ein Ideal, das im
täglichen Leben angestrebt werden kann, sowie ein langfristiges politisches und moralisches Ziel für die Menschheit. Aber es ist nicht immer
möglich, diesem Ideal gerecht zu werden, und wo der Versuch, ihm gerecht
zu werden, Sie zu einem Werkzeug des Bösen machen würde, sollten Sie
das nicht tun. Unter bösen Umständen, aber nur dann, kann das König-
reich der Zwecke eher zu einem Ziel werden, das angestrebt werden sollte,
als zu einem Ideal, dem man gerecht werden kann, und das wird uns eine
gewisse Orientierung geben. Die kantischen Prioritäten – Gerechtigkeit vor
der Verfolgung obligatorischer Ziele und Respekt vor Wohlwollen – helfen
uns immer noch zu erkennen, worauf es ankommt. Und selbst unter den
schlimmsten Umständen gibt es immer die Formel des universellen Gesetzes, die uns sagt, was wir auf keinen Fall tun dürfen. Denn was auch immer
uns zu schlechten Umständen veranlassen mag, wir können unmöglich
gerechtfertigt sein, etwas zu tun, was andere unter denselben Umständen
nicht auch tun könnten. Die Formel des universellen Gesetzes liefert den
Punkt, an dem die Moral kompromisslos wird.

Christine M Korsgaard: The Right to Lie: Kant on Dealing with Evil. In: *Philosophy & Public Affairs* 15
(4) 1986, S. 325–349 [Übersetzung TZ].

Tugendethik

Die Tugendethik geht in der abendländischen Tradition auf Platon und Aristoteles zurück, in der östlichen Tradition auf Konfuzius. In der modernen Philosophie des 20. Jahrhunderts erlangte die Tugendethik erst im Anschluss an den Aufsatz «Modern Moral Theory» (1958) von Elizabeth Anscombe neuen Auftrieb. Eine berühmte zeitgenössische Vertreterin ist Martha Nussbaum. Eine neuere Variante der Tugendethik ist die von Carol Gilligan eingeführte Fürsorgeethik. Wir beginnen mit einem Text von Aristoteles.

1 Wir dürfen uns aber nicht darauf beschränken zu sagen, dass die [charakterliche] Gutheit eine Disposition ist; vielmehr müssen wir auch sagen, welche Art von Disposition sie ist. Da ist nun zu bemerken, dass jede Gutheit dasjenige, dessen Gutheit *(arete)* sie ist, in eine gute Verfassung bringt und

5 zugleich die Ausübung seiner Funktion *(ergon)* gut macht. [...]
Wenn sich dies nun in allen Fällen so verhält, dann wird auch die Gutheit des Menschen diejenige Disposition sein, durch die er ein guter Mensch wird und aus der heraus er die ihm eigene Funktion gut erfüllt. Wie dies geschieht, haben wir bereits gesagt. Es wird jedoch auch auf die folgende

10 Weise klar werden, wenn wir betrachten, wie ihr [der Gutheit] Wesen beschaffen ist.
Bei allem Kontinuierlichen und Teilbaren kann man einen größeren, einen kleineren oder einen gleichen Betrag nehmen, und dies entweder in Bezug auf die Sache selbst oder in Bezug auf uns. Das Gleiche ist eine Art Mittleres

15 *(meson)* zwischen Übermaß *(hyperbole)* und Mangel *(elleipsis)*. Ich nenne aber das Mittlere der Sache das, was gleich weit von beiden Extremen entfernt ist, und das ist für alle ein und dasselbe. Hingegen meine ich mit dem Mittleren in Bezug auf uns, was weder zu viel noch zu wenig ist; dies ist nicht eines, und es ist auch nicht für alle dasselbe. Wenn zum Beispiel zehn

20 viel und zwei wenig ist, dann nimmt man als das der Sache nach Mittleres sechs, da es um den gleichen Betrag übertrifft und übertroffen wird; das ist die Mitte nach der arithmetischen Proportion. Das Mittlere in Bezug auf uns darf man jedoch nicht so nehmen. Wenn für jemanden Nahrung von zehn Minen zu viel Nahrung und Nahrung von zwei Minen zu wenig ist,

25 dann wird der Trainer nicht Nahrung von sechs Minen vorschreiben; denn vielleicht ist auch das für denjenigen, der die Nahrung aufnehmen soll, zu viel oder zu wenig – für Milon wenig, für einen Anfänger in den athletischen Übungen viel. Dasselbe gilt für Wettlauf und Ringkampf. So meidet also jeder Kundige Übermaß und Mangel, das Mittlere dagegen sucht er

30 und wählt eben dieses, und zwar das Mittlere nicht der Sache, sondern in Bezug auf uns.
Wenn nun also jedes Herstellungswissen *(episteme)* seine Funktion auf diese Art gut erfüllt, indem es auf das Mittlere sieht und seine Produkte *(ergon)* an diesem ausrichtet (weshalb man gewöhnlich bei gut beschaffenen Pro-

35 dukten sagt, es sei nicht möglich, etwas wegzunehmen oder hinzuzufügen, da man annimmt, Übermaß und Mangel würden die gute Beschaffenheit *(to eu)* zerstören, die Mitte *(mesotes)* aber bewahre sie), wenn ferner Menschen, die gut in einem Herstellungswissen sind, wie wir sagen, bei ihrer Arbeit auf diese [die Mitte] schauen, und wenn schließlich die Gutheit – wie

40 auch die Natur – genauer und besser ist als jedes Herstellungswissen, dann wird sie [die Gutheit] so beschaffen sein, dass sie auf das Mittlere zielt.

Ich meine die Gutheit des Charakters, die Tugend *(arete ethike)*. Denn diese
hat mit Affekten und Handlungen zu tun, und in diesen gibt es Übermaß,
Mangel und das Mittlere. Zum Beispiel kann man Furcht, Mut, Begierde,
45 Zorn, Mitleid und allgemein Lust und Unlust ebenso viel wie zu wenig empfinden, und beides ist nicht die richtige Weise. Dagegen sie zu empfinden,
wann *(hote)* man soll, bei welchen Anlässen *(eph'hois)* und welchen Menschen gegenüber *(pros hous)*, zu welchem Zweck *(hou heneka)* und wie man
soll *(hos dei)*, ist das Mittlere und das Beste, und dies macht die Tugend aus.
50 Ähnlich gibt es Übermaß, Mangel und das Mittlere in Bezug auf Handlungen. Die Tugend hat mit Affekten und Handlungen zu tun, bei denen das
Übermaß wie auch der Mangel eine Verfehlung darstellt, das Mittlere dagegen gelobt wird und das Richtige trifft. Dies beides aber [Gegenstand von
Lob und richtig zu sein] sind Kennzeichen der Tugend. Die Tugend ist also
55 eine Art von Mitte *(mesotes)*, da sie auf das Mittlere *(meson)* zielt.

Aristoteles: *Nikomachische Ethik.* Übersetzt und herausgegeben von Ursula Wolf. Reinbek bei
Hamburg: Rowohlt 2006, S. 82–83 [1106a–b].

Die Philosophin Martha Nussbaum (geb. 1947) stellt in der Tradition von Aristoteles
eine Liste von Fähigkeiten auf, die für ein gelungenes Leben massgebend seien.

Die zentralen menschlichen Fähigkeiten
1. *Leben:* Die Fähigkeit, ein menschliches Leben normaler Dauer bis zum
   Ende zu leben; nicht frühzeitig zu sterben und nicht zu sterben, bevor dieses Leben so eingeschränkt ist, dass es nicht mehr lebenswert ist.
2. *Körperliche Gesundheit:* Die Fähigkeit, bei guter Gesundheit zu sein; wozu
   auch die reproduktive Gesundheit, eine angemessene Ernährung und eine
   angemessene Unterkunft gehören.
3. *Körperliche Integrität:* Die Fähigkeit, sich frei von einem Ort zum anderen
   zu bewegen; vor gewaltsamen Übergriffen sicher zu sein, sexuelle Über-
   griffe und häusliche Gewalt eingeschlossen; Gelegenheit zur sexuellen Befriedigung und zur freien Entscheidung im Bereich der Fortpflanzung zu
   haben.
4. *Sinne, Vorstellungskraft und Denken:* Die Fähigkeit; die Sinne zu benutzen,
   sich etwas vorzustellen, zu denken und zu schlussfolgern und dies alles auf
   jene «wahrhaft menschliche» Weise, die von einer angemessenen Erziehung und Ausbildung geprägt und kultiviert wird, die Lese- und Schreib-
   fähigkeit sowie basale mathematische und
   wissenschaftliche Kenntnisse einschließt,
   aber keineswegs auf sie beschränkt ist. Die Fähigkeit, im Zusammenhang, mit dem Erleben
   und Herstellen, von selbstgewählten religiösen, literarischen, musikalischen etc. Werken
   und Ereignissen die Vorstellungskraft und das
   Denkvermögen zu erproben. Die Fähigkeit,
   sich seines Verstandes auf Weisen zu bedienen, die durch die Garantie der politischen
   und künstlerischen Meinungsfreiheit und die
   Freiheit der Religionsausübung geschützt werden. Die Fähigkeit, angenehme Erfahrungen
5. zu machen und unnötigen Schmerz zu vermeiden.

**MARTHA
NUSSBAUM**

Martha Craven Nussbaum (geb. 1947) ist eine US-amerikanische Philosophin. Sie ist bekannt für den sogenannten Fähigkeitsansatz (engl. *capability approach*), den sie
zusammen mit dem Nobelpreisträger für Wirtschaftswissenschaften Amartya Sen (geb. 1933) entwickelt hat
und der dabei helfen soll, zu bestimmen, was ein gutes
menschliches Leben ausmacht.

Gefühle: Die Fähigkeit, Bindungen zu Dingen und Personen außerhalb unserer selbst aufzubauen; die Fähigkeit, auf Liebe und Sorge mit Zuneigung zu reagieren, und auf die Abwesenheit dieser Wesen mit Trauer; ganz allgemein zu lieben, zu trauern, Sehnsucht, Dankbarkeit und berechtigten Zorn zu fühlen. Die Fähigkeit, an der eigenen emotionalen Entwicklung nicht durch Furcht und Ängste gehindert zu werden. (Diese Fähigkeit zu unterstützen heißt auch; jene Arten der menschlichen Gemeinschaft zu fördern, die erwiesenermaßen für diese Entwicklung entscheidend sind.)

6. *Praktische Vernunft:* Die Fähigkeit, selbst eine persönliche Auffassung des Guten zu bilden und über die eigene Lebensplanung auf kritische Weise nachzudenken. (Hierzu gehört der Schutz der Gewissens- und Religionsfreiheit.)

7. *Zugehörigkeit:* A. Die Fähigkeit, mit anderen und für andere zu leben, andere Menschen anzuerkennen und Interesse an ihnen zu zeigen; sich auf verschiedene Formen der sozialen Interaktion einzulassen; sich in die Lage eines anderen hineinzuversetzen. (Der Schutz dieser Fähigkeit erfordert den Schutz jener Institutionen, die diese Formen der Zugehörigkeit konstituieren und fördern, sowie der Versammlungs- und Redefreiheit.)
B. Über die sozialen Grundlagen der Selbstachtung und der Nichtdemütigung zu verfügen; die Fähigkeit, als Wesen mit Würde behandelt zu werden, dessen Wert dem anderer gleich ist. Hierzu gehören Maßnahmen gegen die Diskriminierung auf der Grundlage von ethnischer Zugehörigkeit, Geschlecht, sexueller Orientierung, Kaste, Religion und nationaler Herkunft.

8. *Andere Spezies:* Die Fähigkeit, in Anteilnahme für und in Beziehung zu Tieren, Pflanzen und zur Welt der Natur zu leben.

9. *Spiel:* Die Fähigkeit zu lachen, zu spielen und erholsame Tätigkeiten zu genießen.

10. *Kontrolle über die eigene Umwelt:* A. *Politisch:* Die Fähigkeit, wirksam an den politischen Entscheidungen teilzunehmen, die das eigene Leben betreffen; ein Recht auf politische Partizipation, auf Schutz der freien Rede und auf politische Vereinigung zu haben.
B. *Inhaltlich:* Die Fähigkeit, Eigentum (an Land und an beweglichen Gütern) zu besitzen und Eigentumsrechte auf der gleichen Grundlage wie andere zu haben; das Recht zu haben, eine Beschäftigung auf der gleichen Grundlage wie andere zu suchen; vor ungerechtfertigter Durchsuchung und Festnahme geschützt zu sein. Die Fähigkeit, als Mensch zu arbeiten, die praktische Vernunft am Arbeitsplatz ausüben zu können und in sinnvolle Beziehungen der wechselseitigen Anerkennung mit anderen Arbeitern treten zu können.

Martha C. Nussbaum: *Die Grenzen der Gerechtigkeit. Behinderung, Nationalität und Spezieszugehörigkeit.* Übersetzt von Robin Celikates und Eva Engels. Berlin: Suhrkamp 2010, S. 112–114.

Eine Version der Tugendethik ist die sogenannte Fürsorgeethik (engl. *ethics of care*), die von der US-amerikanischen Psychologin Carol Gilligan (geb. 1936) in die philosophische Diskussion eingebracht wurde. In ihrem Buch *Die andere Stimme. Lebenskonflikte und Moral der Frau* (engl. *In a Different Voice*, 1982) geht es Gilligan darum, die Sicht der Frau zu berücksichtigen, die bis dahin sowohl in der Philosophie als auch in der Psychologie vernachlässigt wurde. In dem feministischen Werk stellt Gilligan die Idee einer auf allgemeinen, ewigen und absoluten Prinzipien aufbauenden Ethik infrage, die sowohl der deontologischen als auch der konsequentialistischen Ethik als Grundlage dient. Sie kritisiert damit auch die Theorie der moralischen Entwicklung ihres Kollegen Lawrence Kohlberg. Gemäss Kohlberg verläuft die moralische Entwicklung in sechs Stufen, von denen die ersten zwei präkonventional, die nächsten zwei konventional und die letzten zwei postkonventional sind, wobei die höchste Stufe die universalistische Moral ist.

1   Der Bogen der Entwicklungstheorie führt von der kindlichen Abhängigkeit zur Autonomie der Erwachsenen und verfolgt einen Weg, der durch eine zunehmende Differenzierung des Selbst vom anderen und eine fortschreitende Befreiung des Denkens von kontextuellen Einschränkungen

5   gekennzeichnet ist. Die Vision von Luther, die von der Ablehnung eines von anderen definierten Selbst über die selbstbewusste Kühnheit von «Hier stehe ich» und das Bild von Platons allegorischem Mann in der Höhle, der endlich die Schatten von der Sonne trennt, haben das psychologische Verständnis dessen, was Entwicklung ausmacht, stark beeinflusst. Der Einzel-

10   ne, der die entwicklungspsychologischen Herausforderungen der Adoleszenz meistert, wie sie ihm von Piaget, Erikson und Kohlberg aufgetragen wurden, denkt formell, von der Theorie zur Realität fortschreitend, und definiert sowohl das Selbst als auch das Moralische autonom, das heißt unabhängig von der Identifikation und den Konventionen, die die Besonder-

15   heiten seiner Kindheitswelt umfassten. Es wird davon ausgegangen, dass er, derart ausgerüstet, bereit ist, als Erwachsener zu leben, zu lieben und zu arbeiten, und dies auf eine sowohl intime als auch erzeugende Weise, ein ethisches Gefühl der Fürsorge zu entwickeln ebenso wie eine genitale Art der Beziehung, in der Geben und Nehmen zu einem ultimativen Ausgleich

20   der Spannung zwischen sich selbst und dem anderen verschmelzen. Doch die Männer, deren Theorien dieses Entwicklungsverständnis weitgehend geprägt haben, sind alle von demselben Problem geplagt, dem Problem der Frauen, deren Sexualität diffuser bleibt, deren Selbstwahrnehmung so viel hartnäckiger in Beziehungen zu anderen eingebettet ist

25   und deren moralische Dilemmata sie in einer Art Urteilsform halten, die beharrlich kontextuell ist. Die Lösung bestand darin, Frauen entweder als abweichend oder als mangelhaft in ihrer Entwicklung zu betrachten. [...] Die eingangs beschriebene Auffassung der Entwicklung, die die Entwick-

30   lung von Frauen so konsequent für anormal oder unvollständig befunden hat, wurde insofern eingeschränkt als sie überwiegend eine männliche Konzeption war, die ein Lippenbekenntnis zur Interdependenz von Intimität und Fürsorge abgab, ihr einen Platz auf dem Diagramm einräumte, aber ständig auf ihre Kosten die Bedeutung und den Wert eines autonomen

35   Urteils und Handelns betonte. Zu dieser Auffassung der Wahrheit der weiblichen Perspektive Einlass zu gewähren, heißt, für beide Geschlechter die zentrale Bedeutung der Verbindung zwischen sich selbst und dem anderen im Erwachsenenleben zu erkennen, die Universalität der Notwendigkeit von Mitgefühl und Fürsorge.

40   [...] Die Moral der Verantwortung, welche Frauen beschreiben, unterscheidet sich von der Moral der Rechte, die Kohlbergs Vorstellung von den höchsten Stufen des moralischen Urteils zugrunde liegen. Kohlberg sieht den Fortschritt in Richtung dieser Stufen als Ergebnis der Verallgemeinerung der

45   egozentrischen jugendlichen Ablehnung der gesellschaftlichen Moral zu

einer prinzipientreuen Konzeption der individuellen Naturrechte. Um diesen Fortschritt zu veranschaulichen, zitiert er als Beispiel für ein integriertes Urteil der fünften Stufe, «möglicherweise in die sechste Stufe übergehend», die Reaktion eines fünfundzwanzigjährigen Probanden aus seiner männlichen Längsprobe:

> (Was bedeutet das Wort Moral für dich?) Niemand auf der Welt weiß die Antwort. Ich denke, dass es die Anerkennung des Rechts des Einzelnen ist, der Rechte anderer Personen ist, sich nicht in diese Rechte einzumischen. Handle so fair, wie du es dir wünschst, dass sie dich behandeln. Ich denke, es besteht grundsätzlich darin, das Existenzrecht des Menschen zu wahren. Ich denke, das ist das Wichtigste. Zweitens, das Recht des Menschen, zu tun, was ihm gefällt, auch hier wieder ohne Eingriffe in die Rechte anderer.

[...]

Im Gegensatz dazu antwortet eine Frau Ende zwanzig auf eine ähnliche Frage, indem sie eine Moral nicht von Rechten, sondern von Verantwortung definiert:

> (Was macht etwas zu einem moralischen Problem?) In gewissem Sinn zu versuchen, einen richtigen Weg zu finden, wie man lebt, und immer in meinem Kopf ist, dass die Welt voller realer und erkennbarer Schwierigkeiten ist, und ist es auf dem Weg zu einer Art Verhängnis, und ist es richtig, Kinder auf die Welt zu setzen, wenn wir derzeit ein Überbevölkerungsproblem haben, und ist es richtig, Geld auszugeben für ein Paar Schuhe, wenn ich ein Paar Schuhe habe und andere Leute schuhlos sind... Es ist Teil von einer selbstkritischen Sichtweise, Teil des Sagens, wie verbringe ich meine Zeit, und in welchem Sinne arbeite ich? Ich denke, ich habe einen echten Antrieb, ich habe einen echten mütterlichen Antrieb, mich um jemanden zu kümmern. Mich um meine Mutter zu kümmern, mich um Kinder zu kümmern, mich um die Kinder anderer zu kümmern, mich um meine eigenen Kinder zu kümmern, mich um die Welt zu kümmern. Ich denke, das geht auf Ihre andere Frage zurück, und wenn ich mich mit moralischen Fragen beschäftige, sage ich ständig fast zu mir selbst: Kümmerst du dich um all die Dinge, von denen du denkst, dass sie wichtig sind, und auf welche Weise verschwendest du dich selbst und verschwendest diese Themen?

Während der postkonventionelle Charakter der Perspektive dieser Frau klar erscheint, erfüllen ihre Urteile über Kohlbergs hypothetische moralische Dilemmata nicht seine Kriterien für die Bewertung auf der prinzipientreuen Ebene. Kohlberg sieht darin eine Diskrepanz zwischen normativen und metaethischen Urteilen, die er als Indikator für den Übergang zwischen konventionellem und prinzipientreuem Denken sieht. Aus einer anderen Perspektive stellt dieses Urteil jedoch eine unterschiedliche moralische Konzeption dar, die sich von gesellschaftlichen Konventionen löst und zur prinzipiellen Ebene fortschreitet. In dieser Konzeption orientiert sich das moralische Urteil an Fragen der Verantwortung.

Carol Gilligan: In a Different Voice: Women's Conceptions of Self and of Morality. In: *Harvard Educational Review* 47 (4) 1977, S. 481–517 [Übersetzung JP].

Verknüpfung verschiedener Theorien

Der britische Philosoph Derek Parfit (1942–2017) versucht in seinem monumentalen Werk *On What Matters*, die deontologische Ethik, den Konsequentialismus von Sidgwick und die auf einem Vertrag basierende, sogenannte kontraktualistische Theorie von Thomas Scanlon (geb. 1940) in einer Theorie zu vereinen.

1   *Triple Theory (TT):* Eine Handlung ist falsch genau dann, wenn, oder *nur dann, wenn* solche Handlungen durch ein Prinzip unerlaubt sind, für das gilt, dass es

(1) eines der Prinzipien ist, das die Dinge am besten machen würde, wenn

5   es zu allgemeinen Gesetzen würde,

(2) eines der einzigen Prinzipien ist, dessen universelle Gesetze alle rational wollen können,

und

(3) ein Prinzip ist, das niemand vernünftigerweise ablehnen kann.

10   Kürzer gesagt,

TT: Eine Handlung ist falsch nur, wenn solche Handlungen durch ein Prinzip verboten sind, das [*optimific* = produziert maximal gute Konsequenzen] ist, als einziges universell gewollt werden kann und nicht vernünftigerweise abzulehnen ist.

15   Wir können diese Prinzipien die *dreifach gestützten* Prinzipien nennen. Wenn ein Prinzip eine dieser drei Eigenschaften haben könnte, ohne die anderen zu haben, müssten wir uns fragen, welche dieser Eigenschaften moralisch am bedeutendsten wären. Aber diese Eigenschaften, so habe ich argumentiert, haben alle diese und nur diese Prinzipien. Wenn das wahr

20   ist, können wir behaupten:

(J) Moralische Prinzipien sind nur dann nicht vernünftig ablehnbar, wenn sie universell gewollt werden können und sie können einzig dann universell gewollt werden, wenn sie [*optimific*] sind.

Wir könnten auch sagen:

25   (K) Wenn ein Prinzip [*optimific*] ist, ist es eines der einzigen Prinzipien, die universell gewollt werden können.

und

(L) Wenn ein Prinzip eines der einzigen Prinzipien ist, die universell gewollt werden können, dann ist es eines der Prinzipien, die niemand ver-

30   nünftigerweise ablehnen kann.

Derek Parfit: *On What Matters.* Volume One. Oxford: Oxford University Press 2011, S. 412 f. [Übersetzung TZ].

Repetitionsfragen

1. Wie bestimmt Aristoteles und wie bestimmt Epikur das gute Leben?
2. Weshalb ist die These, dass Gott bestimmt, was moralisch richtig ist, nicht hilfreich?
3. Was ist der moralische Egoismus, und was kann man dagegen einwenden?
4. Was sind die Grundideen der Folgenethik, der Pflichtethik und der Tugendethik?
5. Welche Einwände gegen diese ethischen Positionen gibt es?

Zum Weiterdenken

1. Was unterscheidet moralische Urteile von einem Gefühlsausdruck? Was von ästhetischen Urteilen?
2. Kann ein moralischer Grund an sich motivieren, das heisst, ohne einem Interesse von mir zu entsprechen?
3. Lässt sich Moral mittels eines Vertrags begründen? Wie?
4. Wozu soll man moralisch sein?
5. Wie müssen Güter verteilt sein, damit es gerecht ist?

Weiterführende Literatur

Simon Blackburn: *Gut sein. Eine kurze Einführung in die Ethik*. Darmstadt: Primus 2004.

William K. Frankena: *Analytische Ethik. Eine Einführung*. München: dtv 1972.

Peter Singer: *Praktische Ethik*. 3. Auflage. Stuttgart: Reclam 2013.

Urban Wiesing (Hrsg.): *Ethik in der Medizin. Ein Studienbuch*. 5. Auflage. Stuttgart: Reclam 2020.

Bernard Williams: *Der Begriff der Moral. Eine Einführung in die Ethik*. Stuttgart: Reclam 1978.

4 Erkenntnis- und Wissenschaftstheorie

«Nichts Nützlicheres aber gibt es hier zu untersuchen, als was die menschliche Erkenntnis sei und wie weit sie sich erstrecke.»

(René Descartes, *Regulae ad directionem ingenii*, Regel 8)

4.1 Theorie des Wissens

In diesem Kapitel untersuchen wir, was es bedeutet, etwas zu verstehen, etwas zu wissen, eine begründete Meinung zu haben; und was und wie viel wir überhaupt wissen können. Die philosophische Disziplin, die sich diesen Fragen widmet, heisst «Erkenntnistheorie», engl. *epistemology* oder *theory of knowledge* – wörtlich übersetzt «Theorie des Wissens».

Geht es um die Ansprüche, Methoden und Praxis der Wissenschaft, wird heute von «Wissenschaftstheorie» gesprochen. Die Wissenschaftstheorie kann sowohl als Teilgebiet als auch als eigenständige benachbarte Disziplin der Erkenntnistheorie gesehen werden. In diesem Kapitel wird zuerst die allgemeinere philosophische Erkenntnistheorie vorgestellt (Abschnitt 4.1 bis Abschnitt 4.3), danach liegt der Schwerpunkt auf der Wissenschaftstheorie (Abschnitt 4.4. und Abschnitt 4.5).

In vielerlei Hinsicht ist es für uns Menschen wichtig, dass wir gut informiert sind: Wenn unsere Vorfahren nicht wussten, welche Beeren essbar waren, und sie folglich die falschen assen, bekamen sie Bauchschmerzen. Wenn wir nicht wissen, wann der Zug fährt, verpassen wir ihn. Wir wissen, wie man Flugzeuge baut und dass sich das Klima der Erde nicht zuletzt wegen dieser Flugzeuge bedrohlich erwärmt. Wir wissen, dass $5 + 7 = 12$ ergibt, und wir wissen auch, dass die Ermordung eines Unschuldigen moralisch falsch und Grosszügigkeit eine Tugend ist.

Die Philosophie war von Anfang an geprägt vom Drang, wirklich über die Welt und den Menschen Bescheid zu wissen – aber gleichzeitig auch von intellektueller Bescheidenheit und der Einsicht, dass das vielleicht unerreichbar bleiben würde. «Ja, ich bin weiser als andere», sagt etwa Sokrates in Platons *Apologie*, «aber nicht, weil ich mehr weiss als sie, sondern weil ich nicht mal *glaube*, etwas zu wissen.» Im folgenden Gespräch mit dem Mathematiker Theaitetos entwickelt Sokrates eine überaus einflussreiche Erläuterung des Wissensbegriffs. Die Diskussion beginnt bei der Idee, dass eine Meinung oder Überzeugung (gr. *doxa*) nur dann Wissen sein kann, wenn sie wahr ist – wir würden von niemandem sagen, er oder sie *wisse* etwas, wenn wir das angeblich Gewusste für falsch hielten.

1   Sokrates: Sage noch einmal, was wohl das Wissen (gr. *episteme*; auch «Erkenntnis») ist!

Theaitetos: Zu sagen, dass alles Meinen (gr. *doxa*; auch «Überzeugung», «Vorstellung») es sei, o Sokrates, ist unmöglich, indem es auch falsche Mei-

5   nungen gibt. Es mag aber wohl die wahre Meinung Wissen sein; und dieses will ich nun geantwortet haben. [...]

Sokrates: Dies wohl ist eine kurze Untersuchung; denn eine ganze Kunst beweist dir schon, dass dies nicht das Wissen ist.

Theaitetos: Wieso, und was für eine?

10   Sokrates: Die Kunst der vornehmsten an Weisheit, die man Redner und Anwälte nennt. Denn diese überreden vermittelst ihrer Kunst nicht, indem sie

lehren, sondern indem sie bewirken, dass man zu meinen beginnt, was sie
eben wollen. Oder hältst du sie für so bewundernswürdige Meister im Lehren, dass sie, wenn jemand, ohne dass sonst einer dabei war, seines Geldes
15 beraubt ward oder sonst Unrecht erlitt, verständen, während ein weniges
Wasser verläuft, die wahre Beschaffenheit dessen, was diesem geschehen
ist, gründlich zu beweisen?

Theaitetos: Keineswegs glaube ich das, sondern dass sie nur überreden.

Sokrates: Heißt aber nicht überreden, eine gewisse Meinung zu bewirken?

20 Theaitetos: Was anders?

Sokrates: Wenn also Richter, so wie es sich gehört, überredet worden sind
in Bezug auf etwas, das nur jemand wissen kann, der oder die es selbst
gesehen hat, sonst aber niemand: so haben sie dieses nach dem bloßen
Gehör urteilend vermöge einer wahren Meinung, aber ohne Wissen abge-
25 urteilt, so jedoch, dass die Überredung richtig gewesen, wenn sie nämlich
als Richter gut geurteilt haben?

Theaitetos: So ist es allerdings.

Sokrates: Nicht aber, o Freund, könnte jemals, wenn wahre Meinung und
Wissen einerlei wären, auch der beste Richter und Gerichtshof etwas Wah-
30 res ohne Wissen meinen. Nun aber scheint beides verschieden zu sein.

Theaitetos: Was ich auch schon einen sagen gehört und es nur vergessen
habe, mich aber dessen jetzt wieder erinnere. Er sagte nämlich, die mit
ihrer Begründung [gr. *logos*; auch «Erklärung» oder «Rechtfertigung»] verbundene wahre Meinung wäre Wissen, die ohne Begründung dagegen läge
35 außerhalb des Wissens. Und wovon es keine Begründung gebe, das könne
auch nicht gewusst werden, und so benannte er dies auch, wovon es aber
eine gebe, das könne gewusst werden.

Platon: *Theaitetos*. Übersetzt von Friedrich Schleiermacher, leicht angepasst von DK. Online unter:
https://gutenberg.spiegel.de/buch/platons-werke-2430/53 [abgerufen am 16. Februar 2021].

Aufgaben 4.1

 Rekonstruieren Sie die Situation vor Gericht und überlegen Sie, wessen
wahre Meinung hier geprüft wird: die vom Kläger, Anwalt oder Richter?

 Sokrates' Einwand gegen die Definition von «Wissen» als «wahre Meinung» bezieht sich darauf, dass wir auf unterschiedliche Arten «überredet» oder «überzeugt» werden können: (a) durch «Lehren» und (b) durch
anderes «Wirken» von «Rednern und Anwälten». Erläutern Sie zuerst diesen Unterschied und formulieren Sie danach in eigenen Worten Sokrates'
Illustration von (b) anhand einer Diebstahlsklage.

 Suchen Sie möglichst typische Beispiele aus unserer heutigen Kultur, die
diese beiden Vorgehensweisen (a) und (b) illustrieren, und überlegen Sie,
ob wir den Begriff des Wissens tatsächlich nur für (a) «lehrende» Meinungsbildung verwenden.

 Überlegen Sie sich, inwiefern eine Debatte, wie wir sie aus Debattierwett-
bewerben an Schulen kennen, und inwiefern eine politische Diskussion im
Fernsehen auf (a) argumentative «Lehre» und (b) auf andere Weise bewirkte Meinung abzielen.

Als Reaktion auf Sokrates' Einwand gegen den Definitionsversuch «Eine Person weiss genau dann, dass P, wenn sie eine wahre Meinung hat, dass P» schlägt Theaitetos eine verbesserte Definition vor: «Eine Person weiss genau dann, dass P, wenn sie eine wahre und von *logos* abgestützte Meinung hat, dass P.» Erläutern Sie, ob und wie Theaitetos' Vorschlag das von Sokrates' aufgeworfene Problem löst.

→ Logik und Methoden 14

 Prüfen Sie Theaitetos' Definitionsvorschlag anhand von konkreten Beispielen, in denen wir von einer Person sagen würden, sie wisse etwas.

Obwohl bis heute nicht klar ist, was Sokrates und Platon mit *logos* genau meinen, können wir die Funktion dieses *logos* – dieser Erklärung, Begründung, Verankerung unserer Meinungen – leicht erkennen: Wenn wir etwas als wahr akzeptieren und insbesondere wenn wir danach handeln oder es als wahr weitererzählen, benötigen wir dazu eine bestimmte Art von Rechtfertigung oder Berechtigung. Abgeleitet vom griechischen Wort für Erkenntnis und Wissen, *episteme,* nennen wir diese Art von Berechtigung heute «epistemisch» und grenzen sie damit von moralischen und juristischen Rechtfertigungen ab.

Wenn manipulative Werbung in mir die Meinung hervorruft, dass ein bestimmtes Produkt qualitativ überragend sei, so handelt es sich bei meiner Meinung dennoch nicht um Wissen, selbst wenn es wahr ist und das Produkt tatsächlich qualitativ überragend ist. Wenn ich davon ausgehe, dass in fünf Minuten ein Zug fährt, obwohl ich nie nachgeschaut habe, so fehlt mir die epistemische Berechtigung für diese Ansicht. Solche epistemische Nachlässigkeit dürfte mir öfter schaden; vielleicht renne ich zum Bahnhof, wo ich dann ausser Atem und verschwitzt bemerke, dass kein Zug fährt.

Auch anderen kann ich mit epistemischer Verantwortungslosigkeit schaden: Wenn ich meine Überzeugung einer Freundin kommuniziere, für die die Abfahrtszeit des Zugs wichtig ist, so hat diese das Recht, mir sowohl epistemische als auch moralische Vorwürfe zu machen: «Du hast das ja gar nicht wirklich gewusst, wie nachlässig von dir – und es dann auch noch einfach zu behaupten, wie rücksichtslos!» Wir tragen nicht nur moralische, sondern auch epistemische Verantwortung.

Seit Platon gilt deshalb als eines der Kernanliegen der philosophischen Erkenntnistheorie, zu bestimmen, unter welchen Umständen eine Person epistemisch berechtigt ist, eine Meinung zu bilden und Informationen als wahr zu akzeptieren. Wir können das, was uns dazu berechtigt, einen «epistemischen Beleg» nennen und drei Arten solcher Belege unterscheiden:

1. **Empirische Evidenz:** Wir suchen die Welt nach Sachverhalten und/oder Dingen ab, welche die Aussage möglichst (un-)wahrscheinlich machen, indem wir beobachten, hören, experimentieren, messen und so weiter.

2. **Schlüsse:** Die Überzeugung oder Aussage ist von einer anderen Überzeugung oder Aussage abgeleitet. Wenn der Schluss logisch zwingend ist (= deduktiv), können wir diese Art von Beleg, aber nur diese, einen «Beweis» nennen. Wenn wir schon wissen, dass Rottweiler Hunde und Hunde Säugetiere sind, dann können wir logisch schliessen, dass Rottweiler Säugetiere sind.

3. **Quellen, Zeugnis anderer:** Die Überzeugung oder Aussage stammt aus einer vertrauenswürdigen Quelle, zum Beispiel aus einem Sachbuch, von einer Expertin oder aus einem Nachschlagewerk. «Ich habe das kürzlich auf Wiki-

pedia nachgeschaut» reicht heute üblicherweise als Nachweis epistemischer Berechtigung.

Während wir im Deutschen das Wort «Evidenz» vor allem auf die erste Kategorie «empirische Evidenz» beziehen, wird das englische *evidence* teilweise als Überbegriff verwendet im Sinne von «epistemischer Beleg».

Aufgaben 4.2

 In vielen Bereichen unseres Lebens ist es wichtig, dass wir Massstäbe dafür haben, was als ausreichender epistemischer Beleg zählt, und tatsächlich verfügen wir oft über solche ausgearbeiteten Standards. Überlegen Sie sich, und/oder recherchieren Sie Standards für die Kontexte (a) der Naturwissenschaften (z. B. «Was sind Kriterien für qualitativ gute Daten»?), (b) der Schulmedizin (z. B. «Wie testen wir die Wirksamkeit von Medikamenten mit Studien?») und (c) des Nachrichtenjournalismus («Wann gilt etwas als publizierbare Tatsache?»).

	Standards für gute empirische Evidenz	Standards für einen zuverlässigen Umgang mit Quellen
a) Naturwissenschaften		
b) (Schul-)Medizin, «evidenzbasierte Medizin»		
c) Seriöser Nachrichtenjournalismus		

 Überlegen Sie sich, gegebenenfalls mithilfe einer Onlinerecherche, wie sich die Standards für Belege in den folgenden Kontexten von den soeben diskutierten (naturwissenschaftlichen, schulmedizinischen, journalistischen) unterscheiden: (d) religiöse Weltbilder, (e) Alternativmedizin, (f) Verschwörungstheorien.

 2009 hat die stimmberechtigte Bevölkerung der Schweiz mit einem Referendum demokratisch entschieden, dass die obligatorische Krankenkasse neben schulmedizinischen auch alternative Heilmethoden wie die Homöopathie finanzieren soll. Recherchieren Sie, (a) was Homöopathie ist und wie ihr Gründer Samuel Hahnemann (1755–1843) ihre Wirksamkeit theoretisch erklärt, und (b) von welcher Qualität die heute verfügbaren epistemischen Belege (Studien) für die Wirksamkeit für Homöopathie sind. Überlegen Sie sich dann (c), warum angesichts dieser epistemischen Situation die Mehrheit der Schweizerinnen und Schweizer 2009 wollte, dass Homöopathie von den Krankenkassen anerkannt wird, und (d) formulieren und begründen Sie Ihre eigene Einschätzung der Situation.

Die Auffassung von Wissen, die Theaitetos im gleichnamigen Dialog von Platon skizziert, wird im weiteren Verlauf des Gesprächs von Sokrates zurückgewiesen. Trotzdem ist diese Auffassung so einflussreich geworden, dass sie seit gut fünfzig Jahren in philosophischen Kreisen einfach als Abkürzung genannt wird: JTB, für *justified true belief*, die Definition von Wissen als gerechtfertigte wahre Meinung oder Überzeugung. Das englische *justified* beziehungsweise das deutsche «gerechtfertigt» übernimmt die Rolle von Platons *logos*.

Wie wir gesehen haben, ist eine zunächst weit gefasste *Logos*-Bedingung vielversprechend, um unserer Intuition gerecht zu werden, dass echtes Wissen von Belegen gestützt sein sollte. Trotzdem hat die JTB-Definition von Wissen nicht überlebt. Als nämlich der New Yorker Philosophieprofessor Edmund Gettier (geb. 1927) in den 1960er Jahren unter Druck kam, weil er schon lange keine Forschungsergebnisse mehr veröffentlicht hatte, kam ihm die folgenreiche Idee, diese Definition anzugreifen. Das Resultat war ein nur dreiseitiger Aufsatz, der nichts anderes enthielt als Gettiers Gegenbeispiele – auf den dann aber jahrzehntelang Hunderte von Philosophinnen und Philosophen mit weiteren Artikeln reagierten. Hier ist eines von Gettiers Gegenbeispielen gegen JTB:

> Nehmen wir an, Smith und Jones hätten sich für denselben Job beworben. Nehmen wir weiter an, Smith hätte sehr starke Belege für die folgende [...] Proposition:
>
> > (1) «Jones ist derjenige, der den Job kriegt, und Jones hat zehn Münzen in seiner Tasche.»
>
> Smiths Belege für (1) könnten etwa darin bestehen, dass ihm der CEO des Unternehmens glaubhaft versichert hat, Jones würde am Ende für den Job ausgewählt, und dass er selbst, Smith, die Münzen in Jones' Tasche vor zehn Minuten gezählt hat. Nun folgt aus Proposition (1):
>
> > (2) «Die Person, die den Job kriegt, hat zehn Münzen in ihrer Tasche.»
>
> Nehmen wir an, dass Smith den Schluss von (1) auf (2) durchaus erkennt und dass er (2) auf der Grundlage von (1), für das er ja sehr starke Belege hat, akzeptiert. Unter diesen Umständen ist Smiths Überzeugung, dass (2) wahr sei, sicherlich gerechtfertigt.
>
> Aber stellen wir uns nun vor, dass nicht Jones, sondern Smith selbst den Job kriegen wird [obwohl er keine Ahnung davon hat]. Stellen wir uns weiter vor, dass Smith selbst zehn Münzen in seiner Tasche hat. Dann ist Proposition (2) wahr, obwohl Proposition (1), aus der Smith (2) geschlossen hat, falsch ist. In unserem Beispiel sind dann alle folgenden Aussagen wahr:
>
> > (i) Proposition (2) ist wahr,
> > (ii) Smith ist der Überzeugung, dass (2) wahr sei, und
> > (iii) Smiths Überzeugung, dass (2) wahr sei, ist gerechtfertigt.
>
> Aber es ist genauso klar, dass Smith nicht weiß, dass (2) wahr ist, denn (2) ist wahr aufgrund der Anzahl Münzen in Smiths Tasche, während Smith nicht *weiß*, wie viele Münzen sich in Smiths Tasche befinden, und seine eigene Überzeugung, dass (2), auf eine Zählung der Münzen in Jones' Tasche abstützt, bei dem er fälschlicherweise davon ausgeht, dass er den Job kriegen wird.

Edmund Gettier: Is Justified True Belief Knowledge? In: *Analysis* 23, 1963, S. 121–123 [Übersetzt und leicht angepasst DK].

4 Erkenntnis- und Wissenschaftstheorie

Rekonstruieren Sie den Fall sorgfältig und notieren Sie allfällige Fragen oder Verständnisschwierigkeiten. Überlegen Sie sich, was Gettier in Bezug auf den JTB-Definitionsvorschlag methodisch genau macht.

→ **Logik und Methoden 14**

→ **Logik und Methoden 15**

 Erfinden Sie ein eigenes Beispiel (anderer Kontext, andere Überzeugungen), jedoch mit derselben Struktur wie bei Gettier, mit dem man ebenfalls Kritik an JTB anbringen könnte.

 Müssen solche Gegenbeispiele mit deduktiv erschlossenen wahren Überzeugungen arbeiten, oder können Sie ein Beispiel erfinden, bei dem die wahren Überzeugungen auf der Wahrnehmung oder dem Zeugnis anderer beruhen?

Selbst wenn aus heutiger Sicht einige Zweifel angebracht sind, ob die jahrzehntelangen Definitionsversuche des alltäglichen Wissensbegriffs die fruchtbarste Phase der Philosophiegeschichte bildeten, bleibt unumstritten, dass irgendeine Form von Wissens-Rechtfertigung ein zentrales Thema der philosophischen Erkenntnistheorie sein muss. Wenn Platon mit seinem Begriff des *logos* davon ausgeht, dass unsere Überzeugungen begründet sein müssen, um als Wissen zu gelten, spricht er von nichts anderem als von epistemischer Berechtigung: Damit wir von einer Person bereit sind zu sagen, sie wisse etwas, muss sie dieses Wissen rechtfertigen können.

Vertiefung

Nachdem Johanna uns etwas erzählt hat, fragen wir sie, woher sie das wisse, worauf sie uns ihren Beleg nennt. Ist sie dazu nicht in der Lage, werden wir zu Recht misstrauisch; wir fragen uns vielleicht, ob sie einfach gerne plaudert oder ob sie etwas zu verbergen hat.

Wenn wir uns aber systematisch fragen, was es für jemanden bedeutet, etwas zu wissen, dann sehen wir, dass es nicht ganz so einfach ist. Teilweise wissen wir etwas nämlich intuitiv und nicht kognitiv. Dieser Punkt wurde in der Vergangenheit oft mit Bezug auf sogenannte *Chicken Sexers* illustriert, also Menschen, deren Job darin besteht, das Geschlecht von neugeborenen Küken zu bestimmen – die also jahrein, jahraus neben einem Förderband stehen und männliche Küken in eine Kiste, weibliche Küken in eine andere Kiste sortieren. Von diesen *Chicken Sexers* wird nun berichtet, sie würden zwar die Küken total zuverlässig richtig einordnen, könnten aber auf Nachfrage beim besten Willen nicht erklären, *wie* sie das tun. Die Frage lautet nun: Können wir in diesem Fall von Wissen sprechen?

Dieses Beispiel zur Intuition können wir mit Bezug auf künstliche Intelligenz stärken: Angenommen, ein Roboter sei ausserordentlich zuverlässig in der Kategorisierung von A und B: Ist es dann falsch, zu sagen, dieser Roboter *wisse*, dass ein bestimmtes Objekt A sei? *Weiss* eine automatische Supermarkttüre, dass sich eine Person nähert, wenn sie sich zuverlässig für Menschen, aber nie für Katzen und Hunde öffnet? Und wenn der frustrierte Hund die Türe dann mit der Zeit zu ignorieren beginnt – weiss *er* dann, dass es sich für ihn nicht lohnt, sich ihr zu nähern? Was auch immer Platon mit *logos* meint: *Chicken Sexers*, kategorisierende künstliche Intelligenz, automatische Schiebetüren und Hunde verfügen wohl kaum darüber. Im folgenden Text schlägt der australische Philosoph David Armstrong (1926–2014) eine neue Definition von «Wissen» vor, die solchen Intuitionen gerecht werden soll.

1   Nehmen wir an, dass «p» wahr sei, dass [eine Person] A der Überzeugung sei, dass p, dafür aber keine Gründe habe. «p» könnte etwa die Überzeugung sein, dass es in der Nähe von A ein Geräusch gab. Was macht eine solche Überzeugung zu einem Fall von Wissen? Ich schlage vor, dass es
5   eine *gesetzesartige Verbindung* zwischen dem Sachverhalt Üap [dem Sachverhalt, dass Person A der Überzeugung ist, dass p wahr sei] und dem Sachverhalt, der «p» wahr macht, gibt, sodass gilt: Wenn Üap, dann muss p der Fall sein.
     Wir verstehen diesen Vorschlag am besten, wenn wir uns ein Modell ansehen. Vergleichen wir wahrnehmungsbasierte Überzeugungen mit den
10   Temperaturanzeigen eines Thermometers. Manchmal entspricht die Temperaturanzeige nicht der tatsächlichen Umgebungstemperatur. Eine

solche Anzeige entspricht einer falschen wahrnehmungsbasierten Überzeugung. In anderen Fällen entspricht die Anzeige der tatsächlichen Temperatur; das wäre dann eine wahre wahrnehmungsbasierte Überzeugung. Von diesem zweiten Fall, in dem die Anzeige und die Temperatur übereinstimmen, können wir dann Varianten unterscheiden: Stellen wir uns erstens einen kaputten Thermometer vor, der hin und wieder zufällig die richtige Temperatur anzeigt, ganz so, wie wenn eine kaputte Uhr zweimal am Tag die richtige Zeit anzeigt. Diese Anzeige ist vergleichbar mit einer wahrnehmungsbasierten Überzeugung, die nicht als Wissen zählt.

Nimm nun an, das Thermometer funktioniere tadellos, sodass die Anzeige von «T°» garantiert, dass die Umgebungstemperatur T° ist. Dieser Fall entspricht wahrnehmungsbasiertem *Wissen:* genau dann, wenn sich eine wahre Überzeugung, die nicht von Gründen gestützt ist, sich zur Situation, von der es eine Überzeugung ist, so verhält, wie ein funktionierendes Thermometer zur tatsächlichen Temperatur.

David Armstrong: *Belief, Truth and Knowledge.* Cambridge: Cambridge University Press 2009, S. 166 [Übersetzung DK].

Aufgaben 4.4

Tragen Sie Armstrongs Analogie möglichst klar und vollständig in eine zweispaltige Tabelle ein, indem Sie die erste Spalte mit «Analogon: Thermometer», die zweite mit «Ziel der Analogie: Person A» überschreiben. Auf den Zeilen sollten Sie alle Aspekte der Analogie auflisten, die von Armstrong genannt werden. Ergänzen Sie möglichst präzise, was er nicht explizit erwähnt.

→ **Logik und Methoden 21**

Überlegen Sie sich, was eine Person auszeichnet, die einem tadellos funktionierenden Thermometer entspricht: Was für Fähigkeiten und Tugenden, hat eine solche Person? Darf sich eine solche Person überhaupt nie irren?

Natürlich, so Armstrong, besteht die auf Naturgesetze gestützte Verbindung nicht zwischen allen Thermometern und allen Umgebungstemperaturen, sondern nur zwischen zuverlässigen Thermometern und Umgebungstemperaturen unter üblichen Bedingungen. Daraus entwickelten sich erkenntnistheoretische Positionen, die heute «Zuverlässigkeitstheorien», engl. *reliabilism,* genannt werden: Eine Person verhält sich zu den Sachverhalten, die sie weiss, wie ein zuverlässiges Thermometer zu einer korrekt angezeigten Umgebungstemperatur.

Zuverlässigkeitstheorien bilden den Kern von gewissen erkenntnistheoretischen Auffassungen, die in den letzten Jahrzehnten überaus wichtig wurden. Sie unterscheiden sich von den eher platonischen Auffassungen dadurch, dass die Eigenschaften von Personen und/oder Überzeugungen, die dafür sorgen, dass die Person epistemisch berechtigt ist, die Überzeugung zu haben, der Person selbst kognitiv nicht zugänglich sein müssen. Oder einfacher gesagt: Man muss nicht wissen, warum man etwas weiss, und trotzdem kann es sich dabei um berechtigtes Wissen handeln. Wenn wir der Auffassung sind, dass *Chicken Sexers,* kategorisierende künstliche Intelligenz und Supermarkttüren Dinge wissen können, so kann das nicht daran liegen, dass sie Rechenschaft ablegen können über die Faktoren, die ihre Überzeugungen oder Zustände berechtigt machen. Theorien der epistemischen Berechtigung, die wie Platon davon ausgehen, dass die relevanten Faktoren den jeweiligen Personen kognitiv zugänglich sein müssen, werden heute dem erkenntnistheoretischen Internalismus zugeordnet, die andern gelten als erkenntnistheoretisch externalistisch.

Aufgaben 4.5

 1980 erfand der US-amerikanische Philosoph Laurence BonJour (geb. 1943) folgendes Gedankenexperiment: Stellen Sie sich Samantha vor, die einfach so, ohne irgendwelche Gründe zu haben, davon ausgeht, dass sie hellsehen könne, und erstaunlicherweise kann sie das auch. Nun gelangt Samantha eines Tages zu der Ansicht, der Präsident der USA weile in New York, während es überwältigende Evidenz dafür gibt, dass er sich im Weissen Haus aufhält. Stellen wir uns nun vor, die US-Geheimdienste hätten diese Evidenz aus Sicherheitsgründen professionell und perfekt gefälscht und der Präsident weile tatsächlich in New York.

(a) Weiss Samantha gemäss Armstrongs externalistischer Auffassung von Wissen, dass der Präsident in New York ist?

(b) Was ist Ihre eigene Meinung: Weiss Samantha, die alle diese Evidenz zur Kenntnis genommen hat (der Präsident sagt, er sei in Washington, alle Medien sagen, er sei dort, «Augenzeugen» sagen, er sei dort), dass der Präsident in New York ist? Warum (nicht)?

 In einem weiteren Gedankenexperiment stellt sich BonJour vor, dass Samantha nun eine grosse Geldsumme auf den Aufenthaltsort des Präsidenten wetten müsste. Denken Sie daran, dass Samantha keine Gründe für oder gegen die Tatsache hat, dass so was wie Hellseherei möglich ist, und auch nicht, dass sie wirklich hellsehen kann; und dass sie überwältigend starke Evidenz dafür hat, dass der Präsident in Washington sei.

(a) Wie wettet sie, wenn sie rational ist? Warum?

(b) Verallgemeinern Sie nun die Gründe, aus denen viele von uns dazu neigen, zu sagen, Samantha könne nicht wissen, dass der Präsident in New York ist, und sie sollte vernünftigerweise darauf wetten, dass er in Washington D. C. sei. Identifizieren Sie das Problem externalistischer Auffassungen von Wissen, auf das BonJour mit diesen Gedankenexperimenten hinweist.

 Überlegen Sie sich, was wir eigentlich tun, wenn wir uns selbst oder jemand anderem Wissen zuschreiben. Was sind die praktischen Funktionen, was der Nutzen solcher Zuschreibungen? Inwiefern sind diese erfasst, inwiefern nicht, wenn wir einander analog zu zuverlässigen Thermometern behandeln?

→ **Logik und Methoden 23**

→ **Logik und Methoden 23**

202

4 Erkenntnis- und Wissenschaftstheorie

Viele Jahre lang wurden sowohl die Diskussion um Gettiers Gegenbeispiele zur JTB-Auffassung von Wissen als auch die Kontroverse um internalistische und externalistische Interpretationen von epistemischer Berechtigung als Debatten um die korrekte Definition unseres alltagssprachlichen Wissensbegriffs geführt. In gewissem Sinn ging es dabei also um die Frage, was wir eigentlich *meinen*, wenn wir sagen, dass wir etwas *wissen*.

Warum soll uns aber überhaupt interessieren, was die Leute meinen, wenn sie von Wissen sprechen? Was würden wir durch eine Antwort gewinnen? Unsere Intuitionen können in unterschiedliche Richtungen zielen (siehe Abschnitt 4.1: Vertiefung zu diesem Abschnitt, Seite 200); gleichzeitig unterscheiden sich die Intuitionen auch kulturell, wie Forschungsteams um den US-Philosophen Stephen Stich (geb. 1943) gezeigt haben: Als Stich nämlich Menschen systematisch zu ihren Intuitionen zu Gettiers Gegenbeispielen befragte, bemerkte er, dass die meisten Menschen in Ostasien und Indien durchaus der Meinung waren, dass Smith wisse, dass die Person, die den Job kriege, zehn Münzen in ihrer Tasche habe.

Wenn unsere Intuitionen kulturell und sprachlich geprägt sind; wenn sie sogar bei uns selbst in unterschiedliche Richtungen ziehen können; wenn jahrhundertealte Traditionen unser Denken über Wissen und Rationalität in komplexen und wahrscheinlich ideologischen, verfälschenden Weisen geprägt haben – warum sollen wir dann überhaupt noch unseren Wissensbegriff zu analysieren versuchen?

Begriffsexplikation
Logik und Methoden 32

Manchmal reicht unsere Alltagssprache nicht dazu aus, eine bestimmte philosophische Frage zu beantworten. Dann kann es helfen, einen neuen Begriff einzuführen, der exakter ist. Dies tun wir mithilfe einer Begriffsexplikation indem wir die Bedeutung des Begriffs neu festlegen. Im Prinzip können wir einen Begriff beliebig definieren. Aber es ist bei Weitem nicht jede Definition sinnvoll. Rudolf Carnap (1891–1970) sagt, dass ein mittels einer Explikation eingeführter Begriff vier Bedingungen erfüllen sollte.

(1) Er sollte dem Begriff, den er ersetzen soll, ähnlich sein.
(2) Er sollte *exakt* sein.
(3) Er sollte *einfach* sein.
(4) Er sollte *fruchtbar* gemacht werden können. Das heisst, dass wir damit möglichst viele wahre Aussagen formulieren können – mehr wahre Aussagen, als wir mit dem ursprünglichen unklaren Begriff formulieren konnten.

Zum Beispiel meint man im Alltag mit «Fisch» ungefähr «Tier, das im Wasser lebt», doch damit schliesst man Wale und Delphine mit ein, die Säugetiere sind. Also scheint es sinnvoll, einen Begriff von Fisch einzuführen, der Wale und Delphine ausschliesst. Genau dies hat man in der Biologie getan. Ein anderes Beispiel ist der Begriff «Schicksal». Im Alltag meinen wir damit eine höhere Macht, die vorbestimmt, was in unserem Leben geschieht. Wenn wir allerdings in der Philosophie davon sprechen wollen, dass das, was geschieht, bereits bestimmt ist durch das, was zuvor geschehen ist, so benötigen wir dafür einen exakteren Begriff – dafür wurde der Begriff «Determinismus» eingeführt.

SALLY HASLANGER

Sally Haslanger (geb. 1955), die am Massachusetts Institute of Technology (MIT) in Boston unterrichtet, ist die vielleicht einflussreichste Philosophin einer Gruppe, die seit den frühen 1990er Jahren vor allem feministische, antirassistische und soziale Anliegen mit den Mitteln der analytischen Philosophie untersucht. Sie selbst hat den hier vorgestellten «ameliorativen» Umgang mit Begriffen auf Gender- und Rassenbegriffe angewandt; seither hat die australische Philosophin Kate Manne (geb. 1983) diese Methode in ihrem 2018 erschienenen Buch *Down Girl: Die Logik der Misogynie* auch ausserhalb philosophischer Fachkreise bekannt gemacht.

1 Zunächst scheint es, dass feministische Untersuchungen und Kritiken unserer alltäglichen Wissenszuschreibungen äußerst wertvoll sein müssten für Analysen des Wissensbegriffs.
5 Wenn das Ziel solcher Analysen darin besteht, «unseren» Begriff von Wissen zu analysieren, dann ist es eine wichtige Frage, ob der in unsere Praktiken eingebettete Begriff sexistisch, androzentrisch oder auf andere Weise politisch problematisch ist.
10 Tatsächlich haben Feministinnen und Feministen auf eindrücklich detaillierte Weise dokumentiert, dass unsere tatsächlichen Wissenszuschreibungen sowohl sexistisch als auch androzentrisch sind. Hier sind drei Arten von Fragen zu unserer alltäglichen Praxis (ich stelle sie hier für Gender, aber sie können auch für Rassen und soziale Klassen gestellt werden):

20 (i) Ist das Gender einer Person relevant für die Wahrscheinlichkeit, dass sie Wissen beansprucht und/oder dass ihr Wissen zugeschrieben wird? Und ist das Gender einer Person relevant für das Wissensgebiet, in dem sie mit einer bestimmten Wahrscheinlichkeit Wissen beansprucht und/oder ihr Wissen zugeschrieben wird?

25 (ii) Sind die Methoden, die wahrscheinlich als wissensproduzierend gelten, öfter mit Männern als mit Frauen assoziiert? Kann die Hierarchie von Arten von Überzeugungen oder Methoden epistemisch gerechtfertigt werden – oder spiegelt sie Gender-Vorurteile?

(iii) Sind die Konventionen, mit denen bestimmte Personen als Wissende
30 autorisiert werden, und die sozialen Rituale, die solche Autorisierungen begleiten (z. B. Rituale, mit denen wir auf Autoritäten verweisen oder Autoritäten hinterfragen) in problematischer Weise sexistisch? Haben diese Konventionen problematische Auswirkungen auf das Funktionieren von Wissensgemeinschaften, indem sie z. B. Frauen aus-
35 schließen und ideologische Ansichten vor Kritik schützen? Fördern sie Haltungen zur Natur und zu anderen Menschen, die androzentrisch und moralisch fragwürdig sind?

Indem sie diese Fragen diskutiert haben, haben Feministinnen und Feministen substanzielle Belege dafür gesammelt, dass unsere tatsächlichen
40 Wissenszuschreibungen und Praktiken der Autorisierung Männer bevorzugen und zu sexistischen und rassistischen Institutionen beitragen. [...] Meiner Meinung nach besteht die beste Vorgehensweise für ein Projekt in normativer Erkenntnistheorie darin, dass wir uns zuerst fragen, was überhaupt der Witz des Wissensbegriffs ist – warum wir überhaupt einen ha-
45 ben. Welche Funktion hat der Begriff, oder noch besser: welche praktische Funktion könnte und sollte er für uns haben? Erst dann sollten wir als zweiten Schritt überlegen, welcher Begriff diese Funktion am besten erfüllt. [...] Ich nenne dieses [...] Projekt den «*[ameliorativen] Zugang*». [...] Bei einem ameliorativen Projekt besteht die Aufgabe nicht einfach darin, den alltägli-
50 chen Begriff von X zu explizieren; auch geht es nicht darum, zu entdecken, was die Dinge, die wir üblicherweise vom Begriff abgedeckt sehen, gemein

sam haben. Beim ameliorativen Projekt geht es darum, zu fragen, was Ziel und Zweck des Begriffs sind, ob diese Ziele und Zwecke gut identifiziert sind und welcher Begriff (oder welche Begriffe) geeignet wären als Mittel

55 zu solchen gut identifizierten Zielen und Zwecken (sofern es mindestens einen solchen Zweck gibt). Wie beim naturwissenschaftlich-deskriptiven Zugang ist es für solche Projekte problemlos denkbar, dass es sich herausstellt, dass wir unsere bestehenden Alltagsbegriffe und Klassifikationen von Dingen revidieren müssen – durchaus auch radikal. [...] Um das zu-

60 sammenzufassen: Gemäß diesem Projekt liegt es an uns, zu entscheiden, was als Wissen zählen soll [...].

Wenn wir uns aber erst einmal grundlegender nachdenken über den Wert von Handlungsmöglichkeiten und das kognitive Leben einer handelnden Person, die ein gutes Leben führt, so wird deutlich, dass es hier um allge-

65 meinere Fragen geht: Wie sollen wir uns selbst und unsere kognitiven Aktivitäten im Rahmen von Gemeinschaften organisieren, sodass effektives und informiertes Handeln ermöglicht und gefördert wird? Was ist kognitiv wertvoll für uns *als Gruppe*, wie sollen wir kooperieren und unsere kognitiven Anstrengungen koordinieren, wenn wir die individuellen Handlungs-

70 möglichkeiten aller ernst nehmen und berücksichtigen?

Betrachten wir etwa die wichtige Diskussion des Begriffs der Autonomie im Kontext der feministischen Moraltheorie. Der feministische Vorwurf besteht darin, dass die traditionelle Moraltheorie nicht genügend Rücksicht genommen habe auf die sozialen Voraussetzungen und Grenzen der

75 Autonomie. Dieser Vorwurf besagt, dass (übertriebene) Ideale von Unabhängigkeit und Selbstgenügsamkeit nicht nur überbewertet gewesen seien, sondern dass auch wertvolle und teilweise unabdingbare Formen der gegenseitigen Abhängigkeit ignoriert und/oder abgewertet worden seien. Eine parallele Diskussion hat sich im Kontext der feministischen Er-

80 kenntnistheorie entwickelt: das einsame epistemische Subjekt ist in einem wichtigen Sinn ein Mythos (Kinder, die von Wölfen aufgezogen wurden, sind keine plausiblen Modelle für moralisches oder epistemisches Leben). Nicht nur hängt unser Wissen von anderen ab, sondern unsere epistemische Abhängigkeit ist eine gute Sache – während wir gleichzeitig den Wert

85 von epistemischer Autonomie nicht vergessen dürfen.

Sally Haslanger: What Knowledge Is and What It Ought To Be: Feminist Values and Normative Epistemology. In: *Philosophical Perspectives* 13, 1999, S. 459–480 [übersetzt und leicht angepasst von DK; insbesondere wird der «analytical approach» aus Haslangers Originalaufsatz «ameliorativer Zugang» genannt, wie Haslanger und andere das später vorgeschlagen haben].

Aufgaben 4.6

 Stellen Sie sicher, dass Sie wissen, was die Ausdrücke «sexistisch» und «androzentrisch» bedeuten und wie sie sich unterscheiden. Formulieren Sie, wenn nötig, je ein klares Beispiel für sexistische und androzentrische Aussagen.

 Überlegen Sie sich für alle drei Arten von feministischen Fragen zu unserer epistemischen Praxis (i–iii) je ein konkretes Beispiel.

 Halten Sie es für plausibel, dass Faktoren wie Geschlecht, Rasse, soziale Klasse und so weiter beeinflussen können, ob und bei welchen Themen wir bestimmte Menschen für glaubwürdig halten? Wenn Sie nun unsere

epistemische Praxis – unseren Umgang miteinander, insofern es darum geht, Wissen zu erwerben und zu teilen und auf der Grundlage dieses Wissens möglichst vielen ein möglichst gutes Leben zu ermöglichen – neu designen könnten: Hätten Sie Verbesserungsvorschläge?

 Illustrieren Sie anhand der Beobachtung, dass Wale früher als Fische zählten, heute aber nicht mehr, was Haslanger meint, wenn sie schreibt, dass in «deskriptiven», naturwissenschaftlichen Projekten durchaus auch radikale Revisionen der bestehenden Begriffe möglich sind.

→ **Logik und Methoden 32**

 In ihrem Text schlägt Haslanger gar keine eigene Auffassung des Wissensbegriffs vor, sondern beschreibt nur, welche Faktoren wichtig sind für eine Bestimmung dieses Begriffs. Überlegen Sie sich, welche praktischen Funktionen der Wissensbegriff haben könnte und sollte, besonders in Bezug auf die Spannung zwischen epistemischer Autonomie («ich sollte selbst und kritisch denken») und epistemischer Abhängigkeit von anderen Menschen («das meiste, was ich weiss, weiss ich von anderen»).

 Prüfen Sie Haslangers Idee von «ameliorativen Projekten» im Umgang mit unseren Begriffen kritisch: Könnte das bedeuten, dass ein Diktator aus seiner Diktatur eine Demokratie macht, indem er den Begriff der Demokratie «ameliorativ analysiert»? Könnten nicht alle mit irgendwelchen «ameliorativen Projekten» kommen und Begriffe so umdefinieren, wie es ihnen passt? Warum (nicht)?

4.2 Skeptische Argumente: Was können wir wissen?

Im Theaitetos-Dialog zieht Platon in Erwägung, Wissen als wahre Meinung plus *logos* zu verstehen, wobei er kaum präzisiert, was mit *logos* gemeint ist. Wenn wir die Funktion, die *logos* bei Platon hat, mit einem Begriff wiedergeben möchten, der offen genug ist, um auch externalistische Auffassungen abzudecken, so sprechen wir von «epistemischer Rechtfertigung» oder «Berechtigung».

Obwohl wir meist darauf abzielen, *wahre* Meinungen, Überzeugungen oder Theorien zu vertreten, machen wir uns und anderen insbesondere dann, und nur dann, Vorwürfe, wenn unsere Meinungen, Überzeugungen, Theorien *ungerechtfertigt* sind – wenn wir keine oder nur unzureichende Belege haben. Das hat seine Gründe, denn irren ist menschlich, und genauso, wie jemand mit den allerbesten Absichten und völlig schuldlos andern schaden kann, so kann sich auch eine Aussage als objektiv falsch herausstellen, obwohl sie von starken Belegen gestützt ist. Während wir uns also täglich um epistemische Rechtfertigung bemühen und sie auch von andern einfordern sollen («Woher weisst du das? Was sind deine Belege?»), während wir in Einzelwissenschaften und Wissenschaftstheorie kontinuierlich an den Methoden und Standards arbeiten sollen (siehe Abschnitt 4.1), garantieren diese nicht die Wahrheit.

Platon hat diese Einsicht in seinem Werk *Politeia (Der Staat)* anhand einer Reihe von Analogien aufgezeigt (siehe Abschnitt 1.3): Weil die Menschen in der Höhle gefangen sind und ihre Standards für epistemische Berechtigung auf der Basis ihrer Situation entwickeln, sind ihre Aussagen über Schatten zwar im Kontext der Höhle epistemisch gerechtfertigt, aber – so die Pointe des Gleichnisses – leider nicht wahr.

Während sich die epistemisch bedauernswerten Gefangenen in Platons Gleichnis nicht selbst befreien können, geht der französische Philosoph, Naturwissenschaftler und Mathematiker René Descartes (1596–1650) davon aus, dass wir etwas wissen, wenn wir uns dessen ganz und gar gewiss sind. Diese Gewissheit garantiert dann die Wahrheit unserer Überzeugung – dies *muss* wahr sein, wenn wir uns ihrer auf angemessene Weise gewiss sind. Damit wir uns einer Wahrheit ganz gewiss sein können, müssen wir sie «klar und deutlich» (lat. *clare et distincte*) erkennen. Aber was bedeutet es, sich eines Sachverhalts

RENÉ DESCARTES

René Descartes (1596–1650), mit lateinischem Namen Renatus Cartesius, gilt als Begründer der modernen Philosophie. Mit dem noch heute gebräuchlichen Adjektiv «cartesisch» oder «cartesianisch» beziehen wir uns auf die wichtigsten Eigenschaften seiner philosophischen Methoden («cartesischer Zweifel») oder der aus dem cartesischen Zweifel resultierenden Sicht auf unser Selbst («cartesisches Selbst»). Descartes' Werk gilt als Beginn des modernen erkenntnistheoretischen Rationalismus wie auch als wichtiger Aspekt der (natur-)wissenschaftlichen Revolution der frühen Neuzeit. Eines seiner Hauptwerke sind die *Meditationen über die Erste Philosophie*. Über Jahrhunderte hinweg glaubten Philosophiehistoriker, dass Descartes keine Vorlagen dafür hatte, doch vermutlich gab es eine solche Vorlage, nämlich ein Buch von Teresa von Ávila.

TERESA VON ÁVILA

Teresa von Ávila (1515–1582), Enkelin eines zum Christentum konvertierten Juden, Schwester im Orden der Karmeliter, war Mystikerin, Theologin und Philosophin. Von der katholischen Kirche wurde sie 1622 heiliggesprochen. In ihrem Buch *Wohnungen der Inneren Burg* (1577), das als eines der wichtigsten Werke der christlichen Mystik gilt, beschreibt sie den Weg zur Vereinigung mit Gott über sieben Wohnungen (Stadien). Der Aufbau des Buches als Meditation und die Idee von Dämonen, welche die Seele täuschen, jedoch durch die Vernunft erkannt werden, haben vermutlich Descartes' *Meditationen über die Erste Philosophie* inspiriert. Auch wenn Descartes das Buch nicht erwähnt, muss er es gekannt haben, da es damals innerhalb der katholischen Kirche weiterhin bekannt war und Descartes von Jesuiten ausgebildet wurde.

ganz und gar gewiss zu sein, ihn «klar und deutlich» zu erkennen?

1. Schon vor Jahren bemerkte ich, wie viel Falsches ich von Jugend auf als wahr hingenommen habe und wie zweifelhaft alles sei, was ich später darauf gründete; darum war ich der Meinung, ich müsse einmal im Leben von Grund auf alles umstürzen und von den ersten Grundlagen an ganz neu anfangen, wenn ich später einmal etwas Festes und Bleibendes in den Wissenschaften errichten wollte.

Dies schien mir aber eine ungeheure Aufgabe zu sein, und so wartete ich jenes reife Alter ab, auf das kein für wissenschaftliche Forschungen geeigneteres folgen würde. Darum habe ich so lange gezögert, dass ich jetzt eine Schuld auf mich laden würde, wenn ich die Zeit, die mir zum Handeln noch übrig ist, mit Zaudern vergeuden wollte. Da trifft es sich sehr günstig, dass ich heute meinen Geist von allen Sorgen losgelöst und mir ungestörte Muße verschafft habe. Ich ziehe mich also in die Einsamkeit zurück und will ernst und frei diesen allgemeinen Umsturz aller meiner Meinungen vornehmen.

2. Dazu wird es indessen nicht nötig sein, dass ich allen die Falschheit nachweise; dies könnte ich vielleicht niemals erreichen. Da ja schon die Vernunft anrät, bei nicht ganz gewissen und zweifelsfreien Ansichten uns ebenso sorgfältig der Zustimmung zu enthalten wie bei solchen, die ganz sicher falsch sind, so reicht es für ihre Verwerfung insgesamt aus, wenn ich in einer jeden irgendeinen Anlass zum Zweifeln finde. Auch braucht man sie darum nicht einzeln durchzugehen; das wäre eine endlose Arbeit. Da ja bei der Untergrabung der Fundamente alles, was darauf gebaut ist, von selbst zusammenstürzt, werde ich unmittelbar die Prinzipien selbst angreifen, auf die alles sich stützte, was ich früher für wahr hielt.

3. Alles nämlich, was ich bis heute als ganz wahr gelten ließ, empfing ich unmittelbar oder mittelbar von den Sinnen; diese aber habe ich bisweilen auf Täuschungen ertappt, und es ist eine Klugheitsregel, niemals denen volles Vertrauen zu schenken, die uns auch nur ein einziges Mal getäuscht haben.

4. Indessen, wenn uns auch die Sinne zuweilen über kleine und ferner liegende Gegenstände täuschen, so ist doch an den meisten andern zu zweifeln gar nicht möglich, ungeachtet ihres sinnlichen Ursprungs; so z. B., dass ich hier bin, am Ofen sitze, meinen Winterrock anhabe, dieses Papier hier mit den Händen berühre und dergleichen. Mit welchem Recht könnte ich leugnen, dass diese Hände, dieser ganze Körper mein sind? – ich müsste mich denn mit gewissen Verrückten vergleichen, deren Gehirn ein hartnäckiger melancholischer Dunst so schwächt, dass sie unbeirrt versichern, sie seien Könige, während sie ganz arm sind, oder sie trügen Purpur, während sie nackt sind, oder sie hätten einen Kopf von Ton oder seien ganz Kürbisse oder aus Glas geblasen. Allein das sind Wahnsinnige, und ich würde eben-

so verrückt erscheinen, wenn ich auf mich anwenden wollte, was von ihnen gilt.

5. Gut so! aber bin ich denn nicht ein Mensch, der nachts zu schlafen pflegt und dann alles das, und manchmal noch viel Unglaublicheres, im Traum erlebt wie jene im Wachen? Wie oft erst glaube ich gar nachts im Traume ganz Gewöhnliches zu erleben; ich glaube hier zu sein, den Rock anzuhaben und am Ofen zu sitzen – und dabei liege ich entkleidet im Bett! Jetzt aber schaue ich sicherlich mit ganz wachen Augen auf dieses Papier. Dieser Kopf, den ich bewege, ist nicht vom Schlaf umfangen. Mit Überlegung und Bewusstsein strecke ich diese Hand aus und empfinde dies auch. So deutlich würde ich nichts im Schlaf erleben. Ja, aber erinnere ich mich denn nicht, dass ich auch von ähnlichen Gedanken in Träumen getäuscht worden bin? Während ich aufmerksamer hierüber nachdenke, wird mir ganz klar, dass nie durch sichere Merkmale der Schlaf vom Wachen unterschieden werden kann, und dies macht mich so stutzig, dass ich gerade dadurch fast in der Meinung zu träumen bestärkt werde.

6. Wohlan denn, wir träumen, und unwahr sollen alle jene Einzelheiten sein: dass wir die Augen öffnen, den Kopf bewegen, die Hände ausstrecken, ja sogar, dass wir solche Hände, überhaupt solch einen Körper haben! Gleichwohl aber müssen wir eingestehen, dass uns im Schlaf gleichsam gewisse Malereien erschienen sind, die nur nach dem Vorbilde wirklicher Dinge gebildet werden konnten, und dass darum wenigstens im allgemeinen Augen, Kopf, Hände und der ganze Körper nicht als eingebildete, sondern als wirkliche Dinge existieren. Denn es können ja selbst die Maler nicht einmal dann, wenn sie Sirenen und Satyrisken in den ungewöhnlichsten Gestalten zu schaffen suchen, diesen in jeder Beziehung neue Eigentümlichkeiten beilegen; sie vermischen vielmehr lediglich Glieder verschiedener Geschöpfe miteinander. Ja, selbst wenn sie sich vielleicht etwas so Neues ausdenken, dass man überhaupt nie Ähnliches gesehen hat, also etwas völlig Erdichtetes und Unwahres, so müssen doch sicherlich mindestens die Farben wirklich sein, mit denen sie es darstellen. Wenngleich daher auch Augen, Kopf, Hände und ähnliches im allgemeinen bloße Einbildungen sein könnten, muss man doch aus demselben Grunde wie oben anerkennen, dass notwendigerweise wenigstens irgend etwas anderes noch Einfacheres und Allgemeineres wirklich sein müsse, aus dem – gleich wie aus den wirklichen Farben – alle jene wahren oder unwahren Bilder von Dingen gestaltet werden, die in unserem Bewusstsein vorhanden sind.

7. Dazu gehört anscheinend die Natur des Körpers im allgemeinen und seine Ausdehnung, desgleichen die Gestalt der ausgedehnten Dinge, ferner die Quantität, d. h., ihre Größe und Anzahl; ebenso der Ort, an dem sie sind, die Zeit, während deren sie dauern, und ähnliches.

8. Somit könnten wir hieraus wohl zu Recht schließen, dass die Physik, die Astronomie, die Medizin und alle andern Wissenschaften, die von der Betrachtung der zusammengesetzten Körper abhängen, wenigstens zweifelhaft seien, während die Arithmetik, Geometrie und vergleichbare, die lediglich die einfachsten und allgemeinsten Dinge behandeln und sich wenig darum kümmern, ob diese in Wirklichkeit da sind oder nicht, etwas Sicheres und Unzweifelhaftes enthalten. Denn ob ich nun schlafe oder wache: zwei und drei geben zusammen fünf, und das Quadrat hat nicht mehr

als vier Seiten. Es scheint unmöglich, dass so offenbare Wahrheiten in den Verdacht der Falschheit geraten könnten.

9. Nun ist aber meinem Geist eine gewisse althergebrachte Meinung eingeprägt, es gebe nämlich einen Gott, der alles vermag; von ihm sei ich, so wie ich da bin, geschaffen worden. Warum aber soll dieser es nicht etwa so eingerichtet haben, dass es überhaupt gar keine Erde, keinen Himmel, nichts Ausgedehntes, keine Gestalt, keine Größe, keinen Ort gibt und dass trotzdem alles dies mir genauso wie jetzt da zu sein scheint? Wäre es nicht sogar möglich, dass ich mich irre, sooft ich zwei und drei addiere oder die Seiten des Quadrats zähle oder bei irgend etwas anderem, womöglich noch Leichterem; ganz wie meiner Meinung nach die Leute bisweilen in Sachen irren, die sie aufs allergenaueste zu kennen meinen? [...]

10. Ich will also annehmen, dass [...] ein ebenso böser wie mächtiger und listiger Geist *[genius malignus]* all sein Bestreben darauf richtet, mich zu täuschen; ich will glauben, dass der Himmel, die Luft, die Erde, die Farben, die Gestalten, die Töne und alles außerhalb von uns nur das Spiel von Träumen sei, durch die er meiner Leichtgläubigkeit nachstellt. Mich selbst will ich so ansehen, als hätte ich keine Hände, keine Augen, kein Fleisch, kein Blut noch irgendeinen Sinn, sondern dass ich mir dies bloß einbildete. Ich will hartnäckig in dieser Meditation verharren, und wenn es dann auch nicht in meiner Macht steht, etwas Wahres zu erkennen, will ich wenigstens, soweit es an mir ist, mit festem Geist mich hüten, etwas Falschem zuzustimmen, damit nicht jener Betrüger, sei er noch so mächtig, noch so listig, irgendwelchen Einfluss auf mich bekomme.

11. Aber dies Unternehmen ist mühevoll, und eine gewisse Trägheit bringt mich zu den Lebensgewohnheiten zurück. Wenn ein Gefangener, der etwa im Traum eine eingebildete Freiheit genoss, nachher zu argwöhnen beginnt, dass er schläft, fürchtet er das Erwachen und hält bei schmeichlerischen Traumbildern lässig die Augen geschlossen; und ich falle von selbst zurück zu den alten Meinungen und fürchte aufzuwachen, damit nicht auf die friedliche Ruhe ein beschwerliches Wachen folge, welches dann nicht in einem Lichtschein, sondern in der undurchdringlichen Finsternis der nunmehr aufgeführten Schwierigkeiten verbracht werden.

René Descartes: *Meditationen über die Erste Philosophie*. Lateinisch/Deutsch. Übersetzt und herausgegeben von Gerhart Schmidt. Stuttgart: Reclam 1986, S. 62–75.

Abbildung 4.1: *Die Verzückung der heiligen Teresa* von Ávila von Gian Lorenzo Bernini in Santa Maria della Vittoria in Rom

Aufgaben 4.7

 Descartes startet mit einem Problem, das Sie wohl in harmloser Form selbst kennen: Immer mal wieder im Leben erkennen wir, dass wir bis dahin falsche Überzeugungen hatten: Vielleicht haben wir beispielsweise in unserer Kindheit nie gemerkt, dass Taiwan ≠ Thailand. Überlegen Sie (a), ob Sie in den letzten Jahren, oder vielleicht als Sie ein Kind waren, solche Überzeugungen hatten, (b) unter welchen Umständen Sie diese als falsch erkannten und (c) wie Sie vorgehen könnten, wenn Sie diejenigen Ihrer Überzeugungen identifizieren und korrigieren möchten, die auch jetzt noch falsch sind.

 Überlegen Sie anhand der ersten beiden Absätze von Descartes' Text (a), mit welcher Methode Descartes dieses Problem lösen möchte, und (b), welche Rolle seine Metapher eines Wissensgebäudes für diese Methode spielt. Welche Aspekte eines Gebäudes sind analog zu unserem Wissen, und wie gedenkt Descartes, diese Analogie für sein Projekt zu nützen?

 Wie verträgt sich eine auf den ersten Blick destruktive Methode wie Descartes' systematisch skeptischer Zweifel mit seinem explizit konstruktiven Ziel, todsicheres, also wahres Wissen zu erreichen?

 Rekonstruieren Sie Descartes' methodischen Zweifel in drei Stufen mithilfe von drei Beispielen. Vervollständigen Sie dafür diese Tabelle:

Art der Dinge und Fakten	Beispiel	Irrtumsmöglichkeit
		Sinnestäuschung
	Dass ich mit den Händen ein Blatt Papier berühre.	
Geometrische, arithmetische Fakten		

Was Descartes mit den Hypothesen des Traums und des *Genius malignus* macht, wird heute oft «skeptisches Argument» oder «skeptische Methode» genannt. Im Folgenden finden Sie eine übliche Form, wie solche Argumente in klassischer Art und Weise rekonstruiert und präsentiert werden können; dabei wird davon ausgegangen, dass wir epistemisch nicht berechtigt sind, etwas zu glauben, solange wir nicht relevante Alternativen als solche erkennen können.

→ Logik und Methoden 9

In einem Blindtest trinke ich ein Glas Pepsi-Cola; dabei denke und äussere ich, dass es sich um Pepsi-Cola handelt.

P1.   Wenn ich nicht mit Sicherheit ausschliessen kann, dass es sich bei diesem Getränk um Coca-Cola handelt, dann *weiss* ich nicht, dass ich gerade Pepsi trinke.

→ Logik und Methoden 33   P2.   Ich kann nicht mit Sicherheit ausschliessen, dass es sich um Coca-Cola handelt.

K.   Ich weiss nicht (obwohl ich es denke und äussere), dass ich Pepsi trinke.

Wenn dies ein stichhaltiges Argument ist, so die skeptische Herausforderung, dann müsste das folgende Argument ebenfalls stichhaltig sein:

Ich sitze an einem Tisch; dabei denke und äussere ich, dass ich an einem Tisch sitze.

P1.   Wenn ich nicht mit Sicherheit ausschliessen kann, dass ich in einem Bett schlafe und nur träume, dass ich an einem Tisch sitze, dann *weiss* ich es nicht.

P2.   Ich kann nicht mit Sicherheit ausschliessen, dass ich in einem Bett schlafe und nur träume, dass ich an einem Tisch sitze.

K.   Ich weiss nicht (obwohl ich es denke und äussere), dass ich an einem Tisch sitze.

Aufgaben 4.8

→ Logik und Methoden 11   Prüfen Sie die beiden Argumente kritisch; sehen Sie Möglichkeiten, die Stichhaltigkeit der beiden oder eins der beiden anzugreifen, indem Sie die Wahrheit der Prämissen oder die Gültigkeit des Arguments bestreiten?

Was sind oder wären die Konsequenzen, wenn wir das zweite, skeptische Argument akzeptieren? Auf welche Wissensansprüche wäre es anwendbar, auf welche allenfalls weniger oder gar nicht?

 Akzeptieren Sie persönlich, dass es zwar nicht wahrscheinlich, aber doch *möglich* ist, dass Sie (a) im Moment gerade in Ihrem Bett liegen und träumen und/oder (b) dass ein «listiger Geist» in Ihnen lauter falsche Wahrnehmungen und Überzeugungen bewirkt? Wenn nein, warum nicht? Wenn ja: Ist das ein Problem? Hätten Sie ein Problem damit, davon auszugehen, dass wir viel weniger wissen, als wir vielleicht zu wissen meinen?

Modus ponens Logik und Methoden 33

Der Modus ponens (lat. für: «setzende Schlussfigur») ist ein häufig vorkommender logischer Schluss. Er besitzt die allgemeine Form:
WENN p, DANN q

p
—
q

Aus den Aussagen: «WENN Alice die Katze füttert, DANN wird der Hund eifersüchtig» und «Alice füttert die Katze» folgt logisch zwingend der Satz: «Der Hund wird eifersüchtig».
Der Modus ponens besitzt einen bösen Zwilling. Dabei handelt es sich um eine Schlussform, die sehr ähnlich aussieht, aber nicht gültig ist:
WENN p, DANN q

q
—
p

Aus den Aussagen: «WENN Alice die Katze füttert, DANN wird der Hund eifersüchtig» und «Der Hund ist eifersüchtig» lässt sich nicht zwingend schliessen, dass Alice die Katze gefüttert hat. Der Hund könnte aus einem anderen Grund eifersüchtig sein.

Modus tollens Logik und Methoden 34

Der Modus tollens (lat. für: «aufhebende Schlussfigur») ist ebenfalls ein häufig gebrauchter Schluss. Er weist die allgemeine Form auf:
WENN p, DANN q

NICHT q
—
NICHT p

Aus den Aussagen: «Wenn Alice die Katze füttert, DANN wird der Hund eifersüchtig» und «Der Hund ist NICHT eifersüchtig» lässt sich logisch zwingend herleiten, dass Alice die Katze nicht gefüttert hat.
Auch der Modus tollens besitzt einen bösen Zwilling, der ähnlich aussieht, aber nicht gültig ist:
WENN p, DANN q

NICHT p
—
NICHT q

Aus den Aussagen: «WENN Alice die Katze füttert, DANN wird der HUND eifersüchtig» und «Alice füttert die Katze NICHT» lässt sich nicht logisch zwingend herleiten, dass der Hund nicht eifersüchtig ist. Der Hund könnte durchaus eifersüchtig sein, einfach aus anderen Gründen.

Obwohl das Traum-Argument aus Descartes' *Meditationen* wie auch Platons Höhlengleichnis die Grundlage für unzählige Diskussionen von skeptischen Überlegungen bieten, wäre es falsch, Descartes selbst als «Skeptiker» zu bezeichnen. Eine Skeptikerin bestreitet bestimmte epistemische Ansprüche, seien diese nun relativ zu thematischen Wissensbereichen («wir können nichts über X wissen») oder zu bestimmten Wissensquellen («wir können nichts wissen, was uns von anderen gesagt wird»).

Descartes ist nicht dieser Ansicht. Er verwendet die Skepsis nur als Methode, um sicheres Wissen zu erlangen. Aus diesem Grund wird seine Skepsis oft «methodische Skepsis» oder «methodischer Zweifel» genannt; er verwendet skeptische Argumente, um sein Ziel zu erreichen, unser Wissen auf eine sichere Grundlage zu stellen, und damit endgültig tatsächliches von scheinbarem Wissen zu unterscheiden. Die Probleme, die Descartes damit aufwirft, prägen die philosophische Erkenntnistheorie bis heute. Dies wird auch ersichtlich im folgenden Text des US-amerikanischen Philosophen Peter K. Unger (geb. 1942).

1 Der Grund, warum heutige Philosophinnen und Philosophen den Skeptizismus nicht ernst nehmen, kann ganz allgemein und leichtverständlich formuliert werden: Sie denken, dass der Skeptizismus offensichtlich inakzeptable Konsequenzen bezüglich der Funktionsweise unserer Sprache
5 habe.

Die offensichtlichste Forderung des Skeptizismus liegt darin, dass wir uns *systematisch irren*, wenn wir einige gebräuchliche Ausdrücke unserer Sprache verwenden. Dies betrifft etwa Ausdrücke wie «etwas wissen» und «das Wissen», die wir «Wissensausdrücke» nennen können. Wenn der Skeptizis-
10 mus richtig liegt, dann ist das, was wir ausdrücken und für wahr halten, wenn wir sagen «ich weiß», «er weiß» usw., falsch. Wenn unsere Überzeugungen in Bezug auf Dinge, die wir zu wissen meinen, so konsistent falsch sind, dann führen uns die Wissensausdrücke systematisch in die Irre. [...] Bedeutet das nun, dass der Skeptizismus dazu führt, dass die Wissens-
15 ausdrücke im Unterschied zu anderen sprachlichen Ausdrücken nie oder fast nie dazu verwendet werden, um einfache, positive, wahre Aussagen zu machen? Um es anders zu sagen: Verlangt der Skeptizismus, dass die Wissensausdrücke isolierte Freaks unserer Sprache sind? Sogar angesichts der überzeugendsten skeptischen Argumente ist es nicht plausibel, dass
20 unsere Sprache an einer kleinen Gruppe von isolierten Freaks leidet. Wenn der Skeptizismus deshalb nur mit dem *Wissen* so unbarmherzig umgeht, so wirkt er nicht plausibel, sobald wir über diese exklusive Anwendung nachdenken.

Ich möchte dieser Sorge begegnen, indem ich argumentiere, dass verschie-
25 dene andere Ausdrücke ähnliche Schwierigkeiten machen. Genauso, wie der Skeptizismus plausibler wird, sobald wir die Wissensausdrücke untersuchen, so werden auch andere auf den ersten Blick überraschende Thesen plausibler, wenn wir ihre zentralen Ausdrücke kritisch untersuchen. Wenn es sich herausstellen sollte, dass alle zentralen Ausdrücke wesentliche Ge-
30 meinsamkeiten haben, dann dürfte die Wahrheit dieser Thesen nicht mehr so überraschend wirken.

Ich nenne die Kategorie von Ausdrücken, zu der Wissensausdrücke, gemeinsam mit vielen anderen potenziell problematischen Ausdrücken, gehören, *absolute Ausdrücke*. Der Ausdruck «flach» in seiner zentralen, wört-
35 lichen Anwendung ist ein absoluter Ausdruck. Wenn wir sagen, etwas sei

4 Erkenntnis- und Wissenschaftstheorie

flach, so ist das das dasselbe, wie wenn wir sagen, es sei absolut – oder perfekt – flach. Wenn wir sagen, eine Oberfläche sei flach, so bedeutet das, dass
graduelle Dinge oder Eigenschaften diese Oberfläche *gar nicht* – in keinem
Grad – betreffen. Deshalb ist etwas, das flach ist, überhaupt nicht uneben
40   und überhaupt nicht gekrümmt.

Unebenheit und Krümmung sind graduelle Angelegenheiten. Wenn wir
von einer Oberfläche sagen, sie sei uneben oder gekrümmt, dann verwenden wir die *relativen Ausdrücke* «uneben» oder «gekrümmt», um über die
Oberfläche zu sprechen. Absolute und relative Ausdrücke gehören also in
45   mindestens einer wichtigen Hinsicht zusammen, während andere Ausdrücke, wie etwa «unverheiratet», nur sehr indirekt mit diesen beiden Kategorien zusammenhängen. Absolute und relative Ausdrücke scheinen eine
syntaktische Eigenschaft gemeinsam zu haben, die keine anderen Ausdrücke haben: Sie können von einer Reihe von Ausdrücken modifiziert wer-
50   den, die ihr Ausmaß benennen. Wir können also sagen: «Der Tisch ist sehr
uneben», und: «Der Tisch ist sehr flach», aber nicht «Der Anwalt ist sehr
unverheiratet.» [...]

[Trotz dieser Gemeinsamkeit lassen sich absolute und relative Ausdrücke
unterscheiden], denn nur wenn wir von «flach» sprechen, gehen wir davon
55   aus, dass diese Redeweise ausdrückt, wie stark sich eine Oberfläche *abso-*
luter Flachheit annähert. Diese Paraphrase erlaubt eine plausible Interpretation unserer Verwendung von «flach», während sie zeigt, warum «flach»
kein relativer Ausdruck ist.

Peter Unger: A Defense of Skepticism. In: *The Philosophical Review* 80 (2), 1971, S. 199–204 [Über-
setzung DK].

Aufgaben 4.9

 Wenden Sie Descartes' skeptisches Argument (Traum oder *Genius malig-*
nus) so auf eine alltägliche Wissenszuschreibung an, dass ersichtlich wird,
warum diese falsch wird, wenn das skeptische Argument stichhaltig ist.

 Suchen sie zusätzliche Beispiele von (a) absoluten (z. B. «flach»), (b) relativen (z. B. «gekrümmt») und (c) weder absoluten noch relativen (z. B. «unverheiratet») Ausdrücken.

 Wenden Sie Ungers Analyse auf die Begriffe «sicher», «gewiss» und «Person S weiss, dass P» an. Passt sie? Überall gleich gut? Warum (nicht)?

 Was halten Sie von Ungers Strategie, Sätze der Form «Person S weiss,
dass P» analog zu Sätzen der Form «Fläche F ist flach» zu verstehen?
«Genau genommen, sind solche Aussagen nie wahr», könnte Unger sagen,
«aber das ist Teil unserer durchaus praktischen Alltagssprache und damit
kein Problem.»

Mindestens zwei Akzentverschiebungen fallen auf, wenn wir aktuelle Diskussionen skeptischer Argumente mitverfolgen. Die erste, die schon in Ungers Text
ersichtlich wurde, betrifft den sprachphilosophischen Zugang. Der Fokus liegt
heute oft auf unserer Verwendung von Ausdrücken, ihren Bedeutungen und
praktischen Funktionen: Was tun wir, wenn wir von jemandem sagen, sie oder er
wisse etwas (siehe Abschnitt 4.1, Haslanger)?

Die zweite Verschiebung wurde spätestens mit *The Matrix* (1999) illustriert – einem Film der Wachowskis, der heute als typisches Beispiel eines erkenntnistheoretischen Science-Fiction-Films gilt: «Matrix», wie der Film im deutschsprachigen Raum genannt wird, bedient sich unübersehbar an der philosophischen Tradition (Platon, Descartes usw.) und präsentiert eine Form des skeptischen Arguments, die psychologisch überzeugender ist als Descartes' Traum oder *Genius malignus*: die computergenerierte, für das menschliche Subjekt nicht als solche zu identifizierende, virtuelle Realität – eben die Matrix. Auch diese Idee war natürlich nicht neu: Schon Anfang der 1980er Jahre taucht die «perfekte» virtuelle Realität als skeptische Hypothese in einem philosophischen Gedankenexperiment des US-amerikanischen Philosophen Hilary Putnam (1926–2016) auf.

→ **Logik und Methoden 23**

1   Folgendes ist eine von Philosophen diskutierte Science-Fiction-Möglichkeit: Man stelle sich vor, ein Mensch (du kannst dir auch vorstellen, dass du selbst es bist) sei von einem bösen Wissenschaftler operiert worden. Das Gehirn dieser Person (dein Gehirn) ist aus dem Körper entfernt worden und

5   in einen Tank mit einer Nährlösung, die das Gehirn am Leben erhält, gesteckt worden. Die Nervenenden sind mit einem superwissenschaftlichen Computer verbunden worden, der bewirkt, dass die Person, deren Gehirn es ist, der Täuschung unterliegt, alles verhalte sich völlig normal. Da scheinen Leute, Gegenstände, der Himmel usw. zu sein, doch in Wirklichkeit ist

10   alles, was diese Person (du) erlebt, das Resultat elektronischer Impulse, die vom Computer in die Nervenenden übergehen. […] Statt eines einzigen Gehirns im Tank könnten wir uns auch vorstellen, dass alle Menschen (vielleicht alle fühlenden Wesen) Gehirne in einem Tank sind […]
Ich möchte nun eine Frage aufwerfen, die – zumindest einigen Leuten, zu

15   denen auch einige sehr raffinierte Philosophen gehören – sehr läppisch und oberflächlich erscheinen wird, die uns jedoch ziemlich rasch in wirkliche philosophische Tiefen führen wird. Angenommen, diese ganze Geschichte wäre wirklich wahr. Könnten wir, falls wir in dieser Weise Gehirne in einem Tank wären, *sagen* oder *denken*, dass wir es sind? Ich werde da-

20   für argumentieren, dass die Antwort lautet: «Nein, das ginge nicht.» Ja, ich werde argumentieren, dass die Annahme, wir seien tatsächlich Gehirne in einem Tank, unmöglich wahr sein kann, obgleich sie gegen kein physikalisches Gesetz verstößt und mit allen unseren Erfahrungen völlig in Einklang steht. *Sie kann unmöglich wahr sein*, weil sie sich auf gewisse Weise

25   selbst widerlegt. […]
Die Frage, die uns hier interessiert, lautet: Beziehen sich die sprachlichen Artikulierungen [der miteinander verknüpften Gehirne im Tank], die etwa das Wort «Baum» enthalten, tatsächlich auf *Bäume*? Allgemeiner ausgedrückt: Können sie sich überhaupt auf äußere Gegenstände beziehen?

30   («Äußere Gegenstände» im Gegensatz z.B. zu Gegenständen in dem Vorstellungsbild, das durch die automatischen Apparate erzeugt wird.) […]
Es gibt keinen Zusammenhang zwischen dem Wort «Baum» im Gebrauch dieser Gehirne und tatsächlichen Bäumen. Auch wenn es gar keine tatsächlichen Bäume gäbe, würden sie das Wort «Baum» immer noch genauso

35   verwenden, sie würden genau dieselben Gedanken denken und genau dieselben Vorstellungsbilder haben. Ihre Vorstellungsbilder, Wörter usw. sind qualitativ identisch mit Vorstellungsbildern, Wörtern usw., die in unserer Welt tatsächlich Bäume repräsentieren. [Aber genauso wenig, wie sich eine von planlos auf dem Waldboden herummarschierenden Ameisen gebilde-

te Struktur auf Winston Churchill *bezieht*, ihn *repräsentiert*, obwohl sie ihm zufälligerweise unglaublich gleicht, wird auch ein solches Vorstellungs-bild] nicht schon durch seine qualitative Ähnlichkeit mit etwas, das einen Gegenstand (Winston Churchill oder einen Baum) repräsentiert, selbst zu einer Repräsentation. [...]

45 Haben wir erst einmal gesehen, dass die *qualitative Ähnlichkeit* zwischen den Gedanken der Hirne im Tank und den Gedanken einer Person in der wirklichen Welt keineswegs Gleichheit der Bezugnahme impliziert, fällt es auch nicht schwer, einzusehen, dass es gar keinen Grund gibt für die Auf-fassung, dass die Gehirne im Tank auf äußere Dinge Bezug nehmen. [...]

50 Obgleich die Leute in jener möglichen Welt, in der alle fühlenden Wesen Gehirne im Tank sind, alle Wörter, die wir denken und sagen können, den-ken und «sagen» können, sind sie nicht imstande, sich auf das zu beziehen, worauf wir uns beziehen können. Insbesondere vermögen sie nicht zu den-ken oder zu sagen, dass sie Gehirne in einem Tank sind (noch nicht einmal, 55 indem sie denken «Wir sind Gehirne in einem Tank»).

Daraus folgt, dass – sofern ihre «mögliche» Welt wirklich die tatsächliche ist und wir wirklich Gehirne in einem Tank sind – wir jetzt mit «Wir sind Gehirne in einem Tank» meinen, dass *wir Gehirne in einem Tank im Vor-stellungsbild sind* oder etwas dergleichen (falls wir überhaupt etwas mei-60 nen). Zu der Hypothese, dass wir Gehirne in einem Tank sind, gehört je-doch auch, dass wir nicht Gehirne in einem Tank im Vorstellungsbild sind (d.h., was wir «halluzinieren», ist nicht, dass wir Gehirne in einem Tank sind). Falls wir also Gehirne in einem Tank sind, besagt der Satz «Wir sind Gehirne in einem Tank» etwas Falsches (falls er überhaupt etwas besagt).

65 Kurz, falls wir Gehirne in einem Tank sind, ist «Wir sind Gehirne in einem Tank» falsch. Also ist es (notwendig) falsch.

Hilary Putnam: *Vernunft, Wahrheit und Geschichte.* Übersetzt von Peter Schulte. Frankfurt am Main: Suhrkamp 1990, S. 21–33.

Aufgaben 4.10

 Finden Sie die folgende Variante des skeptischen Arguments überzeugen-der als das cartesianische Traum-Argument? Warum (nicht)?

Ich sitze an einem Tisch. Ich denke und äussere, dass ich das tue.

P1. Wenn ich nicht mit Sicherheit ausschliessen kann, dass ich in einer Nährlösung in einem Tank liege und eine computergenerierte virtuelle Realität wahrnehme, dann *weiss* ich nicht, dass ich an einem Tisch sitze.

P2. Ich kann nicht mit Sicherheit ausschliessen, dass ich in einer Nährlö-sung in einem Tank liege und eine computergenerierte virtuelle Reali-tät wahrnehme.

K. Ich weiss nicht (obwohl ich es denke und äussere), dass ich an einem Tisch sitze.

- -

 Putnam skizziert in seinem Text ein anspruchsvolles Argument, aus dem folgen soll, dass Aussagen wie «Ich bin ein Gehirn im Tank» notwendiger-weise falsch sein müssen. Dieses Argument funktioniert nur, wenn wir klä-ren, welche Bedingungen erfüllt sein müssen, damit ein Symbol (ein Bild, ein Wort) etwas repräsentiert, auf etwas Bezug nimmt (engl. *reference*). Identifizieren Sie zu diesem Zweck Gemeinsamkeiten und Unterschiede zwischen den folgenden beiden Relationen (a, b). Warum gelten die Relationen links als Repräsentationen, Bezugnahmen – die rechts aber nicht?

a) bezugnehmend	b) nicht bezugnehmend
Relation zwischen einer Karikatur von Winston Churchill und dem realen Winston Churchill	Relation zwischen einem von Ameisen zufällig produzierten Muster auf dem Waldboden, das Winston Churchill zufällig ähnlich sieht, und dem realen Winston Churchill
Relation zwischen den Wörtern «Baum» und «Tank» und realen Bäumen und Tanks in einer Welt, in der Menschen von realen Bäumen und Tanks umgeben sind	Relation zwischen den Wörtern «Baum» und «Tank» und realen Bäumen und Tanks in einer Welt, in der Menschen elektronisch stimulierte Gehirne in Tanks sind

→ **Logik und Methoden 9**

 Rekonstruieren Sie Putnams Argument, sodass als Konklusion resultiert, dass die Annahme «Wir sind Gehirne in einem Tank» notwendig falsch wird.

—
ZHUANGZI UND LAOZI
—

Zhuangzi («Meister Zhuang», eigentlicher Name Zhuang Zhou, ca. 365–290 v. Chr.) war ein chinesischer Philosoph und Dichter. Er war Schüler von Laozi («Meister Lao»), der angeblich im 6. Jahrhundert v. Chr. lebte, also etwa zeitgleich wie Konfuzius, womöglich aber auch später. Laozi wird das Werk *Daodejing* zugeschrieben, obwohl es vermutlich nicht nur von ihm selbst, sondern von verschiedenen Autoren geschrieben wurde. Das *Daodejing* und das mehrheitlich Zhuangzi zugeschriebene Werk *Zhuangzi* gelten als Grundlagentexte des Daoismus. Der Daoismus ist – wie der Konfuzianismus – eine Weltauffassung, die nach wie vor die Kultur Chinas und anderer asiatischer Länder prägt. Die zentrale Idee des Daoismus ist die, dass menschliche Perfektion in der Einheit mit dem *Dao* besteht. Das *Dao* ist der Weg, der nicht beschrieben werden kann; es ist die Einheit gegensätzlicher Prinzipien, die Einheit von Yin und Yang.

Da wir dieses Kapitel mit Descartes' methodischer Skepsis begonnen haben, ist es nicht erstaunlich, dass wir den Skeptizismus bisher tendenziell als ein abstraktes Problem, eine intellektuelle Herausforderung für Erkenntnistheoretikerinnen und -theoretiker, gesehen haben. Die Frage, ob Sie *wissen* können, dass Sie jetzt diese Zeilen lesen, wenn es doch möglich ist, dass Sie sich in einer computergenerierten virtuellen Realität befinden, kann dabei helfen, dass wir produktiv über unsere epistemische Praxis nachdenken – also über die Praxis, wie wir uns selbst und anderen Wissen zuschreiben oder vorenthalten.

Tatsächlich gibt es auch Philosophinnen und Philosophen, die die Skepsis nicht nur als Methode, sondern als umfassende philosophische und alltägliche Haltung sehen. Im antiken Griechenland gelten Pyrrhon von Elis (4. Jahrhundert v. Chr.) und Sextus Empiricus (2. Jh. v. Chr.) als echte Skeptiker. Vor allem Pyrrhons Position ist dabei sehr radikal: Laut ihm dürfen wir nicht einmal die Überzeugung haben, dass wir nichts wissen können, denn auch eine solche skeptische Überzeugung ist eine Überzeugung. Sobald wir etwas für wahr halten, ist die für Pyrrhon zulässige Grenze bereits überschritten. Eine pyrrhonische Skeptikerin hält gar nichts für wahr – auch nicht die Überzeugung, dass wir nichts wissen können.

Skeptische Argumente und Haltungen tauchen schon seit langer Zeit auch ausserhalb der westlichen Tradition auf. Berühmt ist etwa folgendes Gedankenexperiment des daoistischen Philosophen Zhuangzi aus dem China des 4. Jahrhunderts v. Chr.:

Abbildung 4.2: Das chinesische Zeichen für Dao

1   Einst träumte Zhuang Zhou, dass er ein Schmetterling sei, ein flattern-
    der Schmetterling, der sich wohl und glücklich fühlte und nichts wusste
    von Zhuang Zhou. Plötzlich wachte er auf: da war er wieder wirklich und
    wahrhaftig Zhuang Zhou. Nun weiß ich nicht, ob Zhuang Zhou geträumt
5   hat, dass er ein Schmetterling sei, oder ob der Schmetterling geträumt hat,
    dass er Zhuang Zhou sei, obwohl doch zwischen Zhuang Zhou und dem
    Schmetterling sicher ein Unterschied ist. So ist es mit der Wandlung der
    Dinge.

Dschuang Dsï: *Das wahre Buch vom südlichen Blütenland.* Übersetzt von Richard Wilhelm. Frei
zugänglich unter http://www.zeno.org/Philosophie/M/Zhuang+Zi+(Dschuang+Dsi)/Das+wah-
re+Buch+vom+südlichen+Blütenland/1.+Esoterisches/Buch+II/12.+Schmetterlingstraum [abge-
rufen am 16. Februar 2021].

Aufgaben 4.11

 Inwiefern unterscheidet sich die Perspektive in Zhuangzis Text von derjenigen Descartes'? Ist der Unterschied für das skeptische Argument bedeutsam?

 Wie interpretieren Sie den letzten Satz? Was ist dessen Funktion? Inwiefern beeinflusst dieser letzte Satz die Textgattung und den Anspruch des
Traumberichts?

 Recherchieren Sie die wichtigsten Informationen zum Daoismus und versuchen Sie, den Schmetterlingstraum zumindest ansatzweise daoistisch
zu interpretieren.

Neben dem chinesischen Daoismus ist es vor allem die von Indien ausgehen-
de buddhistische Tradition, in der skeptische Überlegungen und Haltungen eine
zentrale Rolle spielen. Ein wichtiges Ziel der buddhistischen Meditation besteht
darin, Illusionen als solche zu erkennen – «die rote Pille zu nehmen», um einen
Ausdruck zu verwenden, der im Englischen längst gebräuchlich ist *(red pilling)*
und auf den Film *The Matrix* zurückgeht. Wir neigen dazu, Dinge mit Bedeutung
zu versehen, uns von Emotionen leiten zu lassen, uns selbst ein stabiles und
substanzielles Selbst zuzuschreiben. Das alles kann uns unglücklich machen; wir
hängen an Materiellem, wir leiden an irrationaler Wut oder Eifersucht, wir nehmen uns zu wichtig.

Aber nicht nur der Buddhismus geht davon aus, dass Skepsis in Bezug auf Illusionen, die uns unglücklich machen, ein wichtiger Schritt auf dem Weg zu einem
erfüllten Leben ist, sondern diese Einsicht war auch schon in der stoischen Philosophie verbreitet. Das mag darin begründet liegen, dass diese Funktion der
Skepsis eine naheliegende Idee ist, von der zu erwarten ist, dass sie in mehreren

— NAGARJUNA —

Nagarjuna (ca. 150–250 n. Chr.) ist der bedeutendste Philosoph des Mahayana-Buddhismus. Mit seinem Hauptwerk, den *Mulamadhamaka-Karikas*, Lehrstrophen *(karika)* über die grundlegenden Lehren *(mula)* des Mittleren Wegs *(madhyamaka)*, begründet er Madhyamaka als eine eigene Form des Buddhismus, die sich als eine methodisch skeptische Philosophie der Leere *(sunyavada)* versteht. Obwohl viele Legenden zirkulieren, gibt es kaum gesichertes Wissen über Nagarjuna; er stammte vermutlich aus Südindien.

Kulturen auftaucht – ebenso plausibel ist es aber, dass sich antike Griechen und buddhistische Philosophen beeinflusst haben. Gemäss antiken Quellen bereiste Pyrrhon zusammen mit Alexander dem Grossen im Jahr 324 v. Chr. den Nordwesten Indiens.

3.1 Sehen, Hören, Riechen, Schmecken, Tasten und Denken sind die sechs Sinnestätigkeiten; deren Betätigungsfeld ist das Sichtbare [Hörbare, Riechbare usw.].

3.2 Das Sehen kann nämlich gerade sich selbst nicht sehen. Wenn es sich selbst nicht sieht, wie wird es die [Dinge] sehen, die von ihm verschieden sind? [...]

3.4 Wenn es [per definitionem] überhaupt kein Sehen gibt, das nicht sehend ist, ist es dann richtig, zu sagen: «Das Sehen sieht»?

3.5 Weder sieht das Sehen noch das Nicht-Sehen. Aber es muss erkannt werden, dass zugleich mit dem Sehen auch der Seher erklärt ist. [Denn:]

3.6 Weder existiert ein Seher, vom Sehen ungetrennt [und eins mit ihm], noch ein Seher, vom Sehen getrennt. Gibt es den Seher nicht, woher denn dann Sichtbares und Sehen?

3.7 Da Sichtbares und Sehen nicht existieren, existiert auch die Vierheit von Erkennen *(vijnana)* [Empfinden, Bewusstsein, Absicht; skandha] nicht. – Wie könnte es deshalb Ergreifen *(upadana)* [und in der Folge Werden, Geburt, Altern-Sterben; pratityasamutpada] geben?

3.8 Durch das Beispiel des Sehens ist zugleich auch Hören, Riechen, Schmecken, Tasten und Denken erfasst; [auf diese Weise] erkenne man auch Hörer und Hörbares, [Riecher und Riechbares] usw.

Bernhard Weber-Brosamer und Dieter M. Back: *Die Philosophie der Leere: Nagarjunas Mulamadhyamaka-Karikas*. Übersetzung des buddhistischen Basistextes mit kommentierenden Einführungen. Wiesbaden: Harrassowitz 2005, S. 15–16.

Aufgaben 4.12

→ **Logik und Methoden 21**

 In 3.1 kategorisiert Nagarjuna das Denken als eine Sinnestätigkeit. Was spricht dafür, was dagegen, das Denken in die gleiche Kategorie wie das Sehen, Hören, Riechen einzuordnen? Was wären Beispiele für das (nicht) Denkbare, in Analogie zum Sichtbaren und Hörbaren?

→ **Logik und Methoden 6**

 Nagarjunas skeptisches Argument scheint auf Paradoxien hinzuweisen im Zusammenhang mit den folgenden Begriffen: (a) eine sehende Person, (b) das Sehen, (c) das Gesehene, (d) das Sichtbare. Charakterisieren Sie diese Begriffe und überlegen Sie sich, wie Nagarjuna aus diesen Begriffsverhältnissen schliessen kann, dass es weder einen Seher noch das Sehen, noch Sichtbares gebe.

4.3 Rationalismus und Empirismus

Neben dem Skeptizismus sind vor allem zwei neuzeitliche erkenntnistheoretische Positionen berühmt: der eher kontinentale «Rationalismus» von Descartes, Spinoza oder Leibniz und der britische «Empirismus» von John Locke, George Berkeley oder David Hume.

Wenn wir den kontinentalen Rationalismus der frühen Neuzeit verstehen wollen, müssen wir auf mehrere Stolpersteine achten. Zunächst kursieren heute verschiedene Verwendungen von «rationalistisch», «rational» oder «Rationalistin», die nur entfernt mit den Positionen Descartes', Leibniz' oder Spinozas zu tun haben. Wir beziehen uns mit diesen Etiketten heute auf Haltungen oder Positionen, die sich an der Vernunft (lat. *ratio*) orientieren. Der Begriff «rational» gewinnt seinen Gehalt in dieser Verwendung meist aus dem Kontrast zu einer «irrationalen» Position. In anderen Fällen wird der Begriff abwertend verwendet, um Haltungen oder Positionen zu beschreiben, denen vorgeworfen wird, sie reduzierten ihre Objekte (v. a. den Menschen) fälschlicherweise oder zu stark auf Rationalität.

Der erkenntnistheoretische Rationalismus, um den es hier geht, ist ein engerer, nicht bewertender Begriff, der sich auf folgende These bezieht: Für die epistemische Berechtigung von bestimmten Arten unseres Wissens sind Rückgriffe auf unsere Vernunft nötig. Um es in Immanuel Kants Terminologie zu sagen: Bestimmte Aspekte unseres Wissens sind *a priori*. Der sogenannt «kontinentale» Rationalismus Descartes', Spinozas und Leibniz' bildet die frühe, klassische Form dieses erkenntnistheoretischen Rationalismus.

→ Logik und Methoden 35

Der zentrale Unterschied zwischen frühneuzeitlichem erkenntnistheoretischem Rationalismus und Empirismus wird oft damit erläutert, dass der Rationalismus von angeborenem Wissen ausgeht, während der Empirismus das nicht tut. Illustriert wird dieser Kontrast typischerweise mit John Lockes berühmtem Bild einer *tabula rasa* – der Verstand als eine Schreibtafel, die bei der Geburt eines Menschen noch völlig leer ist und sich dann im Lauf des Lebens aufgrund unserer Erfahrungen füllt.

Obwohl der Begriff von «angeborenen» Ideen bei Descartes und seinen rationalistischen Nachfolgern tatsächlich vorkommt, sind die *A-priori*-Aspekte unseres Wissens, deren Existenz der erkenntnistheoretische Rationalismus behauptet, nicht ohne Weiteres als «angeboren» erkennbar. Wenn heute etwa der Psychologe und Linguist Steven Pinker (geb. 1954) für angeborene Strukturen im Spracherwerb argumentiert (*The Language Instinct*, 1994), so geht es ihm um die Frage, ob bestimmte Aspekte unseres Verhaltens «angeboren» im Sinn von natürlich selektiert, vererbbar und genetisch codiert sind.

Das war aber für die kontinentalen Rationalisten der Neuzeit keine relevante Frage, was man auch daran sieht, dass die heutige Frage nach genetisch codierten menschlichen Merkmalen diese Merkmale eher als Gefahr – und nicht als Garanten – für Rationalität sieht: Typischerweise führen Merkmale unseres Fühlens,

Denkens und Handelns, die Produkte natürlicher Selektion sind, zu Irrationalität. So sind wohl unsere Neigungen, «falsche positive Ergebnisse» zu sehen (z.B. dass wir aus Angst vor Schlangen überall Schlangen sehen) und Vorurteile zu haben, im relevanten Sinn «angeboren».

A priori und a posteriori Logik und Methoden 35

Die Unterscheidung in «a priori» und «a posteriori» ist eine zwischen Erkenntnissen. Eine Erkenntnis ist a priori, wenn sie unabhängig von der Erfahrung ist. Zum Beispiel ist es eine Erkenntnis a priori, dass 2 + 2 = 4. Wir benötigen für die Rechtfertigung dieser Erkenntnis keine Erfahrung. Eine Erkenntnis ist a posteriori (oder empirisch), wenn sie von Erfahrung abhängig ist. Zum Beispiel ist es eine Erkenntnis a posteriori, dass der Mensch zwei Lungenflügel hat. Wir können sie nur durch empirische Untersuchung rechtfertigen.

Aufgaben 4.13

→ Logik und Methoden 35

 Typische Beispiele für A-priori-Wissen im rationalistischen Sinn sind der Satz des Pythagoras und die Tatsache, dass 2 + 3 = 5. Recherchieren Sie einige Beispiele für kognitive und/oder emotionale Merkmale, von denen heute angenommen wird, sie seien genetisch codierte Produkte natürlicher Selektion, und notieren Sie sich diese. Sehen Sie Überschneidungen zwischen A-priori-Wissen und genetisch codierten Produkten natürlicher Selektion? Gibt es Unterschiede?

- -

 Die Idee, dass wichtige emotionale und kognitive Eigenschaften «angeboren» (vererbt und genetisch codiert) sind, hat heute viel diskutierte und kontroverse Konsequenzen. Überlegen Sie sich und/oder recherchieren Sie, (a) inwiefern die Frage nach solchen «angeborenen» Merkmalen die heutige Diskussion um die Rollen und Eigenschaften von Frauen und Männern prägt und (b) ob und inwiefern sie das zu Recht tut.

- -

 Recherchieren Sie den Inhalt des Buches *The Bell Curve* von 1994 und die Kontroverse darum. Überlegen Sie sich dann, welche politischen Konsequenzen die Thesen dieses Buches hätten, und diskutieren Sie diese kritisch.

Am besten kann der Kernpunkt des kontinentalen Rationalismus – dass die epistemische Berechtigung unseres Wissens von unserer Vernunft abhängt – mit mathematischen, geometrischen oder logischen Sätzen illustriert werden. Nehmen wir etwa den Satz des Widerspruchs. In Aristoteles' einflussreicher Formulierung lautet dieser Satz: «Denn es ist unmöglich, dass dasselbe demselben in derselben Beziehung zugleich zukomme und nicht zukomme.» Eine Anwendung würde ungefähr besagen, dass die gleiche Tischfläche zur gleichen Zeit nicht zugleich ganz rot und ganz blau sein kann.

→ Logik und Methoden 6

Die Rationalisten würden nun sagen, dass es nicht plausibel, vielleicht sogar unmöglich sei, dass sich dieser Satz mit empirischen Belegen rechtfertigen lasse: Wir sammeln nicht zuerst eine Menge Evidenz, um dann irgendwann auf den allgemeinen Satz zu schliessen, dass etwas nicht gleichzeitig der Fall und nicht der Fall sein könne. Vielmehr ermöglicht das, was dieser Satz ausdrückt, überhaupt erst sinnvolles, gehaltvolles Reden und Denken über die Welt. Der Gehalt des

4 Erkenntnis- und Wissenschaftstheorie

Satzes des Widerspruchs ist für unser Erkennen der Welt vorausgesetzt, so die Ansicht der Rationalisten.

Den idealen Einstieg in die Welt des kontinentalen Rationalismus bieten wiederum Descartes' *Meditationen*. Nachdem Descartes in seiner ersten Meditation seine methodischen Zweifel stufenweise eskalieren lässt, findet er in der zweiten Meditation nun doch noch eine unzweifelhafte und längst weltberühmt gewordene Wahrheit.

1. Die gestrige Meditation hat mich in so mächtige Zweifel gestürzt, dass ich sie nicht mehr loswerden kann; und doch sehe ich keinen Weg zu ihrer Lösung. Mir ist, als wäre ich unversehens in einen tiefen Strudel geraten und würde so herumgewirbelt, dass ich auf dem Grund nicht Fuß fassen, aber auch nicht zur Oberfläche emporschwimmen kann. Doch ich will den Mut nicht sinken lassen und noch einmal denselben Weg versuchen, den ich gestern gegangen war; ich will also alles beseitigen, was auch nur den Schein eines Zweifels zulässt, genauso, als hätte ich es für gänzlich falsch erkannt; ich will vorwärts dringen, bis ich etwas Gewisses erkenne, sollte es auch nur die Gewissheit sein, dass es nichts Gewisses gibt.

   Nur einen Punkt, der fest und unbeweglich sei, verlangte Archimedes, um die ganze Erde von ihrer Stelle zu bewegen. Es eröffnet sich ebenfalls eine große Aussicht, wenn ich auch nur das Geringste finden werde, das gewiss und unerschütterlich ist.

2. Ich nehme also an, alles, was ich wahrnehme, sei falsch; ich glaube, dass nichts von alledem jemals existiert habe, was mir mein trügerisches Gedächtnis vorführt. Ich habe überhaupt keine Sinne; Körper, Gestalt, Ausdehnung, Bewegung und Ort sind Chimären. Was soll da noch wahr sein? Vielleicht dies Eine, dass es nichts Gewisses gibt.

3. Aber woher weiß ich, dass es nicht noch etwas von allem bereits Angezweifelten Verschiedenes gibt, das auch nicht den geringsten Anlass zu einem Zweifel bietet? Gibt es nicht vielleicht einen Gott, oder wie ich denjenigen sonst nennen soll, der mir diese Gedanken einflößt? Doch wozu soll ich dergleichen annehmen, da ich wohl auch selbst ihr Urheber sein könnte? So wäre aber doch wenigstens Ich etwas? Allein ich habe ja bereits geleugnet, dass ich irgendwelche Sinne und irgendeinen Körper habe. Doch halt, was folgt denn hieraus? Bin ich denn so sehr an den Körper und die Sinne gebunden, dass ich nicht ohne sie sein könnte? Aber ich habe in mir die Annahme gefestigt, es gebe gar nichts in der Welt, keinen Himmel, keine Erde, keine Geister, keine Körper: also bin doch auch ich nicht da? Nein, ganz gewiss war Ich da, wenn ich mich von etwas überzeugt habe.

   Aber es gibt irgendeinen sehr mächtigen, sehr schlauen Betrüger, der mit Absicht mich immer täuscht. Zweifellos bin also auch Ich, wenn er mich täuscht; mag er mich nun täuschen, soviel er kann, so wird er doch nie bewirken können, dass ich nicht sei, solange ich denke, ich sei etwas. Nachdem ich so alles genug und übergenug erwogen habe, muss ich schließlich festhalten, dass der Satz «Ich bin, Ich existiere», sooft ich ihn ausspreche oder im Geiste auffasse, notwendig wahr sei.

   René Descartes: *Meditationen über die Erste Philosophie.* Lateinisch/Deutsch. Übersetzt und herausgegeben von Gerhart Schmidt. Stuttgart: Reclam 1986, S. 76–79.

Worauf bezieht sich Descartes mit dem von Archimedes verlangten «Punkt»? Schlagen Sie, wenn nötig, den Ausdruck nach und formulieren Sie dann das Ziel dieser Analogie, also die Art von «archimedischem Punkt», die Descartes mithilfe seines methodischen Zweifels sucht.

 Der Text mündet an dieser Stelle in einen Schluss, der durchaus mit dem aus anderen Werken Descartes' berühmten Satz «ich denke, also bin ich» zusammengefasst werden kann. Das passt wunderbar zu gängigen Annäherungen an den Rationalismus, weil «denken» typischerweise Rationalitätsnormen unterworfen ist. Aber muss ich denken, um auf meine Existenz zu schliessen? Sind andere Zustände von mir selbst geeignet für den Schluss auf die eigene Existenz? Welche (nicht)? Warum (nicht)?

 Versuchen Sie, Descartes' Startpunkt für klares und deutliches Denken kritisch nachzuvollziehen: Ist der Satz: «Ich existiere» tatsächlich notwendigerweise wahr, wann immer er von einem Subjekt gedacht wird? Was ist der Unterschied zu einer Audioaufnahme dieser Aussage, die abgespielt wird, nachdem die Person gestorben ist?

Die Grundlegung für gesichertes Wissen, wie sie Descartes hier vornimmt, ist äusserst berühmt und folgenreich. Zwar findet sich die bekannteste Formulierung «Ich denke, also bin ich» nicht in den *Meditationen*, sondern im *Discours de la méthode* und in den *Prinzipien der Philosophie*, aber dennoch bietet die oben zitierte Stelle aus der zweiten Meditation den wichtigsten argumentativen Kontext für diese Behauptung. Die Frage, die sich Descartes' Meditator im Anschluss an den Schluss auf die eigene Existenz stellt, ist: *wessen* Existenz?

— AUGUSTINUS —

Augustinus von Hippo, geboren 354 in Tagaste im heutigen Algerien, gestorben 430, war ein Philosoph, Theologe und Kirchengelehrter im Übergang von der Antike zum Mittelalter. Berühmt ist er bis heute für seine autobiografische Schrift *Bekenntnisse* (lat. *Confessiones*). Bereits Jahrhunderte vor Descartes hatte Augustinus die Idee des Denkens, das seine eigene Existenz erkennt. «Selbst wenn ich mich täusche, so bin ich», schreibt Augustinus im 5. Jahrhundert in seinem *De civitate Dei*, denn «wer nicht ist, kann sich auch nicht täuschen». Auch Avicenna (siehe Abschnitt 1.4, Autorenbox: Avicenna) hatte mit dem Gedankenexperiment des schwebenden Menschen dafür argumentiert: Stellen wir uns vor, dass ein Mensch als schwebendes Wesen, ohne jegliche Sinnesorgane geschaffen wurde, so könnte dieser Mensch dennoch ein Bewusstsein von sich selbst haben; somit muss es eine unkörperliche Seele geben.

4. Ich bin mir aber noch nicht hinreichend klar darüber, wer denn Ich bin – jener Ich, der notwendigerweise ist. Ich muss mich von nun an in Acht nehmen, dass ich nicht etwa unvorsichtigerweise etwas anderes für mich selbst halte und so selbst in derjenigen Erkenntnis abirre, die für mich die gewisseste und evidenteste sein soll. Darum will ich mir einmal vergegenwärtigen, wofür ich mich früher hielt, ehe ich auf diese Gedanken gekommen war. Von dieser Vorstellung meiner selbst will ich dann alles in Abzug bringen, was durch die schon angeführten Gründe auch nur im allergeringsten erschüttert werden kann, so dass schliesslich nur genau das übrig bleibt, was gewiss und unerschütterlich ist. [...]

5. [...] Zuerst bemerkte ich natürlich, dass ich ein Gesicht, Hände, Arme und diese ganze Gliedermaschine habe, wie man sie auch an einem Leichnam wahrnimmt; ich nannte sie Körper. [...] Unter Körper verstehe ich alles, was durch eine Gestalt begrenzt und durch seinen Ort umschrieben werden kann; was seinen Raum so erfüllt, dass es von ihm jeden

andern Körper ausschließt; was durch Gefühl, Gesicht, Gehör, Geschmack, Geruch wahrgenommen werden und in verschiedener Weise bewegt werden kann, zwar nicht aus eigener Kraft, aber durch irgendein anderes, mit dem es in Berührung kommt. Meiner Meinung nach war nämlich das Vermögen der Selbstbewegung sowie des Empfindens und Denkens in keiner Weise mit dem Wesen des Körpers vereinbar; ja, ich war geradezu überrascht, dergleichen Fähigkeiten in gewissen Körpern anzutreffen.

6. Nun aber nehme ich an, irgendein sehr mächtiger und, wenn ich so sagen darf, bösartiger Betrüger *[genius malignus]* habe mich in allem, soweit es ihm nur irgend möglich war, absichtlich irregeführt. Kann ich mir dann noch das geringste von alledem zuschreiben, was ich zur Natur des Körpers rechnete? Ich stutze, denke nach und überlege hin und her, aber nichts will sich mir zeigen; der fruchtlosen Wiederholung werde ich müde.

Wie steht es aber mit dem, was ich der Seele zuschrieb, mit der Ernährung und dem Gehen? Offenbar bestehen auch diese Tätigkeiten bloß in der Einbildung, da ich nun einmal keinen Körper habe. Aber das Empfinden? Auch dieses geschieht nicht ohne Körper, aber gar oft erschien es mir im Traume, als empfände ich, während ich nachher merkte, dass es nicht wahr sei. Und das Denken? Hier werde ich fündig: das Denken [= *cogitatio*] ist es; es allein kann von mir nicht abgetrennt werden; Ich bin, Ich existiere, das ist gewiss. Wie lange aber? Offenbar solange ich denke, denn es ist ja auch möglich, dass ich, wenn ich überhaupt nicht mehr denken würde, sogleich aufhörte zu sein. Ich lasse jetzt nichts gelten, als was notwendig wahr ist; demnach bin ich genau genommen lediglich ein denkendes Ding *[res cogitans]*, d. h. Geist bzw. Seele bzw. Verstand bzw. Vernunft; lauter Bezeichnungen, deren Bedeutung mir früher unbekannt war. Ich bin nun ein wirkliches und wahrhaft seiendes Ding. Was denn für ein Ding? Ich sagte ja: ein denkendes. [...]

8. Also was bin ich nun? Ein denkendes Ding *[res cogitans]*. Was ist das? – Ein Ding, das zweifelt, einsieht, bejaht, verneint, will, nicht will, das auch bildlich vorstellt und empfindet.

René Descartes: *Meditationen über die Erste Philosophie.* Lateinisch/Deutsch. Übersetzt und herausgegeben von Gerhart Schmidt. Stuttgart: Reclam 1986, S. 78–87.

Aufgaben 4.15

 Diese Textstelle bildet eine wichtige Grundlage für Descartes' Unterscheidung zwischen zwei Arten von Dingen: (a) *res cogitans*, wörtlich ungefähr «denkendes Ding», und (b) *res extensa*, wörtlich ungefähr «ausgedehntes Ding».

Zeichnen Sie eine Tabelle mit zwei Spalten und überschreiben Sie eine Spalte mit *res cogitans*, die andere mit *res extensa*. Sammeln Sie in den jeweiligen Tabellenspalten alle Charakterisierungen, die Descartes im Text für die beiden Arten von Dingen angibt.

- -

 Ergänzen Sie die Tabelle gegebenenfalls mit eigenen Charakterisierungen in einer anderen Farbe.

- -

 Erläutern Sie, warum sich das «ich» in *ego cogito, ego existo* auf die *res cogitans* beziehen muss.

Wenn ich mich mit «ich» auf mich als *res cogitans* beziehe und wenn mein Körper als *res extensa* eine andere Art von Substanz ist: (1) Bestehe ich dann aus zwei «Dingen» oder «Substanzen»? (2) Wie müssen wir es dann interpretieren, wenn ich von «meiner Hand» oder «meinem Gehirn» spreche?

Descartes' Leserinnen und Leser haben sofort Schwächen dieses Modells erkannt. So sandte ihm die adlige Elisabeth von der Pfalz (1618–1680), die mit ihm in einem langjährigen philosophischen Briefwechsel stand, folgende Frage:

> Ich bitte Sie also, mir zu schildern, wie die Seele eines Menschen die Lebensgeister des Körpers dazu bestimmen kann, willentliche Tätigkeiten auszuführen (da sie nur eine denkende Substanz ist). Denn es scheint, dass jede Bestimmung der Bewegung durch den Impuls der bewegten Sache geschieht, durch die Art, wie sie durch das, was sie bewegt, angestoßen wird, oder durch die Beschaffenheit und die Gestalt der Oberfläche Letzterer. Die Berührung ist für die zwei ersten Bedingungen erforderlich und die Ausdehnung für die dritte. Diese [Ausdehnung] schließen Sie jedoch vollkommen von Ihrem Begriff der Seele aus; und jene [Berührung] scheint mit einer immateriellen Sache unvereinbar zu sein.

Sabrina Ebbersmeyer (Hrsg.): *Der Briefwechsel zwischen Elisabeth von der Pfalz und René Descartes.* Paderborn: Fink 2015, S. 27–28 (Brief vom 6. Mai 1843).

Aufgaben 4.16

Von «Lebensgeistern», frz. *esprits du corps*, wurde in der Medizin von der Antike bis in die frühe Neuzeit gesprochen, um körperliche und geistige Prozesse zu erklären. Ordnet Elisabeth von der Pfalz diese «Lebensgeister» in ihrem Brief der *res cogitans* oder der *res extensa* zu?

- -

 Überlegen Sie sich, inwiefern Elisabeths von der Pfalz Einwand auch überzeugend wirkt, wenn wir unser heutiges Wissen der Physik einbringen. Sehen Sie mögliche Antworten für Descartes?

- -

 Die Trennung von *res cogitans* und *res extensa* gilt als Grundlage einer Position, die als «cartesianischer Dualismus» bekannt ist; heute spricht man oft vom «Leib-Seele-» oder vom «Körper-Geist-Dualismus». Könnten Sie einer «Monistin», also einer Philosophin, die davon ausgeht, dass unser Geist mit unserem Gehirn identisch ist, einen cartesianischen, also erkenntnistheoretischen Einwand präsentieren? Schätzen Sie Ihre eigene Auffassung des Menschen eher als monistisch oder dualistisch ein? Warum?

Nun setzt Descartes' Meditator seine Argumentation fort: Wir sind denkende Substanzen, und wir erkennen uns selbst deutlicher, als dass wir physische Dinge sinnlich wahrnehmen. Mehr noch – und jetzt zeigen sich die Wurzeln des kontinentalen Rationalismus –, Sinneswahrnehmung ist selbst geistig. Descartes illustriert dies an einem Stück Bienenwachs.

11. Wir wollen jene Dinge betrachten, die man gemeinhin am deutlichsten zu erkennen meint, nämlich die Körper, die wir betasten und sehen; und zwar nicht die Körper im allgemeinen, denn solche Allgemeinvorstellungen pflegen etwas verworrener zu sein, sondern einen Körper im besonderen. Nehmen wir z. B. dieses Stück Bienenwachs. Es ist ganz frisch aus Honigscheiben gewonnen worden. Noch hat es nicht allen Honiggeschmack verloren. Ein wenig bewahrt es von dem Duft der Blumen, aus denen es gesammelt wurde. Seine Farbe, seine Gestalt, seine Größe liegen offen zutage. Es ist hart, kalt, man kann es leicht anfassen, und wenn man mit dem Knöchel darauf klopft, gibt es einen Ton von sich. Kurz, alles ist ihm eigen, was zur ganz deutlichen Erkenntnis eines Körpers erforderlich erscheint. Doch sieh da, während ich rede, kommt es dem Feuer nahe; der Rest des Geschmacks vergeht; sein Duft verflüchtigt sich; seine Farbe ändert sich; seine Form verschwindet. Es nimmt zu an Größe, wird flüssig, wird heiß, kaum kann man es noch anfassen, und schlägt man darauf, so gibt es keinen Ton mehr.

Bleibt es nun noch dasselbe Stück Wachs? Man muss es zugeben, niemand leugnet es, niemand ist anderer Meinung. Was wurde denn an ihm so deutlich aufgefasst? Sicherlich nichts von alledem, was ich mit den Sinnen erreichte, denn alles, was unter den Geschmack, den Geruch, das Gesicht, das Gefühl oder das Gehör fiel, hat sich jetzt geändert; das Stück Wachs bleibt.

12. Vielleicht ist es das mir jetzt Bewusste: Das Wachs selbst nämlich war gar nicht jene Honigsüße, nicht jener Blumenduft, jenes Weiß, jene Form, jener Ton; es war vielmehr ein Körper, der mir kurz vorher in solchen, jetzt aber in anderen Zustandsweisen erschien. Was aber fasse ich, genau gesagt, bildhaft auf? Aufgepasst! wir bringen alles in Abzug, was nicht zu dem Stück Wachs gehört, und sehen zu, was übrigbleibt: Es ist lediglich etwas Ausgedehntes, Biegsames, Veränderliches.

Was aber heißt hier biegsam, veränderlich? Etwa, dass in meiner Einbildung dieses Wachsstück aus der runden Gestalt in eine viereckige, oder aus dieser in eine dreieckige überführt werden kann? Keineswegs, denn es ist nach meinem Begriff unzähliger derartiger Umwandlungen fähig; unzählige aber kann meine Einbildungskraft nicht durchlaufen, und dies Begreifen kann mithin durch mein Einbildungsvermögen nicht erschöpfend dargestellt werden.

Was heißt ausgedehnt? Ist vielleicht sogar die Ausdehnung des Wachsstücks unbekannt? Beim schmelzenden Wachs wird sie ja grösser, beim heißen noch mehr, und immer mehr, wenn die Hitze zunimmt. Ich würde also falsch beurteilen, was das Wachsstück ist, wenn ich nicht annähme, dass es auch seiner Ausdehnung nach mehr Veränderungen zulässt, als ich je in der Einbildung umfasst habe.

So muss ich schließlich gestehen, dass ich mir nicht einmal bildhaft vorstellen kann, was dieses Stück Wachs hier ist, sondern es allein durch den Geist auffasse. Ich rede von dem Wachs im besonderen; beim Wachs im allgemeinen ist dies noch viel klarer.

Was ist denn nun dieses Wachs, das man nur im Geiste auffassen kann? Offenbar eben das, was ich sehe, berühre, bildhaft vorstelle; überhaupt dasselbe, das ich von Anfang an für seiend gehalten habe. Aber, wohlgemerkt, die Auffassung *[perceptio]* desselben besteht nicht in einem Sehen, Berühren, sinnlichen Vorstellen, und bestand überhaupt nie darin, wenn es mir auch früher so vorkam; sie besteht vielmehr in einem bloßen geistigen Einblick *[mentis inspectio]*, der unvollkommen und verworren sein kann wie vordem, oder klar und deutlich wie jetzt, je nachdem, ob ich mehr oder weniger auf seine Bestandteile achte.

13. Bei alldem setzt es mich in Verwunderung, wie sehr mein Geist zu Irrtümern neigt, denn wiewohl ich dies bei mir schweigend und ohne ein Wort zu reden überlege, hänge ich doch an den Worten und lasse mich fast vom Sprachgebrauch irreführen. Wir sagen nämlich, wir sehen das Wachsstück selbst, wenn es vorhanden ist, und beurteilen sein Vorhandensein nicht erst aus einer Farbe oder Gestalt. Hieraus könnte ich ohne weiteres schließen, das Wachs werde durch das Sehen des Auges, nicht aber durch die bloße Einsicht des Geistes erkannt. Da sehe ich gerade zufällig von meinem Fenster aus Leute auf der Straße vorübergehen; ich bin gewohnt, ganz genauso wie vom Wachs zu sagen: ich sehe sie. Was sehe ich denn; außer Hüten und Kleidern, unter denen auch Automaten stecken könnten? Ich urteile aber, es seien Menschen. So erfasse ich also das, was ich mit den Augen zu sehen meinte, in Wahrheit nur durch das Urteilsvermögen, welches meinem Geiste innewohnt. [...]

16. Und siehe da, so bin ich schließlich ganz von selbst dahin gekommen, wohin ich wollte. Ich weiß jetzt, dass die Körper nicht eigentlich von den Sinnen oder von der Einbildungskraft, sondern von dem Verstand allein wahrgenommen werden, und zwar nicht, weil wir sie berühren und sehen, sondern lediglich, weil wir sie denken; und so erkenne ich, dass ich nichts leichter oder evidenter wahrnehmen kann als meinen Geist.

René Descartes: *Meditationen über die Erste Philosophie*. Lateinisch/Deutsch. Übersetzt und herausgegeben von Gerhart Schmidt. Stuttgart: Reclam 1986, S. 88–97.

Aufgaben 4.17

 Rekonstruieren Sie das Wachsbeispiel auf einer Zeitachse und vergegenwärtigen Sie sich, wie sich das Wachs in Relation zum Feuer entwickelt. Was ändert sich? Was bleibt gleich?

 Überlegen Sie anhand der Beispiele des Bienenwachses und der vorübergehenden Menschen, inwiefern es angemessen ist, zu sagen, wir würden «dieses Stück Wachs beziehungsweise diese Menschen sinnlich wahrnehmen» und inwiefern nicht.

→ **Logik und Methoden 11**

 «Die Substanz eines Stücks Wachs ist weder sinnlich wahrnehmbar noch bildlich vorstellbar; also wird sie von uns gedacht.» Erläutern und beurteilen Sie dieses Argument.

Der Substanzbegriff, den Descartes verwendet, um zu erfassen, worauf wir uns beim Nachdenken über unser Ich oder über ein Stück Wachs beziehen, geht auf Aristoteles' Ausdruck *ousia* zurück, der im Mittelalter eben mit «Substanz» übersetzt wurde. In seinem Werk *Kategorien* identifiziert Aristoteles *ousia* auf der Grundlage unserer Sprache.

1. Substanz im eigentlichsten, ursprünglichsten und vorzüglichsten Sinne ist die, die weder von einem Subjekt ausgesagt wird noch in einem Subjekt ist, wie z. B. ein bestimmter Mensch oder ein bestimmtes Pferd.

Zweite Substanzen heißen die Arten, zu denen die Substanzen im ersten
5   Sinne gehören, sie und ihre Gattungen. So gehört z. B. ein bestimmter
Mensch zu der Art Mensch, und die Gattung der Art ist das Sinneswesen.
Sie also heißen Substanzen, Mensch z. B. und Sinneswesen. [...]
Alles andere wird entweder von den ersten Substanzen als dem Subjekt
ausgesagt, oder ist in ihnen als dem Subjekt. [...] Wenn somit die ersten
10   Substanzen nicht sind, so ist es unmöglich, dass sonst etwas ist.

Aristoteles: Kategorien, Kapitel. 5. In: ders. *Philosophische Schriften in sechs Bänden*, Band 1. Übersetzt von Eugen Rolfes. Hamburg: Felix Meiner 1995, S. 3–4.

Aufgaben 4.18

  Neben der ersten und zweiten Substanz hat Aristoteles noch weitere
grundlegende Kategorien unseres Denkens und Redens identifiziert, unter
anderem Quantität, Relationen, Qualität, Ort, Zeit. Erläutern Sie den Unterschied zwischen (a) der ersten Substanz, (b) der zweiten Substanz, (c) der
Qualität, (d) der Quantität und (e) der Relation anhand der folgenden Aussage: «Drei grüne Papageien sitzen auf hohen Palmen.»

  Mit dem letzten Satz des obigen Zitates schafft Aristoteles einen Übergang, der für unser Verständnis des Rationalismus entscheidend ist: Nachdem er zuerst sprachliche Kriterien für erste Substanzen formuliert hat,
redet er nun über die Beschaffenheit der Welt – er macht eine metaphysische Aussage. Descartes knüpft an diesen Gedanken an, indem er in
den *Prinzipien der Philosophie* von 1644 die Substanz wie folgt beschreibt:
«Unter Substanz können wir nichts anderes verstehen als ein Ding, das so
existiert, dass es keines anderen Dinges bedarf, um zu existieren.» Überlegen Sie anhand von Beispielen, wie sich Aristoteles' sprachliche Charakterisierung der ersten Substanz (als etwas, von dem anderes ausgesagt wird,
das aber selbst nicht von anderem ausgesagt werden kann) zur metaphysischen Substanz verhält. Gibt es Dinge, die erste Substanzen, aber keine
cartesianischen Substanzen sind oder umgekehrt? Warum (nicht)?

  Was spricht dafür, was dagegen, dass auf der Grundlage von Descartes'
Definition (a) das Stück Wachs, (b) die Farbe dieses Stücks Wachs, (c) ich
und (d) Gott, der die Welt erschaffen hat, Substanzen sind? Was könnte
auch ein «Attribut» sein (Descartes' Begriff; entspricht ungefähr dem, was
wir heute als «Eigenschaften» bezeichnen)?

Obwohl der kontinentale Rationalismus als eine Position der philosophischen
Erkenntnistheorie verstanden wird, beziehen sich die Begriffe der Substanz und
des Attributs, die wir bisher kennengelernt haben, auf die Struktur der Welt. Das
hört sich nicht erkenntnistheoretisch, sondern metaphysisch an. Und tatsächlich
ist der kontinentale Rationalismus Descartes', Leibniz' und Spinozas mindestens
ebenso sehr eine metaphysische wie eine erkenntnistheoretische Position (siehe
Abschnitt 1.2). Mit Hilfe von Platon und Aristoteles können wir aber leicht verstehen, warum der Schritt von der Erkenntnistheorie zur Metaphysik klein ist. Wenn
wir wie Platon davon ausgehen, dass Wahrheit eine Bedingung von Wissen ist
(siehe Abschnitt 4.1), dann können wir etwas nur dann wissen, wenn es wahr ist.
Wenn wir nun die Struktur des bisher diskutierten propositionalen Wissens analysieren, so sehen wir, dass diese Struktur sprachlich ist; im einfachsten Fall
haben wir ein Subjekt und ein dazugehöriges Prädikat: «Sokrates ist bärtig»,
«Dieser Stein wiegt 2 kg». In diesen Beispielen fungieren die Ausdrücke «Sok-

GOTTFRIED WILHELM LEIBNIZ

Gottfried Wilhelm Leibniz (1646–1716) war ein deutscher Philosoph, Mathematiker, Jurist – ein sogenannter Universalgelehrter seiner Zeit. Sein vermutlich wichtigster Beitrag zur Wissenschaft war die Entwicklung der Differential- und Integralrechnung (zeitgleich mit Isaac Newton). In der Philosophie ist er bekannt als Vertreter des Rationalismus – unter anderem aufgrund seiner schriftlichen Auseinandersetzung mit den Thesen von Locke. Berühmt ist auch seine These der «Besten aller möglichen Welten», die eine Antwort auf das Problem des Übels in der Welt angesichts eines allmächtigen und allgütigen Gottes gibt (siehe Abschnitt 3.2). Leibniz macht geltend, dass es logisch unmöglich und damit auch für Gott unmöglich ist, eine bessere Welt zu erschaffen als unsere.

BARUCH DE SPINOZA

Baruch de Spinoza (1632–1677), Sohn portugiesischer Juden, die im 16. Jahrhundert nach Amsterdam emigriert waren, bekam die Konsequenzen seiner Korrekturen an Descartes' Auffassung von Substanz und Kausalität schon als junger Erwachsener zu spüren. Seine Texte wurden von der jüdischen Gemeinschaft nämlich als so schockierend empfunden, dass er als 22-Jähriger aus der Gemeinschaft ausgeschlossen wurde.

→ Logik und Methoden 8

rates» und «Stein» als Subjekte, die Ausdrücke «... ist bärtig» und «... wiegt 2 kg» als Prädikate. Auf der Grundlage dieser Struktur organisieren wir die Welt in Substanzen, denen wir Zustände (Descartes: «Modi»), Eigenschaften (Descartes: «Attribute») und Relationen zuschreiben. Diese schliessen zu einer gegebenen Zeit andere, mit ihnen inkompatible Zustände, Eigenschaften oder Relationen logisch aus («eine Oberfläche kann nicht gleichzeitig ganz rot und ganz blau sein»), können sich aber in der Zeit verändern («ein Ding verändert seine Oberflächenfarbe»). Gewisse Beziehungen drücken wir modal aus: Dieselbe Oberfläche kann *unmöglich gleichzeitig* ganz rot und ganz blau sein, und eine bestimmte Ursache führt *notwendigerweise* zu einer bestimmten Wirkung. So reden und denken wir über die Welt, so verstehen wir sie.

Descartes' rationalistische Einsicht, gerade auch in ihren metaphysischen Ausformulierungen, kann nun so verstanden werden, dass er erkannt hat, dass dieser sprachliche Zugang zur Welt – unser mögliches Wissen – eine Strukturierung der Welt in Substanzen, Modi und Attribute voraussetzt. Begriffe wie «Substanz», «Modus», «Ursache», «Notwendigkeit» und so weiter gewinnen wir nicht aus der Sinneserfahrung, sondern wir benützen sie, um auszudrücken, was es für uns heisst, uns auf die Welt zu beziehen. Substanzen, Modi, Attribute und Kausalität sind unserer Beschreibung der Welt notwendig vorausgesetzt; sie sind, wie Immanuel Kant das nennt, «a priori».

Die berühmtesten rationalistischen Nachfolger Descartes', Gottfried Wilhelm von Leibniz und Baruch de Spinoza, haben Descartes' Steilpass angenommen und sich dann aber nicht mehr wie Descartes von traditionellem Denken zu Kompromissen hinreissen lassen, sondern Werke geschrieben, die weit vom Alltagsverstand abwichen.

Spinozas Hauptwerk, die *Ethik*, ist aufgebaut wie die *Elemente* des Euklid: Es beginnt mit Definitionen und Axiomen, das heisst mit Grundsätzen, die nicht bewiesen werden, und fährt mit Deduktionen fort. Der Startpunkt ist der Begriff der Substanz. Weil Spinoza aus Descartes' Definition von Substanz schliesst, dass es streng genommen nur eine einzige Substanz geben kann, macht er aus Descartes' *res cogitans* und *res extensa* kurzerhand Attribute einer einzelnen Substanz. Was Spinoza unter dieser Substanz versteht, lässt sich mit seinem berühmten Slogan beschreiben: «Gott oder die Natur», *deus sive natura.*

Wenn Gott die einzige, unendliche Substanz ist, dann ist unser räumlich und zeitlich ausgedehntes Universum ein Modus von Gott. Anders gesagt: Das Universum ist Gott, die einzige Substanz. Diese Position wird oft «Pantheismus» genannt, von griechisch *pan* = alles und *theos* = Gott.

Was Descartes und uns als «Substanzen» erscheint, sind in Wahrheit Modi – Sie, der Fuchs im Wald und der Tesla auf der Hauptstrasse sind also Modi derselben Substanz. Wer sich Gott als Person vorstellt, ja nur schon, wer ihn sich als allwissend oder gütig vorstellt, macht aus Spinozas Perspektive einen Denkfehler. So mag es nicht erstaunen, dass Spinozas Gedanken selbst 200 Jahre später noch als skandalös galten; sie brachten den deutschen Autor Lessing in Nöte, bildeten neben Kants Schriften die zentrale Grundlage für den deutschen Idealismus und wurden glühend bewundert von Goethe und Albert Einstein.

Aufgaben 4.19

 Verfassen Sie einen kurzen Dialog zwischen Descartes und Spinoza, in dem die beiden darüber streiten, ob aus Descartes' Satz «Unter Substanz können wir nichts anderes verstehen als ein Ding, das so existiert, dass es keines anderen Dinges bedarf, um zu existieren» nun folgt, dass nur Gott eine Substanz sei (Spinoza) – oder ob wir uns selbst als Substanzen verstehen können (Descartes).

 Informieren Sie sich über die wichtigsten Aspekte von Spinozas Leben und Werk. Achten Sie darauf, dass Sie seine Auffassungen (a) von Gott, (b) vom Verhältnis zwischen Körper und Bewusstsein (Geist) und (c) seinen Determinismus berücksichtigen.

 Versetzen Sie sich in eine Welt, die eine einzige Substanz ist; alles, was Sie sehen, Wälder, Seen, Flüsse, Tiere, sind Modi dieser Substanz. Auch Sie selbst, als Körper und als Geist, sind ein Modus dieser Substanz. Hätte ein solches Weltbild, wenn Sie es konsequent übernehmen würden, potenziell Auswirkungen auf Ihr Handeln? Warum?

Dem kontinentalen Rationalismus, wie wir ihn nun kennengelernt haben, wird philosophiegeschichtlich meist der angelsächsische Empirismus entgegengestellt. Wenn wir Descartes, Spinoza und Leibniz so verstehen, dass sie mithilfe der Vernunft metaphysische Voraussetzungen identifizieren, die für unsere begriffliche Erfassung der Welt notwendig sind, so kann der Empirismus im Kontrast dazu mit der These erfasst werden, dass es keine solchen Voraussetzungen gebe; dass wir also epistemisch berechtigte und hoffentlich wahre Aussagen über die Welt machen können, ohne dass wir irgendetwas voraussetzen. Der englische Philosoph John Locke (1632–1704) ist der vielleicht berühmteste Vertreter dieser Position (siehe Abschnitt 5.1, Autorenbox: John Locke).

1. Da sich jedermann dessen bewusst ist, dass er denkt und dass das, womit sich sein Geist beim Denken befasst, die dort vorhandenen Ideen sind, so ist es zweifellos, dass die Menschen in ihrem Geist verschiedene Ideen haben, zum Beispiel diejenigen, die durch die Wörter *Weiße, Härte, Süßigkeit, Denken, Bewegung, Mensch, Elefant, Armee, Trunkenheit* und andere mehr ausgedrückt werden. In erster Linie werden wir also zu untersuchen haben, *wie der Mensch zu diesen Ideen gelangt.* [...]

2. Nehmen wir also an, der Geist sei, wie man sagt, ein unbeschriebenes Blatt *[tabula rasa]*, ohne alle Schriftzeichen, frei von allen Ideen; wie werden ihm diese dann zugeführt? Wie gelangt er zu dem gewaltigen Vorrat an

Ideen, womit ihn die geschäftige schrankenlose Phantasie des Menschen in nahezu unendlicher Mannigfaltigkeit beschrieben hat? Woher hat er all das Material für seine Vernunft und für seine Erkenntnis? Ich antworte darauf mit einem einzigen Wort: aus der *Erfahrung*. Auf sie gründet sich unsere gesamte Erkenntnis, von ihr leitet sie sich schließlich her. Unsere Beobachtung, die entweder auf äußere sinnlich wahrnehmbare Objekte gerichtet ist oder auf innere Operationen des Geistes, die wir wahrnehmen und über die wir nachdenken, liefert unserem Verstand das gesamte *Material* des Denkens. Dies sind die beiden Quellen der Erkenntnis, aus denen alle Ideen entspringen, die wir haben oder naturgemäß haben können.

3. I. Wenn unsere Sinne mit bestimmten sinnlich wahrnehmbaren Objekten in Berührung treten, so führen sie dem Geist eine Reihe verschiedener Wahrnehmungen von Dingen zu, die der mannigfach verschiedenen Art entsprechen, wie jene Objekte auf die Sinne einwirken. Auf diese Weise kommen wir zu den Ideen, die wir von *gelb, weiß, heiß, kalt, weich, hart, bitter, süß* haben, und zu allen denen, die wir sinnlich wahrnehmbare Qualitäten nennen. Wenn ich sage, die Sinne führen sie dem Geist zu, so meine ich damit, sie führen von den Objekten der Außenwelt her dem Geist dasjenige zu, was in demselben jene Wahrnehmungen hervorruft. Diese wichtige Quelle der meisten unserer Ideen, die ganz und gar von unseren Sinnen abhängen und durch sie dem Verstand zugeleitet werden, nenne ich *Sinneswahrnehmung* (engl. *sensation*).

4. II. Die andere Quelle, aus der die Erfahrung den Verstand mit Ideen speist, ist die Wahrnehmung der Operationen des eigenen Geistes in uns, der sich mit den ihm zugeführten Ideen beschäftigt. Diese Operationen statten den Verstand, sobald die Seele zum Nachdenken und Betrachten kommt, mit einer anderen Reihe von Ideen aus, die durch Dinge der Außenwelt nicht hätten erlangt werden können. Solche Ideen sind: *wahrnehmen, denken, zweifeln, glauben, schließen, erkennen, wollen* und all die verschiedenen Tätigkeiten unseres eigenen Geistes. Indem wir uns ihrer bewusst werden und sie in uns beobachten, gewinnen wir von ihnen für unseren Verstand ebenso deutliche Ideen wie von Körpern, die auf unsere Sinne einwirken. Diese Quelle von Ideen liegt ausschließlich im Innern des Menschen, und wenn sie auch kein Sinn ist, da sie mit den äußeren Objekten nichts zu tun hat, so ist sie doch etwas sehr Ähnliches und könnte füglich als *innerer Sinn* bezeichnet werden.

Während ich im ersten Fall von Sinneswahrnehmung (engl. *sensation*) rede, so nenne ich diese Quelle *Reflexion*, weil die Ideen, die sie liefert, lediglich solche sind, die der Geist durch eine Beobachtung seiner eigenen inneren Operationen gewinnt. Im weiteren Fortgang dieser Abhandlung bitte ich demnach unter Reflexion die Kenntnis zu verstehen, die der Geist von seinen eigenen Operationen und von ihren Eigenarten nimmt, auf Grund derer Ideen von diesen Operationen in den Verstand gelangen können. Zweierlei Dinge also, nämlich äußere materielle Dinge als die Objekte der *Sensation* und die inneren Operationen unseres Geistes als die Objekte der *Reflexion* sind für mich die einzigen Ursprünge, von denen alle unsere Ideen ihren Anfang nehmen. Den Ausdruck *Operationen* gebrauche ich hier in einem weiten Sinne, da er nicht nur die aktiven Einwirkungen des Geistes auf seine Ideen bezeichnet, sondern auch bestimmte, bisweilen durch sie herbeigeführte passive Zustände, wie zum Beispiel die aus irgendeinem Gedanken entspringende Zufriedenheit oder Unruhe.

5. Der Verstand scheint mir nicht den leisesten Schimmer von irgendwelchen Ideen zu haben, die er nicht aus einer dieser beiden Quellen empfängt. Die äußeren *Objekte* versehen den Geist mit den Ideen der sinnlich wahrnehmbaren Qualitäten; diese Ideen sind all die verschiedenen Wahrnehmungen, die die äußeren Objekte in uns erzeugen; *der Geist* versieht den Verstand mit Ideen seiner eigenen Operationen.

[...] Wie groß man sich auch die Masse der im Geist angehäuften Kenntnisse vorstellen möge, bei genauer Betrachtung wird sich herausstellen, dass der Geist keine einzige Idee aufweist, die ihm nicht auf einem dieser beiden Wege eingeprägt wurde, wenn auch, wie wir später sehen werden, durch den Verstand in unendlicher Mannigfaltigkeit zusammengesetzt und erweitert.

John Locke: *Essay über den menschlichen Verstand*, 2. Buch. Herausgegeben von Reinhard Brandt. Hamburg: Felix Meiner 2000, S. 107–109.

Aufgaben 4.20

 Überlegen Sie sich eigene Beispiele von Ideen, die (a) von der Sinneswahrnehmung und (b) von der Reflexion produziert werden.

 Überlegen Sie sich, wie Locke mit den zentralen Begriffen der Rationalisten umgehen könnte – den Begriffen der Substanz, des Attributs, des Modus, der Kausalität: Soll er sie einer seiner beiden Quellen zuordnen? Oder soll er sie als unzulässige, defizitäre Begriffe zurückweisen?

 Ebenfalls im Essay *Concerning Human Understanding* greift Locke die rationalistische Position von Descartes, Spinoza, Leibniz und anderen mit dem Argument an, dass angeborene Wahrheiten universal von allen menschlichen Wesen gewusst und akzeptiert sein müssten – dass das aber nicht der Fall sei. Rekonstruieren Sie dieses Argument.

→ **Logik und Methoden 9**

 Locke argumentiert dafür, dass es widersprüchlich sei, anzunehmen, dass wir Wissen hätten, das uns zumindest zeitweise gar nicht bewusst sei. Diskutieren Sie diese Annahme (a) mit ein bis zwei eigenen plausiblen Beispielen und (b) mit Lockes Beispiel, dem Satz des Widerspruchs (in Aristoteles' Formulierung: «Denn es ist unmöglich, dass dasselbe demselben in derselben Beziehung zugleich zukomme und nicht zukomme»). Überprüfen Sie die Aussage gegebenenfalls auch, indem Sie für «Wissen» Definitionsvorschläge aus Abschnitt 4.1 einsetzen.

 In seiner Reaktion auf Lockes *Essay* argumentiert Leibniz, dass der Rationalismus keineswegs verlange, dass alle rationalen Wesen jederzeit den Satz des Widerspruchs formulieren können – aus rationalistischer Sicht würde es ausreichen, wenn wir ihn implizit akzeptieren und, allenfalls unter der Führung einer sokratischen Gesprächspartnerin, seine Wahrheit, universelle Gültigkeit und Notwendigkeit einsehen könnten. Das würde, so Leibniz, auch für sämtliche Wahrheiten der Logik, Arithmetik und Geometrie gelten; sie alle wären a priori, unabhängig von jeder Sinneswahrnehmung, wahr. Was spricht dafür, was dagegen, diese A-priori-Wahrheiten als «angeboren» zu beschreiben?

→ **Logik und Methoden 35**

Lockes Auffassung unseres Wissens, unseres Verständnisses von uns selbst und der Welt ist atomistisch in dem Sinn, als er mit der Entstehung einfacher Ideen beginnt und dann erläutert, wie diese zu komplexen Ideen zusammengesetzt werden können. Aus der Sicht des Rationalismus besteht die grosse Herausforderung für diese atomistische Auffassung darin, den Anspruch auf Notwendigkeit und Universalität zu erklären, den wir mit logischen, mathematischen, geometrischen und kausalen Aussagen erheben.

«Locke», so könnten die Rationalistinnen sagen, «mag allenfalls erklären können, was geschieht, wenn wir einen Dackel sehen, wenn wir die Idee des Dackels bilden und diese Idee mit dem Wort ‹Dackel› versehen. Aber wie will er mit dieser Theorie jemals die epistemische Berechtigung erklären, die wir für universale und modale Aussagen wie für den Satz des Pythagoras und kausale Aussagen beanspruchen?»

Die Kausalität ist genau der Punkt, in dem der zweite Megastar des aufklärerischen Empirismus, David Hume, von Locke abweicht.

—

GEORGE BERKELEY

—

Der irische Philosoph und Theologe George Berkeley (1685–1753) war zusammen mit John Locke und David Hume ein wichtiger Vertreter des sogenannten britischen Empirismus. Berühmt ist er vor allem für seinen Idealismus (oder Immaterialismus). Demnach gibt es die materiellen Objekte nicht, sondern nur Ideen, das heisst Geistiges. Nach Berkeley war dies keineswegs eine abwegige Theorie, sondern das, was wir aufgrund des gesunden Menschenverstandes annehmen sollten und ein Beweis für die Existenz Gottes.

—

DAVID HUME

—

Der schottische Philosoph David Hume (1711–1776) ist unter anderem aufgrund seiner radikalen Argumentationen in der Erkenntnistheorie einer der bedeutendsten Philosophen überhaupt. Fast ebenso einflussreich waren seine klare Feststellung des Sein-Sollen-Fehlschlusses und seine Kritik an klassischen Gottesbeweisen (siehe Abschnitt 1.4). Hume gilt als ein Vordenker der Aufklärung und Wegbereiter des späteren Logischen Empirismus (siehe Abschnitt 4.4).

→ **Logik und Methoden 16**

1 Alle Gegenstände menschlichen Denkens und Forschens lassen sich naturgemäß in zwei Arten gliedern, nämlich in Vorstellungsbeziehungen *(Relations of Ideas)* und in Tatsachen
5 *(Matters of Fact)*. Von der ersten Art sind die Lehren der Geometrie, Algebra und Arithmetik, kurz, jede Behauptung von entweder intuitiver oder demonstrativer Gewissheit. *Dass das Quadrat der Hypotenuse dem Quadrat der bei-*
10 *den Katheten gleich ist*, ist ein Satz, der eine Beziehung zwischen diesen Figuren ausdrückt. [...] Sätze dieser Art lassen sich durch bloße Denktätigkeit entdecken, unabhängig davon, ob irgendwo im Weltall etwas existiert. Wenn
15 es auch niemals einen Kreis oder ein Dreieck in der Natur gegeben hätte, würden doch die von Euklid demonstrierten Wahrheiten für immer ihre Gewissheit und Evidenz behalten. Tatsachen, die zweiten Objekte menschlichen
20 Denkens, sind nicht auf die gleiche Weise verbürgt; auch ist unsere Evidenz von ihrer Wahrheit – wie groß sie auch immer sei – nicht der vorhergehenden vergleichbar. Das Gegenteil jeder Tatsache ist immer möglich, da es nie-
25 mals einen Widerspruch enthält und vom Geist mit der gleichen Leichtigkeit und Deutlichkeit vorgestellt wird, wie wenn es der Wirklichkeit völlig entspräche. *Dass die Sonne morgen nicht aufgehen wird*, ist ein nicht minder
30 einsichtiger Satz und enthält keinen größeren Widerspruch als die Behauptung, *dass sie aufgehen wird*. Wir würden deshalb vergeblich versuchen, seine Falschheit zu beweisen. Wäre

er nachweislich falsch, dann würde er einen Widerspruch enthalten und könnte niemals vom Geiste deutlich vorgestellt werden.

Es dürfte also des Interesses wert sein, das Wesen jener Evidenz zu untersuchen, die uns jedes wirklich Existierenden und jeder Tatsache versichert, die über das gegenwärtige Zeugnis der Sinne oder die Angaben unseres Gedächtnisses hinausgehen. [...] Alle Tatsachen betreffenden Vernunfterwägungen scheinen auf der Beziehung von *Ursache und Wirkung* zu beruhen. Einzig mittels dieser Beziehung können wir über die Evidenz unseres Gedächtnisses und unserer Sinne hinausgehen. Würde man jemanden fragen, weshalb er an eine nicht gegenwärtige Tatsache glaube, z. B. dass sein Freund auf dem Lande oder in Frankreich sei, so würde er einen Grund angeben, und dieser Grund würde eine weitere Tatsache sein, etwa ein Brief, den er früher von ihm erhalten hat, oder das Wissen um seine früheren Entschlüsse und Versprechungen. Fände jemand auf einer einsamen Insel eine Uhr oder eine andere Maschine, würde er daraus schließen, dass einst auf jener Insel Menschen gewesen seien. Alle unsere Gedankengänge über Tatsachen sind von gleicher Art. [...] Wollen wir somit eine zufriedenstellende Erklärung für das Wesen jener Evidenz der Gewissheit von Tatsachen gelangen, haben wir zu untersuchen, wie wir zur Erkenntnis von Ursache und Wirkung kommen.

Ich wage es, den Satz als allgemeingültig und keine Ausnahme duldend aufzustellen, dass die Kenntnis dieser Beziehung in keinem Falle durch Denkakte *a priori* gewonnen wird, sondern ausschließlich aus der Erfahrung stammt, indem wir feststellen, dass gewisse Gegenstände immerdar miteinander verbunden sind. Man lege einem noch so klugen und fähigen Menschen einen Gegenstand vor; ist ihm dieser gänzlich fremd, wird er trotz sorgfältigster Untersuchung seiner sinnenfälligen Qualitäten nicht fähig sein, irgendeine seiner Ursachen oder Wirkungen zu entdecken. Adam, dessen Vernunftvermögen ursprünglich doch als schlechthin vollkommen galt, hätte von der Flüssigkeit und Durchsichtigkeit des Wassers nicht darauf schließen können, dass es ihn ersticken, oder aus der Helle und Wärme des Feuers, dass es ihn verzehren würde. Kein Gegenstand enthüllt jemals durch seine sinnfälligen Eigenschaften die Ursachen, die ihn hervorgebracht haben, oder die Wirkungen, die aus ihm entstehen werden. [...]

David Hume: *Eine Untersuchung über den menschlichen Verstand*. Übersetzt und herausgegeben von Herbert Herring. Stuttgart: Reclam 1982, S. 41–44.

Aufgaben 4.21

 Arbeiten Sie den Unterschied zwischen Vorstellungsbeziehungen und Tatsachen heraus, indem Sie für beide Kategorien (a) Humes Beispiele anführen, (b) eigene Beispiele suchen und (c) Humes Kriterien identifizieren.

- -

 Überlegen Sie sich anhand von Humes Beispielen (Wissen, dass der Freund auf dem Land weilt; Wissen, dass auf einer Insel einst Menschen gewohnt haben), warum kausale Beziehungen (Ursache-Wirkung-Beziehungen) epistemisch zentral sind.

- -

 Formulieren Sie die These, die Hume mit dem Gedankenexperiment des vollkommen vernünftigen Adam begründen möchte, und diskutieren Sie, wie kontinentale Rationalisten wie Descartes oder Spinoza auf diese These reagieren könnten.

→ **Logik und Methoden 23**

Wird uns ein Körper von gleicher Farbe und Konsistenz wie das Brot, das wir früher gegessen haben, vorgelegt, so haben wir keine Bedenken, dieses Experiment zu wiederholen, und erwarten mit Gewissheit gleiche Ernährung und Stärkung. Das ist ein Vorgang im Geiste oder Denken, für den ich gerne die Begründung wissen möchte. [...]

Das Brot, das ich früher aß, ernährte mich, d.h., ein Körper mit solchen Sinnesqualitäten war damals mit solchen geheimen Kräften ausgestattet. Folgt daraus aber, dass mich anderes Brot zu anderer Zeit ebenfalls nähren muss und dass gleiche Sinnesqualitäten allemal von gleichen verborgenen Kräften begleitet sein müssen? Diese Schlussfolgerung scheint in keiner Weise notwendig. [...]

Die folgenden beiden Sätze sind weit davon entfernt, dasselbe zu besagen: *Ich habe festgestellt, dass ein solcher Gegenstand stets von einer solchen Wirkung begleitet war,* und, *Ich sehe voraus, dass andere Gegenstände, die dem Aussehen nach gleichartig sind, von gleichartigen Wirkungen begleitet sein werden.* Ich werde bereitwillig zugeben, dass der eine Satz aus dem anderen einwandfrei abgeleitet werden kann, ja ich weiß in der Tat, dass er stets so abgeleitet wird. Behauptet man aber, dass diese Ableitung durch eine Kette von Denkakten erfolge, so wünsche ich, dass man mir diese Denkakte vorführt. Wir haben gesagt, dass alle die Existenz betreffenden Beweise auf der Relation von Ursache und Wirkung beruhen; dass unsere Kenntnis dieser Relation ausschließlich aus der Erfahrung stammt und alle unsere Erfahrungsschlüsse von der Voraussetzung ausgehen, dass die Zukunft der Vergangenheit entsprechen werde. Wer daher den Beweis dieser letzten Voraussetzung durch Wahrscheinlichkeitsargumente oder solche, die die Existenz betreffen, versucht, muss sich offenbar im Kreise drehen und das für erwiesen halten, was ja gerade in Frage steht.

David Hume: *Eine Untersuchung über den menschlichen Verstand.* Übersetzt und herausgegeben von Herbert Herring. Stuttgart: Reclam 1982, S. 51 f.

Aufgaben 4.22

 Ergänzen Sie Humes «Experiment», ein Stück Brot zu essen, um zwei weitere, eigene Szenarien und identifizieren Sie jeweils die Ursache und die Wirkung. Formulieren Sie diese als «Tatsachen», also als Aussagesätze, die Ereignisse oder Handlungen beschreiben.

→ **Logik und Methoden 8**

→ **Logik und Methoden 36**

 Die «Hauptfrage», die Hume mithilfe seines Brot-Beispiels stellt, ist heute unter dem Namen «Induktionsproblem» bekannt. Formulieren Sie das Induktionsproblem allgemein (ohne Bezug zum Brot oder zu anderen Beispielen) möglichst gut verständlich. Vergleichen Sie Ihre Formulierung mit ein bis zwei Formulierungen aus dem Web.

→ **Logik und Methoden 36**

 Der englische Philosoph C. D. Broad (1887–1971) schrieb 1952, die Induktion sei «the glory of science and the scandal of philosophy». Erläutern Sie diese Aussage mithilfe der Logik-und-Methoden-Box 36 «Induktiver Schluss» und im Hinblick auf das Induktionsproblem.

Angenommen, ein Mensch mit ausgeprägtestem Denk- und Reflexionsvermögen würde plötzlich in diese Welt gestellt, so würde er freilich sofort eine kontinuierliche Folge von Gegenständen und Ereignissen bemerken,

Man unterscheidet zwischen deduktiven und nicht deduktiven Schlüssen. Innerhalb der nicht deduktiven, zu denen beispielsweise auch der Analogieschluss zählt, gibt es die Kategorie der induktiven Schlüsse. Induktive Argumente analysieren wir mit Wahrscheinlichkeitstheorie und Statistik; sie zeichnen sich dadurch aus, dass die Konklusion nicht wie bei einem deduktiven Argument mit logischer oder begrifflicher Notwendigkeit aus den Prämissen folgt, sondern die Prämissen die Konklusion «nur» wahrscheinlich machen: sehr wahrscheinlich bei einem starken induktiven Argument, zu wenig wahrscheinlich bei einem schwachen. Die philosophisch berühmteste sogenannte «enumerative Induktion» tut dies, indem sie von beobachteten Einzelfällen auf eine allgemeine Aussage schliesst. Zum Beispiel: Daraus, dass man mehrere Male hintereinander festgestellt hat, dass eine Person lacht, nachdem man ihr einen Witz erzählt hat, schliesst man, dass die Person über jeden Witz lacht.

→ **Logik und Methoden 21**

aber er wäre außerstande, irgendetwas anderes festzustellen. Er würde
5   zunächst nicht in der Lage sein, durch irgendeine Verstandestätigkeit zu der Vorstellung von Ursache und Wirkung zu gelangen, da die spezifischen Kräfte, wodurch alle Naturvorgänge ins Werk gesetzt werden, nie den Sinnen erscheinen. Es ist auch unvernünftig, aus der bloßen Tatsache, dass in einem Falle ein Ereignis einem andern vorhergeht, zu schließen, das eine
10   sei Ursache, das andere Wirkung. Ihre Verbindung kann willkürlich und zufällig sein. Es braucht keinen Grund zu geben, die Existenz des einen aus der Erscheinung des anderen herzuleiten. Kurz gesagt, ein solcher Mensch könnte ohne weitere Erfahrung nie Vermutungen oder Gedanken in Bezug auf Tatsachen anstellen oder irgendeiner Sache gewiss sein, die über das
15   seinem Gedächtnis und seinen Sinnen unmittelbar Gegenwärtige hinausliegt.

Nehmen wir weiter an, er hätte mehr Erfahrung gewonnen und so lange in der Welt gelebt, um beobachtet zu haben, dass ihm geläufige Gegenstände oder Ereignisse konstant miteinander verbunden sind (engl. *constant*
20   *conjunction).* Was ist die Folge dieser Erfahrung? Er leitet unmittelbar die Existenz des einen Gegenstandes aus der Erscheinung des anderen ab. Er hat jedoch – trotz seiner ganzen Erfahrung – keine Vorstellung oder Kenntnis der geheimen Kraft erlangt, durch die der eine Gegenstand den anderen hervorbringt, noch wird er durch irgendeinen Denkvorgang zu einer
25   solchen Folgerung verpflichtet; und dennoch sieht er sich veranlasst, so zu folgern. Wenn er auch davon überzeugt wäre, dass sein Verstand an dieser Operation unbeteiligt ist, würde er dennoch in denselben Bahnen weiterdenken. Es gibt ein anderes Prinzip, das ihn zu einer solche Schlussfolgerung veranlasst.
30   Dieses Prinzip ist Gewohnheit *(custom)* oder herkömmliche Lebenspraxis *(habit).* Wo immer die Wiederholung einer bestimmten Handlung oder eines Vorganges das Verlangen hervorruft, dieselbe Handlung oder denselben Vorgang zu erneuern, ohne dazu durch einen Denkakt oder Verstandesvorgang gedrängt zu sein, sagen wir stets, dieses Verlangen sei die
35   Wirkung der Gewohnheit. Doch behaupten wir nicht, mit der Anwendung dieses Wortes den letzten Grund solchen Verlangens genannt zu haben. Wir weisen damit lediglich auf ein Prinzip der Menschennatur hin, das allgemein anerkannt wird und in seinen Auswirkungen wohlbekannt ist. Vielleicht können wir unsere Untersuchungen nicht weitertreiben oder uns
40   anmaßen, die Ursache dieser Ursache anzugeben, sondern müssen uns mit

ihm als dem obersten von uns bestimmbaren Prinzip aller unserer Erfahrungsschlüsse begnügen.

David Hume: *Eine Untersuchung über den menschlichen Verstand*. Übersetzt und herausgegeben von Herbert Herring. Stuttgart: Reclam 1982, S. 61 f.

Aufgaben 4.23

 Formulieren Sie eine eigene, möglichst verständliche Formulierung von Humes Lösung des Induktionsproblems, in die Sie Humes Ausdrücke «konstante Verbindung» (engl. *constant conjunction)* und «Gewohnheit oder Lebenspraxis» *(custom or habit)* einbauen.

 Wie würde Hume die Frage beantworten, ob und gegebenenfalls warum wir wissen können, dass mindestens ein gekochtes Hühnerei kaputt gehen wird, wenn wir an den kommenden Ostern zwei Eier kräftig gegeneinander schlagen?

 Was spricht dafür, was dagegen, Humes Lösungsvorschlag für das Induktionsproblem für eine Version des Skeptizismus zu halten, wie wir ihn in Abschnitt 4.2 kennengelernt haben?

 Aus Humes Unterscheidung zwischen Vorstellungsbeziehungen und Tatsachen folgt, dass mathematische Aussagen einen völlig anderen epistemischen Status haben als kausale. Die Rationalisten hingegen werfen alle diese Aussagen in denselben Topf, indem sie allen einen Anspruch auf Universalität und Notwendigkeit zuschreiben. Sehen Sie Gründe, die diesbezüglich für das eine oder andere Lager sprechen?

Der wichtigste und berühmteste deutschsprachige Philosoph, und gemäss aktuellen Umfragen einer der Top-5-Philosophen aller Zeiten, Immanuel Kant, dem wir auch an anderen Stellen dieses Buches bereits begegnet sind, schrieb, dass ihn Humes Induktionsproblem aus einem «dogmatischen Schlummer» geweckt und zu seinem epochalen Werk *Kritik der reinen Vernunft* (1781/1789) motiviert habe. Die Rolle dieses Buches, unter Philosophinnen und Philosophen oft auch einfach «KrV» genannt, kann in der Geschichte der westlichen Erkenntnistheorie kaum überschätzt werden. Nach Kant war in der Philosophie nichts mehr wie vorher.

Allerdings ist die KrV ein ausgesprochen anspruchsvolles Werk; Kants berüchtigter Schreibstil trägt nicht zur besseren Verständlichkeit bei. Wir können aber weiterhin von den Positionen der kontinentalen Rationalisten und der britischen Empiristen in Bezug auf Aussagen mit Anspruch auf universale Gültigkeit und Notwendigkeit ausgehen: Sind bestimmte Aussagen wirklich notwendig und universal, weil sie ausdrücken, was wir a priori voraussetzen (Rationalismus) – oder haben wir ein erkenntnistheoretisches Problem mit Ansprüchen auf Notwendigkeit und Universalität, weil nur die Sinneswahrnehmung selbst rechtfertigend funktionieren kann? Wir betrachten zuerst Kants eigene Formulierung dieses Problems, danach seinen Lösungsvorschlag.

Erfahrung lehrt uns zwar, dass etwas so oder so beschaffen sei, aber nicht, dass es nicht anders sein könne. Findet sich also erstlich ein Satz, der zugleich mit seiner Notwendigkeit gedacht wird, so ist er ein Urteil a priori;

ist er überdem auch von keinem abgeleitet, als der selbst wiederum als ein
notwendiger Satz gültig ist, so ist er schlechterdings a priori.

Zweitens: Erfahrung gibt niemals in ihren Urteilen wahre oder strenge,
sondern nur angenommene und komparative Allgemeinheit (durch Induktion), so dass es eigentlich heißen muss: soviel wir bisher wahrgenommen
haben, findet sich von dieser oder jener Regel keine Ausnahme. Wird also
ein Urteil in strenger Allgemeinheit gedacht, d. i. so, dass gar keine Ausnahme als möglich verstattet wird, so ist es nicht von der Erfahrung abgeleitet,
sondern schlechterdings a priori gültig. [...] Notwendigkeit und strenge Allgemeinheit sind also sichere Kennzeichen einer Erkenntnis a priori, und
gehören auch unzertrennlich zu einander. [...]

Dass es nun dergleichen notwendige und im strengsten Sinne allgemeine,
mithin reine Urteile a priori, im menschlichen Erkenntnis wirklich gebe, ist
leicht zu zeigen. Will man ein Beispiel aus den Wissenschaften, so darf man
nur auf alle Sätze der Mathematik hinaussehen; will man ein solches aus
dem gemeinsten Verstandesgebrauche, so kann der Satz, dass alle Veränderung eine Ursache haben müsse, dazu dienen; ja in dem letzteren enthält
selbst der Begriff einer Ursache so offenbar den Begriff einer Notwendigkeit
der Verknüpfung mit einer Wirkung und einer strengen Allgemeinheit der
Regel, dass er gänzlich verlorengehen würde, wenn man ihn, wie Hume tat,
von einer öfteren Beigesellung dessen, was geschieht, mit dem, was vorhergeht, und einer daraus entspringenden Gewohnheit (mithin bloß sub-
jektiven Notwendigkeit), Vorstellungen zu verknüpfen, ableiten wollte. [...]
In allen Urteilen, worinnen das Verhältnis eines Subjekts zum Prädikat gedacht wird (wenn ich nur die bejahende erwäge, denn auf die verneinende
ist nachher die Anwendung leicht), ist dieses Verhältnis auf zweierlei Art
möglich. Entweder das Prädikat B gehört zum Subjekt A als etwas, was in
diesem Begriffe A (versteckter Weise) enthalten ist; oder B liegt ganz außer
dem Begriff A, ob es zwar mit demselben in Verknüpfung steht. Im ersten
Fall nenne ich das Urteil *analytisch*, in dem andern *synthetisch*. [...] Z. B.
wenn ich sage: alle Körper sind ausgedehnt, so ist dies ein analytisch Urteil.
Denn ich darf nicht über den Begriff, den ich mit dem Körper verbinde, hinausgehen, um die Ausdehnung, als mit demselben verknüpft, zu finden,
sondern jenen Begriff nur zergliedern, d. i. des Mannigfaltigen, welches ich
jederzeit in ihm denke, mir nur bewusst werden, um dieses Prädikat darin
anzutreffen; es ist also ein analytisches Urteil. Dagegen, wenn ich sage: alle
Körper sind schwer, so ist das Prädikat etwas ganz anderes, als das, was ich
in dem bloßen Begriff eines Körpers überhaupt denke. Die Hinzufügung
eines solchen Prädikats gibt also ein synthetisch Urteil. *Erfahrungsurteile,*
als solche, sind insgesamt synthetisch. Denn es wäre ungereimt, ein analytisches Urteil auf Erfahrung zu gründen, weil ich aus meinem Begriffe gar
nicht hinausgehen darf, um das Urteil abzufassen, und also kein Zeugnis
der Erfahrung dazu nötig habe.

Immanuel Kant: *Kritik der reinen Vernunft.* Herausgegeben von Jens Timmermann. Hamburg: Felix
Meiner 1998, S. 45–57.

Wie charakterisiert Kant Urteile a priori? Wie charakterisiert er analytische Urteile?

→ **Logik und Methoden 37**

 Tragen Sie die im Text genannten Beispiele in folgende Tabelle ein und ergänzen Sie sie mit je einem eigenen Beispiel. Bleiben Felder in der Tabelle leer? Begründen Sie Ihre Einschätzung.

	a priori	a posteriori
analytisch		
synthetisch		

 Warum sind synthetische Urteile a priori für Kant in erkenntnistheoretischer Hinsicht relevanter als analytische?

 Inwiefern ist Kant mit Humes Identifizierung und Darstellung des Induktionsproblems einverstanden, inwiefern nicht?

Analytisch und synthetisch   Logik und Methoden 37

Die Unterscheidung von «analytisch» und «synthetisch» ist eine zwischen Aussagen. Kant hat die Unterscheidung eingeführt. Seit der Entwicklung der modernen Logik durch Gottlob Frege Ende des 19. Jahrhunderts definiert man eine analytische Aussage wie folgt: Eine Aussage ist analytisch, wenn sie wahr ist allein aufgrund der Bedeutung der darin enthaltenen Begriffe und ihrer Zusammensetzung. Eine Aussage ist synthetisch, wenn sie nicht analytisch ist. Zum Beispiel ist die Aussage «Eine Mutter ist weiblich» eine analytische Aussage, denn eine Mutter ist nichts anderes als ein weiblicher Mensch, der ein Kind hat. Die Aussage «Alle Menschen haben zwei Lungenflügel» ist synthetisch, denn die Bedeutung von «Mensch» beinhaltet nicht, dass ein Mensch zwei Lungenflügel hat.

Wir sehen nun, wie Kant die Diskussionsfäden des Rationalismus zusammenführt: Descartes, Leibniz und Spinoza hatten den speziellen epistemischen Status und die Notwendigkeit der Mathematik und Geometrie, der Logik sowie wichtige Voraussetzungen begrifflicher und kausaler Beschreibungen der Welt hervorgehoben; Hume hatte gezeigt, dass die Notwendigkeit und strenge Allgemeinheit, die wir kausalen Beziehungen zuschreiben, induktiv nicht gerechtfertigt werden kann.

Während Hume seinem Argument folgt und eine alternative Erklärung kausaler Schlüsse liefert, kehrt Kant das ganze Argument um und systematisiert es: Strenge Allgemeinheit und Notwendigkeit können niemals induktiv erschlossen werden. Wir treffen sie aber oft an. Einige dieser Urteile sind verhältnismässig leicht zu erklären, weil sie analytisch sind. Andere aber sind synthetisch und a priori. Kant argumentiert nun, dass die Beantwortung unserer wichtigsten metaphysischen Fragen davon abhängt, ob und wie synthetische Urteile a priori möglich sind. Laut Kant können wir nicht zuverlässig beurteilen, ob es einen Gott gibt, ob wir einen freien Willen oder eine unsterbliche Seele haben, ohne zuerst systematisch zu untersuchen, ob synthetische Urteile a priori möglich sind.

1 Bisher nahm man an, alle unsere Erkenntnis müsse sich nach den Gegenständen richten, aber alle Versuche, über sie a priori etwas durch Begriffe auszumachen, wodurch unsere Erkenntnis erweitert würde, gingen
unter dieser Voraussetzung zunichte. Man versuche es daher einmal, ob
5 wir nicht in den Aufgaben der Metaphysik damit besser fortkommen, dass
wir annehmen, die Gegenstände müssen sich nach unserem Erkenntnis
richten, welches so schon besser mit der verlangten Möglichkeit einer Erkenntnis derselben a priori zusammenstimmt, die über Gegenstände, ehe
sie uns gegeben werden, etwas festsetzen soll. Es ist hiermit ebenso, als mit
10 den ersten Gedanken des *Kopernikus* bewandt, der, nachdem es mit der Erklärung der Himmelsbewegungen nicht gut fort wollte, wenn er annahm,
das ganze Sternenheer drehe sich um den Zuschauer, versuchte, ob es nicht
besser gelingen möchte, wenn er den Zuschauer sich drehen, und dagegen
die Sterne in Ruhe ließ.
15 In der Metaphysik kann man nun, was die *Anschauung* der Gegenstände
betrifft, es auf ähnliche Weise versuchen. Wenn die Anschauung sich nach
der Beschaffenheit der Gegenstände richten müsste, so sehe ich nicht ein,
wie man a priori von ihr etwas wissen könne; richtet sich aber der Gegenstand (als Objekt der Sinne) nach der Beschaffenheit unseres Anschau-
20 ungsvermögens, so kann ich mir diese Möglichkeit ganz wohl vorstellen.
Weil ich aber bei diesen Anschauungen, wenn sie Erkenntnis werden sollen, nicht stehen bleiben kann, sondern sie als Vorstellungen auf irgend
etwas als Gegenstand beziehen und diesen durch jene bestimmen muss, so
kann ich entweder annehmen, die *Begriffe*, wodurch ich diese Bestimmung
25 zustande bringe, richten sich auch nach dem Gegenstande, und dann bin
ich wiederum in derselben Verlegenheit, wegen der Art, wie ich a priori
hiervon etwas wissen könne; oder ich nehme an, die Gegenstände oder,
welches einerlei ist, die *Erfahrung*, in welcher sie allein (als gegebene Gegenstände) erkannt werden, richte sich nach diesen Begriffen, so sehe ich
30 sofort eine leichtere Auskunft, weil Erfahrung selbst eine Erkenntnisart ist,
die Verstand erfordert, dessen Regel ich in mir, noch ehe mir Gegenstände
gegeben werden, mithin a priori voraussetzen muss, welche in Begriffen a
priori ausgedrückt wird, nach denen sich also alle Gegenstände der Erfahrung notwendig richten und mit ihnen übereinstimmen müssen.

Immanuel Kant: *Kritik der reinen Vernunft*. Herausgegeben von Jens Timmermann. Hamburg: Felix
Meiner 1998, S. 21 f.

Aufgaben 4.25

 Arbeiten Sie Kants Analogie seiner eigenen erkenntnistheoretischen Revolution mit der Kopernikanischen Wende sorgfältig heraus; wie ist sie gemeint?

→ **Logik und Methoden 21**

 Illustrieren Sie Kants Idee, dass sich die Beschaffenheit der Gegenstände
nach unserer Erfahrung richtet, und zwar mithilfe des folgenden Szenarios:
Jemand steht vor einem Papagei und denkt: «Dieser Papagei ist grün.» Inwiefern können Eigenschaften des Papageis «sich nach unserem Anschau-
ungsvermögen» richten? Inwiefern nach unserem Begriff des Papageis?

 Kant nennt die Position, die aus seiner kopernikanischen Wende resultiert,
«transzendentalen Idealismus». Diese Position ist insofern rationalistisch,
als dass sie sich auf A-priori-Voraussetzungen der Vernunft bezieht, wie

das schon Descartes, Spinoza und Leibniz getan haben. Erläutern Sie anhand der Papageienerfahrung, welche rationalen Voraussetzungen Descartes und Co. mithilfe der Begriffe von Substanz und Attribut identifizieren würden; vergleichen Sie diese dann mit Kants Modell (Anschauung, Begriff). Wo sehen Sie Gemeinsamkeiten? Wo Unterschiede?

 Im Gegensatz zu seinen rationalistischen Vorgängern erlaubt sich Kant keine Schlüsse auf die unabhängig von unserer Erfahrung bestehende metaphysische Struktur der Welt; wir können nur wissen, wie die Dinge «für uns» sind, niemals, wie sie «an sich» sind. Was spricht (mit Descartes und Spinoza) dafür, was (mit Kant) dagegen, dass wir solche Schlüsse ziehen können?

 Im Jahre 1801 schrieb der berühmte deutsche Autor Heinrich von Kleist (1777–1811) einen Brief an seine Verlobte Wilhelmine von Zenge. Kleist, der in der KrV gelesen hatte und dem es psychisch nicht gut ging, schreibt: «Wenn alle Menschen statt der Augen grüne Gläser hätten, so würden sie urteilen müssen, die Gegenstände, welche sie dadurch erblicken, sind grün – und nie würden sie entscheiden können, ob ihr Auge ihnen die Dinge zeigt, wie sie sind, oder ob es nicht etwas zu ihnen hinzutut, was nicht ihnen, sondern dem Auge gehört. – So ist es mit dem Verstande. Wir können nicht entscheiden, ob das, was wir Wahrheit nennen, wahrhaft Wahrheit ist, oder ob es uns nur so scheint. Ist das letzte, so ist die Wahrheit, die wir hier sammeln, nach dem Tode nicht mehr – und alles Bestreben, ein Eigentum sich zu erwerben, das uns auch in das Grab folgt, ist vergeblich […] Mein einziges, mein höchstes Ziel ist gesunken, und ich habe nun keines mehr.» Beurteilen Sie, (1) ob Kleist Kants kopernikanische Wende Ihrer Einschätzung gemäss richtig interpretiert und (2) ob Sie Kleists Schlüsse aus Kants kopernikanischer Wende nachvollziehen können.

4.4 Was ist Wissenschaft?

Sobald wir auf systematische Weise über die Dinge nachdenken, sobald wir bestimmte Methoden anwenden, um Dinge herauszufinden und zu verstehen – wir legen sie vielleicht unter ein Mikroskop, befragen 2000 Menschen, studieren Quellen oder explizieren einen Begriff –, betreiben wir Wissenschaft. Wenn unsere Überlegungen epistemisch sorgfältig genug sind und wir die geeigneten Methoden anwenden, handelt es sich sogar um gute Wissenschaft. Gute Wissenschaft ist zweifellos eine der grössten Errungenschaften der Menschheit. In diesem und dem nächsten Abschnitt widmen wir uns der Wissenschaftstheorie als der philosophischen Disziplin, die nach dem Wesen, den Ansprüchen, den Methoden und den Grenzen der Wissenschaft fragt.

Nachdem wir zum Einstieg in die Erkenntnistheorie gefragt haben, was es bedeutet, etwas zu wissen, können wir nun daran anknüpfen, indem wir die Wissenschaft als die methodische, systematische Suche nach Wissen charakterisieren. Obwohl wir damit bereits eine gute Vorstellung davon haben, was wir heute als Wissenschaften verstehen, wäre es verfrüht, das als Definition zu akzeptieren: Erstens teilt diese Annäherung die Problematiken, die wir bei den Definitionsvorschlägen für «Wissen» kennenlernten, zweitens muss erläutert werden, was die Begriffe «systematisch» und «methodisch» in diesem Kontext bedeuten, und drittens sollten wir spezifizieren, was wir uns unter dieser «wissenschaftlichen Suche» vorstellen.

Ein einflussreicher Vorschlag, der in dieser Form auf den französischen Physiologen Claude Bernard (1813–1878) zurückgeht, stützt sich darauf, dass es in wissenschaftlichen Praktiken darum geht, Aspekte der Welt (a) zu beschreiben, (b) zu erklären, (c) vorherzusagen und (d) zu kontrollieren (z. B. technologischen Fortschritt zu ermöglichen).

Aufgaben 4.26

 Zeigen Sie anhand eines konkreten Beispiels, wie die Physik, Chemie oder Biologie mithilfe ihres technischen Vokabulars und theoretischen Rahmens ihre Phänomene (a) beschreibt, (b) erklärt, (c) vorhersagt und (d) kontrolliert.

- -

 Überlegen Sie sich für die folgenden Praktiken, ob sie die Kriterien in der Tabelle erfüllen und ob Sie sie intuitiv als wissenschaftlich akzeptieren würden. Begründen Sie jeweils Ihre Einschätzung.

Praxis	erklären	vorher-sagen	kontrollieren	wissen-schaftlich?
Physik				
Biologie				
Geschichte				
Mathematik				
Astrologie				
religiöser Glaube				
Philosophie				
Ökonomie				

 Bernards Aspekt (d) «Kontrolle», also das Potenzial der Wissenschaften, in die Natur einzugreifen und technologischen Fortschritt zu ermöglichen, steht in einer Tradition, die auf die Ursprünge der wissenschaftlichen Revolution im 17. Jahrhundert zurückgeht. «Menschliches Wissen und menschliche Macht treffen in einem zusammen», schrieb 1620 der englische Philosoph Francis Bacon (1561–1626), weil wir keine (physikalischen, biologischen, chemischen usw.) Wirkungen erzielen können, ohne deren Ursachen zu kennen. Überlegen Sie sich, (a) inwiefern dieser Kontroll- oder Macht-Aspekt ein notwendiger Teil von Wissenschaftlichkeit ist oder sein soll, und (b) diskutieren Sie, ob die heute berühmte deutsche Redensart «Wissen ist Macht» eine passende Wiedergabe von Bacons Gedanken ist. (Tipp: Fragen Sie sich, wie Sie die verschiedenen *super powers* von Comic- oder Videogame-Superheldinnen und -helden ins Deutsche übersetzen würden.)

Benötigen Forscherinnen und Forscher Antworten auf wissenschaftstheoretische Fragen? Sie wissen in der Regel auch ohne Wissenschaftstheorie sehr wohl, was sie im Labor und am Schreibtisch zu tun haben. «Wissenschaftstheorie ist für die Wissenschaftlerinnen und Wissenschaftler so nützlich wie die Ornithologie für die Vögel», soll Richard Feynman (1918–1988), Nobelpreisträger für Physik 1965, gesagt haben.

Aufgabe 4.27

 Analysieren Sie Feynmans Analogie, indem Sie unterscheiden, was hier *gesagt* und was *kommuniziert* wird. Diskutieren Sie das Kommunizierte kritisch und überlegen Sie sich, ob und inwiefern die Ornithologie (Vogelkunde) tatsächlich nutzlos für Vögel ist.

→ Logik und Methoden 21
→ Logik und Methoden 38

Abgesehen von der umstrittenen Frage des «Nutzens» der Wissenschaftstheorie für die wissenschaftliche Praxis selbst ist die Frage der Wissenschaftlichkeit von grösster sozialer und politischer Relevanz. Nicht alles, was wissenschaftlich aussieht oder so genannt wird, ist es auch.

In der Logik untersuchen wir die logischen Beziehungen zwischen Aussagen: Aus der Tatsache, dass Andrea in Luzern ist, und weil sie nicht zugleich an zwei Orten sein kann, folgt, dass sie jetzt nicht in Basel ist. Und wenn wir sagen, «p und q», so bedeutet das in der Logik genau das: p und q, und nicht mehr. Doch betrachten wir nun die folgenden zwei Aussagesätze:

Sie heirateten und bekamen zwei Kinder.

Sie bekamen zwei Kinder und heirateten.

Meint man mit den beiden Aussagesätzen genau dasselbe? Wohl kaum. Offenbar spielt also die Reihenfolge, die für die Logik irrelevant ist, im Gespräch eine Rolle. Man kann damit zusätzlich eine zeitliche Abfolge mitteilen. Dabei wird die zeitliche Abfolge nicht explizit angesprochen, sondern nur angedeutet. In der Philosophie und Linguistik nennt man das, was von einer Sprecherin gemeint, aber nicht gesagt wird, eine «Implikatur». Dieser Ausdruck wurde vom englischen Philosophen Paul Grice (1913–1988) eingeführt. Wenn wir also untersuchen was sprachliche Äusserungen bedeuten, müssen wir uns jeweils auch überlegen, ob ein bestimmter Aspekt tatsächlich zur Bedeutung gehört oder lediglich eine Implikatur ist.

Wie der Begriff des Wissens hat auch der Begriff der Wissenschaftlichkeit normative, bewertende Aspekte mit einem Anspruch auf Objektivität. Wir verwenden allgemein anerkannte Kriterien, mit denen wir möglichst objektiv entscheiden können, ob eine Aussage oder Theorie wissenschaftlich ist oder nicht – schliesslich kann die Frage, ob wir etwas als wissenschaftliche Erkenntnis akzeptieren, entscheidend sein für das Wohl von Millionen von Menschen, wenn nicht, wie im Fall der Klimawissenschaften, sogar für Milliarden.

Aufgaben 4.28

 Überlegen Sie sich für die folgenden Beispiele, inwiefern die jeweiligen Personen die Standards für Wissenschaftlichkeit nicht erfüllen, und versuchen Sie, jeweils eine allgemeine Kategorie für die entsprechende Abweichung zu formulieren oder, falls möglich, mit einem existierenden Begriff zu arbeiten.

Beispiel	Was ist unwissenschaftlich?	Allgemeine Kategorie
Eine bekannte Wissenschaftlerin fälscht Daten in ihren Studien, damit sie spektakuläre Resultate publizieren kann.		
Ein Astrologe sagt voraus, was Ihnen in dieser Woche zustossen wird.		
Eine Firma erklärt die Wirkung ihrer Aluhüte gegen die 5G-Strahlung mit der «Ionenabwehr der energetisierten Quer-Gammastrahlen».		

Die Suche nach einem Kriterium, das uns erlaubt, wissenschaftliche von unwissenschaftlichen Praktiken zu unterscheiden, ist eines der zentralen Anliegen der Wissenschaftstheorie. Man spricht in diesem Zusammenhang vom «Abgrenzungs-» oder «Demarkationsproblem». Formulieren Sie für die folgenden Aspekte der Wissenschaft ein mögliches Abgrenzungskriterium:

a) Haltungen, Einstellungen, Charakter, Tugenden individueller Wissenschaftlerinnen und Wissenschaftler (zum Beispiel: Wissenschaftlerinnen und Wissenschaftler sind hartnäckig)

b) Vorgehensweisen, Methoden von Wissenschaftlerinnen und Wissenschaftlern (zum Beispiel: Wissenschaftlerinnen und Wissenschaftler formulieren Hypothesen)

c) Praktiken und/oder Institutionen (zum Beispiel: Wissenschaftler und Wissenschaftlerinnen arbeiten in Teams)

Wir haben gute Gründe, den Begriff der Wissenschaftlichkeit im Alltag grosszügig zu verwenden: Wenn der siebenjährige Fritz eine Beobachtung mit einem kleinen Experiment bestätigt, betreibt er Wissenschaft; wenn die fünfjährige Mathilda dazu neigt, systematische Problemlösungsverfahren anzuwenden, denkt sie wissenschaftlich. Und auch eine Maturaarbeit ist eine wissenschaftliche Arbeit, selbst wenn sie noch nicht universitäre Standards erreicht.

Aber das sollte uns keine grösseren begrifflichen Sorgen machen als die Tatsache, dass auch das Klaviergeklimper eines Dreijährigen schon «Musik» genannt wird. Wir benötigen für alle diese Tätigkeiten Normen und Kriterien, die uns erlauben, bestimmte Aspekte der jeweiligen Tätigkeit zu beurteilen.

Eine vielversprechende Grundlage für klare Kriterien für gute wissenschaftliche Praktiken haben wir mit dem Begriff der epistemischen Rechtfertigung (siehe Abschnitt 4.1) bereits gelegt: Weil unser Wissen gerechtfertigt sein muss, können wir von Wissenschaften verlangen, dass sie sich an verhältnismässig hohen Ansprüchen einer solchen Rechtfertigung orientieren. Das wird typischerweise sichergestellt, indem geeignete Methoden, besonders für die Überprüfung von Hypothesen und Theorien, identifiziert und institutionalisiert werden. Diese Methoden unterscheiden sich stark von Disziplin zu Disziplin. Entscheidend dafür ist unter anderem, ob die Wissenschaft empirisch ist oder nicht und ob sie neben deskriptiven auch normative Ansprüche hat.

→ **Logik und Methoden 5**

Aufgaben 4.29

 Überlegen Sie sich, warum die Wahrheit von Aussagen oder Theorien kein geeignetes Abgrenzungskriterium ist. Orientieren Sie sich gegebenenfalls auch an der Diskussion des Wissensbegriffs in Abschnitt 4.1.

 Suchen Sie für jede der folgenden (fettgedruckten) Kategorien ein passendes Beispiel und begründen Sie Ihre Wahl:

normative Wissenschaft: Normative Wissenschaften haben zum Ziel, zu bestimmen, was wir tun *sollen*, also was richtig und was falsch ist.

nichtempirische deskriptive Wissenschaft: Empirische Wissenschaften, darunter alle Naturwissenschaften, beruhen auf empirischer Evidenz, also letztlich auf Beobachtung und Experiment. Gibt es Wissenschaften, die zwar einen deskriptiven (nichtnormativen) Anspruch haben – aber nicht auf empirischer Evidenz beruhen?

empirische Wissenschaft, die keine Naturwissenschaft ist: Physik, Biologie und Chemie gelten als typische Naturwissenschaften; gibt es andere empirische Wissenschaften?

unwissenschaftlich: Wenn Banksy Graffiti malt, ist seine Handlung zwar nicht wissenschaftlich, aber niemand käme auf die Idee, ihm «Unwissenschaftlichkeit» vorzuwerfen; Banksy hat ganz einfach keinen Anspruch auf Wissenschaftlichkeit, er macht etwas anderes (Kunst, Politik). Manchen Handlungen, Theorien oder Praktiken werfen wir aber vor, sie seien «unwissenschaftlich». Welchen und warum?

pseudowissenschaftlich: Wenn eine Praxis oder Theorie den Anspruch hat oder gezielt den Anschein erweckt, wissenschaftlich zu sein, aber keine ist, so nennen wir das «Pseudowissenschaft».

 Ordnen Sie jedem Ihrer Schulfächer die passende Kategorie zu.

Wir haben bisher einen Vorteil des deutschen Begriffs «Wissenschaft» gegenüber dem englischen *science* ausgespielt: Das deutsche Wort wird nämlich als Oberbegriff verwendet, mit dem sämtliche Praktiken beschrieben werden können, in denen auf systematische und methodische Weise nach der Wahrheit gesucht wird. Der englische Ausdruck *science* ist in seiner Bedeutung enger gefasst und beschreibt vor allem ein empirisches oder gar naturwissenschaftlich geprägtes Wissenschaftsverständnis.

Es hat Tradition, dass die Wissenschaften von der westlichen Philosophie ungleich behandelt werden. Die antiken Griechen hatten eine Schwäche für die Notwendigkeit und Beweisbarkeit von mathematischen und geometrischen Wahrheiten. Besonders deutlich wird das bei Platon: Was wahrnehmbar und veränderlich und damit Objekt möglicher Experimente und physikalischer Messung ist, ist nur ein unvollkommenes Abbild einer ewigen, nicht wahrnehmbaren Idee. Wahre Wissenschaft, also letztlich Mathematik, Geometrie und Philosophie, bezieht sich auf diese abstrakten, unveränderlichen Ideen. Wie wir in Abschnitt 4.2 und Abschnitt 4.3 zu Skeptizismus, Rationalismus und Idealismus gesehen haben, ist dieser platonische Gedanke über Jahrhunderte einflussreich geblieben.

Sogar das europäische Mittelalter war noch geprägt von aristotelischem Denken, und die Philosophie dieser Zeit legte grossen Wert auf die Formulierung von allgemeinen und abstrakten Prinzipien und auf die deduktive Ableitung spezifischer Sätze. Gleichzeitig wurden die epistemischen und methodischen Konsequenzen aus der theistischen Ansicht gezogen, die Welt sei die Schöpfung Gottes. So hat der Dichter Alanus ab Insulis (1120–1202) im 12. Jahrhundert festgehalten: *Omnis creatura significans*, «alle Schöpfung bedeutet», und im 13. Jahrhundert schreibt der Prediger Berthold von Regensburg (1210–1272):

1   Der allmächtige Gott hat uns Geistlichen zwei große Bücher gegeben, woraus wir lernen, lesen und singen [...]. Das eine Buch ist das Alte Testament und das andere das Neue Testament. [...] Weil das Himmelreich aber für euch Laien genauso notwendig ist wie für uns Geistliche, darum hat euch
5   Gott ebenfalls zwei große Bücher gegeben, aus denen ihr lernen und in denen ihr lesen sollt über alle Weisheit, die ihr benötigt und die euch den Weg ins Himmelreich weisen sollen: Diese Bücher sind der Himmel und die Erde. Aus diesen sollt ihr alles lesen und lernen, was für euren Leib und eure Seele notwendig ist.

Berthold von Regensburg: Von den sieben Planeten (Predigt). In: Franz Pfeiffer (Hrsg.): *Berthold von Regensburg.* Vollständige Ausgabe seiner deutschen Predigten mit Anmerkungen, 1. Bd. Wien: Wilhelm Braumüller 1862, S. 48.

Überlegen Sie sich, was für eine Auffassung von Naturwissenschaft aus der Überzeugung folgt, dass die Schöpfung ein Buch sei (Berthold), dessen Teile Bedeutung haben (Alanus).

Überlegen Sie sich anhand eines Erdbebens, welche Arten von Fragen für die einzelnen Positionen naheliegend wären:

(a) Aristoteles
(b) Europäische Buchreligionen
(c) Moderne (Natur-)Wissenschaft

Prägend für unser heutiges Denken war die «naturwissenschaftliche Revolution» der frühen Neuzeit, die wir ungefähr auf den Zeitraum von 1500–1750 ansetzen können. Die Meilensteine dieser Entwicklung sind berühmt: 1542 beschreibt Nikolaus Kopernikus das heliozentrische Weltbild, wenig später entdeckt Johannes Kepler, dass sich die Planeten nicht in Kreisen, sondern in Ellipsen um die Sonne drehen, danach gerät Galileo Galilei in Schwierigkeiten mit der katholischen Kirche, weil er auf seinen astronomischen Beobachtungen (Jupitermonde) beharrt. Politisch weniger umstritten, aber wissenschaftsgeschichtlich einschneidender ist Galileis mathematische Repräsentation physikalischer Sachverhalte, die rasch zu neuen Theorien führte, die experimentell geprüft werden konnten. Im Verhältnis zu traditionelleren Denkweisen bedeutete das eine echte – eben «naturwissenschaftliche» – Revolution, in deren Fahrwasser wir bis heute forschen und denken.

Jahrhunderte später nimmt Galileo Galilei Bertholds Analogie zwischen Universum und Buch wieder auf, allerdings mit einer für die naturwissenschaftliche Revolution wichtigen Neuerung.

1   Die Philosophie steht in diesem großen Buch geschrieben, dem Universum, das unserem Blick ständig offen liegt. Aber das Buch ist nicht zu verstehen, wenn man nicht zuvor die Sprache erlernt und sich mit den Buchstaben vertraut gemacht hat, in denen es geschrieben ist.

5   Es ist in der Sprache der Mathematik geschrieben, und deren Buchstaben sind Kreise, Dreiecke und andere geometrische Figuren, ohne die es dem Menschen unmöglich ist, ein einziges Wort davon zu verstehen; ohne diese irrt man in einem dunklen Labyrinth herum.

Galileo Galilei: Il Saggiatore. In: *Opere di Galileo Galilei, Band 6.* Florenz: g. Barbèra 1933, S. 232 [Übersetzung DK].

Aufgaben 4.31

Illustrieren Sie, was Galileo gemeint haben könnte, indem Sie sich überlegen, wie wir seit den bahnbrechenden Entdeckungen der frühen Neuzeit Geometrie anwenden, um physikalische Probleme zu lösen; denken Sie an mögliche Darstellungen von Raum, Zeit, Geschwindigkeiten und so weiter aus Ihrem Physikunterricht.

→ **Logik und Methoden 21**

Vergleichen Sie Bertholds Analogie zwischen Universum und Buch mit der Analogie Galileis; wie verhalten sich die beiden zueinander?

Wir haben in Abschnitt 4.3 gesehen, wie die wissenschaftliche Revolution in erkenntnistheoretischer Hinsicht geprägt war vom Streit zwischen kontinentalem Rationalismus und britischem Empirismus. Unabhängig von der Frage, welches Lager eher erfasst hat, welche Voraussetzungen epistemische Rechtfertigungen letztlich erfüllen müssen, lässt sich vereinfacht sagen, dass empiristische Impulse für viele Einzelwissenschaften befreiend und produktiv waren: Mindestens die empirischen Wissenschaften mit ihrem Schwerpunkt auf Sinneserfahrungen (Beobachtungen und Experimente) profitierten von der Entwicklung geeigneter Normen und Regeln für Experimente und Induktion, wie sie etwa Francis Bacon im 17. und John Stuart Mill im 19. Jahrhundert ausarbeiteten.

Anfang des 20. Jahrhunderts wurden dann Wissenschaftlichkeit und Empirismus gegen Metaphysik, Formen des religiösen Glaubens, Pseudowissenschaftlichkeit und Aberglaube in einer Radikalität ins Feld geführt, die uns selbst heute noch erstaunen mag. Forschungen im Bereich der Teilchenphysik, die Relativitätstheorie, die Vererbungslehre, die Psychoanalyse und die Gestalt- und Entwicklungspsychologie hatten zu einer wissenschaftstheoretisch unübersichtlichen Lage geführt. Gleichzeitig liessen logische, mathematische und sprachphilosophische Entwicklungen darauf hoffen, dass eine enge, normativ wirksame Idee der Wissenschaftlichkeit, gekoppelt mit dem Ideal einer mit logischen Mitteln geklärten Sprache, bedeutenden philosophischen und politischen Nutzen haben könnte. Das bereits angesprochene Abgrenzungsproblem für Wissenschaftlichkeit stellte sich in neuer Dringlichkeit.

Eine Gruppe von Wissenschaftlern entwickelte in den 1920er Jahren eine neue, radikale wissenschaftliche Weltauffassung, die unter dem Namen «Logischer Positivismus» oder «Logischer Empirismus» bekannt ist. Diese Weltauffassung zeichnete sich nicht nur durch ihren Empirismus aus, sondern knüpfte auch explizit an den «Positivismus» des französischen Philosophen Auguste Comte (1798–1857) an, indem sie die Methoden und Modelle der Naturwissenschaften (insbesondere die Orientierung an Naturgesetzen) auf die Sozialwissenschaften ausdehnte und damit eine Einheitswissenschaft anstrebte. Auch der Mensch, so Comte, ist Teil der Natur, und selbst wenn seine Komplexität uns vor grosse Herausforderungen stellt, sollten wir ihn auf dieselbe Weise untersuchen wie eine Gesteinsschicht oder ein Eichhörnchen.

Ein Teil der Gruppe traf sich ab 1923, im «Wiener Kreis» rund um den Physiker und Philosophen Moritz Schlick (1882–1936). Der Wiener Kreis, an dem unter anderem der Ökonom Otto Neurath (1882–1949) und der Philosoph Rudolf Carnap (1891–1970) teilnahmen, betonte ein eng definiertes Ideal von Wissenschaftlichkeit, orientiert an empirischer Evidenz (Beobachtung und Experiment) und begrifflicher Klarheit und Präzision. Seine Vertreter benützten diese Konzeption tendenziell, um sich aktiv von Religion, Metaphysik und bestimmten alternativen Formen von Philosophie abzugrenzen.

Aufgrund der politischen Entwicklungen im Verlauf der 1930er Jahre löste sich der Wiener Kreis auf. Viele Vertreter emigrierten nach Grossbritannien oder in die USA und sorgten dort dafür, dass die Tradition der Philosophie, die heute manchmal «analytisch» genannt wird und sich durch hohe Ansprüche an Präzision und Klarheit und durch die Verwendung von moderner Logik auszeichnet, angelsächsisch dominiert wurde. Wichtige Schüler dieser ersten Generation von «Logischen Empiristen» oder «Logischen Positivisten» sind W. V. O. Quine (1908–2000), Hilary Putnam (1926–2016) und Wilfrid Sellars (1912–1989) wie auch zahlreiche Philosophinnen und Philosophen weltweit, die an Ludwig Wittgensteins *Tractactus* (siehe Abschnitt 1.3) anknüpfen.

Der britische Philosoph und Sohn eines Schweizer Bankiers Alfred J. Ayer (1910–1989) kam in den frühen 1930er Jahren an der Universität Oxford mit den Ideen des Logischen Empirismus in Kontakt und verbrachte nach seinem Studium ein Jahr in Wien. Als er 1936 sein Buch *Language, Truth and Logic* veröffentlichte, brachte er damit die Ideen des Wiener Kreises nach Grossbritannien. Im Zentrum seiner eigenen Version des Logischen Empirismus steht das «Verifikationsprinzip».

1   Unsere Kritik am Metaphysiker und der Metaphysikerin richtet sich nicht dagegen, dass sie versuchen, den Verstand in einem Gebiet anzuwenden, in dem sie nichts Nützliches leisten können, sondern, dass sie Sätze bilden, die nicht den Bedingungen entsprechen, unter denen ein Satz wörtliche
5   Bedeutung haben kann. Auch sind wir selbst nicht gezwungen, Sinnloses zu äußern, um zu zeigen, dass alle Sätze eines bestimmten Typs notwendigerweise keine wörtliche Bedeutung haben. Wir müssen nur das Kriterium formulieren, das es uns zu testen erlaubt, ob ein Satz eine echte Proposition mit Bezug auf eine Tatsache ausdrückt. Dann können wir zeigen, dass die
10   Sätze, die wir kritisieren, dieses Kriterium nicht erfüllen. Und genau das werde ich tun. Nach einer etwas vagen Formulierung des Kriteriums werde ich die Erklärungen liefern, die nötig sind, um es präzise zu machen.
     Das Kriterium, das ich verwende, um zu prüfen, ob der vorgebliche Tatsachenbezug eines Satz echt ist, ist das Kriterium der Verifizierbarkeit.
15   Ein Satz hat faktische Bedeutung für eine bestimmte Person genau dann, wenn diese Person weiß, wie sie die Proposition, die der Satz auszudrücken den Anspruch hat, verifiziert – das heißt, wenn diese Person weiß, welche Beobachtungen sie unter welchen Bedingungen dazu bringen würde, die Proposition als wahr zu akzeptieren oder als falsch zurückzuweisen. Wenn
20   aber die Annahme der Wahr- oder Falschheit der angeblichen Proposition konsistent ist mit absolut jeder Annahme bezüglich ihrer künftigen Erfahrungen, dann handelt es sich um eine Tautologie oder eine bloße Pseudo-Proposition. Der Satz, der sie ausdrückt, mag für diese Person vielleicht emotional bedeutsam sein; aber sie hat keine wörtliche Bedeutung. [...]
25   [Zunächst] ist es wichtig, zwischen *praktischer* und *prinzipieller* Verifizierbarkeit zu unterscheiden. Offensichtlich verstehen wir Propositionen, und akzeptieren sie unter Umständen auch als wahr, die wir noch nicht zu verifizieren versucht haben. Viele davon könnten wir mit einigem Aufwand verifizieren, aber es gibt auch Propositionen mit Tatsachenbezug, die wir
30   nicht verifizieren könnten, selbst wenn wir es wollten, ganz einfach, weil wir uns aus praktischen Gründen nicht in die Lage bringen können, um die relevanten Beobachtungen zu machen. Ein einfaches und bekanntes Beispiel ist die Proposition, dass es auf der uns abgewandten Seite des Mondes Berge gebe. [...]
35   Weiter müssen wir unterscheiden zwischen einem «starken» und «schwachen» Sinn des Ausdrucks «verifizierbar». Eine Proposition ist genau dann stark verifizierbar, wenn Erfahrung ihre Wahrheit schlüssig nachweisen könnte. Sie ist schwach verifizierbar, wenn Erfahrung sie wahrscheinlich machen kann. In welchem Sinn verwenden wir nun den Ausdruck, wenn
40   wir sagen, eine Proposition sei nur dann echt, wenn sie verifizierbar sei? Wenn wir *schlüssige* Verifizierbarkeit als Kriterium für wörtliche Bedeutung wählen, wie das einige Positivisten getan haben, so scheint mir, dass unser Argument zu viel beweist. Denk etwa an allgemeine, gesetzesartige

→ **Logik und Methoden 6**

Propositionen wie «Arsen ist giftig», «alle Menschen sind sterblich», «ein
45 Körper neigt zur Ausdehnung, wenn er erwärmt wird». Es liegt in der Natur
solcher Propositionen, dass ihre Wahrheit aufgrund einer endlichen Menge von Beobachtungen nicht mit Sicherheit nachgewiesen werden kann.
Wenn wir aber anerkennen, dass solche allgemeinen gesetzesartigen Propositionen die Funktion haben, eine unendliche Menge von Fällen abzude-
50 cken, dann müssen wir zugeben, dass sie nicht schlüssig verifiziert werden
können – nicht einmal prinzipiell. [...]
Wir beschränken uns deshalb auf den schwächeren Sinn von «Verifikation». Die Frage, die bezüglich jeder Aussage mit Anspruch auf Tatsachenbezug gestellt werden muss, ist nicht: «Würde irgendeine Beobachtung ihre
55 Wahrheit oder Falschheit logisch garantieren?», sondern einfach: «Wäre irgendeine Beobachtung relevant für die Bestimmung ihrer Wahrheit oder
Falschheit?» Und nur wenn diese zweite Frage negativ beantwortet wird,
können wir schließen, dass die Aussage sinnlos ist.
Hier eine alternative, klarere Formulierung meiner Position: Nennen wir
60 eine Proposition, die eine tatsächliche oder mögliche Beobachtung wie-
dergibt, eine Erfahrungsproposition [«*experiential proposition*»]. Dann
können wir sagen, dass es das Merkmal einer echten Proposition mit Tatsachenbezug ist – nicht, dass sie mit einer Erfahrungsproposition oder einer
endlichen Zahl von Erfahrungspropositionen äquivalent sein soll, sondern
65 ganz einfach, dass Erfahrungspropositionen von ihr in Konjunktion mit
bestimmten anderen Prämissen deduziert werden können, die nicht von
diesen anderen Prämissen allein deduzierbar sind.

Alfred J. Ayer: *Language, Truth and Logic*. London: Penguin, S. 15–20 [Übersetzung DK].

Aufgaben 4.32

 Erklären Sie mithilfe des Beispiels von Bergen auf der uns abgewandten
Seite des Mondes (a) den Unterschied zwischen praktischer und prinzipieller Verifizierbarkeit und (b) warum wir prinzipielle Verifizierbarkeit brauchen, um ein plausibles Kriterium zu bekommen. Erklären Sie dann mithilfe
der Aussage «Arsen ist giftig» (a) den Unterschied zwischen starker und
schwacher Verifikation und (b) warum wir unser Kriterium mit schwacher
Verifizierbarkeit formulieren müssen.

→ **Logik und Methoden 4**

 Im Kontext der obigen Textstelle zitiert Ayer einen Satz des englischen Philosophen F. H. Bradley (1846–1924): «Das Absolute tritt ein, ist aber selbst
unfähig zu Evolution und Fortschritt.» Formulieren Sie eine genaue und
verständliche Erklärung, warum dieser Satz für Ayer nicht nur unwissenschaftlich, sondern sogar sinnlos ist, indem Sie die Ausdrücke «Proposition» und «prinzipielle Verifizierbarkeit» verwenden.

 Im Anschluss an die oben zitierten Stellen wendet Ayer sein Kriterium an,
um zu zeigen, dass skeptische Hypothesen, wie wir sie aus Abschnitt 4.2
kennen, also zum Beispiel der Satz «Wir sind alles Hirne im Tank», sinnlos
seien. Wie würde Ayer das begründen? Sind Sie einverstanden?

 Schon früh wurde dem Logischen Empirismus vorgeworfen, dass das Verifikationsprinzip selbst seinem eigenen Kriterium nicht genüge: Es müsste
als sinnlos anerkannt werden, weil es weder tautologisch (wahr aus logischen Gründen) noch verifizierbar sei. Ist diese Kritik nachvollziehbar?
Sehen Sie mögliche Rettungsversuche für das Verifikationsprinzip?

Ayers «Demarkationskriterium» basiert auf dem Unterschied zwischen sinnvollen Sätzen und Unsinn: Ein Satz hat nur dann eine Bedeutung, wenn aus ihm etwas folgt, das wahrnehmbar ist.

Allerdings ist dieses Prinzip zu eng gefasst und scheitert in der von Ayer vorgeschlagenen Form schon an ganz einfachen Problemen: Wenn wir einen für Ayer sinnlosen Satz wie «Der unendliche Geist atmet gütig» kombinieren mit einem sinnvollen, so kriegen wir vielleicht: «Der unendliche Geist atmet gütig, oder mindestens einige Enten können schwimmen.» Dieser «oder»-Satz wird dann sinnvoll, weil er eindeutig wahr ist, obwohl eines seiner Satzglieder sinnlos ist.

Aufgaben 4.33

Wir haben in Abschnitt 4.3 Humes Induktionsproblem kennengelernt. Schlagen Sie dieses, wenn nötig, nach. Überlegen Sie sich dann, ob und inwiefern sich das Induktionsproblem für den Logischen Empirismus stellen würde.

Nehmen wir an, ein neuer medizinischer Wirkstoff werde an Mäusen getestet, bevor ihn Menschen erhalten. Sollte sich herausstellen, dass der Wirkstoff nur an genau gleich gefütterten, 30 Tage alten weiblichen Mäusen getestet wurde, würde das nicht als Bestätigung der Wirksamkeit gelten. Warum (nicht)? Konsultieren Sie gegebenenfalls unsere Besprechung epistemischer Belege in Abschnitt 4.1, und überlegen Sie sich erneut, welche Arten von Evidenz in wissenschaftlichen Kontexten als Bestätigungen einer These gelten und welche nicht.

Gemäss Ayers schwacher Verifikation oder allgemeiner: gemäss der Auffassung, dass es in den Wissenschaften darum geht, beobachtbare Aussagen aus Theorien abzuleiten, zu verifizieren und damit die Theorie zu bestätigen, müssten Einzelfälle eine allgemeine Aussage bestätigen: Wir fragen uns, ob alle Menschen sterblich sind, leiten daraus Aussagen über einzelne Menschen ab und überprüfen diese. Hier taucht ein Problem auf, das sich in Anlehnung an den britischen Philosophen Philip Kitcher (geb. 1947) folgendermassen formulieren lässt: Wir vertreten die These, dass Menschen nicht länger als 200 Jahre leben. Nun finden wir irgendwo in Asien einen kerngesunden 199-jährigen Mann. Dieser stirbt kurz darauf in einem Autounfall. Würde sein Tod unsere These bestätigen und stärken? Warum (nicht)?

→ Logik und Methoden 6

In den 1940er Jahren hat der deutsch-amerikanische Wissenschaftstheoretiker Carl Gustav Hempel (1905–1997) das sogenannten «Rabenparadox» aufgeworfen: Die These «Alle Raben sind schwarz» kann logisch transparenter umformuliert werden in: «Wenn etwas ein Rabe ist, dann ist es schwarz.» Das ist logisch äquivalent mit «Wenn etwas *nicht* schwarz ist, dann ist es *kein* Rabe». Diese Aussage wird nun gestützt von allen beobachtbaren Dingen, die nicht schwarz sind. Demnach würde ein grüner Apfel oder ein roter Ferrari die Hypothese «Alle Raben sind schwarz» stützen. (a) Worin liegt die Bedeutung von Hempels Paradox für eine an Induktion orientierte Wissenschaftstheorie? (b) Sehen Sie mögliche Reaktionen darauf?

Obwohl Evidenz und Induktion in den empirischen Wissenschaften zweifellos wichtige Rollen spielen, ist das Verifikationsprinzip, das Ayer vorschlägt, viel zu stark, das heisst, verlangt zu viel, um als Kriterium für wörtliche Bedeutung zu dienen. Karl Popper (1902–1994), ein berühmter Wissenschaftstheoretiker des

20. Jahrhunderts, hat diesen Punkt unermüdlich ins Feld geführt, um gegen den Logischen Empirismus zu argumentieren.

KARL POPPER

Karl Raimund Popper, 1902 in Wien geboren, hatte in den 1930er Jahren Kontakte zum Wiener Kreis. Wie viele Mitglieder war auch er jüdischer Herkunft und wollte Österreich dringend verlassen. Weil er zwingend eine Publikation benötigte, um eine Anstellung in einem sicheren Land zu bekommen, publizierte er 1934 seine *Logik der Forschung*, in der er den induktiv orientierten Modellen des Logischen Empirismus sein «Falsifikationsprinzip» gegenüberstellte. Popper war ein überzeugter Vertreter der liberalen Demokratie. In seinem Buch *Die offene Gesellschaft und ihre Feinde* (engl. 1945, dt. 1957/58) führt er den Begriff der «offenen Gesellschaft» ein, um ein System zu bezeichnen, das eine gewaltfreie Übergabe von Macht ermöglicht.

1 Die Methode der kritischen Nachprüfung, der Auslese der Theorien, ist nach unserer Auffassung immer die folgende: Aus der vorläufig unbegründeten Antizipation, dem Einfall, der
5 Hypothese, dem theoretischen System, werden auf logisch-deduktivem Weg Folgerungen abgeleitet; diese werden untereinander und mit anderen Sätzen verglichen, indem man feststellt, welche logischen Beziehungen (z. B.
10 Äquivalenz, Ableitbarkeit, Vereinbarkeit, Widerspruch) zwischen ihnen bestehen.
Dabei lassen sich insbesondere vier Richtungen unterscheiden, nach denen die Prüfung durchgeführt wird: der logische Vergleich der
15 Folgerungen untereinander, durch den das System auf seine innere Widerspruchslosigkeit hin zu untersuchen ist; eine Untersuchung der logischen Form der Theorie mit dem Ziel, festzustellen, ob es den Charakter einer empi-
20 risch-wissenschaftlichen Theorie hat, also z. B. nicht tautologisch ist; der Vergleich mit anderen Theorien, um unter anderem festzustellen, ob die zu prüfende Theorie, falls sie sich in den verschiedenen Prüfungen bewähren sollte, als wissenschaftlicher Fortschritt zu bewerten wäre; schließlich die Prüfung durch «empirische Anwendung»
25 der abgeleiteten Folgerungen.
Diese letzte Prüfung soll feststellen, ob sich das Neue, das die Theorie behauptet, auch praktisch bewährt, etwa in wissenschaftlichen Experimenten oder in der technisch-praktischen Anwendung. Auch hier ist das Prüfungsverfahren ein deduktives: Aus dem System werden (unter Verwen-
30 dung bereits anerkannter Sätze) empirisch möglichst leicht nachprüfbare bzw. anwendbare singuläre Folgerungen («Prognosen») deduziert und aus diesen insbesondere jene ausgewählt, die aus bekannten Systemen nicht ableitbar sind, bzw. mit ihnen in Widerspruch stehen. Über diese – und andere – Folgerungen wird nun im Zusammenhang mit der praktischen
35 Anwendung, den Experimenten usw., entschieden. Fällt die Entscheidung positiv aus, werden die singulären Folgerungen anerkannt, *verifiziert,* so hat das System die Prüfung vorläufig bestanden; wir haben keinen Anlass, es zu verwerfen. Fällt eine Entscheidung negativ aus, werden Folgerungen *falsifiziert*, so trifft ihre Falsifikation auch das System, aus dem sie dedu-
40 ziert wurden.
Die positive Entscheidung kann das System immer nur vorläufig stützen; es kann durch spätere negative Entscheidungen immer wieder umgestoßen werden. Solang ein System eingehenden und strengen deduktiven Nachprüfungen standhält und durch die fortschreitende Entwicklung der Wis-
45 senschaft nicht überholt wird, sagen wir, dass es sich *bewährt*.
Induktionslogische Elemente treten in dem hier skizzierten Verfahren nicht auf; niemals schließen wir von der Geltung der singulären Sätze auf die

der Theorien. Auch durch ihre verifizierten Folgerungen können Theorien niemals als «wahr» oder auch nur als «wahrscheinlich» erwiesen werden. [...] Nun wollen wir aber doch nur ein solches System als empirisch anerkennen, das einer *Nachprüfung* durch die «Erfahrung» fähig ist. Diese Überlegung legt den Gedanken nahe, als Abgrenzungskriterium nicht die Verifizierbarkeit, sondern die *Falsifizierbarkeit* des Systems vorzuschlagen; mit anderen Worten: Wir fordern zwar nicht, dass das System auf empirisch-methodischem Wege endgültig positiv ausgezeichnet werden kann, aber wir fordern, dass es die logische Form des Systems ermöglicht, dieses auf dem Wege der methodischen Nachprüfung negativ auszuzeichnen: *Ein empirisch-wissenschaftliches System muss an der Erfahrung scheitern können.*

(Den Satz: «Hier wird es morgen regnen oder auch nicht regnen» werden wir, da er nicht widerlegbar ist, nicht als empirisch bezeichnen; wohl aber den Satz: «Hier wird es morgen regnen.»)

Gegen das hier vorgeschlagene Abgrenzungskriterium können verschiedene Einwände erhoben werden: Zunächst wird es vielleicht befremden, dass wir von der empirischen Wissenschaft, die uns doch etwas Positives mitteilen soll, etwas Negatives, ihre Widerlegbarkeit postulieren. Der Einwand wiegt nicht schwer, denn wir werden noch zeigen [...], dass uns ein theoretisch-wissenschaftlicher Satz um so mehr Positives über «unsere Welt» mitteilt, je eher er auf Grund seiner logischen Form mit möglichen besonderen Sätzen in Widerspruch geraten kann. (Nicht umsonst heißen die Naturgesetze «Gesetze»: Sie sagen umso mehr, je mehr sie verbieten.)

Karl Popper: *Logik der Forschung.* Tübingen: Mohr Siebeck 2005, S. 8–9 und S. 17–18.

Aufgaben 4.34

 Was meint Popper, wenn er (a) von einem «empirisch-wissenschaftlichen System» spricht im Gegensatz zu einem «tautologisch theoretischen System», und (b) was meint er, wenn er die Falsifizierbarkeit zum Kriterium für empirische Wissenschaftlichkeit macht?

 Erläutern Sie Poppers Kommentar zum Wort «Naturgesetz»: Was meint er damit, und inwiefern passt das zu seinem Modell?

 An anderer Stelle sagt Popper: «Unser bestes Wissen ist das Wissen der Wissenschaft [...]; und dennoch ist auch das wissenschaftliche Wissen nur Vermutungswissen.» Erläutern Sie diese Aussage auf Grundlage des Textauszugs.

→ **Logik und Methoden 12** Diskutieren Sie Poppers Auffassung von (wissenschaftlichem) Wissen kritisch.

 Newtons Gravitationsgesetze sagen die Planetenbahnen ziemlich zuverlässig voraus, mit Ausnahme von Uranus, dessen beobachtete Bahn von der vorhergesagten deutlich abweicht. Erst 1846 schlugen die Astronomen John C. Adams und Urbain Le Verrier unabhängig voneinander vor, diese Abweichung mit einem bis dahin unbeobachteten Planeten zu erklären, von dem sie auch gleich die Masse und Position errechneten. Später wurde der errechnete Planet tatsächlich entdeckt: Neptun.

4 Erkenntnis- und Wissenschaftstheorie

(a) Inwiefern würde Popper das Vorgehen von Adams und Le Verrier als unwissenschaftlich betrachten?

(b) Soll Poppers Falsifizierbarkeitskriterium angesichts solcher Fälle geändert werden? Wie?

Poppers wissenschaftstheoretische Auffassung wird heute aufgrund ihrer Abgrenzung zum Logischen Empirismus und ihrer Ablehnung der Induktion meist «Kritischer Rationalismus» genannt. Mit den kontinental-rationalistischen Auffassungen der frühen Neuzeit, also mit den Positionen von Descartes, Spinoza und Leibniz, wie wir sie in Abschnitt 4.3 kennengelernt haben, hat der Kritische Rationalismus aber – abgesehen von der Bevorzugung der Deduktion im Gegensatz zur Induktion – wenig zu tun.

Wir haben unsere wissenschaftstheoretische Diskussion mit Claude Bernard begonnen und vier Aspekte der Wissenschaft unterschieden: (a) beschreiben, (b) erklären, (c) vorhersagen und (d) kontrollieren. Die bisher besprochenen Verifizierungs- und Falsifizierungsrelationen zwischen wissenschaftlichen Hypothesen/Theorien und empirischen Daten beziehen sich auf den Aspekt der Vorhersage (c). Des Weiteren wird in der Wissenschaftstheorie diskutiert, unter welchen Umständen eine Theorie eine gute Beschreibung (a) ihrer Phänomene liefert, was also Eigenschaften einer guten wissenschaftlichen Theorie sind. Zudem können wir uns fragen, ob wir von technologischem Fortschritt Rückschlüsse auf die epistemischen Qualitäten einer Theorie ziehen können (d).

Im Folgenden wollen wir nun untersuchen, was es bedeutet, Phänomene wissenschaftlich zu erklären (b). Wir wollen nämlich in aller Regel nicht nur wahre Sätze über die Welt bilden und glauben – wir wollen die Welt *verstehen*, indem wir zu beantworten versuchen, warum Dinge passieren. Am Anfang der meisten aktuellen Diskussionen, die sich mit wissenschaftlichen Erklärungen beschäftigen, steht das einflussreiche «deduktiv-nomologische Modell», das der deutschamerikanische Wissenschaftstheoretiker Carl Gustav Hempel um die Mitte des 20. Jahrhunderts formuliert hat.

→ Logik und Methoden 8

1   Eines der wichtigsten Ziele der rationalen Untersuchung unserer Erfahrungswelt besteht darin, dass wir, wenn wir Phänomene erklären wollen, nicht nur die Frage «Was?», sondern auch die Frage «Warum?» zu beantworten versuchen. Dies gilt ganz besonders für wissenschaftliche Forschung
5   in ihren verschiedenen Formen, die über eine bloße Beschreibung ihres Gegenstandes hinausgeht, indem sie Erklärungen der zu untersuchenden Phänomene liefert. Während sich alle mehr oder weniger einig sind in Bezug auf dieses Ziel, herrscht bedeutende Uneinigkeit in Bezug auf die Funktion und die wesentlichen Eigenschaften wissenschaftlicher Erklärung. In
10   diesem Aufsatz möchten wir versuchen, diese Fragen zu erhellen, indem wir das grundlegende Muster der wissenschaftlichen Erklärung untersuchen und dann den Begriff eines Gesetzes und die logische Struktur erklärender Argumente genauer analysieren. [...]
Wenn wir ein Quecksilberthermometer schnell in heißes Wasser tauchen,
15   verkürzt sich die Quecksilbersäule zunächst ganz kurz, dehnt sich dann aber zügig aus. Wie sollen wir dieses Phänomen erklären? Der Anstieg der Temperatur wirkt sich zunächst nur auf die Glasröhre des Thermometers aus, die sich ausdehnt und damit dem enthaltenen Quecksilber ein größeres Volumen bietet. Sobald die Wärme des Wassers das Quecksilber er-

reicht, dehnt es sich aus, und weil sein Ausdehnungskoeffizient deutlich grösser ist als der von Glas, resultiert ein Anstieg des Quecksilberpegels. Diese Erklärung besteht aus zwei Arten von Aussagen. Diejenigen der ersten Art beschreiben bestimmte Bedingungen, die vor oder während des zu erklärenden Phänomens erfüllt sind. Wir werden diese «Antezedensbedingungen» nennen. In unserem Beispiel beinhalten die Bedingungen unter anderem die Tatsache, dass das Thermometer aus einer teilweise mit Quecksilber gefüllten Glasröhre besteht und dass es in heisses Wasser getaucht wird. Die Aussagen der zweiten Art drücken bestimmte allgemeine Gesetze aus. Diese beinhalten die Gesetze der thermischen Ausdehnung von Quecksilber und Glas sowie eine Aussage zur geringen Wärmeleitfähigkeit von Glas. Die zwei Klassen von Aussagen, wenn sie richtig und vollständig formuliert sind, erklären das Phänomen: Aus ihnen folgt, dass der Quecksilberpegel zuerst fällt und dann steigt. Folglich wird das Ereignis erklärt, indem es unter allgemeine Gesetze subsumiert wird, d.h., indem gezeigt wird, dass es in Übereinstimmung mit diesen Gesetzen geschieht, indem gewisse, spezifizierte Antezedensbedingungen realisiert werden. [...]

Wir unterteilen eine Erklärung in zwei Bestandteile, das Explanandum und das Explanans. Mit «Explanandum» meinen wir den Satz, der das zu erklärende Phänomen beschreibt (nicht das Phänomen selbst); mit «Explanans» die Menge der Sätze, die angeführt werden, um das Phänomen zu erfassen. Wie schon erläutert, besteht das Explanans aus zwei Mengen von Sätzen; eine enthält Sätze C_1, C_2, ..., C_k, die spezifische Antezedensbedingungen festhalten; die andere ist eine Klasse von Sätzen L_1, L_2, ... L_r, die allgemeine Gesetze repräsentieren.

Die Teile einer schlüssigen Erklärung müssen bestimmte Adäquatheitsbedingungen erfüllen [...]:

(R1) Das Explanandum muss eine logische Folge des Explanans sein. [...]

(R2) Das Explanans muss allgemeine Gesetze enthalten, und diese müssen tatsächlich notwendig sein für die Ableitung des Explanandums. [...]

(R3) Das Explanans muss empirischen Gehalt haben, d.h., es muss mindestens prinzipiell durch Beobachtung oder Experiment getestet werden können. [...]

(R4) Die Sätze, die das Explanans ausmachen, müssen wahr sein. [...]

Einige der Eigenschaften der Erklärung, die wir bisher herausgearbeitet haben, können im folgenden Schema zusammengefasst werden:

$$
\text{Logische Deduktion}\left[
\begin{array}{ll}
\left\{\begin{array}{l}
C_1, C_2 ..., C_k \quad \text{Formulierungen der} \\
\qquad\qquad\qquad \text{Antezedensbedingungen} \\[1em]
L_1, L_2, ... L_r \quad \text{Naturgesetze}
\end{array}\right\} \text{Explanans} \\[2em]
\hline
\;\rightarrow E \qquad\qquad \left.\begin{array}{l} \text{Beschreibung des zu} \\ \text{erklärenden empirischen} \\ \text{Phänomens} \end{array}\right\} \text{Explanandum}
\end{array}
\right.
$$

Wir können hier festhalten, dass dieselbe formale Analyse, inklusive der vier notwendigen Bedingungen, sowohl auf die wissenschaftliche Vorhersage als auch auf die Erklärung zutrifft. Der Unterschied zwischen den beiden ist pragmatisch. Wenn E bekannt ist, wir also wissen, dass das Phänomen, das von «E» beschrieben wird, eingetreten ist, und wenn dann eine passende Menge von Aussagen C geliefert wird, dann sprechen wir von einer Erklärung des Phänomens. Wenn die letzteren Aussagen gegeben sind und «E» abgeleitet wird, bevor das Phänomen E eintritt, dann sprechen wir von einer Vorhersage. Wir können deshalb sagen, dass eine Er-

65 klärung nur dann völlig adäquat ist, wenn ihr Explanans, sofern es früh genug zur Kenntnis genommen würde, als Grundlage einer Vorhersage des Phänomens gedient haben könnte. Was immer in diesem Artikel zur Logik der Erklärung und Vorhersage steht, trifft auf beide zu, auch wenn jeweils nur eines erwähnt sein sollte.

70 Es ist diese vorhersagende Kraft, die für die wissenschaftliche Erklärung so wichtig ist: Wir können die wichtigsten Ziele der wissenschaftlichen Forschung nur insofern erreichen, als wir fähig sind, empirische Tatsachen zu erklären – nämlich die Phänomene unserer Erfahrung nicht nur zu beschreiben, sondern von ihnen zu lernen, indem wir theoretische Ver-

75 allgemeinerungen auf ihnen aufbauen, die uns dann ermöglichen, neue Ereignisse zu antizipieren und mindestens in gewissem Ausmaß die Veränderungen in unserer Umwelt zu kontrollieren.

Carl G. Hempel und Paul Oppenheim: Studies in the Logic of Explanation. In: *Philosophy of Science* 15 (2) 1948, S. 135–175 [Übersetzung von DK].

Aufgaben 4.35

 Erstellen Sie eine funktionale und inhaltliche Gliederung des Textauszugs und stellen Sie die wichtigsten Elemente von Funktion und Inhalt übersichtlich dar.

→ Logik und Methoden 39

 In seinem Buch *Aspekte wissenschaftlicher Erklärung* verwendet Hempel ein anderes Beispiel, um die Rolle von Erklärungen zu illustrieren: Nachdem der Philosoph John Dewey (1859–1952) beim Geschirrspülen Wassergläser aus dem heissen Seifenwasser genommen und umgekehrt auf eine Oberfläche gestellt habe, bildeten sich unterhalb des Glasrands Seifenblasen, wurden grösser, standen still und zogen sich schliesslich wieder zurück. Erklären Sie dieses Phänomen möglichst analog zu Hempels Beispiel im obigen Text; identifizieren Sie auch hier die beiden Arten von Aussagen, die Hempel unterscheidet.

 Das folgende Beispiel stammt von Michael Scriven (geb. 1928): Angenommen, Kühe würden sich immer dann flach in die Wiese legen, wenn sich ein Sturm nähert. In diesem Fall könnten Stürme aufgrund des Verhaltens der Kühe vorhergesagt werden. Würde nun aus Hempels Aussage, dass der Unterschied zwischen Vorhersagen und Erklärungen «nur pragmatisch» sei, folgen, dass das Verhalten der Kühe die Stürme *erklärt*? Warum (nicht)?

 Noch berühmter ist das folgende Beispiel des aus einer belgisch-jüdischen Familie stammenden US-amerikanischen Philosophen Sylvain Bromberger (1924–2018): Wenn Hempel in seinem Garten einen Fahnenmast aufgestellt hat, dann sollte er grundsätzlich in der Lage sein, die Höhe dieses Fahnenmasts aufgrund seines Schattenwurfs und des Sonnenstandes zu bestimmen. (1) Identifizieren Sie die relevanten Antezedensbedingungen und Naturgesetze und (2) bestimmen Sie, warum gemäss Hempels Theorie folgen müsste, dass die Schattenlänge die Höhe des Fahnenmasts *erkläre*. Tut sie das? Warum (nicht)? Wie könnte Hempel auf diesen Einwand reagieren?

Einen Text zu gliedern, ist die Grundlage jeder tiefergehenden Textarbeit. Dabei teilen Sie den Text in Abschnitte ein, die eine gedankliche Einheit bilden. Unterscheiden Sie Inhalt (worum geht es?) und Funktion (was will der Autor damit erreichen?). Mögliche Funktionen in der Argumentation sind das Darstellen von Thesen, Prämissen, Beispielen, Einwänden und Erwiderungen. Versuchen Sie zu bestimmen, worum es in jedem Abschnitt geht und welche Funktion die Abschnitte im Rahmen der gesamten Argumentation erfüllen. Überlegen Sie sich, wie die verschiedenen Teile zusammenhängen. Versuchen Sie, die Hauptthese und die Argumente dafür herauszuarbeiten. Prüfen Sie, ob alle Prämissen genannt werden.

Versuchen Sie in einem zweiten Schritt, die so erarbeitete Gliederung auf einem separaten Blatt darzustellen. Vielfach bietet sich eine hierarchische Gliederung an, die man mit Ziffern darstellen kann: 1, 1.1, 1.2, 2 ... Eine entsprechende Gliederung könnte so aussehen:

1 Einleitung: Kann es Freundschaft zwischen Menschen geben, die nicht tugendhaft sind?
2 These 1: Freundschaft kann nur zwischen Tugendhaften bestehen
3 Argumente für These 1
   3.1 Argument 1 ...
   3.2 Argument 2 ...
   3.3 Argument 3 ...
4 Einwände zu These 1 und deren Zurückweisung
5 Schluss

Vertiefung

Hempels deduktiv-nomologische Auffassung (DN-Modell oder -Schema) von Erklärung ist besonders dann attraktiv, wenn wir uns nur auf naturwissenschaftlich relevante kausale Erklärungen beschränken wollen. Aber damit schliessen wir viele andere Arten der wissenschaftlichen und nichtwissenschaftlichen Erklärung aus.

Alternative, breiter angelegte Vorschläge, wie wir den erklärenden Anspruch der Wissenschaft klären können, beruhen beispielsweise darauf, Erklärungen einfach als Antworten auf Warum-Fragen zu sehen; oder sie betonen den engen Zusammenhang zwischen unseren Fähigkeiten, ein Phänomen zu erklären und es zu verstehen. Selbstverständlich muss auch dann wieder für jede Erklärung bestimmt werden, was sie zu einer guten und/oder wissenschaftlichen Erklärung macht.

Aufgaben 4.36

In der Biologie begegnen wir oft funktionalen Erklärungen, die nicht in Hempels DN-Schema zu passen scheinen. Überlegen Sie sich, warum dieser Erklärungstyp trotzdem gute wissenschaftliche Erklärungen liefern kann:

a. Ein Merkmal wird erklärt, indem auf seine Funktion im Rahmen eines Systems Bezug genommen wird: «Wirbeltiere haben eine Leber, weil diese dazu da ist, das Blut zu reinigen.»

b. Ein Merkmal wird erklärt, indem auf seinen Zweck Bezug genommen wird, während im Kontext klar ist, dass das Merkmal ein Produkt evolutionärer Selektion ist: «Giraffen haben lange Hälse, weil sie damit höher wachsendes Laub erreichen können.»

Neben den bereits diskutierten kausalen und funktionalen Erklärungen gibt es noch zwei weitere Erklärungstypen.

intentional: Eine Handlung wird erklärt, indem ein ausschlaggebender Handlungsgrund, eine Absicht (= «Intention») genannt wird.

strukturell: Ein Phänomen wird nicht direkt mit einem verursachenden Ereignis, sondern mit Bezug auf Hintergrundbedingungen erklärt.

Entscheiden Sie in der folgenden Tabelle, ob eine Erklärung kausal, funktional, intentional oder strukturell ist, und diskutieren Sie Ihre Resultate: Können wir Bedingungen für gute und/oder wissenschaftliche Erklärungen formulieren, die breiter sind als die Hempels?

Beispiel: «Lina gab ihren Job auf, weil ...»	Erklärungs-typ?	Gute Erklärung? Warum (nicht)?	«Wissen-schaftlich»? Warum (nicht)?
«... ihr Vorge-setzter sie sexuell belästigt hatte.»			
«... sie zu Hause bei ihren Kindern sein wollte.»			
«... sie nie gelernt hatte, sich durch-zusetzen.»			
«... gesellschaft-liche Verhältnisse nahelegten, dass nicht sie, sondern ihr Ehemann seine Karriere weiterverfolgt.»			
«... sie genetisch dazu disponiert ist, ihre Kinder aufzuziehen.»			

Überlegen Sie sich in Bezug auf (a) die Geschichts- und (b) die Literatur-wissenschaften, inwiefern die jeweiligen Erklärungen und Interpretationen als epistemisch gerechtfertigt und objektiv beurteilt werden können. Dis-kutieren Sie in beiden Disziplinen Beispiele sowohl intentionaler als auch kausaler und struktureller Erklärungen.

Der Traum einer an empirischen Naturwissenschaften orientierten Ein-heitswissenschaft, wie er dem Logischen Positivismus zugrunde liegt und manchmal abwertend «szientistisch» genannt wird, legt nahe, funktiona-le, strukturelle, aber besonders auch intentionale Erklärungen auf kausale zurückzuführen. Überlegen Sie sich besonders für intentionale Erklärun-gen der Form «Person P macht Handlung H mit der Absicht A» wie eine Reduktion auf eine kausale Erklärung aussehen könnte und was für oder gegen den Erfolg einer solchen Reduktion spricht.

Neben sprachlichen Beschreibungen, Theorien, Erklärungen und Vorhersagen spielen sowohl in den Natur- als auch in den Sozialwissenschaften auch nicht-sprachliche Repräsentationen eine wichtige Rolle; seit Galilei und Newton zum Beispiel mathematische Modelle für die Entwicklung der klassischen Mechanik. Modelle sind aus der wissenschaftlichen Praxis heutzutage nicht mehr wegzu-denken.

Wir verstehen wissenschaftliche Modelle als Repräsentationen eines Systems mit der Funktion, relevante Aspekte dieses Systems hervorzuheben, zu erklären oder vorherzusagen. In der Epidemiologie und der Klimatologie, zwei politisch überaus wichtigen und öffentlichkeitswirksamen empirischen Wissenschaften,

spielen Computermodelle eine herausragende Rolle: Obwohl viele Wissenschaftler schon in den 1960er Jahren darauf aufmerksam machten, dass sich das globale Klima aufgrund menschlicher Aktivitäten erwärmt, und obwohl das *Intergovernmental Panel on Climate Change* (IPCC) 1995 diesen Befund stützte und
bestätigte, gelang es kritischen Stimmen immer wieder, Skepsis zu säen. Dies
taten sie typischerweise, indem sie entweder die Qualität der Daten anzweifel-
ten, diese Daten anders erklärten – oder die verwendeten Modelle kritisierten.

Aufgaben 4.37

 Überlegen Sie sich drei wissenschaftliche Modelle, die Sie in Ihrem Unterricht kennengelernt haben. Bestimmen Sie dann für jedes Modell die re-
präsentierten Eigenschaften des Zielsystems, die repräsentierenden Teile
des Modells sowie dessen Erklärungsleistung.

 Angenommen, ein Kind fährt mit dem Fahrrad unkontrolliert auf eine Be-
tonwand zu, was seinen Vater dazu bewegt, eine reife Tomate an die Wand
zu werfen, um zu illustrieren, was dem Kind drohen könnte. Sollten wir
diesen Wurf als wissenschaftliches Modell betrachten? Warum (nicht)?

 Überlegen Sie sich zunächst, wie ein Modell für die Klimaerwärmung aussehen könnte: Welche Aspekte des Zielsystems (globales Klima) werden
repräsentiert? Wie? Versuchen Sie, alle Aspekte dieser Frage miteinzube-
ziehen: Kann dieses Modell auf Papier gezeichnet werden? Wie könnte es
dann aussehen? Kann es dreidimensional sein, berührt werden? Kann es
nur codiert, das heisst digital bestehen? Warum (nicht)?

Heute spricht man teilweise von «theoretischen Modellen» als einer Unterkate-
gorie von wissenschaftlichen Modellen. Ein theoretisches Modell ist ein Modell
einer Theorie, und zwar genau dann, wenn es die Theorie ganz und gar wahr
macht. Wenn ich einen Körper auf einer geneigten Fläche zeichne, um dessen
Beschleunigung zu berechnen, so stellt meine Skizze ein theoretisches Modell
der klassischen Mechanik dar; der Tomatenwurf in der obigen Aufgabe hingegen
ist kein theoretisches Modell.
Theoretische Modelle sind wissenschaftlich wertvoll, weil sie zwischen der Theorie und den Phänomenen stehen: Sie repräsentieren relevante Aspekte der Phänomene, indem sie die Theorie wahr machen. Aus diesem Grund sind sie auch
dann «korrekte» Modelle, wenn sie die Wirklichkeit idealisieren und/oder verzerren. Unsere besten Modelle sind theoretische Modelle, die die Welt korrekt
repräsentieren, indem sie diese nur dann idealisieren und/oder verzerren, wenn
sie diese Idealisierung und/oder Verzerrung explizit machen und begründen. In
diesem Sinn können die Modelle der menschlich verursachten Klimaerwärmung
«korrekt» sein, solange sie theoretische Modelle sind und in ihrer repräsentativen
Funktion sämtliche Vereinfachungen explizit markieren und kritisch diskutieren.

4.5 Wissenschaftliche Praxis

So wie wir die Wissenschaftstheorie bisher diskutiert haben, kann sie grob verstanden werden als die Suche nach den Regeln und Methoden, die in unterschiedlichen Fachgebieten – und im Idealfall sogar über Fachgebiete hinweg – sicherstellen, dass ein Individuum, das sie befolgt, epistemisch berechtigte, relevante Überzeugungen bildet. Im Grunde passte alles, was wir bisher diskutierten, zum cartesianischen Projekt: Ja, der Logische Empirismus weist allfällige rationalistische, «synthetische» (Kant) Erkenntnisse a priori zurück; aber noch immer geht es darum, mit rationalen Mitteln eine Theorie zu entwickeln, die relevante empirische Daten erfasst, erklärt und vorhersagt. Wissenschaftliche Rationalität kombiniert nach wie vor die Erfahrungen einer Einzelperson mit Logik, unter Berücksichtigung einer Reihe von bekannten Klippen: Induktion, Kausalität, Reduktion und so weiter.

Aber spätestens der US-amerikanische Pragmatismus des 19. und 20. Jahrhunderts, vertreten von Philosophen wie Charles Sanders Peirce (1839–1914), William James (1842–1910) und John Dewey (1859–1952), und Martin Heideggers (1889–1976) Angriff auf das cartesianische Modell begannen, den Fokus zu verschieben. Aus heutiger Sicht ist es nicht schwer zu erkennen, dass Wissenschaft zunächst auch einfach eine soziale Praxis ist: Menschen aus Fleisch und Blut, mit Interessen, Stärken und Schwächen, mit mehr oder weniger Geld stehen in persönlichen, intellektuellen und professionellen Beziehungen zueinander und verfolgen bestimmte Ziele.

Als 1962 der damals vierzigjährige Wissenschaftstheoretiker Thomas S. Kuhn (1922–1996) *The Structure of Scientific Revolutions* veröffentlichte, traf er damit auf einen Nerv. Auf einer ersten Ebene handelte es sich bei diesem Buch um eine neue Wissenschafts-«Geschichte» – die Teildisziplin der Geschichte, die sich mit der Entwicklung der Wissenschaften, insbesondere der Naturwissenschaften, befasst. Kuhn griff die wissenschaftsgeschichtlichen Erzählungen der gängigen Lehrbücher an, die dazu neigten, den aktuellen Stand der jeweiligen Wissenschaft als eine mehr oder weniger unvermeidliche Entwicklung darzustellen, geprägt von einigen rückständigen Sturköpfen, die versuchten, den Fortgang der Wissenschaft aus dogmatischen und/oder persönlichen Gründen zu verhindern – und ein paar Heldinnen und Helden, die auch in politisch schwierigen Zeiten die Wahrheit nicht aus dem Blick verloren.

Das habe nichts mit der Realität zu tun, so Kuhn, weil wir mit dieser Art der Geschichtsschreibung so täten, als könnten wir mit der Wahrheit Ereignisse erklären. Jede konkrete Situation, in der sich Wissenschaftlerinnen uneinig seien, sei aber unübersichtlich; oft haben alle beteiligten Parteien Gründe, die aus ihrer jeweiligen Perspektive überzeugend wirken, und kaum jemals haben sie Zugang zu einem unabhängigen, objektiven Regelwerk, das es erlauben würde, zu entscheiden, wer recht hat und wer falsch liegt.

Zusätzlich zu dieser wichtigen historischen Revision hatte *The Structure of Scientific Revolutions* auch bedeutende wissenschaftstheoretische, philosophische, allgemein kulturwissenschaftliche und praktisch-institutionelle Implikationen: Es sei nicht nur so, dass in vielen historischen Situationen die beteiligten Parteien in der Hitze des Gefechts keinen klaren Blick mehr hätten für die relevanten Kriterien und Normen der Wissenschaftlichkeit und/oder epistemischen Berechtigung. Nein, so Kuhn, in wichtigen Phasen der wissenschaftlichen Praxis gebe es keine solchen übergeordneten Normen. Der Traum Descartes' und vieler Wissenschaftstheoretikerinnen, dass wir uns mit geeigneten Kriterien der Rationalität und Wissenschaftlichkeit ein für allemal auf den Pfad der Wahrheit begeben könnten, gelte nur in bestimmten, leider eher langweiligen Phasen der sogenannten «normalen Wissenschaft».

—
THOMAS KUHN
—

Thomas S. Kuhn wurde 1922 in Cincinnati (Ohio) geboren. Nach einem Einsatz im zweiten Weltkrieg mit dem Auftrag, feindlichen Radar zu stören, doktorierte er 1949 in Physik und begann, sich mit Wissenschaftsgeschichte zu beschäftigen. Irgendwann hatte er, wie er selbst berichtete, einen Heureka-Moment, als er plötzlich verstand, dass die Vorgehensweise Aristoteles', die ihm bis dahin völlig fremd geblieben war, eine eigene Art von Wissenschaftlichkeit darstellt. Kuhns 1962 veröffentlichtes Hauptwerk *Die Struktur wissenschaftlicher Revolutionen* wurde später vom *Times Literary Supplement* zu einem der hundert einflussreichsten Bücher des 20. Jahrhunderts erkoren; es verwandelte die Wissenschaftstheorie von einer schwer zugänglichen, von formaler Logik beherrschten Disziplin in ein attraktives und gesellschaftlich relevantes Forschungsgebiet.

1 In diesem Essay bedeutet «normale Wissenschaft» Forschung, die solid auf einer oder mehreren wissenschaftlichen Leistungen der Vergangenheit beruht, Leistungen, die von
5 einer bestimmten wissenschaftlichen Gemeinschaft eine Zeit lang als Grundlagen für ihre weitere Arbeit anerkannt werden. Heute werden solche Leistungen in wissenschaftlichen Lehrbüchern, für Anfänger und für Fort-
10 geschrittene, dargestellt, wenn auch selten in ihrer ursprünglichen Form. Diese Lehrbücher erläutern den Kern der akzeptierten Theorie, illustrieren viele oder alle ihrer erfolgreichen Anwendungen, und vergleichen diese Anwendungen mit exemplarischen Beobachtungen und Experimenten. Bevor solche Bücher im frühen 19. Jahrhundert populär wurden (bzw. im
15 Falle der erst später etablierten Wissenschaften sogar später), hatten viele der berühmten klassischen Werke der Wissenschaftsgeschichte eine ähnliche Funktion. Aristoteles' *Physik*, Ptolemäus' *Almagest*, Newtons *Principia* und *Opticks*, Franklins *Electricity*, Lavoisiers *Chemie*, Lyells *Geologie* – diese und viele andere Werke dienten eine Zeit lang dazu, die legitimen Pro-
20 bleme und Forschungsmethoden eines Forschungsfelds für die folgenden Generationen von Forschenden implizit zu definieren. Das war möglich, weil diese Werke zwei wesentliche Eigenschaften teilten: Ihre Leistungen waren genügend neuartig, um eine Gruppe von Anhängerinnen und Anhängern nachhaltig an- und von alternativen Arten wissenschaftlicher
25 Aktivität abzuziehen. Gleichzeitig waren sie offen genug, um der neu definierten Gruppe von Forschenden viele Arten neuer Probleme zu lösen zu geben.
Wissenschaftliche Leistungen, die diese zwei Charakteristiken teilen, werde ich von nun an «Paradigmen» nennen. Dieser Begriff ist eng verknüpft
30 mit dem Begriff der «normalen Wissenschaft». Indem ich ihn wähle, möchte ich vorschlagen, dass einige akzeptierte Beispiele konkreter wissenschaftlicher Praxis – Beispiele, die Naturgesetze, Theorie, Anwendungen

und Hilfsmittel einschließen – als Modelle funktionieren, von denen spezifische, kohärente Traditionen wissenschaftlicher Forschung entspringen. Dies sind die Traditionen, die in der Wissenschaftsgeschichte bekannt sind

35 unter Etiketten wie «Ptolemäische Astronomie» (oder «Kopernikanische»), «Aristotelische Dynamik» (oder «Newton'sche»), «Korpuskel-Optik» (oder «Wellenoptik») usw.

Es ist hauptsächlich das Studium von Paradigmen, auch von solchen, die weit spezialisierter sind als die eben genannten, das die Studierenden auf

40 die Mitgliedschaft in einer spezifischen wissenschaftlichen Gemeinschaft vorbereitet, in der sie später forschen werden. Weil sie hier Menschen treffen, die die Grundlagen ihres Forschungsfelds von denselben konkreten Modellen gelernt haben, werden ihre Forschungstätigkeiten selten offene Uneinigkeit in Bezug auf die Grundlagen der Disziplin hervorrufen. Wis-

45 senschaftlerinnen und Wissenschaftler, deren Forschung auf denselben Paradigmen beruht, sind auf dieselben Regeln und Standards wissenschaftlicher Praxis festgelegt. Diese Festlegung und der scheinbare Konsens, den sie produziert, sind Voraussetzungen für die normale Wissenschaft, d.h. für die Entstehung und das Fortbestehen einer spezifischen

50 Forschungstradition.

Thomas S. Kuhn: *The Structure of Scientific Revolutions*. Chicago & London: University of Chicago Press 1996, S. 10–11 [Übersetzung DK].

Aufgaben 4.38

 Vergleichen Sie Kuhns neuen Begriff einer «normalen Wissenschaft» mit dem bisher diskutierten Begriff einer «Wissenschaft». Inwiefern erfasst die «normale Wissenschaft» das, was wir bisher diskutierten – inwiefern weicht sie davon ab?

→ **Logik und Methoden 14**   Bestimmen Sie den Begriff des Paradigmas anhand von Kuhns Text und geben Sie ein zusätzliches Beispiel eines Paradigmas.

 Der Begriff des Paradigmas hat sich seit der Veröffentlichung von Kuhns Buch rasend schnell verbreitet; heute hört man in vielen Kontexten von «Paradigmen» und «paradigmatischen» Objekten und Leistungen. Suchen Sie den Begriff online, dokumentieren Sie Ihre Ergebnisse und prüfen Sie, inwiefern die gefundene Verwendung mit der von Kuhn übereinstimmt.

Die «normale Wissenschaft», so Kuhn, ist nur eine Phase der wissenschaftlichen Praxis: (a) Zunächst bestehen wissenschaftliche Bemühungen im Wesentlichen darin, intuitiv und fehleranfällig bestimmte Methoden und Schlussformen auszuprobieren. Dann folgt (b) ein Schritt, der retrospektiv als Paradigma eingestuft wird. Auf das Paradigma folgt (c), wie im vorhergehenden Text beschrieben, eine Phase der «normalen Wissenschaft» als eine Problemlösungsaktivität mit drei Klassen von Problemen: Zuerst wird bestimmt, welche Tatsachen unter dem neuen Paradigma bedeutsam sind. Zweitens werden diese Tatsachen und die Theorie gegenseitig angepasst, und drittens wird die Theorie artikuliert.
Irgendwann schleicht sich dann (d) eine Anomalie ein; die normale Wissenschaft stösst auf Hindernisse, die (e) eine Krise auslösen können. Und ganz wie in der Politik kann auf eine solche Krise (f) eine wissenschaftliche Revolution folgen – die dann wiederum (g) ein neues Paradigma hervorbringt.

Warum soll der Wechsel eines Paradigmas eine «Revolution» genannt werden? Welche Parallelen können die Verwendung der Metapher der Revolution sowohl für politische als auch für wissenschaftliche Entwicklungen rechtfertigen, wenn diese sich doch in so vielen und wesentlichen Hinsichten unterscheiden?

Ein Aspekt der Parallelität sollte bereits offensichtlich sein. Politische Revolutionen beginnen damit, dass Teile der politischen Gemeinschaft zur Einschätzung gelangen, dass die existierenden Institutionen nicht mehr dafür geeignet sind, die Probleme zu lösen, vor die sie eine Umwelt stellt, die diese Institutionen selbst geschaffen haben. In genau demselben Sinn beginnen wissenschaftliche Revolutionen damit, dass Teile der wissenschaftlichen Gemeinschaft zur Einschätzung gelangen, dass ein existierendes Paradigma, das bis anhin wegweisend war, nicht mehr angemessen zur Erforschung eines Aspekts der Natur beiträgt. Der Eindruck, dass etwas nicht mehr funktioniert, der zu einer Krise führen kann, ist eine notwendige Voraussetzung sowohl politischer als auch wissenschaftlicher Revolutionen. [...]

Die Parallele besteht aber auch in einer zweiten, tiefergreifenden Hinsicht, von der die Bedeutung dieser ersten, genetischen Hinsicht abhängt. Politische Revolutionen versuchen, die politischen Verhältnisse in Weisen zu ändern, die von genau diesen Institutionen verboten sind. Damit sie gelingen können, muss deshalb eine Menge von Institutionen abgeschafft werden. In der Zeit, bevor diese durch eine neue Menge von Institutionen ersetzt werden können, ist die Gesellschaft nicht vollständig von Institutionen geregelt.

Am Anfang sind es nur Krisen, welche die Rolle politischer Institutionen schwächen, so wie wir sie auch die Rolle von Paradigmen schwächen gesehen haben. Eine wachsende Zahl von Menschen entfremdet sich zunehmend dem politischen Leben und verhält sich exzentrisch. Wenn sich die Krise dann vertieft, verpflichten sich viele dieser Menschen irgendeinem konkreten Programm für die Erneuerung der Gesellschaft in einem neuen institutionellen Rahmen. Nun spaltet sich die Gesellschaft in konkurrierende Lager oder Parteien, von denen die einen die existierende Ordnung verteidigen, die anderen eine neue anstreben. Nach dieser Polarisierung *versagt die politische Auseinandersetzung*. Weil sich die beiden Lager uneinig sind in Bezug auf das institutionelle System, in dem politische Veränderung erreicht und bewertet werden soll, weil sie keinen suprainstitutionellen Rahmen für die Beilegung revolutionärer Differenzen anerkennen, müssen die Parteien eines revolutionären Konflikts letztlich zu Mitteln der Überredung, und oft auch zu Gewalt, zurückgreifen. Obwohl Revolutionen eine wichtige Rolle in der Evolution politischer Institutionen gespielt haben, hängt diese Rolle davon ab, dass sie teilweise außerpolitische und außerinstitutionelle Ereignisse sind. [...]

Die Wahl eines Paradigmas hängt nicht nur von den Bewertungsverfahren ab, die für die normale Wissenschaft charakteristisch sind. Sie kann auch gar nicht nur davon abhängen, denn die Bewertungsverfahren hängen teilweise selbst von einem Paradigma ab, und um dieses Paradigma geht es ja gerade. Wenn Paradigmen eine Rolle spielen bei der Paradigmenwahl, was sie sollten, dann ist ihre Rolle notwendigerweise zirkulär. Jede Gruppe verwendet ihr eigenes Paradigma, um eben dieses Paradigma zu verteidigen.

Die sich ergebende Zirkularität macht die Argumente nicht unwirksam oder gar falsch. Wer ein Paradigma voraussetzt, um es zu verteidigen, kann damit etwa aufzeigen, wie wissenschaftliche Praxis aussieht für diejenigen, die diese Perspektive auf die Natur übernehmen. Das Aufzeigen

55 einer solchen Perspektive kann überaus überzeugend sein, zwingend sogar – und trotzdem hat ein solches zirkuläres Argument nur den Status eines Überredungsversuchs. Für Leute, die sich weigern, in diesen Zirkel einzutreten, entwickelt es weder logische noch probabilistische Überzeugungskraft. Bei der Diskussion der Paradigmata sind die den beiden Parteien

60 gemeinsamen Werte und Prämissen nicht weitreichend genug. Die Wahl eines Paradigmas verhält sich wie eine politische Revolution: Wie bei einer politischen Revolution gibt es auch bei der Wahl eines Paradigmas keinen höheren Standard als die Zustimmung der relevanten Gemeinschaft. Um zu entdecken, wie wissenschaftliche Revolutionen funktionieren, müssen

65 wir deshalb nicht nur die Rolle der Natur und der Logik, sondern auch die Effektivität von Techniken der überredenden Argumentation innerhalb bestimmter Gruppen der wissenschaftlichen Gemeinschaft untersuchen.

Thomas S. Kuhn: *The Structure of Scientific Revolutions*. Chicago & London: University of Chicago Press 1996, S. 92–94 [Übersetzung DK].

Aufgaben 4.39

 Illustrieren Sie Kuhns Charakterisierung einer politischen Revolution, indem Sie sich vorstellen, ein Teil der Bevölkerung unseres Staates – etwa die Jugend – würde eine Klimarevolution starten. Was wären die relevanten Motivationen? Was wäre die anfängliche «Krise»? Was wären die Institutionen, von denen Kuhn spricht? Was würden diese verbieten?

 Untersuchen Sie nun die Analogie zwischen einer politischen Revolution und einer «wissenschaftlichen Revolution». Lokalisieren Sie Aspekte, die Sie tatsächlich für analog halten, und andere, in denen sich die beiden Prozesse unterscheiden.

→ **Logik und Methoden 21**

 Neben «Paradigma» und «Paradigmenwechsel» war es vor allem der Begriff der «Inkommensurabilität», der in den Jahren nach Kuhns Werk unglaublich populär wurde. Der Begriff stammt ursprünglich aus der Mathematik und bezieht sich auf die von Pythagoras festgehaltene Tatsache, dass die Wurzel aus 2 nicht als Bruch dargestellt werden kann; wörtlich bedeutet «inkommensurabel», dass zwei Dinge kein gemeinsames Mass haben, im Hinblick worauf sie verglichen und bewertet werden können. Überlegen Sie sich, was mit diesem fehlenden «Mass» gemeint sein könnte und was es bedeutet, wenn Kuhn behauptet, dass die wissenschaftlichen Theorien, die vor und nach einer wissenschaftlichen Revolution akzeptiert werden, inkommensurabel seien.

 Stellen Sie sich vor, wie Tycho Brahe (1546–1601), der davon ausging, dass sich die Sonne um die Erde dreht, und Johannes Kepler (1571–1630), der der Ansicht war, die Erde drehe sich um die Sonne, gemeinsam die Sonne betrachten. «Da zieht sie ihre Bahn», meint Brahe ergriffen, während Kepler sagt, «so bewegen wir uns stetig weiter». Illustriert diese Episode, dass die beiden aufgrund unterschiedlicher wissenschaftlicher Auffassungen *nicht dasselbe sehen*, und wenn ja, illustriert dieser Punkt, dass sogar Beobachtungen (oder allgemeiner: empirische Daten) nicht mehr die Funktion haben, Inkommensurabilität zu verhindern?

266   4 Erkenntnis- und Wissenschaftstheorie

Welche Thiere gleichen ein=ander am meisten?

Kaninchen und Ente.

Abbildung 4.3: Mit der Enten-Hasen-Illusion, mit der Wittgenstein erklärte, was es heisst, etwas als etwas zu sehen, veranschaulicht Thomas Kuhn, was es heisst, ein neues Paradigma zu haben.

Vertiefung

Aufgrund seiner Charakterisierung von wissenschaftlichen Revolutionen und ausgehend von seinem Begriff der Inkommensurabilität wurde Kuhn bald so verstanden, dass er nicht nur keine theorieabhängigen Beobachtungen der Welt zulasse, sondern auch keine theorieunabhängigen Tatsachen. Die Welt sei immer so, wie wir sie theoretisch erfassen; nicht nur würden uns übergeordnete Normen und Standards fehlen, um inkommensurable Theorien zu bewerten (und uns auf rationale Weise für eine zu entscheiden), sondern die Welt biete auch keinen unabhängigen Referenzpunkt dafür.

Damit werden die Ansprüche von wissenschaftlichen Theorien relativiert. Ja, die Wissenschaft steht zu jedem Zeitpunkt auf den Schultern von Giganten, wie Newton das formulierte – aber nein, die Giganten sagen uns nicht, wo oben und unten ist, und sie nennen uns nicht die Regeln, mit deren Hilfe wir höher aufsteigen können.

1 Es gibt viele Formen des Relativismus, und es ist wichtig, dass wir die genaue Form der von uns vertretenen Variante klären. Der einfache Startpunkt relativistischer Positionen ist (i) die Beobachtung, dass es oft unterschiedliche Überzeugungen zu einem bestimmten Thema gibt, (ii) die

5 Auffassung, dass die von den jeweiligen Personen vertretenen Überzeugungen von deren Umständen abhängen.

Aber der Relativismus hat immer eine dritte Komponente, die etwas verlangt, was wir «Symmetrie- oder Äquivalenzprinzip» nennen können. [...] Unser Äquivalenzprinzip besagt, dass alle Überzeugungen denselben Sta-

10 tus haben in Bezug auf die Ursachen ihrer Glaubwürdigkeit.

Überzeugungen sind nicht alle wahr oder alle falsch, aber ihre Glaubwürdigkeit sollte immer als gleich problematisch gesehen werden, unabhängig davon, ob sie nun wahr oder falsch sind. Unsere Position geht davon aus, dass alle Überzeugungen in Bezug auf lokale Ursachen ihrer Glaubwürdig-

15 keit empirisch untersucht werden müssen. Eine Soziologin mag eine Überzeugung, die sie untersucht, als wahr oder rational bewerten – oder diese als falsch oder irrational sehen. Unabhängig davon muss sie die Ursachen ihrer Glaubwürdigkeit suchen.

Immer wird sie beispielsweise fragen, ob eine Überzeugung Teil der ver-

20 breiteten kognitiven und technischen Kompetenzen ist, die von Generation zu Generation weitergegeben werden. Ist die Überzeugung von den Autoritäten in der jeweiligen Gesellschaft auferlegt? Wird sie vermittelt von den jeweiligen Bildungs- und anderen sozialen Institutionen oder gestützt von den Institutionen sozialer Kontrolle? Hängt sie zusammen mit eigen-

25 nützigen Ansprüchen oder Interessen von Teilen der Gesellschaft? Spielt sie eine Rolle in Bezug auf das Erreichen von geteilten politischen und/oder

technischen Zielen? Was sind die unmittelbaren, praktischen Folgen von bestimmten Urteilen, die diese Überzeugung betreffen? Die Beantwortung aller dieser Fragen kann, und muss, unabhängig bleiben vom Status der Überzeugung, wie er von den Standards der Soziologin selbst beurteilt und bewertet wird. [...]

Für die Relativistin und den Relativisten ist die Unterscheidung zwischen Standards und Überzeugungen, die «tatsächlich» rational sind, und solchen, die nur lokal als rational akzeptiert werden, sinnlos. Weil es aus dieser Perspektive keine kontextfreien und überkulturellen Normen der Rationalität gibt, werden rationale und irrationale Überzeugungen nicht als zwei distinkte und qualitativ unterschiedliche Mengen von Dingen gesehen. Solche Überzeugungen gehören nicht zu zwei unterschiedlichen natürlichen Arten, die sich unserem Geist in verschiedener Weise anbieten oder in unterschiedlichen Relationen zur Wirklichkeit stehen oder deren Glaubwürdigkeit von unterschiedlichen Mustern der sozialen Organisation abhängen. Deshalb die relativistische Folgerung, dass sie in derselben Weise erklärt werden müssen.

Barry Barnes und David Bloor: Relativism, Rationalism and the Sociology of Knowledge. In: Martin Hollis und Lukes Steven (Hrsg): *Rationality and Relativism*. Oxford: Blackwell 1982, S. 22–23 [Übersetzung DK].

Aufgaben 4.40

 «Es ist kaum zu glauben – aber dann leugneten die verbohrten Priester, denen es primär um den Machterhalt der katholischen Kirche ging, Galileis tolle Entdeckung!» Erklären Sie mithilfe des Symmetrieprinzips, warum solche Aussagen aus der Sicht von Barnes und Bloor oft problematisch sind.

- -

 Erfinden Sie je eine plausible, nichtwissenschaftliche, alltägliche Szene, in der eine Person (a) zu einer wahren und (b) zu einer falschen Meinung gelangt. Ist jeweils klar, was eine gute «lokale Ursache» wäre – ein guter Grund aus der Perspektive der betroffenen Person, welche diese Meinung erklärt? Sind die Erklärungen in beiden Fällen Ihrer Meinung nach «symmetrisch»? Warum (nicht)?

- -

 Hier eine Formulierung des sogenannten «Fenchel-Relativismus»: «Aus der Perspektive des Fenchel-Relativismus ist die Unterscheidung zwischen Antworten auf die Frage, ob Fenchel gut schmecke, sinnlos. Deshalb müssen ‹schmeckt gut› beziehungsweise ‹schmeckt nicht gut› als Antworten auf die Fenchelfrage in derselben Weise erklärt werden.»

a) Erläutern Sie Barnes' und Bloors Ansichten zu rationalen und irrationalen Überzeugungen, indem Sie diese mit Antworten auf die Fenchelfrage vergleichen.

b) Überlegen Sie sich, ob die relativistischen Überlegungen in Bezug auf die Rationalität von Überzeugungen gleich plausibel sind wie im Fall der Fenchelfrage.

- -

 Recherchieren Sie im Internet Charakterisierungen des «Relativismus» und vergleichen Sie diese mit den Beschreibungen von Barnes und Bloor am Anfang des Texts. Gibt es Übereinstimmungen? Unterschiede? (Vergleichen Sie allenfalls auch die Formulierungen des moralischen Relativismus in Abschnitt 3.2.)

Tendieren Sie auf Grundlage des hier Besprochenen dazu, sich selbst als Relativistin oder Relativisten zu sehen? In Bezug auf sämtliche Überzeugungen, also auch wissenschaftlich gestützte? Warum (nicht)?

Es ist umstritten, ob aus Kuhns neuem, «realistischerem» Modell der Wissenschaftsgeschichte derart radikal relativistische Ansichten folgen, wie sie Barnes und Bloor vertreten. Die Frage, inwiefern die vielen nichtepistemischen Faktoren (Motivation der Beteiligten, zur Verfügung stehendes Geld, politischer Druck, Ideologie usw.), die vermeintlich rein epistemischen Kriterien für die Beurteilung von Hypothesen, Theorien, Modellen und Erklärungen beeinflussen, wird die Soziologie, Geschichte und Philosophie der Wissenschaften noch lange beschäftigen.

In den letzten Jahren hat die feministische (soziale) Erkenntnis- und Wissenschaftstheorie (siehe Abschnitt 4.1, Haslanger) massgeblich dazu beigetragen, dass wir Kuhns Lektionen gelernt haben, ohne dass wir uns zu relativistischen Folgerungen gezwungen sahen. Ja, Wissenschaft ist eine soziale Praxis; ja, der soziale Standpunkt von Wissenschaftlern und Wissenschaftlerinnen ist relevant für die Art von Wissen, die sie anstreben und produzieren – aber gerade die Tatsache, dass der Wissenschaftsbetrieb eine soziale Praxis ist, ermöglicht es, die Werte und Normen, die davor individualistisch gesehen wurden, neu sozial zu verstehen. Vielleicht, so die feministisch inspirierte Wissenschaftstheorie der Gegenwart, besteht Objektivität ja einfach darin, dass mehrere Personen mit unterschiedlichen Perspektiven, Hintergründen, Anliegen, Sorgen und Zielen gemeinsam und in konstruktiver und kritischer Auseinandersetzung in Forschungsprojekte eingebunden sind. Diese Auffassung vertritt Helen Longino im folgenden Textausschnitt.

—
HELEN
LONGINO
—

Die US-amerikanische Philosophin Helen Longino (geb. 1944) ist eine wichtige Stimme in der feministischen Erkenntnistheorie. In ihrem Buch *Science as Social Knowledge* (1990) argumentiert sie dafür, dass Wissen immer sozial konstruiert ist und dass es an Objektivität gewinnt, je mehr Kritikpunkte aus verschiedensten Perspektiven zugelassen werden. In späteren Werken leistet sie wichtige Vermittlungsarbeit zwischen rein empirisch ausgerichteter Soziologie und Geschichte der Wissenschaften und der philosophischen Wissenschaftstheorie, die sich an einem normativ gehaltvollen Wissensbegriff orientiert.

1 Eine wissenschaftliche Gemeinschaft ist objektiv in dem Maß, in dem sie folgende vier Kriterien für eine wirkungsvolle Dimension von kritischem Diskurs erfüllt: (1) es muss
5 anerkannte Pfade für die Kritik von Evidenz, Methoden, Annahmen und Schlüssen geben [z. B. Fachzeitschriften, Konferenzen usw.]; (2) es braucht allgemein anerkannte Standards, auf die sich Kritikerinnen und Kritiker berufen
10 können; (3) die Gemeinschaft als Ganzes muss bereit sein, auf solche Kritik zu reagieren; (4) intellektuelle Autorität muss unter allen praktizierenden Teilnehmenden gleich verteilt sein. [...]
15 Dieses [letzte] Kriterium dient dazu, eine Gemeinschaft zu disqualifizieren, in der bestimmte Annahmen dominieren, nur weil diejenigen, die sie vertreten, politische Macht haben. Ein offensichtliches Beispiel ist die Dominanz des
20 Lamarckismus in der Sowjetunion der 1930er Jahre. Obwohl es damals einige gute Gründe gab, Experimente zur Überprüfung des lamarckistischen Standpunkts durchzuführen, war die Unterdrückung alternativer Ansichten

politisch, nicht wissenschaftlich oder logisch motiviert. Die Bürokratisierung der USA im 20. Jahrhundert privilegiert bestimmte Standpunkte auf ähnliche Weise.

Wenn Frauen oder Menschen, die als Rassen gesehenen Minderheiten angehören, von wissenschaftlicher Bildung und/oder wissenschaftlichen Karrieren ausgegrenzt werden, wird dieses Kriterium ebenfalls verletzt. Während Annahmen über Rassen und Geschlecht den Wissenschaftlerinnen und Wissenschaftlern in den USA nicht auf die Weise aufgenötigt werden, wie es Annahmen über die Erblichkeit erworbener Merkmale in der Sowjetunion wurden, werde ich in den kommenden Kapiteln zeigen, wie Annahmen über Geschlechterstrukturen viele Forschungsprogramme in der Biologie und der Verhaltensforschung beeinflussten. Auch die Rolle von Annahmen über Rassen in den Wissenschaften ist dokumentiert. Die langjährige und anhaltende Abwertung der Stimmen von Frauen und Angehörigen von Minderheiten, die als Rasse gesehen werden, bedeutet, dass solche Annahmen von kritischer Hinterfragung geschützt gewesen sind. [...]

Nachdem wir Kriterien entwickelt haben, um die Objektivität von Gemeinschaften zu beurteilen, können wir diese Art der Objektivität auf Individuen anwenden, sodass ein Individuum genau dann objektiv ist, wenn es auf angemessene Weise an gemeinsamen kritischen Diskussionen teilhat – und eben nicht dann, wenn es in irgendeinem besonderen Verhältnis zu seinen Beobachtungen steht (wie etwa Distanz, Nüchternheit). Wenn wir sie so verstehen, hängt Objektivität von der Tiefe und Breite des wirkungsvollen kritischen Diskurses innerhalb einer wissenschaftlichen Gemeinschaft ab. Dieser gemeinschaftliche Prozess garantiert (oder kann garantieren), dass die Hypothesen, die schließlich aufgrund von Daten akzeptiert werden, nicht die idiosynkratischen Annahmen irgendeiner Einzelperson reflektieren. Wenn wir sagen, dass eine Theorie oder Hypothese auf der Grundlage objektiver Methoden akzeptiert worden ist, so berechtigt uns das zwar nicht, zu sagen, sie sei wahr, sondern nur, sie reflektiere den kritisch erreichten Konsens einer wissenschaftlichen Gemeinschaft. Wenn wir aber nicht irgendeinen privilegierten Zugang zu nichtempirischen, nicht beobachtbaren Phänomenen zulassen wollen, so ist nicht klar, ob wir etwas Besseres erhoffen sollen.

Helen E. Longino: *Science as Social Knowledge: Values and Objectivity in Scientific Inquiry.* Princeton: Princeton University Press 1990, S. 76–79 [Übersetzung DK].

Aufgaben 4.41

 Recherchieren Sie, was es mit dem von Longino angesprochenen «Lamarckismus» auf sich hat, besonders im Hinblick auf die wissenschaftliche und politische Rolle von Trofim Lysenko in der UdSSR der 1930er Jahre («Lyssenkoismus»).

 Sind Sie mit Longinos abschliessender Einschätzung einverstanden: Ist die Diversität im Forschungsbetrieb, die sie vorschlägt, wirklich das Beste, was wir im Hinblick auf Objektivität und epistemischer Berechtigung im Bereich der Wissenschaften erhoffen können? Geben wir damit etwas auf, etwa die traditionelle Auffassung von Wissenschaft als dem Versuch, wahre Beschreibungen und befriedigende Erklärungen aller relevanten Aspekte der Welt zu liefern?

Nicht nur die vermeintliche Interesselosigkeit und Autonomie einzelner Wissenschaftlerinnen und Wissenschaftler muss kritisch diskutiert werden, sondern auch die Autonomie der Wissenschaften selbst. Viele von uns sind zu Recht stolz auf die Errungenschaften der Wissenschaften und sehen in ihnen wichtige Tugenden von uns Menschen umgesetzt: intellektuelle Neugier, Bescheidenheit, Zurückstellen von materiellen Interessen im Dienst von Wahrheit und Redlichkeit, Sinn für die tröstliche und hoffnungsvolle Schönheit des genauen und klaren Denkens.

All das finden wir zweifellos in den Wissenschaften, aber nicht in Reinform. Auch Wissenschaften versprechen Prestige, auch Professorinnen werden berühmt, auch die Universitäten und die Pharmaindustrie zahlen teilweise sehr hohe Löhne. Die relevanten Kontexte für den heutigen Wissenschaftsbetrieb sind, einfach gesagt, politisch und marktwirtschaftlich: Geforscht wird an staatlich oder privat finanzierten Institutionen.

Aufgaben 4.42

 Überlegen Sie sich plausible Beispiele von wissenschaftlicher Forschung, die wie folgt motiviert (und typischerweise finanziert) ist:

a) politisch: Die Regierung einer liberalen Demokratie hat die Aufgabe, für Gerechtigkeit und das Wohl ihrer Bürgerinnen und Bürger zu sorgen.

b) marktwirtschaftlich: Ein Unternehmen versucht, seinen Shareholder-Value zu maximieren, das heisst, möglichst viel Geld für seine Aktionärinnen und Aktionäre zu verdienen.

 Inwiefern ist die heutige Organisation von Wissenschaft (politisch und marktwirtschaftlich) geeignet, inwiefern ungeeignet, um dazu beizutragen, «die Welt zu verbessern», also das Wohl aller fühlenden Lebewesen, allenfalls sogar der ganzen Natur? Illustrieren Sie Ihre Einschätzung anhand des folgenden Beispiels: Virologinnen und Virologen verbinden mit sieben spezifischen Virentypen ein signifikantes Pandemierisiko und fordern die kosten- und zeitaufwendige Entwicklung von Impfstoffen.

 Was sind positive und negative Konsequenzen von Patenten in Bezug auf den wissenschaftlichen Fortschritt? Sehen Sie mögliche Verbesserungen des Patentrechts? Oder alternative, bessere Möglichkeiten, wie die heutige wissenschaftliche Praxis die Probleme lösen könnte, die jetzt Patente lösen?

 Überlegen Sie sich anhand von konkreten Beispielen, wie (1) politischer und (2) marktwirtschaftlicher Druck folgende Entscheidungen beeinflussen könnten:

a) welche Fragen wissenschaftlich relevant sind

b) welche Forschungsprojekte verfolgt werden sollen

c) was publiziert werden soll

d) was als wahr oder falsch akzeptiert werden soll

 Überlegen Sie sich, welche Arten von Beeinflussungen faktisch wahrscheinlich sind und welche Ihrer Meinung nach akzeptabel, legitim sind.

Repetitionsfragen

1. Was sind umstrittene Aspekte philosophischer Versuche, den Wissensbegriff zu bestimmen: (a) in inhaltlicher und (b) in methodischer Hinsicht?
2. Erläutern Sie, warum Descartes' methodischer Zweifel bei *ego cogito, ego existo* aufhört und welche Rolle dabei die Kriterien der «klaren und deutlichen» Erkenntnis spielen.
3. Erklären Sie, wie kontinentale Rationalisten auf die Idee kamen, wir könnten Wissen über die grundlegenden Strukturen der Welt a priori rechtfertigen.
4. Wie können Verifikation, Falsifikation, Eigenschaften von Theorien, Erklärungen und/oder wissenschaftlichen Forschungsgemeinschaften verwendet werden, um «gute» Wissenschaft zu identifizieren?
5. Warum kann Kuhns Blick auf die Wissenschaftsgeschichte so interpretiert werden, als impliziere er epistemischen Relativismus?

Zum Weiterdenken

1. Warum ist es für uns so wichtig, zu verstehen, was es bedeutet, etwas (nicht) zu wissen?
2. Das Etikett «Skeptiker» wird heute gerne von Leuten getragen, deren Skepsis sich hauptsächlich gegen institutionalisierte Wissenschaft, politische Institutionen und Teile der Medien richtet. Inwiefern stimmt dieser Begriff der Skepsis mit dem philosophischen Begriff überein, inwiefern nicht?
3. Überlegen Sie sich, was Sie, Ihrer eigenen Auffassung gemäss, wirklich wissen. Begründen Sie Ihre Antwort mit Bezug auf die Diskussion in diesem Kapitel.
4. Der bekannte US-amerikanische Astronom und Wissenschaftsjournalist Carl Sagan (1934–1996) nannte ein Buch über wissenschaftliches Denken im Untertitel: *Science as a Candle in the Dark*. Überlegen Sie sich, was dieses Bild emotional und kognitiv bedeutet und warum es (nicht) mit Ihrer Vorstellung von Wissenschaft übereinstimmt.
5. Stellen Sie sich vor, wir müssten demokratisch entscheiden, ob wir ein rein epistemisch vielversprechendes Forschungsprojekt mit absehbar problematischen ethisch-politischen Konsequenzen finanzieren. Wie sollen wir epistemische und nichtepistemische (ethische, soziale, politische) Werte gegeneinander abwägen? Geht in der Wissenschaft Wahrheit über alles?

Weiterführende Literatur

Peter Baumann: *Erkenntnistheorie*. Stuttgart: Metzler 2015.

Martin Carrier: *Wissenschaftstheorie zur Einführung*. Hamburg: Junius 2011.

Alan F. Chalmers: *Wege der Wissenschaft: Einführung in die Wissenschaftstheorie*. Stuttgart: Metzler 2006.

Gerhard Ernst: *Einführung in die Erkenntnistheorie*. Darmstadt: WBG 2016.

Gottfried Gabriel: *Grundprobleme der Erkenntnistheorie*. Paderborn: Schöningh 2020.

Sandra Harding: *Feministische Wissenschaftstheorie*. Hamburg: Argument 1990.

Karel Lambert und Gordon Brittan: *Einführung in die Wissenschaftsphilosophie*. Berlin: de Gruyter 1991.

5 Politische Philosophie

«Alle Kämpfe gegen Unterdrückung in der modernen Welt beginnen mit einer Neudefinition dessen, was bisher als private, nichtöffentliche und nichtpolitische Fragen galt.»

(Seyla Benhabib)

5.1 Staatslegitimation

Menschen, die in einem Staat leben, sehen sich diversen Einschränkungen unterworfen. Sie sind verpflichtet, sich an Gesetze zu halten, müssen als Kinder zur Schule gehen und als Erwachsene Steuern bezahlen. Vertreter des Staates wenden manchmal Gewalt an, um die Einhaltung von Gesetzen zu erzwingen. Eine der grundlegenden Fragen der politischen Philosophie lautet daher, wie sich die Existenz von Staat und Herrschaft legitimieren lässt. Womit lässt sich die Begrenzung individueller Freiheiten rechtfertigen?

Bereits die antike Philosophie liefert Begründungen dafür, weshalb es für den Menschen besser ist, in staatlichen Gebilden zu leben. So ist die Ausbildung von Tugenden gemäss Aristoteles wesentlich für eine gelungene Lebensführung (gr. *eudaimonia*, siehe Abschnitt 3.1). Diese Tugenden liessen sich nur innerhalb des Staates vollständig ausbilden. Man spricht in diesem Zusammenhang von einer «eudämonistischen Staatslegitimation».

1 Da wir sehen, daß jeder Staat eine Gemeinschaft darstellt und jede Gemeinschaft um eines bestimmten Gutes willen besteht – denn eines Guten wegen, das eben ein solches zu sein scheint, tun alle alles –, ist es klar, daß alle Gemeinschaften nach einem Guten trachten, am meisten aber und
5 zwar nach dem entscheidendsten unter allen Gütern die Gemeinschaft, die von allen die entscheidendste ist und alle anderen Gemeinschaften umspannt. Diese aber ist der sogenannte Staat und die staatsbürgerliche Gemeinschaft. [...]

Wenn man nun darauf sieht, wie die Dinge von Anfang an heranwachsen,
10 wie man das auch sonst tut, so dürfte es in diesen Fällen am richtigsten sein, auf diese Weise Beobachtungen anzustellen. Man muss also vorerst die vereinigen, die ohneeinander nicht existieren können, wie etwa zum einen das Weibliche und das Männliche um der Fortpflanzung willen, [...] zum anderen aber das von Natur aus Herrschende und das Beherrschte
15 wegen der Lebenserhaltung. [...]

Aus diesen beiden Gemeinschaften nun entsteht zuerst das Haus. [...] Doch die erste Gemeinschaft, die sich wegen eines über den Tag hinaus reichenden Bedürfnisses zusammensetzt, ist das Dorf. [...]

Doch die aus mehreren Dörfern zusammengesetzte vollkommene Gemein-
20 schaft ist der Staat, der sozusagen bereits über die Grenze der vollen Selbstgenügsamkeit verfügt, der nun zwar des Lebens wegen entstanden ist, aber doch um des guten Lebens willen besteht. Deswegen existiert jeder Staat von Natur aus, wenn das ebenso die ersten Gemeinschaften tun. Denn der Staat ist das Ziel jener Gemeinschaften, die Natur jedoch bedeutet Ziel. Wie
25 nämlich jedes nach Vollendung seiner Entwicklung ist, so nennen wir dies die Natur eines jeden, etwa die des Menschen, des Pferdes und des Hauses.

Ferner ist das Weswegen und Ziel das Beste. Die Selbstgenügsamkeit ist aber sowohl das Ziel als auch das Beste.

Daraus geht nun klar hervor, dass der Staat zu den von Natur aus bestehen-

30 den Dingen gehört und daßder Mensch von Natur aus ein staatsbezogenes Lebewesen ist. [...]

Und der Natur nach früher ist der Staat als das Haus und jeder einzelne von uns, denn das Ganze muß früher sein als der Teil. Wenn man nämlich das Ganze beseitigt, wird es keinen Fuß geben und keine Hand [...]

35 So ist es auch offenbar, daß ein Staat, der in Wahrheit so genannt wird und nicht bloß der Rede wegen so heißt, um die Tugend Sorge trägt. Es bedeutete sonst nämlich die Gemeinschaft nur eine Bundesgenossenschaft, die sich von den anderen (mit Bundesgenossen von fern her geschlossenen) Verträgen lediglich durch den Ort unterscheidet. Und das Gesetz bedeutete

40 nur eine Übereinkunft und [...] einen Bürgen gegenseitigen Rechts, doch ist es nicht in der Lage, die Bürger gut und gerecht zu machen. daß es sich aber auf diese Art und Weise verhält, ist offenbar. Wenn nämlich jemand die Orte in eines zusammenrückte, so daß sich die Stadt der Megarer und die der Korinther mit den Mauern berührten, so ergäbe das doch nicht *einen*

45 Staat; auch nicht, wenn man untereinander Eheverträge schlösse [...]

Es ist nun offenkundig, daß der Staat nicht eine Gemeinschaft des Ortes darstellt und nicht da ist, um sich nicht gegenseitig Unrecht zu tun und der Warenübermittlung wegen. Vielmehr muß das alles zwar vorhanden sein, wenn es einen Staat geben soll, doch handelt es sich noch nicht um einen

50 Staat, wenn das alles vorhanden ist; vielmehr bedeutet dieser erst die Gemeinschaft des guten Lebens sowohl für die Häuser und für die Geschlechter um eines vollendeten und selbstgenügsamen Lebens willen.

Aristoteles: *Politik. Schriften zur Staatstheorie.* Übersetzt und herausgegeben von Franz F. Schwarz. Stuttgart: Reclam 1989, S. 75–79 [1252a-1253a] und S. 173–174 [1280b].

Aufgaben 5.1

 Informieren Sie sich über die wesentlichen Merkmale der griechischen *Polis* (Stadt, Staat) im 5. und 4. Jahrhundert v. Chr.

 Arbeiten Sie die zentralen Begriffe der Textauszüge heraus und stellen Sie deren Zusammenhang mithilfe einer Strukturskizze dar.

→ Logik und Methoden 22

 Wie beurteilen Sie die These, dass der Staat «der Natur nach früher» ist als jeder Einzelne von uns? Kann Sie die aristotelische Argumentation überzeugen?

 Laut Aristoteles lassen sich Tugenden wie Gerechtigkeit oder Freigebigkeit nicht in kleineren sozialen Einheiten verwirklichen. Wie könnte eine mögliche Begründung für diese These lauten? Versuchen Sie Ihre Überlegungen mithilfe von Beispielen zu veranschaulichen.

In der Antike und im Mittelalter stellt sich die Frage nach dem Verhältnis von Staat und Individuum nicht in der Deutlichkeit, wie dies im modernen Denken der Fall ist. Die Auffassung, dass der Mensch in eine feste (göttliche) Ordnung eingebunden und immer schon Teil einer übergeordneten Gemeinschaft ist, wird kaum je hinterfragt. Dies ändert sich mit der Verbreitung wissenschaftlicher

Denkweisen und der Aufwertung des Individuums, Prozesse, die charakteristisch für den Übergang vom Mittelalter zur Neuzeit sind. Das Spannungsverhältnis zwischen dem Einzelnen und der Gesellschaft, in der er lebt, wird stärker wahrgenommen als früher.

Eine der ersten neuzeitlichen Staatsbegründungen legte Thomas Hobbes vor. Die Grundidee besteht darin, dass die Existenz eines Staates letztlich im eigenen Interesse vernünftiger Individuen liegt, die um ihre Selbsterhaltung besorgt sind. Ausgangspunkt von Hobbes Überlegungen bildet dabei die Annahme eines Naturzustands, in dem die Menschen nicht in gesellschaftlichen Verbänden zusammengeschlossen sind und es keine politische Ordnung gibt. Hobbes behauptet, es gebe Völker, die in einem solchen Zustand leben, merkt aber gleichzeitig an, dass es einen solchen Naturzustand auf der ganzen Welt nie gegeben habe. Die

→ Logik und Methoden 23

Vorstellung eines Naturzustands kann daher als Gedankenexperiment verstanden werden. Wesentlich für die Position von Hobbes ist, dass er den Naturzustand als einen Kriegszustand bestimmt (siehe Abschnitt 2.2).

Hobbes könnte vorgeworfen werden, seine Darstellung des Naturzustands beruhe auf übertrieben pessimistischen Annahmen über die Natur des Menschen. Es lässt sich aber dafür argumentieren, dass auch ohne solche Annahmen stets mit Situationen gerechnet werden muss, die suboptimale Gesamtergebnisse zur Folge haben, lediglich aufgrund der Tatsache, dass die beteiligten Individuen auf rationale Weise ihren Nutzen optimieren möchten. Solche Situationen werden als «Gefangenen-Dilemma» bezeichnet. Folgendes Szenario illustriert dessen Grundgedanken: Zwei Personen (A und B) haben gemeinsam ein schweres Verbrechen begangen, das ihnen aber nicht nachgewiesen werden kann. Wenn kein Geständnis vorliegt, können die beiden lediglich wegen eines leichten Verbrechens (z. B. Diebstahl) angeklagt werden, was eine zweijährige Gefängnisstrafe zur Folge hätte. Nun werden A und B getrennt verhört, und der Staatsanwalt macht beiden das Angebot, das Verbrechen zu gestehen und damit den Komplizen zu verraten. Wenn nur einer gesteht, geht er als Kronzeuge straffrei aus, während der Komplize die Höchststrafe erhält. Gestehen beide, erhalten sie eine hohe Strafe, die aber wegen der Geständnisse nicht die Höchststrafe sein wird. Es ergeben sich folgende Möglichkeiten:

	A schweigt	A gesteht
B schweigt	A = 2 Jahre B = 2 Jahre	A = 0 Jahre B = 8 Jahre
B gesteht	A = 8 Jahre B = 0 Jahre	A = 6 Jahre B = 6 Jahre

Tabelle 5.1: Das Gefangenendilemma

Unter der Annahme, dass A nicht weiss, wie B sich entscheidet, erweist sich das Geständnis für ihn als rationale Option. Falls nämlich B schweigen sollte, ist es für A besser zu gestehen. Falls B gestehen sollte, ist es für A ebenfalls besser zu gestehen. Man spricht in diesem Fall von einer «dominanten Strategie». Für B gilt dasselbe.

Im Gefangenendilemma führt die individuell dominante Strategie zu kollektiv schlechten Ergebnissen. Würden A und B kooperieren, kämen sie mit insgesamt vier Jahren Strafe davon. Versuchen sie jedoch, den individuellen Vorteil zu optimieren, beträgt ihre Gesamtstrafe zwölf Jahre.

Die Situation im Naturzustand kann entsprechend interpretiert werden. Gegenseitige Kooperation wäre von Vorteil und könnte untereinander vereinbart werden. Da aber niemand wissen kann, ob ein oder mehrere Kooperationspartner ihr Versprechen auch tatsächlich einlösen, erscheint es rational, sich selbst nicht an die Vereinbarung zu halten, solange man keine Racheaktionen fürchten muss. Für Hobbes gibt es nur eine Möglichkeit, den Naturzustand und dessen negative Konsequenzen zu überwinden: Die Menschen bedürfen einer übergeordneten Macht, die dafür sorgt, dass Vereinbarungen eingehalten werden.

1 Die Menschen, die von Natur aus Freiheit und Herrschaft über andere lieben, führten die Selbstbeschränkung, unter der sie, wie wir wissen, in Staaten leben, letztlich allein mit dem Ziel und der Absicht ein, dadurch für ihre Selbsterhaltung zu sorgen und ein zufriedeneres Leben zu führen
5 – das heißt, dem elenden Kriegszustand zu entkommen, der [...] aus den natürlichen Leidenschaften der Menschen notwendig folgt, dann nämlich, wenn es keine sichtbare Gewalt gibt, die sie im Zaume zu halten und durch Furcht vor Strafe an die Erfüllung ihrer Verträge und an die Beachtung der natürlichen Gesetze zu binden vermag. [...]
10 Der alleinige Weg zur Errichtung einer solchen allgemeinen Gewalt, die in der Lage ist, die Menschen vor dem Angriff Fremder und vor gegenseitigen Übergriffen zu schützen und ihnen dadurch eine solche Sicherheit zu verschaffen, daß sie sich durch eigenen Fleiß und von den Früchten der Erde ernähren und zufrieden leben können, liegt in der Übertragung ihrer ge-
15 samten Macht und Stärke auf einen Menschen oder eine Versammlung von Menschen, die ihre Einzelwillen durch Stimmenmehrheit auf einen Willen reduzieren können. Das heißt so viel wie einen Menschen oder eine Versammlung von Menschen bestimmen, die deren Person verkörpern sollen, und bedeutet, daß jedermann alles als eigen anerkennt, was derjenige, der
20 auf diese Weise seine Person verkörpert, in Dingen des allgemeinen Friedens und der allgemeinen Sicherheit tun oder veranlassen wird, und sich selbst als Autor alles dessen bekennt und dabei den eigenen Willen und das eigene Urteil seinem Willen und Urteil unterwirft. Dies ist mehr als Zustimmung oder Übereinstimmung: Es ist eine wirkliche Einheit aller in ein
25 und derselben Person, die durch Vertrag eines jeden mit jedem zustande kam, als hätte jeder zu jedem gesagt: *Ich autorisiere diesen Menschen oder diese Versammlung von Menschen und übertrage ihnen mein Recht, mich zu regieren, unter der Bedingung, daß du ihnen ebenso dein Recht überträgst und alle ihre Handlungen autorisierst.* Ist dies geschehen, so nennt man die-
30 se zu einer Person vereinte Menge *Staat*, auf lateinisch *civitas*. Dies ist die Erzeugung jenes großen *Leviathan* oder besser, um es ehrerbietiger auszudrücken, jenes *sterblichen Gottes*, dem wir unter dem *unsterblichen Gott* unseren Frieden und Schutz verdanken. Denn durch diese ihm von jedem Einzelnen im Staate verliehene Autorität steht ihm so viel Macht und Stär-
35 ke zur Verfügung, die auf ihn übertragen worden sind, daß er durch den dadurch erzeugten Schrecken in die Lage versetzt wird, den Willen aller auf den innerstaatlichen Frieden und auf gegenseitige Hilfe gegen auswärtige Feinde hinzulenken. Hierin liegt das Wesen des Staates, der, um eine Definition zu geben, *eine Person ist, bei der sich jeder Einzelne einer großen*
40 *Menge durch gegenseitigen Vertrag eines jeden mit jedem zum Autor ihrer Handlungen gemacht hat, zu dem Zweck, daß sie die Stärke und Hilfsmittel aller so, wie sie es für zweckmäßig hält, für den Frieden und die gemeinsame*

Verteidigung einsetzt. Wer diese Person verkörpert, wird *Souverän* genannt und besitzt, wie man sagt, *höchste Gewalt* und jeder andere daneben ist

45 sein *Untertan*.

Thomas Hobbes: *Leviathan.* Herausgegeben von Iring Fetscher, übersetzt von Walter Euchner. Frankfurt am Main: Suhrkamp 1994, S. 131–135.

Aufgaben 5.2

 Erläutern Sie in eigenen Worten, wie die Gründung eines Staates aus der Sicht von Hobbes zu denken ist.

 Welche Aufgaben werden dem Souverän übertragen?

 Ein Autofahrer wird wegen überhöhter Geschwindigkeit angehalten. Er erklärt der Polizistin, er sei schon immer gegen ein Tempolimit auf Autobahnen gewesen und habe auch nie zugestimmt, sich an ein solches Limit zu halten. Formulieren Sie eine Entgegnung aus der Perspektive der Hobbes'schen Staatslegitimation.

 Ist es für einen Menschen im Naturzustand aus Ihrer Sicht vernünftig, sich auf den Herrschaftsvertrag einzulassen?

—
JOHN LOCKE
—

Obwohl der englische Philosoph John Locke (1632–1704) mit seinem *Essay Concerning Human Understanding* das wichtigste Werk des angelsächsischen Empirismus verfasst hat, ist er nicht in erster Linie als Erkenntnistheoretiker, sondern als politischer Philosoph und Vater des auf Privatbesitz bauenden ökonomisch-politischen Liberalismus bekannt: *Life, Liberty, and Property,* hört man bisweilen als Lockes Slogan, und seine Ideen sind unübersehbarer Teil der US-amerikanischen Unabhängigkeitserklärung. Allerdings hat er auch in der Erkenntnistheorie und Wissenschaftstheorie entscheidende Spuren hinterlassen; seine empiristischen Ideen bleiben im Verlauf der gesamten Neuzeit prägend für unser Verständnis von unserer Psychologie, unserem Selbst, sowie für die Ansprüche und Methode der Naturwissenschaften.

Die Staatskonzeption von Hobbes gilt als Musterbeispiel einer Vertragstheorie. Die Existenz einer staatlichen Gewalt wird dadurch legitimiert, dass alle vernünftigen Menschen sich vertraglich darauf einigen würden, eine solche Gewalt einzusetzen, wenn sie sich im Naturzustand befänden. Das Hobbes'sche Staatsmodell zeichnet sich dadurch aus, dass mit dem Souverän selbst kein Vertrag geschlossen wird und dieser daher auch nicht vertragsbrüchig werden kann. Auch macht Hobbes geltend, dass durch den Vertrag und die nachfolgenden Entscheidungen des Souveräns überhaupt erst Rechtsverhältnisse geschaffen werden. Der Souverän kann also keine bestehenden Rechte verletzen. Solange die Gesetze, die er erlässt, Sicherheit und Frieden garantieren, ist jeder Widerstand gegen ihn illegitim. Er herrscht absolut.

Demgegenüber vertritt John Locke die Auffassung, dass es von Natur aus geltende Rechte des Menschen gebe, die durch einen gemeinsamen Vertrag geschützt werden sollten und die vom Souverän nicht angetastet werden dürfen. Die Vertragstheorie wird bei Locke somit natur- und vernunftrechtlich gefasst. Entsprechend wird auch der Naturzustand konzipiert.

Um politische Gewalt richtig zu verstehen und sie von ihrem Ursprung herzuleiten, müssen wir sehen, in welchem Zustand sich die Menschen von Natur aus befinden. Es ist ein Zustand vollkommener Freiheit, innerhalb der Grenzen des Naturgesetzes seine Handlungen zu lenken und über seinen Besitz und seine Person zu verfügen, wie es einem am besten scheint – ohne jemandes Erlaubnis einzuholen und ohne von dem Willen eines anderen abhängig zu sein. Es ist überdies ein Zustand der Gleichheit, in dem alle Macht und Rechtsprechung wechselseitig sind, da niemand mehr besitzt als ein anderer: Ist doch nichts offensichtlicher, als daß Lebewesen von gleicher Art und gleichem Rang, die unterschiedslos zum Genuß derselben Vorteile der Natur und zum Gebrauch der gleichen Fähigkeiten geboren sind, auch gleichgestellt leben sollen, ohne Unterordnung oder Unterwerfung. [...]

Obwohl der Mensch in diesem Zustand die unkontrollierbare Freiheit besitzt, über seine Person und seinen Besitz zu verfügen, hat er doch nicht die Freiheit, sich selbst oder irgendein in seinem Besitz befindliches Lebewesen zu zerstören, es sei denn, ein edlerer Zweck als die bloße Erhaltung erfordere es. Im Naturzustand herrscht ein natürliches Gesetz, das für alle verbindlich ist. Die Vernunft aber, welcher dieses Gesetz entspringt, lehrt alle Menschen, wenn sie sie nur um Rat fragen wollen, daß niemand einem anderen, da alle gleich und unabhängig sind, an seinem Leben, seiner Gesundheit, seiner Freiheit oder seinem Besitz Schaden zufügen soll. Alle Menschen nämlich sind das Werk eines einzigen allmächtigen und unendlich weisen Schöpfers, die Diener eines einzigen souveränen Herrn, auf dessen Befehl und in dessen Auftrag sie in die Welt gesandt wurden. Sie sind sein Eigentum, denn sie sind sein Werk, von ihm geschaffen, daß sie so lange bestehen, wie es ihm gefällt, nicht aber, wie es ihnen untereinander gefällt. [...] Wie ein jeder verpflichtet ist, sich selbst zu erhalten und seinen Platz nicht freiwillig zu verlassen, so sollte er aus dem gleichen Grund, wenn es seine eigene Selbsterhaltung nicht gefährdet, nach Möglichkeit auch die übrige Menschheit erhalten. Er sollte niemanden seines Lebens oder dessen, was zur Erhaltung des Lebens dient: seiner Freiheit, seiner Gesundheit, seiner Glieder oder seiner Güter berauben oder sie beeinträchtigen – es sei denn, um an einem Verbrecher Gerechtigkeit zu üben. [...] Denn geradeso verhält es sich mit einem Großteil der [...] staatlichen Gesetze, die nur insoweit gerecht sind, als sie im Naturgesetz gründen, nach welchem sie auszurichten sind. [...]

Wenn der Mensch im Naturzustand so frei ist, wie gesagt worden ist, wenn er der absolute Herr seiner eigenen Person und Besitztümer ist, dem Größten gleich und niemandem Untertan – warum soll er seine Freiheit aufgeben? Warum soll er auf diese Selbstherrschaft verzichten und sich der Herrschaft und dem Zwang einer anderen Gewalt unterwerfen? Die Antwort darauf liegt auf der Hand; denn wenn er im Naturzustand auch ein solches Recht hat, so kann er sich seiner doch nur mit wenig Sicherheit erfreuen und ist fortwährend den Übergriffen anderer ausgesetzt. Da nämlich alle in demselben Maße König sind wie er selbst, da alle Menschen gleich sind und der größere Teil von ihnen sich nicht streng an Billigkeit und Gerechtigkeit hält, ist der Besitz seines Eigentums in diesem Zustand höchst unsicher und höchst ungewiss. Dies lässt ihn bereitwillig einen Zustand aufgeben, der bei aller Freiheit voll ist von Furcht und ständiger Gefahr, und nicht ohne Grund verlangt es ihn und ist er bereit, sich zu einer

Gesellschaft mit anderen zu verbinden, die sich entweder schon vereinigt haben oder doch die Absicht haben sich zu vereinigen – zur gegenseitigen Erhaltung ihres Lebens, ihrer Freiheiten und Güter, was ich ganz allgemein
50 Eigentum nenne.

John Locke: *Über die Regierung.* Herausgegeben von Peter Cornelius Mayer-Tasch, übersetzt von Dorothee Tidow. Stuttgart: Reclam 1974, S. 4–7, S. 11 und S. 95 f.

Aufgaben 5.3

 Sowohl Hobbes als auch Locke sprechen davon, dass alle Menschen im Naturzustand gleich sind. Rekonstruieren Sie, was damit jeweils genau gemeint ist, und arbeiten Sie entsprechende Unterschiede heraus.

 Wie begründet Locke die Existenz von Naturrechten?

 Kann Sie diese Begründung überzeugen? Diskutieren Sie!

 Haben nach Locke die Menschen in einem Staat ein Recht auf Widerstand gegen den Staat?

 In einer Demokratie können die Menschen ihre Meinung in periodisch stattfindenden Wahlen und in Abstimmungen kundtun. Hat dies eine Auswirkung auf das Recht auf Widerstand? Wenn Sie von einem Recht auf Widerstand in demokratischen Staaten ausgehen: Welche Formen darf dieser Widerstand annehmen?

 Vergleichen Sie den vertragstheoretischen Ansatz von Hobbes und Locke mit der aristotelischen Auffassung. Was würde Aristoteles am Vertragsmodell kritisieren?

Georg Wilhelm Friedrich Hegel (1770–1831) war einer der Hauptvertreter des deutschen Idealismus. Seine Philosophie gilt als einer der letzten Versuche, eine einheitliche und systematische Theorie der gesamten Wirklichkeit zu formulieren: Nicht nur die anorganische Welt, sondern auch das Leben, die Psyche des Menschen sowie gesellschaftliche Organisationsformen sollen auf der Basis eines einzigen Prinzips erklärt werden. Dieses Prinzip ist für Hegel die Vernunft.

GEORG WILHELM HEGEL

Eine weitere Variante der Staatslegitimation findet sich bei Georg Wilhelm Friedrich Hegel (1770–1831), der aristotelische Vorstellungen aufgreift, um sie mit der modernen Idee der Freiheit zu verknüpfen. Den Ausgangspunkt bildet dabei der Begriff der «Sittlichkeit». Die Freiheit des Einzelnen besteht laut Hegel nicht darin, dass er tun und lassen kann, was er möchte, sondern darin, die sozialen und historisch gewachsenen Werte und Normen aus Einsicht anzuerkennen und zu übernehmen. Sittlichkeit entfaltet sich dabei in vollkommener Weise erst im Staat, der nicht bloss der Koordination von Interessen dient, sondern dem Menschen dabei hilft, in wechselseitiger Anerkennung eine bewusste moralische Identität auszubilden.

Hegels Denken hatte einen grossen Einfluss auf die Philosophie des 19. und 20. Jahrhunderts, unter anderem auf Karl Marx.

1 W...   ...n Gesellschaft verwechselt und seine Be-
   st...   ...n Schutz des Eigentums und der persön-
   lic...   ...as *Interesse der Einzelnen als solcher* der
   let...   ...gt sind, und es folgt hieraus ebenso, daß
5 es ...   ...Staates zu sein. – Er hat aber ein ganz
   and...   ...; indem er objektiver Geist [Verkörpe-
   run...   ...ft] ist, so hat das Individuum selbst nur
   Obj...   ...eit, als es ein Glied desselben ist. Die
   Vere...   ...vahrhafte Inhalt und Zweck, und die
10 Besti...   ...llgemeines Leben zu führen. [...]
   Der S...   ...kreten Freiheit; die *konkrete Freiheit*
   aber b...   ...e Einzelheit und deren besondere In-
   teress...   ...*wicklung* und die *Anerkennung ihres*
   Rechts...   ...e und der bürgerlichen Gesellschaft)
15 haben,   ...nteresse des Allgemeinen teils *über-*
   gehen,   ...sselbe und zwar als ihren eigenen
   substan...   ...r dasselbe als ihren *Endzweck tätig*
   sind [...]

Georg Wilh... ...osophie des Rechts. In: ders. *Werke in 20 Bän-*
den, Bd. 7. F... ...und S. 406 f.

Aufgaben

Heg... ...eit des Einzelnen bestehe darin, die
Ges... ...ennen. Teilen Sie diese Auffassung?
Wie ... ...er Freiheit und staatlichem Zusam-
men... ...?

Lässt... ...hilosophisch legitimieren? Ziehen
Sie ei... ...r Basis der hier vorgestellten Positionen und vor dem
Hintergrund eigener Überlegungen.

Die Existenz eines Staates führt dazu, dass aus Menschen Bürgerinnen und Bürger werden, die diesem
Staat angehören. Was macht Staatsbürgerschaft
aus? Seyla Benhabib analysiert den vielschichtigen
Begriff.

SEYLA BENHABIB

Seyla Benhabib wurde 1950 in Istanbul in eine türkisch-
jüdische Familie geboren. Ihre Vorfahren waren Juden,
die nach der Reconquista um 1492 herum aus Spanien
vertrieben wurden. Sie konnte dank eines Stipendiums
in den USA studieren und wurde Professorin für politische Philosophie. Ihr Werk kreist um die auf Hegel zu-
rückgehende Unterscheidung von Recht, Moralität und
Sittlichkeit. Sie argumentiert für eine liberale Demokratie, in der ein Pluralismus von kulturellen Gruppen und
Wertvorstellungen möglich ist, und dafür, dass man
nicht automatisch mit der Geburt zu einer Gruppe dazu-
gehört und man auch aus der Gruppe austreten darf.

1 Staatsbürgerschaft, *citizenship*, *citoyenneté*
   enthalten mindestens drei gesellschaftliche Dimensionen: Erstens bedeutet
   Staatsbürgerschaft eine Form von kollektiver
5 Identität. Sie impliziert die Zugehörigkeit zu
   einem politischen Gemeinwesen, das sich historisch entwickelte, sprachlich, kulturell und
   religiös mehr oder weniger homogen und von
   anderen ähnlichen Gemeinwesen zu unter-
10 scheiden ist. Welche Form dieses politische
   Gemeinwesen annimmt, ob die eines Na-
   tionenstaates oder eines Multinationensta-
   tes, ob die einer Föderation oder eines Rei-

ches, bleibt offen. In staatstheoretischer Perspektive sind die Begriffe von
Staatsangehörigkeit und nationaler Zugehörigkeit zu trennen, weil Staaten
nicht nur aus national und ethnisch homogenen Gruppen von Menschen
bestehen. Das war im Habsburger Reich genausowenig der Fall wie im Os-
manischen Reich oder im Commonwealth of Great Britain. Für die Vereinigten Staaten, Kanada, Australien oder Neuseeland gilt es bis heute nicht,
für die europäischen Staaten in abnehmendem Maße.

Die zweite Dimension der Staatsbürgschaft ist jene des Privilegs der Mitgliedschaft im normativen Sinn. Dies ist die älteste Bedeutung des Begriffs.
Bürgerschaft bedeutet das Recht auf politische Beteiligung, das Recht, bestimmte Ämter und Funktionen auszuüben, in bestimmten Fragen mit-
sprechen und mitentscheiden zu dürfen. Dieser Aspekt des Begriffs ist in
der abendländischen Philosophie am deutlichsten von der Tradition des
«Tugendrepublikanismus» formuliert worden. Bei Aristoteles heißt es in
der Politeia zum Beispiel: *«Da nun aber der Staat zu den zusammengesetzten Dingen gehört, geradesogut wie jedes andere, das zwar ein Ganzes
bildet, aber doch viele Teile in sich schließt, so ist klar, dass man erst nach
dem Staatsbürger fragen muss, denn der Staat ist eben eine Vielheit von
Staatsbürgern. Also das ist zunächst die Frage, wen man Staatsbürger zu
nennen hat und was ein Staatsbürger ist. Denn auch darüber ist man keineswegs einig, und keineswegs wird überall einer und derselbe als Staatsbürger
anerkannt, vielmehr wer es in einer Demokratie ist, ist es damit noch vielfach
nicht in einer Oligarchie.»* Für Aristoteles ist citizenship in erster Linie ein
Begriff, der die politische Identität bezeichnet, die einem zukommt, wenn
man sich als Mitglied eines politischen Gemeinwesens an bestimmten
Handlungen und Prozessen beteiligen kann.

Es ist wichtig, sich diesen aristotelischen Begriff der Bürgerschaft als Status der aktiven Partizipation in Erinnerung zu rufen. Aristoteles führt
diese Gedanken natürlich vor dem Hintergrund der historischen Erfahrung der Polis aus. Und die griechische Polis unterschied strikt zwischen
freien Bürgern und Sklaven, zwischen Männern und Frauen, Bürgern und
Metöken, Griechen und Barbaroi.

Den dritten Aspekt des Staatsbürgerschaftsbegriffs möchte ich als *soziale
Rechtsansprüche und Privilegien* bezeichnen. In seiner berühmten Arbeit
zur Entwicklung des modernen Staatsbürgerschaftsrechts nennt T. H. Marshall drei Arten von Rechtsansprüchen und Privilegien, die dem modernen Staatsbürger infolge der demokratischen und sozialdemokratischen
Entwicklungen dieses und des letzten Jahrhunderts zukommen. Zunächst
entwickelten sich Zivilrechte, d. h. Rechte auf Schutz von Leib, Leben, Person und Eigentum, das Recht, als Rechtsperson anerkannt und vor dem
Gesetz gleichbehandelt zu werden, das Recht auf bestimmte private Freiheiten wie Freiheit der Religion und der Berufswahl sowie das Recht auf
assoziative Freiheiten wie das auf Eheschliessung oder Gründung von Vereinen und Verbänden.

Die *politischen Rechte* im engeren Sinn schließen das Recht auf Selbstbestimmung des demokratischen Volkes wie das Recht, für Ämter zu kandi-
dieren und diese auszuüben, ebenso ein wie Meinungs-, Rede-, Presse-,
Informations- und Wissenschaftsfreiheit, das Recht auf friedliche De-
monstrationen und auf Vereins- und Verbandsgründung. Politische Rechte im weiteren Sinn beinhalten die Privilegien der aktiven Bürgerschaft.

Die *sozialen Rechte* stehen in Marshalls Katalog an letzter Stelle, weil sie
65 relativ späte Errungenschaften der Arbeiter-, Frauen- und anderer sozialer
Bewegungen dieses und des letzten Jahrhunderts darstellen. Zu den sozialen Rechten zählen das Recht auf Gründung freier Gewerkschaften und
anderer Berufsverbände, das Recht auf Krankenfürsorge, Arbeitslosenversicherung, Renten- und Altersfürsorge, Kinder- oder Ausbildungsgeld. Die-
70 se sozialen Rechte variieren stark je nach nationalem Kontext und hängen
insgesamt vom erreichten Kompromiss zwischen den sozialen Klassen der
jeweiligen wohlfahrtsstaatlichen Demokratie ab.

Seyla Benhabib: Wer sind wir?: Probleme politischer Identitäten im ausgehenden 20. Jahrhundert.
In: *IHS Political Science Series* 42, 1997. Online unter: https://irihs.ihs.ac.at/id/eprint/976/ [abgeru-
fen am 16. Februar 2021].

Aufgaben 5.5

 Fassen Sie die drei Aspekte der Staatsbürgerschaft gemäss Benhabib zusammen.

→ Logik und Methoden 7

 Welche dieser Rechte werden heutzutage Ausländerinnen und Ausländern
in der Schweiz gewährt und welche nicht? Wie wird dies in der Politik begründet? Sind diese Begründungen gut?

In diesem Abschnitt sind wir bisher davon ausgegangen, dass die Existenz eines
Staates gerechtfertigt ist und dass wir Pflichten gegenüber dem Staat haben.
Genau das verneinen aber Anarchistinnen und Anarchisten, zum Beispiel der
US-amerikanische Philosoph Robert Paul Wolff (geb. 1933).

1 Das bestimmende Merkmal des Staates ist Autorität, das Recht zu regieren. Die primäre Pflicht des Menschen ist die Autonomie, die Weigerung,
sich regieren zu lassen. Es scheint also, dass es keine Lösung des Konflikts
zwischen der Autonomie des Individuums und der vermeintlichen Autori-
5 tät des Staates geben kann. Soweit der Mensch seiner Verpflichtung nach-
kommt, sich selbst zum Urheber seiner Entscheidungen zu machen, wird
er sich dem Anspruch des Staates widersetzen, Autorität über ihn zu haben.
Das heißt, er wird leugnen, dass er die Pflicht hat, den Gesetzen des Staates
zu gehorchen, nur weil sie die Gesetze sind. In diesem Sinne scheint es,
10 dass der Anarchismus die einzige politische Doktrin ist, die mit der Tugend
der Autonomie vereinbar ist.

Robert Paul Wolff: *In Defense of Anarchism*. New York: Harper & Row 1970, S. 18. Online unter:
http://www.ditext.com/wolff/anarchy1.html [abgerufen am 16. Februar 2021, Übersetzung JP].

Aufgabe 5.6

 Wie lautet Wolffs Argument für den Anarchismus? Ist das Argument stichhaltig? Schreiben Sie einen Kommentar zum Textausschnitt von Wolff.

→ Logik und Methoden 11
→ Logik und Methoden 12

5.2 Die gute Form des Staates

Gemäss einer berühmt gewordenen Definition von Georg Jellinek (1851–1911) ist der Staat ein soziales Gebilde, das drei wesentliche Elemente aufweist: erstens ein Staatsgebiet, zweitens ein Staatsvolk und drittens eine souveräne Staatsgewalt, die auf diesem Gebiet herrscht. Heutzutage geht man zudem davon aus, dass ein Staat von anderen Staaten anerkannt werden muss, um als handlungsfähig zu gelten.

Eine souveräne Staatsgewalt zeichnet sich dadurch aus, dass sie zum einen die Kompetenz besitzt, zu definieren, welche gesellschaftlichen Probleme es zu regeln gilt. Zum anderen verfügt sie über das Gewaltmonopol, ist also die einzige Instanz, die das Recht besitzt, auf physische Gewalt zurückzugreifen, um Regeln des Zusammenlebens durchzusetzen. Der Souverän verfügt über eine grosse Macht. Es lohnt sich daher, genauer darüber nachzudenken, welche innere Struktur der Staat aufweisen soll. Was ist die gute Form des Staates? Wer soll herrschen und auf welche Weise? Eine der frühesten Antworten auf diese Fragen stammt von Platon:

> 1 Stell dir folgenden Vorgang vor, auf mehreren Schiffen oder auf einem. Ein Schiffsherr, größer und stärker als alle Matrosen an Bord, aber schwerhörig und ebenso kurzsichtig, ohne viel Kenntnis von der Seefahrt; die Schiffer aber streiten untereinander um die Führung des Steuers, da jeder glaubt,
> 5 er müsse steuern, ohne je die Seefahrt erlernt zu haben, ohne einen Lehrer aufweisen zu können oder eine Lehrzeit; dazu sagen sie ja noch, die Kunst sei gar nicht lehrbar, und wer sie für lehrbar erklärt, den sind sie bereit niederzuschlagen. So drängen sie sich immer um den Schiffsherrn und beschwören ihn, ihnen das Steuer zu überlassen; manchmal, wenn nicht sie,
> 10 sondern andere ihn überreden, töten sie diese anderen oder werfen sie aus dem Schiff hinaus; den hohen Schiffsherrn fesseln sie mit einem Schlaftrunk oder durch einen Rausch oder sonstwie und herrschen nun über das Schiff und seinen Inhalt; trinkend und schmausend, wie es üblich ist bei diesen Leuten, segeln sie dahin; jeglichen rühmen sie und nennen ihn
> 15 einen trefflichen Schiffer und Steuermann, der geschickt mithilft, daß sie Herren des Schiffes werden. [...]
> Vom wahren Steuermann aber wissen sie gar nichts: daß er sich um das Jahr und seine Zeiten, um Himmel und Sterne, um Winde und alles übrige, was zu seinem Fachgebiet gehört, kümmern muß, wenn er in Wahrheit ein
> 20 Führer des Schiffes sein will; das wissen sie so wenig, wie daß zum Führen des Steuers – mit oder gegen den Willen der Leute – es keine andere Kunst zu erreichen gelte außer der des Steuermanns! [...]
> Ob ein Reicher oder Armer krank ist, er muß zu den Türen der Ärzte gehen, und wer seine Führung braucht, muß zu den Türen dessen gehen, der füh-

25 ren kann; nicht aber wird der Herrscher die Untertanen bitten, sich führen
zu lassen, soweit er wirklich etwas taugt.

Platon: *Politeia*. Übersetzt und herausgegeben von Karl Vretska. Stuttgart: Reclam 1982, S. 293ff.
(488a – 489c).

Aufgaben 5.7

 Interpretieren Sie Platons Gleichnis. Welche Thesen zur Frage, wie ein
Staat regiert werden soll, lassen sich aus der Analogie von Staat und Schiff   → **Logik und Methoden 21**
ableiten?

- -

 Entwerfen Sie ein eigenes Gleichnis zur Frage der guten Staatsführung.
Erläutern Sie, was damit gezeigt werden soll.

- -

 Formulieren Sie Vor- und Nachteile, die der Versuch mit sich bringt, das
Wesen des Staates mithilfe eines Gleichnisses zu erfassen.

Die Frage nach der richtigen Herrschaftsform weist zwei Dimensionen auf. Zum
einen spielt die Anzahl der Herrschenden eine Rolle, zum anderen die Qualität der Herrschaft. Gemäss Aristoteles lassen sich daher sechs verschiedene
Staatsformen unterschieden.

1   Weil nun Staatsverfassung und Staatslenkung ein und dasselbe bezeichnen, die Staatslenkung aber das Entscheidende über die Staaten ist, so muß
dieses Entscheidende entweder einer sein oder wenige oder die Mehrheit.
Wenn nun zwar der *Eine* oder die Wenigen oder die Mehrheit mit Rücksicht
5   auf das gemeinsam Nützliche herrschen, dann müssen diese Staatsverfas-
sungen die richtigen sein, diejenigen aber, die im Hinblick auf den eigenen
Nutzen entweder des *Einen* oder der Wenigen oder der breiten Masse ausgerichtet sind, sind dann notwendigerweise Abweichungen.

Aristoteles: *Politik. Schriften zur Staatstheorie*. Übersetzt und herausgegeben von Franz F. Schwarz.
Stuttgart: Reclam 1989, S. 169 [1279a].

Zahl der Herrschenden / Wertorientierung	Am Gemeinwohl orientiert	Am Eigennutz orientiert
Einer	Monarchie	Tyrannis
Wenige	Aristokratie	Oligarchie
Viele	Politie	Demokratie

Tabelle 5.2: Staatsformen gemäss Aristoteles

Auffällig ist, dass Aristoteles den Begriff der Demokratie als eine Abweichung
von einer richtigen Staatsform versteht, worauf weiter unten noch genauer ein-
gegangen werden soll. Als ideale Staatsform betrachtet Aristoteles eine Misch-
form mit Elementen der Aristokratie und der Politie.

Wenn die gute Staatsform diejenige ist, die sich am Gemeinwohl orientiert, dann
drängt sich die Frage auf, wie dafür gesorgt werden kann, dass Herrschende
ihren Blick auch tatsächlich auf dieses Gemeinwohl richten. Im Mittelalter und

in der frühen Neuzeit fanden sich Antworten auf diese Frage in sogenannten «Fürstenspiegeln». Diese sind an Könige und deren mögliche Nachfolger gerichtet, formulieren Grundsätze des guten Regierens und fordern zu tugendhaftem Verhalten auf. Exemplarisch dafür steht der Fürstenspiegel von Erasmus von Rotterdam (ca. 1467–1536), der sich auf christliche Tugenden stützt und dem späteren Kaiser Karl V unter anderem Ratschläge dazu gibt, wie ein Herrscher seine künftigen Nachfolger zu erziehen habe.

1   Erwünscht ist ein besonnener und durchaus uncholerischer Geist, der nicht reizbar sein darf, damit er nicht Gefahr läuft, sobald die äußeren Umstände ihn begünstigen, ein Tyrann zu werden und keinen Zuspruch oder Rat mehr zu dulden. Anderseits soll er nicht willfährig sein, daß er sich von

5   jeder beliebigen Meinung beeinflussen läßt Man muß darauf achten, dass er tatkräftig ist und noch in dem Alter steht, wo seine Geisteskraft nicht nachläßt, wiederum auch nicht in der ersten Jugend, die von Affekten bestimmt wird. [...]

Ein guter und weiser Herrscher muss dafür sorgen und sich stets vor Augen

10   halten, daß er seine Kinder, die für das Vaterland geboren sind, immer auch für das Vaterland zu erziehen hat und nicht für ihre privaten Neigungen. Die Verantwortung für das Gemeinwohl sollte immer der persönlichen Neigung des Vaters vorangestellt sein. Mag er noch so viele Standbilder errichten, noch so gewaltige Bauten aufführen, der Herrscher kann kein

15   würdigeres Denkmal seiner Tugenden hinterlassen als einen ebenbürtigen Sohn, der seinen unvergleichlichen Vater in eigenen ebenso unvergleichlichen Taten widerspiegelt. Der stirbt nicht, der ein lebendiges Bildnis seiner selbst zurückläßt. Für diese Aufgabe soll er aus seinem Volk oder auch aus dem Ausland ohne Unterschied von Stand und Namen untadlige Männer

20   aussuchen, unbestechliche, würdige, sehr erfahrene, die nicht nur gelehrte Sprüche hersagen können, denen vielmehr das Alter ein ehrfurchtgebietendes Auftreten, die einwandfreie Lebensführung Ansehen und liebenswürdige und gesellige Umgangsformen Zuneigung und Wohlwollen sichern.

Erasmus von Rotterdam: *Fürstenerziehung. Die Erziehung eines christlichen Fürsten.* Übersetzt und herausgegeben von Anton J. Gail. Paderborn: Schöningh 1968, S. 43 und 47. Online unter: https://www.deutsche-digitale-bibliothek.de [abgerufen am 16. Februar 2021].

Aufgabe 5.8

 «Macht korrumpiert!» Sind Sie mit dieser Aussage einverstanden, oder ist es möglich, Menschen so zu erziehen, dass sie gute Herrscher werden? Diskutieren Sie.

Selbst unter der Annahme, dass Herrschende dazu erzogen werden können, ihren Blick auf das Gemeinwohl zu richten, stellt sich die Frage, ob der Schutz vor willkürlicher Herrschaft auch garantiert werden kann. Bereits in der Antike wurde die These vertreten, dass Herrschende sich an Recht und Gesetz halten müssen, was sich auch in Lockes Ausführungen zum Verhältnis von Naturgesetz und im Staat geltendem Recht wiederfindet. Diese Überlegungen münden schliesslich in dem Konzept einer Staatsverfassung, in der zum einen grundlegende Rechte, zum anderen die grundsätzliche Ordnung eines Staates und damit auch Prinzipien der Herrschaftsbeschränkung zum Ausdruck gebracht werden. Macht wird dabei limitiert, indem zentrale Staatsaufgaben auf verschiedene Instanzen verteilt werden. Die Vorteile einer solchen Gewaltenteilung werden von dem Philosophen Charles de Montesquieu (1689–1755) herausgearbeitet.

1 In jedem Staat gibt es drei Arten von Gewalt: die gesetzgebende Gewalt [Legislative], die vollziehende Gewalt [Exekutive] in Ansehung der Angelegenheiten, die vom Völkerrechte abhängen, und die vollziehende Gewalt hinsichtlich der Angelegenheiten, die vom bürgerlichen Recht abhängen.
5 Vermöge der ersten gibt der Fürst oder Magistrat Gesetze auf Zeit oder für immer, verbessert er die bestehenden oder hebt sie auf. Vermöge der zweiten schließt er Frieden oder führt er Krieg, schickt oder empfängt Gesandtschaften, befestigt die Sicherheit, kommt Invasionen zuvor. Vermöge der dritten straft er Verbrechen oder spricht das Urteil in Streitigkeiten der
10 Privatpersonen. Ich werde diese letzte die richterliche Gewalt [Judikative] und die andere schlechthin die vollziehende Gewalt nennen. [...] Wenn in derselben Person oder der gleichen obrigkeitlichen Körperschaft die gesetzgebende Gewalt mit der vollziehenden vereinigt ist, gibt es keine Freiheit; denn es steht zu befürchten, dass derselbe Monarch oder derselbe
15 Senat tyrannische Gesetze macht, um sie tyrannisch zu vollziehen. Es gibt ferner keine Freiheit, wenn die richterliche Gewalt nicht von der gesetzgebenden und vollziehenden getrennt ist. Ist sie mit der gesetzgebenden Gewalt verbunden, so wäre die Macht über Leben und Freiheit der Bürger willkürlich, weil der Richter Gesetzgeber wäre. [...] Alles wäre verloren,
20 wenn derselbe Mensch oder die gleiche Körperschaft der Großen, des Adels oder des Volkes diese drei Gewalten ausüben würde: die Macht, Gesetze zu geben, die öffentlichen Beschlüsse zu vollstrecken und die Verbrechen oder die Streitsachen der einzelnen zu richten.

Charles de Montesquieu: *Vom Geist der Gesetze.* Übersetzt und herausgegeben von Ernst Forsthoff. Tübingen: Mohr Siebeck (UTB) 1992, S. 214.

Die Gewaltenteilung ist auch für Kant das entscheidende Kriterium, um zwischen guten und schlechten (despotischen) Regierungsformen zu unterschieden. Der Blick auf das Gemeinwohl, wie ihn Aristoteles fordert, wird laut Kant durch die Struktur des Staates garantiert.

Zahl der Herrschenden / Struktur des Staates	Republikanisch	Despotisch
Einer	Konstitutionelle Monarchie	Absolute Monarchie
Wenige	Verfasste Aristokratie	Oligarchie
Viele	Demokratischer Verfassungsstaat	Despotische Demokratie

Tabelle 5.3: Staatsformen gemäss Kant

Der Gewaltenteilung liegt aber nicht nur die Idee zugrunde, dass Macht im Staat auf verschiedene unabhängige Instanzen aufgeteilt wird. Diese Instanzen sollen sich auch gegenseitig überwachen, um Kompetenzüberschreitungen zu verhindern und das Kräftegleichgewicht zu wahren. So überwacht die Legislative die Arbeit der Regierung, wobei ihr in manchen Ländern die Möglichkeit der Amtsenthebung zur Verfügung steht. Ein anderes Beispiel der wechselseitigen Kontrolle stellt die Verfassungsgerichtsbarkeit dar. Die Judikative hat hier die Kompetenz, von der Legislative beschlossene Gesetze für ungültig zu erklären, wenn sie der Verfassung widersprechen. Wegweisend dafür war ein Urteil des Obersten Gerichtshofs der Vereinigten Staaten im Jahr 1803. Der Richter, John Marshall, begründet in der folgenden Textpassage seine Entscheidung, ein bestehendes Gesetz für ungültig zu erklären.

1 Es ist ausdrücklich Aufgabe und Pflicht der Justiz, zu sagen, was Recht ist. Diejenigen, welche die Norm bei verschiedenen Fällen anwenden, müssen sie notwendigerweise erläutern und interpretieren. Wenn zwei Gesetze miteinander kollidieren, so müssen die Gerichte über den Wirkungskreis
5 beider entscheiden. Das ist der Fall, wenn ein Gesetz zur Verfassung in Widerspruch steht, wenn sowohl das Gesetz als auch die Verfassung auf einen bestimmten Fall anwendbar sind, so daß das Gericht entweder entscheiden muß, ob der Fall mit dem Gesetz übereinstimmt – ungeachtet der Verfassung – oder unter Außerachtlassung des Gesetzes mit der Verfassung
10 übereinstimmt. [...]
Wenn daher die Gerichte die Verfassung beachten müssen und die Verfassung über jedem gewöhnlichen Gesetz der Legislative steht, so ist die Verfassung und nicht ein derartiges Gesetz für den Fall, auf den beide zutreffen, entscheidend. Diejenigen, die das Prinzip bestreiten, daß die Ver-
15 fassung vor Gericht als höchstes Recht beachtet werden muss, müssen die Notwendigkeit anerkennen, daß die Gerichte vor der Verfassung ihre Augen schließen und nur das Gesetz sehen müssen. Diese Doktrin würde das gesamte Fundament aller geschriebenen Verfassungen untergraben.

John Marshall: Urteilsbegründung zum Fall Marbury vs. Madison (1803) In: Marcus Llanque und Herfried Münkler (Hrsg.): *Politische Theorie und Ideengeschichte*. Berlin: Akademie Verlag 2007, S. 277 f.

Aufgaben 5.9

 Erstellen Sie ein Schema, das die Grundstruktur eines republikanischen Staates mit wechselseitiger Machtkontrolle gemäss Kant darstellt.

 Finden Sie drei eidgenössische Volksinitiativen, die der Kritik ausgesetzt waren, dass sie zu verfassungswidrigen Gesetzen führen würden. Teilen Sie die Kritik in den jeweiligen Fällen?

 In der Schweiz gibt es keine Verfassungsgerichtsbarkeit für Gesetze auf Bundesebene, sie unterliegen lediglich dem fakultativen Referendum. Untergräbt die Schweiz damit «das gesamte Fundament aller geschriebenen Verfassungen»? Führen Sie eine Debatte durch, in deren Rahmen die eine Partei für die Einführung eines Verfassungsgerichts auf Bundesebene argumentiert, die andere dagegen.

Bisher wurde vor allem die eine Dimension der Herrschaftsformen (republikanisch vs. despotisch) genauer unter die Lupe genommen. Im Folgenden soll die Frage nach der Anzahl der Herrschenden und dabei vor allem die Herrschaftsform der Demokratie in den Fokus rücken.
Die Überzeugung, dass die Demokratie die beste aller Staatsformen ist, wird heutzutage von den meisten Menschen geteilt. Alle Bürger und Bürgerinnen sind an den Entscheidungsprozessen beteiligt, was zu einem Wettbewerb der Mei-

nungs, zu flexiblen Lösungsstrategien und zu einem besseren Schutz von individuellen Rechten und Freiheiten führt.

Es gab aber immer auch schon Kritiker der Demokratie wie Aristoteles. Er greift vor allem Formen der Demokratie an, bei denen das gesamte Volk über Gesetze entscheidet.

> Um eine wiederum andere Art der Demokratie handelt es sich dann, wenn
> 1   [...] das Entscheidende [...] die Menge ist und nicht das Gesetz. Das geschieht dann, wenn die Abstimmungsbeschlüsse entscheidend sind und nicht das Gesetz. Dies trifft aber mit Hilfe von Volksführern zu. [...]
> Ein solches Volk nun, weil es Alleinherrscher ist, sucht allein zu herrschen,
> 5   da es vom Gesetz nicht beherrscht wird, und es wird zwingherrschaftlich, so daß die Schmeichler in Ehren stehen, und eine derartige Demokratie ist eine Entsprechung zur Tyrannis unter den Monarchien. Daher ist auch die Wesensart dieselbe, beide benehmen sich zwingherrschaftlich über die Besseren und die Abstimmungsbeschlüsse bedeuten soviel wie dort
> 10   die Befehle, und der Volksführer und der Schmeichler sind dieselben und entsprechen einander. Und beide vermögen bei beiden am meisten, einerseits die Schmeichler bei den Tyrannen, andererseits die Volksführer bei solchen Völkern.

Aristoteles: *Politik. Schriften zur Staatstheorie*. Übersetzt und herausgegeben von Franz F. Schwarz. Stuttgart: Reclam 1989, S. 212 [1292a].

Aufgaben 5.10

 Aristoteles argumentiert, dass in einer Demokratie die «Besseren», das heisst die, die gebildet sind und vernünftige Entscheidungen treffen, beherrscht werden. Rekonstruieren Sie das Argument.

→ **Logik und Methoden 9**

 Lassen sich die Bedenken, die Aristoteles vorträgt, auch auf eine Demokratie mit ausgebildeter Gewaltenteilung übertragen?

 Die von Aristoteles erwähnten Schmeichler würde man heute wohl als Populisten bezeichnen. Stellt das Phänomen des Populismus aus Ihrer Sicht einen Grund dar, den Ruf der Demokratie als beste Staatsform zu überdenken? Diskutieren Sie.

 «Der Populismus führt zu einer Krise der Demokratie und im schlimmsten Fall zu deren Abschaffung. Dem sollte man möglichst früh entgegenwirken und populistische Positionen unterbinden.» Wie beurteilen Sie dieses Argument der schiefen Ebene?

→ **Logik und Methoden 40**

Argument der schiefen Ebene

Das Argument der schiefen Ebene (auch Dammbruchargument genannt) verteidigt eine These zu einem umstrittenen Fall dadurch, dass behauptet wird, dieser Fall sei nur die Vorstufe eines anderen Falls, der nach allgemeiner Meinung nicht umstritten sei. Zum Beispiel ist umstritten, ob Cannabis legalisiert werden soll. Wer dagegen ist, kann mit einem Dammbruchargument geltend machen, dass ein legalisierter Cannabiskonsum den Konsum von harten Drogen wahrscheinlicher mache, der nach allgemeiner Meinung verboten bleiben müsse. Das Dammbruchargument lässt sich mit dem Ausspruch: «Wehret den Anfängen!» auf den Punkt bringen. Dammbruchargumente kommen vor allem in der Ethik und in der politischen Philosophie zum Einsatz, zum Beispiel bei den Themen Abtreibung, pränatale Diagnostik oder Gentechnik.

Will man das Dammbruchargument angreifen, so wird man aufzuzeigen versuchen, dass es eine klare Grenze zwischen den beiden Fällen gibt oder dass Vorkehrungen getroffen werden können, sodass der unumstrittene Fall verboten (bzw. erlaubt) bleibt. So lässt sich zum Beispiel geltend machen, dass es einen grundlegenden Unterschied zwischen der Ansammlung von Zellen nach der Zeugung und dem ausgewachsenen Fötus gibt; oder dass zwar viele Drogenabhängige mit Cannabis eingestiegen seien, der Cannabiskonsum die Wahrscheinlichkeit eines späteren Konsums harter Drogen jedoch nicht erhöhe.

Vertiefung

Im Vergleich zu Aristoteles besitzt Jürgen Habermas ein ungleich grösseres Vertrauen in demokratische Meinungsbildungsprozesse. Obwohl auch er mögliche Schwierigkeiten anspricht, plädiert er für das Modell einer deliberativen Demokratie, in der öffentliche Diskurse einen wesentlichen Beitrag zur demokratischen Entscheidungsfindung beitragen.

—
**JÜRGEN
HABERMAS**
—

Jürgen Habermas (geb. 1929) ist ein einflussreicher Philosoph der Gegenwart. Er zählt zur Strömung der Frankfurter Schule (siehe Abschnitt 5.5), die sich einer Analyse der kapitalistischen Gesellschaft und der ihr innewohnenden Herrschaftsverhältnisse verschrieben hat und von Habermas in wesentlichen Punkten weiterentwickelt wurde. Seine Arbeiten kreisen unter anderem um den Begriff der «kommunikativen Vernunft». Damit ist gemeint, dass moralische und politische Fragen in öffentlichen Diskursen angegangen werden sollen, in deren Rahmen rationale Geltungsgründe vorgetragen werden und letztlich die besten Argumente den Ausschlag geben. Was als vernünftig und gut gilt, ist das Ergebnis von kommunikativen Interaktionen. Entsprechend bringt sich Habermas auch immer wieder selbst in politische Diskussionen ein.

1   Die Öffentlichkeiten parlamentarischer Körperschaften sind vorwiegend als *Rechtfertigungszusammenhang* strukturiert. Sie bleiben nicht nur auf die administrative Zuarbeit und
5   Weiterverarbeitung angewiesen, sondern auch auf den Entdeckungszusammenhang einer nicht durch Verfahren regulierten Öffentlichkeit, die vom allgemeinen Publikum der Staatsbürger getragen wird. Dieses «schwa-
10   che» Publikum ist Träger der «öffentlichen Meinung». Die von Beschlüssen entkoppelte Meinungsbildung vollzieht sich in einem offenen und inklusiven Netzwerk von sich überlappenden subkulturellen Öffentlichkeiten
15   mit fließenden zeitlich, sozialen und sachlichen Grenzen. Die Strukturen einer solchen pluralistischen Öffentlichkeit bilden sich, innerhalb eines grundrechtlich garantierten Rahmens, mehr oder weniger spontan. Die prinzipiell unbegrenzten Kommunikationsströme fließen durch die vereinsintern veranstalteten Öffentlichkeiten, die
20   informelle Bestandteile der allgemeinen Öffentlichkeit bilden, hindurch. Insgesamt bilden sie einen «wilden» Komplex, der sich nicht im Ganzen organisieren läßt. Wegen ihrer anarchischen Struktur ist die allgemeine Öffentlichkeit ihrerseits den Repressions- und Ausschließungseffekten von ungleich verteilter Macht, struktureller Gewalt und systematisch ver-
25   zerrter Kommunikation schutzloser ausgesetzt als die organisierten Öffentlichkeiten des parlamentarischen Komplexes. Andererseits hat sie den Vorzug eines Mediums uneingeschränkter Kommunikation, in dem neue Problemlagen sensitiver wahrgenommen, Selbstverständigungsdiskurse breiter und expressiver geführt, kollektive Identitäten und Bedürfnisinter-
30   pretationen ungezwungener artikuliert werden können als in den verfahrensregulierten Öffentlichkeiten.

Jürgen Habermas: *Faktizität und Geltung.* Frankfurt am Main: Suhrkamp 1992, S. 373 f.

Nennen Sie Beispiele für Öffentlichkeiten, die nicht durch Verfahren reguliert werden. In welchen Fällen können diese Öffentlichkeiten neue Problemlagen sensitiver wahrnehmen als die Politik? Finden Sie auch Beispiele für die von Habermas genannten Repressions- und Ausschliessungseffekte, denen öffentliche Kommunikation unterworfen sein kann?

 Die Medien werden manchmal als «vierte Gewalt» bezeichnet. Stellen Sie diese Zuordnung in den Kontext von Habermas' Überlegungen.

 Wie liesse sich die öffentliche Meinungsbildung in einem Staat fördern und stärken? Entwerfen Sie entsprechende Ideen.

Eine Herausforderung der Demokratie besteht darin, nicht nur öffentliche Diskurse zu ermöglichen, sondern auch dafür zu sorgen, dass alle, die sich an solchen Diskursen beteiligen, möglichst gut informiert sind. Gemäss dem Ökonom Robin Hanson (geb. 1959) ist der moderne demokratische Staat dieser Herausforderung aktuell nicht gewachsen.

1   Gemäss vielen Wirtschafts- und Entwicklungsexperten wählen Regierungen oftmals ineffiziente Strategien in dem Sinn, dass andere verfügbare Strategien besser gewesen wären. Auch andere Experten betrachten bestehende Strategien oftmals als den bekannten Alternativen klar unterlegen.
5   Wären schlechte Strategien nicht verfolgt worden, wenn fast jeder gewusst hätte, dass sie schlecht sind, oder wenn nur schon irgendjemand gewusst hätte oder hätte wissen können, dass sie schlecht sind, dann können wir das als Fehler unserer Informations-Institutionen bezeichnen. Unter «Information» verstehe ich Hinweise und Analysen, die unsere Überzeugun-
10   gen ändern sollten. Unsere Informations-Institutionen sind diejenigen, innerhalb deren wir den Erwerb und das Teilen von Informationen herbeiführen, ausdrücken und beurteilen. Sie umfassen Public-Relations-Teams, organisierte Interessengruppen, Nachrichtenmedien, Gesprächsforen, Denkfabriken, Universitäten, Zeitschriften, Eliteausschüsse und staatliche
15   Stellen. Schlechte Strategien werden verfolgt, weil unsere Informations-Institutionen scheitern, wenn es darum geht, Menschen dazu zu bringen, sich zu informieren und relevante Informationen mit angemessen motivierten Entscheidungsträgern zu teilen. [...]
Es ist [...] wahr, dass Wählern viele Quellen zur Verfügung stehen, um sich
20   zu informieren. [...] Unglücklicherweise haben Wähler wenig Gelegenheit, in ihrem Wahlverhalten oder Lobbying ausschlaggebend zu sein, und daher fehlen ihnen Anreize, diese Quellen gut zu nutzen. [...]
Während bessere Informationsquellen rationalen, aber unwissenden Wählern helfen können, werden sie von arroganten und unwissenden Wählern
25   ignoriert, was Politiker und Entscheidungsträger dazu bringt, diese Quellen ebenfalls zu ignorieren. Tatsächlich scheint die Politik häufig näher bei der öffentlichen Meinung zu liegen als bei dem, was relevante Experten vorschlagen.

Robin Hanson: Shall We Vote on Values, But Bet on Beliefs? In: *The Journal of Political Philosophy* 21 (2) 2013, S. 151 ff. Online unter: https://onlinelibrary.wiley.com/doi/abs/10.1111/jopp.12008 [abgerufen am 16. Februar 2021, Übersetzung PZ].

Wodurch sieht Hanson das Informationsproblem verursacht? Weshalb werden Politiker «dazu gebracht» Informationsquellen und die Meinungen von Expertinnen zu ignorieren? Versuchen Sie, die Argumentation von Hanson in diesem Punkt zu ergänzen.

Diskutieren Sie Möglichkeiten, wie der unterschiedliche Informationsstand der Bürgerinnen und Bürger mit Blick auf Wahlen und Abstimmungen verbessert oder berücksichtigt werden könnte.

Es ist nicht einfach, die Qualität der öffentlichen Diskurse zu verbessern. Eine Strategie wäre, dass die Verwaltung beispielsweise vor Abstimmungen möglichst ausführlich über Sachfragen orientiert. Doch müsste gewährleistet sein, dass diese Informationen von den Interessen der gegenwärtigen Regierung unbeeinflusst wären. Eine andere Strategie bestünde darin, bestimmte Bedingungen an die Stimmabgabe zu stellen, wie etwa das Bestehen einer Prüfung, die ein Minimum an Informiertheit sicherstellen würde. Diese Idee könnte wiederum aus grundrechtlicher Perspektive kritisiert werden, weil in einem solchen Verfahren Menschen mit geringer Bildung oder Intelligenz von demokratischen Entscheidungsprozessen ausgeschlossen würden.

Eine sehr ungewöhnliche Lösung für das oben dargestellte Problem empfiehlt Hanson, nämlich den Einbezug von spekulativen Märkten in politische Entscheidungsprozesse. Er bezeichnet diesen Ansatz «Futarchie». Die Idee der Futarchie ist, dass die Märkte (in den meisten) Fällen Probleme effizient lösen (sog. «Markteffizienzhypothese»). Über grundsätzliche Werte und Ziele in einer Gesellschaft soll weiterhin abgestimmt werden, konkrete Umsetzungsmassnahmen und Strategien sollen hingegen daraus abgelesen werden, wie sich diese Strategien auf spekulativen Märkten bewähren.

Dazu ein Beispiel: In einem Staat wird in demokratischer Abstimmung bestimmt, dass die Arbeitslosenquote unter zwei Prozent gehalten werden soll. Nun stellt sich die Frage, wie dieses Ziel am besten erreicht werden kann. Dazu werden zwei oder mehrere Strategien bestimmt. Strategie A sieht vor, den Kündigungsschutz auszubauen und insgesamt die Rechte der Erwerbstätigen zu stärken. Nach Strategie B werden administrative Hürden für Unternehmen abgebaut, der Kündigungsschutz wird gelockert und der Arbeitsmarkt insgesamt liberalisiert. Für die vorgeschlagenen Strategien werden dann eine Reihe von Parametern bestimmt, woran man einen Erfolg messen kann.

An der Wettbörse kann nun Geld auf A oder B gesetzt werden. Nach einer zuvor bestimmten Zeit wird die Strategie umgesetzt, auf die mehr Geld gesetzt wurde. Sofern die Umsetzung der gewählten Strategie erfolgreich ist, steigt der Kurs weiter; wenn sie scheitert, sinkt der Kurs, und die Leute, die darauf gesetzt haben, fahren einen Verlust ein. In diesem Fall wird eine andere Strategie gewählt, die sich nun ebenfalls bewähren muss. Strategien werden also (allenfalls nacheinander) ausprobiert und nicht im Vorhinein zu Kompromissen vereinigt. Auf Dauer werden jene Leute an der Wettbörse Geld verdienen, die auf die effizienten Lösungsstrategien für demokratisch bestimmte Ziele setzen. Weil die Bürger und Bürgerinnen an solchen Prognosen verdienen können, werden sie, so Hansons Überlegung, sich maximal informieren und maximal rationale Schlüsse aus diesen Informationen ziehen. Folglich werden sie ihr Geld auf die Strategie setzen, die tatsächlich am erfolgversprechendsten ist.

Wetten und andere spekulative Märkte gibt es seit Hunderten von Jahren, und während Jahrzehnten haben Wissenschaftler ihre Eigenschaften untersucht, die sie in Bezug auf Informationsgewinnung haben. Der hauptsächliche stabile und konsistente Befund lautet, dass es gewöhnlich wenn nicht unmöglich, so doch ziemlich schwierig ist, Informationen zu finden, die nicht in den Preisen dieser spekulativen Märkte abgebildet sind.

Robin Hanson: Shall We Vote on Values, But Bet on Beliefs? In: *The Journal of Political Philosophy* 21 (2) 2013, S. 155. Online unter: https://onlinelibrary.wiley.com/doi/abs/10.1111/jopp.12008 [abgerufen am 16. Februar 2021, Übersetzung PZ].

Aufgaben 5.13

 Hansons Ansatz wurde dahingehend kritisiert, dass sich Ziele und Umsetzungsstrategien nicht so einfach trennen liessen. Finden Sie mögliche Beispiele, die diese Kritik unterstützen.

 Denken Sie, dass demokratische Entscheidungsprozesse im Sinne Hansons optimiert werden müssen? Diskutieren Sie.

5.3 Freiheit

Im Zusammenhang mit dem Versuch, die Existenz des Staates zu legitimieren, hat sich gezeigt, dass der Begriff der «Freiheit» in der politischen Philosophie eine zentrale Rolle spielt. Dieser Begriff soll im Folgenden genauer untersucht werden. Zudem wird der normativen Frage nachgegangen, wie weit der Staat in die Freiheit seiner Bürger und Bürgerinnen eingreifen soll. Gedeiht eine Gesellschaft dann am besten, wenn der Staat sich möglichst wenig in die Belange der Individuen einmischt, oder soll er bestimmte Vorstellungen des guten Lebens aktiv fördern und entsprechende Verhaltensweisen einfordern, um soziale Ordnung und Zusammenhalt zu gewährleisten?

Aufgaben 5.14

 Tragen Sie unter Rückgriff auf Medienberichte und eigene Erfahrungen Beschreibungen politischer Unfreiheit zusammen und versuchen Sie, Gemeinsamkeiten in den Beschreibungen zu finden.

 Entwickeln Sie eine Definition des Begriffs der «politischen Freiheit». Welche Bedingungen müssen erfüllt sein, damit die Bürger und Bürgerinnen eines Staates maximal frei sein können?

→ **Logik und Methoden 14**
→ **Logik und Methoden 32**

Eine klassische Analyse des Freiheitsbegriffs findet sich bei Benjamin Constant (1767–1830), der zwischen einer «Freiheit der Alten» und einer modernen Auffassung von Freiheit unterscheidet.

1 Meine Herren,
ich beabsichtige, Ihnen einige Kennzeichen zweier Arten von Freiheit vorzulegen, deren Unterschiede bis jetzt gar nicht oder doch we-
5 nig bemerkt worden sind. Die eine Freiheit auszuüben war den alten Völkern, die andere zu genießen ist den modernen Nationen ein Bedürfnis. [...]
Fragen Sie sich zuerst, meine Herren, was in
10 unseren Tagen ein Engländer, ein Franzose, ein Bewohner der vereinigten Staaten von Amerika unter dem Wort Freiheit versteht! Es ist für jeden von ihnen das Recht, nur den Gesetzen unterworfen zu sein, weder verhaftet
15 noch eingesperrt noch getötet noch auf irgend eine Art durch Willkür eines oder mehrerer Menschen misshandelt werden zu können. Es ist für jeden das Recht, seine Meinung zu äussern, seinen Beruf zu wählen und ihn auszu-

BENJAMIN CONSTANT

Benjamin Constant wurde 1767 in Lausanne geboren und starb 1830 in Paris. Er führte ein unstetes Leben, war viel auf Reisen und machte sich als Schriftsteller und Politiker einen Namen, bevor er sich 1817 in Paris niederliess, in die Abgeordnetenkammer gewählt wurde und begann, staatstheoretische Schriften zu verfassen. Aufgrund seiner Überzeugung, dass der Staat sich möglichst wenig in das Privatleben seiner Bürger und Bürgerinnen einmischen solle, gilt Constant als einer der Begründer des modernen Liberalismus.

20 üben, über seinen Besitz zu verfügen, ihn sogar zu missbrauchen, zu kommen und zu gehen, ohne um Erlaubnis nachzusuchen und ohne über seine Beweggründe und Massnahmen Rechenschaft abzulegen. Es ist für jeden das Recht, sich mit anderen Menschen zu vereinigen, sei es, um auf die Art Gottesdienst zu halten, die ihm und seinen Glaubensgenossen zusagt,

25 sei es einfach, um seine Stunden und Tage auf eine seinen Neigungen und Launen entsprechende Weise zuzubringen. [...]

Vergleichen Sie nun mit dieser Freiheit diejenige der Alten!

Sie bestand darin, gemeinsam, jedoch unmittelbar, verschiedene Teile der ganzen Souveränität auszuüben, auf öffentlichem Platz über Krieg und

30 Frieden zu beraten, mit dem Ausland Bündnisverträge abzuschliessen, Gesetze zu verabschieden, Urteile auszusprechen, die Rechnungen, die Akten, die Amtsführung der Räte zu überprüfen, sie vor dem gesammelten Volk erscheinen zu lassen, sie anzuklagen, sie zu verurteilen oder freizusprechen. Während die Alten dies alles als Freiheit bezeichneten, erachte-

35 ten sie es gleichzeitig als mit dieser gemeinsamen Freiheit vereinbar, dass der Einzelne vollständig der Gewalt der Gesamtheit unterworfen war. [...] Alle privaten Handlungen unterstehen einer strengen Aufsicht. Persönliche Unabhängigkeit wird nicht gewährt: es gibt keine Rede-, keine Gewerbe- und keine Glaubensfreiheit. [...]

40 Aus dem eben Dargestellten ergibt sich, dass wir die Freiheit der Alten nicht mehr geniessen können, jene Freiheit, welche in der tätigen und dauernden Teilnahme an der gemeinsamen Herrschaft bestand. Unsere Freiheit muss im friedlichen Genuss der persönlichen Unabhängigkeit bestehen. Wenn der Einzelne im Altertum an der nationalen Souveränität Anteil hatte, so

45 war das nicht wie heutzutage eine abstrakte Annahme. Der Wille des Einzelnen hatte einen wirklichen Einfluss: die Ausübung dieses Willens war ein lebhaftes und wiederholtes Vergnügen. Deshalb waren die Alten geneigt, für die Erhaltung ihrer politischen Rechte und für ihre Teilnahme an der Staatsverwaltung viele Opfer zu bringen. Weil jeder mit Stolz spürte,

50 was seine Stimme wert war, fand er in diesem Bewusstsein seiner persönlichen Wichtigkeit eine reiche Entschädigung.

Diese Entschädigung besteht für uns heute nicht mehr. Der Einzelne verliert sich in der Menge und nimmt fast nie den Einfluss wahr, den er ausübt. [...] Die Ausübung politischer Rechte gewährt uns nur einen Teil der Ge-

55 nüsse, den die Alten in ihr fanden; gleichzeitig jedoch haben der Fortschritt der Zivilisation, der Aufschwung des Handels in der Gegenwart und die Verbindungen zwischen den Völkern die Wege des persönlichen Glücks ins Unendliche vermehrt und vervielfacht.

Benjamin Constant: Von der Freiheit des Altertums, verglichen mit der Freiheit der Gegenwart. In: ders. *Über die Freiheit*. Übersetzt von Walther Lüthi. Basel: Benno Schwabe 1946, S. 27–32, 39–40.

Aufgaben 5.15

 Ergänzen Sie die Aufzählung im zweiten Abschnitt mit eigenen Beispielen, die verdeutlichen, was Constant unter moderner Freiheit versteht.

- -

 Constant macht geltend, dass die Menschen seiner Zeit die Freiheit der Alten «nicht mehr genießen können». Beschreiben Sie in eigenen Worten die Faktoren, die gemäss Constant dafür verantwortlich sind.

- -

 Ist die Freiheit der Alten mit der modernen Freiheit prinzipiell unvereinbar? Diskutieren Sie.

5 Politische Philosophie

Auch der russisch-britische Philosoph Isaiah Berlin (1909–1997) unterscheidet in einer 1958 an der Universität von Oxford gehaltenen und äusserst einflussreichen Rede zwischen zwei Freiheitsbegriffen. Während sich Berlins Begriff der «negativen Freiheit» weitgehend mit der modernen Freiheit gemäss Constant deckt, greift der Begriff der «positiven Freiheit» zwar einige Aspekte der Freiheit der Alten bei Constant auf, zielt aber in einigen Aspekten darüber hinaus. Berlin versucht zudem aufzuzeigen, wie genau negative und positive Freiheit in Widerspruch zueinander geraten können.

1   Einen Menschen zwingen heißt ihn seiner Freiheit berauben – seiner Freiheit in bezug auf was oder von was? Wie Glück oder Güter, Natur oder Wirklichkeit ist auch die Bedeutung dieses Ausdrucks so porös, dass es kaum eine Deutung gibt, gegen die er sich sperrt. [...] Ich möchte nur zwei die-
5   ser Bedeutungen untersuchen – aber eben jene beiden zentralen, die viel Menschheitsgeschichte hinter sich und, wie ich behaupten möchte, auch noch vor sich haben. Um die erste dieser politischen Bedeutungen des Begriffs «Freiheit» [...], um die «negative» Freiheit, wie ich sie nennen möchte, geht es in der Antwort auf die Frage: «In welchem Bereich muss (oder soll)
10   man das Subjekt – einen Menschen oder eine Gruppe von Menschen – sein und tun lassen, wozu es imstande ist, ohne daß sich andere Menschen einmischen?» Um die zweite Bedeutung – ich möchte sie die positive Freiheit nennen – geht es in der Antwort auf die Frage: «Von was oder wem geht die Kontrolle oder die Einmischung aus, die jemanden dazu bringen kann,
15   *dieses* zu tun oder zu sein und nicht jenes andere?» Beide Fragen sind klar voneinander unterschieden, auch wenn sich die Antworten vielleicht überschneiden.

Der Begriff der negativen Freiheit
Gewöhnlich sagt man, ich sei in dem Maße frei, wie niemand in mein Han-
20   deln eingreift, kein Mensch und keine Gruppe von Menschen. Politische Freiheit in diesem Sinne bezeichnet den Bereich, in dem sich ein Mensch ungehindert durch andere betätigen kann. [...]
Das Kriterium für Unterdrückung ist die Rolle, die meiner Meinung nach andere Menschen direkt oder indirekt, absichtlich oder unabsichtlich bei
25   der Vereitelung meiner Wünsche spielen. [...] Je grösser der Bereich der Ungestörtheit, desto grösser die Freiheit. [...]

Der Begriff der positiven Freiheit
Die «positive» Bedeutung des Wortes «Freiheit» leitet sich aus dem Wunsch des Individuums ab, sein eigener Herr zu sein. Ich will, daß mein Leben
30   und meine Entscheidungen von mir abhängen und nicht von irgendwelchen äußeren Mächten. Ich will das Werkzeug meiner eigenen, nicht fremder Willensakte sein. Ich will Subjekt, nicht Objekt sein; will von Gründen, von bewußten Absichten, die zu mir gehören, bewegt werden, nicht von Ursachen, die gleichsam von außen auf mich einwirken. [...]
35   Die Freiheit, die darin besteht, daß man sein eigener Herr ist, und die Freiheit, die darin besteht, daß man in seinen Entscheidungen nicht von anderen Menschen beeinträchtigt wird, mögen auf den ersten Blick wie zwei logisch eng benachbarte Konzepte erscheinen, die einmal positiv, einmal negativ fast das gleiche besagen. Aber historisch betrach-
40   tet haben sich der «positive» und der «negative» Freiheitsbegriff – nicht immer in logisch schlüssigen Schritten – in entgegengesetzte Richtungen entwickelt, bis sie zuletzt direkt in Konflikt miteinander gerieten.

Das läßt sich verdeutlichen, wenn man betrachtet, welche Stoßkraft jene
zunächst ganz harmlose Metapher für Selbstbestimmung oder Selbst-
45 Beherrschung mit der Zeit erlangte: «Ich bin mein eigener Herr»; «Ich bin
niemandes Sklave» – aber könnte es nicht sein (so würden Platoniker oder
Hegelianer einwenden), daß ich ein Sklave der Natur bin? Oder ein Sklave
meiner «ungezügelten» Leidenschaften? Sind dies nicht auch Spielarten
von Sklaverei oder Knechtschaft [...]? Haben Menschen nicht die Erfahrung
50 gemacht, daß sie sich aus geistiger Knechtschaft, aus der Versklavung an
die Natur befreiten, und sind sie sich im Zuge dessen nicht einerseits eines
dominierenden Selbst und andererseits eines Moments in ihrem Innern
bewußt geworden, das gefügig gemacht worden ist? Dieses dominierende
Selbst wird nun abwechselnd mit der Vernunft oder meiner «höheren Na-
55 tur» identifiziert [...], mit meinem «wirklichen» oder «idealen» oder «autonomen» Selbst oder mit dem «besten Teil» meines Selbst. [...]
Solche Redeweisen gewinnen ihre Plausibilität [...] daher, daß wir wissen: es
ist möglich und bisweilen auch gerechtfertigt, Zwang gegen Menschen im
Namen eines Ziels (etwa der Gerechtigkeit oder der öffentlichen Gesund-
60 heit) auszuüben, das die Menschen, wenn sie aufgeklärter wären, selbst anstreben würden, das sie aber, weil sie blind, unwissend oder schlecht sind,
nicht anstreben. [...]
Sobald ich mir diese Ansicht zu eigen gemacht habe, bin ich in der Lage,
die tatsächlichen Wünsche von Menschen und Gesellschaften zu ignorie-
65 ren und Menschen oder Gesellschaften im Namen und zum Wohle ihres
«wirklichen» Selbst zu drangsalieren, zu unterdrücken, zu foltern – all
dies in dem sicheren Wissen, daß das wahre Ziel des Menschen (ob Glück,
Pflichterfüllung, Weisheit, eine gerechte Gesellschaft, Selbsterfüllung)
identisch mit seiner Freiheit sein muß – der freien Wahl seines «wahren»,
70 wenn auch oft verschütteten und sprachlosen Selbst.

Isaiah Berlin: Zwei Freiheitsbegriffe. In: *Freiheit. Vier Versuche.* Übersetzt von Reinhard Kaiser.
Frankfurt am Main: Fischer 2006, S. 201–202, 211–213.

Aufgaben 5.16

 In welcher Hinsicht deckt sich Berlins Begriff der positiven Freiheit mit
Constants Definition von der Freiheit der Alten? In welchen Punkten
weicht er von dieser ab oder geht darüber hinaus?

 Rekonstruieren Sie, wie gemäss Berlin negative und positive Freiheit in
Konflikt geraten können.

 Wie kann man von einem Zugewinn an Freiheit sprechen, wenn Zwang
ausgeübt wird? Verdeutlichen Sie die Überlegungen Berlins anhand der
Frage, ob das Tragen eines Kopftuchs im öffentlichen Raum verboten werden soll.

 In der Schweiz ist es verboten, sich freiwillig in die Sklaverei zu begeben.
Wird mit diesem Verbot Freiheit eingeschränkt oder gefördert?

 Vergleichen Sie Berlins Freiheitsbegriffe mit Ihrer eigenen Definition von
Freiheit. Entspricht Letztere eher der negativen oder eher der positiven
Freiheit?

Vertreterinnen und Vertreter des politischen Liberalismus, zu denen auch Isaiah Berlin gehört, warnen vor den Gefahren, die drohen, wenn sich der Staat eine Definition der «wahren» Freiheit des Menschen zu eigen macht. Denn auch unter demokratischen Verhältnissen könne es dabei zu Unterdrückung und inakzeptablen Einschränkungen der negativen Freiheit kommen. Vielmehr habe der Staat die negative Freiheit zu schützen und müsse sich daher aus den persönlichen Belangen seiner Bürger und Bürgerinnen heraushalten, selbst dann, wenn diese Handlungsweisen an den Tag legen sollten, mit denen sie sich selbst schaden. Die Position des Liberalismus wird von John Stuart Mill in seinem 1859 erschienen Werk *Über die Freiheit* exemplarisch herausgearbeitet.

1 Das Volk, welches die Macht ausübt, ist nicht immer dasselbe Volk wie das, über welches sie ausgeübt wird, und die «Selbstregierung», von der geredet wird, ist nicht die Regierung jedes einzelnen über sich selbst, sondern jedes einzelnen durch alle übrigen. Überdies bedeutet der Wille des Volkes prak-
5 tisch den Willen des zahlreichsten oder aktivsten seiner *Teile*, nämlich der Mehrheit, oder derjenigen, denen es gelingt, sich als die Mehrheit anerkennen zu lassen. Das Volk *kann* infolgedessen beabsichtigen, einen Teil der Gesamtheit zu bedrücken, und Vorsichtsmaßregeln dagegen sind ebenso geboten wie gegen jeden anderen Mißbrauch der Gewalt. [...]
10 Der Zweck dieser Abhandlung ist es, einen sehr einfachen Grundsatz aufzustellen, welcher den Anspruch erhebt, das Verhältnis der Gesellschaft zum Individuum in bezug auf Zwang oder Bevormundung zu regeln, gleichgültig, ob die dabei gebrauchten Mittel physische Gewalt in der Form von gerichtlichen Strafen oder moralischer Zwang durch öffentliche
15 Meinung sind. Dieses Prinzip lautet: daß der einzige Grund aus dem die Menschheit, einzeln oder vereint, sich in die Handlungsfreiheit eines ihrer Mitglieder einzumengen befugt ist, der ist: sich selbst zu schützen. Daß der einzige Zweck, um dessentwillen man Zwang gegen den Willen eines Mitglieds in einer zivilisierten Gemeinschaft rechtmäßig ausüben darf, der ist:
20 die Schädigung anderer zu verhüten. Das eigene Wohl, sei es das physische oder das moralische, ist keine genügende Rechtfertigung. Man kann einen Menschen nicht rechtmäßig zwingen, etwas zu tun oder zu lassen, weil dies besser für ihn wäre, weil es ihn glücklicher machen, weil er nach Meinung anderer klug oder sogar richtig handeln würde. [...] Nur insoweit
25 sein Verhalten andere in Mitleidenschaft zieht, ist jemand der Gesellschaft verantwortlich.

John Stuart Mill: *Über die Freiheit*. Herausgegeben von Manfred Schlenke, übersetzt von Bruno Lemke. Stuttgart: Reclam 1988, S. 9, 16–17.

Aufgaben 5.17

 Wenden Sie Mills Schadensprinzip auf folgende Fälle an:

a) Das Verbot, harte Drogen zu konsumieren
b) Die Helmpflicht für Fahrende von Mofas und schnellen E-Bikes
c) Das Verbot rechtsradikaler Kundgebungen
d) Das Verbot geschlechtlicher Beziehungen zwischen Geschwistern
e) Die Pflicht, sich impfen zu lassen, wenn man im Gesundheitswesen arbeitet

 Können Mills Ausführungen Sie überzeugen? Ist das Schadensprinzip tragfähig, oder bedarf es einer Anpassung? Diskutieren Sie.

Der Liberalismus gibt dem Rechten Vorrang gegenüber dem Guten. Damit ist gemeint, dass Menschen verschiedene Vorstellungen des guten Lebens und unterschiedliche Werthaltungen haben und auch haben dürfen. Die Aufgabe des Staates ist es, die Rechte seiner Bürger und Bürgerinnen zu schützen und einen Rahmen zu garantieren, innerhalb dessen alle ihre individuelle Vorstellung eines guten Lebens verwirklichen können. Dieser Rahmen basiert auf allgemeinen moralischen Prinzipien, die von allen geteilt werden.

Gegen die These vom Vorrang des Rechten gegenüber dem Guten ist immer wieder Kritik laut geworden. Sozialkonservativ Denkende befürchten eine Erosion der Moral und des sozialen Zusammenhalts. Ihre Argumentation lautet wie folgt: Wenn der Staat dem einzelnen Bürger maximale Freiheit in seinem Streben nach dem guten Leben lässt, dann endet die Gesellschaft in einer Ansammlung von Individuen, die kaum mehr Anteil am Leben der anderen nehmen. Die Solidarität geht verloren. Unter diesen Bedingungen ist es fraglich, ob die Menschen überhaupt noch bereit sind, für allgemeine Prinzipien, die als abstrakt und theoretisch empfunden werden, einzustehen und für sie zu kämpfen. Die Erosion der Moral, so die Befürchtung, führt zu einer Erosion der gesamten liberalen Gesellschaft. Alasdair MacIntyre (geb. 1929) gilt als gemässigter Vertreter einer sozialkonservativen Kritik am Liberalismus. Auch er fordert die Rückbesinnung auf gemeinsam geteilte moralische Werte.

1   Dem liberalen Moralbegriff zufolge ist es für die Fragen, was der Inhalt der Moral und welcher Art meine Verpflichtung ihr gegenüber ist, ebenso unwichtig, *wo* und *von wem* ich die Prinzipien und Grundsätze der Moral lerne, wie es für den Inhalt der Mathematik und die Art meiner Verpflichtung
5   gegenüber der mathematischen Wahrheit unwichtig ist, *wo* und *von wem* ich die Prinzipien der Grundsätze der Mathematik lerne. Im Gegensatz dazu erweisen sich die Fragen, *wo* und *von wem* ich meine Moral lerne, in dem alternativen Moralbegriff, den ich aufzeigen werde, als entscheidend für den Inhalt und auch die Art moralischer Verpflichtung. [...]
10   Erstens ist es nicht einfach so, daß ich die Moralregeln zunächst in einer gesellschaftlich spezifizierten und partikularisierten Form wahrnehme. Es ist auch und damit zusammenhängend der Fall, daß die Güter, in bezug auf welche und um derentwillen alle Regeln gerechtfertigt werden müssen, ebenfalls gesellschaftsspezifisch und partikular sind. Denn zentral
15   für diese Güter ist die Teilnahme an einer bestimmten Art gesellschaftlichen Lebens, gelebt in bestimmten gesellschaftlichen Beziehungen, so daß das, woran ich teilhabe, das Gut *dieses* bestimmten von mir gelebten gesellschaftlichen Lebens ist und ich *es* als das genieße, was *es* ist. [...] Daraus folgt, dass *ich meine* Rechtfertigung für die Befolgung dieser mora-
20   lischen Regeln in *meiner* bestimmten Gesellschaft finde; ohne das Leben dieser Gemeinschaft hätte ich keinen Grund, moralisch zu sein. Aber dies ist nicht alles. Die Regeln der Moral zu beachten, ist charakteristischerweise und allgemein eine schwierige Anforderung an ein menschliches Wesen. In der Tat, wäre dem nicht so, hätten wir die Moral nicht so nötig. Weil wir
25   ständig Gefahr laufen, von unmittelbaren Wünschen geblendet zu werden, von unseren Verantwortlichkeiten abgelenkt oder rückfällig zu werden, und weil sogar die besten unter uns manchmal recht außergewöhnlichen Verführungen ausgesetzt sind, ist es für die Moral wichtig, daß *ich* nur ein moralisch Handelnder sein kann, weil *wir* moralisch Handelnde sind – daß

30 ich die um mich herum zur Festigung meiner moralischen Stärken und zur
Hilfe bei der Überwindung meiner moralischen Schwächen brauche. [...]
So ist denn das Argument dafür, den Patriotismus [MacIntyre versteht darunter die Verehrung der besonderen Merkmale, Vorzüge und Errungenschaften der eigenen Nation] als Tugend anzusehen, jetzt klar. *Wenn* es ers-
35 tens klar ist, daß ich die Regeln der Moral nur in der Version aufnehmen
kann, wie sie in einer bestimmten Gesellschaft verkörpert sind; und *wenn*
es zweitens der Fall ist, daß die Moral in Begriffen bestimmter Güter gerechtfertigt werden muß, die innerhalb des Lebens bestimmter Gemeinschaften genossen werden können; und *wenn* es drittens so ist, dass ich ty-
40 pischerweise nur durch die besonderen Arten moralischer Unterstützung,
die mir meine Gemeinschaft gewährt, zum moralisch Handelnden werde
und als solcher erhalten werde, *dann* ist es klar, daß ich ohne diese Gemeinschaft kaum als moralisch Handelnder gedeihen kann. Daher kann
mein Eintreten für diese Gemeinschaft und das, was sie von mir verlangt
45 – sogar bis zu dem Punkt, an dem mein Leben gefordert ist, um das ihre zu
erhalten –, nicht sinnvollerweise mit dem verglichen oder dem gegenüber-
gestellt werden, was die Moral von mir verlangt. Meiner Gemeinschaft beraubt, laufe ich Gefahr, alle wirklichen Maßstäbe des Urteilens zu verlieren.

Alasdair MacIntyre: Ist Patriotismus eine Tugend? In: Axel Honneth (Hrsg.): *Kommunitarismus. Eine Debatte über die moralischen Grundlagen moderner Gesellschaften.* Frankfurt am Main: Campus 1994, S. 90–93.

Aufgaben 5.18

 Der Patriotismus besteht gemäss MacIntyre in der Verehrung der besonderen Merkmale, Vorzüge und Errungenschaften der eigenen Nation. Was
würde das für die Schweiz bedeuten? Diskutieren Sie.

 Rekonstruieren Sie die Argumentation MacIntyres für die These, dass ich
nur dann eine moralisch handelnde Person sein kann, wenn es ein moralisch handelndes «Wir» gibt.

→ **Logik und Methoden 9**

 Eine Gruppe von Schülerinnen und Schülern setzt sich dafür ein, dass jeden Morgen zu Schulbeginn die Nationalhymne gesungen wird. Wie ist
das Vorhaben aus der Sicht MacIntyres zu beurteilen? Was halten Sie von
diesem Vorschlag?

 Braucht es gemeinsame Traditionen und Rituale, damit Menschen ihren
moralischen Verpflichtungen nachkommen? Finden Sie Argumente dafür
und dagegen.

→ **Logik und Methoden 8**

Vertiefung

Weniger vehement als der Sozialkonservativismus fordert der Kommunitarismus, der sich in den 1980er Jahren in Auseinandersetzung mit dem Liberalismus gebildet hat, die Rückbesinnung auf gemeinsame Vorstellungen des guten Lebens. Auch Kommunitaristen beschäftigen sich mit der Frage, wie viel es an gemeinsamen Werten und Traditionen braucht, um eine demokratische Gesellschaft am Leben zu erhalten. Im Gegensatz zu sozialkonservativen Positionen betonen sie aber auch die individuelle Freiheit jedes Menschen. So macht der US-amerikanische Soziologe Amitai Etzioni (geb. 1929) geltend, dass eine Harmonie von sozialer Ordnung und individueller Freiheit möglich ist, wenn Ordnung auf Freiwilligkeit basiert.

1   Noch vor zwei Generationen war man weithin der Überzeugung, die Welt schreite von der Tradition zur Moderne voran. Diese Vorstellung wird gegenwärtig von vielen als naiver Optimismus gewertet. Andererseits gibt es jene, die an der modernen Welt insgesamt verzweifeln und nach

5   einer Rückkehr zu den Traditionen der Vergangenheit suchen. Angeführt werden sie von religiösen Fundamentalisten der islamischen wie christlichen Rechten und ihren sozialkonservativen Bündnispartnern säkularen Zuschnitts. Das kommunitaristische Bestreben, wie ich es verstehe, zielt hingegen drauf, einen Weg zu finden, der Elemente der Tradition (auf Tu-

10   genden basierende Ordnung) mit Elementen der Moderne (gut geschützte Autonomie) verbindet. Folglich gilt es, ein Gleichgewicht zu finden zwischen universalen Rechten und dem Allgemeinwohl (zwei Konzeptionen, die allzuoft als nicht miteinander vereinbar betrachtet werden), zwischen dem Selbst und der Gemeinschaft. [...]

15   Die neue goldene Regel, die hier vorgeschlagen wird, sucht die Distanz zwischen einer vom einzelnen bevorzugten Handlungsweise und einer tugendhaften zu verringern, wobei sie zugleich anerkennt, daß diese tiefsitzende Ursache sozialer und persönlicher Kämpfe nicht gänzlich auszuschalten ist. Und sie sucht die Lösung stärker auf der makrosozialen Ebene

20   als allein oder primär im zwischenmenschlichen Bereich. Meine Argumentation führt somit zu einer neuen goldenen Regel: Achte und wahre die moralische Ordnung der Gesellschaft in gleichem Maße, wie du wünschst, daß die Gesellschaft deine Autonomie achtet und wahrt. [...]
Totalitäre Gesellschaften stützen sich vorranging auf Zwangsmittel, um

25   weite Bereiche des Verhaltens zu reglementieren; autoritäre Gesellschaften erhalten Ordnung auf ähnliche Weise aufrecht, allerdings in bedeutend kleinerem Umfang. Libertäre Gesellschaften, welche die Reichweite sozialer Ordnung minimieren und sich selbst im öffentlichen Dienst noch auf Marktmechanismen verlassen (z.B. Privatisierung der Müllentsorgung,

30 der Wohlfahrtshilfe, von Schulen und sogar Gefängnisverwaltungen), machen ausgiebig von utilitaristischen Mitteln Gebrauch. Die Ordnung guter kommunitaristischer Gesellschaften stützt sich dagegen maßgeblich auf normative Mittel (Erziehung, Führungskraft, Konsens, Gruppendruck, Verweis auf Rollenmodelle, Ermahnung und vor allem die moralische

35 Stimme der Gemeinschaften). In diesem Sinne ist die soziale Ordnung guter Gesellschaften eine moralische Ordnung. [...]

Der weitergehende Schritt liegt in der Erkenntnis, daß menschliche Wesen nicht nur von Natur aus sozial sind, sondern ihr humanes und moralisches Potential auch durch ihre Geselligkeit noch gesteigert wird. Das soziale

40 Denken muß damit aufhören, Gemeinschaftsbindungen als Eisenkugeln an den Füßen von Häftlingen anzusehen, die deren Stabilität wahren, aber von «fesselndem» Charakter sind. Das soziale Gefüge beeinträchtigt nicht die Ausbildung von Individualität, vielmehr stützt, nährt und ermöglicht es diese. [...] Die größte Gefahr erwächst der Autonomie, wenn sich soziale

45 Bindungen auflösen. Die Atomisierung der Individuen oder die Verwandlung von Gemeinschaften in einen Mob, was für das Individuum einen Verlust an Kompetenz und Identität zur Folge hat, führte, historisch betrachtet, zu gesellschaftlichen Bedingungen, die im Totalitarismus endeten, einem überwältigenden Verlust von Autonomie.

Amitai Etzioni: *Die Verantwortungsgesellschaft.* Individualismus und Moral in der heutigen Demokratie. Berlin: Ullstein 1999, S. 18–19, 37, 52–53.

Aufgaben 5.19

 Versuchen Sie anhand eigener Beispiele zu verdeutlichen, was Etzioni meint, wenn er sagt, dass das soziale Gefüge die Ausbildung von Individualität stützt und nährt.

 Liberale sagen, dass eine Gesellschaft in den Totalitarismus abzugleiten droht, wenn der Staat Vorstellungen der positiven Freiheit durchzusetzen beginnt. Etzioni sagt, eine konsequent liberale Gesellschaft sei der Nährboden für die Entstehung des Totalitarismus. Wer hat recht? Diskutieren Sie.

 Entwickeln Sie eine eigene Position, die das Verhältnis von negativer und positiver Freiheit, das Verhältnis von Autonomie und Ordnung klärt. Zeigen Sie auf, welche Konsequenzen Ihre Position in Bezug auf konkrete politische Fragen mit sich bringt (z. B. Überwachung auf öffentlichen Plätzen, Verbot/Legalisierung der Abtreibung, Unterstützung religiöser Organisationen durch den Staat usw.)

5.4 Menschenrechte, Strafe und Diskriminierung

Der Staat erlässt unzählige Regeln, die wir oft gar nicht genau kennen oder kennen müssen. Einige Regeln betreffen hingegen das grundsätzliche Verhältnis zwischen staatlichen Institutionen und den Bürgerinnen und Bürgern. Darf der Staat strafen, und wenn ja, wie? Müssen stets alle gleich behandelt werden, oder gibt es gute Gründe für Ungleichbehandlungen? Gibt es Menschenrechte, die jede staatliche Ordnung berücksichtigen muss?

Menschenrechte

Die Freiheit, sich selbst zu entfalten und in seinen Handlungen nicht von anderen Menschen oder Gruppen eingeschränkt zu werden, ist in Abschnitt 5.3 thematisiert worden. Besonders der Liberalismus argumentiert für den Wert der individuellen Freiheit, die jedoch durch staatliche Gesetze in beinahe allen Lebensbereichen eingeschränkt werde.

Daraus ist die Forderung entstanden, es müsse einen Schutz oder gleichsam eine «Abwehr» gegen die «Einmischungen» des Staates in unsere eigenen Angelegenheiten geben. Dies ist die Idee der Menschenrechte. Sie besagt, dass ein Mensch über eine Reihe von Rechten verfügt, einfach deshalb, weil er oder sie ein Mensch ist. Diese Rechte untersagen es dem Staat und indirekt auch anderen Individuen, die durch die Menschenrechte gesicherten Freiheiten zu verletzen. Die Menschenrechtsidee hatte in den vergangenen zweihundert Jahren weltweit grossen Erfolg. Die meisten Staaten haben in ihren Verfassungen Menschenrechte formuliert, begrenzen damit selbst ihre Macht über die eigenen Bürger und Bürgerinnen und gewähren diesen in gewissem Umfang auch Ansprüche auf staatliche Leistungen. Zudem gibt es im internationalen Recht wichtige Menschenrechtsgarantien. Staatengemeinschaften in Europa, Amerika, Afrika und vielen anderen Regionen sowie die Vereinten Nationen haben Abkommen beschlossen, die den Bürgern und Bürgerinnen dieser Staaten Menschenrechte zusprechen.

Menschenrechte sind politisch und insbesondere rechtlich höchst bedeutsam. Doch wie bei allen politischen Ideen oder Rechtsregeln lässt sich fragen, ob sie gerechtfertigt sind. Gibt es gute Gründe dafür, dass Menschenrechte auch in Zeiten politischer Spannungen oder gar im Krieg gelten sollen?

Eine Begründung für Menschenrechte finden wir im ersten Artikel der *Virginia Bill of Rights* von 1776:

1   Artikel 1: Alle Menschen sind von Natur aus in gleicher Weise frei und unabhängig und besitzen bestimmte angeborene Rechte, welche sie ihrer Nachkommenschaft durch keinen Vertrag rauben oder entziehen können, wenn sie eine staatliche Verbindung eingehen, und zwar den Genuss des

5 Lebens und der Freiheit, die Mittel zum Erwerb und Besitz von Eigentum
und das Erstreben und Erlangen von Glück und Sicherheit.

Online unter: https://de.wikipedia.org/wiki/Virginia_Declaration_of_Rights [abgerufen am 16. Februar 2021].

Aufgaben 5.20

 Wie werden in diesem Artikel Menschenrechte begründet? Wie beurteilen
Sie diese Begründung?

 Sofern die Begründung Sie überzeugt: Welche Rechte liessen sich daraus
ableiten? Formulieren Sie daraus eine Liste von Menschenrechten.

Die Vereinten Nationen haben in der «Allgemeinen Erklärung der Menschenrechte» (AEMR) von 1948 eine weltweit breit anerkannte Liste von Menschenrechten formuliert. In der «Präambel», dem einleitenden Text, und den ersten beiden Artikeln wird ersichtlich, in welchem Geist der Text entstanden und von der UN-Generalversammlung angenommen worden ist.

Präambel

1 Da die Anerkennung der angeborenen Würde und der gleichen und unveräußerlichen Rechte aller Mitglieder der Gemeinschaft der Menschen die Grundlage von Freiheit, Gerechtigkeit und Frieden in der Welt bildet,
da die Nichtanerkennung und Verachtung der Menschenrechte zu Akten
5 der Barbarei geführt haben, die das Gewissen der Menschheit mit Empörung erfüllen, und da verkündet worden ist, dass einer Welt, in der die Menschen Rede- und Glaubensfreiheit und Freiheit von Furcht und Not genießen, das höchste Streben des Menschen gilt,
da es notwendig ist, die Menschenrechte durch die Herrschaft des Rechtes
10 zu schützen, damit der Mensch nicht gezwungen wird, als letztes Mittel zum Aufstand gegen Tyrannei und Unterdrückung zu greifen,
da es notwendig ist, die Entwicklung freundschaftlicher Beziehungen zwischen den Nationen zu fördern,
da die Völker der Vereinten Nationen in der Charta ihren Glauben an die
15 grundlegenden Menschenrechte, an die Würde und den Wert der menschlichen Person und an die Gleichberechtigung von Mann und Frau erneut bekräftigt und beschlossen haben, den sozialen Fortschritt und bessere Lebensbedingungen in größerer Freiheit zu fördern,
da die Mitgliedstaaten sich verpflichtet haben, in Zusammenarbeit mit den
20 Vereinten Nationen auf die allgemeine Achtung und Einhaltung der Menschenrechte und Grundfreiheiten hinzuwirken,
da ein gemeinsames Verständnis dieser Rechte und Freiheiten von größter Wichtigkeit für die volle Erfüllung dieser Verpflichtung ist,
verkündet die Generalversammlung
25 diese Allgemeine Erklärung der Menschenrechte als das von allen Völkern und Nationen zu erreichende gemeinsame Ideal, damit jeder einzelne und alle Organe der Gesellschaft sich diese Erklärung stets gegenwärtig halten und sich bemühen, durch Unterricht und Erziehung die Achtung vor diesen Rechten und Freiheiten zu fördern und durch fortschreitende na-
30 tionale und internationale Maßnahmen ihre allgemeine und tatsächliche Anerkennung und Einhaltung durch die Bevölkerung der Mitgliedstaaten

selbst wie auch durch die Bevölkerung der ihrer Hoheitsgewalt unterstehenden Gebiete zu gewährleisten.

Artikel 1

Alle Menschen sind frei und gleich an Würde und Rechten geboren. Sie sind mit Vernunft und Gewissen begabt und sollen einander im Geist der Brüderlichkeit begegnen.

Artikel 2

Jeder hat Anspruch auf die in dieser Erklärung verkündeten Rechte und Freiheiten ohne irgendeinen Unterschied, etwa nach Rasse, Hautfarbe, Geschlecht, Sprache, Religion, politischer oder sonstiger Überzeugung, nationaler oder sozialer Herkunft, Vermögen, Geburt oder sonstigem Stand.

Allgemeine Erklärung der Menschenrechte der Vereinten Nationen, Resolution 217 A (III) vom 10.12.1948. Online unter: https://www.ohchr.org/EN/UDHR/Pages/Language.aspx?LangID=ger [abgerufen am 16. Februar 2021].

Aufgaben 5.21

 Die Vereinten Nationen haben diesen Text 1948 mit einer Resolution, das heisst einer schriftlichen Erklärung, verabschiedet. Nennen Sie die darin vorkommenden Begründungen für Menschenrechte und stellen Sie sie in den historischen Kontext.

- -

 Die AEMR hat viele nachfolgende Menschenrechtsformulierungen beeinflusst. Vergleichen Sie die Menschenrechte der AEMR mit jenen in der schweizerischen Bundesverfassung. Vergleichen Sie dazu die Originaltexte (z. B. via www.admin.ch → Bundesverfassung, Art. 7 bis 35, sowie die AEMR unter https://www.un.org/depts/german/menschenrechte/aemr.pdf). Notieren Sie Gemeinsamkeiten und Unterschiede.

- -

 Sowohl in der *Virginia Bill of Rights* wie in der AEMR werden Menschenrechte als «angeboren» bezeichnet. Wie beurteilen Sie diese These? Welche Arten von Dingen oder Eigenschaften können dem Menschen angeboren sein, und gehören Menschenrechte dazu?

Die Überzeugungskraft der Menschenrechtsidee hängt wesentlich vom Menschenbild ab, das jemand vertritt. Im Text von Giovanni Pico della Mirandola (siehe Abschnitt 2.1) und im folgenden Text von Thomas von Aquin werden unterschiedliche Menschenbilder vertreten, die sich verschieden auf die Idee der Menschenrechte auswirken.

Aufgabe 5.22

 Pico della Mirandolas Text trägt den Titel «Über die Würde des Menschen». Erklären Sie zunächst selbst, was Sie unter Menschenwürde verstehen. Vergleichen Sie dann Ihre Auffassung mit den Ausführungen der beiden Autoren.

«Gut ist zu tun und ihm nachzutrachten und Übles zu meiden.» Und hierauf gründen alle anderen Gebote des Naturgesetzes; sodass also all jenes zu Tuende und zu Meidende in den Bereich der Gebote des Naturgesetzes fällt, wovon die Wirkvernunft wahrnimmt, dass es menschliche Güter sind. Weil aber Gut das Berede von Zweck hat, Übel aber das Berede des

Gegenteils, so kommt es, dass die Vernunft alles, wozu der Mensch eine natürliche Neigung hat, naturhaft als gut wahrnimmt und folgehaft als werkwürdig, das Gegenteil davon aber als übel und zu meiden. Der Ordnung der natürlichen Neigungen entlang also verläuft die Gebotordnung
10 des Naturgesetzes. Einmal wohnt nämlich dem Menschen der Hang zu Gut inne gemäß der Natur, in der er mit allen Wesen in einer Gemeinschaft steht; angesichts dessen nämlich, dass jedes Wesen die Erhaltung seines naturgemäßen Seins begehrt. Gemäß dieser Neigung fällt das in den Be-reich des natürlichen Gesetzes, womit das Leben des Menschen erhalten
15 und das Gegenteil verhindert wird. – Sodann wohnt dem Menschen die Neigung zu etwas mehr Besonderem inne, jener Natur nach, durch die er eine Gemeinsamkeit mit den übrigen Seelwesen aufweist. Diesem gemäß rechnet zum natürlichen Gesetz, «was die Natur alle Seelwesen lehrt» [...], wie es die Verbindung von Männlich und Weiblich, die Aufzucht der Nach-
20 kommen und ähnliches ist. – Drittens wohnt dem Menschen die Neigung zu Gut gemäß der Natur der Vernunft inne, die ihm eigenbehörig ist: wie der Mensch einen natürlichen Hang dazu hat, dass er die Wahrheit über Gott kennen lernt, und dazu, dass er in Gesellheit lebt. Demgemäß fällt das in den Bereich des Naturgesetzes, was auf eine solche Neigung Bezug hat,
25 wie: dass der Mensch die Unwissenheit meidet, dass er die anderen, mit denen er verkehren muss, nicht stößt und anderes derart, was sich hierauf bezieht.

Thomas von Aquin: *Summe der Theologie*, Buch 2, Quaestio 94. Übersetzt und herausgegeben von Joseph Bernhart. Stuttgart: Kröner 1985, S. 460 f.

Aufgaben 5.23

 Fassen Sie die beiden Menschenbilder in wenigen Sätzen prägnant zu-sammen.

→ **Logik und Methoden 7**

- -

 Begeben Sie sich in die Position von Pico della Mirandola beziehungs-weise in die Position von Thomas von Aquin: Kritisieren und verteidigen Sie die Menschenrechtsidee. Machen Sie dazu konkrete Beispiele, welche Menschenrechte es der jeweiligen Auffassung zufolge geben sollte und welche nicht.

- -

 Denken Sie, dass Menschenrechte «univer-sell» für alle Menschen und zu allen Zeiten gelten, oder können sie nur «relativ», das heisst abhängig von Religion, Kultur, histo-rischer oder politischer Situation existieren?

KWAME ANTHONY APPIAH

Stellen wir heute die Frage, was die Identität eines Menschen ausmacht, so muss die Antwort wohl eine Vielfalt von Eigenschaften berücksichtigen. Kwame Anthony Appiah geht dieser Frage nach.

1 Im größten Teil meines erwachsenen Lebens spielten drei Faktoren die wichtigste Rolle, wenn ich jemandem zum ersten Mal begeg-nete: Ich bin ein Mann, ich bin kein Weißer,
5 und ich spreche *Queen's English*, wie man dies

Kwame Anthony Appiah wurde 1954 in London als Sohn eines ghanaischen Politikers geboren, verbrachte einen grossen Teil seiner Kindheit in Ghana, studierte in Eng-land und ist heute Professor für Philosophie in New York. Er ist bekannt für seine Position des Kosmopoli-tismus. Demnach sind wir alle Bürger und Bürgerinnen *einer* Welt, und die Menschenrechte haben Vorrang vor kulturellen Eigenheiten. Appiah vertritt die Auffassung, dass wir anderen gegenüber mehr als nur Bürgerpflich-ten haben und uns für andere Kulturen aktiv interessie-ren sollten.

früher nannte. Hier geht es um die Kategorien Gender, *race*, Klasse und Nation. Es ist heute allerdings nur allzu natürlich, dass all diese Merkmale von derselben Art sind. Sie alle sind, wie wir heute sagen, eine Frage der Identität. Und wir alle unterstellen, dass Identitäten wie diese nicht nur

10 bestimmen, wie andere Menschen auf mich reagieren, sondern auch, wie ich mich selbst sehe.

Kwame Anthony Appiah: *Identitäten. Die Fiktionen der Zugehörigkeit.* Berlin: Hanser 2019, S. 14.

Aufgaben 5.24

Welche persönlichen Merkmale einer Person spielen Ihrer Ansicht nach die grösste Rolle, wenn Sie jemandem zum ersten Mal begegnen?

→ **Logik und Methoden 18**

Was ist im Text mit den Kategorien Gender, *race*, Klasse und Nation genau gemeint?

Wie hängt Ihrer Ansicht nach die Entwicklung des Selbstbildes zusammen mit derjenigen des Fremdbildes, das heisst dem Bild, das andere von uns haben?

Strafe

Aufgabe 5.25

Welche Arten von Strafen kennen Sie?

Staatliche Strafen wie die Geldstrafe, Freiheitsstrafe oder gar die Todesstrafe, gehören zu den intensivsten Eingriffen des Staates in die persönliche Freiheit. Die staatliche Strafe unterscheidet sich von anderen, alltäglichen Strafpraktiken. Der britische Rechtsphilosoph H. L. A. Hart (1907–1992) definiert die staatliche Strafe mit fünf notwendigen und zusammen hinreichenden Bedingungen: Strafe ist (1) eine Übelzufügung oder «harte Behandlung», (2) eine Reaktion auf einen Regelverstoss, (3) gegen den Regelbrecher gerichtet, (4) durch eine Autorität auferlegt, die von der Institution, welche die Regeln erlassen hat, dafür ermächtigt worden ist, und (5) durch diese ausführende Autorität beabsichtigt und unter Zwang verhängt.

Aufgaben 5.26

Prüfen Sie, ob folgende Praktiken nach der Definition von Hart Strafen sind:
a) A beschimpft B, weil ihm diese im Tram auf den Fuss gestanden ist.
b) Ein Kind muss für eine Stunde in sein Zimmer, weil es beim Spielen mit anderen grob gewesen ist.
c) Ein Gymnasiast erhält wegen wiederholter Verspätung eine schriftliche Verwarnung durch die Klassenlehrperson.
d) Herr X. leidet an einer schweren Geisteskrankheit und wird deshalb von den Behörden in eine geschlossene psychiatrische Klinik eingewiesen.
e) Frau Y. wird des Mordes verdächtigt und deshalb (zur Sicherung von Beweismitteln) in Untersuchungshaft genommen.
f) Eine Polizistin kontrolliert Ihr Fahrrad und stellt fest, dass die Bremsen unzulänglich funktionieren. Sie ermahnt Sie und fordert Sie auf, dies so bald wie möglich zu reparieren.

Halten Sie die Definition von Hart für angemessen? Ist sie weit genug, um alle Fälle von Strafen zu erfassen, und dennoch hinreichend eng, um nicht Phänomene als Strafe zu bezeichnen, die keine sind?

→ Logik und Methoden 13
→ Logik und Methoden 14

 Sind staatliche Strafen schlimmer als andere nichtstrafende Praktiken? Suchen Sie Beispiele a) von schwerwiegenden sozialen Reaktionen/Praktiken, welche die Bedingungen für Strafe nicht erfüllen, und b) von Strafen, die jedoch die Bestraften nicht schwer belasten.

Ist staatliche Strafe gerechtfertigt? Welche Gründe könnte es für diesen weitreichenden Eingriff in die individuelle Freiheit geben? Anhand eines realen Falls lässt sich diese Frage differenziert prüfen.

Roman Polański ist ein berühmter Filmregisseur. Er wurde 1933 in eine jüdische Familie in Polen geboren. Während der deutschen Besatzung Polens war seine Familie der Verfolgung durch die Nationalsozialisten ausgesetzt und wurde im Krakauer Ghetto interniert. Dem zehnjährigen Polański gelang zwei Jahre vor dem Kriegsende die Flucht. Seine Eltern hingegen wurden in ein Konzentrationslager gebracht, wo seine Mutter ermordet wurde. 1968 emigrierte Polański in die Vereinigten Staaten, wo ihm der Durchbruch als Künstler gelang. Ein Jahr später erlebte Polański erneut etwas höchst Verstörendes: Seine damals schwangere Frau wurde, allein weil sie mit einem berühmten Mann verheiratet war, von Anhängern einer Weltuntergangssekte ermordet. Ein Jahrzehnt nach diesem traumatischen Ereignis wurde der nun 44-jährige Polański wegen Vergewaltigung eines dreizehnjährigen Mädchens angeklagt. Er wurde in Untersuchungshaft genommen und gestand die Tat. Weil sich abzeichnete, dass die Staatsanwaltschaft, mit der er einen «Deal» vereinbaren wollte, wie das in den USA nicht unüblich ist, eine sehr hohe Strafe verlangen würde, flüchtete Polański aus der Haft nach Europa. Seit damals ist Polański nie mehr in die USA eingereist. Er hat viele Filme gedreht, viele Auszeichnungen erhalten und die französische Staatsbürgerschaft angenommen. Die USA haben mehrfach versucht, Polański aus der Schweiz und aus Polen ausliefern zu lassen, um ihn für das damalige Verbrechen vor Gericht zu stellen. Als er im Rahmen eines solchen Auslieferungsgesuchs 2005 in seinem Schweizer Ferienhaus kurzzeitig unter Hausarrest stand, haben sich viele berühmte Kunstschaffende öffentlich für seine Freilassung und gegen eine Bestrafung ausgesprochen. Auch die Frau, die damals als Mädchen Opfer dieses Verbrechens geworden ist, hat öffentlich erklärt, sie habe kein Interesse an einem Strafprozess. Da Polański bis heute nicht an die USA ausgeliefert worden ist, kommt es, dass er – nun ein alter Mann – nie für seine Tat bestraft worden ist.

Aufgaben 5.27

 Erstellen Sie eine Pro-Contra-Liste zur Frage, ob Polański heute (wenn es möglich wäre) bestraft werden sollte. Bilden Sie anschliessend drei Gruppen und führen Sie eine Gerichtsverhandlung durch: die Anklage, die Verteidigung und das Gericht, das schliesslich das Urteil fällt.

→ Logik und Methoden 28

 Denken Sie nun unabhängig von diesem Fall: Welches sind im Allgemeinen gute Gründe für oder gegen staatliche Strafe?

 Gehen Sie von diesen Überlegungen aus und fassen Sie in einem kurzen Text zusammen: Ist staatliche Strafe gerechtfertigt, und falls ja, aus welchen Gründen?

→ Logik und Methoden 7

Viele Philosophinnen und Philosophen haben sich mit der Rechtfertigung der Strafe befasst. Die Frage, ob es moralisch gerechtfertigt ist, jemanden zu bestrafen, ist grundlegend und stellt sich unabhängig davon, welche Strafgesetze zu einer bestimmten Zeit gelten oder ob in einem Einzelfall bewiesen ist, dass jemand eine Straftat begangen hat. Einer der Begründer des Utilitarismus, Jeremy Bentham (siehe Abschnitt 3.5) gibt eine sehr knappe Begründung, wann Strafe richtig sei:

1 Aber jede Strafe ist ein Übel: Die Strafe selbst ist an sich immer schlecht.
2 Nach dem Prinzip der Nützlichkeit sollte sie, falls sie überhaupt je verhängt
3 werden sollte, nur so weit zugefügt werden, wie sie verspricht, ein noch grö-
4 ßeres Übel zu verhindern.

Jeremy Bentham: *An Introduction to the Principles of Morals and Legislation.* Oxford: Oxford University Press 1996, S. 158 [Übersetzung TZ].

Aufgaben 5.28

 Untersuchen Sie, worin (für alle Beteiligten) das Übel einer Strafe besteht und welches grössere Übel durch die Strafe potenziell vermieden werden kann. Prüfen Sie folgende Beispiele:

a) Geldstrafe für Geschwindigkeitsüberschreitung beim Autofahren
b) Zehnjährige Freiheitsstrafe für Polański (Fall oben)
c) Lebenslange Freiheitsstrafe für einen Kriegsverbrecher

Ergänzen Sie eigene Beispiele. Ziehen Sie für jedes Beispiel ein Fazit: Hat die Strafe die besseren Folgen als deren Unterlassen?

- -

→ **Logik und Methoden 13**

 Diskutieren Sie: Ist es gemäss Benthams Kriterium notwendig, dass ein Täter oder eine Täterin die vorgeworfene Tat wirklich begangen hat, damit die Strafe insgesamt bessere Folgen bewirken kann?

- -

 Falls es so ist, dass der Utilitarismus die Strafe eines Unschuldigen rechtfertigen würde, dann wäre dies eine «Reductio ad absurdum» der Position. Stellen Sie das Argument dazu auf.

→ **Logik und Methoden 41**

Reductio ad absurdum/ Indirekter Beweis

→ **Logik und Methoden 6**

Die Reductio ad absurdum (lat. für «Zurückführung auf etwas Absurdes»), in der Mathematik auch unter dem Namen «indirekter Beweis» bekannt, ist eine Argumentform, bei der man eine Annahme auf einen Widerspruch (oder auf etwas offensichtlich Falsches, also Absurdes) zurückführt und so beweist, dass die Annahme falsch ist. Man kann also ein Argument dieser Form nicht zurückweisen, indem man sagt, dass es einen Widerspruch enthalte, denn genau ein solcher soll ja aufgezeigt werden. Die Annahme wird nicht behauptet, sondern lediglich zu Argumentationszwecken eingeführt, um sie zurückzuweisen. Platon verwendet die Argumentform, wenn er dafür argumentiert, dass Gerechtigkeit nicht darin bestehen könne, dass man das, was jemandem gehört, dieser Person zurückgibt. Denn dann müsste man ja auch die Waffe eines Wahnsinnigen diesem zurückgeben, was offensichtlich falsch ist.

Aufgabe 5.29

 Wie beurteilen Sie Benthams Kriterium insgesamt?

Während Bentham als Utilitarist alleine auf die Folgen der Strafpraktiken in einer Gesellschaft achtet, lehnen Vertreter und Vertreterinnen einer «retributiven» Straftheorie diese Auffassung strikt ab. Sie betonen, dass Strafe richtig ist, weil sie eine Schuld ausgleicht beziehungsweise dem Täter oder der Täterin «zurückgibt» (lat. *retribuere*), was er oder sie aufgrund der Tat verdient. Die potenziell nützlichen Folgen der Strafe, wie beispielsweise die Besserung der Tatperson oder die abschreckende Wirkung auf die Bevölkerung, werden als Strafbegründungen abgelehnt. Immanuel Kant und G. W. F. Hegel sind wichtige Vertreter des Retributivismus.

1 [D]ie Drohung setzt den Menschen als nicht Freien voraus und will durch die Vorstellung eines Übels zwingen. Das Recht und die Gerechtigkeit müssen aber ihren Sitz in der Freiheit und im Willen haben und nicht in der Unfreiheit, an welche sich die Drohung wendet. Es ist mit der Begründung
5 der Strafe auf diese Weise, als wenn man gegen einen Hund den Stock erhebt, und der Mensch wird nicht nach seiner Ehre und Freiheit, sondern wie ein Hund behandelt.

Georg Wilhelm Friedrich Hegel: *Grundlinien der Philosophie des Rechts.* Frankfurt am Main: Suhrkamp 1986, S. 190 [§ 99].

Aufgabe 5.30

 Wie begründet Hegel, dass es falsch sei, dem Menschen mit Strafe zu drohen? Überzeugt Sie diese Begründung? → **Logik und Methoden 9**

1 Selbst, wenn sich die bürgerliche Gesellschaft mit aller Glieder Einstimmung auflöste (z. B. das eine Insel bewohnende Volk beschlösse, auseinander zu gehen und sich in alle Welt zu zerstreuen), müsste der letzte im Gefängnis befindliche Mörder vorher hingerichtet werden, damit jedermann
5 das widerfahre, was seine Taten wert sind, und die Blutschuld nicht auf dem Volke hafte, das auf diese Bestrafung nicht gedrungen hat; weil es als Teilnehmer an dieser öffentlichen Verletzung der Gerechtigkeit betrachtet werden kann.

Immanuel Kant: *Metaphysische Anfangsgründe der Rechtslehre.* Hamburg: Felix Meiner 1998, S. 157.

Aufgaben 5.31

 Was könnte mit «Blutschuld» gemeint sein? Welche Vorstellung von Strafe und Gerechtigkeit kommt im Gedankenexperiment Kants zum Ausdruck? → **Logik und Methoden 18**
→ **Logik und Methoden 23**

- -

 Ausgehend von seiner Idee des kategorischen Imperativs (siehe Abschnitt 3.5), hat Kant über die Strafe geschrieben: «Das Strafgesetz ist ein kategorischer Imperativ, und wehe dem, welcher die Schlangenwindungen der Glückseligkeitslehre durchkriecht, um etwas aufzufinden, was durch den Vorteil, den es verspricht, ihn von der Strafe oder auch nur einem Grade derselben entbinde» (Immanuel Kant: Metaphysische Anfangsgrunde der Rechtslehre. Hamburg: Felix Meiner 1998, S. 155).

Prüfen Sie, ob Strafe nach dem kategorischen Imperativ tatsächlich geboten ist.

⚖ Antworten Sie aus der Perspektive des Utilitarismus auf die Position der Retributivisten Hegel und Kant.

Die staatliche Strafe ist in den vergangenen Jahrzehnten zunehmend Gegenstand gesellschaftlicher Debatten und politischer Kämpfe geworden. Fragen, wie mit Gewalt- oder Sexualstraftätern umzugehen ist oder wie kriminelle Personen ohne Schweizer Pass behandelt werden sollen, polarisieren. Die Furcht vor Kriminalität beschäftigt viele Menschen, unabhängig vom tatsächlichen Risiko, Opfer einer Straftat zu werden. Die Vorstellung, wie Menschen zu bestrafen sind, wird wesentlich von unserem Menschenbild beeinflusst – wie das schon bei der Frage der Menschenrechte der Fall war.

Die folgenden drei Aussagen offenbaren unterschiedliche Menschenbilder und Schlussfolgerungen für die Strafpraxis:

1   Eine fünfzehnjährige Haftstrafe ist mehr als ein Appell an die Vernunft und Moral. Es ist wahr, dass die Bestrafung nicht darauf abzielt, die rationale und moralische Fähigkeit zu untergraben, wie es die Gehirnwäsche tut. Aber es kann einen Menschen genauso effektiv brechen. Ein Mensch
5   kann aus dem Gefängnis entlassen werden und nicht fähiger sein, ein Verbrechen zu begehen, als in Flammen aufzugehen.

Lawrence Stern: Freedom, Blame, and Moral Community. In: *Journal of Philosophy* 71 (3) 1974, S. 82 [Übersetzung TZ].

1   Der prinzipiell Abweichende bietet keine Garantie personalen Verhaltens; deshalb kann er nicht als Bürger behandelt, sondern muss als Feind bekriegt werden. Dieser Krieg erfolgt mit einem legitimen Recht der Bürger, und zwar mit ihrem Recht auf Sicherheit; er ist aber, anders als Strafe, nicht
5   auch Recht am Bestraften, vielmehr ist der Feind exkludiert.

Günther Jakobs: Bürgerstrafrecht und Feindstrafrecht. In: *Onlinezeitschrift für Höchstrichterliche Rechtsprechung zum Strafrecht (HRRS)* 3/2004, S. 88–95 (hier: S. 95).

1   Die eigentliche Frage ist nicht, wie wir verhindern sollen, dass «sie» das Gesetz brechen, sondern wie wir als fehlbare moralische Menschen uns selbst davon überzeugen sollen, von Verbrechen abzusehen. Wir sollten diejenigen bedrohen, die als Mitglieder der moralischen Gemeinschaft
5   selbst schwere Verbrechen begehen oder zu begehen versucht sein könnten; wir sollten nicht die moralische Sprache aufgeben, in der das Gesetz zu seinen Bürgern sprechen sollte, und uns für die brutale Zwangssprache der abschreckenden Drohungen entscheiden.

R. A. Duff: *Punishment, Communication, and Community.* Oxford: Oxford University Press 2001, S. 18 [Übersetzung TZ].

Der philosophische Essay ist die begründete Verteidigung einer These. Der Aufbau umfasst drei Teile: Einleitung, Hauptteil und Schluss. In der Einleitung stellt man die Frage, die man beantworten will. Nicht jede Frage eignet sich für einen Essay; einige sind zu weit, andere zu eng, wobei diese Bewertung auch davon abhängt, welches Hintergrundwissen man voraussetzt. Man kann also durchaus einen Essay zu der Frage schreiben, ob es den freien Willen gibt. Aber wenn das Thema im Unterricht bereits behandelt worden ist, dann wird eine geeignete Frage eher die sein, ob eine bestimmte Position gegen einen bestimmten Einwand verteidigt werden kann. Dies ist auch gleich die einfachste Art, einen Essay aufzubauen: Man stellt im Hauptteil die Position und den Einwand genauer vor und verteidigt dann die Position gegen diesen Einwand. Im letzten Teil, dem Schluss, führt man keine neuen Argumente ein, sondern fasst lediglich die Argumentation des Essays zusammen. Beim Schreiben sollte man sich unter anderem an den folgenden beiden Leitideen orientieren: 1. Sei klar, das heisst, verwende nur Ausdrücke, deren Bedeutung du bei der Leserschaft voraussetzen kannst, oder erläutere den Ausdruck sogleich. 2. Begründe jede Behauptung mit einem guten Argument.

Aufgabe 5.32

 Schreiben Sie, ausgehend von den drei Kurztexten, einen Essay: Wie soll die Gesellschaft mit Straftätern umgehen? → Logik und Methoden 42

Diskriminierung

Die Idee der Menschenrechte legt nahe, dass wir als Menschen alle über die gleichen Rechte verfügen und entsprechend gleich behandelt werden sollen. Das Beispiel der Strafe zeigt aber, sofern wir Strafe grundsätzlich für gerechtfertigt halten, dass Ungleichbehandlungen nicht immer falsch sind. Doch was sind gute Gründe dafür, Menschen ungleich zu behandeln? Wenn es darum geht, wie wir unsere Familienangehörigen und Freunde behandeln, können wir eine Vielzahl von persönlichen Gründen geltend machen, warum Gleichbehandlung nicht geboten ist. Die Menschenrechte verpflichten mich beispielweise nicht, alle meine Freunde zu meinem Geburtstagsfest einzuladen. Wenn wir aber die staatlichen Handlungen betrachten, so gebietet die Idee der gleichen Rechte, dass eine Ungleichbehandlung «vernünftig» oder «sachlich» begründet sein muss. Eine «willkürliche» oder «unsachliche» Ungleichbehandlung basiert dagegen auf Eigenschaften von Menschen, die für eine Unterscheidung nicht relevant sein sollten, oder sie geschieht schlicht zufällig. Sofern eine Person durch diese Ungleichbehandlung schlechter gestellt wird, sprechen wir von einer Diskriminierung. Diskriminierungen waren oft Auslöser dafür, dass sich Menschen für Menschenrechte eingesetzt haben – und sie sind es noch heute.

Als sich Rosa Parks an einem gewöhnlichen Dienstag in Montgomery (USA) nach einem langen Arbeitstag müde in den Bus setzte und vom Buschauffeur aufgefordert wurde, aufgrund ihrer Hautfarbe den Sitzplatz zu wechseln, änderte sich ihr Leben radikal. Parks stellte infrage, ob ihre Hautfarbe ein guter Grund dafür sei, dass sie sich nur auf die hinteren Plätze des Busses setzen durfte, wie dies in Alabama 1955 vorgeschrieben war. Ihre Weigerung, den Platz zu wechseln, wurde zu einem wichtigen Ereignis der Bürgerrechtsbewegung, in der sich Afroamerikaner und Afroamerikanerinnen gegen zahlreiche Diskriminierungen zur Wehr setzen.

In der Bundesverfassung der Schweiz wird Diskriminierung verboten, und es werden Beispiele genannt, welche Eigenschaften eines Menschen keine Ungleichbehandlung rechtfertigen:

1   Niemand darf diskriminiert werden, namentlich nicht wegen der Herkunft, der Rasse, des Geschlechts, des Alters, der Sprache, der sozialen Stellung, der Lebensform, der religiösen, weltanschaulichen oder politischen Überzeugung oder wegen einer körperlichen, geistigen oder psychischen
5   Behinderung.

Bundesverfassung der Schweizerischen Eidgenossenschaft, Art. 8 Abs. 2, SR 101, Online unter: www.admin.ch/opc/de/classified-compilation/19995395/index.html [abgerufen am 22. Dezember 2020].

Aufgabe 5.33

 Sind folgende Fälle Diskriminierungen? Argumentieren Sie.
a)   In der Schweiz sind Männer wehrpflichtig, Frauen nicht. Dagegen hatte ein Mann geklagt und geltend gemacht, er werde durch diese Vorschrift aufgrund seines Geschlechts diskriminiert. Das Bundesgericht hat die Klage abgewiesen und unter anderem begründet, «dass Frauen aufgrund physiologischer und biologischer Unterschiede im Durchschnitt für den Militärdienst als weniger gut geeignet erachtet werden als der Durchschnitt der Männer» (Urteil 2C_221/2009 vom 21.1.2010).
b)   Unter 18-Jährige dürfen keinen harten Alkohol kaufen.
c)   Gleichgeschlechtlichen Paaren in eingetragener Partnerschaft ist es verboten, fortpflanzungsmedizinische Verfahren wie künstliche Befruchtung in Anspruch zu nehmen.
d)   Muslimische Kinder müssen entgegen dem Willen ihrer Eltern am Schwimmunterricht der Schule teilnehmen.
e)   Die Fluggesellschaft Swiss stellt als Flugpersonal nur Menschen mit einer Körpergrösse von mindestens 158 cm ein.

Oft ist es einfach, in einem konkreten Fall zu beurteilen, ob jemand diskriminiert wird oder nicht. Es gibt aber auch Diskriminierungen, die schwieriger zu erkennen sind, weil ihre Ursachen nicht in einzelnen Handlungen, sondern in der Struktur der Gesellschaft begründet liegen. Ein Beispiel für eine solch strukturelle oder institutionelle Diskriminierung ist, dass Frauen in der Schweiz im Schnitt ungefähr 18 Prozent weniger verdienen als Männer. Wenn davon der «erklärte» Anteil abgezogen wird (darunter fällt beispielsweise, was durch Unterschiede im Bildungsniveau oder bei der Vertretung in Kaderpositionen erklärt werden kann), bleibt immer noch ein unerklärter Unterschied von knapp acht Prozent (BFS 2016).

Da der Lohn auch von der Bereitschaft, über den Lohn zu verhandeln, dem Beschäftigungsgrad und anderen Faktoren abhängt, zeigt sich eine Ungleichbehandlung von Frauen und Männern erst im statistischen Gesamtbild deutlich. Zudem geschehen diese Diskriminierungen oftmals ohne das Bewusstsein der Akteure, dass mit einer bestimmten Handlung eine Person diskriminiert wird.

Aufgaben 5.34

 Welche anderen (eher) institutionellen Diskriminierungen gibt es? Gehen Sie dabei von den Eigenschaften aus, die in der Bundesverfassung genannt werden.

 Wie könnten institutionelle Diskriminierungen wirksam bekämpft werden?

Der US-amerikanische Journalist und Autor Ta-Nehisi Coates (geb. 1975) hat dargelegt, dass die Sklaverei, die in den USA vor gut 150 Jahren abgeschafft worden ist, bis heute weitreichende diskriminierende Folgen für die afroamerikanische Bevölkerung hat. *People of colour* (PoC) sind nicht nur oft offenem Rassismus ausgesetzt, sondern grundsätzlich in vielen Lebensbereichen benachteiligt: Sie haben schlechtere Chancen auf dem Arbeitsmarkt, werden eher Opfer einer Straftat oder selbst inhaftiert, sie sind untervertreten an renommierten Universitäten und in der Führung von Wirtschaftsunternehmen. Coates argumentiert deshalb dafür, dass die USA «Reparationen» (ein Begriff der ansonsten für Zahlungen einer unterlegenen Kriegspartei verwendet wird) in der Höhe von Milliarden von Dollars leisten müsse für das begangene Unrecht der Sklaverei und zur Kompensation der tief verwurzelten Diskriminierung.

Aufgabe 5.35

 Wie beurteilen Sie diese Forderung?

Eine Strategie, institutionelle Diskriminierung zu bekämpfen, besteht darin, die diskriminierte Personengruppe zu unterstützen und in bestimmten Fällen anderen gegenüber besser zu stellen. Im Englischen wird dies als *affirmative action* bezeichnet; der deutsche Begriff «positive Diskriminierung» ist weniger geeignet, da er bereits impliziert, dass diese Praxis nicht gerechtfertigt sei.

Aufgaben 5.36

 Wie beurteilen Sie folgende *affirmative actions*?

a) Ein grosses Wirtschaftsunternehmen legt fest, dass ihre Unternehmensführung zumindest zu einem Drittel aus Frauen bestehen muss.
b) Für den National- und Ständerat wird festgelegt, dass die Vertretung von Frauen und Männern ihrem jeweiligen Anteil an der Gesamtbevölkerung entsprechen muss.
c) Um über 55-jährige Erwerbstätige vor diskriminierenden Kündigungen zu schützen, wird der gesetzliche Kündigungsschutz verstärkt.

- -

 Gegner und Gegnerinnen von *affirmitive actions* machen insbesondere zwei Einwände geltend: 1) Positive Diskriminierung führt gezwungermassen zur negativen Diskriminierung anderer. Negative Diskriminierung ist immer falsch, also ist auch positive Diskriminierung falsch. 2) *Affirmative action* führt dazu, dass in der Wirtschaft, an Universitäten, in der Politik und anderswo Menschen in Positionen gelangen, für die sie nicht oder schlechter geeignet sind als andere. Dies ist für die Gesellschaft insgesamt nicht wünschenswert. Sind diese Argumente überzeugend?

→ **Logik und Methoden 11**

5.5 Staat, Wirtschaft und Gerechtigkeit

It's the economy, stupid lautete einer der Slogans des politischen Beraters James Carville (geb. 1944) im US-amerikanischen Wahlkampf von 1992. Die Wirtschaft sei das Wichtigste, worum sich ein Politiker kümmern könne, da die Wirtschaft das Leben der Menschen umfassend präge.

Menschen kaufen und verkaufen Güter und Dienstleistungen, arbeiten für Lohn, sparen, machen Schulden, investieren Geld, gründen Unternehmen und vieles mehr. Kaum ein Bereich des Lebens scheint sich der Wirtschaft entziehen zu können. Karl Marx meinte, nichts bestimme unser Sein so sehr wie die wirtschaftlichen Bedingungen. In Umfragen zu den «Sorgen der Bevölkerung» steht die Wirtschaft regelmässig auf den vordersten Plätzen. Der erwähnte James Carville wusste dies, und seine Strategie war erfolgreich: Bill Clinton besiegte den damaligen Amtsinhaber George H. W. Bush und wurde US-Präsident.

Die Wirtschaftsphilosophie fragt, ob und wie die Wirtschaft, das heisst das System der Produktion, Verteilung und des Konsums von Gütern und Dienstleistungen, gelenkt werden soll. Ist es das Ziel der Wirtschaft, Wohlstand und Glück herzustellen und falls ja, nach welchen Kriterien sollen diese Ziele genau gemessen werden? Soll der Staat, um diese Ziele zu erreichen, die Wirtschaft durch Gesetze regulieren oder vielleicht sogar komplett verstaatlichen? In dieser Frage stehen sich der ökonomische Liberalismus (Neoliberalismus) und der marktkritische Sozialismus oder der Kommunismus gegenüber; obwohl es zu diesen Auffassungen unzählige Varianten und Verästelungen gibt, kann man übergreifend sagen, dass die Neoliberalen keine oder möglichst wenig staatliche Interventionen in die Wirtschaft wünschen und ihre Kritiker mehr oder gar umfassenden staatlichen Einfluss auf die Wirtschaft fordern.

Diese Debatte hat wesentlich damit zu tun, was wir darüber denken, wem was gehört. Wir alle nennen viele Dinge unser eigen. Tun wir das zu Recht? Der US-amerikanische Philosoph Robert Nozick (1938–2002) hat eine Theorie entwickelt, die diese Frage beantworten soll:

—
**ROBERT
NOZICK**
—

Robert Nozick (1938–2002) lehrte unter anderem an den Universitäten von Princeton und Harvard. Er publizierte zu verschiedenen Fragen der Philosophie, so zum freien Willen und den Begriff des Wissens. Berühmt wurde er 1974 mit dem Buch *Anarchie, Staat und Utopie*. Obwohl das Werk vielen kritischen Einwänden ausgesetzt war, hatte es grossen Einfluss auf die Wirtschaftspolitik der USA und Englands, wo in den 1980er Jahren ein Abbau wohlfahrtstaatlicher Massnahmen vorangetrieben wurde. Nozick selbst distanzierte sich später von der Position, die er in *Anarchie, Staat und Utopie* vertreten hatte.

1   Wäre die Welt völlig gerecht, so wäre die Frage der Gerechtigkeit bei Besitztümern durch die folgende induktive Definition völlig geklärt.
    1. Wer ein Besitztum im Einklang mit dem
5   Grundsatz der gerechten Aneignung erwirbt, hat Anspruch auf dieses Besitztum.

2. Wer ein Besitztum im Einklang mit dem Grundsatz der gerechten Übertragung von jemandem erwirbt, der Anspruch auf das Besitztum hat, der hat Anspruch auf das Besitztum.

10 3. Ansprüche auf Besitztümer entstehen lediglich durch (wiederholte) Anwendung der Regeln 1 und 2.

Der vollständige Grundsatz der Verteilungsgerechtigkeit würde einfach besagen, eine Verteilung sei gerecht, wenn jeder auf die Besitztümer Anspruch hat, die ihm bei der Verteilung zugehören.

Robert Nozick: *Anarchie, Staat, Utopia*. Übersetzt von Hermann Vetter. München: Olzog 2011, S. 219.

Aufgaben 5.37

 Wie soll entschieden werden, ob eine Übertragung gerecht ist? Ist es dafür hinreichend, dass sie legal ist? Gibt es Fälle unrechtmässiger, aber legaler Übertragung?

- -

 Sind die drei genannten Bedingungen Ihrer Ansicht nach hinreichend dafür, dass Eigentum berechtigt ist?

→ **Logik und Methoden 13**

Aus seiner Eigentumstheorie zieht Nozick den Schluss, dass jede Umverteilung durch den Staat die Rechte der betroffenen Personen verletzt. Damit vertritt Nozick in der Gerechtigkeitsfrage eine libertäre Position.

1 Unsere Hauptergebnisse bezüglich des Staates lauten, dass ein Minimalstaat, der sich auf einige eng umgrenzte Funktionen wie den Schutz gegen Gewalt, Diebstahl, Betrug oder die Durchsetzung von Verträgen beschränkt, gerechtfertigt ist; dass jeder darüber hinausgehende Staat Rechte
5 der Menschen, zu gewissen Dingen nicht gezwungen zu werden, verletzt und damit ungerechtfertigt ist; und dass der Minimalstaat durchaus attraktiv wie auch das Rechte ist.

Robert Nozick: *Anarchie, Staat, Utopia*. Übersetzt von Hermann Vetter. München: Olzog 2011, S. 11.

Der Libertarismus, wie ihn Nozick vertritt, geht davon aus, dass die Wirtschaft ihre Aufgabe einerseits effizient und andererseits gerecht erfüllt. Doch vermag es das Wirtschaftssystem tatsächlich, die richtigen Güter und Dienstleistungen in ausreichender Menge zu produzieren, sie richtig zu verteilen und damit für möglichst viele Menschen Wohlstand zu schaffen und zu ihrem Glück beizutragen? Es gibt mehrere Einwände gegen die Annahme, dass die freie Marktwirtschaft diese Aufgaben perfekt erfüllen kann. In den Wirtschaftswissenschaften spricht man in diesem Fall von sogenanntem «Marktversagen». Dazu zwei Beispiele: 1) Mit «negativen Externalitäten» werden negative Auswirkungen von Produktion und Konsum eines Gutes bezeichnet, die in den Kosten des Gutes selbst nicht enthalten sind. Es ist zum Beispiel unter vielen Umständen kostenlos, die Luft zu verschmutzen, Lärm zu machen oder zu viele Antibiotika zu verschreiben, obwohl alle diese Praktiken negative Auswirkungen auf die Natur und den Menschen haben. Doch den Preis für diese Schäden bezahlen nicht die Konsumierenden, sondern letztlich die Allgemeinheit. 2) Der ideale Markt setzt voraus, dass alle Marktteilnehmenden gleich gut informiert sind. Sie kennen also die Vorzüge und Nachteile eines Produkts und können somit entscheiden, zu welchem Preis ein bestimmtes Bedürfnis befriedigt werden sollte. Dies ist jedoch oft nicht der Fall.

Das System der freien Marktwirtschaft birgt jedoch nicht nur solche praktischen Unzulänglichkeiten. Denn eine wichtige normative Frage zur Leistung der Wirtschaft lautet, ob überhaupt alles dem Markt (Angebot und Nachfrage) ausgesetzt sein oder ob der Staat bestimmte Angebote dem Markt durch Verbot entziehen soll. Kann alles einen Preis haben? Gibt es Dinge, die wir nicht kaufen und verkaufen sollten? Mit der Frage der «Kommodifizerung», das heisst, des «Zur-Ware-Werdens» von Dingen, hat sich insbesondere der US-amerikanische Philosoph Michael Sandel (geb. 1953) auseinandergesetzt. Er gibt folgende Beispiele davon, was man für Geld alles kaufen oder tun kann:

- Eine indische Leihmutter (6250 USD)
- Abschuss eines geschützten Rhinozerosses in Südafrika (150 000 USD)
- Seine eigene Stirn für Werbung tätowieren lassen (777 USD)
- gegen Bezahlung an medizinischen Versuchen teilnehmen
- für eine private Militärfirma zum Beispiel in Somalia oder Afghanistan kämpfen

Sandel stellt eine Zunahme der Kommodifizierung fest und beurteilt diese Entwicklung kritisch.

1   Wir leben also heute in einer Zeit, in der fast alles verkauft und gekauft werden kann. Im Laufe der letzten drei Jahrzehnte haben es die Märkte – und die damit verbundenen Wertvorstellungen – geschafft, unser Leben wie nie zuvor zu beherrschen. Nicht, dass wir uns bewusst dafür entschieden hätten. Es scheint einfach über uns gekommen zu sein.
5   Als der Kalte Krieg zu Ende ging, erfreuten sich die Märkte und das Marktdenken verständlicherweise eines hohen Ansehens. Kein anderes Organisationsprinzip hat bei der Produktion und Verteilung von Gütern ähnlich viel Überfluss und Wohlstand hervorgebracht. Doch während sich immer
10   mehr Länder in aller Welt auf die Marktmechanismen verließen, geschah noch etwas anderes. Im Leben der Gesellschaft begannen die Wertvorstellungen des Marktes eine immer größere Rolle zu spielen. Ökonomie wurde zu einer Herrschaftswissenschaft. Inzwischen gilt die Logik des Kaufens und Verkaufens nicht mehr nur für die materiellen Güter – sie lenkt zunehmend
15   mend das Leben insgesamt. Es wird Zeit, uns zu fragen, ob wir so wirklich leben wollen.

Michael J. Sandel: *Was man für Geld nicht kaufen kann. Die moralischen Grenzen des Marktes.* Übersetzt von Helmut Reuter. Berlin: Ullstein 2012, S. 12.

Aufgaben 5.38

 Fallen Ihnen Dinge ein, die man auch heute nicht für Geld kaufen kann?

 Diskutieren Sie, ob in Sandels und Ihren eigenen Beispielen Kommodifizierung moralisch richtig ist/wäre. Welche Kriterien würden Sie dafür angeben, dass etwas einen Preis haben darf?

 Nehmen Sie aus der Perspektive der (ultra-)liberalen Position Stellung zu den zuvor kritisch beurteilte Fällen von Kommodifizierung.

Die kapitalistische Produktionsweise basiert darauf, dass sich die Mittel zur Güterproduktion in privatem Besitz befinden und die produzierten Güter über den freien Markt zu den Konsumentinnen und Konsumenten gelangen. Selbst wenn der Markt die Produktion der Güter und deren Verteilung nicht immer optimal lösen kann und es moralische Grenzen gibt, ist der Kapitalismus nach Auffassung der Befürwortenden im Vergleich mit allen anderen Lösungen doch das beste und erfolgreichste Marktsystem. Diese Ansicht wird seit der Entstehung des Kapitalismus bis heute kritisiert. Die radikalste Kritik formuliert der Kommunismus. Karl Marx (1818–1883) behauptete, der Kapitalismus unterjoche den Menschen. Der marktwirtschaftliche Austausch von Gütern und Dienstleistungen sei falsch, das Privateigentum und die freie Wirtschaft seien Hauptursache für das Elend der meisten Menschen. Im folgenden Text macht Marx geltend, dass die ökonomische Struktur einer Gesellschaft entscheidend für alles andere ist. Ist diese Struktur falsch, wirkt sich das auf das gesamte Zusammenleben der Menschen aus.

1   In der gesellschaftlichen Produktion ihres Lebens gehen die Menschen bestimmte, notwendige, von ihrem Willen unabhängige Verhältnisse ein, Produktionsverhältnisse, die einer bestimmten Entwicklungsstufe ihrer materiellen Produktivkräfte entsprechen. Die Gesamtheit dieser Produk-
5   tionsverhältnisse bildet die ökonomische Struktur der Gesellschaft, die reale Basis, worauf sich ein juristischer und politischer Überbau erhebt und welcher bestimmte gesellschaftliche Bewusstseinsformen entsprechen. Die Produktionsweise des materiellen Lebens bedingt den sozialen, politischen und geistigen Lebensprozess überhaupt. Es ist nicht das Bewusstsein
10   der Menschen, das ihr Sein, sondern umgekehrt ihr gesellschaftliches Sein, das ihr Bewusstsein bestimmt.

Karl Marx: Zur Kritik der politischen Ökonomie, Vorwort. In: *MEW*. Bd. 13. Berlin/DDR: Dietz 1961, S. 8 f. Online unter: http://www.mlwerke.de/me/me13/me13_003.htm [abgerufen am 16. Februar 2021].

Aufgabe 5.39

 Hat Marx recht mit der Aussage, es sei «nicht das Bewusstsein der Menschen, das ihr Sein, sondern umgekehrt ihr gesellschaftliches Sein, das ihr Bewusstsein bestimmt»? Begründen Sie Ihre Antwort mit Blick auf Beispiele.

Wladimir Lenin (1870–1924), Miturheber der Russischen Revolution von 1917, rekonstruiert im folgenden Textausschnitt die marxistische Analyse der kapitalistischen Produktionsweise. Gemäss dieser Analyse bringt der Kapitalismus notwendigerweise verheerende Konsequenzen mit sich.

1   Nachdem Marx erkannt hatte, dass die ökonomische Struktur die Basis ist, worauf sich der politische Überbau erhebt, wandte er seine Aufmerksamkeit vor allem dem Studium dieser ökonomischen Struktur zu. Das Hauptwerk von Marx – «Das Kapital» – ist der Erforschung der ökonomischen
5   Struktur der modernen, d. h. der kapitalistischen Gesellschaft gewidmet. Die vormarxsche klassische politische Ökonomie entstand in England, dem entwickeltsten kapitalistischen Land. Adam Smith und David Ricardo, die die ökonomische Struktur untersuchten, legten den Grundstein der Arbeitswerttheorie. Marx setzte ihr Werk fort. Er begründete diese Theorie

10 exakt und entwickelte sie folgerichtig. Er zeigte, dass der Wert einer jeden Ware durch die Menge der gesellschaftlich notwendigen Arbeitszeit bestimmt wird, die zur Produktion der Ware erforderlich ist.

Wo die bürgerlichen Ökonomen ein Verhältnis von Dingen sahen (Austausch Ware gegen Ware), dort enthüllte Marx ein Verhältnis von Men-

15 schen. Der Austausch von Waren drückt die Verbindung zwischen den einzelnen Produzenten vermittels des Marktes aus. Das Geld bedeutet, dass diese Verbindung immer enger wird und das gesamte wirtschaftliche Leben der einzelnen Produzenten untrennbar zu einem Ganzen verknüpft. Das Kapital bedeutet eine weitere Entwicklung dieser Verbindung: Die

20 Arbeitskraft des Menschen wird zur Ware. Der Lohnarbeiter verkauft seine Arbeitskraft dem Besitzer des Bodens, der Fabriken, der Arbeitsmittel. Einen Teil des Arbeitstages verwendet der Arbeiter darauf, die zu seinem und seiner Familie Unterhalt notwendigen Ausgaben zu decken (Arbeitslohn), den anderen Teil des Tages jedoch arbeitet der Arbeiter unentgelt-

25 lich; er schafft den Mehrwert für den Kapitalisten, die Quelle des Profits, die Quelle des Reichtums der Kapitalistenklasse. Die Lehre vom Mehrwert ist der Grundpfeiler der ökonomischen Theorie von Marx.

Das durch die Arbeit des Arbeiters geschaffene Kapital unterdrückt den Arbeiter, ruiniert die Kleinbesitzer und erzeugt eine Armee von Arbeitslosen.

30 In der Industrie ist der Sieg des Großbetriebes auf den ersten Blick sichtbar, aber auch in der Landwirtschaft sehen wir die gleiche Erscheinung: Die Überlegenheit des kapitalistischen landwirtschaftlichen Großbetriebes wächst, die Anwendung von Maschinen nimmt zu, die Bauernwirtschaft gerät in die Schlinge des Geldkapitals, sie verfällt unter der Last ihrer tech-

35 nischen Rückständigkeit dem Niedergang und Ruin. [...]

Durch die Zerschlagung der Kleinproduktion bewirkt das Kapital eine Steigerung der Arbeitsproduktivität und die Schaffung einer Monopolstellung der Vereinigungen der Großkapitalisten. Die Produktion selbst wird immer mehr zur gesellschaftlichen Produktion – Hunderttausende und Millionen

40 von Arbeitern werden zu einem planmäßigen Wirtschaftsorganismus zusammengefasst –, das Produkt der gemeinsamen Arbeit aber eignet sich eine Handvoll Kapitalisten an. Es wachsen die Anarchie der Produktion, die Krisen, die tolle Jagd nach Märkten, die Existenzunsicherheit für die Masse der Bevölkerung. Die kapitalistische Ordnung, die Abhängigkeit der

45 Arbeiter vom Kapital steigert, schafft gleichzeitig die gewaltige Macht der vereinigten Arbeit.

[...] Der Kapitalismus hat in der ganzen Welt gesiegt, aber dieser Sieg ist nur die Vorstufe zum Sieg der Arbeit über das Kapital.

Wladimir I. Lenin: Drei Quellen und drei Bestandteile des Marxismus. In: *Lenin Werke*, Band 19. Berlin/DDR: Dietz Verlag 1960, S. 6–7. Online unter: http://www.kommunisten.ch/index.php?article_id=86 [abgerufen am 16. Februar 2021].

Aufgaben 5.40

→ **Logik und Methoden 5**
→ **Logik und Methoden 9**

 Rekonstruieren Sie die Argumentation Lenins. Geben Sie zusätzlich für jede Prämisse an, ob sie (eher) deskriptiv oder (eher) normativ ist.

 Wie würde Lenin die Eigentumstheorie von Nozick kritisieren?

Beim Streit über die Grundlagen der Wirtschaft, wie er in der Debatte zwischen den Liberalen und den Kommunisten zum Ausdruck kommt, darf eine Tatsache nicht übersehen werden: Das marktwirtschaftliche Modell dominiert die Welt. Die bisherigen sozialistischen oder kommunistischen Versuche mit einer nicht-kapitalistischen Wirtschaft sind entweder gescheitert oder waren nur mässig erfolgreich. Marktwirtschaftliche Entwicklungen haben demgegenüber in vielen Ländern dazu geführt, dass der Wohlstand gestiegen und der Anteil der Bevölkerung, die unter Armut leidet, stark zurückgegangen ist. Gleichwohl sind auch die marktwirtschaftlichen Systeme stark durch marktkritische Positionen beeinflusst worden, die zum Beispiel von der Frankfurter Schule entwickelt wurden. So gibt es in der Schweiz und in den meisten anderen Ländern Sozialsysteme (wie eine staatliche Arbeitslosenversicherung oder eine obligatorische Altersvorsorge), die es in einem rein neoliberalen Marktsystem nicht gäbe.

Unter anderem aus diesen Gründen rückt die «Systemfrage» etwas in den Hintergrund – zugunsten einer anderen, praktischeren Frage: Wie kann im gegebenen Marktsystem erreicht werden, dass die Wirtschaft möglichst gerecht funktioniert? Welche staatlichen Massnahmen sind erforderlich, um grobe Fehlfunktionen des Marktes zu korrigieren und nicht nur Wohlstand, sondern auch Gerechtigkeit zu verwirklichen?

Es ist eine Tatsache, dass die Wirtschaft nicht für alle im gleichen Ausmass Wohlstand schafft und einige Menschen ganz leer ausgehen. Auch in der Schweiz, einem der reichsten Länder der Welt, ist der Reichtum extrem ungleich verteilt. So besitzen gut zwei Prozent der Bevölkerung fünfzig Prozent des Vermögens. Die globale Ungleichheit hat geradezu groteske Ausmasse angenommen: 2018 besassen die 26 reichsten Personen gleich viel wie die ärmere Hälfte der Weltbevölkerung (ca. 3,8 Milliarden Menschen) zusammen. Der französische Ökonom Thomas Piketty hat 2013 in seinem Buch *Das Kapital im 21. Jahrhundert* aufgezeigt, dass die Ungleichheit von Einkommen und Vermögen seit dem 18. Jahrhundert (mit Ausnahme der Zeit der beiden Weltkriege) stets zugenommen hat. Die grossen Vermögen wachsen aufgrund der Erträge und Zinsen ständig und werden durch Erbschaft an einige wenige weitergegeben. Dies, so Piketty, führe immer mehr zu einer Oligarchie (siehe Abschnitt 5.2). Nur eine stark progressive Einkommenssteuer sowie eine höhere Erbschaftssteuer würden dies verhindern können. Der «amerikanische Traum», durch eigene Leistung und Mut reich zu werden, sei zunehmend eine Illusion.

FRANKFURTER SCHULE

Die Frankfurter Schule ist eine Gruppe von Philosophen und Wissenschaftlern, die an dem 1924 in Frankfurt eröffneten Institut für Sozialforschung lehrten. Dazu gehören insbesondere Max Horkheimer (1895–1973, auf dem Bild vorne links), Herbert Marcuse (1898–1979), Erich Fromm (1900–1980) und Theodor W. Adorno (1903–1969, vorne rechts). 1933 wurde das Institut von den Nationalsozialisten geschlossen, doch die Mitglieder führten ihre Arbeit im Exil weiter, unter anderem in Genf und New York. Horkheimer und Adorno entwickelten in den 1930er Jahren die sogenannte «Kritische Theorie», eine Gesellschaftstheorie, die das bürgerlich-kapitalistische System kritisch untersucht. 1950 kehrten Horkheimer und Adorno zurück nach Frankfurt und errichteten mit finanzieller Unterstützung der US-amerikanischen Besatzungsmacht das Institut neu. In der Folge wurde die Frankfurter Schule zu einem wichtigen Bezugspunkt der Sozialwissenschaften und der 68er-Bewegung in Deutschland. Bekannte zeitgenössische Philosophen und Philosophinnen in der Tradition der kritischen Theorie sind Jürgen Habermas (siehe Abschnitt 5.2, Autorenbox: Jürgen Habermas), Axel Honneth (geb. 1949), der von 2001 bis 2018 Direktor des Instituts war, die US-amerikanische Philosophin Wendy Brown (geb. 1955), und Rahel Jaeggi (geb. 1967 in Bern), die an der Humboldt-Universität in Berlin lehrt.

Aufgabe 5.41

→ Logik und Methoden 28
→ Logik und Methoden 29

 Sind diese Ungleichheiten ein moralisches Problem? Führen Sie darüber eine Debatte.

Seit Aristoteles werden zwei Arten von Gerechtigkeit unterschieden. Zum einen fordert die «ausgleichende Gerechtigkeit» (oder Transaktionsgerechtigkeit), dass eine Leistung oder ein Schaden im selben Ausmass vergütet wird. Als Metapher für diese Gerechtigkeitsart steht die Waage, die zwei Güter gegeneinander abwägt. Geht es jedoch darum, gemeinsame Güter (Aristoteles nannte Geld und Ehre) zu verteilen, so gebietet die «Verteilungsgerechtigkeit», dass alle so viel erhalten, wie sie verdienen. Die Debatte um die Verteilungsgerechtigkeit ist im Wesentlichen ein Streit darüber, nach welchem Kriterium dieser Verdienst bestimmt werden soll.

Aufgaben 5.42

 Finden Sie Beispiele für die beiden Gerechtigkeitsarten.

- -

 Mit Blick auf Ihre Beispiele: Lassen sich die beiden Gerechtigkeitsarten genau trennen, oder hängen sie voneinander ab?

- -

→ Logik und Methoden 6

 Güter, die vom Staat verteilt werden können, sind zum Beispiel: Lohn, Bildungszugang, finanzielle Unterstützung für Familien oder für Mittellose und Stipendien für Kunstschaffende. Nach welchen Kriterien werden in der heutigen Schweiz diese und andere Güter verteilt? Gibt es Widersprüche in der Anwendung dieser Kriterien?

Verteilungsgerechtigkeit ist zu einem der wichtigsten Begriffe der politischen Philosophie geworden. Denn es ist der Staat, der die Güter verteilen beziehungsweise umverteilen soll, wenn die gegebene Verteilung ungerecht ist. Das wichtigste Instrument der Umverteilung sind dabei die Steuern. Indem (höhere) Einkommen und Vermögen besteuert werden, erlangt der Staat die Mittel, die für eine Umverteilung erforderlich sind. Da Steuern für die Umverteilung so wichtig sind, müssen wir uns fragen, ob Steuern überhaupt gerechtfertigt werden können. Die libertäre Position lehnt dies prinzipiell ab.

> 1 Die Besteuerung von Arbeitsverdiensten ist mit Zwangsarbeit gleichzusetzen. Manche finden diese Behauptung offensichtlich richtig: entzieht man jemandem den Verdienst von n Arbeitsstunden, so ist das, als nähme man ihm n Stunden; es ist, als zwänge man ihn, n Stunden für andere zu
> 5 arbeiten. Manche finden die Behauptung absurd. Doch auch diese, *sofern* sie etwas gegen Zwangsarbeit haben, wären dagegen, dass man beschäftigungslose Hippies zur Arbeit zugunsten Bedürftiger zwingt. Und sie wären auch dagegen, jeden zu zwingen, jede Woche zusätzlich fünf Stunden zugunsten der Bedürftigen zu arbeiten.

Robert Nozick: *Anarchie, Staat, Utopia*. Übersetzt von Hermann Vetter. München: Olzog 2011, S. 243.

Rekonstruieren Sie Nozicks Argument.

→ **Logik und Methoden 9**

Prüfen Sie das Argument auf seine Stichhaltigkeit.

→ **Logik und Methoden 11**

Auch eine libertär organisierte Wirtschaft ist nicht einfach chaotisch, sondern rechtlich geordnet. Das Privateigentum wird vom Staat ebenso geschützt wie die Möglichkeit, sich wirtschaftlich zu betätigen. Die klassischen Freiheitsrechte, wie sie in frühen Menschenrechtstexten formuliert sind, stehen deshalb – zumindest auf den ersten Blick – nicht im Widerspruch mit dem Kapitalismus und der freien Marktwirtschaft. Insbesondere der Kommunismus hat diese «formale» Rechtsgleichheit jedoch stark kritisiert. Tatsächlich würden diese Rechte nur die bürgerliche Gesellschaft schützen, also jene, die bereits über Kapital verfügen und dieses investieren können, und die Not der Arbeiterschaft bloss vergrössern. Das gleiche Recht schaffe keine reale Gleichheit.

1   Dies *gleiche* Recht ist ungleiches Recht für ungleiche Arbeit. Es erkennt keine Klassenunterschiede an, weil jeder nur Arbeiter ist wie der andre; aber es erkennt stillschweigend die ungleiche individuelle Begabung und daher Leistungsfähigkeit der Arbeiter als natürliche Privilegien an. E*s ist*
5   *daher ein Recht der Ungleichheit, seinem Inhalt nach, wie alles Recht.* Das Recht kann seiner Natur nach nur in Anwendung von gleichem Maßstab bestehn; aber die ungleichen Individuen (und sie wären nicht verschiedne Individuen, wenn sie nicht ungleiche wären) sind nur an gleichem Maßstab messbar, soweit man sie unter einen gleichen Gesichtspunkt bringt,
10 sie nur von einer *bestimmten* Seite fasst, z. B. im gegebnen Fall sie *nur als Arbeiter* betrachtet und weiter nichts in ihnen sieht, von allem andern absieht. Ferner: Ein Arbeiter ist verheiratet, der andre nicht; einer hat mehr Kinder als der andre etc. etc. Bei gleicher Arbeitsleistung und daher gleichem Anteil an dem gesellschaftlichen Konsumtionsfonds erhält also der
15 eine faktisch mehr als der andre, ist der eine reicher als der andre etc. Um alle diese Missstände zu vermeiden, müsste das Recht, statt gleich, vielmehr ungleich sein. [...]
    In einer höheren Phase der kommunistischen Gesellschaft, nachdem die knechtende Unterordnung der Individuen unter die Teilung der Arbeit, da-
20 mit auch der Gegensatz geistiger und körperlicher Arbeit verschwunden ist; nachdem die Arbeit nicht nur Mittel zum Leben, sondern selbst das erste Lebensbedürfnis geworden; nachdem mit der allseitigen Entwicklung der Individuen auch ihre Produktivkräfte gewachsen und alle Springquellen des genossenschaftlichen Reichtums voller fließen – erst dann kann der
25 enge bürgerliche Rechtshorizont ganz überschritten werden und die Gesellschaft auf ihre Fahne schreiben: Jeder nach seinen Fähigkeiten, jedem nach seinen Bedürfnissen!

Karl Marx und Friedrich Engels: Randglossen zum Programm der deutschen Arbeiterpartei (Kritik des Gothaer Programms). *MEW*, Band 19. Berlin/DDR: Dietz Verlag 1962, S. 20. Online unter: http://www.mlwerke.de/me/me19/me19_013.htm [abgerufen am 16. Februar 2021].

Interpretieren Sie die Forderung von Marx und Engels «Jeder nach seinen Fähigkeiten, jedem nach seinen Bedürfnissen!».

 Für welche Art von Gleichheit argumentieren die Autoren?

 Sollen natürliche Privilegien (Begabungen, Talente) ausgeglichen werden? Diskutieren Sie.

Aus der Sicht des Egalitarismus müssen ökonomische Güter möglichst gleich verteilt werden. Eine Schwierigkeit dieser Position besteht darin, einsichtig zu machen, nach welchem Kriterium die Gleichheit bestimmt werden soll. Einerseits scheint eine rein rechtlich bestimmte Gleichheit inhaltsleer, da sie ausser Acht lässt, dass grosse faktische Unterschiede mit gleichen Rechten vereinbar sind. Andererseits wirkt die Forderung nach faktischer Gleichheit utopisch oder überhaupt unmöglich. Zudem schliesst sie die Möglichkeit gerechtfertigter Ungleichbehandlung kategorisch aus. Aus diesem Grund ist zunehmend die «Chancengleichheit» ins Zentrum der Gerechtigkeitsdebatte gerückt. Nicht die tatsächliche Gleichheit, aber eine gleiche Chance, etwas zu erreichen, soll dazu dienen, natürliche, zufällige und daher nicht verdiente Vorteile zumindest ein Stück weit auszugleichen. Während das Ziel faktischer Gleichheit die Gefahr birgt, dass sie nur auf Kosten der Freiheit erreicht werden kann, ist Chancengleichheit auch ohne drastische staatliche Eingriffe vorstellbar.

Vielleicht ist aber die Vorstellung von Gerechtigkeit als Gleichheit grundsätzlich irreführend, zumindest, was ökonomische Gleichheit anbelangt. Darauf macht Harry Frankfurt (geb. 1929) mit seiner antiegalitaristischen Argumentation aufmerksam.

1 Ökonomischer Egalitarismus, wie ich ihn verstehe, ist die Lehre, dass jeder über dieselbe Höhe an Einkommen und Vermögen (kurz gesagt, «Geld»), verfügen soll. Kaum jemand würde bestreiten, dass es Situationen gibt, in denen man sinnvollerweise von diesem Standard abweicht: dort etwa, wo
5 die Möglichkeit einer besonderen Entlohnung geboten werden muss, um Beschäftigte mit dringend benötigten, aber seltenen Fertigkeiten einzustellen. Obwohl sie gewisse Ungleichheiten als zulässig akzeptieren würden, glauben viele Menschen dennoch, dass ökonomische Gleichheit an sich einen erheblichen moralischen Wert hat. Sie drängen deshalb darauf,
10 dass der Annäherung an dieses egalitaristische Ideal ein deutlicher Vorrang eingeräumt werden sollte.
Das ist meiner Meinung nach ein Fehler. Ökonomische Gleichheit ist als solche von keiner besonderen moralischen Bedeutung; aus demselben Grund ist ökonomische Ungleichheit nicht an sich moralisch anstößig. Aus
15 moralischer Perspektive ist es nicht wichtig, dass jeder *dasselbe* hat. Was moralisch zählt, ist, dass jeder *genug* hat. Wenn jedermann genug Geld hätte, würde es niemanden besonders interessieren, ob manche Leute mehr Geld hätten als andere. Ich werde diese Alternative zum Egalitarismus als «Suffizienzprinzip» *(doctrine of sufficiency)* bezeichnen sprich als den
20 Grundsatz, dass in Sachen Geld moralisch nur von Bedeutung ist, dass jeder genug davon hat. [...]

Die Konzentration auf den angeblichen inhärenten Wert der ökonomischen Gleichheit neigt somit dazu, die Aufmerksamkeit einer Person von dem Bemühen abzulenken, im Rahmen ihrer Kenntnis ihrer selbst und ihrer Lebensbedingungen herauszufinden, was ihr wirklich wichtig ist, was sie wirklich ersehnt oder braucht und was sie wirklich zufriedenstellen wird. Mit anderen Worten: Die Beschäftigung mit der Lage, in der andere sich befinden, wirkt sich nachteilig auf die grundlegendste Aufgabe aus, von der eine intelligente Bestimmung der eigenen finanziellen Ziele entscheidend abhängt. Sie lenkt einen davon ab zu verstehen, was man selbst wirklich braucht, um sich erfolgreich den eigenen authentischen Bedürfnissen, Interessen und Ambitionen widmen zu können. Die moralische Bedeutung der ökonomischen Gleichheit zu übertreiben ist mit anderen Worten deshalb schädlich, weil es *entfremdet*. Es trennt den Menschen von seiner eigenen individuellen Wirklichkeit und verleitet ihn dazu, seine Aufmerksamkeit auf Wünsche und Bedürfnisse zu richten, die nicht seine ureigensten sind. [...]

Die falsche Überzeugung, ökonomische Gleichheit sei um ihrer selbst willen wichtig, verleitet Menschen dazu, die Aufgabe, ihre eigenen finanziellen Ambitionen einzuschätzen, von der Klärung dessen zu trennen, was ihnen selbst grundsätzlich am wichtigsten ist. Sie bringt sie dazu, einer Frage zu viel Gewicht beizumessen, als sei sie von großer moralischer Bedeutung, obwohl sie an sich eher unbedeutend ist und unmittelbar nichts zur Sache tut – der Frage nämlich, wie ihr ökonomischer Status im Vergleich zum ökonomischen Status anderer aussieht. Auf diese Weise trägt das Prinzip der Gleichheit zur moralischen Orientierungslosigkeit und Seichtigkeit unserer Zeit bei.

Harry G. Frankfurt: *Ungleichheit. Warum wir nicht alle gleich viel haben müssen.* Übersetzt von Michael Adrian. Berlin: Suhrkamp 2016, S. 16–23.

Aufgaben 5.45

 Hat Frankfurt recht, wenn er meint, dass die Idee der Gleichheit uns von unseren wahren Bedürfnissen entfremdet?

- -

 Betrachten Sie das Beispiel des Lohnunterschieds zwischen Männern und Frauen von ungefähr 18 Prozent. Nehmen Sie an, dass die meisten Frauen in der Schweiz mit ihrem Lohn genug zum Leben haben. Ist in diesem Fall der Lohnunterschied aufgrund des Geschlechts für Frankfurt ein Problem? Sind Sie mit Frankfurts Auffassung einverstanden?

Die bisher vorgestellten Positionen haben verschiedene Intuitionen bestärkt. Es scheint, als sei die Idee der Gleichheit, wie sie im Egalitarismus zum Ausdruck kommt, ebenso bedeutsam wie die zweite Überzeugung, dass Ungleichbehandlung aufgrund unterschiedlicher Bedürfnisse gerechtfertigt sei sowie, drittens, dass Leistung dazu berechtigte, die dadurch erlangten Vorteile zu geniessen. Ist es möglich diese drei Intuitionen in einer Theorie zu vereinen? John Rawls, ein wichtiger Philosoph des 20. Jahrhunderts, hat diese Synthese versucht.

JOHN RAWLS

John Rawls lebte von 1921 bis 2002 und lehrte über vierzig Jahre an der Harvard University. Mit seinem Buch *A Theory of Justice (Eine Theorie der Gerechtigkeit)*, das 1971 erschienen ist, hat er massgeblich zu einer Wiederbelebung der politischen Philosophie im 20. Jahrhundert beigetragen. Rawls war der wichtigste sozialliberale Philosoph der vergangenen Jahrzehnte; seine Beiträge zum Problem der Verteilungsgerechtigkeit, zur Demokratie und zu den Menschenrechten haben grossen Einfluss gehabt, sowohl auf die akademische Welt als auch auf Politiker wie Bill Clinton oder Barack Obama.

1 Ich möchte eine Gerechtigkeitsvorstellung darlegen, die die bekannte Theorie des Gesellschaftsvertrages etwa von Locke, Rousseau und Kant verallgemeinert und auf eine höhere
5 Abstraktionsebene hebt. Dazu darf man sich den ursprünglichen Vertrag nicht so vorstellen, als ob er in eine bestimmte Gesellschaft eingeführt würde oder eine bestimmte Regierungsform errichtete. Der Leitgedanke ist viel-
10 mehr, dass sich die ursprüngliche Übereinkunft auf die Gerechtigkeitsgrundsätze für die gesellschaftliche Grundstruktur bezieht. Es sind diejenigen Grundsätze, die freie und vernünftige Menschen in ihrem eigenen Interesse
15 in einer anfänglichen Situation der Gleichheit zur Bestimmung der Grundverhältnisse ihrer Verbindung annehmen würden. Ihnen haben sich alle weiteren Vereinbarungen anzupassen; sie bestimmen die möglichen Arten der
20 gesellschaftlichen Zusammenarbeit und der Regierung. Diese Betrachtungsweise der Gerechtigkeitsgrundsätze nenne ich Theorie der Gerechtigkeit als Fairness.

Wir wollen uns also vorstellen, dass diejenigen, die sich zu gesellschaftlicher Zusammenarbeit vereinigen wollen, in einem gemeinsamen Akt die
25 Grundsätze wählen, nach denen Grundrechte und -pflichten und die Verteilung der gesellschaftlichen Güter bestimmt werden. Die Menschen sollen im Voraus entscheiden, wie sie ihre Ansprüche gegeneinander regeln wollen und wie die Gründungsurkunde ihrer Gesellschaft aussehen soll. Ganz wie jeder Mensch durch vernünftige Überlegung entscheiden muss,
30 was für ihn das Gute ist, d. h. das System der Ziele, die zu verfolgen für ihn vernünftig ist, so muss eine Gruppe von Menschen ein für allemal entscheiden, was ihnen als gerecht und ungerecht gelten soll. Die Entscheidung, die vernünftige Menschen in dieser theoretischen Situation der Freiheit und Gleichheit treffen würden, bestimmt die Grundsätze der Gerechtigkeit. [...]
35 Dieser Urzustand wird natürlich nicht als ein wirklicher geschichtlicher Zustand vorgestellt, noch weniger als primitives Stadium der Kultur. Er wird als rein theoretische Situation aufgefasst, die so beschaffen ist, dass sie zu einer bestimmten Gerechtigkeitsvorstellung führt. Zu den wesentlichen Eigenschaften dieser Situation gehört, dass niemand seine Stellung in
40 der Gesellschaft kennt, seine Klasse oder seinen Status, ebenso wenig sein Los bei der Verteilung natürlicher Gaben wie Intelligenz oder Körperkraft. Ich nehme sogar an, dass die Beteiligten ihre Vorstellung vom Guten und ihre besonderen psychologischen Neigungen nicht kennen. Die Grundsätze der Gerechtigkeit werden hinter einem Schleier des Nichtwissens fest-
45 gelegt. Dies gewährleistet, dass dabei niemand durch die Zufälligkeiten der Natur oder der gesellschaftlichen Umstände bevorzugt oder benachteiligt wird. Da sich alle in der gleichen Lage befinden und niemand Grundsätze ausdenken kann, die ihn aufgrund seiner besonderen Verhältnisse bevorzugen, sind die Grundsätze der Gerechtigkeit das Ergebnis einer fairen
50 Übereinkunft oder Verhandlung. [...] Den Urzustand könnten man den an-

gemessenen Ausgangszustand nennen, und damit sind die in ihm getroffenen Grundvereinbarungen fair.

John Rawls: *Eine Theorie der Gerechtigkeit.* Übersetzt von Hermann Vetter. Frankfurt am Main: Suhrkamp 1975, S. 27–29.

Aufgaben 5.46

 Führen Sie das Gedankenexperiment von Rawls durch. Welche Grundsätze der Gerechtigkeit würden Sie hinter dem «Schleier des Nichtwissens» finden?

→ Logik und Methoden 23

- -

 Stützt Ihr Ergebnis den Egalitarismus oder nicht?

Rawls führt in der *Theorie der Gerechtigkeit* sein Gedankenexperiment gleich selbst durch. Er gelangt dabei zu folgenden Gerechtigkeitsprinzipien:

1 Ich behaupte, dass die Menschen im Urzustand zwei [...] Grundsätze wählen würden: einmal die Gleichheit der Grundrechte und -pflichten; zum anderen den Grundsatz, dass soziale und wirtschaftliche Ungleichheiten, etwa verschiedener Reichtum oder verschiedene Macht, nur dann gerecht

5 sind, wenn sich aus ihnen Vorteile für jedermann ergeben, insbesondere für die schwächsten Mitglieder der Gesellschaft.
Nach diesen Grundsätzen kann man Institutionen nicht damit rechtfertigen, dass den Unbilden einiger ein größerer Gesamtnutzen gegenüberstehe. Es ist vielleicht zweckmäßig, aber nicht gerecht, dass einige weniger

10 haben, damit es anderen besser geht. Es ist aber nichts Ungerechtes an den größeren Vorteilen weniger, falls es dadurch auch den nicht so Begünstigten besser geht. Die intuitive Vorstellung ist die, dass jedermanns Wohlergehen von der Zusammenarbeit abhängt, ohne die niemand ein befriedigendes Leben hätte, und dass daher die Verteilung der Güter jeden, auch

15 den weniger Begünstigten, geneigt machen sollte, bereitwillig mitzuarbeiten. Die beiden soeben erwähnten Grundsätze dürften eine faire Grundlage dafür sein, dass die Begabteren oder sozial besser Gestellten – was beides nicht als Verdienst angesehen werden kann – auf die bereitwillige

20 Mitarbeit anderer rechnen können [...]. Sobald man sich für eine Gerechtigkeitsvorstellung entschieden hat, die die Zufälligkeiten der natürlichen Begabung und der gesellschaftlichen Verhältnisse nicht zu politischen und wirtschaftlichen Vorteilen führen lässt, gelangt man zu diesen Grundsätzen. Sie lassen jene Seiten der sozialen Welt aus dem Spiel, die als moralisch

25 willkürlich erscheinen.

John Rawls: *Eine Theorie der Gerechtigkeit.* Übersetzt von Hermann Vetter. Frankfurt am Main: Suhrkamp 1975, S. 31 f.

Welche Staatsformen werden bereits durch den ersten Grundsatz von Rawls ausgeschlossen?

 Erklären Sie, warum hinter dem «Schleier des Nichtwissens» weder das strikte Gleichheitsprinzip noch das reine Leistungsprinzip gewählt wird.

 Erklären Sie, warum hinter dem «Schleier des Nichtwissens» nicht das Prinzip des Utilitarismus, wonach der Nutzen maximiert werden soll, gewählt wird. Zeigen Sie zusätzlich in einem Beispiel auf, welche Arten von Güterverteilung vom Utilitarismus bevorzugt, von Rawls' Gerechtigkeitstheorie jedoch abgelehnt würden.

 Welche konkreten politischen Massnahmen könnten sich dafür eignen, die Gesellschaft gerechter im Sinne der Rawls'schen Theorie zu machen? Entwickeln Sie entsprechende Vorschläge.

 Wie beurteilen Sie die Gerechtigkeitstheorie von John Rawls?

Vertiefung

Grundeinkommen

Eine Idee für eine gerechtere Güterverteilung ist in den letzten Jahrzehnten zunehmend in die politische Diskussion gelangt: das bedingungslose Grundeinkommen (BGE). Weltweit gab und gibt es Bestrebungen, das BGE einzuführen, und ebenso regional begrenzte Versuche, um herauszufinden, wie sich ein BGE auswirken würde. In der Schweiz wurde 2016 eine Volksinitiative, die eine Einführung des BGE verlangte, mit grosser Mehrheit abgelehnt. Der Initiativtext lautete:

1 Art. 110a (neu) bedingungsloses Grundeinkommen
   1. Der Bund sorgt für die Einführung eines bedingungslosen Grundeinkommens.
   2. Das Grundeinkommen soll der ganzen Bevölkerung ein menschenwürdiges Dasein und die Teilnahme am öffentlichen Leben ermöglichen.
5 3. Das Gesetz regelt insbesondere die Finanzierung und die Höhe des Grundeinkommens.

Initiativtext der Volksinitiative «Für ein bedingungsloses Grundeinkommen» Online unter: https://www.grundeinkommen.ch/initiativtext/ [abgerufen am 16. Februar 2021].

Aufgaben 5.48

 Vonseiten des Initiativkomitees wurde vorgeschlagen, jeder erwachsenen Person monatlich 2 500 Franken auszurichten. Welchen Einfluss hätte dieses Geld auf Sie selbst, Ihre Zukunftspläne und Ihre Tätigkeit?

 Welche Wirkung hätte das BGE insgesamt auf alle anderen Menschen? Kommen Sie hier zu einer ähnlichen Einschätzung wie bei der Beurteilung der Auswirkungen für Sie selbst? Welche Schlussfolgerungen ziehen Sie daraus für die Rechtfertigung des BGE?

 Prüfen Sie mit Rawls' Gedankenexperiment «Schleier des Nichtwissens», ob das BGE eingeführt werden sollte.

5.6 Globale Herausforderungen: Krieg und Frieden, Migration, Klimawandel

Einige Probleme sind so schwerwiegend, dass sie die Menschheit insgesamt und nicht nur einzelne Staaten oder Menschengruppen betreffen. Drei dieser «globalen Herausforderungen» werden in diesem Abschnitt thematisiert. Den Problemen ist gemeinsam, dass sie grosse Auswirkungen auf das Wohl von Milliarden von Menschen haben und sogar ein «existenzielles Risiko» für die Menschheit darstellen können.

Krieg und Frieden

Krieg ist ein existenzielles Risiko für die Menschheit. Es besteht eine gewisse Wahrscheinlichkeit, dass die Menschheit sich selbst und den Planeten in einem atomaren Krieg komplett zerstört. Doch auch wenn dies niemals passieren sollte: Alleine im 20. Jahrhundert haben über hundert Millionen Menschen ihr Leben durch Kriege verloren. Schätzungen zur Anzahl Todesopfer in allen Kriegen der Menschheitsgeschichte belaufen sich auf bis zu einer Milliarde. Es ist daher leicht zu verstehen, dass Kriege möglichst vermieden werden und die Menschen in Frieden leben sollten.

Es mag erstaunen, dass der Versuch, den Krieg zu regeln und somit zu kontrollieren, weit in die Geschichte zurückgeht. Im Kriegsrecht wird versucht, das Recht auf Krieg (lat. *ius ad bellum*) sowie die Gesetze des Krieges (lat. *ius in bello*) festzulegen und auch das Kriegsende und die Nachkriegsordnungen rechtlich zu regeln (lat. *ius post bellum*). Ein «gerechter Krieg», so die Idee des *ius ad bellum*, muss bestimmte Bedingungen erfüllen. Diese haben sich im Laufe der Zeit gewandelt. So erforderte der «gerechte Krieg» in der Antike zum Beispiel ein begangenes Unrecht, gescheiterte Verhandlungen und eine Kriegserklärung. Thomas von Aquin forderte zur Rechtfertigung eines Kriegs das Mandat des Herrschers (lat. *mandata*), einen gerechten Grund (lat. *causa iusta*) und die rechte Absicht (lat. *recta intentio*). Die jüngere Geschichte hat den Krieg zunehmend im internationalen Recht reglementiert und zurückzudrängen versucht. Die Charta der Vereinten Nationen von 1945 sieht ein «Gewaltverbot» vor, das Krieg nur entweder im Selbstverteidigungsfall (gegen einen Angriffskrieg) oder mit einem Mandat des UN-Sicherheitsrats erlaubt.

Die ethische Grundhaltung des Pazifismus lehnt den Krieg grundsätzlich ab. Der absolute Pazifismus geht so weit, Krieg und Gewalt unter allen Umständen abzulehnen, selbst dann, wenn Gewalt das einzige Mittel ist, das eigene Leben zu retten. Der kontingente Pazifismus ist demgegenüber bereit, bestimmte sehr eng definierte Bedingungen zu akzeptieren, die Gewalt oder einen Krieg rechtfertigen.

Einmal jährlich wird in Oslo der Friedensnobelpreis vergeben, der Persönlichkeiten auszeichnet, die sich im vergangenen Jahr besonders für den Weltfrieden eingesetzt haben. Im Jahr 2009 wurde der Preis an den damaligen US-amerikanischen Präsidenten Barack Obama vergeben. In seiner Rede sagte er:

1　Wir müssen damit beginnen, die harte Wahrheit anzuerkennen: Wir werden gewaltsame Konflikte zu Lebzeiten nicht ausrotten. Es wird Zeiten geben, in denen Nationen – einzeln oder gemeinsam handelnd – die Anwendung von Gewalt nicht nur für notwendig, sondern auch für moralisch
5　gerechtfertigt halten werden.

Ich denke bei dieser Erklärung an das, was Martin Luther King Jr. vor Jahren in derselben Zeremonie sagte: «Gewalt bringt niemals dauerhaften Frieden. Sie löst keine sozialen Probleme: Sie schafft lediglich neue und kompliziertere.» Als jemand, der hier als direkte Folge von Dr. Kings Lebenswerk steht,
10　bin ich ein lebendiges Zeugnis für die moralische Kraft der Gewaltlosigkeit. Ich weiss, dass es nichts Schwaches – nichts Passives – nichts Naives – im Glaubensbekenntnis und im Leben von Gandhi und King gibt.

Aber als Staatsoberhaupt, das geschworen hat, meine Nation zu schützen und zu verteidigen, kann ich mich nicht allein von ihren Beispielen leiten
15　lassen. Ich stelle mich der Welt, wie sie ist, und kann angesichts der Bedrohungen für das amerikanische Volk nicht untätig bleiben. Denn machen Sie keinen Fehler: Das Böse existiert in der Welt. Eine gewaltlose Bewegung hätte Hitlers Armeen nicht aufhalten können. Verhandlungen können die Al-Qaida-Führer nicht davon überzeugen, ihre Waffen niederzulegen. Zu
20　sagen, dass Gewalt manchmal notwendig sein kann, ist kein Aufruf zum Zynismus – es ist eine Anerkennung der Geschichte; der Unvollkommenheiten des Menschen und der Grenzen der Vernunft.

Barack Obama: Nobel Lecture, Oslo, 10 December 2009. ©The Nobel Foundation. Online unter: www.nobelprize.org/prizes/peace/2009/obama/lecture/ [abgerufen am 16. Februar 2021. Übersetzung JP].

Aufgaben 5.49

　Was sagt Obama zum *ius ad bellum*? Wie streng sind seine Bedingungen für einen «gerechten Krieg» im Vergleich mit anderen Positionen (z.B. mit jener aus der Antike, jener von Thomas von Aquin oder jener der Charta der Vereinten Nationen?) Hat er den Friedensnobelpreis zu Recht erhalten?

　Krieg wird von manchen als «das letzte Mittel» (lat. *ultima ratio*) bezeichnet. Skeptiker und Skeptikerinnen wenden ein, dass wir niemals genau wissen, ob es tatsächlich das letzte Mittel ist oder ob es doch ein anderes Mittel gäbe. Welche Kriterien (sofern es welche gibt) würden Sie festlegen?

1999 begründete der damalige Verteidigungsminister der USA, William Cohen (geb. 1940), den Einsatz der US-amerikanischen Streitkräfte bei der Bombardierung Jugoslawiens damit, dass bereits 100 000 wehrfähige Männer verschwunden und möglicherweise ermordet worden seien. Die Intervention der NATO sei deshalb ein Kampf für Gerechtigkeit und gegen Völkermord. Eine Kriegführung zur Wahrung der Menschenrechte und zur Verhinderung von Kriegsverbrechen wird von ihren Befürwortern als «humanitäre Intervention» bezeichnet. Die Rechtfertigung einer humanitären Intervention ist eng an die Menschenrechtsidee gebunden und wird oft mit dem Argument gestützt, es gebe ein übergesetzliches, grundlegendes, natürliches Recht, das den Krieg erlaubt, wenn damit ebendiese natürlichen Rechte geschützt werden können.

1 [Unsere moralischen Verpflichtungen gegenüber anderen] sind nicht auf Menschen beschränkt, mit denen wir durch Vertrag, politische Bindungen oder einen gemeinsamen Ort in der Gemeinschaft verbunden sind. Wir sind verpflichtet, jedem zu helfen, den wir unterstützen können, und be-
5 reit zu sein, gute Beziehungen zu ihnen aufzubauen und zu fördern [...]. Diese allgemeine Pflicht, anderen zu helfen, ist die Grundlage einer gemeinsamen Moral *[common morality]* für die Einmischung in die inneren Angelegenheiten einer Nation durch Außenstehende, einschließlich anderer Nationen und internationaler Organisationen. Das genaue Ausmaß
10 der allgemeinen Hilfspflicht hängt von einer Reihe kontingenter [nicht notwendiger; aus den Umständen zu ermittelnder] Faktoren ab, darunter die Achtung der Souveränität eines Staates und das Bewusstsein für die Grenzen der Außenhilfe. Aber die normative Grundlage ist vorhanden, und unter extremen Umständen kann sie den Einsatz von Gewalt rechtfertigen.

Joseph Boyle: Natural Law and International Ethics. In: Terry Nardin und David R. Mapel (Hrsg.): *Traditions of International Ethics.* Cambridge: Cambridge University Press 2009, S. 123 [Übersetzung: TZ].

Für den absoluten Pazifismus ist Krieg unter allen Umständen falsch, selbst im Fall der humanitären Intervention. Doch dies ist nicht der einzige Grund, der gegen humanitäre Interventionen angeführt werden kann.

1 Jedes Volk, jede menschliche Gemeinschaft muss ihre eigenen Lernprozesse durchlaufen. Militärische Intervention verfälscht jedoch notwendig diese Lernprozesse. Gewalt- und Interventionsverbot sollen im Kern mithin auch die «Autonomie der Lernprozesse» sichern, ein Schutzgut von ho-
5 her Bedeutung, kann doch nur so gewährleistet werden, dass ein Volk die seiner Geschichte, seinem Selbstverständnis wie seinen Traditionen und Bedürfnissen entsprechende politische Ordnung ausbildet.

Stephan Oeter: Humanitäre Intervention und die Grenzen des völkerrechtlichen Gewaltverbots – Wen oder was schützt das Völkerrecht: Staatliche Souveränität, kollektive Selbstbestimmung oder individuelle Autonomie. In: Herfried Münkler und Karsten Malowitz (Hrsg.): *Humanitäre Intervention.* Wiesbaden: VS Verlag für Sozialwissenschaften 2008, S. 48.

Aufgaben 5.50

 Beurteilen Sie das Lernprozessargument: Welches Lernen könnte einem Volk durch äussere Intervention entgehen, und wie ist der Lernprozess, gemessen an diesem möglichen Lernziel, zu bewerten?

- -

 Welche anderen Gründe könnte es geben, dass ein Staat sich nicht in die «inneren Angelegenheiten» eines anderen einmischen sollte?

Das Lernprozessargument kann angesichts der Gräueltaten, die Menschen einander in Kriegen angetan haben, als zynisch erscheinen. Auch der absolute Pazifismus kann als zu extrem und undifferenziert aufgefasst werden. Kann die Frage nach dem gerechtfertigten Krieg vielleicht nur im Einzelfall, unter Betrachtung der konkreten Umstände, beantwortet werden?

1   Für eine Idee in den Krieg zu ziehen, wenn der Krieg aggressiv und nicht defensiv ist, ist genauso kriminell, wie für Territorium oder Einnahmen in den Krieg zu ziehen; denn es ist ebenso wenig gerechtfertigt, unsere Ideen anderen Menschen aufzuzwingen, wie sie zu zwingen, sich in anderer

5   Hinsicht unserem Willen zu unterwerfen. Aber es gibt sicherlich Fälle, in denen es zulässig ist, in den Krieg zu ziehen, ohne selbst angegriffen oder mit einem Angriff bedroht zu werden; und es ist sehr wichtig, dass sich die Nationen rechtzeitig entscheiden, welches diese Fälle sind.

John Stuart Mill: A Few Words on Non-Intervention. In: *Libertarian Alliance, Foreign Policy Perspectives* 8, 1859, S. 4 [Übersetzung TZ].

Aufgaben 5.51

 Rekonstruieren Sie Mills Vergleich aus dem ersten Satz als Argument. Orientieren Sie sich bei der Formulierung der Prämisse(n) auch an der Idee des Liberalismus (siehe Abschnitt 5.3). Prüfen Sie dann das Argument auf seine Stichhaltigkeit.

→ Logik und Methoden 9

→ Logik und Methoden 11

 John Stuart Mill ist ein Utilitarist (siehe Abschnitt 3.4 und Abschnitt 3.5). Interpretieren Sie seinen letzten Satz mit Blick auf den Utilitarismus: Wann wäre Krieg gerechtfertigt?

 Recherchieren Sie die Umstände folgender Kriege und die Gründe, die zu diesen geführt haben. Beurteilen Sie anschliessend: Waren diese Kriege gerechtfertigt?
   a) Die Invasion in der Normandie 1944 durch die westlichen Alliierten
   b) Die «Operation Freedom Falcon» der NATO in Libyen 2011
   c) Die Rolle der UNO während des Genozids in Rwanda 1994
   d) Der Kampf der internationalen Allianz aus über sechzehn Staaten gegen den «Islamischen Staat» ab 2014
   e) Die Bombardierung Jugoslawiens durch die NATO 1999
   f) Die von den USA angeführte Invasion des Iraks 2003
   g) Der Krieg der USA und der ISAF-Truppen (International Security Assistant Force) unter der Führung der NATO gegen die Taliban in Afghanistan seit 2001
   h) Die Annexion der Krim durch Russland 2014

 Formulieren Sie die Kriterien für einen gerechtfertigten Krieg. Sofern Sie Krieg in keinem Fall als gerechtfertigt erachten, begründen Sie diese Position genau.

→ Logik und Methoden 13

Migration

Migration bedeutet, dass Menschen einen Ort verlassen, um sich an einem anderen Ort niederzulassen. Falls diese Orte sich im selben Land befinden, spricht man von Binnenmigration. Für gewöhnlich verstehen wir aber unter Migrantinnen und Migranten Menschen, die ihr Land verlassen. Die Zahl der (grenzüberschreitenden) Migranten und Migrantinnen hat sich seit 1960 auf weit mehr als

200 Millionen verdreifacht. Es gibt bevorzugte Einwanderungsländer (wie die europäischen Länder, USA, Russland, Saudi-Arabien, Australien u. a.), die die Zuwanderung (Immigration) unterschiedlich streng regeln. Migration wird besonders dann zu einem moralischen Problem, wenn Menschen ihr Land unfreiwillig verlassen müssen und darauf angewiesen sind, in ein anderes Land eingelassen zu werden.

Wie sollen Staaten auf Migration reagieren? Soll ein Staat, wie die Schweiz, die Migration so regeln, dass sie seinen wirtschaftlichen Interessen dient? Auch wenn, rechtlich gesehen, ein Staat weitgehend frei bestimmen kann, wen er aufnimmt und wen nicht, so stellt sich darüber hinaus die moralische Frage, nach welchen Kriterien das Einwanderungsrecht bestimmt werden soll. Schliesslich muss darüber nachgedacht werden, welche Rechtfertigung es überhaupt dafür gibt, dass ein Staat seine Grenzen kontrolliert.

Aufgaben 5.52

 Welche Gründe gibt es, die Immigration (in die Schweiz, nach Europa) zu beschränken? Recherchieren und diskutieren Sie, wie diese Frage in der Presse, in der Politik, in Ihrer Klasse, in Ihrer Familie beantwortet wird.

- -

 Diskutieren Sie grundsätzlich: Sollen Menschen die staatlichen Grenzen frei überschreiten dürfen, oder sollen Staaten die Ein- und Ausreise kontrollieren und begrenzen? Welches sind gute Gründe, dass ein Staat jemandem die Einreise erlaubt oder verweigert?

→ **Logik und Methoden 23**   Führen Sie folgendes Gedankenexperiment durch: Sie besitzen ein Haus. Eines Tages klopft jemand an der Tür. Sie öffnen und sehen einen Menschen, hungrig und müde, der sie bittet, eintreten zu dürfen. Dieser Mensch berichtet, dass sein eigenes Haus abgebrannt ist und er deshalb einige Zeit bei Ihnen bleiben möchte. Was sollen Sie tun?

Aufgaben 5.53

→ **Logik und Methoden 21**   Formulieren Sie, ausgehend vom Gedankenexperiment, ein Analogie-Argument für offene Grenzen. Diskutieren Sie anschliessend, ob diese Analogie zutrifft.

- -

 Variieren Sie das Gedankenexperiment: Treffen Sie Annahmen darüber, wie viele Menschen schon im Haus wohnen, wie dicht besiedelt das Quartier ist, wie reich die Bewohner und Bewohnerinnen sind, ob Sie freie Zimmer haben, ob es in der Nachbarschaft freie Zimmer gibt, wie lange der Mensch bleiben möchte, ob er oder sie Ihre Sprache spricht ... Wie ändern sich dadurch das Analogie-Argument und dessen Stärke?

- -

→ **Logik und Methoden 13**   Im Folgenden finden Sie fünf Gründe, die in der Migrationsethik oft gegen offene Grenzen geltend gemacht werden. Prüfen Sie, ob diese notwendig oder sogar hinreichend dafür sind, Grenzen nicht zu öffnen, strenger zu kontrollieren oder sogar weitgehend zu schliessen.

a) Kultur erhalten: Ein Volk hat ein Recht darauf, seine gegebene kulturelle Identität zu schützen. Zu viel Einwanderung wird dazu führen, dass diese Identität geändert oder aufgehoben wird.

b) Ökologie und Raumplanung: Zuwanderung führt zu Verdichtung, raumplanerischer Unordnung und zu höherer Belastung oder gar Zerstörung der Umwelt.

c) Erhalt der Sozialwerke: Versicherungen wie die AHV, IV, Arbeitslosenversicherung oder die Grundversicherung der Krankenkasse sind nur dann finanzierbar, wenn ausschliesslich die Menschen Leistungen beziehen, die auch Prämien bezahlen.

d) Sicherheit, Abwehr des Terrorismus: Offene Grenzen machen es unmöglich, Kriminelle und Terroristen zu identifizieren.

e) Das Funktionieren der Demokratie: Demokratie setzt voraus, dass die Herrschaft vom gleichen Volk ausgeht, das dieser Herrschaft unterworfen wird. Das Wahl- und Stimmrecht der Bürgerinnen und Bürger ist eine notwendige Bedingung für diese Selbstbestimmung.

Es ist eine Tatsache, dass es souveräne Staaten gibt, die durch definierte Grenzen voneinander getrennt sind. Wir sind damit bestens vertraut, und dies führt fast unbemerkt dazu, dass die argumentative Beweislast so verteilt wird, dass nur für offene Grenzen argumentiert werden muss, jedoch die Existenz der Grenzen an sich oder die Legitimation, sie zu kontrollieren, als selbstverständlich hingenommen wird. Dennoch – oder gerade deshalb – müssen wir kritisch prüfen, ob diese Selbstverständlichkeit auch gerechtfertigt ist.

1   [Ich werde] argumentieren, dass Grenzen grundsätzlich offen und Menschen normalerweise frei sein sollten, ihr Herkunftsland zu verlassen und sich in einem anderen Land niederzulassen, wobei sie nur solchen Beschränkungen unterworfen sein sollten, die auch für die bisherigen Bürge-
5   rinnen des Einwanderungslandes gelten. Dieses Argument ist meines Erachtens dann am stärksten, wenn es um Migration aus Ländern der Dritten Welt in solche der Ersten Welt geht. Die Staatsbürgerschaft in einer liberalen Demokratie des Westens ist das moderne Äquivalent feudaler Privilegien – ein vererbter Status, der die Lebenschancen massiv verbessert. Ähn-
10 lich wie feudale Geburtsprivilegien ist die restriktive Staatsbürgerschaft nur schwer zu rechtfertigen, wenn man genauer darüber nachdenkt. [...] Freie Migration mag nicht unmittelbar durchsetzbar sein, doch sie ist ein Ziel, dessen Verwirklichung wir anstreben sollten. Und wir sind verpflichtet, unsere Grenzen viel weitgehender zu öffnen, als wir dies derzeit tun.
15 Die gegenwärtigen Einwanderungsbeschränkungen in westlichen Demokratien – selbst in den offensten wie Kanada oder den Vereinigten Staaten – sind nicht zu rechtfertigen. Genau wie feudale Mobilitätsbeschränkungen schützen sie ungerechte Privilegien.
    Folgt daraus, *dass es überhaupt keinen Raum für Unterscheidungen* zwi-
20 schen Ausländerinnen und Bürgerinnen, keine Theorie der Staatsbürgerschaft, keine Grenzen der Gemeinschaft gibt? Keineswegs. Dass die Mitgliedschaft allen offenstehen soll, die sich anschließen möchten, bedeutet nicht, dass zwischen Mitgliedern und Nichtmitgliedern kein Unterschied besteht. Diejenigen, die sich entscheiden, innerhalb eines Staates zu ko-
25 operieren, haben spezielle Rechte und Pflichten, die von Nichtbürgern nicht geteilt werden. Der Respekt gegenüber den besonderen Entscheidungen von Individuen und den Verpflichtungen, die sie eingehen, folgt aus dem Bekenntnis zur Idee des gleichen moralischen Werts. [...] Was mit der

Idee des gleichen moralischen Werts *nicht* ohne Weiteres vereinbar ist, ist
30 der Ausschluss derjenigen, die sich anschließen wollen. Wenn Menschen
den Gesellschaftsvertrag unterschreiben wollen, dann sollte ihnen das erlaubt sein.

Joseph H. Carens: *Fremde und Bürger. Weshalb Grenzen offen sein sollten.* Übersetzt und herausgegeben von Andreas Cassee. Stuttgart: Reclam 2019, S. 8, 42 f.

Aufgaben 5.54

→ Logik und Methoden 9

   Rekonstruieren Sie Carens' Argument für offene Grenzen.

- -

   Wäre es Carens zufolge auch möglich, Menschen nicht einzulassen und zu
diesem Zweck Grenzen zu kontrollieren? Wenn ja, aus welchen Gründen
könnte dies der Fall sein?

- -

   Diskutieren Sie: Wäre es auf Carens' Argumentationslinie nicht konse-
quenter, Grenzen nicht nur zu öffnen, sondern das Konzept des souveränen Staats und der Grenzen an sich infrage zu stellen?

Klimawandel

Der Weltklimarat (*Intergovernmental Panel on Climate Change,* IPCC) der Vereinten Nationen hat in seinem fünften Bericht aus dem Jahr 2013 festgestellt, dass
es «extrem wahrscheinlich» sei, dass menschliches Verhalten die dominante Ursache für den seit Mitte des 20. Jahrhunderts gemessenen Anstieg der Erdtem-
peratur sei. Weiter besteht heute wissenschaftlicher Konsens darüber, dass die
Temperatur in den nächsten Jahren steigen wird und nur eine drastische Reduktion der Treibhausgase diesen Anstieg mindern kann. Das Ausmass der schäd-
lichen Folgen des Klimawandels hängt wesentlich davon ab, ob dies gelingen
wird. Der Anstieg des Meeresspiegels, extreme Wetterphänomene, Dürren und
andere Naturkatastrophen gefährden bereits jetzt das Leben vieler Menschen
und Tiere. Es ist nicht abwegig, den Klimawandel als eine existenzielle Bedro-
hung der Menschheit zu sehen. Im schlimmsten Fall könnte bis zum Ende des 21.
Jahrhunderts unser Planet in vielen Regionen unbewohnbar werden. Die Migration würde enorm zunehmen, und Kriege um den Zugang zu Ressourcen sind vorstellbar. Wenn wir die zukünftigen Generationen in unsere Betrachtung mitein-
beziehen, so werden Milliarden von Menschen vom Klimawandel betroffen sein.
Daraus scheint zu folgen, dass wir moralisch verpflichtet sind, den Klimawandel aufzuhalten. Doch die Fragen, ob wir diese Pflicht tatsächlich haben, wer
mit «wir» genau gemeint ist und was genau der Inhalt dieser Pflicht wäre, sind
komplexer, als es zunächst erscheint. Im Folgenden wird ein wichtiger Einwand
gegen eine Pflicht gegenüber künftig lebenden Menschen erläutert.

1   Eine der unerwarteten Nebenfolgen klimapolitischer Maßnahmen ist
nämlich, dass wir damit auch beeinflussen, welche Menschen in Zukunft
überhaupt leben werden. Man stelle sich beispielsweise eine Person namens Laura um 2200 vor. Der Klimawandel ist Realität geworden, die glo-
5   bale Durchschnittstemperatur ist um fünf Grad gestiegen. Laura leidet
darunter und beklagt sich darüber, dass vor 200 Jahren nichts dagegen
getan wurde. Wenn wir als ihre Vorfahren aber tatsächlich etwas für den
Klimaschutz getan hätten und die Emissionen rechtzeitig reduziert hät-

ten, so hätten wir damit nicht nur das Klima geschützt, sondern noch viel
mehr verändert: Unternehmen hätten andere Investitionen getätigt und
Maßnahmen zur Energieeffizienz umgesetzt; gewisse Branchen (z. B. die
Erdölindustrie) wären weniger stark gewachsen, andere (etwa der Bereich
der erneuerbaren Energien) dafür umso stärker. Steuermittel wären in andere Forschungszweige geflossen, und es wären andere technologische
Entwicklungen eingetreten. Menschen hätten andere Berufe ergriffen, andere Gehälter bezogen und andere Güter gekauft. Manches gesellschaftliche Ereignis (etwa eine Diskussion über Klimaschutzmaßnahmen) hätte
nie stattgefunden, und manche Menschen wären einander privat oder ge-
schäftlich gar nie begegnet. Wenn man all diese Effekte über die Jahre hinweg summiert, so ist es äußerst zweifelhaft, dass sich genau die zwei Personen, die Lauras Eltern werden sollten, getroffen hätten und in derselben
Nacht mit derselben Eizelle und demselben Spermium, die Lauras DNA
bestimmen, ein Kind gezeugt hätten. Doch damit wäre Laura auch nie geboren. In dem Szenario, in dem wir rechtzeitig Klimaschutzmaßnahmen
ergriffen hätten, würde es Laura also nicht besser gehen, sondern es würde
sie gar nicht geben! Es würden ganz andere Menschen als Laura existieren.
Zwar würde es diesen anderen Menschen mit den Klimaschutzmaßnahmen besser gehen, als es Laura ohne Klimaschutzmaßnahmen ginge, aber
Laura selbst ginge es nicht besser.

Mit der Klimapolitik beeinflussen wir also nicht nur, wie gut es Menschen
in der fernen Zukunft geht, sondern auch, wer genau diese Menschen überhaupt sein werden.

Dominic Roser und Christian Seidel: *Ethik des Klimawandels: Eine Einführung.* Darmstadt: Wissenschaftliche Buchgesellschaft 2015, S. 28 f.

Aufgaben 5.55

 Rekonstruieren Sie das Argument.

→ **Logik und Methoden 9**

 Diskutieren Sie die Bedeutung dieses Problems für unseren Umgang mit
dem Klimawandel.

Das soeben beschriebene Problem wird als das «Nicht-Identitätsproblem» bezeichnet. Es wurde unter anderem von Derek Parfit, siehe Abschnitt 3.5) diskutiert und ist auch für viele andere ethische Fragestellungen wichtig.
Auf das Klimaproblem angewendet, bedeutet es: Unser Verhalten (wie z. B. CO_2
auszustossen) schädigt einen Menschen in der Zukunft und ist deshalb falsch.
Einen Menschen in der Zukunft zu schädigen, bedeutet, dessen Zustand zu verschlechtern. Die Annahme, wir würden den Zustand eines bestimmten Menschen verschlechtern, ist jedoch falsch. Denn unser Verhalten führt nicht dazu,
dass ein bestimmter Mensch schlechter gestellt wird. Es führt vielmehr dazu,
dass ein anderer Mensch existieren wird, den es ohne unser schädigendes Verhalten nicht geben würde, so wie es nun (mit schädigendem Verhalten) andere
Menschen nicht geben wird, denen es besser ginge. Das führt dazu, dass in der
Zukunft niemand wird behaupten können, er oder sie sei durch uns geschädigt
worden. Denn nochmals: Hätten wir das Klimaproblem gelöst, so gäbe es komplett andere Menschen.

→ **Logik und Methoden 9**

 Rekonstruieren Sie, basierend auf dem Nicht-Identitätsproblem, das Argument gegen eine Pflicht, den Klimawandel zu bekämpfen.

→ **Logik und Methoden 11**

 Bestimmen Sie, welches die schwächste Prämisse dieses Arguments ist, und versuchen Sie, diese zu widerlegen.

 Nehmen Sie an, wir hätten generell keine Pflichten gegenüber Menschen, die erst in der Zukunft existieren. Welche weiteren Konsequenzen hätte dies – abgesehen vom Klimaproblem?

Auch unter der Annahme, wir hätten gegenüber künftigen Generationen eine Pflicht, stellt sich die Frage, was diese Pflicht genau fordert und wie sie sich gegenüber anderen Pflichten verhält. Müssen wir Probleme, die sich erst in Zukunft, möglicherweise erst nach unserem eigenen Leben, negativ auswirken, genauso ernst nehmen wie gegenwärtige Probleme? Müssen wir zu ihrer Lösung den gleichen Aufwand betreiben, oder haben gegenwärtige Probleme Vorrang?

In der Verhaltensökonomie (dem Zweig der Wirtschaftswissenschaften, der das Entscheiden und Verhalten in wirtschaftlichen Situationen erforscht) ist das Phänomen der Zeitpräferenz bekannt. Demnach möchten Menschen ein Gut lieber jetzt haben als in Zukunft. Das führt dazu, dass Güter in der Zukunft (auch wenn sie dieselben sind wie jetzt) für die meisten von uns weniger Wert haben als die jetzt verfügbaren. Dieses psychologische Muster kann ökonomisch durch die «Diskontierung» (Abzinsung) des Wertes eines Guts um einen bestimmten Prozentsatz abgebildet werden. Angenommen, ein Gut kostet heute hundert Franken, und angenommen, man bietet mir an, ein Jahr auf den Konsum dieses Gutes zu warten und dann nur neunzig Franken dafür zu bezahlen. Wenn ich mich auf dieses Angebot einlasse, aber nicht bereit wäre, ein Jahr zu warten und danach 91 Franken zu bezahlen, dann beträgt die Diskontierung zehn Prozent.

Bei Investitionen spielt Diskontierung eine wichtige Rolle, indem sie diese verteuert. Gibt eine heutige Ausgabe erst in vielen Jahren Ertrag, dann wird das Kosten/Nutzen-Verhältnis umso schlechter, je weiter der Ertrag in der Zukunft liegt. Dies ist einer der Gründe, warum Investitionen in Umweltprojekte, deren Ertrag typischerweise in ferner Zukunft liegt, als teuer erscheinen.

In ethischen und politischen Debatten wird diskutiert, ob Diskontierung nicht nur deskriptiv (psychologisch) bedeutsam ist, sondern auch moralisch relevant sein soll. Mit Blick auf das Klimaproblem stellt sich die folgende Frage:

Aufgabe 5.57

 Sind wir verpflichtet tausend Milliarden US-Dollar für die Bekämpfung des Klimawandels einzusetzen, wenn wir annehmen, dass 1) dadurch das Leben von Millionen von heute lebenden Menschen verschlechtert wird, weil das Geld für anderes wie zum Beispiel Entwicklungshilfe fehlt, aber wir 2) damit das Leben von zehnmal mehr Menschen verbessern, die erst in hundert Jahren geboren werden?

Wir könnten zur Einsicht gelangen, es sei nicht gerechtfertigt, unsere Probleme heute gegenüber künftigen Problemen zu priorisieren, weil wir damit die aktuellen Bedürfnisse in egoistischer Weise und somit ohne guten Grund priorisieren würden. Doch es kommt noch ein weiteres Gerechtigkeitsproblem hinzu: Die britische Physikerin und Philosophin Hilary Greaves (geb. 1978), die sich mit der Frage der Diskontierung im Zusammenhang mit dem Klimaproblem auseinandersetzt, macht darauf aufmerksam, dass die Personen, die heute in die Lösung des Problems investieren müssten, sich stark von jenen unterscheiden, die in Zukunft davon profitieren könnten:

1   Diejenigen, die für die betreffende Minderung [der Treibhausgasemissionen] «bezahlen» würden, sind im Wesentlichen diejenigen, die (i) jetzt und (ii) in relativ wohlhabenden Ländern leben; die Begünstigten der Minderung sind in erster Linie diejenigen in ärmeren Ländern (wo die Klima-
5   auswirkungen voraussichtlich am schwersten sind) und diejenigen, die noch nicht geboren sind. Die Frage der Diskontierung bezieht sich auf den zeitlichen Aspekt dieser Frage; in einer ersten Annäherung geht es um die Frage, in welchem Ausmass, die Tatsache, dass ein bestimmter Nutzen der Minderung für eine gewisse Zeit in der Zukunft erwartet wird, in ethischer
10   Hinsicht den Wert dieses Nutzens reduziert, wenn wir ihn mit einem anderen ähnlichen möglichen Nutzen in der Gegenwart vergleichen.

Hilary Greaves: Discounting for public policy: A survey. In: *Economics and philosophy* 33 (3) 2017, S. 391–439 [Übersetzung TZ].

Aufgabe 5.58

 Denken Sie, dass es moralisch relevant ist, wer das Problem verursacht, um Handlungspflichten bestimmen zu können?

Vertiefung

Die meisten Menschen sind sich einig darin, dass das Klimaproblem dringend ist und gelöst werden muss. Es besteht eine gewisse Wahrscheinlichkeit, dass eine technologische Lösung wie *carbon capture and storage*, das Einfangen und Speichern von Kohlendioxid, ein wichtiges Instrument werden könnte. Jedoch ist es angesichts des potenziellen Schadens durch den Klimawandel extrem gefährlich, nur auf eine technologische Lösung zu vertrauen und keine alternativen Lösungen anzustreben. Dies würde selbst dann gelten, wenn die Wahrscheinlichkeit einer technischen Lösung sehr hoch wäre (z.B. neunzig Prozent), da es vernünftig ist, katastrophale Szenarien mit einer geringen Eintrittswahrscheinlichkeit (z.B. zehn Prozent) sehr ernst zu nehmen und zu versuchen, sie ganz auszuschliessen.

Wie aber soll das Problem gelöst werden, und wer ist genau zu welchen Handlungen verpflichtet? Eine erste Antwort könnte lauten, dass die Pflichten allen Individuen einzeln zukommen. Inhaltlich wären demnach alle Menschen einzeln verpflichtet, das ihnen Mögliche zur Bekämpfung des Klimawandels zu tun. Genauer gesagt, besteht diese Pflicht hauptsächlich darin, die Emissionen von Treibhausgasen zu reduzieren. Durch Verzicht auf klimaschädliches Verhalten, wie auf Flugreisen zu gehen, Auto zu fahren, Fleisch zu essen und so weiter, könnte ein jeder Mensch diese Pflicht zumindest teilweise erfüllen.

Aufgabe 5.59

 Recherchieren Sie, in welchem Ausmass die Emissionen individuell reduziert werden könnten durch Verzichtleistungen beziehungsweise durch klimaschonendes Verhalten (z.B. durch Berechnung des ökologischen «Fussabdrucks» auf https://www.wwf.ch/de/nachhaltig-leben/footprintrechner).

Die Möglichkeiten, Treibhausgasemissionen durch Verzicht zu reduzieren, sind begrenzt. Eine Möglichkeit, potenziell eine sehr viel grössere Menge an Emissionen zu verhindern, besteht darin, einer Organisation Geld zu geben, die beispielsweise dafür sorgt, dass Wälder aufgeforstet oder energieeffiziente Technologien gefördert werden. Solche «Klimakompensationen» bietet in der Schweiz unter anderem *myclimate.org* an, auf deren Website sich die Kosten für die Kompensation einer bestimmten Menge CO_2 berechnen lassen.

Aufgabe 5.60

 Wie beurteilen Sie die Klimakompensation – auch im Vergleich zum persönlichen Verzicht? Handelt es sich um einen unmoralischen «Ablasshandel», wie manche Kritiker einwenden?

Wenn Individuen dazu verpflichtet werden, das Klimaproblem zu lösen, birgt das einige fatale Risiken. Dies hat mit dem ungeheuren Ausmass des Problems und den marginalen Handlungsmöglichkeiten eines einzelnen Menschen zu tun. Dies führt dazu, dass es ungemein schwer ist, Individuen zum Handeln zu motivieren, da sie nur dann darauf vertrauen können, dass ihr Beitrag etwas zählt, wenn viele andere Menschen ebenfalls zum Handeln motiviert sind. Dieser Umstand wird dadurch verschärft, dass die Folgen des individuellen Verzichts nicht unmittelbar sichtbar sind. Diese Konstellation ist offensichtlich fatal. Alle haben ein Interesse daran, dass der immense Schaden nicht herbeigeführt wird, doch individuell fühlen wir uns oft machtlos.

Ist es deshalb also besser, nicht die Individuen (die oft unkoordiniert handeln), sondern Gruppen von Menschen, Unternehmen oder letztlich Staaten zu verpflichten? Nach dieser Strategie wären für den Klimaschutz primär Kollektive verantwortlich. Es wäre demnach die Verantwortung der Parlamentarier und Parlamentarierinnen, klimafreundliche Gesetze zu erlassen, oder die Pflicht von Unternehmen, ihre Produktion emissionsarm zu organisieren. Die Staatengemeinschaft hätte schliesslich insgesamt die Pflicht, verbindliche Klimaziele zu definieren und für ihre Umsetzung zu sorgen.

Aufgaben 5.61

 Wie beurteilen Sie die Strategie, Kollektive in die Verantwortung zu nehmen, im Vergleich mit der individuellen Verpflichtung? Argumentieren Sie und geben Sie Beispiele.

 Wie wir wissen, bedeuten staatliche Handlungen Eingriffe in die individuelle Freiheit. Welche Freiheitseinschränkungen wären Ihrer Ansicht nach gerechtfertigt, um den Klimawandel zu bekämpfen?

 Ist die Demokratie geeignet beziehungsweise stark genug, um ein Problem dieses Ausmasses zu lösen?

Repetitionsfragen

1. Wie lässt sich die Existenz eines Staates philosophisch legitimieren?
2. Unter welchen Bedingungen darf die Freiheit des Individuums eingeschränkt werden?
3. Wie lassen sich Strafen philosophisch rechtfertigen?
4. Welche Argumente sprechen gegen eine Gleichsetzung von Gleichheit und Gerechtigkeit?
5. Was spricht für eine weitgehende Öffnung aller Grenzen? Was dagegen?

Zum Weiterdenken

1. Max Horkheimer schrieb 1938: «Der Humanismus in der Gegenwart besteht in der Kritik der Lebensformen, unter denen die Menschheit jetzt zugrunde geht, und in der Anstrengung, sie in vernünftigem Sinne zu verändern.» Horkheimer bezog sich damit auf die totalitären Gesellschaftsformen der damaligen Zeit. Welche Konsequenzen ergeben sich aus der Aussage, wenn man sie auf die heutige Situation der Menschheit in Bezug auf den Klimawandel überträgt?
2. Was ist Ihrer Ansicht nach die Rolle von Philosophinnen und Philosophen in der Politik und in der Gesellschaft allgemein?
3. Nach welchem Verfahren sollten Politikerinnen, Richter und leitende Angestellte der Verwaltung eingesetzt werden? Durch politische Wahl, aufgrund eines Bewerbungsverfahrens, per Losentscheid oder anders?
4. Sollen wir danach streben, die Menschenrechte und die Freiheiten des Individuums so gut wie möglich zu stärken, oder sollen wir in erster Linie das Gemeinwohl (oder eine allgemeine Vorstellung des guten Lebens) zu verwirklichen versuchen?
5. Was ist Ihrer Ansicht nach das drängendste gegenwärtige gesellschaftliche Problem? Wie würden Sie es lösen? Wie sieht Ihrer Ansicht nach die ideale Gesellschaft aus, die auch realistischerweise in der Welt bestehen kann?

Weiterführende Literatur

Lisa Herzog: *Politische Philosophie*. Paderborn: Fink (UTB) 2019.

Christoph Horn: *Einführung in die politische Philosophie*. Darmstadt: Wissenschaftliche Buchgesellschaft 2003.

Walter Kälin, Lars Müller und Judith Wyttenbach (Hrsg.): *Das Bild der Menschenrechte*. Baden: Lars Müller 2007.

Wolfgang Kersting: *Theorien der sozialen Gerechtigkeit*. Stuttgart: Metzler 2000.

Angelika Krebs: *Gleichheit oder Gerechtigkeit. Text der neuen Egalitarismuskritik*. Frankfurt am Main: Suhrkamp 2000.

Michael Sandel: *Gerechtigkeit. Wie wir das Richtige tun*. Berlin: Ullstein 2013.

Dominic Roser und Christian Seidel: *Ethik des Klimawandels: Eine Einführung*. Darmstadt: Wissenschaftliche Buchgesellschaft 2015.

Anhang

Sachregister

Personenregister

Bildnachweis

S. 10	Auftaktbild	Quagga Media / Alamy Stock Photo
S. 14	Abbildung 1.1	NASA Image Collection / Alamy Stock Photo
S. 15	Abbildung 1.2	Wikimedia Commons / Ernst Wallis et al. / CC0 1.0
S. 16	Vorsokratiker	Wikimedia Commons / CC-BY-SA-3.0
S. 17	Abbildung 1.3	North Wind Picture Archives / Alamy Stock Photo
S. 20	Hypatia	Wikimedia Commons / Jules Maurice Gaspard / CC0 1.0
S. 25	Bertrand Russell	Wikimedia Commons / Anefo / CC0 1.0
S. 27	Sokrates	Wikimedia Commons / Sting / CC BY-SA 2.5
S. 27	Platon	Wikimedia Commons / Silanion / CC0 1.0
S. 29	Abbildung 1.4	Wikimedia Commons / http://www.papyrology.ox.ac.uk/POxy/ CC0 1.0
S. 31	Konfuzius	Wikimedia Commons / Wu Daozi / CC0 1.0
S. 31	Abbildung 1.5	Wikimedia Commons / © Hugo Lopez –Yug / CC-BY-SA-3.0
S. 32	Helen Beebee	zVg Helen Beebee
S. 33	Ludwig Wittgenstein	Wikimedia Commons / Moritz Nähr / CC0 1.0
S. 34	Immanuel Kant	Wikimedia Commons / CC0 1.0
S. 35	Mary Wollstonecraft	Wikimedia Commons / John Williamson / CC0 1.0
S. 36	Aristoteles	Wikimedia Commons / Lysipp / CC0 1.0
S. 36	Gottlob Frege	Wikimedia Commons / Emil Tesch / CC0 1.0
S. 40	Thomas von Aquin	Wikimedia Commons / Carlo Crivelli / CC0 1.0
S. 41	Avicenna	Wikimedia Commons / Adam Jones / CC BY-SA 2.0
S. 43	Abbildung 1.6	Wikimedia Commons / Francisco de Goya / CC0 1.0
S. 50	Auftaktbild	Wikimedia Commons / Paris Orlando / CC BY-SA 4.0
S. 56	Jeanne Hersch	Wikimedia Commons / Walter Rutishauser / CC BY-SA 4.0
S. 58	Karl Marx	Wikimedia Commons / John Jabez Edwin Mayal / CC0 1.0
S. 66	Thomas Hobbes	Wikimedia Commons / John Michael Wright / CC0 1.0
S. 67	Jean-Jacques Rousseau	Wikimedia Commons / Maurice Quentin de La Tour / CC0 1.0
S. 77	Simone de Beauvoir	Wikimedia Commons / Moshe Milner / CC BY-SA 3.0
S. 79	Judith Butler	Wikimedia Commons / Dontworry / CC BY-SA 3.0
S. 82	Søren Kierkegaard	Wikimedia Commons / Neils Christian Kierkegaard / CC0 1.0
S. 89	Abbildung 2.1	Wikimedia Commons / Manuel Domínguez Sánchez / CC0 1.0
S. 91	Hannah Arendt	Wikimedia Commons/ Young-Bruehl, Elisabeth / CC0 1.0
S. 99	Abbildung 2.2	Wikimedia Commons / CC0 1.0
S. 101	Abbildung 2.3	Wikimedia Commons / Dhatfield / CC BY-SA 3.0
S. 104	Harry Frankfurt	Wikimedia Commons / American Council of Learned Societies (ACLS) / CC BY 3.0
S. 104	Abbildung 2.4	© Succession Picasso / 2020, ProLitteris, Zürich
S. 113	Friedrich Nietzsche	Wikimedia Commons / Friedrich Hartmann / CC0 1.0
S. 118	Elizabeth Anscombe	Anscombe Bioethics Centre
S. 122	Auftaktbild	Darling Archive / Alamy Stock Photo
S. 125	Epikur	Wikimedia Commons / CC0 1.0
S. 133	Abbildung 3.2	Wikimedia Commons / MatthiasKabel / CC BY-SA 3.0
S. 137	Abbildung 3.3	Wikimedia Commons / Rembrandt / CC0 1.0
S. 153	Peter Singer	Alletta Vaandering
S. 154	Philippa Foot	Principal and Fellows of Somerville College
S. 155	Abbildung 3.4	Wikimedia Commons / Jonas Kubilius / CC0 1.0
S. 156	Barbara Bleisch	Mirjam Kluka
S. 163	John Stuart Mill	Wikimedia Commons / London Stereoscopic Company - Hulton Archive / CC0 1.0
S. 163	Harriet Taylor Mill	Wikimedia Commons / National Portrait Gallery / CC0 1.0
S. 167	Bernard Williams	Geoff A Howard / Alamy Stock Photo
S. 173	Susan Wolf	zVg Susan Wolf

S. 182   Christine Korsgaard   Wikimedia Commons / Edmond J. Safra Center for
                                  Ethics Edmond J. Safra Center for Ethics / CC BY 2.0
S. 185   Martha Nussbaum   Wikimedia Commons / Robin Holland / CC BY-SA 3.0
S. 192   Auftaktbild   Science History Images / Alamy Stock Photo
S. 204   Sally Haslanger   Jon Sachs © 2013, MIT SHASS Communications
S. 207   René Descartes   Wikimedia Commons / Frans Hals / CC0 1.0
S. 208   Teresa von Ávila   Wikimedia Commons / Kunsthistorisches Museum
                                  Wien, Bilddatenbank / CC0 1.0
S. 211   Abbildung 4.1   Wikimedia Commons / Welleschik / CC BY-SA 3.0
S. 218   Zhuangzi   Wikimedia Commons / 華祖立 / CC0 1.0
S. 218   Laozi   Wikimedia Commons / Tom@HK / CC BY 2.0
S. 219   Abbildung 4.2   Wikimedia Commons / CC0 1.0
S. 220   Nagarjuna   Wikimedia Commons / Benjamin Matthews / CC0 1.0
S. 224   Augustinus   Wikimedia Commons / Sandro Botticelli / CC0 1.0
S. 230   Gottfried Wilhelm   Wikimedia Commons / Christoph Bernhard Francke /
         Leibniz   CC0 1.0
S. 230   Baruch de Spinoza   Wikimedia Commons / CC0 1.0
S. 234   George Berkeley   Wikimedia Commons / John Smybert / CC0 1.0
S. 234   David Hume   Wikimedia Commons / Allan Ramsay / CC0 1.0
S. 253   Karl Popper   PA Images / Alamy Stock Photo
S. 263   Thomas Kuhn   Bill Pierce / Getty Images
S. 267   Abbildung 4.3   Wikimedia Commons / CC0 1.0
S. 270   Helen Longino   Wikimedia Commons / Helen E Longino / CC-BY-
                                  SA 4.0
S. 274   Auftaktbild   The Picture Art Collection / Alamy Stock Photo
S. 280   John Locke   Wikimedia Commons / Godfrey Kneller / CC0 1.0
S. 282   Georg Wilhelm Hegel   Wikimedia Commons / Jakob Schlesinger / CC0 1.0
S. 283   Seyla Benhabib   zVg Seyla Benhabib
S. 293   Jürgen Habermas   Wikimedia Commons / Wolfram Huke / CC BY-SA 3.0
S. 297   Benjamin Constant   Wikimedia Commons / CC0 1.0
S. 309   Kwame Anthony   Wikimedia Commons / David Shankbone / CC BY-SA 3.0
         Appiah
S. 318   Robert Nozick   Harvard University
S. 323   Frankfurter Schule   Wikimedia Commons / Jeremy J. Shapiro / CC BY-SA 3.0
S. 328   John Rawls   Harvard University

Autorenteam

Dr. Jonas Pfister (Hrsg.) unterrichtet seit 2004 Philosophie am Gymnasium Neufeld in Bern und lehrte an verschiedenen Hochschulen. Er interessiert sich sowohl für Philosophie als auch für ihre Vermittlung. Zu seinen Publikationen zählen unter anderem philosophische Einführungsbücher und fachdidaktische Aufsätze.

Dr. Peter Zimmermann (Hrsg.) unterrichtete während zwanzig Jahren Philosophie im Grundlagen-, Schwerpunkt- und Ergänzungsfach an verschiedenen Schweizer Gymnasien. Seit 2012 arbeitet er als Philosophiedidaktiker am Zentrum für Lehrerinnen- und Lehrerbildung der Universität Freiburg/Schweiz.

Dr. Dominique Kuenzle ist Gymnasiallehrer für Philosophie an der Kantonsschule Wil SG und Dozent am Philosophischen Seminar der Universität Zürich. Er interessiert sich besonders für soziale und politische Anwendungen theoretischer Philosophie und für Haltungen und Kompetenzen des kritischen Denkens.

Dr. Tobias Zürcher unterrichtet seit 2011 Philosophie am Gymnasium und an der Fachmittelschule Thun. Neben seiner Tätigkeit als Lehrer arbeitete er als Jurist im Strafrecht und forscht im Bereich der Medizinethik.

Präsenter Vortrag sichert die Aufmerksamkeit des Publikums –zum Beispiel bei einer Betriebsversammlung bei Porsche in Stuttgart-Zuffenhausen.

Eine weitere Variante für den Bericht des Betriebsratsvorsitzenden ist der **„runde Tisch"**. „Damit haben wir in Rastatt sehr gute Erfahrung gemacht", erklärt Ullrich Zinnert, stellvertretender Betriebsratsvorsitzender des Mercedes-Benz-Werkes in Rastatt. Die Idee: Im Dialog zwischen Betriebratsvorsitzenden und IG Metall-Vertreter werden blockweise verschiedene Themen angesprochen. Im Anschluss an jedes Thema stellen die Beschäftigten ihre Fragen.

Etwas aufwändiger war die Idee des Betriebsrates, eine Dialogmesse zu veranstalten. Dazu wurden überall im Raum Stände und Info-Tafeln zu aktuellen Themen aufgestellt. Nach einer kurzen Betriebsversammlung wurden die Beschäftigten aufgefordert, an diese Stände zu gehen. Dort waren Betriebsräte und Vertrauensleute, die sich mit ihnen über die Themen unterhalten haben.

Aktionen auf Betriebsversammlungen:

Eine weitere Möglichkeit, Themen in die Belegschaft zu transportieren, sind Aktionen. So hatten beispielsweise die Beschäftigten bei der Firma Behr während einer Betriebsversammlung den gesamten Veranstaltungsort mit Plakaten dekoriert, um auf eine innerbetriebliche Auseinandersetzung aufmerksam zu machen.

Besonders einfallsreich sind Jugendliche, wenn es darum geht auf ihre Ausbildungsplatzsituation aufmerksam zu machen. Sei es der Klassiker mit dem Sarg oder mit dem Auto in eine Betriebsversammlung reinzufahren…

JV ●

Weiterführende Literatur: Betriebsversammlungen, die etwas bewegen … von Ralf Besser, 22 innovative Praxisbeispiele, ISBN 978-3-407-36450-0

Autorinnen und Autoren

KAI BLIESENER • geboren 1971 • Seit 2014 Generalsekretär beim Betriebsrat der Porsche AG • vorher Pressesprecher der IG Metall Baden-Württemberg , dort verantwortlich für die komplette Medienarbeit: Internet, Publikationen, Kampagnen • zuvor verantwortlich für Presse- und Öffentlichkeitsarbeit der IG Metall Stuttgart und beim Daimler-Betriebsrat in Untertürkheim • studierte Mediendesign • drehte Kurzfilme: Krimis und Dokumentarfilme für Gewerkschaften

FRANK BRETTSCHNEIDER • Professor für Kommunikationswissenschaft an der Universität Hohenheim • Forschungsschwerpunkten sind neben der Verständlichkeitsforschung das Kampagnen-Management, die politische Kommunikation, das Themen- und Issues-Management sowie die Medienwirkungsforschung.

ULI EBERHARDT • Jahrgang 1959 • Nach Volontariat im Lokalen nun über 30 Jahre im Journalistenberuf tätig • arbeitet seit 1989 für die METALLZEITUNG • 1996 bis 2005 fest angestellt für Presse- und Öffentlichkeitsarbeit der IG Metall-Bezirksleitung Baden-Württemberg • seit 2006 wieder freier Journalist • Tätigkeitsschwerpunkte: verschiedene Medien der IG Metall, die neuen sozialen Medien und die Fotokunst

JOCHEN FABER • 1960 geboren • freier Mitarbeiter bei AP in Stuttgart • Volontariat beim SCHWÄBISCHEN TAGBLATT in Tübingen • Seit 1988 Betreiber von „Info & Idee · Agentur für Medien" in Ludwigsburg • Macht Filme („Das Geheimnis der Orangenkisten" über die Zentrale Stelle zur Aufklärung von NS-Verbrechen), betreut und gestaltet Bücher (beispielsweise Betriebsgeschichten von Bosch Feuerbach und Daimler) und spielt so lausig Ziehharmonika, dass er Kabarett machen muss.

HEIKO MESSERSCHMIDT • Jahrgang 1976 • Seit 2008 Pressesprecher des Bezirks Küste der IG Metall. Vorher selbst Journalist: Volontariat bei der HANNOVERSCHEN ALLGEMEINEN ZEITUNG • vier Jahre als Hörfunkreporter beim NORDDEUTSCHEN RUNDFUNK (NDR) im Landesfunkhaus Mecklenburg-Vorpommern, Schwerin • Studium von Geschichte, Politikwissenschaft und Öffentlichem Recht in Göttingen sowie Uppsala, Schweden • Abschluss als Magister

WOLFGANG NETTELSTROTH • geboren 1954 • Pressesprecher und stellvertretender Bezirksleiter der IG Metall NRW • Arbeitsschwerpunkte: Branchen-, Struktur- und Industriepolitik - Arbeit 4.0/besser statt billiger • zuvor: Abteilungsleiter Struktur- und Technologiepolitik beim DGB in NRW • Jugendbildungsreferent • Studium der Sozialarbeit • Vertrauensleuteleitung • Ausbildung zum Elektroniker mit anschließender Berufstätigkeit

SIGRUN HEIL • Volljuristin und Journalistin • seit 2011 am Hugo-Sinzheimer-Institut für Arbeitsrecht zuständig für Forschung und Medien • startete mit Jura, dann Hörfunkjournalistin mit Schwerpunkt Wirtschaft beim SWR • war Pressesprecherin der IG BAU • Masterstudium Medienrecht an der Universität Mainz

JOCHEN HOMBURG • 15 Jahre Betriebsrat • Studium der Rechtswissenschaften an der Uni Frankfurt • Tätigkeit als Rechtsanwalt und Rechtschutzsekretär für die IG Metall • jetzt Erster Bevollmächtigter und Kassierer der IG Metall Darmstadt

MARC SCHLETTE • geboren 1971 • ehemaliger Sekretär der IG Metall-Bezirksleitung Nordrhein-Westfalen • zuvor beim IG Metall-Vorstand für Berthold Huber aktiv • seit 2014 bei ThyssenKrupp • studierte Politikwissenschaft (Promotion 2005) und Philosophie in Duisburg und Portsmouth • Lehraufträge der Universitäten Duisburg-Essen und Bochum • davor Bankausbildung und kaufmännische Berufstätigkeit.

JOACHIM E. RÖTTGERS • geboren 1954 • selbstständiger Fotografenmeister • arbeitet seit 1986 für Gewerkschaften, kirchliche, soziale Einrichtungen, Zeitschriften, industrielle und öffentliche Pressestellen • zuvor zehn Jahre bei diversen Werbe- und Fotoagenturen • „In der Bürogemeinschaft ‚Graffiti' versuche ich meiner Lieblingsbeschäftigung nachzugehen und davon auch noch zu leben, nämlich anderen beim Schaffen zuzuschauen."

SUSANNE ROHMUND • 1966 in Siegen geboren • Studium der Volkswirtschaftslehre in Bonn • Absolventin der Georg-von-Holtzbrinck-Schule-für-Wirtschaftsjournalisten in Düsseldorf • 1994 – 1998 Südostasienkorrespondentin für HANDELSBLATT und WIRTSCHAFTSWOCHE in Singapur • bis 2004 Wirtschaftsredakteurin sowie Ressortleiterin Wirtschaft bei verschiedenen Publikationen des Ringier-Verlags in Zürich • seit 2004 Chefredakteurin bei der IG Metall in Frankfurt • lebt in der Pfalz

JORDANA VOGIATZI • Jahrgang 1976 • geboren und lebt in Bietigheim-Bissingen • Griechin mit schwäbischem Einschlag • ab 1996 Studium der Englischen Philologie, Theater- und Medienwissenschaft und Soziologie an der Friedrich-Alexander-Universität Erlangen • Diverse Praktika und freie Mitarbeit als Journalistin, unter anderem am Theater Erlangen, bei der Maran Film GmbH, der MARBACHER ZEITUNG und der HEILBRONNER STIMME • seit 2005 Pressesprecherin der IG Metall Stuttgart

ERIKA WEBER • Journalistin, Trainerin und Beraterin • Schwerpunkte: Veränderungen organisieren, Kommunikation, Führung und Marketing. Sie hat bisher in Wahlkämpfen und Veränderungsprozessen Kampagnen organisiert und begleitet • Veröffentlichung zum Thema u.a.: „Erfolgsfaktor Öffentlichkeitsarbeit", Friedrich-Ebert-Stiftung

JÖRG WEIGAND • Bereichsleiter im Funktionsbereich Mitglieder und Kampagnen der IG Metall. Schwerpunkt: Verantwortlich für Kampagnenplanung und Umsetzung, Mitgliederprojekte, Dialogmarketing • Seit drei Jahren beim Vorstand der IG Metall, davor drei Jahre IG Metall-Bezirksleitung Nordrhein-Westfalen und 15 Jahre Verwaltungsstellenerfahrung.

CLAUS WEIGEL • Diplomvolkswirt und Diplomsozialökonom • tätig als Internet-Dienstleister • betreut und entwickelt Internetseiten für Gewerkschaften und Betriebsräte • langjährige Erfahrung in der arbeitnehmerbezogenen Bildungsarbeit

GUDRUN WICHELHAUS-DECHER • Kommunikationsdesignerin • geboren 1962 in Saarbrücken • drei Kinder • 1983 bis 1988 Studium Kommunikationsdesign mit den Schwerpunkten Editorial-Design und Fotografie in Düsseldorf • Seit 2001 Kommunikationsdesignerin beim Vorstand der IG Metall; Tätigkeitsschwerpunkte: Gestaltung und Relaunch der Mitgliederzeitung METALLZEITUNG und Infodienst DIREKT • Projektarbeit und Beratung für alle Gliederungen der IG Metall

Personen- und Sachregister

Bildquellen